臺灣研究叢刊

社會分化與宗教制度變遷

當代台灣新興宗教現象的社會學考察

丁仁傑◎著

自序

關於新興宗教的議題，涵蓋的層面相當複雜，要釐清當代台灣，尤其是在1987年解嚴以後所發生的各種宗教現象，筆者覺得至少應就三個層面以及這三個層面之間的交互關係提出分析。這三個層面是：第一、傳統華人社會中民間宗教所具有的基本符碼及其間的相互關聯性；第二、台灣社會社會分化之過程及其在宗教方面所產生的相關社會效應；第三、當代大眾文化在台灣的出現，以及相關的文化工業產生，進而使得宗教與媒體結合，產生所謂「模擬宗教」之後，宗教現象，以及宗教與社會關係等等所發生的一連串變化。而就這幾個層面而言，雖然既有的研究已有一些，但因爲時空環境的變化快速，許多新興的宗教現象接二連三的出現，使得我們有必要在當代這個時間點上，重新回過頭來在各個層面以新的角度來對台灣的宗教活動加以分析與討論。就此而論，本書僅是就前述的第二個層面，也就是社會分化的有關層面，做了非常初步的探討，但是在理論與經驗資料上皆還不夠完整。雖然水平有限，個人還是希望這本書能產生拋磚引玉的效果，使更多人注意到新興宗教研究這個領域在經驗上的多彩多姿與在理論上的亟待開拓。

就在本書將要出版的前夕，台灣當代的宗教場域又發生了幾個重要事件：一件是2003年年初宋七力案宋七力被宣判無罪，這是大眾文化的擴張，也是政府與民間、菁英與大眾、法律與道德之間的界限開始重新畫界的開始；另一件則是現代社會中的災難與風險，自1999年的921大地震以後，2003年4月，SARS疫情又襲擊了台灣，在這些過程中，台灣社會中的宗教團體，成爲社會在面對災難時，主要的災難論述者、社會服務提供者和集體意識的維繫者(參考筆者2003b)。在這些事件以及社會新需求的刺激之下，宗教在新的社會結構中所扮演的角色愈來愈鮮明，而它發揮其功能的機制和過程，卻也愈益呈現出和傳統社會中有所不同的新風貌。新興宗教，或者說社會分化過程中新興的宗教現象，已經成爲我們了解當代台灣社會時一個不可或缺的鏡子，因爲它明顯的反映出華人民間社會的基本性質與變遷模式。本書此時此刻的出版，已經落後時代的腳步不少，但卻也顯示出我們很迫切的需要和相關議題有關的討論與反思。

本書各章，有些是新作、有些是舊作，但整本書的連結與貫穿，則是全新的。

各章初稿多半曾在各種討論會與研討會上發表，其中第三章、第五章與附錄二初稿分別發表於三個正式的研討會：一、2001年台灣歷史學會主辦之「邁向21世紀的台灣歷史學——反思與開拓研討會」；二、2001年中研院民族所舉辦之「人類學與漢人宗教研究研討會」；三、2000年台灣宗教學會主辦之「台灣的宗教研究最新趨勢學術研討會」。感謝與會時各方研究者所提出的批評與建議，這些意見多半已呈現在我後續的修訂中。至於本書各個文章原來發表的出處，第二章與第六章曾發表於《台灣社會研究季刊》(分別是2001: 41期與2003: 49期)；第三章曾發表於台灣歷史學會主編之書籍《邁向21世紀的台灣歷史學論文集》(2003: 稻鄉出版社)；附錄一曾發表於《思與言》(1998: 36卷4期)。這裡一方面要感謝這些刊物或單位之匿名評審，提供許多寶貴修改意見，使我能夠修訂文章中的疏失；一方面也要特別感謝以上各個單位的准予本人轉載有關文章。

本書的能夠順利完成，要感謝很多人的協助。雖然沒有能夠得到一些新興宗教團體的正式同意，這使研究進行起來困難不少，我還是要感謝清海無上師世界會(我個人曾對其中50位參與者進行訪談)與盧勝彥眞佛宗教團(相關訪談仍在進行中)中許多個別信徒的同意接受我的訪談，使我累積了不少豐富的資料，得以更深一層理解爲什麼人們對於新興宗教可以產生如此強烈的認同與歸屬感。當然這些訪談都是不記名的，我非常感謝這些受訪者對我的包容與協助。

許多人的啓發與鼓勵使我獲益匪淺，包括我博士班的指導教授Jane Piliavin、大學時代的導師鄭爲元老師、台灣新興宗教研究的重要開拓者瞿海源老師、中研院民族所所長黃應貴，以及民族所所內領域相近的研究人員林美容、胡台麗、佘舜德、張珣、葉春榮、佘安邦、陳茂泰、林開世等等，都對我的研究有著一定程度的鼓勵與協助。感謝本書兩位匿名審查人的細心指正及提供寶貴修改意見。還要特別感謝林本炫教授，本書中有三篇文章(第二章、第三章與第五章)在會議中發表時是由他來擔任評論人的，他仔細的看出我文章中所犯的各種誤謬之處，並提出了中肯的改進之道。

在本書資料收集與概念澄清的過程裡，有不少前輩與朋友曾提供協助，他們是盧蕙馨、張振興、蔡麗茹、楊嘉銘、邱彥貴、溫金柯、陳美華、趙星光、郭文般、林瑋嬪、王鈞、黃駿、黃厚銘、林立仁、廖麗瑩等諸位女士先生，以及其他許多熱心幫忙的朋友們，在此我要一併謝謝他們，另外還有不少友人曾在個別的問題上給我提供寶貴的資料和意見，我在這裡無法一一列出他們的大名，不過我要在內心向他們致上深深的謝意。

本書相關研究執行期間，曾獲國科會研究計畫經費之補助，計畫編號分別爲NCS90-2412-H-001-013；NCS-91-2412-H-001-016；NSC-92-2412-H-001-019。本人特別在此表示感謝。

本書得以順利出版，感謝聯經出版公司執事們的辛勞，以及中研院民族所助理楊欽堯、蕭汶淇、錢美文、傅聖樺、張芝怡等人在我研究過程中的協助。楊欽堯在歷史方面知識豐富，提供我不少有用的資訊，本書的專有名詞索引，則透過他的協助而完成。蕭汶淇協助完成本書各種圖表的製作、書目整理、以及人名索引部分。此外在研究過程中，楊欽堯與蕭汶淇都曾幫我整理了數份訪問稿。我在這裡要感謝研究助理們對我研究上的長期協助。

感謝我的內人，她長期支持我的研究，與我討論有關問題，還幫我整理了不少訪問稿，我不知道該如何來感謝她。

筆者才疏學淺，水平有限。書中錯誤及不妥之處一定不少，尙祈方家及讀者不吝批評指正。

丁仁傑

2004年6月於台北南港

目次

第一章

導　論

一、關於本書的書名

本書主標題：「社會分化與宗教制度變遷」，副標題：「當代台灣新興宗教現象的社會學考察」。對標題的意涵，在此先做一說明。

就主標題所涉及的幾個層面：一、社會分化，最簡略的講，指的是「社會上不同的部門，開始各自扮演著自身的特殊功能，而相互區別開來的過程」。這個過程雖主要是由近代的西方社會開始產生，但是目前已影響到全世界人類的生活。在此過程中，社會結構的配置，逐漸由一個同一性的體制裡產生分解或脫離，而接著產生相對自主性的各個次領域。本書主要觀照點，即在將這一個過程放在台灣的歷史與社會脈絡中加以檢視，並注意到與宗教層面有關的一連串組織型態和行爲實踐方面的轉變。

二、對於社會分化所引起的宗教層面上的轉變，我們是以「宗教制度變遷」之名來加以辨識。「制度」此一名稱，存在著各種不同的定義，在社會學裡，一般指的是在人際互動中已經成爲規律性而不斷重覆出現的行爲模式。依據功能論的說法，一個社會的維持，有其「功能要件」需要達成，對應於這些「功能要件」，於是有幾種制度在維繫社會整體生存方面通常扮演著重要角色，像是家庭、經濟、政治、教育、宗教等等。

就此來看，如果就常被引用到的Geertz(1966: 4)對於宗教的定義再加以引申，由功能論的角度來看，我們或許可以說，宗教制度的主要內容，是一套建構意義與秩序的象徵符號及其衍生的各種規範與角色規定，它有助於個人與集體建構意義，並且神聖化或正當化社會既有的組成方式。不過「制度」這個名詞，所可能包含的範圍還是相當廣，同時涵蓋抽象與具體層面，於是角色、規範、習俗、法律、組織運作程序、或具體的組織等等，都可以被視做是一種制度。

在本書中，雖然制度所指的都是那些和規律性互動模式有關的事物，但在不同討論脈絡裡，會有不同的具體涵義。在各章節裡，爲了避免混淆，我們將不再以制度之名來進行討論，而盡量以較具體的層次來進行考察與分析。像第二章中所討論的主要是宗教象徵符號與其它社會制度間邊界改變之議題，在其中，制度指的是宗教場域自我維持及與周邊產生疆界的相關設定；第三章、第四章、附錄二與附錄三中所討論到的宗教制度，是指宗教組織中的權力分化和「媒介性救贖」模式(見第四章)；第五章、第六章與附錄一中所討論到的宗教制度，是指宗教象徵符號背後「模式性的詮釋方法」，在該章中我們發現到，當宗教在整體社會中扮演功能有所改變時，宗教象徵符號將會被重新詮釋，信眾的宗教行爲，也就是在新情境中的制度性行爲模式，也會跟著發生改變[1]。

三、筆者所提出的「宗教制度變遷」，在本書中，主要是以

1 此外，也要稍加釐清的是，本書中所指的制度性宗教，是指有長期之正式與固定組織，及有固定教義的宗教型態，與此處所提到的較爲廣義與抽象性的宗教制度，其中都出現了制度二字，彼此間所涉及的層面或許有關，但二者是完全不一樣的概念。

「社會分化」過程爲主軸，來觀察因爲此過程而產生的各種宗教制度層面之變化。能夠產生宗教制度變遷的原因很多，本書所關心的焦點，是台灣社會分化的歷史與社會過程中，隨著宗教制度所占結構性位置以及宗教象徵符號凝聚方式的變化，所產生的一連串後續變化。簡言之，社會分化過程是我們主要的觀察與討論脈絡，我們所關心的宗教變遷議題，也是以社會分化爲焦點而加以衍申的。這可以說是一種「結構啓動」(structural initiating)的分析立場，也就是由特定社會脈絡中，宗教在社會中結構性位置的改變爲著眼點，來觀察並解釋現有的各種宗教現象。

四、在「結構啓動」的分析角度裡，變遷的核心來源來自於社會分化過程。整體社會爲何會出現分化，在不同社會脈絡中有不同情況，難以一概而論，像是人口增加、專業化組織的出現、工業化、都市化、政治革命、自由流動資源的出現、多權力中心的競爭等等，都是刺激社會分化的成因(見第四章)。台灣的社會分化，自日治時代即已開始，目前之社會分化趨勢的加劇，是全球化競爭與現代化社會過程中被迫發生的結果，在政治上這和威權統治的正當性基礎產生內在性轉變，在經濟上這和採行資本主義並引進現代化組織等等都有密切關連。

換言之，以社會分化來觀照宗教變遷，變遷的核心來源，也就是來自於「界限」(boundary)的劃定。宗教制度如何與其它制度間劃定界限，乃會決定性的影響相關的行爲與實踐。宗教制度本來就必然會參與其它制度的運作，因爲宗教涉及到的是整體社會權力正當性與神聖化之層面，所以並不只是在宗教制度內有所活動。但是即使如此，宗教制度與其它制度之間的關係模式，還是有多種可能，宗教制度要以何種方式來自我維持、並以何種方式來介入於其它制度，在不同歷史時空中，存在著很大差異。

而在社會分化趨勢之引導下所呈現的情況是，整個社會已不存在一個統一的標準來使整個社會達到一個「最佳」(optimal)狀況，在已分化之社會裡，首先由各個次領域在自身的範疇內來達到最佳狀況(所謂的「次領域內的最佳狀況」[sub-optimal])，再由各個次領域間來進行協調與合作(Knight 1992: 15-16)。在這種社會運作模式裡，當然不同次領域間的衝突與矛盾也就必然會出現。

社會分化本是目前東西方社會中都正在發生著的過程，社會分化使宗教制度成爲社會中一個「區隔性」(compartmentalization)的實體，這是一個世界各地的共通現象。但是對於台灣的宗教制度變遷來講，它又有其特殊的作用方式，這是因爲傳統華人社會中的主導性宗教是「混合性」的，其乃不同於西方傳統社會中早已有著以制度性宗教爲社會中之主導性宗教的情況，相比之下，在台灣社會，在主導性宗教活動由「混合性宗教型態」到「制度性宗教型態」的轉變中，宗教的退縮或是擴張，與西方社會中所曾發生過的情形有很大差異，這些差異主要表現在當代台灣社會中：原傳統社會中的主流性宗教(也就是「宗法性傳統宗教」，見第二章)並未能產生有效的對抗性舉動來對抗社會世俗化的發展趨勢；原傳統社會中的非主流性宗教，已漸取代原傳統社會主流性宗教之位置而獲得蓬勃發展；原傳統社會中之非主流性宗教在取代原傳統社會主流性宗教之位置時，其宗教文化仍與原傳統社會主流性宗教之內容相當接近；在新的以制度性宗教型態爲主的宗教環境中，民眾之宗教行爲固然在教義認知與身分認同上有加重之趨勢，但對於宗教參與的過程有隨機性的傾向(端看其周遭網絡性質而決定)，是以修行的有效性，而非教義之理念爲參與時主要的考量點，這一方面是因爲前一個情況所造成的各宗教團體間的實質差異相對而言較小，一方面是因爲傳統混合性宗教中的宗教實踐模式仍被保留與傳遞了下來。

出於這些基本差異，也因之我們不能直接借用西方文獻來說明台灣當代的各種宗教現象，而有必要結合台灣本身的歷史與文化環境，重新來考察在台灣社會分化過程中，宗教層面所相應產生的一連串制度性變遷之面貌。

五、至於變遷的主要內容，已分布在本書各章的討論中，這些變遷，反映出在台灣這個特定的時空脈絡裡，社會分化過程所產生的宗教制度性變遷之形貌，及其在民眾宗教行爲上的相關影響，而這些變遷之間，彼此間也有著高度的相關性。在本書中所討論到的一些較典型的例子，舉例來說有：宗教制度叢由混合性模式至成爲制度性模式；宗教團體由組織界限模糊至成爲與外界界限愈益清楚；宗教組成以地域性的社區組合爲主，至成爲超越地域性的一般組織；宗教團體由正式負有教化社會大眾的功能與角色，至成爲不再明顯扮演相關角色；宗教身分由社區歸屬形式至成爲志願參與形式；民眾宗教參與形式由同時多重團體參與至成爲同時僅以單一團體爲主要參與對象；在整體社會中宗教場域的主要性質，由一個地區中具有文化發展引導性的對於神聖領域的保存與創造，至成爲與社會其它部門產生平行性對話與合作的次領域；宗教儀式的執行由少數專業宗教人士壟斷，至成爲由一般在家者可參與並加以執行；一些在傳統社會中原本具有祕密性格的教派團體，至成爲雖仍保有祕密性並與外界保持某種距離，但在外界媒體負面壓力中，反而激發其成爲能運用媒體來建構自身形象的教團，並接著使其在媒介層次與動員能力上產生了大幅擴張的現象。

而在這些變遷中，宗教活動的範圍與型態有所改變，但是其整體活動力不僅沒有減弱，還在諸多層面上有所增強。主要是因爲：一、在新的宗教生態裡，產生了市場競爭的狀態，整體社會在供應與需求層面都受到了極大衝擊；二、在新的社會型態中，宗教部門的存在也是必須的，而且是以鮮明而「區隔化」的方式，與其它部門產生緊密而積極性的互動。結果是，民眾的宗教參與和實踐更爲深入，宗教與社會其它部門之間的關係愈益相互依賴，宗教在社會中的角色也變得更鮮明化與具體化了。

簡言之，就本書的主標題「社會分化與宗教制度變遷」而言，我們可以說，雖然社會分化僅是一個相當廣泛性與宏觀性之古典的社會學概念，但是出於社會分化過程在台灣宗教制度變遷層面上的重大影響至今尙未被加以系統性的考察，以及其在台灣歷史時空中具體影響宗教層面的方式亦尙未被以實例來加以探討，因此在學術上，還是有其必要對此議題做一適度的釐清與分析，以塡補在探討當代台灣宗教現象時，在理論與實證方面都存在著的一個很大的空缺。

至於本書的副標題：「當代台灣新興宗教現象的社會學考察」。書名中的「新興宗教現象」，這已是一個廣爲台灣社會學界共同使用著的學術名詞，雖然關於它實質上的涵義還是存在著頗多爭論。我們在本書中仍沿用了這個名詞，並將其放在副標題中。不過對於新興宗教現象的具體範圍，我們在此還是嘗試加以某種限定，也就是以「社會分化」做爲定義「新興宗教現象」的一個較爲具體的指標，於是「新興宗教現象」，在此也就是指當代台灣社會分化過程當中，受到這個過程影響而改變了的既有的，或是因此而新出現的各種宗教活動。

這個定義是分析性的、啓發性的、相對性的、而且還是暫時性的。我們很難根據這個定義而說某一個宗教現象確實是屬於新興宗教現象，因爲我們本來就很難確定一個現象是否是受到社會分化過程之影響而產生的。不過我們可以想像有一個社會分化過程的出現，而產生了各種「結構啓動」之影響，讓傳統社會中的宗教活動開始產生各種轉變，並且也使得一些新的宗教活動開始出現。然而，因爲目前社會分化過程在台灣的宗教脈絡中所可能造成的各種影響，其本身就還是一個有待釐清的問題，所以以此來做爲定義中的一部分，是很難將此定義予以實際「操作化」的。不過做爲一個啓發性的思維方向之引導，我們還是願意暫時以此方式來界定所謂的「新興宗教現象」。至於這個概念所涵蓋的範圍，大致上是一個光譜性的排列，由舊到新是相對比較出來的結果，而不是以嚴格的二分法來對新舊做區別。

當以「新興宗教現象」這個名稱來標識我們研究的主題，這事實上是對於「宗教場域已產生劇烈變化」的一個強烈的社會學宣稱。正因爲在社會分化過程中，許多宗教現象已有了新的質素，所以需要新的概念工具的輔助來增進我們對於它們的了解，不過也因爲它們是正在發生當中的，因此在對其性質的掌握上，一方面在目前還是相當難以觀其全貌，一方面對於相關現象的解釋也還難有定論，存在著各種不同的相互競爭的解釋框架。

而在其中，社會學考察所強調的是一種「整體性」與「同時性」的觀照角度。希望能以整體社會各部門的關係及其作用著手，把宗教現象放在一個比較宏觀的角度裡來處理。不可諱言的，這其中當然有著濃厚的結構功能論的色彩。這也之所以筆者把個人現階段的分析途徑定位爲是一種「新功能論」的分析角度。至於「同時性」的強調，是指本書在注意到各種宗教現象背後所具有之歷史連續性的同時，更著重於當代社會變遷因素所產生的宗教環境的變化，這與歷史學或宗教學所強調的分析重點便有所不同。不過在某些討論脈絡裡，本書中還是會特別處理傳統社會中宗教活動的性質與特色，以及其與當代宗教現象間的關係，但是筆者所採用的分析角度始終是社會學式的，所關注的問題也始終是和當代的關係比較密切的。至於本書實際所討論的研究個案與相關理論性議題，在本章後面將有較詳盡的說明。

二、新興宗教以及新興宗教研究

宗教，常被認爲是一種能夠超越地域性藩籬，並具有普世主義性格的組成物。然而事實上，它既不像科技的傳播也不像市場的擴張，具有著某種全球性的普及性，反而是深深的鑲嵌在各地區的歷史文化、政治經濟活動和基層民眾的生活習慣當中，即使在某些全球性共同的社會變遷趨勢裡，它也濃厚的保存了，或者說是堅持著，不同地域原所具有的一些文化特色(Sellers 1998: 20)，這個顯而易見的想法，過去卻經常爲學者所忽視。

傳統社會學或是現代化的理論家曾認爲，隨著社會的高度分化，理性將逐漸取代或是壓過宗教，整個世界逐漸爲一種世俗化的趨勢所覆蓋，這種想法今天看起來已經是過度輕率，即使如早期「世俗化理論」的闡揚者Peter Berger(1967)，近年來(1998)也放棄了他在30年前所主張的這種想法。的確，就歷史事實來看，不用說亞非國家1970年代以來，就有著與民族主義關係密切的各種傳統宗教復興運動的出現，就是歐美國家內部，1960年代以來各種新興宗教運動的蓬勃發展，嚴重挑戰了資本主義政治經濟體系運作上的正當性，也使世俗化與現代化理論產生了解釋上的困難。

新興宗教運動研究，做爲一個專業的研究領域，大概開始於1970年代末期，該研究領域起先只是專注於考察歐美60年代以來，各種在教義與儀式上都有違正統基督教派的各種異端團體，但它的研究範圍很快的擴大了，可以包含在全球化的政治社會經濟情境中，各地都廣爲出現的新興宗教組織。尤其是高度現代化國家，像是歐美、日本等等，爲什麼仍然有著蓬勃發展且型態多彩多姿的各種宗教活動？這些活動應如何來加以理解？並且它們又反映出什麼樣的時代屬性和理論意涵？這些問題一直激發著學者廣泛的興趣。

雖然宗教始終是人類文明中相當核心的一部分，新興宗教團體的層出不窮也本是人類文明的常態，但是近一兩百年來在全球所產生的新興宗教團體，在數目與表現形式上，都大大超越了過去。這固然和開放的環境、文化交流的便捷、全球資訊的流通等較外在的因素有關，同時這更和人類因對於平等性的普遍追求而打破了傳統宗教階層的限制，以及政教分離以後宗教必須適應市場運作邏輯等根本社會結構因素的改變等關係密切。

而研究新興宗教，固然其目的是在對於當代既有的宗教現象提出解釋，但同時更是在對於社會的發展提出整體性的說明。因爲宗教本身和其它的社會制度間性質有所不同，它通常既在社會結構當中扮演了一種提供整體社會價值與正當性的角色，也在個人的生活世界裡有著提供意義與歸屬感的功能，這種特殊性質使然，使得關於宗教變遷的探討，事實上必須牽連到和社會整體性的運作密切相關的諸種議題，其所得到的概念或解釋框架，當然也必須要能夠對於社會整體性的歷史文化變遷有所說明。這使得新興宗教議題的研究，不單僅是牽涉到一個地區宗教制度的變遷，更牽涉到一個地區整體社會型態與價值運作模式改變方面的問題。

三、台灣宗教以及台灣的新興宗教

放在歷史的脈絡裡，台灣始終是一個宗教活動活躍的場所。所謂台灣宗教的活力，大致上和幾個因素間關係密切：第一、移民社會中不確定的因素較多，而在台灣歷史變遷過程中，社會構成最主要生產階級的改變，是由受自然環境擺佈的小農階級，逐漸轉移到受市場經濟活動波動影響的小資本階級(petty capitalist)(Gates 1996)，在此，歷史過程中生產模式雖有改變，但不變的是在小規模的自營生產模式裡，個人始終必須自行承擔高度風險，對應於此，對於個別民眾或小家庭單位而言，宗教在此於是具有了其在功能上的必須性；第二、移民社會中大宗族形成較晚，必須借助能夠跨宗族的宗教來對區域力量加以整合，宗教，尤其是與局部地域範圍結合緊密的民間信仰，於是一直是台灣歷史發展過程中整合民間社會的主要因素(見第三章)；第三、移民社會中中央政治權威的約束相對較小，民間宗教文化的表現形式格外多元而較不受約束；第四、由於歷史因素的複雜(不斷經歷政體的變更)以及族群的多元，再加上海島型的地理位置，較易接觸到新的宗教元素，這些皆使得台灣成為各種宗教元素激盪充斥與相互交流的一個場所。而台灣歷史上所曾掀起的一波又一波的宗教熱潮(見第三章)，也從某個側面應證了台灣宗教活力的旺盛。

不過，我們還可以由另一個角度來理解宗教的「活力」，在此，所謂的活力，意謂著宗教在俗民的日常生活中，扮演著與個人或家族的生存密不可分的一種關連性，它雖然可能具有某些形式，但這種形式不是外加的，而是與民眾的基本生活習慣與心智活動密切嵌合的。也就是因為它基本上並沒有從民眾的日常生活中分化與脫離出來[2]，所以可以保持著高度的動員力與活動力。換句話說，民間社會中宗教活力的旺盛，反映了宗教因未與民眾日常世俗生活分化與脫離，而始終保持著淋漓的元氣，也就是民間社會始終停留在宗教與民生經濟相混融而未充分分化的本質上，這正是台灣人宗

2 關於宗教的分化問題，可參考本書第四章中關於宗教演化的相關討論。

教活力背後的主要依據。由此看來我們也可以附帶一提的是，台灣縱然是有著堅實的民間社會，但它缺少與上層政治機構連結的機制與管道，換言之它不是政治性的，而是一種宗教、民生經濟活動與具有民間平等互助性質的混合體[3]。

而目前，接軌在台灣民間底層的這一股活力之上，台灣當代的宗教活動，在表面上顯然已經開始產生了大幅度的變形與轉化，甚至於開始有大量新興宗教團體的出現，有些還在外在形貌上頗類似於當代歐美社會中作風較為怪異的宗教團體，這些已不盡同於傳統社會中的各種宗教活動。在此，台灣的「新興宗教時代」似乎已經誕生，隨著工業化、都市化、以及全民教育程度的提升，整個社會的多元化走到了一個新的階段，類似歐美或是日本的高度現代化國家中的宗教形式已經出現在台灣，一方面某種大眾文化與流行性的消費文化融入於宗教之中，宗教不再自限於禁慾苦修的傳統形象；一方面個人意識高張，脫離常軌的宗教團體大量出現。就歷史軌跡而言，這大致開始於1980年代末期，在正統宗教的行列裡，最早應是星雲[4]結合大型建築與現代媒體的弘法事業的開展，接著有慧律口語化的大型講經說法活動，以及證嚴現代化慈善事業的推廣。在非正統的行列裡，以觀音法門之名出現的清海、融合民間信仰與藏

3 以社會學的角度來說，台灣的民間社會，代表了一種生存與思考模式的合一，「理性」或是「反身性」尚未被分割出來成為獨立的動力，行動者在既有的社會關係裡生存與活動，不需要批判性與抽象性的思考，整個社會遵循傳統的世界觀而不斷被自我複製與延續下去。而活力，也就是在這種單純的活動形式以及有力的生存需求底下，源源不斷的發散著。當然，由於缺少反身性的自我批判與系統性的抽象思惟，建築在特殊性社會關係組合中的民間社會中的民眾，如何能轉化為具有抽象人權觀以及抽象契約或普遍性聯合觀的「市民」，這是有其根本上的困難的。

4 以下各宗教師的稱號，依學術慣例，不另加法師稱謂。

傳佛教的盧勝彥等等，這些人所領導的團體都在此時有大幅度成長，1987年解嚴時，這些傳教者已經成爲台灣民間的傳奇人物，於是在法令約束解除之後，更能以極快的速度來擴展組織。爾後聖嚴的法鼓山、唯覺的中台禪寺，以及妙天、宋七力等等，以類似的活動模式與組織型態，一波又一波的掀起了台灣當代宗教活動的熱潮，不僅宗教的入世路線愈益鮮明，刻意以社會慈善與服務來拉近與信徒的距離；宗教所採取的宣傳與組織手段也愈益靈活，不再消極被動；同時在家眾與出家眾間的關係也重新組合統整，教團內的權力關係有所改變。在這種種變化中，隨之而起的鮮明的具有克理斯瑪性格的宗教領袖，更是成爲台灣當代宗教現象中爲眾人所注目的新焦點。

至於最近一波的新興宗教潮流，包括了藏傳佛教在台灣的傳布、各種氣功運動的相形熱絡，以及「新時代運動」的日益流行等等，一方面它們仍具有著前述的性質，一方面在組織架構上益形鬆散，顯示了較爲濃厚的個人主義色彩。

四、世界宗教發展過程的基本軌跡

以一個較長遠的歷史過程來考察西方近代社會的發展，如同Jameson(詹明信 1990: 42)所述：

> 在早期的社會裡，宗教在社會中包括了所有上層建築：包括了文化，又和政治結合在一起，而且其本身就是法律，就是倫理標準。只是在進步了的社會，只是在資本主義、個人主義出現之後，上層建築的各層次才分離開來；宗教失去了其統治地位，不再能將上層建築的各個層次連繫在一起。現在

> 每一現象都專門化了，出現了藝術、文學、政治、國家機器、法律等等，而且每一項都獲得了一定的獨立性，這就是阿圖塞所說的「半自律性」；這也和社會的「世俗性」是連繫在一起的。過去的社會，由於宗教占統治地位，社會是以經濟之外的一種方式組織成的，而進入資本主義社會之後，社會機器卻完全是以純經濟的方式來組織，其他的一切都和經濟有關，都受經濟的制約。

簡言之，在社會變遷裡，宗教在社會中，結構位置產生了改變，或者更適切來說，也就是整體社會型態產生了「重新型態化」(re-configuration)的過程，社會已不再是原來的社會，宗教也已不再是原來的那種宗教，因此在此若想要了解當代人的宗教生活，在這之先我們有必要對當代的社會型態，以及傳統社會如何演變到當代社會的過程有所掌握。

當然，更根本來說，現代人的宗教生活，或許也必須用新的名詞來加以稱呼，也就是就「宗教」這個名稱所代表的範疇來看，現代人的聲稱信仰某種宗教，已經代表了和前現代人所謂的參與某種宗教生活，其意義完全不同，如同Jameson(詹明信 1990: 44)所講到的：

> 前資本主義社會中並不是每個人都虔誠地信仰宗教，而是宗教組織了社會生活和社會行為；教堂是社會的中心，人們都必須完成各種宗教儀式，至於頭腦中究竟裝了些什麼倒並不十分要緊。而在進入資本主義社會之後，一個人如果信仰宗教，那就是一種信仰形式。

進一步講，如果以現代的宗教信仰的標準來看，我們或許可以這麼說，傳統社會中的人，擁有豐富的宗教生活，卻缺少深刻的信仰，現代人整體宗教生活相對貧乏，卻不乏有人有深刻的信仰，甚至於幾乎人人有終極關懷。

而這種現代人的信仰，有著個人性與主觀性的特質，以西方的歷史發展情境來看，所謂的「私人化的宗教」、「自我宗教」(self-religion)等這些學者曾賦予的名稱(參考第六章)，明顯的標示出來了西方社會中現代宗教的特質。Berger et al.(1974: 77-78)對此有著相當精采的描述：

> 由於現代社會中社會世界的多元性，人們對每一個個別世界結構的體驗都將是相對的不穩定和不可信賴的；大部分在前現代社會裡的個人，生活在一個整合性比較高的世界，這個世界對他而言因此是堅固的，而且可能是無法脫離的。相反的，現代人經驗著的是一種有著多個社會世界的多元性，這種多元性把其中的每一個社會世界都給相對化了。結果是制度性的秩序經歷了某種失落而不再代表本質上的真實。本質上的真實所具有的一種著重點於是由制度中所具有的客觀秩序轉移到了主觀的層面。換句話說，對一個人而言，個人對於自己的經驗變得比個人對於客觀社會世界的經驗來得還要真實了。於是，個人乃試著由自身身上而非自身以外的事物來尋求他的立足點。這導致的一個結果是，個人的主觀世界(這一般被認為是一種關於他的某種心理學)變得日益詳細和複雜，並且更引起自己對於它的興趣。主觀性所具有的深度，達到了前所未有的程度。

如果就宗教團體的內部來看，回到實際的歷史過程裡來考察，西方16世紀路德的宗教革命，18世紀的啓蒙運動，以及進而所產生的法國大革命，摧毀了前現代的社會，並產生了新的世俗性的精神文明。反映在宗教團體內部的組成與互動上，則是一種個人主義的精神以及平等主義的強調。個人不再需要神職人員來詮釋經典，教團內傳統的階層性關係也開始瓦解。當外在社會關係變得愈來愈爲平等，並且也愈來愈個人化(在此，教育的全面普及與提昇當然又是另一個重要的因素加強了這些趨勢)，宗教團體內部也面臨了重大的變革，因此而產生的各種宗教團體的改革、分裂與誕生，其速度與數量皆愈益加劇。

而由基督教的角度來看，由於傳統社會中教會組織的一元化結構，宗教的分裂與誕生，必然會和教義上正統與異端的爭執有關。也由於傳統的教團在政治與文化上是與主流社會立場相一致的，新起的教團在初起時，於是往往一方面在教義上與傳統教團對立，一方面也與社會上的主流政治經濟力量相衝突，要直到教團發展規模漸具，才會與外界改善其間的關係。

然而以上所述的都還是在基督教文化的脈絡裡來看，在當代西方社會裡，隨著東方宗教的傳入西方，以及宗教上個人主義的益形發展，在新的宗教觀念、組織模式、修煉技術輸入的影響之下，西方世界的宗教版圖、宗教與宗教間的關係以及宗教與社會的關係間，都開始產生了劇烈的轉型與演變，西方學界所謂的新興宗教研究，正是要嚴肅的面對其社會多元化發展情勢當中，各種邊緣性、或是已脫離其邊緣性而不能再以邊緣性來加以看待的，各種文化反彈或是反映(reaction or reflection)的現象。

而前述的那種個人化與平等化的發展，隨著幾波的技術革命，一方面它們不斷被予以加強，一方面這也接著產生了各種新的宗教發展趨勢，像是印刷術的出現更促進了宗教的個人主義以及普及化了各種宗教觀念的流行；大量生產以及緊接著的大眾消費模式的產生逐漸泯除了菁英文化與大眾文化間的界限，導致宗教的訴求與傳教模式都開始有所轉變；現代文化工業(媒體主導了訊息的傳布與接受、商品化邏輯擴張等等)的產生促進了所謂後現代社會的出現，也就是各種象徵符號不再直接反映出本質，宗教團體在此時代背景中乃有著更大的操弄符號的空間；全球化情境的出現促成各種宗教觀念傳布與交融的速度皆大爲加快等等。

雖然以上的發展趨勢是全世界所共同的，但是對於許多仍保留了濃厚傳統習俗的非西方國家人民而言，在宗教型態的變遷與發展上，卻又各有其不同的步調與方式，必須回歸到其社會原所具有的基本結構與文化特徵中來探討[5]。

---

5 像是方法論者Blalock(Blalock & Blalock 1968)所指出的，在資料與理論的連結過程中，還有一種所謂「附屬性的理論」(auxiliary theory)必須被建構出來，在其中主要是在說明一些抽象性的概念如何能夠被應用到一些特殊的情境當中。而這種附屬性的理論抽象層次較低，比較是屬於經驗層面的輔助性說明，就像以重力加速度原理爲例，原只是一個抽象的原理，但若要被運用在暴風雨的情境中來了解羽毛落地的情況，還需要加入各種關於風阻、氣流漩渦等相關附屬原理的幫助來做預測。這個例子雖然是自然科學的例子，不見得可以用來說明人文社會科學中的情況，不過我們也可以想像，對於當代台灣新興宗教現象的研究與預測，某種程度上，事實上必須建築在對主要原理(像是世俗化理論)與附屬性原理(關於台灣宗教本質的掌握、宗教發展史的特性等等)兩種原理的配合之下，才有可能得到一個比較具體的成果。當然若在研究過程中發現主要原理根本無法應用在台灣的情境，而必須產生典範的轉移時，那則是另一個層次的議題了。

五、考察台灣宗教變遷的幾個不可忽視的重點

當把台灣當代宗教蓬勃發展的情況放在一個全球性宗教復興的潮流裡來看待時，至少有幾點關於台灣宗教在過去與在當代發展上的特質，是我們所不可忽視的，或甚至於它們可能是我們在分析台灣當代新興宗教現象時，一些非常重要並且是相當獨特的出發點或著力點：

1. 華人文化世界的一個高度同質性與整合性

一些學者(Rawski 1995: 403-404; Watson 1993: 96-98)曾經指出，相對於其它區域，例如說是印度和法國，中國在明朝中葉以後，在不同的地域甚至是階級間，已經產生了一個整合性與共通性都相當高的文化系統(參考本書第五章)，或者說漢文化的殖民(ter Harr 1990: 388)已達到了一個相當成熟的後期發展階段，某種「文化主義」(culturalism)[6]貫穿了華人的生活世界。而基本上，我們可以發現，即使在當代的台灣，這種文化上的整合性，也還一直是民間宗教生活的一個重要基礎，換言之某種文化上的公分母是牢牢的存在於一般民眾的意識當中的，雖然這種統合性的內在性質或是這個公分母是什麼，學者間仍頗有爭論，但至少我們知道，在考察文化合和狀態中宗教團體的成立與分裂時，是不能只注意到組織上

6 關於中國的「文化主義」，以Fairbank & Goldman(1998[薛絢譯2002: 21])的講法：「指中國人對其生活方式徹底忠誠的情操。……中國的文化主義卻起於中國與內亞細亞『夷狄』之差異。由於這些外患比漢族驍勇善戰，中國人便往社會制度與文化美學的優越感之中尋求慰藉庇護，這些是異族征服也消滅不了的。」

的分裂因素而忽略了其背後所代表的實質文化意涵的。譬如說西方近代的新興宗教，往往是對立於其社會中的主流價值而產生，但是華人近代的新興宗教，卻常起自於三教融合的舉動，有著回歸文化正統的行動取向，它們顯然不能純以宗教上的異端來被加以看待(參考第六章)。更具體的就技術層面而論，在華人文化世界裡，藉由佛教的法身、化身、報身三身共一的概念的媒介[7]，使得所有的宗教與宗教師，都可以看做是同一法身在世間不同報身或化身的展現，於是宗教團體在組織上的分立，也就不是代表其在教義本質上的對立，這與西方社會在一神論(故是排它性的)為教義基礎的情況下，所發生的宗教團體間的對立，其情況極不相同。

7 「三身觀」是一個眾所周知，而且在華人宗教文化脈絡裡也是極端重要的觀念，它構成了大乘佛教教義與救贖論的一個基礎，也常為華人社會民間宗教活動裡所廣泛採用。為了加深理解，我們此處還是對此概念略做說明。首先，身，在此指的是一種意識存在的特殊形式，指涉的是某種和意識顯示的狀態以及成就的結果有關的層面。法身、報身與化身，三者最內在的本質是相同的。法身(*dharma-kaya*)可以說是一種無形無相體用圓滿的抽象性狀態，是超越時間與空間的存在；由於法身是我們無法接觸的存在，為了顯示某種具體性，乃化為各種型態，其中能夠使人感受到的一種具體化狀態，也就是報身(*sambhoga-kaya*)，它還可以分為「自受用身」，一種展現修行成就的喜悅性狀態的存在，和「他受用身」，一種令他人受用的說法狀態；化身(*nirmana-kaya*)則是在此世現實裡的直接而具體的有血有肉的展現。具體來說，對於一個信仰者來說，化身是大成就者落實於實踐層次以度化人間的表現模式，也就是修行時所依止的師父，一個已證得菩提(獲得究竟之智慧)的覺者；報身是一種有著超越性格(居於清淨佛土)的神聖體，其形象可供人加以膜拜，也就是信徒修法時所觀想或是膜拜的神像；法身則具有最高的超越性，又是無形瀰漫於一切的抽象性的法之所在。三身彼此當然不是三件事，而是一種不可分離整體的各部分的分別展現(Tucci 1970: 263)。而以這種三身說的講法為基礎，密教的佛學體系中則主要是以一種類似的四身說(Tucci 1970: 94)為教義與救贖論的一個基礎，此處不再詳述。

2. 東西方對宗教的定義與態度有重大差異

雖如前所述，東西方社會皆然，傳統社會中的宗教只是一種日常生活中的實踐習慣，現代社會中的宗教才具有信仰的要素。但是另一方面來看，整體說起來，在傳統社會裡，西方社會中一神論式的宗教還是有著較大的獨占性，理論上一個人不能同時參與兩個教團。反之，在華人社會中，「教」，一般指的是一套獨特的道理或方法，或甚至指的是一套規範性的儀式活動，而非有組織的教派活動(ter Harr 1990: 13)；Cohen(1988)更指出，華人教派活動是相當個人性的，個人爲求自身或家族成員靈魂的解脫而來參與，爲求有效的解脫，個人也可以同時參與多個宗教團體；換言之，既然「教」只是一套獨特的修行方法或處事原則，除了少數宗教專業階層以外，人們沒有必要單獨對一個宗教團體效忠，宗教團體間的界限當然也就不是互斥的。在以上這些情況下，華人社會中新宗教團體的增加，反而比較像是宗教選擇性的增加，而不見得代表著正統宗教團體正當性受到了嚴重的威脅。

3. 結構上的世俗化而非文化上的世俗化

台灣的社會是否已經世俗化？也就是宗教逐漸退出了其在社會中的影響力？這還有待進一步的驗證與討論。但是至少我們注意到，台灣雖然實行了資本主義並採用了西方式的理性科層體制，然而在其非內在性或是非自發性所發生的世俗化過程裡，世俗化只是發生在社會結構上的，而非全面的發生在人們的意識當中。對應於傳統意識的廣泛存留，也因此傳統宗教，或是傳統宗教觀念，在民眾間仍然有其一定程度的迴響與共鳴。由這一點看起來，我們可以說，西方社會的「世俗化」曾帶來了多元化的結果(其中的一部分是各種異端教派的興起)，但也後續產生了一些「反世俗化」與「再神聖化」的反彈趨勢，而台灣的「世俗化」過程則既非自發性又非進行的相當徹底，可以說台灣還是處在某種長期的「世俗化」過程中(參考第二章)，各種新興宗教活動實質內涵，仍帶有著濃厚的傳統色彩。

4. 在傳統華人社會裡，制度性宗教之載體以及宗教在整體社會中的結構位置，這二者皆與其在西方傳統社會中有所不同，連帶的近代社會宗教變遷所發生的方式亦有所不同

傳統華人社會裡，結構上占有核心性地位的宗教，是沒有固定或正式神職人員的俗民信仰，或是說可稱之爲「宗法性傳統宗教」的「混合宗教」(參考第二章)。原本在社會變遷過程中，因應於傳統價值的失落，以及傳統社會優勢階層的沒落，原占有傳統社會中核心性地位的宗教團體總是會掀起一波又一波的宗教復振運動，但是在華人社會裡，卻存在著兩個不利於這個情況發生的因素：第一、傳統華人社會裡占有核心性地位的「宗法性傳統宗教」，它缺少固定的宗教組織與神職人員，換言之，它的界限是模糊的，它的「載體」(carrier)也是沒有明確界定與定義的，一旦當主流社會結構解體或更換，依附於原主流社會結構(也就是宗法血緣結構)的宗教系統，也自然的喪失了它的「可信性」(plausibility)。而又在沒有明確載體與組織的情況下，時代變遷中它(「宗法性傳統宗教」)並沒有辦法，也缺少足夠的條件，來凝聚成一股有效的對抗或調和時代變遷趨勢的宗教性的力量；第二、傳統社會中華人主流性的「宗法性傳統宗教」，結合了血緣宗法觀念、天神與自然崇拜和儒家的倫理原則，某種程度上，儒家的知識分子在其中扮演了指導性

的角色，然而儒家的知識分子在意識型態上有著濃厚的人文主義色彩，這雖不是反宗教的，卻也是不熱衷於宗教的，因此在時代變遷中，「宗法性傳統宗教」要能夠重新凝聚，並以組織性教團的面貌來加以出現，它本身具有著某種立場上的尷尬性和弔詭性[8]。進一步講，反而在華人傳統社會中，居於邊緣性位置的教團，尤其是佛教和部分民間教團(像是一貫道)，因爲有著明確的載體(固定教團與神職人員)與傳承，又不代表原傳統社會中已遭受挑戰的主流性的社會價值與利益(雖然其在實質內容中已吸收了許多傳統主流社會裡的價值觀)，於是反而在社會變遷過程中，可以繼續成爲宗教活動與宗教觀念主要的載體，並成爲現代化社會裡，一方面是主要的新興宗教活動的承載者，一方面又意外的是傳統文化元素的保留者和發揚者。以上這種社會中主流宗教的性質以及邊陲性宗教團體的屬性，皆與西方基督教社會有所不同，連帶的新興宗教的載體與活動內容也有所差異[9]，這些差異我們在研究過程中應適時加以釐清(參考第二章與第四章)。

---

8 當然，我們這裡並沒有否定這種「宗法性傳統宗教」，在新社會裡產生以教團爲中心的宗教復振運動的可能性，像是我們的確注意到了台灣在日據時期起，已開始有各種民間的儒生所推動的鸞堂組織的發展。不過此處我們主要想強調的是：在華人社會裡，當代「宗法性傳統宗教」的「復振運動」，不是不可能存在，但其在載體的接續性以及意識型態正當性的取得等各方面，是存在著很大的先天上的限制的。

9 西方是傳統社會中的異端團體，以及相應的正統宗教團體的反彈，構成了當代的宗教熱潮。台灣則是傳統社會中的邊陲性團體，同時扮演著文化復振與新興宗教發展的雙重角色，原傳統社會中的主流宗教——「宗法性傳統宗教」，反而因缺少宗教傳承與組織，沒有能夠凝聚成鮮明的宗教運動與教團。

5. 當代台灣的新興宗教現象始終是兩股社會文化潮流匯集的結果

社會變遷動盪快速時，總是有相應的大量新興宗教團體的出現，而西方社會自路德宗教革命以來，先後已有幾次大規模宗教運動的發展，首先是中古歐洲共同宗教秩序瓦解之後，一元化的宗教詮釋體系瓦解，建築在對聖經的不同詮釋與不同階級背景的各種新的教派運動在17、18世紀大量出現(像是長老會Presbyterian、公理會Congregation、衛理會Methodism等等)；其次有19世紀以來歐美現代化潮流中，堅持聖經的正確性，以及強調個人主動體驗神恩的福音運動(Evangelicalism)的發展(Hunter 1983: 7-9)；更近的是1945年以後，歐美當代文化危機中東方宗教輸入西方帶來的所謂的「新異教徒」(neo-pagan)蓬勃出現的現象(Clarke 1988: 149)。然而在歐美，一波又一波的新興宗教潮流，彼此雖然有關，但畢竟是獨立的。在新的社會潮流裡所出現的同一個新興宗教團體的信徒，雖然構成分子複雜，但畢竟是在一個類似的訴求之下而被同一個宗教團體所吸引。但是考察當代台灣的新興宗教現象，與此情況則極不相同，其性質與構成分子背景的複雜程度往往是多重的，信徒們在參與動機上，雖完全不同卻共處同一個團體中的情況也極為普遍，或者甚至於有時一個團體本身就公開宣稱了多重的目的與宗旨。這是因為，第一、如同本書第三章中所討論到的，台灣近代社會文化發展時空的壓縮過於緊密，幾種不同的歷史力量經常是交互重疊，以至於新舊元素同存於一個宗教組織的情況常是相當明顯；第二、華人宗教團體的融合性高，教義的排它性小，更使前述這種情況益形普遍。綜合言之，更具體的來說，如同本書在第六章的例子裡所顯示的，華人社會自明清以來，在三教合一的歷史潮流中，自身已存在有特別利於新興宗教出現與蓬勃發展的內在動力，這是一股文化發展的重心逐漸下移所帶動的宗教創造與活動力的整體提升，而當這一股力量的發展方興未艾之際，到了當代，在現代社會結構變遷過程中，台灣又面臨了個人私領域的出現所產生的自我意識擴張現象。這兩股力量都挑戰到了正統宗教團體的秩序，且有著促進新興宗教團體出現的效果。而在解嚴前後忽然開放的環境裡，在短短幾年中，如本書第六章中所舉的例子所顯示的，一個新起的宗教團體背後事實上常常同時容納著這兩股社會文化因素的交互激盪與融合，這使得台灣當代的新興宗教團體，往往既是極爲傳統的又是極爲現代的。此處，俄國漢學家馬良文曾提出「後傳統」這樣的名詞來稱呼華人當代世界民間教派蓬勃發展的現象，這在某種程度上不失爲是一個頗爲適切的標籤。

6.「同形異質」[10]的情況存在於台灣與西方社會中的新興宗教現象之間，觀察者應注意到其間差異之所在

由於不同社會在發展的內在邏輯與步調上並不相同，許多宗教現象在不同社會中看似有著某種類似性，但實質上並不具有相同的理論意涵。例如，西方現代化社會中曾發生了「宗教私人化」現象，宗教退出公共領域成爲私人性的選擇(參考第二章與第六章)。而在華人社會中，由於政治凌駕於宗教之上，整體社會缺少教會組

10 「同形異質」在此指的是形貌類似但內在特質卻有所不同，在組織社會學中有一個類似的概念是「同構化」(isomorphism)(例如參考Hannan & Freeman 1989: 93-95)，這兩個名詞的意義不同，後者是指「在相同環境因素的刺激與培養下，組織的形貌有趨同的現象」，該指涉和筆者此處所說的「同形異質」：「形貌看起來雖類似，但形成的歷史原因與社會基礎卻有所不同」，二者非常不同。

織的控制，宗教參與本來就是一種私人性的選擇(當然前提是這種宗教不能具有政治顛覆性)，這看起來也類似著宗教私人化的現象，但它實則與西方社會中結構性的宗教私人化概念，二者不可混爲一談，在此西方是一種「結構性的私人化宗教」、「推擠性的私人化宗教」(宗教由公眾生活中被推擠到私人領域中)，華人社會中宗教活動的私人屬性，則是一種民間活動相對自主性的表現，不能稱作「私人化的宗教」，因爲其中並沒有宗教退出公眾生活的涵義在其中，於是它只能被稱之爲是一種「民間社會局部的開放性」。又如網絡因素在信徒招募層面上的重要性，在台灣與西方新興宗教現象研究文獻中都多所報導，但是在西方這個已高度分化的社會中，其所顯示的理論意涵有相當的啓發性，也就是：個人在決定於參加一個新興宗教團體時，並非是非理性或病態的，而是有其相關的結構性(透過某種社會關係的媒介)與理性(合乎一種理性計算的原則)的要素隱含在其中；相反地，在台灣社會裡，網絡因素在信徒招募過程中所顯示的重要性，只能代表台灣的社會在社會結構上尙未完全分化與在文化習慣上個人自覺性尙未獨立發展的一面，此與西方社會中網絡因素所代表的意義並不相同，也不能由此而推論到相同的理論意涵。總之，在運用既有概念來討論當代台灣的宗教現象時，是必須要有著理論上的敏感度和概念運用上的警覺性的，否則會對所謂的「同形異質」現象產生高度的混淆和誤解。

六、到底怎麼定義所謂的新興宗教？

討論到這裡，涉及到了一個我們一直尙未加以面對的問題。在台灣當代的時空環境中，到底該怎麼樣來定義所謂的「新興宗教」這樣一個名詞？譬如說在學術圈，以「新興宗教運動」(New

Religious Movements）或「新興宗教團體」（New Religious Organizations）之名，這已成爲社會學研究領域中的專有名詞，特指當代歐美國家中在1960年代以後興起，與現代性的對抗或融合關係特別密切的各種新興教團的活動(Saliba 1995: 8-11)。日本社會則早先以日文上有貶意的「新興宗教」，1960年代以後則又以較中性的「新宗教」，來泛稱與傳統神道教和佛教不同的，在19世紀末期以後即已陸續開始爆發的幾波不同的宗教熱潮。這些概念上的運用基本上都是與其背後的歷史社會文化脈絡分不開的(參考第三章)。

而回到台灣當代的社會時空裡，我們如果要以組織成立的新舊與否來判定一個團體是否爲新興宗教，這雖然最爲單純明瞭，但實則是最缺少理論上的啓發性；事實上，新興宗教研究既然是要研究和當代有關的正在發展以及未來將要出現的宗教現象，這種現象當然不限於在當代才建立了新的組織與名稱的宗教團體。尤其在當代不同組織間互動與競爭頻繁，交互採借又格外便利的情況裡，新興宗教團體或許在某些形式的發明上走在前面，但新舊宗教組織間相互模仿的情況實則極爲普遍。除此之外，也像組織社會學家DiMaggio & Powell(1983)在「同質發生」(Homogenization)的概念裡所指出來的，當代社會中，在外在政治因素的規範下不同團體形式漸趨相同，爲了適應複雜的環境促使組織傾向於模仿已經成功的團體所具有的形式以及專業化訓練所造成的各組織趨同的現象，這些因素都導致了新舊宗教團體實則在組織形式上界限愈來愈爲模糊，除了傳承上稍有不同以外，幾乎在形式上已無太大差異。就像瞿海源在1990年左右所做的觀察中，指出了當時台灣的新興宗教現象所具有的七個外顯特性：1.全區域、2.悸動性、3.靈驗性、4.傳播性、5.信徒取向、6.入世性、7.再創性與復振性(1989: 234-239)；日本新興宗教研究研究者佐木秋夫(1960)也曾歸納出日本新興宗教在當時所具有的24個特性(現世利益本位、咒術性強烈、具迷信色彩、教義貧乏、崇拜活神、薩滿巫術明顯、儀式簡單等等)，事實上，這些特質所反映出來的，應是東方宗教團體在適應於現代工商業社會過程中，所展現出來的一個整體性的發展趨勢，而並不見得僅是限於新出現的宗教團體當中。在此，瞿海源(1989)用「新興宗教現象」這個名詞來泛指當代台灣正在發生或是將要發生的宗教活動，是一個暫時性的比較中性的名詞，但在目前的這個對於台灣新興宗教從事研究的階段裡，它也的確幫助我們保留了一個比較大的觀察上的開放性。

更進一步來講，因爲當代各個宗教團體或多或少有著一種適應時代所發生的轉化，要以宗教團體所具有的性質，來定義某個團體是否爲新興宗教，的確有其現實上的困難度。不過若能夠跳開經驗層面，而在概念上做某種抽離性的討論，在社會學的意義上，新興宗教卻是可以加以定義或至少是適當的加以刻劃出來的。也就是說，我們可以假設在現代社會裡，的確有某些新的形式的宗教型態正在浮現出來，它們在教義與修行模式上有著特殊的著重點，成員間的互動也有著新的方式，這種社會學意義上的新興宗教，跨越不同的教派，甚至於在傳統宗教中也可以發現它的蹤影，基本上我們可以說它是社會變遷所產生的相應的宗教型態的改變。前述所引述的瞿海源與佐木秋夫的討論，也可以被歸類爲是這一類社會學式的討論，只是討論的範圍還是較局部性，尚未與整體社會變遷做出比較完整的連結。

不過以現有經驗研究的數量來說，要對台灣當代的新興宗教做出比較完整的社會學式的定義，似乎還不是一個比較成熟的階段。就此而論，扣緊社會學的層面，本書第三章與第四章中提出「克理斯瑪教團」這種宗教型態來加以討論，指出它是現代台灣社會分化結構中，新萌發出來的一種宗教型態，它一方面和宗教信仰的「個體化」發展過程有關，一方面也和社會發展的過度分割化與「零細化」有關。第六章則就台灣社會中「宗教信仰的個體化」發展趨勢單獨提出討論，它是指宗教信仰的教義與修行活動，集中而密集的專注於個人救贖與自身主觀的內在體驗，其主要形成的原因是，宗教脫離了傳統宗教的地域性與群體性，並在結構上不再擔負宗教以外的政治或社會功能，且開始以個人志願參與和選擇爲主要形式，這乃對於宗教的內在教義與外在形式產生了各種影響。在該章中筆者並以清海教團爲例，說明這種「宗教信仰的個體化」確實已在當代台灣開始出現，並取得了某種程度的流行。這些都是社會學式的對於新興宗教的界定與討論，不過限於經驗資料與理論資源的不足，以上的討論都還相當局部。簡言之，對於台灣新興宗教的定義雖然是一個相當基本的學術課題，但因爲台灣當代宗教現象本身仍是正在發生中的現象，以及它所涉及到的一種多重性與複雜性，使得關於現階段社會學式台灣新興宗教定義的提出，它仍然還是屬於一個比較開放性的議題。

七、不同分析工具的相互結合與交叉運用

考察當代台灣的新興宗教現象，除了宏觀的社會政治與歷史文化的分析以外，在田野的層面，可以分別由兩個場域下手，也就是傳統宗教(包含民間信仰)與新興宗教團體。前者可以考察傳統的宗教儀式與教義，如何在社會變遷過程中產生變化或甚至是可以與新的元素彼此相接合；後者則是集中的觀察新出現的宗教團體如何在社會中開始出現，取得了某種正當性，或是可以以新的論述模式來確立其地位，並能夠在日常生活實踐的層次，吸引信徒的加入並長

照片1-1　雖然要確切定義華人社會中所謂的「新興宗教」是什麼，還是屬於一個有相當大討論空間的議題，但各種新興的宗教活動，已充斥在當代台灣人的生活周邊(拍攝於2001年5月的台北街頭，一群等公車的群眾正面對著公車一側大型宗教活動的宣傳廣告)。

期維持信徒的信仰，而在此過程中，信徒的信仰模式與傳統宗教有何差異？爲什麼會有許多人捨棄傳統宗教而加入新興宗教？這裡面有社會心理學層面的問題，也有歷史文化方面的問題。在當代社會情境中，這兩個場域的研究是密切相關的，也就是說某種「同時性」(synchronic)的社會性因素，正同時影響著台灣當代不同宗教傳承中的各種宗教團體，這兩個場域並不能被分開來看待。不過現階段作者個人研究的層面主要是放在第二個場域，也就是把焦點放在台灣社會中在制度與組織層面上是全新的宗教組織，尤其是在1987年解嚴以後開始在台灣有著顯著而興盛發展的宗教組織，像是清海無上師世界會、盧勝彥眞佛宗等等，作者也相信在這些新成立的宗教團體中，比傳統宗教團體還更密集而集中的反映出台灣當代宗教文化層面的一些變化。

在資料搜集方面，除了書面文字的資料與對幹部的訪談以外，宗教活動時當場的深入觀察，或是更直接的成爲某個團體中的成員（也就是參與觀察），絕對是有必要的，這不僅有助於個人對宗教團體的實修層面有更深刻的了解，更有助於研究者建立適當的開放或封閉式的問卷，進一步的來了解信徒內心較爲深層的感受。本書第五章與第六章中所進行的分析，基本上是個人對於清海無上師世界會這個新興宗教團體從事兩年左右的參與觀察，與同時間內對50位該團體的信徒所進行的開放式訪談爲資料基礎的。不過這裡面涉及了兩個問題，每個問題又都涉及到了倫理和技術的雙重層面：第一，研究者如何能在成爲一個宗教團體的成員後，還能對一個團體進行超然的分析？在資料收集程序完成後，研究者又應如何來和該團體及其中的成員繼續互動？第二，宗教團體，尤其是新興宗教團體，在主流社會的敵對意識中，對於教團自身的護持，常有著防衛性反應，以致於在對外的態度（尤其是對於學者和媒體）上往往趨於保守，個人如何可能在被研究團體的同意下，既從事參與又從事研究的工作？這兩個問題都沒有固定的答案，要視各別個案而定。這一部分的討論，筆者將留待個人以後關於清海教團較完整的研究報告中再來做適當的說明。

除了資料收集的方法論的問題以外，更困難的是關於理論層次的議題：什麼樣的分析工具，更能有助於我們理解當代台灣的宗教現象？或是現階段的研究應只停留在初步的資料歸納與本土性的概念抽離的階段，暫時不應跳躍到區域比較與理論討論的層次？這些問題已經牽涉到了相當宏觀層面的議題，並非本書主要討論的範圍，不過本書在此還是要就幾點來做一個初步的說明。

如前所述，在非自發性而產生的社會變遷過程中，台灣社會有著結構上的世俗化，但這卻不是在文化上的，這種結構變遷而文化上相對而言仍保留了諸多傳統因子的社會變遷的特性，當然使得台灣當代的宗教現象兼具著多重，有時甚至是各元素間彼此矛盾的特性。這使得對於台灣當代新興宗教現象的分析，先天上具有綜合的特性。更具體來講，這導致在分析上，也就有三個面向的討論必須是相輔相成的：第一、對於孕育於傳統台灣社會(也就是一個未高度分化的社會)中的宗教文化，原來具有什麼樣的基本性質與內涵？這必須加以考察；第二、對於在一個高度分化的社會中，宗教與其它的社會制度間關係如何？宗教在此中有何新的轉變？有何新的內涵？這必須加以理論性的說明；三、台灣社會分化與當代社會變遷的過程爲何？在這個過程中新興宗教現象是以什麼樣的模式而出現？它和傳統宗教間有何差異？這其中又反映出什麼樣的文化特殊性或理論意涵？這些都需要加以考慮。換言之，也就是關於台灣社會變遷的起點，理論上變遷所指向的一個終點，和變遷過程的三個局部性的考察皆須兼備，以及更重要而且是必要的，對於三個面向之間的動態連結必須有一個比較深入的分析與探討。

在分析台灣社會變遷的起點上，首先我們注意到，如同很多學者(Alexander 1988: 50-51; Godelier 1984: 20-21; Parsons 1963: 303-304)所指出來的，傳統社會，或是說前資本主義的社會裡，各種制度間尚未產生精細的分化，制度與功能間的關係也非完全一致(譬如說經濟功能可能由家庭來完成而不是由專業的經濟組織來執行)，整個社會籠罩在一種相通的社會關係與世界觀當中，或者說是一種混合性(diffuse)的模式中，嚴格講起來，並沒有資本主義社會裡所存在的界限清楚的宗教組織或制度存在，在這種情況下，雖然我們並不見得完全贊同結構主義[11]所認定的「結構是先天內在於人的認知領域」的預設，而比較傾向於結合馬克思主義的看法，認爲某種結構的形成與持續，應是與其背後的經濟生產因素間關係密切(例如Sangren 1987的做法)，不過我們還是以爲結構主義的分析工具，在分析一個本質上尚未產生分化的社會時，有著特別的優點，也就是它特別能夠注意到貫穿於不同制度背後共有的結構性的運作模式。舉例來說，這一方面最具代表性的是Sangren(1987)對於漢人宗教象徵體系的分析，建築在結構主義的分析方法，Sangren首先標示出漢人宗教文化中的陰與陽(或是秩序與失序)兩個主軸，認爲這兩個單元及其間的互動與轉換關係，構成了漢人象徵符號系統中最主要的結構，而陰陽這兩個單元間，又有「靈」這個概念，代表著可以穿越這兩個單元間的一種媒介物，而它也正是漢人社會中所有社會關係與儀式背後最核心的成分。在此，結構主義的分析方式，不失爲做爲釐清傳統華人社會中的宗教觀或是世界觀的有利工具。

其次，就分析台灣社會變遷所指向的一個理論上的終點而言，德國學者Luhmann的系統理論(1977, 1982)，曾刻劃了一高度功能分化的世界的藍圖，各功能系統都發展出自己獨有的運作邏輯，執

11 結構主義的結構分析方法，主要關注於事物背後所存在的幾個基本單元之間的關聯性，以及在此關聯性間所形成的關於系統「再生產」(reproduction)的基本模式。基本上，個別單元的本身是沒有意義的，而必須放在單元間的關係來考察，整體的意義是由各單元間的關聯性所決定的。而在一定的條件下，一個系統透過這些單元之間的某種關聯性的特質，其系統自身乃可以不斷的自我複製與繁衍下去。譬如以Sangren(1987)爲例，在結構主義式的分析裡，建築在對於陰、陽兩個基本單元間的互動與轉換的基本模式的討論，他進一步提出了「靈」的觀念來詮釋華人宗教的象徵體系，以及說明整個社會與文化體系透過「靈」的觀念來自我複製與再生產的過程。

行其它系統無法取代的任務，在這裡，現代社會已經是一個完全沒有中心的社會，整合也並非必要的一件事了(參考第二章)。而宗教在這個社會中，只是眾多功能子系統中的一個，其運作與溝通，不再像在過去的社會裡一般，可以穿越各種分化界限並整合社會和所有的次系統。而在功能分化的社會裡，由於難以對整體社會履行其固有的功能，宗教將開始把對外活動的重點逐漸從整體社會層次轉移到其它次系統的層次。然而在依功能分化的系統裡，各功能系統都是自我指涉、自我再製，在自己的前提和條件下來處理外來資訊，因此宗教對其它次系統的服務，只有在不違背其它系統的原則和符合其它系統的意願下才可能進行，這往往也使宗教失去了其宗教的色彩。而在一個功能分化的社會裡，宗教對其它次系統的活動，將僅限於在其它系統中產生，而又不能在該系統中獲得解決的一些私人性問題，如輔導、心理治療等(Luhmann 1977: 57-59, 263-264，參考趙沛鐸 1996: 21-22)。Luhmann指出，以傳統和教條爲導向的宗教，缺乏與功能分化社會的結構相容性，無法在現代社會發揮應有功能。而宗教的未來，主要繫於宗教與功能分化社會相容的程度。

不過，除了關於前述社會變遷的分析上的起點和終點的討論以外，更爲實際的一個分析重點，則是處在前述分析性的起點與終點間的一個動態的變遷過程。基本上，在整個社會「重新型態化」(re-configuration)的過程裡，各部門的發展不是平均的，在新部門出現的同時，伴隨著也有支持與反抗力量的出現，而宗教部門的變化更是社會分化過程中最爲核心性的一個變化。在此，「新功能論」(neo-functionism)(Alexander 1980, 1981a, 1981b, 1998)，修正了傳統結構功能論中直線式的文化決定論，並丟掉了傳統功能論中關於結構功能要件的預設，同時還向其它學派(交換理論、象徵互動論、衝突論、現象學等等)中的各種觀念加以採借與整合，以形成一個新的綜合性的分析工具(Ritzer 1996: 126)，它雖然是較爲鬆散的分析架構，但以社會分化爲焦點，並且在更爲廣泛的考慮了群體衝突、權力等因素的存在以後，是頗能有助於我們對於當代台灣宗教變遷的過程有一個比較整體性的了解的(見第二章)。換言之，只要不先預設社會分化的發展方向與整體社會結構的功能要件，而能夠比較開放性的注意到社會制度在整體社會中位置的改變與內容的變化，也就是採取廣義的社會分化的這種分析角度，的確是能夠幫助我們從一個比較宏觀的視野，來說明許多正在處於激烈變化過程中的宗教與文化現象。

更具體來說，以部門的分化與功能的表現來看，台灣社會分化的過程有其特殊性，尤其就宗教方面來說，它有著一個制度叢凝聚的過程。過去混融在世俗社會中的宗教觀念，在主流體制的更換中(由地域性的小農生產制與宗法血緣制轉換成當代的理性科層制與資本主義生產體制)，它沒有辦法再混融於現實社會經濟體制當中，而必須以志願參與組織的形式，投合於民眾個人的私領域。這就整個宗教的大環境而言，也形成了一種自由市場競爭的局面，這些情形在傳統社會裡是從來沒有發生過的。不過在台灣的宗教市場中，由於某種傳統習俗的共通性，各個宗教產品之間，在性質與內容上差異可能並不太大。而當宗教制度必須以志願參與團體的面貌出現時，原社會中有著清楚傳承與組織型態的宗教團體(像是佛教)在發展上就比較占有優勢，而能夠以滿足信徒日常生活需求(像是慈善、醫療等等)爲主要訴求的團體也比較能夠獲得更多信眾的社會共鳴。在這種大變動當中，首先，傳統社會中的民間廟宇，在地方上雖然繼續扮演著凝聚地方、支撐血緣宗法的角色，但實則已不單只是完全整合於地方的一個廟宇。而是在現代社會中被突顯出來，代表了傳統的永恆性與不變性的象徵符號，或者可以說是，商品，在這種過程中，某些歷史發展機緣特殊的觀光廟也因此而出現，而純粹地域性的廟宇反而會逐漸沒落。其次，原社會中地位邊陲的佛教與民間教派，不但有著很好的發展機會，而且還開始成爲現代社會中傳統道德觀的主要承載者(像是一貫道和慈濟功德會)，這也是一個新的發展。

簡言之，這是一個社會在「重新型態化」的過程，在此中，有些部門消失了，有些部門出現了，有些部門表面上還存在，實則內部的內容與功能皆改變了，而整個社會運作的方式也和以前不盡相同。宗教，雖然仍是關乎某種終極意義的追求，可是由「混合宗教」中混融與滲透性的狀態，到現今的凝聚並且是必須參與市場競爭的志願參與團體的形式。這其中不僅宗教本身的變化是劇烈的，宗教與社會的關係也產生了劇變。

前述討論介紹了分析台灣宗教現象所可能具有的三種角度(結構主義、Luhmann的系統理論、新功能論)，其間當然有著某種不相容性，然而正也是台灣社會變遷過程的複雜性：一方面社會結構已高度分化，一方面傳統文化中的宗教象徵符號仍根深蒂固，深深影響著當代台灣宗教文化的各種活動，使我們有必要同時結合不同視野來考察台灣當代的宗教現象。換言之，關於台灣當代的新興宗教研究，先天上就有一種綜合性的研究取向，必須同時注意到傳統社會文化與當代社會變遷模式的特質，並注意到二者之間的辯證性連結，才有可能對於現今正在發生中的宗教現象，提出一種比較具有整體性與宏觀性的詮釋。

進一步講，以上的討論，涉及了所謂「同時性」(sychronic)原理與「歷時性」(diachronic)原理的問題，前者強調一個運動或團體形成的周邊性的近期因素，尤其是其同時代的各種社會因素，是促使某個運動或團體出現的主要原因；後者則強調某種歷史的連續性，尤其某種與傳統表面差異的背後，實涵蓋了與傳統一貫相連的發展軌跡(Ellwood 1978: 267-268)。這種同時性與歷時性詮釋角度的爭執，在新興宗教研究中尤其劇烈。基本上，社會學的研究視野，強調當代社會社會解體與社會多元化所產生的新興宗教蓬勃發展的跡象，是屬於同時性的解釋模型；歷史學家或宗教學家，注意到歷史與文化傳統的連續性，則較強調歷時性原理的重要。

譬如說以清海教團爲例，同時性的詮釋角度，將會強調它的在當代全球化情境中，可向印度吸收宗教新元素的這種新的可能性的出現，以及它所代表的在當代都市情境中，個人在產生心靈疏離現象以後，對於「克理斯瑪宗教權威」所產生的異常狂熱現象；反之，歷時性的詮釋角度將會突顯清海與本地宗教菁英像是一貫道、佛教、道教等宗教師之間的互動與學習過程，並強調清海教團教義與華人三教合一道統間的一個連續性與可交互轉換性。而清海教團在此，通常被認爲是代表了傳統宗教諸多因素相互兜合以後，在適當時機下而浮現出來的一個新的組織形式。

在過去，新興宗教現象研究的研究典範，始終較爲強調的是同時性的解釋角度，像是現代化所導致的社會解組、全球化所產生的文化傳播、甚至是後現代社會中文化工業的興起所導致的審美形式的改變，這些往往被看做是重大影響當代宗教活動的時代因素。在此，我們一方面接受這些當代社會因素的重要性，可是事實上，回歸到台灣的時空情境中，因爲傳統宗教信仰生活根深蒂固的一個影響力始終存在，要眞的弄清楚當代台灣宗教現象的特質與內容，實在必須和台灣過去的歷史與文化——這包括傳統社會中宗教象徵體系的基本內涵，以及在歷史發展過程中宗教所曾出現過的各種組織形式——一起聯合搭配起來看，才能夠更清楚的突顯出當代台灣新興宗教活動——包括它的與傳統產生了變或不變的一個部分——的基本性質與特色。換言之，某種歷史性的研究角度是不可少的[12]，但它卻也不見得就造成了對於同時性詮釋模型的否定，反而有助於我們在一個交互對比的過程裡，更深刻的注意到當代台灣社會變遷的基本性質與過程。也就是說，基本上本書中所採取的還是一種同時性的社會學式的研究角度，但很多時候卻也借重了歷時性的視野，來說明當代台灣宗教活動與傳統歷史文化間的關聯性與對比性，在此，歷時性的角度是輔助性的，同時性的詮釋典範則是本書首尾一致的基本立場。

八、對於當代台灣新興宗教現象的一個初步說明與分類

討論到這裡，我們似乎有必要對於本書後面幾章中所要涉及的當代台灣新興宗教現象，暫時先做一個簡略的摘要和說明，這些在後面各章中皆有所討論，此處先提供一個比較整體性的鳥瞰。

12 就歷時性因素所扮演的角色而言，要研究當代台灣社會中的新興宗教活動，顯然要比在西方的社會文化脈絡底下，研究西方社會中的新興宗教活動時，更需要強調傳統歷史文化因素與當代宗教文化活動的相關性與連續性。原因很簡單，西方1960年代以後興起的新興宗教運動，起初就是起自於自發性的反傳統運動，並且和東方文化的大量傳入有關，這皆有著一種刻意與傳統脫離的行動取向。而台灣社會當代的新興宗教團體，是法令放寬與社會多元化的環境中，民間原有的各種宗教活動，在凝聚成志願參與團體的形式，並浮上枱面以後，所形成的現代性的組織活動。它雖然常會牴觸到某些傳統，但很少以反傳統爲主要訴求，甚至於還常常以代表了傳統中的道統自居來吸引信眾的加入，也就是無論在內在象徵符號系統或是自我正當性的認定上，它始終與傳統保持了一定程度的連續性。

首先，既然任何時代都有關於宗教分裂與誕生的現象，因此「新興宗教」可以被當做是一個可應用於任何時空的中性名詞。不過在我們討論的脈絡裡，則有特別的指涉，那也就是以當代社會分化過程中台灣的宗教現象為考察對象(更具體的歷史時期與研究對象見後述)，特別強調的是隱藏在當代新興宗教活動背後關於社會的本質性轉變——也就是社會的結構性分化——所造成的人類當代宗教生活的變化。因為在這種時空脈絡中，新興宗教團體的出現，反映出來了一個嶄新的社會意涵(參考第五章)，這是一個有別於傳統社會中宗教活動模式的全新局面的出現。

摘要言之，本書中所討論的新興宗教現象，主要所關注的是所謂的當代社會「重新型態化」的議題，而新興宗教運動或是新興宗教團體，則是在這種「重新型態化」過程中，制度性層面所產生的較為鮮明的一個新的變化，考察這種制度性變化的內在性質、過程，有助於我們更深刻的認識到現代社會的基本性質。

台灣社會底層的宗教活力始終是旺盛的，不過關於社會分化過程以後新興宗教的探討，必須放在資本主義體系引進以後，因為這時起才有市場邏輯全面瓦解傳統宗法血緣結構後所產生的多元分化現象。1950年代末期以後，台灣成為世界經濟體系中的一部分，發展工商業中，傳統農村社會逐漸瓦解，工商業社會中的價值體系卻尚未全面建立，這已經醞釀了傳統宗教與新興宗教間的一個過渡性的時代。而1949年以後，不少大陸的宗教菁英長住台灣，更給宗教的創發與傳播提供了無比有利的因素。1970年代以後興起的一貫道、天德教、天帝教、弘化院等等，突出了個人的修行意識，但也融合著傳統的倫理道德，這可以說是1970年代到1980年代間當時較為蓬勃發展的新興宗教活動(參考第三章)。

然而在1987年解嚴以前，在政治上的箝制，或者說是某種「統合主義」(見第三章)政治結構的管制，以及國民黨文化正統的政治宣稱之下，整體社會的結構性改變還只是表面性的，宗教結社也還是不自由的，就算有新的宗教團體的出現，也必須刻意和統治階層或既定的合法宗教保持某種共存或寄生關係，因此這時基本上還談不到所謂的新興宗教方面的議題。

直到解嚴前後，在法令已無約束力或甚至是法令限制已正式解除之後，在人民團體的名義下，新名稱的宗教團體開始大量出現，並且還會擅加利用新的傳播科技與管理技術，以顯目之姿出現於台灣社會當中，於是這時各界開始廣泛的產生了關於台灣新興宗教問題的討論，新興宗教團體活動的性質與所代表的社會意涵尤其成為學者與媒體所關注的焦點。

而本書所強調的研究取向，以所謂「新功能論」的研究角度，嘗試注意到台灣社會在「重新型態化」的過程裡，主導所有宗教團體生態演變的各種條件與因素，以及試圖討論傳統社會與現代社會中，各個部門的實質內容是什麼？其間的變遷過程為何？某種傳統習慣所賦予各部門的名稱，使我們對這個社會變遷的過程產生了什麼樣的一種誤解？而新的社會結構的形成又是否可以維繫整體社會的運作？其內部可能具有的矛盾在哪裡？扣緊台灣社會的歷史過程與結構特性，本書即在初步的探討這些議題。當然，因為概念工具的不足以及既有實證性資料的不足，本書的討論還不能說是十分完整，而在於提供一個比較宏觀性的思考方向。

在實際討論台灣當代的新興宗教現象時，在本書不同的章節裡，我們曾討論到了兩個密切相關的層面，一個是社會結構各部門的變化，一個是「宗教信仰個體化」的發展趨勢。華人社會裡，傳統社會中人人都有宗教生活，卻自認為自己只是拿香拜拜，沒有歸屬於特定的宗教信仰，有組織的制度性宗教部門(佛、道、民間教派等等)也只是附帶性的；到了當代社會，各部門有各部門的內在運作邏輯，連關係到整體社會價值體系的宗教也要被迫獨立出來，一方面被強迫(在整體社會運作模式內在邏輯的引導下)要有清楚的教義與組織，一方面又不能干涉其它部門的運作邏輯，這裡有一個「浮現化」(visiblization)和「成形化」(formalization)的過程。更具體來看，也就是由政教合一到政教分離的結構性變化裡，宗教不能再混融於主流社會之中，而被單獨獨立了出來，並要適應於市場競爭的體制，這使得它內部也不得不開始採用一種理性化的管理(藉增加運作上的效率來提升市場競爭力)，而這種宗教型態的改變，對應的也將使信徒的信仰生活與信仰的動機基礎開始有所轉變。

這整個過程，本書稱之爲「制度性宗教的浮現」，也就是華人社會裡主要宗教型態由「混合性宗教」成爲「制度性宗教」的一連串變化與結果。它的出現與形成和社會分化過程有關，首先是因爲整體社會以宗教爲擴散性中心的基本運作結構有所瓦解，在新的結構裡，宗教不能再混融於主流社會之中(主流社會已非宗教性的)，並且它在形式上成爲了與其它部門平行運作的部分，相對而言，我們可稱這是「一度分化」(primary differentiation)，也就是整體社會第一次產生多元平行部門的大分化，在這種大分化之後，社會變成多個專業分工部門半獨立體相並存的基本結構，宗教亦由滲透性與擴散性的形式，被限制在一個界限清楚明確的形式裡，它一方面不能干涉其它部門的運作，一方面卻又因提供了其它部門所無法執行的有利於整體運作的特殊功能，而有其存在的必要性，這種新的社會分化形式，促使宗教逐漸以「制度性宗教」型態，也就是有著獨立教義與教團的運作模式，爲最適合新社會情境裡的生存與發展的方式。最直接反映在社會現實裡的，也就是我們看到許多宗教菁英爲了其傳承的延續，在主流工具理性化社會裡已經無法廣泛容納宗教性的滲透與混融，以及社會的整體運作又必須要有周邊宗教部門存在的情況之下，他們的宗教活動於是開始以正式組織的形式出現在主流社會的周邊，並成爲了社會大眾可以自由加以選擇和參與的活動中的一種。

而在社會各部門多元分化後，宗教部門內部自身也會產生進一步的分化，相對而言，這可稱之是「二度分化」(secondary differentiation)，也就是宗教部門(在傳統社會中可能主要是由某個具有國教性質的宗教體爲主導性力量)在其不再占據社會核心性位置以後，原來其中的主導性的宗教體(也就是「統合主義」國家體制[參考第三章]中爲國家政策所支持的儒教、或者道教、或者佛教等等)，隨著宗教的退出中心性的社會位置，政治體在形式上不再需要宗教性正當化體系的支持，某些原主導性的宗教體也就不再有任何壟斷性的權力(無論是對於宗教以外的其它社會活動或是對於宗教以內的相關場域)，於是自然的，宗教場域本身在沒有某個個體占據壟斷性位置以後，立刻會成爲多個宗教團體相互爭取市場的局面。這時，爲了競爭市場的占有率，也就是爲了宗教團體的生存與延續，宗教團體將不得不採取一種以追求效率爲目標的管理模式，也就是理性化與專業化的管理和教義的更加系統化，這則又在宗教發展的型態上，進一步的促進了「制度性宗教」的成形與發展。

這種宗教脫離社會的整體性而逐漸成爲一個獨立存在並適應於市場機制的單獨部門的變化，雖然在西方與華人社會間，其基本形式是類似的，但是就制度性宗教「浮現化」和「成形化」這兩個過程而言，因爲西方的宗教早就是制度性與組織性的[13]，到了當代，並不會再在這一方面產生劇烈的型態轉變，因此兩個社會間在宗教變遷的過程上事實上仍是有著很大差異。

由傳統社會到現代社會，在西方，有一個宗教被強迫必須脫離於其它部門的明顯的「讓渡化」(relegation)過程。而在台灣，原傳統社會中主流隱藏性的「宗法性傳統宗教」，逐漸不再有任何制度性的正當性與約束力，這雖然也是一種影響力的讓渡，但在其原就缺少專業神職人員與組織的情況下，這種讓渡並沒有激起強烈而有組織性的反彈。另一方面，周邊邊緣性的制度性宗教團體(佛教、民間教派等等)則在體制上，既是因爲新社會中功能角色扮演上的必要性[14]，也是市場機制的影響[15]，而逐漸走向了與政治、經濟、法律一般，有著內在系統性與專門性運作邏輯的發展過程，這個過程同時包含了「浮現化」和「成形化」兩個部分[16]。

但是，傳統社會中，尤其是原社會主流宗教——「宗法性傳統宗教」——中的相關象徵符號，像是陰／陽、五行、靈、祖先、功

13 就如同Hall(1998)的研究中所指出的，近代西方理性科層制的組織型態，事實上很多部分是由19世紀時的一些宗教組織裡所演變而來，並又被引入了現代西方的企業組織裡。

14 因爲理性化社會中宗教部門有其不可或缺的獨立性與專門性，並且必須是明確成立的部門以供信徒做選擇，而不能再混融於民眾的日常生活當中(出於政教分離的原則)。不過當然，在這種新的社會結構當中，宗教的作用也被限定在只能是在宗教的部門當中。

15 宗教與政治分離的結構中，沒有任何宗教團體具有壟斷性，宗教團體必須適應於市場競爭的邏輯，爲了在現代社會的生態中生存，這將使宗教組織在各個方面逐漸爲一種工具理性化的運作邏輯所影響。

16 在實際的過程中，與西方宗教組織接觸，並模仿西方宗教組織內部系統化與專業化的模式，是最直接的刺激華人社會中的宗教團體產生「浮現化」和「成形化」兩個過程出現與發展的因素。

照片1-2　宗教博覽會的舉辦，反映了社會在「重新型態化」之後，整體社會「制度性宗教浮現」的過程裡宗教生態所發生的一些變化。在宗教博覽會中，每一個宗教團體都是一個獨立的組織，有一個單獨的攤位，與其它宗教團體間有著既區隔又平等，但是卻也是相互競爭者的關係，而它們個別而言，又都僅是民眾可自由加以選擇中的一個可能性(本圖攝於2002年12月雲林縣斗南鎮所舉辦的一場全國宗教博覽會的會場上)。

德、善惡報應、輪迴轉世等等，以及以此而形成的一整套體系，在社會分化過程中並沒有產生根本性的改變。它一方面原本就早已深入於原傳統社會中邊緣性宗教團體的教義裡，一方面更因爲在傳統社會主流體制遭外力所產生的瓦解中，並沒有產生內在性的自我解構的過程。這也使得傳統社會中的文化象徵體系並沒有遭受摧毀，甚至於還可以不斷的自我再生。換言之，這套文化象徵體系中的元素，至今都還始終是華人宗教文化主要的內容，即使在台灣當代新興宗教團體的教義或儀式活動中亦然。

而在台灣當代新興宗教發展的潮流裡，有著特別有利的發展條件的，不是原挾帶前述這些觀念的主要載體的「宗法性傳統宗教」，反而是在傳統社會中僅占有邊陲性地位的組織性的宗教團體，像是佛教與各種民間教派等等。這是因爲原社會中隱含性的主流宗教，雖然宗教觀念可得而繼續保存，但卻有各種內在限制(如前所述)[17]阻礙其在當代社會中來改頭換面，並重新開始以制度性的面貌來出現。而當台灣民眾在內心基本上並沒有脫離宗教的需求與渴望，卻又不知不覺間成爲沒有信仰的現代人。此時傳統隱含性的主流宗教，又無法在制度上投合於民眾的需求，於是原就已有傳承、教義與組織的佛教和各種民間教派，這時以志願參與的形式，可以說是適時的提供了民眾一種合乎傳統的具有終極關懷形式的選擇。而在此，我們注意到，在這種選擇中的佛教，它早已不只是佛教，而是原本已漢化了的佛教；民間教派，它也不只是明清以來的新興教派，而是在經過了三教合一潮流洗禮過後的民間自組教團的活動；至於道教，過去因過度的融入俗民生活中而漸失其組織的形貌，現在也開始重新凝聚與自我整理，逐漸能以一個制度性的獨立部門而出現，並成爲現代台灣人宗教可選擇性中的一種。

17　因爲：第一、傳統華人社會裡占有核心性地位的「宗法性傳統宗教」，缺少固定組織與神職人員，時代變遷中它並沒有辦法來凝聚成一股有效的對抗或調和時代變遷趨勢的宗教性的力量；第二、傳統社會中華人主流性的「宗法性傳統宗教」背後主要的指導者儒家的知識分子，是不熱衷於宗教的，這不利於「宗法性傳統宗教」的重新凝聚，並以組織性教團的面貌來加以出現。

簡要言之，「制度性宗教的浮現」，在台灣的社會脈絡裡，大致出自於這幾個社會變遷過程的環節。第一、社會「重新型態化」以後主流社會不再具有可以成爲宗教元素載體的正當性，但社會大眾的社會心理特質仍未脫離傳統社會中的各種宗教元素；第二、在新的形式上有著多元並存結構的社會裡，消極來說，宗教不再可能去明顯的干涉其他部門之運作邏輯，積極來說，則宗教已是與其它部門平行，但功能上(提供確定性、神聖性以及和個人救贖有關的各種方案)對整體社會又是必須存在著的一個部門，宗教自此成爲社會中一個界限清楚，但卻又不能干涉其它部門的獨立體；第三、在此變化中，以宗教菁英爲主要行動者，爲了某個宗教傳承的延續，這已不再如同原傳統社會中可以安身於混融性主流社會中的情況，而今必須突出宗教的獨立性與專門性，也就是並需要強調宗教自身的不可或缺性(關於救贖與確定性的提供，是目前社會的任何部門所無法提供的)和對於其它部門的功能上的必須性(社會任何部門的運作，都需要宗教部門的存在，才能運作的更好)；第四、多元並存的另一個結果，是競爭性市場的出現，爲了宗教觀念與團體的生存與延續，在競爭的局面中，使各宗教團體也必須走向專門化與理性化管理的模式，以提升能夠與其它團體在同一個市場上爭取信徒的競爭力，這也在某個層面上促進了宗教部門專門化的程度[18]；第五、而在種種時代變化裡，華人歷史文化發展中原來正統的

18 「制度化宗教」的成爲當前社會中主要的宗教形式，這一社會事實的出現，與整體社會的「理性化」過程有關，它使社會的基本結構，成爲一種多元分化與分工的形式。而「市場競爭所促成的宗教團體的專業化、專門化、與有效的內部管理」，在分析上，與「宗教在整體社會中，逐漸以『制度化宗教』的形式來出現」這一社會過程雖然是兩回事，但在實際的歷史過程裡，它們是密切相關的(社會結構的分化與自由競爭市場的出現[也就是經濟領域的獨立與擴大]往往是同步發展的社會過程)，而

混合性宗教，有種種不利於其再度興起的因素存在(不論就其內部的義理與外部的型態而論)，反而是原社會中的邊陲性制度宗教團體，具有種種有利於其在新社會型態中發展的條件，這使它成爲新型態社會裡的文化代理人(cultural agents)，並進而帶動了種種活躍的宗教復興的活動。於是當代台灣社會「制度性宗教浮現」的方式與內容，代表著的是傳統歷史文化性質、新舊社會結構特性以及社會變遷軌跡三者交互影響與運作後的一個結果。

而我們之所以特別強調「制度性宗教的浮現」這個層面，同時出於理論性與經驗性的理由。就理論性的理由來看，是希望藉此來說明在台灣的脈絡裡，世俗化理論的適用性與不適用性到底何在？例如說以所謂的「制度性宗教的浮現」這個標籤(強調了宗教浮現的這個過程，也突出強調了制度性宗教的這個層面)，就已經突顯出來了台灣宗教變遷過程中一個有別於西方社會的面向，雖然宗教仍未占據社會主流的位置，但是在社會分化過程裡，它既不是宗教的沒落，也不是完全的走向私人化，而有著特殊的發展軌跡，是宗教中某些層面沒落、某些層面轉型與某些層面崛起的轉變，而且它也與西方社會的發展軌跡有所不同。而就經驗性的層面來看，這個概念確實可以更宏觀的捕捉台灣當代宗教活動的一個主要軌跡，也就是在社會「重新型態化」過程裡，宗教如何開始又活躍而明顯的出現於社會各個角落？它如何做一個新的自我調整與適應？社會各部門又會如何與其互動？「制度性宗教的浮現」這個概念，強調了制度性層面的自我重整與定立邊界的過程，以及對應的信徒在這個過程裡的動機與信仰模式的變化，實不失爲一個有力的觀察當代台

(續)

且後者對於前者還有著進一步加強與促進的作用(專門化的管理在某些層面上將促使宗教部門的系統性與獨立性更爲明確)。

灣宗教現象的分析性工具，只不過這一方面進一步的驗證與概念的精緻化，本書所做的還相當有限，未來需要更多經驗性研究來加以做說明與討論。

除了前述這個制度性層面的變化以外，另一個本書中所討論到的台灣當代新興宗教現象背後所牽涉到的主要層面，是關於宗教團體內部基本取向與內部互動形式的改變，這亦是現代人生活領域變化以後的結果。當華人社會中的宗教逐漸走向制度化與組織化的同時，它卻也逐漸轉變成僅以個人的生活領域(小家庭的活動場域)爲範疇，這一方面使宗教不再帶有集體性的特質，一方面也使宗教逐漸帶有一種主觀性與自我性的特質。而這個過程雖然在西方與台灣社會中都正在發生著，其發生的方式則多有不同。在西方我們可以稱其爲是一種「私人化宗教」與「自我宗教」(如前所述)，或是「宗教的個人主義」的出現(見第六章)；在台灣，則它的「個人主義」與「私人化」特質並無如此明顯，至多我們只能稱其是一種「宗教信仰個體化」趨勢的發展(見第六章)，換言之，也就是一種逐漸把修行焦點集中於和個人生活領域有關範疇的宗教型態的出現(見第六章)。

就台灣與西方社會在這一方面所具有的差異面而論，首先，對於西方傳統社會中的基督教來說，「宗教私人化」的歷史過程，對它的發展形成了巨大打擊。當宗教逐漸成爲個人性的信仰，僅以自我的神聖性爲追求目標，這和傳統基督教的神本精神大大不同，於是使得因應於其社會社會發展軌跡而出現的「私人化宗教」或是「自我宗教」，在以基督教爲主流宗教的社會中，反而始終帶有著濃厚的異端性格[19]。

19 不過它也仍然要與該社會中的某種傳統相連結，這一方面，在西方文化而相對的，在華人社會中，「私人化」的發生過程，並沒有以極為劇烈的方式來發生。因為對於占據傳統社會中主流位置的血緣宗法結構中的擔綱者(親族中的長老或是男性)而言，並沒有組織性的力量可以直接和私人化的發展趨勢相對抗；同時對於很少占據過傳統社會中主流社會位置的制度性宗教團體(佛教、民間教派等等)而言，它在原社會中，本來就是一種私人性的選擇，也不會特別感覺到「宗教私人化」過程的推力。也就是說，在傳統華人社會裡，制度性的教團(佛教、民間教派等等)，原本就僅有一種「補充性」(complementary)與「附加性」(additive)的性質，是以補充主流性宗法宗教的不足而存在的(參考第五章)，它本來就是一種關於個人救贖的私人的選擇，而使得其與西方社會中的「宗教私人化」現象，有著「同形異質」(見前所述)的類似性，於是對於這種現代社會中所發生的「宗教私人化」過程的發展，它們在先天上較不會產生太強烈的抗拒性。

除此之外，更何況華人社會中的宗教，早有濃厚的人文主義色彩，相信人人可以成神，這亦是與現代形式的「自我宗教」有著可以相通之處，而不像西方社會中受到「私人化過程」後而產生的各種「自我宗教」似的相關元素，始終與其傳統宗教的教義，站在一種對立性的立場。

總之，現代社會中「宗教私人化」的過程，雖然對原傳統社會中的正統教團形成了強烈的推擠作用，但是當其在基督教社會中，對於基督教的教義與傳統宗教形式上都帶來了巨大衝擊時，在台灣社會裡，它卻與原有的宗教傳統，尤其是傳統社會中居於邊陲性位置的宗教團體(佛教、民間教派等等)有著可以相接續之處，不至於

(續)

的脈絡裡，它主要是與近代西方興起的心理分析的傳統相連結。

產生直接的挑戰與衝突[20]。

然而，若扣緊台灣社會自身的發展過程，它雖然並未自發性的產生「宗教私人化」的過程，但在社會結構變遷裡，它卻也相應的產生了宗教信仰「個體化」的發展趨勢(第六章)。簡言之，也就是在新的社會結構中，宗教不必須擔負社會整合與道德教化的功能，一種宗教多元化的結構出現，並形成了自由競爭的宗教市場，個人也有選擇宗教的自由，開始以圍繞著個人切身的興趣與體驗做爲宗教修行的重點，而高教育程度所產生的更高的自我意識與自我期許，更加深了這一股發展趨勢。它的內容也就是宗教信仰的教義與修行活動，集中而密集的專注於個人救贖與自身主觀的內在體驗。它表現出來的外在特徵是：不重視外在儀式活動與傳統所要求的道德規範，教團內的人際互動也相對減低。

就表現形式來說，「宗教信仰的個體化」，接近於西方社會中所發生的「自我宗教」和「宗教的個人主義」，但在台灣它的發生過程與性質，卻又不完全同於後者，也就是在後者中，往往包含著較爲明顯的與傳統相對抗的批判性格(參考第六章)。不過，在台灣所出現的「宗教信仰的個體化」的形式裡，它開始較爲專注於個人救贖與自身主觀的內在體驗，這卻也的確開始讓台灣人的宗教活動產生了本質上的變化。像是爲因應這種趨勢，以個別信徒爲招募與動員對象，各教團內部將更爲強調著「人人皆有立即可得的自我的神聖性」的預設[21]。這種預設中正蘊含了幾項新的元素(參

---

20 例如當代台灣最大的佛教團體佛教慈濟功德會，一方面從事社會慈善醫療工作，一方面卻也明訂了「不參與政治」的戒律。

21 舉例來說，像是清海教團對外宣稱的主要宗旨：「即刻開悟、一世解脫」；盧勝彥眞佛宗教團對外宣稱的主要宗旨：「明心見性、自主生死」等等，都有著這種類似的性質。

考附錄一)：1.平等(於是男女或出家與否並非絕對重要)、2.神聖與世俗界限的泯除(於是出家與否並非絕對必要)，以及進一步的3.世界的秩序奠基在人的解脫當中(既然只有自我的神聖性的獲得才是眞正的自我改變，眞正的集體性的改變自然也必須以人的解脫爲基礎)。而當這些元素在傳統華人宗教團體中雖然可能早就存在，但它們卻未曾以如此全面(反映在所有的儀式與互動型態中)、普及(信眾人人可以適用)，並且是正式制度化(制度的安排上明確表現出在家眾與女眾地位的提昇)的方式來被強調著。

目前這種「宗教信仰的個體化」發展趨勢所帶動的相應的教團活動模式的改變，正逐漸擴大其範圍。這是一種教團在保留了傳統華人宗教中的主要觀念後，卻在教義的組成與著重點上有所變化的當代發展[22]。爲了敘述上的便利，我們或許可以說有兩個過程涉及其中，「重新排列組合」(re-alignment)以及「重新對焦化」(re-focalization)，前者是傳統宗教中的各元素雖然依然存在，卻開始以「自我達成」爲核心，而建立了一個新的教義上的有機體；後者是「自我達成」成爲教義中主要論述焦點之所在，其它的宗教概念都要透過這個焦點來被理解。這一部分關於「宗教信仰個體化」的討論，本書在第六章與附錄一中，曾做了一個較爲詳細的理論性釐清，並提供了部分經驗性資料的佐證。

而我們之所以使用「宗教信仰個體化」這一個標籤，當然亦有其理論性與經驗性上的理由。就理論層面來看，它有著與西方學界相關概念像是「私人化的宗教」、「自我宗教」與「個人主義的宗

22 譬如說由傳統宗教中所強調的功德累積與道德修持的重要，到當代「宗教信仰個體化」的形式中，開始以個人自我修行所產生的神秘體驗爲追求重點，並以此爲主軸，使得教義中原所具有的主要元素之間，產生了一種新的連結方式。

教」等類似但是卻又有著不同指涉的意涵，這有助於我們突顯出台灣宗教與社會發展現象上的獨特性。而就經驗層面來看，則這個概念確實捕捉到了當代台灣宗教變遷背後社會心理層面的一個變化，有助於我們對於未來台灣宗教活動發展趨勢的大方向有所掌握。

更具體而論，就前面所講述的這兩個和當代台灣宗教發展關係最爲密切的趨勢，就前者，也就是宗教組織「浮現化」和「成形化」的過程而言，原傳統社會中宗教團體的位置，會影響其在這個「浮現化」和「成形化」過程中的主要表現形式。本書第四章中對此過程將有所討論，第二章中則將以此過程中所現的三種表現形式來說明今日台灣整體社會宗教團體滋生蔓延的情況，也就是：1.宗法性傳統宗教餘續；2.核心性宗教替代；和3.邊陲性宗教擴張，這其中「邊陲性宗教擴張」這一表現形式和當代台灣新興的宗教團體特別有關[23]。而就後者，也就是「宗教信仰個體化」的發展趨勢所產生的宗教團體，在內部教義與儀式活動上會產生「重新排列組合」以及「重新對焦化」的相應發展而言，我們發現，雖然當代台灣各種宗教團體在宗教文化上都還有著高度的類似性，但是出於各教團所要訴諸的信眾的階層、年齡層、性別與居住區域等等的差異，已導致了各教團在相應於「宗教信仰個體化」發展趨勢的調整程度上有所差異，其中有些教團與祖先崇拜或是家庭的倫理觀還緊密結合(像是盧勝彥的眞佛宗)，有些教團則已將注意力完全而集中的轉移到個人性靈的修持上，不再著重傳統的社會關係與集體性的儀式(像是清海無上師世界會)。

比較耐人尋味的是，由邏輯上看起來，「制度性宗教的浮現」

---

23 在本書第二章中，以此框架對於當代台灣較爲活躍的宗教團體做了一個初步的歸類。

與「宗教信仰的個體化」這兩種發展趨勢，它們在內在精神上是相互矛盾的，因爲制度性宗教所具有的一種規制性與階層性，先天上就是與個人自由有所矛盾的，如何可能這兩種發展趨勢會同時出現在台灣當代的同一個時空裡呢？

首先，從表面上看來，我們或許可以說，在「重層化」(見第二章)的歷史經驗裡，「民間社團的開放」與「社會文化的趨向於個人主義化」，這兩種原本是屬於不同時代的所有物，因爲過去政治威權的控制，使得某些歷史現象延後發生，於是也就使得新舊現象有可能合併在當代一起出現，而這背後當然也同時會因此而帶來一些特殊的矛盾或是融合。簡言之，我們好像是把歐洲17、18世紀(有各種新教派脫離正統教會而出現)與20世紀(個人主義勃興所帶動的新的「宗教性」[religiosity]的出現，例如「新時代」運動的流行)這兩個時代中的宗教變遷，壓縮在台灣當代的同一個時空裡了。

更深入的來看，這又必須歸結到不同地區宗教文化與社會發展之特有屬性方面的議題。在西方，制度性的主流教會，是以「神與被造物之間有著清楚的分離性」做爲正統教義的基石，當個人主義思潮中充斥著「人可以成神，和萬物有其內在的神性」這種思想時，它是與既有的正統宗教組織不相容的，於是「個人主義的宗教性」構成了對於「制度性宗教」的一種挑戰與威脅。反之在華人文化裡，既有宗教組織並沒有明確而統一性的自我標識的教義，況且它們本來也就不完全是整體社會中的主流，而有著較濃厚的個人性的色彩(這是和西方社會大爲不同的)，也因此，以修行團體自居的華人宗教團體，並不會與「個人主義的宗教性」之間，有明顯的衝突和矛盾，甚至是形成對立關係。

更何況，如前所述，台灣當代這種「宗教信仰的個體化」，它又不純粹是「個人主義」式的，也就是它內中雖有著較大的自主性，但並不必然包含有「嘗試與傳統、階層性或是制度性相對抗」的批判性性格，這於是也就減弱了它與制度性宗教形式之間，所可能會存在的內在矛盾。

這些原因或許可以解釋，爲什麼「制度性宗教的浮現」與「宗教信仰的個體化」這兩種不同甚至是相反的發展趨勢，可以同時存在於當前台灣的時空中。不過當然，長期以往，這其中的後者或許也會對前者形成一定程度的衝擊，尤其是在一種同質性「個體化信仰模式」的大眾文化影響之下，可能會使各制度性宗教團體之間的界限愈來愈爲模糊，甚至於可能在整個宗教場域裡將逐漸會形成一種超越團體疆界的新的網絡結構，這些都還有待觀察。

而圍繞著以上兩個主軸，除了理論性的探討以外，建築在實證資料上，更具體而論，本書各章中的討論還一一涵蓋了台灣宗教發展史的類型學探討(第三章)、台灣與西方宗教演化過程的比較(第四章)、當代民間教派活動背後所帶有的社會意涵(第五章)和新興宗教團體在當代台灣的出現模式與文化適應(第六章)等等方面的議題。

九、考察台灣新興宗教在理論上所可能會產生的貢獻

誠如詹明信所說的，歷史變遷的過程是漫長的，每一個人的一生尤其短暫而無法身歷一系列變遷，不過在大變動的時代，我們卻又能夠偶然地感受到歷史的發展(1990: 37)。現階段關於台灣新興宗教的研究，其實在某個程度上，正是一種關於歷史轉接過程中社會現象變化趨勢的考察與檢驗。而由於我們正處在台灣社會解嚴過

後逐漸邁向多元化的時間點上，這是一個新舊宗教文化交替劇烈的時代，在這個絕佳的時間點上，我們或許可以更清楚的看到歷史發展的基本模式與內在趨勢。

前面已經提到過，關於台灣當代新興宗教的考察，包含著對於當代宗教活動的現實關懷，也涵蓋了對於社會整體運作型態以及價值運作模式的理論性思考。不過我們若把範圍縮小，特別就新興宗教這個研究領域來說，我們注意到，研究台灣的新興宗教現象，能夠提供具體的新興宗教的研究案例，以和歐美或是日本地區的新興宗教現象做比較，並可資以加強現有的解釋新興宗教現象的研究框架，此實是台灣學者在這個研究領域裡所最可能產生的貢獻。

更具體而論，我們注意到，如本書在第六章中所強調的，東西方在新興宗教團體的起源與發展過程上有其差異，西方宗教社會學領域中既有的解釋宗教分裂與興起的模型，以所謂的「教會—教派」(church-sect)這一組基本對立結構及其衍生類型，來觀照新興宗教團體所可能具有的基本性質。它不僅預設了正統與異端間的明確界限，更預設了新興宗教和傳統「既成宗教」(established religion)及主流社會體制間的立場互斥的立場。不過這些預設事實上並不適用於華人社會中的情況。於是就像Berling(1980: 1-13)所曾指出的，在西方，「綜攝主義」與「教派主義」是相反的兩件事，一個強調融合，一個強調分裂。但在華人世界裡，它們卻是一起出現的。而在此我們要指出來的是，某種以融合的態勢而回歸內在正統並成立新的宗教組織的方式，實在是華人社會中新的宗教團體誕生的最主要的模式。研究在這種模式中所發生的各種新興宗教現象，正可以挑戰，或至少是補充西方既有的各種相關理論與模型。而這也是研究台灣當代宗教現象，除了經驗性資料的提供以外，在新興宗教研究相關概念的提供上，所最可以預期到的一個理論性的貢獻。

十、本書的主要內容

本書的主旨在探討台灣當代，尤其是1987年解嚴以後所發生之新興宗教現象的性質與特色。全書一共有七章及三個附錄，雖然各章可分別獨立開來看，但全書基本上還是一個整體，由各個不同但卻是密切相關的角度，來檢驗台灣當代宗教活動的形式及其所可能具有的社會意涵。在寫作的次序上，附錄一發表的較早，是一個尚未成熟的作品，但已在問題意識上，強調當代台灣宗教現象的獨特性與完整性，並儘可能的收集各教團現有的書面性資料，來對有關命題加以檢證。其它各章(第一章、第四章與第七章除外)則依序在這之後書寫完成，嘗試對於附錄一文中所涉及的各個層面，做一個比較深入的釐清和討論。

本書第一章部分，在提綱挈領的就本書所涉及的相關問題，以及本書的發現，做一個初步的掃描與回顧，俾使讀者很快的進入情況，了解全書主旨之所在。第二章是一個理論性的討論，也爲全書勾勒了一個比較整體性的理論框架，主要在以社會分化概念爲引導，並以宗教制度在社會結構位置上的變遷做爲觀照點，嘗試說明制度性的宗教團體逐漸成爲台灣主要宗教外在型態的一個變化過程及其影響。在分析架構中，並以三種基本型態來看待今日台灣整體社會宗教團體滋生蔓延的情況：1.宗法性傳統宗教餘續，2.核心性宗教替代，和3.邊陲性宗教擴張。而本章也對西方學界中的世俗化與私人化等理論，以及本地學者對於台灣當代新興宗教現象所曾提出過的各種解釋，做了一定程度的檢討與反省。這一章可以看做是本書單獨的一個單元。

本書的第三章與第四章，可以看做是另一個大的單元，主要在檢討並回顧台灣歷史發展過程中，所曾出現過的各種新興宗教活動，並以此來和當代的宗教活動間做一個對比，以利於更深刻掌握台灣新興宗教現象的基本性質。第三章中比較詳細的討論了台灣宗教發展史的內在邏輯與表現特色，並由台灣歷史發展過程中，歸納出了六種具有不同社會學意義的宗教行動類型。這六種類型分別是：1.以祖先崇拜爲構成主體的家族性祭祀活動、2.地域性民間信仰、3.「以出家人爲重的正統教團」、4.民間獨立教派、5.「在家人與出家人地位並重的正統教團」、和6.「克理斯瑪教團」等等，它們正是先後出現在台灣歷史上的六種主要宗教型態，其間主要的區別點在於一個宗教團體制度化與獨立性發展的程度，以及內部權威凝聚的方式。而依據這一個類型學，該章中也就學界現有的台灣新興宗教研究提出了批判與檢討。接著，承續前一章的討論，第四章就第三章中所建構出來的類型學背後所帶有的各種理論性意涵，做了一個更廣泛的思考，這包括了：討論西方與台灣在宗教演化過程上的差異；說明台灣當代社會中宗教部門「浮現化」與「專門化」過程出現的方式；探討「人間佛教」教理與「在家人與出家人地位並重的正統教團」這種宗教型態間的相關性；以及就和「克理斯瑪教團」有關的議題提出了更深入的討論等等。

第五章與第六章則可以被看做是另一個單元。目的在經驗性的比較華人社會中當代宗教現象與傳統教派活動間的類似與差異的部分。在比較之時，就台灣當代的新興宗教團體而言，我們是以當代台灣一個醒目發展的宗教團體「清海無上師世界會」做代表。選擇清海教團做爲本書主要研究個案的原因，在於該教團比較極端而徹底的表現出來了一些台灣當代宗教活動中比較有別於過去的性質，以此做爲「策略性的研究點」，乃可能較爲密集性的就有關議題獲得更多實證性的資料。當然，就代表性而言，清海教團雖然信徒相當眾多，但絕對不是當代台灣最為蓬勃發展的宗教團體[24]，不過就理論上的意義來說，對於該教團的探索，在某些層面上，可能是非常有助於我們深入的去了解當代台灣新興宗教現象的基本特質與未來發展趨勢。這是因為，正如同我們在第二章主要根據歷史材料與邏輯上的推論而得到的發現，當代台灣的新興宗教活動，與「制度性宗教的浮現」有關，其中最主要的一部分，又是所謂「邊陲性宗教擴張」的這一方面。而清海教團正是在這種發展態勢中，表現的較為極端而徹底的一個，以一種邊陲性的社會位置，卻能在新的社會情境中吸引到眾多信徒，甚至於在飽受外界攻擊之中，還依然能蓬勃發展，且還能特意的去突顯其自身有別於傳統的特色，這是一種相當鮮明的「邊陲性宗教擴張」的表現方式。於是既然這是一個「較能表現出我們所關注主題之個案」，在有限的時間與資源下，對此個案進行密集性的考察，當然有助於我們就有關議題來獲得更為深刻的理解。

本書的第五章，是一篇經驗性的考察報告，我們發現到，在傳統華人社會中民間教派所具有的社會意涵，像是教派主義、綜攝性格、異端傾向等等，固然在當代台灣的清海教團中仍有所保留，但其性質與行動旨趣已有所差異，這清楚顯示出來了台灣當代宗教文化變遷的軌跡，其中教派主義內涵的轉變，反映了前述所討論的宗教「浮現化」與「成形化」的社會過程所產生的影響；綜攝性格的持續，反映了文化的連續性和其自發性的調整與創造的過程；異端傾向的轉向，則代表了傳統漢人宗教的教義，已發生「重新排列組合」以及「重新對焦化」的結果。

---

24 就參與人數來說，可能是慈濟功德會和佛光山這兩個教團。

第六章中我們將會討論到，雖然清海教團在起初開始發展時刻意與華人文化道統有所連結，但隨著教團發展獨立性的增高，它進入了一種「超脈絡化靈修運動」的開展，自此，它愈益與「宗法性傳統宗教」間有所脫離，且自身神秘主義的色彩愈來愈爲濃厚，其領導者清海所採取的各種象徵性的脫離正統的舉動，亦顯現出了一種宗教追求的不妥協性，這些正是「邊陲性宗教擴張」的社會條件出現時，一個適時而起的教團所展現出來的相應的面貌。在該章中，我們曾以「文化綜攝」與「個人救贖」這兩個標籤來辨識清海教團的階段性發展，它一方面可以反映出清海教團本身發展性質上的變化，一方面也呈現出來了在整體社會中，具有「邊陲性宗教擴張」性質的新興教團，是如何階段性的來建立其正當性的基礎，並進而可以從多方面來吸引到信徒們的熱烈參與。

當然，對於當代台灣新興宗教活動的探索，有其理論性重要意義的個案並不僅只有清海教團，本書限於理論旨趣、篇幅與時間上的限制，暫時只處理了一個個案，希望除了歷史性材料以外，還能透過這一個個案中的相關資料，有助於增強我們理論性描述背後的實證基礎。此外，附錄三則簡略說明了眞佛宗這個個案，它是「宗法性傳統宗教餘續」(尤其是比較屬於民間的那一個層面)，與功能性的結合了「制度性宗教」(在傳統社會中的社會位置上那又是屬於邊陲性的)的特質以後，「制度性宗教浮現」的另一個例子，同時它也是當代台灣一個頗有代表性的「克理斯瑪教團」。不過對於這一個個案的更深刻的社會學意義，還有待未來再做探索。

最後，第七章是本書的結論，其中歸納本書的主要發現，說明本書限制之所在，對未來可行的研究方向提出說明，並就台灣宗教未來的發展趨勢提出了作者個人的看法。

關於附錄部分，附錄一已如前所述，主旨在以有限的經驗資料爲依據，嘗試就新興宗教團體世界觀所具有的獨立性與系統性加以說明，文中以兩個基本概念：以「自我爲中心的修行觀」和「重視肉體與心靈的和諧」，來描述台灣當代新興宗教團體世界觀的特質。這種描述事實上還不是十分理想，因此後來筆者對此嘗試提出修改。關於以自我爲中心的修行觀，我在本書第六章中，是以「宗教信仰的個體化」這樣一個涵蓋性和本土性都較高的概念來加以陳述，並以此來和西方當代的宗教現象有所區別，不過其型態中某些教團的教義與修行，也的確開始出現了類似於西方「新時代」運動中的「個人主義的修行觀」，在其中除了是以自覺性的個人爲修行主要焦點外，並且它更強烈表現出對於自我一種積極肯定的態度，不再包含任何負面或是禁絕性的論述。至於「重視肉體與心靈的和諧」這一點，筆者在後續文章中(2003b)討論到「新時代」團體時，則是以「整全性的」(holistic)視野，這一概念(也就是一種「信仰萬物一體並反對二元對立或分化觀的看法」)，來替換此種說法，它在語意表達與概念捕捉上都精確得多。這個後續的更改必須在此向讀者做一說明。

附錄二是一篇短文，嘗試以簡短但是完整的篇幅，刻劃社會文化變遷中，清海教團的教義、組織與發展過程，它可以做爲有助於理解正文中關於清海教團相關分析的一篇補充性的說明，尤其是它所刻劃的清海教團，正是本書正文中所強調的——在當代台灣開始浮現而蓬勃發展的——「克理斯瑪教團」宗教類型中的一個相當典型的例子。以上的附錄一和附錄二寫作時間皆較早，其論點和正文章節中的觀點雖然不至於有所衝突，但顯得較爲簡單而草率。

附錄三是在本書架構已寫作完成後，附加的對於當代台灣一個重要新興教團眞佛宗的介紹，該個案背後的理論性意涵還有待深一層的思考，放於本書附錄部分，顯示它還只是未完成的一個初步探討，但它卻也提供給我們了一個，能夠對於和本書中所提出來的概念有關的各種宗教現象，進一步加以反省與觀照的機會。

第二章

當代台灣社會中的宗教浮現：社會分化過程與台灣新興宗教現象

一、前言：影響當代台灣宗教活動之制度性層面的變遷

做爲開啓本書實質性討論的第一個章節，本章的目的，在爲全書勾勒出一個比較整體性的理論框架，俾使我們對於當代台灣的新興宗教現象，先有一個比較宏觀的看法。更具體來說，本章的主要內容，在以社會分化概念爲引導，並以宗教制度在社會結構位置上的變遷做爲觀照點，來了解台灣當代宗教活動的性質。本章指出，「制度性宗教」的浮現，是當代台灣社會宗教現象發展的主要基調，這一個變化的過程，與近代西方社會宗教制度變遷的過程，在相當的程度上有所差異。進一步的，透過類型學的建構，本章嘗試以「宗法性宗教餘續」、「核心性宗教替代」與「邊陲性宗教擴張」這些標記，來理解當代台灣各種新興宗教現象的主要內容。

如果我們觀照近現代的歷史，就西方歷史發展而言，在許多關鍵方面，現代制度與前現代的文化及生活方式都有著強烈的不連續性(Giddens 1991: 16)。就宗教制度方面而論，其在整體社會結構上的位置，在近代歐美社會裡曾經發生了根本性的轉變(Wilson 1979: 1-37)。歐洲在經過路德宗教改革以後，一統性的宗教秩序瓦解，

不同教派的宗教組織開始並存，於是在宗教秩序上產生了由一元到多元並存的結構(Bruce 1996: 9-62)。在這種多元結構中，宗教信仰原所具有的絕對的「可信性」(plausibility)大大削弱(Berger 1967: 127-153)。而與此同步發生的，是發生在歐美現代社會裡的，各領域脫離宗教的控制而開始獨立自主發展的過程。首先是政治領域的獨立，也就是近代國家的出現，接著後續的經濟、教育、法律等等，也都各自出現了獨立的運作範疇。這些過程對於宗教來說，是宗教面臨了在社會上逐漸減少整體影響力的「世俗化」(secularization)過程的發生，而對於各個不同的專門領域來說，則代表了歐美在近代歷史中，隨著「理性化」——更精確來說，根據Weber，這是以追求最大效率爲主的「工具理性化」——過程的出現(Weber 1947)，而所推動了的各部門的分化與自主。

這種社會分化的結果，進一步改變了人們生活領域的特質，也就是它產生了完全以工具理性做爲內在運作邏輯的「公領域」，和與此相對而言不具工具理性運作邏輯的剩餘範疇「私領域」的存在。更直接來說，這乃是一種政治、經濟、法律等屬於公眾生活範疇的「公領域」和個人可以自由支配的家庭、宗教等的「私領域」並存的現代生活的二元結構。在這種結構中，個人在表面上擁有宗教自由，但是實際上宗教已經完全被推擠到私人的生活領域裡，而成爲了一種不具備有任何結構性或制度性影響力的邊緣性的社會制度。

這種歐美社會歷史過程中所發生的宗教制度在社會結構位置上的變遷，曾引發了學者大量討論。有些學者認爲宗教在社會上的影響力已逐漸減弱，有些學者則以爲我們應該用新的角度來理解現代社會中的宗教制度，才能正確估計宗教在現代社會中所扮演的角色。在此，Luckmann(1967)是屬於後者，他曾提出了「無形的宗教」(The invisible religion)的觀念。以最廣泛的功能性的角度來定義宗教，Luckmann指出，在今日歐美社會裡，固然組織性的宗教日漸衰退，但實際上宗教，或者說某種整體性的世界觀，在人們的日常生活世界中並沒有減弱，人們在「私領域」中反而會自主性的結合不同觀念來源來形成自己的世界觀，也就是宗教並沒有從這個社會中消失，而只是形式上做了某種轉變，由「有形」的(也就是過去有組織的教會的形式)而變成了「無形」的。

由這種「無形的宗教」的觀點出發來理解當代西方世界中的新興宗教現象，Luckmann認爲有形的宗教的瓦解和減弱，可以給予不同宗教團體在市場上公開而自由的競爭的機會，他說(1967)：

> 現代社會結構在功能上的分化的一個重要後果就是，非日常現實再也沒有一個相當普遍的、不言而喻而有約束力的、社會建構的模式了。在西方社會中，典型宗教的經驗建構和模式，因而也就是指示著生活「巨大的」超驗性的那些經驗建構和模式，曾處在基督教教會的獨家監控(聖化、審查)之下。在此期間，在「神聖世界」的「市場」上，出現的絕不僅僅還是傳統基督教的、典型宗教的代表。毋寧說，這些代表必須與起源極其千差萬別的宗教取向(利用模式重建各種不同的超驗性經驗)展開競爭。各種超驗性的商品市場，是以借助來自世界每一個角落的大眾傳播媒介——書籍、刊物、廣播、電視——科學院和研究院、治療靈魂的診所和四處遊蕩的精神病醫生進行推銷為基礎的。(覃方明譯1995: 153-154)

而因爲整體性的世界觀的瓦解，宗教團體無法再以Luckmann所謂的那種「巨大」[1]超驗性的經驗建構爲主要模式，宗教也就愈來愈具有一種個人化的形式，只是以滿足屬於個人性質的超驗性的興趣爲主，而這也正是當代世界面臨宗教「私人化」過程以後，宗教最主要的表現形式。

Luckmann的思考取向，對於我們研究台灣當代的各種新興宗教現象雖然頗具啓發性。但是這種概念架構，同樣也帶給了我們解釋上的困難。Luckmann關於宗教「私人化」的論述，其背後主要理論基礎是結構功能論中對於社會分化的討論，他指出，宗教的「私人化」是社會結構在功能上高度分化的結果。在傳統的社會，某些功能具支配性地位，某些功能則轉讓給其它制度或是退居幕後，而在現代工業社會，在理性化的趨勢之下，各個領域則相對地產生自己的規範，並被單獨獨立出來(Luckmann 1967[覃方明譯1995]：152)。特別就「宗教制度」上來考量，傳統的西方社會曾長期處在一統性的教會監控之下，可以說是具有著組織形式的宗教制度，占據著功能上支配性的地位。而當代西方社會文化變遷過程，是一個擺脫一統性宗教制度的束縛，而逐漸在不同功能領域中產生相對自主性的過程，在其中宗教制度在社會結構上所占據的位置跟著產生了重大改變，它雖然還是具有制度性的形式，但是更主要的表現形

---

1 爲了便於討論當代世界宗教的變遷，Luckmann把「超驗性」的經驗，也就是日常經驗界限以外的經驗，分爲三個層次：微小的、中等的和巨大的，以他的話來說：「如果在現在經驗中顯示出的未被經驗者原則上完全和現在被經驗者一樣是可經驗的，那麼，我們要說的是日常事物內部的『微小的』超驗性。其次，如果現在事物原則上只是被間接地、從不被直接地經驗，但儘管如此卻被經驗爲同一個日常現實的組成部分，那麼，我們要談的是『中等的』超驗性。最後，如果某種東西僅僅被理解爲另一個非日常的、從而也是不可經驗的現實的指示，那麼，我們說的是『巨大的』超驗性。」(Luckmann 1967[覃方明譯1995]：140)

式，則集中的反映在個人私領域中自主性的揉合與超驗性的追求裡。Luckmann在此用「無形的宗教」這樣的詞來描繪現代人的宗教，很可以準確的描繪出近代西方社會中宗教制度層面的一個變遷。

但是就台灣社會而言，固然在宗教場域中「宗教私人化」的現象亦有所發生，但是那並不是起自於台灣社會自發性的社會過程，以此「無形的宗教」之名，來捕捉當代台灣的宗教變遷，在概念上並不十分適當。更且就西方傳統社會中宗教制度與華人傳統社會中的宗教制度相比，在基本構造上完全不同，自然後續的宗教變遷，有著不同的發展軌跡，這是我們在分析當代台灣宗教現象時，必須注意到的一個使其有別於西方的分析起點上的差異。

我們注意到，雖然華人傳統的社會，甚至於是當代的社會，也都還是爲某一種宗教性的世界觀(各種流行的風水觀、陰陽五行觀等等)所籠罩著，但是在這背後，從來沒有一個明顯統一的宗教組織存在著，這是和西方社會的發展完全不同的。在華人世界，固然有佛教、道教、和各種民間教團的存在，但是正統宗教性的世界觀，則是混合的散布在各種世俗性的制度之中。這一個傳統華人社會中主流性的宗教，楊慶堃依其型態把它稱之爲「混合宗教[2]」(diffused religion)(Yang 1961: 294-300；劉創楚、楊慶堃 1992: 65)；牟鍾鑒依其內容而把它稱之爲「中國宗法性傳統宗教」(以下簡稱「宗法性傳統宗教」)，也就是：「以天神崇拜和祖先崇拜爲核心，以社稷、日月、山川等自然崇拜爲翼羽，以其他多種鬼神崇

2 雖然在中文界很少人把楊慶堃所提出的概念diffused religion翻譯爲「混合宗教」，不過此處是依據楊慶堃在自己的中文著作中所使用的譯名，參考劉創楚、楊慶堃(1992: 65)。

拜爲補充，形成相對穩固的郊社制度、宗廟制度以及其他祭祀制度，成爲中國宗法等級社會禮俗的重要組成部分，是維繫社會秩序和家族體系的精神力量，是慰藉中國人心靈的精神泉源。」（牟鍾鑒 1995: 82）這種正統性的宗教傳統混融在世俗制度之中而不具有獨立形式的情形，我們可以把其看做是，「宗教制度」尚未由以血緣性凝聚爲主的傳統制度中分化而獨立出來的反映[3]。而這樣的一個有異於西方社會發展的事實，卻帶給了我們在思考當代台灣宗教文化社會問題時的重大挑戰。西方所有有關當代宗教變遷的理論，像是「世俗化理論」：宗教組織與宗教性世界觀在現代社會的逐漸削弱；「私人化理論」：宗教組織退出公眾領域所產生的各種連鎖反應和相關現象；以及西方新興宗教運動的討論：主要在探討傳統宗教組織削弱，並且形成宗教市場以後所產生的各種新興宗教現象。這些相關的討論框架都是以組織性的正統宗教制度做爲思考起點，而現在因爲這一個起點的迥異於台灣社會中的情況，由這個起點所導引出的許多概念，當然也就並不能完全被應用於描述當代台灣社會中的各種宗教現象。

然而儘管「私人化」概念無法完全適合於描述台灣當代的宗教與社會變遷，不過這種由近代世界中社會分化過程來考察宗教制度演變的觀點，卻仍是相當値得參考的，因爲就某種程度上而言，不管是自發性的或是外力所導致的，社會分化，的確都是當代東西方社會所難以迴避的一個歷史發展進程。

更具體來講，所謂的社會分化，一般指的是：「社會上不同的

3 不過我們也應注意到，中國宗法性家族組織已不是簡單的血緣團體，而是以儒家倫理爲原則所建立起來的基本單位（參考金觀濤、劉青峰 1993: 31）。

制度，開始各自扮演著自身特殊的功能，而相互區別開來」的歷史過程(McGuire 1997: 276)。雖然發生的方式不盡相同，但這個過程在近代不僅發生在西方，後來也接著發生在東方(例如參考喬志強1998: 181-229；黃俊傑 1995: 233-247)，它可以說是人類現代生活最主要的特徵(Alexander 1988: 49-51)。Alexander即曾指出(1990: 11)：「分化的概念比其它任何概念，更能幫助我們來認識到當代生活實際的結構，迫切的危險性和眞實的優點。」

於是雖然原本的確是源自於西方社會具體發展過程的各種概念，像是「世俗化」、「私人化」等等，也都是奠基在對於「分化」概念討論之上而衍生出來。但是我們若能回歸到一個較高的分析層次，不把由觀察西方社會分化過程所得來的概念強加來分析東方社會，而重新由東方社會自身的發展過程來加以理解，那「分化」的概念在此仍不失爲是分析當代台灣社會宗教制度變遷的頗佳的工具。尤其以社會分化的角度出發，可以幫助我們由一個比較具有整體性和具有較長時間性變化的角度，來觀察當代台灣的宗教變遷，這是別的分析角度所不容易提供給我們的。在實際討論社會分化在台灣社會中所出現與所經歷的過程之前，我們以下有必要先就和社會分化有關的理論傳統做一簡短回顧。

二、關於社會分化概念的相關理論遺產

對於社會分化概念的討論雖然可以追溯到遠古，近代社會科學界最早有系統處理分化概念的學者則是Durkheim(1933[1893])。在《社會分工論》一書中，他以社會分化的過程爲主軸來刻劃社會變遷，指出由機械連帶(mechanical solidarity)到有機連帶(organic solidarity)，是分化過程中兩個主要的發展階段，後者有更高的分

工，在其中透過相互依存的關係，可以使高度競爭的人群達到一種新的整合狀態。Durkheim的分析由社會整合的角度來處理分化問題，流露出濃厚的功能論色彩。但是Durkheim對於社會產生分化的原因以及社會分化具體的歷史進程，並沒有提供很好的解釋(參考Alexander, 1988: 49-77)。

社會分化的相關概念後來到了Parsons的理論架構中被加以繼續發揮，成爲了結構功能論中一個核心性的概念，我們也可以說社會分化這個概念至此才正式被制度化爲一個重要的理論性概念。Parsons強調分化，也就是不同領域間的相互獨立化，是社會演化的必然趨勢。而社會是依據四種主要功能來加以分化的，也就是適應(A)、目的之獲取(G)、整合(I)和模式之維護(L)，對應於這些功能要件，也就產生了社會的基本結構。分化的結果，將可以使體系的適應力提高，如同Parsons所言：「如果每一個新分化出來的單位，都比原有單位的適應能力高，那麼分化過程的結果就是一個更進化的社會體系。」(Parsons 1966: 22，轉引自蔡文輝 1982: 119)

以分化的程度爲主要著眼點，Parsons曾系統性的分析整體人類文明演化的過程(1966、1971)，他區別出來了初民社會、中等社會和高等社會三個發展階段，並把美國看做是社會發展過程中邁向高等社會的典範。由於Parsons的理論預設了社會發展的必然方向，有很強的目的論色彩，同時他也未觀照到不同地區在演化上的特殊性，更沒有注意到在不同領域分化過程中，所可能產生的衝突或矛盾(像是戰爭)等問題，他的理論在1970年代以後曾招致了很多批評。更具體來說，這些對於以結構功能論爲主要觀點的社會分化理論的批評，大致上圍繞著這幾點(參考 Alexander 1990: 6-11)：

1. 分化理論預設了特定的社會發展階段，而忽略了不同地區在發展上的差異性；

2. 分化理論忽略了權力與衝突在分化過程中所扮演的重要角色。事實上，在現實世界中，分化的產生，往往和特定菁英階層與利益團體間有密切關係，而非自然的功能適應的結果；

3. 分化理論預設了分化必然是導致整體社會適應能力的增加，這其中有了濃厚的功能論色彩，該理論框架連帶被批評爲帶有某種保守性。

相應於這些批評，社會分化的分析架構，不斷有著後續的修正與改進，甚至於到了1980年代，當馬克思主義與新馬克思主義的熱潮褪去之後，Parsons的理論又重新成爲一個重要的理論資源，連帶的社會分化的概念也再度成爲學界討論社會變遷的一個焦點(Mouzelis 1995: 81-86)。

而在Parsons之後，有兩個重要的後續發展，一個是德國學者Luhmann(1977，1982)的「系統理論」的出現，一個是以美國學者Alexander(1980、1981a、1981b、1998)爲主，提出了所謂的「新功能論」(neo-functionism)。

和Parsons一樣，Luhmann也關心並致力於一個一般性理論的完成，不過他採取了非常不一樣的分析取向。Luhmann把結構功能論做了一個翻轉，而自稱自己的理論是功能結構論(funktional-strukturelle Theorie參考趙沛鐸 1996: 119)。也就是基本上Luhmann不認爲結構是既定的常數，他尤其批評Parsons的理論過度關注結構，不斷的創造範疇而愈益脫離了經驗事實(Turner 1986[吳曲輝等譯 1995]：131)。相反地，由相當單純的功能分析入手，Luhmann認爲所有的社會過程都是爲了減低複雜性而存在的，他也以此爲基礎建構了整個理論體系。

簡單的說，Luhmann否認歐洲社會科學傳統中對一個客觀社會秩序存在的本體論預設，認爲社會分析應拋棄傳統本體論的包袱，其理論上的一個特色是沒有任何先驗性的概念，也就是其中的任何概念都是相互關連和相互詮釋的(Beyer 1984: xi-xii)，Luhmann自己清楚的指出來這是一個自我指涉的封閉系統(Luhmann 1986: 130，轉引自趙沛鐸 1996: 117-118)。

Luhmann把系統視作是爲了化約環境的複雜性而存在的基本結構，不同系統以不同方式來化約環境中的複雜性。社會系統是透過溝通來創造和利用意義，使經驗變得有秩序和可經驗。Luhmann認爲社會各部分的有機組成，同樣會循著「變異和選擇的差異」(difference of variation and selection)來進行對環境的適應(參考顧忠華 1999: 107)，這就導引出了社會分化的問題。對於分化，Luhmann提供了一個相當獨特的定義：建構系統的策略在系統內部的重複。由於系統是通過建立系統與環境的邊界來建構其選擇性的，因此經由分化在系統內部建立了新的子系統，它也就強化了系統的選擇性(Beyer 1984: xxvi)，分化在此是一種自身複製的具有反身性的策略(reflective strategy)(Beyer 1984: xxvi)。Luhmann認爲分化不只是分解爲較小單位的過程，它還牽連到系統本身的自我再製[4]，也就是系統與環境關係的重行建構(參考顧忠華1999: 107-108)。

相應於歷史上出現過的社會分化的形式，Luhmann把社會分化分爲三個類型來加以討論：區隔分化(segmentary differentiation)、階層分化(stratified differentiation)和功能分化(functional differentiation)(Beyer 1984: xxvii)。特別就當代西方社會來說，它是一個功能分化的社會。而由於各功能系統都發展出自己獨有的運作邏輯，執行其

4 關於「自我再製」，依據生物學家Maturana 和Varela的用語，Luhmann所使用的一個專門的字是Autopoiesis(參考Kneer & Nassehi 1993[魯貴顯譯1999: 62])。

它系統無法取代的任務，於是它是一個無中心的社會。基本上，Luhmann不相信有任何固定不變的本質或本體存在，分化是每一個系統不斷再生和複製的無止境的自發性過程，透過分化可以幫助系統解決面對外在環境時所碰到的複雜性的問題。而既然現代社會已經是一個完全沒有中心的社會，整合也就並非必要的一件事了[5]。

做為理論性的論述，Luhmann的分析有其理論上的參考價值，其著作中呈現出來了一個功能高度分化世界的基本運作邏輯。不過

5 就宗教部分而言，在Luhmann的理論體系裡，宗教是社會系統中的一個子系統，它是所有含有神聖意義的溝通共同連接而成。在現代社會，由於主導性分化類型的變化，宗教成爲眾多功能子系統中的一個，其運作與溝通，不再像在過去的社會裡一般，可以穿越各種分化界限，整合社會和所有的次系統。尤其是宗教結構，例如教會，已經很難聲稱對其他一些領域擁有支配權了。但是，既然宗教曾經爲整個社會提供了終極準則，因此，從宗教的觀點來看，其他功能領域的這種獨立性便有可能表現爲對宗教的否定(參考Beyer 1984: xxix)。Luhmann指出，在功能分化的社會裡，由於難以對整體社會履行其固有的功能，宗教將開始把對外活動的重點逐漸從整體社會層次轉移到其它次系統的層次。然而在依功能分化的系統裡，各功能系統都是自我指涉、自我再製，在自己的前提和條件下來處理外來資訊，因此宗教對其它次系統的服務，只有在不違背其它系統的原則和符合其它系統的意願下才可能進行，這往往也使宗教失去了其宗教的色彩。而在一個功能分化的社會裡，宗教對其它次系統的活動，將僅限於在其它系統中產生而又不能在該系統中獲得解決的一些私人性問題，如輔導、心理治療等(Luhmann 1977: 57-59, 263-264，參考趙沛鐸 1996: 21-22)。Luhmann指出，以傳統和教條爲導向的宗教，缺乏與功能分化社會的結構相容性，無法在現代社會發揮應有功能。而宗教的未來，主要繫於宗教與功能分化社會相容的程度。Luhmann強調，在功能分化社會裡，宗教系統雖然難以再爲整體社會執行其功能，可是這也正使得宗教系統可以免於被政治、經濟或其它次系統所污染，並且它也仍然可以執行其次系統的功能，也就是提供對於現代社會的一種可供做爲化約複雜性的特殊工具(Luhmann 1977: 232, 238，參考趙沛鐸 1996: 22)。Luhmann的著作裡，描繪出了一個宗教完全不再居於體系上的中心的現代多元中心的世界。

就華人當代的生活世界而言，我們更注意到，在其因非自發性的社會變遷而引發了宗教制度演變的近代歷史過程裡，它有著獨特的發展軌跡。正如同劉小楓(1996: 441-456)所指出的，由於華人傳統社會中宗教在社會上所占據的位置與其在西方有所不同，所以華人的宗教，或甚至是整個現代華人社會的演化進程，也就和西方有所差異。在局部性的分析中，劉小楓則以儒教做爲傳統華人社會政教合一體系中的中心宗教結構，他並探討了這個中心宗教結構，在現代化進程中如何遭到摧毀，而接著又如何有取代儒家道統地位的「主義宗教」(包括了三民主義和馬克思主義的國家政體)出現的過程。在這裡劉小楓以政治場域做爲觀照點，看到了華人社會政教在基本內涵上始終未分化的一面。這樣的一個社會發展事實是和Luhmann理論中的論述還有著相當距離的。

另一個和社會分化理論特別有關的當代學術發展，是以Alexander(1980、1981a、1981b、1998)爲代表的「新功能論」(Neo-functionism)的出現。「新功能論」一方面拒斥Parsons單線演化的理論內涵和結構功能要件的預設，一方面卻也希望能夠保留住社會分化這個概念(參考Mouzelis 1995: 82)來進行社會分析。如同Alexander & Colomy所指出的，「新功能論」嘗試：

> 修正分化理論的解釋框架，不再採用問題解決式的和社會功能要件式的研究取向，而改採一種更強調群體衝突、權力和共變關係(contingency)的具有權力或政治性意味的分析模型。(1990a: viii)

對於「新功能論」而言，社會的整合只是多種可能中的一種，社會均衡是一種動態性的狀態，而且它只是一種分析上的用語，而不是個人生活與社會活動的實際狀態。在Parsons所曾強調過的不同系統像是社會、文化與人格系統，其間也可能是會經常產生衝突的(參考Ritzer 1996: 121-127)。

「新功能論」者的觀點，曾被廣泛應用在對於實際經驗資料的分析上。其中最具代表性的是Alexander & Colomy 1990年合編的文集《分化理論與社會變遷》(*Differentiation theory and social change*)，書中不同作者對於社會分化的觀點分別有所檢討，並有以實證歷史材料的分析，而產生的更爲細緻的概念。像是Smelser(1990: 165-186)在書中所提出的「強硬的分化」(blunted differentiation)的概念：社會分化有時會經由與社會演化趨勢相反的外力而產生；Champagnc(1990: 52-87)所提出的「不平均分化」的概念(uneven differentiation)：一個社會中的不同部門會有不同的專門化與分化程度；Colomy(1990: 119-162)所提出的「雙重運動」(double-movement)的概念：社會分化的產生往往伴隨支持與反抗力量的出現；Eisenstadt(1990: 19-51)所提出的「制度化推動者」的概念(institutional entrepreneurs)：制度性分化的出現，有可能是一群特定的人，爲了和自身相關的特定目的和利益而創造出來的。這許多更爲細緻的概念的提出，使得社會分化理論，避免了一種過度的結構決定論和社會整合觀的詮釋角度。這也顯示了做爲一種分析工具，社會分化概念本身，可以有著更爲廣闊的適用性。如同Alexander & Colomy所述：

> 早期功能性的研究主要取向在……指陳出可以連結不同專門研究領域為一個嚴密包裝體系的一個單一的、無所不包的概念架構。而和此相比，「新功能論」者的經驗研究卻是鬆散組織的包裝，架構在一個一般性的邏輯上，並且在不同層次

與不同經驗領域中它都具有一些較為自主性的多樣性和變異性。(1990b: 52)

不過「新功能論」這種解釋架構上的鬆散，卻也招致了批評。Mouzelis(1995: 86-87)指出，在Parsons的分析架構中，另外加入群體衝突、失序、反分化或是制度的推動者這些概念，雖然豐富了分化理論的內容，但是這些內容與Parsons理論架構間的組合並不好。尤其Parsons 所處理的是制度性的問題，而非集體行動的問題，這兩者該如何銜接是必須要做進一步釐清的，而不是單純以後者來代替前者，就可以補充或修正Parsons原有的理論架構。換言之，社會分化理論要對Parsons的理論做修正，是必須要在更基本的理論層次上來進行的。

然而不管怎麼說，即使不能替代 Parsons原有的理論架構，「新功能論」對於Parsons社會分化理論的修正，對於後續經驗研究或是理論討論上的激發，其影響力是相當巨大的(Colomy 1990: xxx)，雖然它不足以成爲一個獨立的理論(Alexander 1985: 16)，不過就做爲一種研究取向來看，它的確比傳統的結構功能論有著較大而靈活的適用空間，我們可以把其看做是想要突破 Parsons 直線式的文化決定論，而向其它學派(交換理論、象徵互動論、衝突論、現象學等等)的各種觀念加以採借與整合後所形成的一個新的綜合性的理論(Ritzer 1996: 126)。

社會分化雖然是傳統社會學中相當核心性的概念，國內有系統的探討並不多。較早是陳寬政(1982)對於歐美社會學界分化概念的介紹，他也就該如何將此概念操作化的議題有所回顧，進一步的，他乃以男性人口教育組成和女性人口生育年齡函數這兩項指標，來討論台灣社會分化的實況，根據其所運用的指標，台灣社會在當時並沒有顯現出明顯的分化。陳寬政之後則有張家銘、馬康莊(1985)以及張家銘(1995)依其與馬康莊前作所做的進一步補充，他們以教育與產業結構變遷做爲社會分化的指標，整體化的討論了台灣社會分化的一個歷史發展階段以及未來的發展趨勢。以上這些著作雖然具有啓發性，但是僅以人口特質、教育程度、或產業結構等，來做爲觀察台灣社會分化趨勢的指標，主要的探討還只是停留在社會階層化與人口變遷的層面，而尙無法在理論與經驗面向上，對於台灣整體社會結構變遷方面的問題提出較有系統的看法。

前述的理論回顧雖然幫助我們認識到社會分化概念的背後，可能會有著不同的基本意涵，不過現階段筆者在此尙沒有明顯的理論上的立場。一方面由於探討台灣當代社會分化過程相關研究文獻的缺乏；一方面由於本章的宗旨，還只是一個以宗教制度變遷爲主的局部性討論，這些都使我們尙沒有辦法有明確的理論取向上的選擇。基本上，社會分化在本章中被當做的是一種描述性的概念，而非指導性的概念，也就是我們不會先預設歷史發展有任何必然性的方向，這種分析方式也比較像是「新功能論」之學者的作法。雖然如我們前面所述，「新功能論」曾招致了不少批評，不過就做爲一個初步的歷史考察而言，本章所保有的這種源自於「新功能論」所具有的理論上的開放性，是筆者現階段的分析中所不得不採取的一種暫時性的分析策略，這有必要在此先加以說明。

那麼到底在台灣社會中，近代社會分化的過程如何出現？它具有著什麼樣的基本型態？宗教制度在其中又有著什麼樣的演變？由於華人社會中宗教制度的形成，其根源相當久遠，且發展又有連續性，爲了促進我們對於台灣當代宗教現象的更深入理解。以下，我們因此有必要重新以較有系統性的回顧，來理解宗教制度在華人社會中所占據的基本結構位置及歷史變遷之軌跡，也只有在有了這一番基本認識以後，我們才有可能進一步的來探討當代台灣宗教制度變遷方面的問題。

三、宗教制度在傳統華人社會中結構性位置的變遷：一個簡短的歷史回顧

華人的社會文化，在其來源上有相當的古老性，在其發展上則有相當的連續性。誠如黃仁宇所述，中國歷史自周朝以後，歷史學家就已經難於區分，究竟某些特色是周朝的還是中國人的(1993: 11)。就宗教文化與宗教制度上的變遷亦然，即使是我們要討論當代台灣的新興宗教問題，它也和過去中國長期的歷史演變有著密不可分的關連性。同時，要考察宗教制度在當代台灣社會中結構性位置的改變，我們也有必要先行對於宗教制度在傳統華人社會中所占據的結構性位置有所掌握。因此，以下以社會分化過程做爲一個討論的焦點，我們擬以一個比較長期但是卻也是僅止於綱要性的歷史考察，來對於傳統華人社會中的宗教特性先做一番簡短敘述。下一節我們則將奠基在本節的基礎上，進一步的來討論當代台灣社會宗教制度變遷方面的議題。

1. 夏商周三代與「宗法性傳統宗教」的出現

對原始社會或是相對地分化程度較輕的社會而言，親屬結構經常是整個社會運作的骨架，在其中社會內部的分化，主要來自於建立在血緣關係或地域基礎上而產生的初步階層化，而尚未開始有精細的依據功能領域所產生的分化，Parsons稱此時的狀態爲一種「混合矩陣狀態」(diffuse matrix)(1961: 243)。

對於中國來說，最粗略來講，中國社會是一個早熟的社會，在

很早即有一統性政治體制的雛形產生。不過雖然夏商周三代都有著天帝崇拜、祖先崇拜和鬼神崇拜觀念三者的共同交混，皆可說是屬於一種以血緣宗法制度爲主的一個「混合矩陣狀態」，其中還是有其差別存在。夏朝是宗法奴隸制初建時期，人爲宗教尚不發達；商代鬼神崇拜相當盛行；周代則以宗法道德充實了宗教活動的內容(牟鍾鑒1995: 149)。

在三代時，宗教的象徵符號系統雖逐漸浮現，但尚沒有獨立而完整的體系，雖然有幾種具有特殊角色的人物(巫、祝、卜、史)的存在(牟鍾鑒 1995: 160-162)，顯現出了宗教制度初步分化的痕跡。

整體而言，在夏商周三代，宗教制度尚是混融在血緣與地緣關係之中，不過以血緣宗法爲核心的政治領域逐漸浮現，並具有了較高的位階，周公也使天神崇拜具備了更多宗法倫理的色彩，這奠定了華人爾後幾千年的所謂「中國宗法性傳統宗教」的信仰基礎。

2. 宗教性宇宙觀的獨立與成形

宗教制度的分化與獨立大致上包含了兩個層面，一個是象徵符號系統的層面，一個是組織的層面。這兩者出現的先後，不見得有一定的次序(參考 Wach 1944: 109-205)，而中國在春秋戰國時期，在宗教系統象徵符號的層面首先開始出現了獨立化的趨勢。

在中國早期的「混合矩陣狀態」中，政治、宗教、血緣上的身分往往是合一的，政治上的掌權者往往也代表了一種特殊的宗教身分。而到了春秋戰國時期，王權式微，宗法制度受到衝擊，中央神權爲之動搖，同時社會的動亂與不安，也造成傳統天帝思想的權威受到懷疑。於是一方面有學術思想上百花齊放、百家爭鳴的分化局面(這最主要的是由於自由而獨立的士人階級的出現)；一方面就宗教的象徵符號體系而言，它也產生了獨立而系統性的宗教觀——也就是以陰陽五行爲主要基礎的宗教觀。

整體來講，在春秋戰國時期，政治、學術、宗教間有著相互脫離而獨立的趨勢。不過這種分化的界限也並不完全，彼此還互有摻雜，像是儒家的天命觀、墨家的尊天事鬼、莊子的天人合一觀等等，都是尚未完全脫離宗教的學術系統。而陰陽五行的學說則是一套當時流行的思想，已經有了獨立成形的思想體系，但尚未形成獨立的宗教組織。

3.「宗法性傳統宗教」的建立和佛教、道教的出現

秦漢一統帝國的建立，是一種反分化的趨勢。自漢武帝以後，統一的政體以儒家經學(其核心就是以忠孝爲基本信條的綱常名教)來確立統治思想。牟鍾鑒(1995: 170)指出：

> 兩漢時期繼承了三代的宗法性宗教，並使之制度化、理論化，為封建制度的穩定服務。儒學發展為神學，以便與宗法性宗教相適應。《三禮》將宗教祭祀禮儀系統化，並給予理論的說明。董仲舒建立起儒家神學的哲學體系。《白虎通》使神學經學法典化，標誌著再建封建宗法性宗教工作的正式完成。

這是一個哲學、宗教、政治三者在分化後又再度混融的局面。而前述這些制度化、理論化與法典化的工作，也構成了中國數千年來最大的宗教——「宗法性傳統宗教」的一個基礎。它在最基本的內容上，包含了一個五行演化的法則、禮法規則的制度化(主要根據三禮《周禮》、《儀禮》、《禮記》而成)、儒學的神學化(主要得自於董仲舒的著作)，和正式正當化了宗法統治的法典(也就是

《白虎通義》這本書的出現)等等。

帝國制度提供了宇宙與人類之間的連接，雖然帝國內有種種組織上的分化，但各個部門並談不上有著眞正的獨立，整體社會係「圍繞著分化、對立和合作的諸整體間和諧而組織起來」(Parsons 1977[章英華譯1991]：95)，宇宙秩序和人類社會秩序「根本上彼此透過形式的相同而協調一致」(Parsons 1977[章英華譯1991]：94)。

不過我們在此也注意到，在這個功能上未能嚴格分化的整體裡，和世界上任何其它的地區一樣，某種階級上的分化也是貫穿在其中的。這種階級上的分化在一定的程度上，也影響了華人世界中宗教表現型態上的各種差異。正如Parsons所曾指出的：「社會結構浸滲文化體系，文化上夠資格的團體，因其乃理想文化模式的化身，掌握著對社會的控制(不存在於任何古代社會)，不過這團體無法成爲將社會界定爲一整體的共同整體(corporate entity)，因爲它只是由一群同時擁有權勢和政府威權『君子』的組合。但是，在他們與百姓之間劃出一道線來，使得古典中國仍舊爲二階級的社會。根據社會結構而言沒有可能將低層團體，特別是農民，包容進具積極價值的社會社區之內。」(Parsons 1977[章英華譯1991]：95-96)這種「君子」與農民階層的二元結構，也使得中國宗教後來的發展，依此而有附帶的二元分離的狀態(陳榮捷 1987: 181)。這一種依階級結構而產生的分化，並不是宗教體系象徵符號系統的眞正的分化與相互區別，不過做爲社會階層的反映或是反射，它在某些宗教系統內部卻產生了進一步的區隔，這一點我們後面還會再回來加以討論。

在漢朝，在「宗法性傳統宗教」形成的同時，則有佛教的傳入和道教教團的出現。做爲外來宗教，佛教展現了一種做爲獨立主體的宗教實體所可能存在的形式。佛教中專業而出世的僧侶階級，也產生了特有的和世俗對立的宗教型態，這對往後各種宗教體系脫離「混合矩陣」而獨立發展的趨勢，有著決定性的影響。不過當然，這種獨立分化的趨勢，也不能不受限於或是依附於外在的環境，包括政府的保護、經濟上的依賴、既有的主流宗教亦即「宗法性傳統宗教」意識型態的左右等等。

道教的具體形成，大致起於東漢時期《太平經》的出現，張角兄弟領導的道教教團，可以說是中國第一個有組織的民間教團。它一方面是模仿自佛教[6]，一方面則是下層農民階級在某些層面上，有著脫離正統「宗法性傳統宗教」的趨勢，而產生了有組織的分化與對抗，因此它起先有著相當濃厚的社會性的功能。不過後來道教在實質上漸漸的有所改變，在傳入了上層階級後，它卻在統治階級的支持下，經常被用來加強統治者政權正當性的基礎(例如參考劉精誠 1993)。

4. 三教的競爭與融合以及大規模民間教團的出現

佛教和道教在經過了魏晉南北朝的發展以後，逐漸和儒教(也就是「宗法性傳統宗教」和儒學的一個結合體)形成了三方鼎立的狀態[7]。可是由於佛教追求解脫的教義與儒家忠君孝順的倫理觀念間有

6 如同嚴耀中(1991: 103)所述：「在佛教流傳之前，中國沒有成系統的宗教，祭祀與崇拜是作爲使宗族群體生存的手段，即使相信鬼神也不等於信奉宗教。因爲中國人並沒有把神作爲一種『終極關懷』，人們信奉鬼神是祈望它對生命有實惠的福佑效應。因此佛教的傳入對道教形成在多方面起了刺激和催化作用。」

7 雖然傳統上，我們常把儒、釋、道三教看做是中國傳統社會宗教型態上的三大支柱，不過更精確的講法，則可以把其做更詳細的區別，分爲所謂的「三教二家」，這是根據牟鍾鑒(1995: 143-144)的說法，他說：

所衝突；外來佛教與本土宗教道教間，以及本土的道教與儒家間，也有著爭奪思想文化陣地上的衝突，三教間的鬥爭於是成爲不可避免的趨勢。

不過在此同時，三教之間卻也是異中有同，所以在相互鬥爭的同時，又能夠相互滲透和融合。但是三教融合，並非是以等量互補來進行著的。從統治者的角度來考慮，他們傾向於以儒爲主，以佛道爲輔，而較爲偏激的政策都沒有能夠持久付之於行動。「儒學的獨尊地位是喪失了，但正宗地位再次得到確認。宗法性宗教的正統地位也在繼續保持。」(牟鍾鑒 1995: 206)而就社會生活方面，在社會道德風尙裡，儒家倫理已經根深蒂固，忠孝早已成爲人們普遍的價值標準，道教從開始就採用它，佛教雖然在教義上與它並不一致，但從不敢正面反對綱常名教，只能努力增加自己的世俗性，與儒家倫理保持一致，以在中國的土地來站穩腳跟(牟鍾鑒1995: 207)。

(續)

「三教(眞正宗教意義上的「教」)是：宗法性傳統宗教、佛教、道教。二家：儒家、道家。宗法性傳統宗教有教(宗教)而無學(哲學)，儒家則有學而無教，兩者相對分離而又並行連袂，共同維持著中國人最正宗的信仰。道教開始時亦有教而無學，只是在吸收並改造了老莊道家以後，才成了有教有學的大型宗教；道家則有學而無教。道教一方面偏離道家天道自然無爲的路線而熱衷於祭祀和長生，另一方面又內含道家的道論和養生論，其發展後期不斷向道家趨同。故而道教與道家的關係是有分有合、互相糾結，並立而又連袂，共成傳統社會另一大精神支柱。佛教從開始到傳入中國，到充分華化，一向是有教而又有學，自成社會一大精神支柱。可知雖是五家，卻形成三方鼎立的態勢。在三教二家之中，儒家和道家，一個主陽，一個主陰，是中國傳統文化多元結構中主要的兩極，相互對峙又相互補充，在深層起著貫徹始終、制約全局的作用。儒道互補之中，儒家經常占據著主導地位。這種思想格局從漢魏形成，一直保持到清末。以上三教兩家都是對中國傳統文化發生了全局性影響的思想文化系統。」

到了明、清二代，一方面由於政治力量的箝制，一方面因爲宗法性宗教祭祀活動更爲完備，以及佛教道教其各自所具有的一些內在性的原因，相形之下，佛教和道教教團在外在形式上逐漸呈現衰微[8]。而在這種情況下，其它的民間教派卻紛紛興起，奪取了佛道兩教不少地盤(劉精誠 1993: 313)。

明清以來各種民間新興教派的產生，大致上是相應於三教融合的趨勢而產生的獨立的宗教形式(嚴耀中 1991: 271-273)。它們大致上由宋、元時期開始出現[9]，而在明清時代大量蓬勃發展。它們多半以三教融合爲主要的教義內容，流行於下層社會，但卻通常不被政府所承認，甚至常常遭到政府的取締和鎮壓，活動因此常處在秘密或半秘密狀態。雖然它們有時也可能爲上層某集團所利用，甚至偶爾可以打入宮廷內部，不過都難以持久，最終還是不能成爲官方宗教，而往往成爲下層群眾社會互助和反抗壓迫的組織形式，或者爲各種複雜的非官方勢力所利用(牟鍾鑒 1995: 242)。

---

8 佛教和道教在明清以來皆逐漸走向衰微的原因相當複雜，應做更深入的討論，此處暫時只就前人的說法做一些歸納，除了最主要共同外部因素政治箝制的影響(例如參考印順 1978；劉精誠 1993: 271-313)以外，就佛教而言，其它因素尚有：1.佛教在其發源地印度的枯竭，使得其無法再爲中國佛教注入新的活力；2.明末儒釋合一的潮流，使佛教喪失特色，對士大夫階層逐漸失去其吸引力；3.類似於前一點的，過度的世俗化也使其與民間信仰間產生界線上的模糊(牟鍾鑑、張踐 2000: 963-966)。這幾點因素都導致佛教理論停滯、宗派流於形式和僧團的嚴重衰落。就道教衰落的原因而言，除政治因素(清朝政府視道教爲漢人宗教，更不利於其發展)外，其它因素則尚有：1.理論工作的衰落以致於喪失了宗教的本質(陳榮捷 1987: 188-189)；2.儒釋道三教日趨融合，道教自身特點日益消退(劉精誠1993: 299)等等。

9 可以說最早是由南宋時期茅子元所創立的白蓮教開始，揭開了佛道以外民間教派發展的序幕(參考馮佐哲、李富華 1994：175-206；Overmyer 1976［劉心勇等譯 1993］: 92-130)。

這種三教合一的結果在宗教內容上是一種融合性的表現，不過它在集體生活的型態上，則是一種上下層分化後，所產生的相應於下層社會心靈與物質需求的特殊文化產物。也就是在三教競爭與融合的環境中，所產生的一種去除了參與上的障礙，而特別能適應於底層民眾生活型態的一種新的宗教型態。如同Jordan & Overmyer (1986: 10)對於明清以來這些歷史上的新興教派所做的描述：

> 我們可以發現到，不止是對於領導者而言，甚至是對於所有的信徒而言也是一樣，這種原初無上感，這種「嶄新」的感覺，和這種刻意結合過去傳統的心態，它們都是非常重要的。根據我們的研究的發現，信徒們之所以會去相信這樣的東西，是因為他們認為他們正參加著華人文化中最核心性的一些傳統。因為這些傳統[指佛教、道教等獨立性的宗教團體]在其一般形式中常對信徒有著一些特殊的要求，以致於它們彼此常常互不相容，於是在民間也就產生了一種希望既能拿掉這些特殊要求，又能夠保有其原有的標誌和象徵符號的訴求。為了適應一種廣泛的和更民主式的參與，某種修改是必須的，而這些[新興]教派教義中所提到的某種原初無上感和超越一切傳統的宣稱，給這些進一步的修改提供了重要的神聖性的認可。

換句話說，在過去華人的民間社會裡，各種新興教派之所以層出不窮，並始終對於民眾具有很大的吸引力，其主要的原因，也就是在於在這種新興的教派活動裡，透過一種更「廣泛的和更民主式的參與」，一個信徒「可以同時參與全部的那些在華人文明裡被認爲在道德上與宇宙觀上都是最好的東西」(Jordan & Overmyer 1986:

10)。正如同 Jordan & Overmyer 所指出的：「文化雖然會激發人們應該去從事某種行爲，但是在此同時，社會結構的存在卻有可能使人無法去從事它們。在以上這種情況下，綜攝主義式的教派團體，它提供了一種出路，經由吸收與結合各種不同的行動，並使其重新在制度上成爲新的，在教義上成爲最原初而根本的。這些教派團體訂定了自己的規則，規定了誰可以來參加，和該進行什麼樣的活動，如此於是產生了一個讓相關活動的進行明顯的具有著正當性的脈絡。這些教派團體的存在，提供了一個社會組織來代表著某種正當性的宣稱，而透過群體的支持，和群體行動中所帶來的情感上的滿足，更加強了這個宣稱所帶有的正當性。」(頁10-11)由這裡我們理解到，明清以來華人社會中不斷出現的各種新興教派，實是在華人既有的文化脈絡裡，民眾自然的發生，並且又以各種不同的方式來賦予其正當性的，對於更直接、更完整、更原初的救贖路徑的追求。

簡言之，明、清以來華人社會所出現的大量的新興教派，大致上是一種儒、釋、道三教思想相融合以後，在民間所出現的相應的宗教活動。這一種趨勢是民間有意識的、有自覺性的「綜攝主義」的舉動，它使得一種有別於儒、釋、道，卻宣稱還要超越於儒、釋、道的新的宗教傳統，在民間以各種形式而大肆的活躍著。它在宗教系統發展的內在邏輯上是一種必然性的趨勢，它在一般下層民眾的心理上也往往能夠取得極大的迴響，如同一位學者所述的：「如果封建社會的歷史再長一點，民俗宗教和民間宗教完全取代儒釋道三教也並不是不可能的事。」(馬曉宏 1991: 124)。

5. 傳統華人社會中宗教在社會結構上所占據位置的整體性檢討

前面的討論，對於傳統華人社會中宗教團體如何自社會中分化獨立的歷史演變做了簡短回顧。此處建築在前面的基礎上，擬就傳統華人社會中宗教在社會結構上所占據的位置，再做一番較爲整體性的說明。

宗教社會學者Wach(1944: 109)指出，宗教團體在社會上的獨立與分離，受到兩個主要因素的影響：第一，相應於整體社會族群或階層的分化所伴隨而來的宗教團體的分化；第二，個人或集體宗教經驗的加深或擴展而產生的進一步結果。就西方社會而言，早期基督教會的出現，它一出現就一直與世俗社會間有著尖銳的對立與分化，它是一套獨特的宗教經驗與世界觀在世俗世界中被加以制度化的產物(Parsons 1977[章英華譯 1991]：146)，Parsons指出，這一個發生於西方社會而不曾發生於其他社會的歷史事實(也就是分化而獨立的宗教組織教會的出現)，決定性的影響了西方社會演化的步調(Parsons 1963: 304)。

就中國社會而言，宗教一直很難脫離社會而獨立存在，其最主要的一個宗教體系——「宗法性傳統宗教」，一直與世俗社會交織緊密且互爲表裡，此外中國士人則賦予了宗教人文主義的色彩，此亦不利於宗教經驗在華人上層社會中的加深與擴展。

更精確的言之，文化發展上相當早熟的，在周公、孔子以來就賦予了宗教人文主義的色彩，淡化了宗教的成分，增強了其中人文的意義，並「把神道歸屬於人道」(牟鍾鑒 1995: 110)，不過孔子所提出的「敬鬼神而遠之」的人生態度，同時具有著有神論與無神論的色彩，它自始即有著某種模糊性和內在矛盾(參考牟鍾鑒1995: 109-111)，導致儒家一方面有著理性主義排斥宗教的人文傳統[10]，

10　這樣的一種人文傳統，已經不是一種宗教性的傳統，不過即使是這樣的

一方面卻也形成了所謂的「中國宗法性傳統宗教」的重要思想基礎，這一個宗教是自夏、商、周三代以來，即與世俗社會相融相交的，以敬天祭祖爲主要內容的華人最核心性的信仰。

相對於「宗法性傳統宗教」，佛教與道教是華人社會中最重要的分化而獨立性的教團，不過自始自終它們不能截然的分化出來，而一直對根深蒂固的「宗法性傳統宗教」，包括其各種基本的社會倫理觀和無所不浸透的世俗組織，採取一種不得不然的妥協性態度。其中在分化的型態上，佛教和道教雖然有自身的僧院組織，但僅止於鬆散的處於社會外圍，與主流體制並沒有形成眞正的分化與對立的狀態，劉小楓(1996: 441)稱此爲「脫社會」的，也就是雖然保持著獨立，但卻未能在社會與國家的關係體中構成一種獨立的作用力與張力[11]。

而明清以來各種新興教派的出現，起先雖然可能只是起自於獨特宗教經驗的延伸與制度化，但它後來逐漸成爲社會上下分層分化過程中，反映下層社會精神與物質需求的一種宗教活動[12]。它的蓬勃發展與專制體制的吏治腐敗、脫離民眾，儒家的道學化、官方化、與形式化，三教融合思潮的激盪，以及佛道二教在歷史發展過

(續)

一種人文傳統，它也沒有眞正的完全分化出來，以做爲可資與世俗世界相區別與相對抗的結構，主要原因在於：1.經由科舉制度，儒家學制爲國家提供官僚階層，也構成了世俗社會倫理正當性的主要組成部分；2.儒家對家族制度的肯定，使其本身就是既存社會秩序的維護者(參考劉小楓 1996: 453-454)。

11 劉小楓(1996: 441)指出：「道教的組織化鬆散與清靜之道、神仙修煉之道、符籙禁咒之道同構；佛教之組織的僧伽型態與四諦和八正道的聖化理念相應；寺院組織以出家爲基點，因而是脫社會的，在社會與國家的關係織體中未構成一種張力群體。」

12 例如陳榮捷就直接把中國人的宗教生活分爲幾個層次，一個是尋常百姓的層次，一個是知識已開者的層次(1987: 181)。

程中因種種因素所出現的組織哀微現象等都頗有關係(牟鍾鑑、張踐 2000: 848-853；馮佐哲、李富華 1994: 211-338)。

民間教派的主要組成分子是下層群眾、農民、手工業者、水手、城市貧民、流民等，大部分是因生活貧困孤立無靠，而加入民間宗教，以求得精神上的慰藉和生活上的救濟。民間宗教組織在平時是民眾互相自保的組織形式，在社會動盪時期，則常常成爲武裝起事的團體，因此一般常爲統治者所禁止和鎮壓，活動大部分處在非法和秘密的狀態(參考牟鍾鑒、張踐 2000: 865)。整體講起來，它的社會位置一直被侷限在社會上／下二元分化結構中的下層位置，不過就信仰的內容上來看，這些民間教團並沒有與其他華人的基本信仰間有著太大的差異。

整體來說我們可以這樣講，在傳統華人社會，一方面大家都潛藏性的共有著一個相同的信仰，杜瑞樂稱其爲是「中國人的宗教」：

> 「中國宗教」(religion chinoise)。從出生那天起，中國人就在近親、鄉親、同業關係編成的社群網中進入他的宗教世界，開始他的信仰及宗教祭祀活動……這種整體性的社群內容構成了中國人之所以是中國人的世界，在此之外的就不是中國人。(杜瑞樂著 1995: 146)

而依我們前面所引述的牟鍾鑒的較爲具體的稱呼法，則稱它爲「中國宗法性傳統宗教」。而華人在這個出生以來就接受「宗法性傳統宗教」之上，還可以做某種進一步的選擇，也就是在佛教、道教和道家之學中，「既可以在其中擇其一或並修兼信，也可以在一方之內的教與學的兩端上有所偏重。」(牟鍾鑒 1995: 145)這常常不會彼此違背，當然也有人專精於某一個個別的宗教，但這通常只限於那些精通典籍儀式的神職人員(杜瑞樂 1995: 143)。總結而論：「一般地說，多數中國人(尤其漢族)信奉敬天祭祖的傳統宗教或儒家思想，少數中國人信奉佛教道教和道家之學，部分漢族和少數民族信仰基督教、伊斯蘭教以及民間宗教或民族傳統宗教。」(牟鍾鑒 1995: 145)

四、台灣近代的社會分化過程與宗教制度的演變：一個類型學上的討論

以混融在世俗生活結構中的「宗法性傳統宗教」爲核心性信仰，並以佛教、道教和民間教派爲邊陲性信仰的華人社會的基本信仰結構，在面臨了中國數千年來的宗法帝國體制瓦解以後，產生了基本結構上的變動。這個變動最主要的部分也就是核心信仰——「宗法性傳統宗教」——的崩潰。

「辛亥革命推翻了帝制，結束了漫長的家天下時代，社會政治、經濟、文化發生劇烈變動，家族組織也開始走向解體。於是緊密依附於宗法等級社會的宗法性傳統宗教，便隨之發生總體性的崩潰，象徵皇權尊嚴的神權坍塌，天壇、地壇、太廟、太社稷以及日、月、先農等祭祀活動被取消，舊的國家官方禮儀一概廢止。」(牟鍾鑒、張踐 2000: 962)而進一步的，世俗體制包括政治、經濟、法律範疇等等，都逐漸爲不帶宗教色彩的由西方所引進的各種所謂現代化的體制所塡補或替代。

雖然同樣面臨著整體社會結構的改變，不過前述這些變動的發生，在台灣和中國大陸之間其所發生的軌跡有著根本不同。以下我們將直接以台灣爲討論焦點，來處理和當代社會分化過程與宗教制

度變遷這些方面有關的議題。眾所皆知，1895年日本占領台灣以後，台灣與中國大陸之間產生了「歷史的斷裂」，如同黃俊傑(1995: 244)所述：

> 相對於中國大陸百年來的動亂與滄桑，最近一百年來的台灣則與中國大陸走在不同的歷史道路上。自從1895年日本占領台灣以後，早期武裝抗日運動此起彼落，1920年代以後也有議會設置請願運動，但是從歷史角度來看，日據時代(1895-1945)是台灣從傳統社會轉化為近代社會的關鍵時期……當中國大陸在最近一百年背負著沈重的傳統歷史包袱，掙扎於「傳統／現代」的困局之中時，台灣早已成功地從「傳統」邁入「現代」……而在20世紀前半葉，台灣透過日本而吸納的大量的日本文化以及歐洲文化質素，更為台灣文化注入了多元的文化泉源。(p.244)

在這種台灣與大陸歷史分離過程中，最特殊的是，透過日本，台灣開始引進西方式的現代化體制。不過雖然引進了西方式的現代化體制，因爲種種因素，台灣卻在宗教文化上並沒有發生太大的變動。在日據時代，台灣之宗教，尤其是在其整體文化組成上占據最爲核心的部分——「宗法性傳統宗教」，它卻能夠在各種現代化的潮流中一直免於受到太劇烈的衝擊。究其歷史原因，這其中有兩點主要因素：

一、17世紀末葉台灣併入清朝版圖，漢人的信仰型態在此地就已逐漸定型(董芳苑 1996: 114)，而台灣位處海洋孤島，在過去交通不方便的時代，甚少和外界聯繫，因此民風也較爲保守(陳玲蓉 1992: 90)，而尤重視傳統信仰的保持。

二、日本據台以後的宗教政策，起先爲避免過度刺激台灣民心，仍揭櫫信仰自由的口號，對台灣宗教皆採取尊重之態度。爾後在統治末期，雖厲行寺廟整理工作，但許多根本理念與具體方案，隨著日本戰敗，並未能徹底付諸實施(陳玲蓉 1992: 84-97)。

也正由於以上第一點中所敘述的這種台灣同胞對於傳統的守舊性，使得其在面對著外來的統治時，仍能刻意珍惜與保存自身的信仰，即使在日本以「國家神道」對台進行同化時，傳統信仰都還不至於被消滅(董芳苑 1996: 114)。這些被保留下來的傳統信仰當然有各種成分，不過在外來統治者刺激下，所產生的民族情感的反彈，「宗法性傳統宗教」內容的保存，應該是占了很重要的一個部分。

1949年國民黨來台以後，出於對中國共產黨宗教政策的對立，表面上，它採取著宗教自由的政策，不過其政權正當性的基本性質，卻是一種延續傳統儒家正統主義的一種一統性威權體制。國民黨政府形式上以三民主義爲國家認同基礎，許多「宗法性傳統宗教」的觀念(忠君、愛國等等)反而得到了延續和提倡[13]，而和這一個一統性正統威權體制有所牴觸的民間教派，則受到相當嚴密的監視和抵制。

不過威權統治並不是極權政體式的完全控制，它仍有某種彈性，控制上有其縫隙和缺口(丁仁方 1999: 85)。就政治參與層面的擴大而言，一方面面臨本土政治勢力的參與壓力；一方面鑑於資深民意代表凋零所產生的法統危機。1968年以後，各種選舉乃逐漸開放，威權統治結構逐漸轉型。而快速的經濟發展也使台灣民間社團

13 金觀濤、劉青峰指出三民主義儒家化使得它又成爲一個類似於傳統的倫理中心主義的意識型態，不過它並不強調家庭本位，而是一個強調黨的意志的集體主義思想體系，這導致了儒家化三民主義出現了類似於法西斯主義的傾向(金觀濤、劉青峰 1993: 315)。

組織蓬勃發展，由1952年2,560個合法登記的民間團體至1988年時增加到12,605個(龐建國 1993: 304)。1980年代以後，台灣社會結構日趨複雜以及民間自主意識抬頭，許多利益團體的運作，逐漸擺脫國民黨控制走向自主運作的路線。簡略來說，我們可以說和國民黨一統性威權體制所不能完全相容的，是現代化體制(也就是各領域[經濟、法律、教育、文化等等]有著獨立運作邏輯的現代分工體制)的運作，在各功能分工基本單位的衝擊之下，它會使得威權制度不得不放棄其一元性控制的基本結構。

1987年解除戒嚴，1989年公告的〈人民團體法〉第一章「通則」第七條：「人民團體在同一組織區域內，除法律另有限制外，得組織兩個以上同級同類之團體。但其名稱不得相同。」(引自葉永文 2000a: 235)於是除了解嚴以前，就已公開存在的12個合法宗教以外，各教團從此紛紛以人民團體的名義來登記，正式開始了宗教組織多元化發展的趨勢。

而在當前這種表面上的多元社會中，到底宗教制度在其中占據著什麼樣的結構性的位置呢？這種位置和其在傳統社會中所占據的位置間，有著什麼根本性的差異呢？這些位置上的改變，又怎麼樣的會影響到台灣當代各種新興的宗教現象呢？

首先，在形式上而言，當前的主流社會體制，它是一種自西方引入，在表面上不帶有價值與宗教色彩的，以工具理性，也就是某種關於程序性的邏輯做為運作基礎的現代世俗體制，這不再是與「宗法性傳統宗教」融合在一起的宗法帝國體制，也就是在台灣，「宗法性傳統宗教」在形式上已是沒有任何體制上的基礎。但是如同我們前面所提到的，出於台灣歷史發展的特殊背景，「宗法性傳統宗教」的種種觀念與習慣，不僅未曾被徹底的加以打擊或破壞，甚至還曾經被刻意的加以保持和維繫，這使得「宗法性傳統宗教」

雖然不再占據有任何結構性的位置，其卻仍然構成了當代台灣宗教文化中相當重要的內涵。

其次，就過去占據著社會邊陲性位置的佛教、道教和各種民間教派而言，當整個社會結構中最核心性角色改變(也就是由過去的「宗法國家體制」轉換成了今日的世俗理性化體制)的同時，它們固然受到了相當衝擊(主要在於它們經常被當做是代表著傳統社會中與現代化相反的一種勢力而遭到了排擠)，但是相對於「宗法性傳統宗教」而言，佛教、道教和各種民間教派，一方面因爲其有著獨立性的教團而較能持續性的存在，一方面其在型態上並不代表著傳統社會中的主流，因此所受到的來自現代化體制的直接打擊相對而言也就較小，於是它們依然可以，至少是可以以邊陲性的位置，繼續的存在於當今的社會之中，這一點在被動的接受現代化體制的台灣社會裡尤其是如此。

甚至於和其在傳統社會中的處境相比，在傳統的社會裡，佛教、道教和各種民間教派，當其在面對著核心性的宗教「宗法性傳統宗教」時，它們都必須對正統宗法宗教的基本觀念(倫理、綱常等等)做出一定的調整和適應。但是在現代社會中，面臨著主流體制的改變，「宗法性傳統宗教」不再占有社會結構中核心性的地位，佛教、道教和各種民間教派也就免除了對於「宗法性傳統宗教」的必須性的適應，這於是使得它們產生了與「宗法性傳統宗教」的分離與距離逐漸拉大的一個結果。於是對於這些原本是屬於社會結構中邊陲性位置的宗教團體而言，在面臨著現代社會中導因於占據主流位置的現代化世俗體制所產生的宗教眞空狀態，和與此同步出現的「宗法性傳統宗教」的萎縮，以及邊陲性宗教團體獨立性增高的事實，它們便產生了一種特別有利於邊陲性宗教團體擴張的條件，或進一步也就產生了所謂「邊陲性宗教擴張」的現象，這是本章中要特別加以強調的一個當代台灣的新興現象。

簡言之，首先，在現代化的趨勢中，由於主流體制的替換，最直接受到衝擊的是在傳統社會中占據核心位置的「宗法性傳統宗教」，然而因爲台灣的一些特殊歷史因素，「宗法性傳統宗教」的主要內容，以傳統禮俗的型態，大部分仍然被保存了下來，雖然在當代它已經缺少了一種「可信結構[14]」的支持，也沒有辦法再在公共場域中有任何正當性。在傳統的社會裡，大部分的華人表面上看起來並沒有明確的宗教信仰，實則上，他們所信仰的正是混融在世俗體制中——沒有正式或明顯的僧侶階層與寺院組織，或者說是借用了世俗社會中的親族階層爲宗教執行者——的「宗法性傳統宗教」。而今，隨著主流體制的替換，由帝國宗族體制改換成現代化科層與分工體制，「宗法性傳統宗教」在形式上已經瓦解，成爲只有觀念與習慣而沒有社會實體支撐的宗教體系。而大部分的華人在這種過程中，事實上已經不知不覺的成爲了沒有宗教信仰的人。當然，也有很多人刻意或者是不經意的仍然保留著傳統的習俗與信仰，他們可以說是仍然信仰著華人的「宗法性傳統宗教」。但是因爲「宗法性傳統宗教」向來就沒有獨立性的教團，而今又缺少著正式世俗體制上的「可信結構」的支持，大部分仍然保持著這種信仰的人，他們在信仰生活上是不完整的。

相對於這種傳統社會中核心性宗教的崩解，以及因此而產生的

14　「可信結構」(plausibility structures)可以被定義爲：在一群共有著相同意義體系的人群內部所存在著的特定的社會過程和互動模式。這個概念顯示的是，一套意義體系，必須在相關社會結構的支持之下才能夠繼續讓人們感覺其是合理可信的。Berger認爲，所有宗教傳統的背後，都需要有特定的信仰者的社群來支持著宗教信仰的可信性，一個完善的「可信結構」，將能夠使接受該套意義系統的人並不會特別感覺到它的存在(Berger 1967: 127-153)。

宗教眞空狀態(就供給面來說)，和人們心理上由有信仰生活到沒有信仰生活的轉變間所產生的新的宗教需求(就需求面來說)。在華人傳統社會中原本是處於邊陲性的教團，包括了佛教、道教和各種民間教派，卻有了較好的發展條件和機會，一方面它們原本就有獨立性的教團與教義，且又僅處於社會邊緣性的位置，在整個社會主流性體制更換的同時，它們雖然也受到很大的影響，但長期而言，經過一定的調適，它們仍然可以保持其獨立發展的面貌；一方面新的主流體制是不帶道德與宗教色彩的程序性的理性化體制，與宗教雖有某種內在性的矛盾，但並不會如同傳統社會中「宗法性傳統宗教」般，明顯而強迫的(透過帝國管制與道德綱常的約束等等)要求各種邊陲性宗教做出必須性的改變，這帶給了各種邊陲性教團更自由的發展空間[15]。而更主要的是，由外在生態來看，在前述所提到的宗教市場供給面與需求面皆改變的新情境裡，有著獨立性教團的邊陲性教團也顯然有了一個更佳的發展機會。

不過我們也要特別注意到的是，對於這些邊陲宗教團體而言，在這種擴張狀態中，其邊陲性的地位雖然開始具有著不同形式，但是居於整體社會邊陲性地位的這一個基本事實並沒有改變，這是因爲它們仍然要面臨著新的主流社會體制，也就是依據工具理性運作邏輯來運作的現代化世俗體制。

15 由於現代世俗體制是一種在表面上不帶宗教色彩的在程序上來規範的體制，於是在現代世俗體制裡，邊陲性教團來自於主流體制的壓力，不是直接而外顯的——像是傳統宗法社會中主流社會對於邊陲性教團所要求的對於倫理綱常的必須性的適應與接納，而是來自於導因於主流體制所產生的完全開放的自由宗教市場，所伴隨產生的以效率作爲衡量標準而帶來的各種壓力，主要有兩點：一、就內部長期發展而言，宗教精神與工具理性化二者的運用之間所可能會產生的內部緊張性；二、就外部適應而言，在自由市場激烈競爭下所具有的強大的生存壓力。

不過此處這種台灣當代所存在的「邊陲性宗教擴張」的現象，因爲歷史發展與基本性質的不同，在佛教、道教與其它的民間教派這幾者之間，又存在著一些基本差異。

最簡略來說，道教教團原本就相當鬆散，同時因爲歷史上長期「世俗化」的結果，道教與一般人的世俗生活早就混融的相當緊密，這種種因素使道教教團的獨立性較低，於是使得其在當代台灣社會所存在的「邊陲性宗教擴張」的過程裡不容易有突出表現，甚至因爲道教思想，與傳統社會中的核心性宗教「宗法性傳統宗教」的過於混融與接近，也會使得「宗法性傳統宗教」在形式上崩潰的同時，將連帶使道教的發展受到較大牽連。

就佛教來說，一方面台灣原有的佛教界在日本「抑道揚佛」政策(余光弘 1997: 624)、日本佛教型態與日本現代化思潮(例如參考王見川、李世偉 1999: 69-92)等所帶來的各種影響之下，在日據時期即早有相當蓬勃的發展與獨立性法脈的形成(闞正宗 1999: 1-161)；另一方面大陸佛教曾經歷民初的內部改革與整合，不論是僧團的獨立性和教義的系統性都日益增高(例如參考麻天祥 1992: 65-122)，而其發展甚至延續到台灣，並成爲1949年以後控制台灣佛教界的主要力量。整體來講不管怎麼說，相對於其它的邊陲性宗教，佛教的整體性與獨立性都是較高的，當結構上出現了有利於「邊陲性宗教擴張」的條件時，它有著相當好的發展機會。

其它的各種民間教派，在過去大致上以三教融合或五教合一，做爲教義產生的基礎，並經常以秘密組織的型態來存在。基本上，它是下層社會自發性組織的一種混融了宗教與社會功能的結社活動。雖然它在教義上獨立性較弱，但建築在明清以來三教融合趨勢下逐漸浮現出來的神秘性的「道」(例如參考宋光宇 1999: 17-91)的基礎上，只要條件允許，它不是沒有繼續獨立發展的條件。而在教團組織上，它一直有著以在家眾爲組成基礎的(宋光宇 1981: 586)，雖混融在世俗生活中卻能有嚴密組織的一種特殊的自主性與獨立性。

當然，當代台灣的各種非佛也非道的新興教團是否可以說就是傳統社會中民間教派的延續，這需要做進一步的討論。雖然不見得全部是，但筆者認爲至少大部分，它們在內在精神與活動型態上是有著某種延續性的。更仔細的來說，在傳承上，由於受著政治因素的箝制，在台灣今日活躍著的各種新興教團，有許多是開始於接近解嚴時或是解嚴以後，在組織的延續性上，它們當然不是傳統民間教派的繼續。不過在其基本性質上，我們可以發現到，除了相當程度的吸收了現代社會中與工具理性運用有關的經營管理與媒體運用的各種技巧以外，它在許多面向上呈現著傳統民間教派的基本精神，包括：一、奠基於中國傳統的天人合一觀、佛教傳入的菩薩觀(Overmyer 1976[劉心勇等譯1993]：193)等等，常有著做爲神的化身般的教派領袖的存在；二、自創通俗化與口語化的經文(Overmyer 1976[劉心勇等譯1993]：204-213；宋光宇 1981: 585-586)；第三、儀式漸趨簡化(宋光宇 1981)；第四、俗眾自組教團(宋光宇 1981: 586)等等。這幾點在鄭志明(1998b: 1-55)由一系列個案研究中，所歸納出來的台灣新興宗教的特點裡(包括有強烈宗師崇拜情結、採直接領導型態、重視與信徒的直接互動等等)，可以看出其類似性。當然，或許因爲經濟條件與政治參與型態的不同，它也有其差異性存在，像是過去民間教派常有的代表著民心求變的一種「末世劫變」觀(馬曉宏 1991: 117-134；喻松青 1994: 31-32；嚴耀中 1991: 266-273；Overmyer 1976[劉心勇等譯1993]：166-181)，在當代台灣各種新興教團裡雖然仍然經常出現，卻似乎不再如同其在傳統民間教派裡的世界觀中占據著如此核心性的重要性。(參考第五章)

而重要的一點是，當代台灣新出現的各種教團，其世界觀雖然是五花八門，但是在其中能夠在民間取得活躍地位的教團裡，大部分[16]都是建築在華人民間社會，由明清以來至今已經廣爲接受的，所謂的三教或五教背後所共同存在著的一個具有神秘性的「道」[17]的基礎上。這使得我們可以把建築在這樣的一種融合性世界觀基礎之上的許多當代台灣的新興教派，看做是傳統邊陲性民間教派保留著其原有的精神與基本組織形式，而在今日的台灣社會中所發生的一種「邊陲性宗教擴張」的現象。

對於這些有著傳統民間教派性質的宗教團體而言，在「邊陲性宗教擴張」的結構性條件出現時，它有著向上層社會擴張和向核心宗教地位擴張的態勢，這自然也就會產生了來自社會上其它部門的反彈。

對於民間教派向上層社會的擴張，其反彈或是抗拒，並不是來自於各種新興的上層階級[18](因爲這些新興上層階級主要所接受的是現代社會中的主流意識型態，也就是工具理性的邏輯，而其中並沒有直接貶低民間教派的實質內涵)，而是來自於帶有類似於傳統社會上層階級思想的人。這種思想在今日來說，也就是附著於原來上

16　當然也有例外，就以我們在本書附錄三中所提到的盧勝彥眞佛宗的個案爲例，在該章的討論中我們指出，相對來講，眞佛宗始終仍和民間信仰的運作模式較爲較近，而和民間教派教團運作的基本模式相差較大。

17　參考宋光宇(1999: 17-91)對於這個「道」的歷史源流與內在邏輯所做的系統性的說明。

18　這也就是爲什麼許多受過現代高級教育的人仍然有可能會參加當代各種所謂的新興宗教的基本原因，因爲即使這些人所受教育的內容，與新興宗教教團教義的內容之間有著某種差距性或矛盾性，不過以結構上的基礎而論，不同於在傳統華人社會中存在於所謂的上層士人階層與下層民間教派間所存在的矛盾，現代社會中的上層階級與各種新興宗教團體之間，是並不存在著這種結構處境或結構所占位置上的根本矛盾性的。

層士人階層之上的和判別上層身分地位有關的儒家正統意識型態。它因爲上層士人階級的崩潰，而成爲零散混融的型態，並廣布在當今的社會當中。

而就第二點，對於向核心宗教地位擴張態勢的抗拒和反彈這一部分來說，一方面同樣來自於前面所述的那種正統意識型態，也就是原居於核心宗教地位的「宗法性傳統宗教」，在崩潰後不再依附於任何組織，而散布在民間的各種正統性宗教觀念；一方面則來自於在新的「邊陲性宗教擴張」的情勢演變中，逐漸有取代核心性宗教位置的各種宗教團體，在台灣，主要也就是各種新興的大型佛教團體。

接下來我們要敘述的則是當代台灣宗教發展趨勢中的另一種形式——「核心性宗教替代」。首先我們注意到，既然原來以「宗法性傳統宗教」爲觀念基礎的體制，已更換爲以不帶宗教色彩的工具理性爲運作邏輯的現代化世俗體制，於是即使是在台灣這樣一個重視親族與網絡的社會裡，「宗法性傳統宗教」在當代台灣，卻也漸成爲了沒有體制支持的散布在民間社會的各種觀念上的餘留，我們可稱此爲「宗法性傳統宗教餘續」。

而相對於這種由傳統到現代過程中，宗教在結構上核心位置的失落，以及「宗法性傳統宗教」中的各種觀念，仍然在社會上有其實質影響力的情況。結構上於是有可能會有各種新起的教團，嘗試以「核心性宗教替代」的角色，來出現在目前的台灣社會中。在其中，一個教團可以是一開始即以「宗法性傳統宗教」中的各種概念做爲教義上的基礎，試圖重新建立宗教在社會結構中的核心地位。一個教團也可以是在發展到一個相當大的規模以後才開始有「核心性宗教替代」的傾向，以結構上核心性的位置自居(雖然在實際上那已經是不可能的了)，試圖發揮更大的社會影響力，甚至於來和主流的世俗體制做競爭。當然在此同時，一個教團在規模擴張以後，也可能是仍自居於「邊陲性宗教團體」的結構性位置，而不朝向「核心性宗教替代」的位置來發展。

我們特別注意到的是，這種有著「核心性宗教替代」傾向而出現的新興教團，它畢竟已經和傳統的混合性的「宗法性傳統宗教」間已經有著很大差異，而其最主要的差異，就是前者是以一種獨立性教團這種面貌來出現的。由於沒有辦法再混合在當前新的主流世俗體制中，「宗法性傳統宗教」中的各種觀念，若要能夠持續性的被確認與被聚合，它必須被獨立出來以制度性宗教的方式來存在，並成為社會大眾自由選擇宗教時的一種可能性。於是即使「核心性宗教替代」的出現，是以替代已經失落其核心地位的核心性宗教為目的，然而它的不得不朝往獨立性形式的發展，正表示了它在結構位置上，對於其它部門或是其它宗教團體間，是既不具有更高位階的指導性，也無法自由的滲透到其中了，它成為了在社會結構位階上與其它宗教或社會團體間，具有平行性與同等性位階的志願性社會組成。可是另一方面矛盾的是，既然要居於核心性的地位，它在內在性質上也就必然是有著中心性的自我認定(認為自己的教團是社會上最具有正統性的教團)與滲透性的傳播傾向(認為社會上每一個人都應該對其教義或道德訴求加以接受)的，因此這種在現代社會中以「核心性宗教替代」為立足點來存在的宗教團體，它本身就具有著一種內在的矛盾性與弔詭性。

整體看來，從根本的結構性位置而論，在當代台灣社會當中，已經沒有任何宗教可以占據核心性的位置，儘管仍然滲透著華人社會中濃厚的和親族網絡有關的各種元素，然而目前的主流體制，它畢竟已經是一個引進於西方的純以工具理性做為內部運作邏輯的現代化世俗體制。在表面上看來，這種體制只是一種不帶價值色彩的程序性的體制。不過事實上，每一個宗教團體為了要在這樣一個工具理性化的世界裡生存，具體來說，也就是要和其它宗教團體以及其它世俗性團體做必須性的競爭，它就必須在某種程度上適應於這種工具理性化的運作邏輯，那也就是以效率來衡量一切的邏輯，這主要包括著採用規劃良好的宣傳管道、合乎效率的管理與分工、教義走向系統化、有效的傳教、良好的維繫信徒的方法等等(Wilson 1992: 211-217)。不過，工具理性的運用和宗教理念的理想性和純淨性之間有著不可化解的內在矛盾(Wilson 1992: 235-259)，於是宗教團體的這種對於當代主流社會不得不採取的適應，一方面必然會導致其在組織發展過程中產生種種內在的緊張性[19]，一方面也會使得

19 雖然我們注意到，就其行動的內在邏輯看起來，宗教團體的核心宗旨和理性化的計算和管理之間一直存在著一種本質性的衝突和矛盾，不過對於承襲自華人社會文化傳統中的宗教團體而言，其間的衝突卻可以在表面上予以沖淡或至少是沒有表現得極為明顯。這最主要的原因建築在：和西方以二元對立為基礎的一種世界觀相比較，華人世界中的宗教團體其神聖與世俗間的區隔往往不是那麼的截然對立。這一方面的議題討論起來相當複雜，不過我們至少要在此強調兩點，第一、中國自天台宗以來就有著強調萬物一體，眾生與佛共一法身的基本理念(Overmyer 1976[劉心勇等譯1993]：71)，神聖世界與世俗世界之間並沒有根本的界限，這種想法對於中國後來各種教派的影響極大：第二，在過去以「混合宗教」為主要的宗教型態的中國社會中，各種宗教觀念本就融合在各種世俗性的制度之中，聖俗間的界限也向來是比較模糊的(陳杏枝 1999: 195)。即使在當代在社會分化的過程裡，各種宗教觀念逐漸由世俗制度中單獨被抽離出來，並重新匯集起來成為各個獨立性宗教團體背後所根據的世界觀的基礎，它在神聖性的性質上，卻仍然是經常帶有著延續自傳統(混合宗教)中所帶有的某種聖俗不分的含混性和融合性的，像是既強調宗教終極救贖的重要，卻又同時強調世俗倫常(例如孝順父母)和世俗社會活動(行善積德)的重要等等。基於以上這些原因，於是整體看起來我們發現到，在當代的台灣社會不論是佛教團體也好，各種新興教派也好，它們在引進各種理性化管理的技術來做組織的經營時，是可以在某種程度上減輕一些在內部所可能產生的矛盾性和緊張性的，它們甚至

它在採取這種工具理性式的運作邏輯時，經常會遭受來自外界——建築在傳統社會中認爲宗教有其必要純淨性與更高道德準則的看法[20]——種種嚴厲的批判和質疑。

五、當代台灣宗教發展的現況：進一步實例的說明

前一節的內容，主要是根據華人宗教文化的背景加以延伸，而產生出來的最簡略的推論。由於其中所討論的議題，多是正在發生中的社會文化現象，因此許多歷史細節，目前尚很難蒐集到足夠的資料來加以論述。同時，前述的討論，基本上是站在一種「理想類型式」的分析角度，它不見得能夠找到完全相應的案例來一一符應於其中所討論到的各種宗教團體的類型。不過此處爲了加深我們對於台灣當代宗教發展現況的了解，我們底下還是嘗試以更爲具體的

(續)

於往往還可以找到其教義中既有的某些觀念，來正當化其依循工具理性運作邏輯來進行組織管理的正當性。不過事實上，長期看來，在本質上而言，這種工具理性的運用和宗教理念的理想性之間的內在緊張性，固然可以減輕，但它是在根本上所無法化解的(也參考筆者 1999: 496-502)。

20 但是批評者這種認爲宗教應保有某種道德性與純粹性的看法，其所根據的理由，往往又不是從宗教團體本身應有其獨立發展範疇的這種邏輯來加以思考的，而往往卻通常是由過去占據著核心位置的「宗法性傳統宗教」的角度來加以思考，也就是認爲：1、所有的宗教團體都不能忽視「宗法性傳統社會」所要求的最基本的倫理道德規範；2、所有的宗教團體都不能因其自身的運作邏輯而干涉或侵犯「宗法性傳統社會」中的基本運作，其最被主流社會所讚許的選擇也就是自外於主流社會而不參與主流社會中的社會活動(例如明清以來佛教團體的發展即是如此，參考印順1978)。換句話說，這種批評往往也不是眞正的要求這些宗教團體應保有其純粹性，而是希望透過把其「隔離化」或是「宗法化」，而使其不威脅到主流社會體制的發展。

實例來做一些補充性的說明。

首先，以一個較爲一般性的架構來思考，我們注意到，其實在任何時代或地點，只要是當舊有的宗教無法跟上時代，或是無法充分滿足信眾的要求時，就有可能會有新的宗教團體產生(Wilson 1982: 124)，因此對於新興宗教議題的討論，可以是相當廣泛而沒有時空界限的。不過一般而言，當代世界各地所出現的各種新興宗教現象，其與過去歷史上所曾存在過的一些新興宗教現象間，卻是有著本質性的差異。這種差異來自於：當代世界新興宗教現象的產生或發展型態，基本上已經和所謂的現代化——主要包括了理性化和社會分化等這兩個相關的歷史進程間，有了密不可分的關係。不過在此同時，當然，新興宗教現象在不同地區的起源與發展，卻還是各有特色，而與其相關的文化脈絡與歷史背景間有著密不可分的關係。

以歐美而論，理性化的社會趨勢起源於社會內部[21]，新興宗教的發生和社會分化後產生的宗教私人化與整體社會多元化的趨勢間有密切相關(Wilson 1982: 147)。而1960年代以後在歐美社會中產生的各種新興宗教團體，不少來自於東方世界，這些團體在基督教社會中有明顯的異端傾向，吸引的人不少是受現代化與世俗化趨勢影響較深的白人中產階級之年輕子女，這可以說是代表了一種社會主流中堅份子下一代自發性的反傳統與反主流文化的社會趨勢。整體而論，歐美的各種新興宗教運動團體雖然數量眾多、種類分歧[22]，不過新興宗教運動最早開始啓動的主要潮流，與其社會中的主要傳

21 甚至於根據Berger的講法，西方理性化歷史過程的原動力最早是出現於基督教當中(Berger 1967: 105-125)

22 例如參考Wallis(1984: 9-34)所提出的很有名的關於歐美新興宗教團體分類的三分法類型學。

統信仰基督教間，一直有著很大的斷裂性與衝突性。

對於日本和台灣這兩個社會來說，在其非自發性的由外來文明所啓動的現代化發展過程中，宗教並沒有扮演過反傳統的角色，然而在現代化的潮流中，這兩個地區在當代卻都有著相當蓬勃的新興宗教團體的發展。和歐美社會相較，新興宗教現象中的主要趨勢在日本和台灣的發生，都還只是一種本土性宗教延續的連續性現象，其皆是以本土性的新興宗教團體爲主要構成體，新興宗教團體的組成成員，在社會上新興宗教運動開端的初期發展歷史中，一般而言沒有反文化與年輕化的跡象[23]（例如參考Yinger 1982［高丙中、張林譯 1995］：323對於日本「新宗教」的討論）。

不過新興宗教現象的發生，在日本和台灣間又有著某種區別。在日本，在1945年以前長期的歷史裡，宗教不但是以國教（佛教或是神道教）的面貌存在著，以江戶時期的「寺壇制度」爲核心（例如參考楊曾文 1996: 35），它更是人民世俗生活中，長期有著制度性影響力的一種常設制度。這一點使得在中央政治與宗教威權瓦解之下的日本，在其時代趨勢中相應而產生的本土性新興宗教現象，我們可以把其當做是一種原有中央性宗教權威的一種變形與延續。雖然這種權威已經被現代化的主流體制所推擠，但它仍然在制度上與結構上有其重要性（Wilson 1982: 147）[24]，這一點，與台灣當代新興宗

23 不過這一點在1970年代以後日本興起的另一股新興宗教的趨勢，所謂的「新新宗教」（"New" new religion）中，則逐漸有了轉變（例如參考 Clarke & Somers 1994；Inoue Nobutaka［井上順孝］1991；Shimazono［島薗進］1995）。

24 換言之，許多新興宗教教團仍然是以類似於傳統「寺壇制度」中教團與信徒間的關係模式（有所謂的本山［總部］、支部、教區的層層節制，以及深入信徒私人與公共生活的無所不包的組織活動的特點）爲主要的互動模式（例如參考楊曾文 1996: 253-255）。

教的主體，也就是制度性的宗教，在原傳統社會中多半僅占據著邊陲性結構位置之事實相對照，彼此間有著極大差異[25]。

概略來說，根據上面的說明我們發現，和歐美與日本的新興宗教現象相比：

1.和歐美相比，台灣與日本的新興宗教現象都是本土性宗教活動的延伸，其延續性大於斷裂性。

2.雖然台灣和日本在新興宗教現象上有前述的相似性，不過和日本相比，做爲本土性宗教延伸的新興宗教現象，在日本它是有其制度與結構上的重要性的，在台灣則它仍然只是邊陲性和局部性的，這是因爲華人社會中制度性的教團向來只有邊陲性的地位，以此做爲基礎的新興宗教活動，雖然可以使其邊陲性的地位獲得擴張，但並不能根本的改變其結構上的位置。

對於傳統台灣人民來說，一般人最主要的宗教意識，來自於混合性的宗教——「宗法性傳統宗教」，在傳統社會裡，這個宗教是以某種一元性的世俗體制，做爲其「可信結構」的基礎。隨著現代化體制的引入，以及和此相關的經濟發展與全民教育的歷史發展，台灣的一元化體制開始瓦解，在形式上具有多元化型態的社會開始

25 除此之外，雖然細節無法在此討論，不過我們要附帶一提的是近期才出現的另一個日本和台灣新興宗教發展上的歧異點——日本獨特的「新新宗教」的出現。基本上來說，雖然都是被動的採取了現代化，但是日本的現代化發展，比台灣社會來得要更爲主動和徹底(參考岡野正純 1999: 215-216)，其社會在1970年代後期開始，產生了目前學者還正在觀察中的，因爲高度現代化發展而產生的一股較爲激進的新興宗教運動潮流，也就是所謂的「新新宗教」(麻原彰晃所領導的眞理教即爲一例)，它的出現和經濟高度發展與個人意識高張等因素關係密切，其信徒年紀多較爲年輕且有高度個人主義與理想主義傾向(Clarke & Somers 1994; Inoue Nobutaka[井上順孝]1991)；Shimazono[島薗進]1995)，這種強烈個人主義與理想主義傾向的新興教團台灣目前尚不多見。

出現。

若觀察解嚴前後台灣發展最快的幾個宗教團體，以純正佛教團體的面貌來出現的有慈濟功德會、佛光山、法鼓山、中台禪寺、靈鷲山等道場。而也有一些以佛教面貌出現的團體，但實則它只是以三教融合爲基礎的傳統民間教派的延續，這些團體像是妙天的印心禪學會、佛乘宗等等；而另有一些新興教團雖不以傳統的宗教面貌來呈現，其修行方法卻不脫禪定、氣功、觀想等等傳統的形式，基本上它們也是傳統民間教派的一個現代延續，這些包括了宋七力的顯像協會、清海的清海無上師世界會等等，在其中清海無上師世界會又較爲特別，它雖然是一個外來宗教，但卻完全隱藏其歷史淵源，而轉化成以本土性宗教，或至少是非外來性宗教的面貌來出現。另外一個當代台灣發展較爲特殊的教團是盧勝彥所領導的眞佛宗，它自稱爲是佛教的密宗，有著獨立的教團，但實則既不是佛教，也不完全是所謂傳統民間教派的延續，而更像是民間信仰與民間教派的一個綜合體(詳後)[26]。

---

26 本章並沒有處理解嚴前後或是解嚴以後以外來宗教的面貌在台灣所出現的各種團體，像是「奧修靜心會」(Rajneeshism)、「山達基教會」(Scientology)、「國際奎師那意識協會」(ISKCON)、「超覺靜坐」(Transcendental Meditation)、以及歐美傳布而來的各種流行的「新時代」(New Age)思潮等等；最主要的是因爲這些團體或思潮在台灣多半還是以書籍出版或短期訓練課程的方式來傳布其觀念，而尚未明顯的以有組織性教團的面貌來存在。這些思潮在台灣當然有其「在地化」的過程，而成爲了當代台灣中與其它傳統修行方式(像是氣功、禪修等等)並行的流行宗教文化中重要的一部分，不過就這些團體的參與者通常是社會上富裕的中上階級或專業階層來看，一般發現這一個階層的表現型態，在不同地區間一直有著一定程度的類似性，因此它的某種西方式的型態或是說世界性的型態可能是較爲顯著的(參考Heelas 1996: 121)。這些團體或思潮在台灣的實質影響力與社會意涵還有待進一步的探討與評估。另外基督教、天主教和伊斯蘭教等團體，在我們的解釋框架裡它們

就目前最大的佛教團體慈濟功德會來說，它以中年婦女——也就是傳統家庭倫理道德被現代化社會破壞以後最直接受到威脅的人——爲主要組成分子，它有著濃厚的，如我們前述所討論到的所謂「核心性宗教替代」的色彩，也就是其：一方面面對著既有核心性宗教的萎縮所產生的眞空狀態，它試圖取代這種核心性的權威；一方面它想要用倫理道德的提倡來重建社會秩序。這也是嘗試繼續執行「宗法性傳統宗教」具有核心性社會位置時所具有的功能。不過在此同時，我們卻也注意到，慈濟依然有著「邊陲性宗教擴張」的立足點。以佛教團體自居，慈濟一開始並不是主流社會構成的一分子，在核心性宗教眞空的情況下，它獲得了擴張的條件，不過它自始至終，卻又自我限定在政治以外的社會文化上的角色扮演，這又是和眞正的核心性宗教間有所差異。整體講起來，慈濟教團在發展的形式上一直帶有著核心性宗教與邊陲性宗教的雙重特性(見照片2-1，以及第三章的照片3-5)。

其它的幾個規模較大的佛教團體，像是佛光山、法鼓山、中台禪寺和靈鷲山等等，大致上都可以被看做是「邊陲性宗教擴張」趨勢在佛教團體上所表現出來的型態。佛教團體在減輕了「宗法性傳統宗教」以及其相關世俗宗法體制直接帶來的箝制以後，它們開始有著更爲獨立性的發展，而做爲傳統社會中長久以來就存在著的佛教，它們也沒有太大的正當性取得方面的問題。而佛光山、法鼓山、中台禪寺等道場，由於規模逐漸增大且又沒有正當性取得的困難，在既有核心性宗教瓦解的情況下，它們將愈來愈有「核心性宗教替代」的發展態勢，一方面刻意的以某種道德性的訴求做媒介來滲透到社會的各個階層，一方面也會逐漸擺脫其邊陲性的色彩而與

(續)

所扮演的角色比較邊緣性，本書中暫時不予處理。

照片2-1　在本書的討論中，認為台灣佛教慈濟功德會在當代台灣社會裡兼具有「核心宗教替代」與「邊陲性宗教擴張」的雙重特性(本圖爲該會位於花蓮市區的紀念性會堂——靜思堂，攝於2002年12月)。

主流社會間的關係更爲密切。

佛教團體發展的獨立性增高，在發展邏輯上，大致可以表現在幾個方面：內部教義系統化的傾向更濃；修行方法專門化的程度更高；以及對於信眾的占有性更高，也就是對信徒愈來愈有「專一性參與」(exclusively)的潛在要求，教團的參與在形式上雖然仍然是自由而富有彈性的(因爲多元社會基本社會規範的存在，使得任何團體都必須要有著某種開放性)，但是在教團獨立性增高的同時，它卻也同時是排他性大的，有遏止信眾自由流動的內在發展趨勢；

而基於佛教自身獨立性的要求，教團內部也有可能會產生一種反三教合一和反與他教融合的趨勢出現。

另一股「邊陲性宗教擴張」的趨勢，主要來自民間各種自發性的新興教派，它可以說和台灣當今所謂的「新興宗教」間關係特別密切。幾個團體像是妙天的印心禪學會、宋七力的顯像協會、清海的清海無上師世界會等等，都可以被歸類在這個範疇之中。

談到民間教派，首先我們注意到，在戒嚴時期一統性威權體制控制下，民間教派難以蓬勃發展，而一貫道卻可以發展成一個大型的民間教團，這在歷史上是一個相當特殊的現象。關於一貫道在台灣盛行的原因，學者曾多所爭論[27]，但有幾點因素卻是常爲大家所忽略的：第一、一貫道的發展並不是由台灣才開始的，它近代的成功，和其在1937年到1945年間於日本占領中國地區取得合法地位，而可以傾全力來擴充和發展的歷史很有關係(牟鍾鑑、張踐 2000: 1133；李世瑜 1975: 32-130)。因此在1945年以後，一貫道才有可能有大批已經具備有獨立傳教能力的人士可以來台宣教，這樣的一種先決條件是過去在歷史上從未取得過公開而合法地位的民間教派所不曾擁有過的；第二、國民黨威權政府對於一貫道雖然是採取嚴格取締的態勢，和過去中央集權的帝國管制相比，相對而言，這種管制仍然是一種較緩和的壓迫，而不至於完全斷絕了一貫道在地方性

27 宋光宇曾指出：這和其接收了齋教在台灣宗教社會結構上的地位有關(1983: 23)，而當其在台的初創階段(1946-1963)，一貫道信徒強烈的傳教動機、鮮明的末法救世理論和簡化的儀式，則更直接的促成了它迅速的發展(1995: 201-202)。最近他則強調地方上嚮往中國傳統文化人士的推動和婦女職業連帶關係的媒介，才使得一貫道在嚴格的管制中還能蓬勃的發展。王見川(1996: 192-193; 1999: 116)則以史料來批駁宋光宇早期的說法，認爲一貫道不少大廟都是由鸞堂轉變而來，而與齋教無太大的關係。

脈絡裡的發展空間；第三、一貫道雖有其秘密性，但其教義卻相當儒家化，重視傳統的倫理綱常，因此在實質內容上不至於與當時主流價值有太大的直接衝突。基本上，筆者認爲一貫道在台灣的興盛，是當台灣本土的民間教派活動產生了歷史的斷層，而一個「外來的本土民間教派」，在有著旺盛傳教動機和完整傳教組織的既有條件下，而占據了台灣民間教派市場的一個相當特殊的發展案例。不過解嚴以後一貫道雖繼續有其發展空間，在宗教市場開放以後，它不再擁有做爲民間獨大的民間教派的優勢[28]，其活力與時代適應性都必須面臨更多來自其它新興宗教團體的競爭。

至於解嚴前後，隨威權體制鬆動而開始出現的各個新興教派，雖然各自有著新的教團名稱和新的教主，但在教義上多和過去的民間教派一樣，主要是融合既有的三教或五教中的教義而成。它們是民間過去受壓抑的結社活動，在免除了宗法體制與宗法思想的箝制後，新興的獨立發展的宗教運動。在傳統社會士農工商階級結構改

28 建立在以三教融合爲基礎的民間教派的活動，有其一定的市場需求。在傳統社會裡，民間教派的發展雖也有其市場壓力，但其最主要的發展壓力，則來自於一統化威權體制的壓迫；在現代開放性的社會裡，民間教派團體發展的壓力，則大部分來自於市場的激烈競爭。因爲外在環境的不同，能夠在前者的環境裡生存下來的宗教團體因此是不見得能夠更適應於後者的。對於華人社會來說，要適應於前一個環境，其主要的必備條件包括了：1.能夠適當融合主流宗法社會中的價值；2.與上層社會能有一定的網絡上的牽連；3.具有組織上的韌性與適當的秘密性的防護。而要適應於後一個環境，相應於前面的三點，其主要的必備條件包括了：1.能夠具有主流工具理性社會中的經營與管理上的競爭力；2.宗教產品的訴求能夠盡量符合更多的社會階層，或是當市場夠大時可以選擇專精而明確的符合一個社會階層(這兩點在選擇上是互斥而無法同時選取的，也因此前面這整句話並不矛盾)；3.組織能夠具有一定的靈活性(除教主位置固定以外，組織分工富機動性)、滲透性(滲透於日常生活網絡)與擴散性(任何參與者都能擔任傳教工作)。

變以後，它的訴求於是不再只限於下層社會，於是它的秘密性減低，而公開性增加，訴求的階層更爲廣布。而它的簡單與迅捷的救贖手段的提供[29]，原本是滿足下層社會的需要而產生的，今日卻剛好可以成爲符合民主參與潮流的一個內在特質，這是相當有利於其發展的。

不過對於這些新興教團而言，也有不利於它發展的因素存在，首先，就其內在所具有的基本性質來看，雖然建築在關於「道」的認知與基礎上，其教義具有一定程度上的獨立性，但其相關教義的系統性，基於歷史上政治因素的種種箝制，它很少能有較完整的發展機會(Overmyer 1976[劉心勇等譯1993]：74-86)。以致於到了今日，許多新興教派的發展，多半還是只圍繞在和教主有關而產生的各種靈驗性上。於是即使當社會上存在了較佳的可產生「邊陲性宗教擴張」的條件時，這些新興教派在取得其明確的獨立性與專門性上，仍然存在著一些困難，這勢必會阻礙其長期的發展。而就外在的社會環境而論，如同我們前面所曾經提到過的，當目前的社會仍然還是留存有各種「宗法性傳統宗教」的觀念之時，新興教派發展過程中，所可能遇到的來自這一方面社會的反彈，在近期內也還不是可以完全避免的了的。

限於篇幅，本書對於以上這些屬於當代「邊陲性宗教擴張」態勢的新興教團，並沒有一一去加以考察。不過在後面的章節裡(第五章、第六章與附錄二)，我們還是相當密集性的去討論了一個案例，也就是清海所領導的清海無上師世界會。這個教團不見得是屬於台灣當代「邊陲性宗教擴張」的案例中影響最大或是信徒最多的

29 如同上一節所述的，像是更簡單的儀式、自創經文、在家人可執行儀式等等。

一個，但是它卻是在這種發展態勢中，表現的較爲極端而徹底的一個，也之透過它更可以讓我們較爲明顯的觀察到邊陲性宗教擴張的表現型態。換言之這是一種以「選擇較能表現出我們所關注主題之個案」的研究策略，因爲既然「邊陲性宗教擴張」是當代台灣新興宗教現象中較爲突出的一個特質，選出在這一方面表現較爲強烈的個案來加以討論，當然有助於我們就有關議題來獲得更爲深刻的理解。

以清海教團來說，我們在第六章中將會討論到，它雖然在起初開始發展時刻意與華人文化道統有所連結，但隨著教團發展獨立性的增高，它進入了一種「超脈絡化靈修運動」的開展，自此，它愈益與「宗法性傳統宗教」間有所脫離，且自身神秘主義的色彩愈來愈爲濃厚，其領導者清海所採取的各種象徵性的脫離正統的舉動，亦顯現出了一種宗教追求的不妥協性，這些正是「邊陲性宗教擴張」的社會條件出現時，一個適時而起的教團所展現出來的相應的面貌。在第六章中，我們曾以「文化綜攝」與「個人救贖」這兩個標籤來辨識清海教團的階段性發展，它一方面反映出清海教團本身發展性質上的變化，一方面也呈現出來了在整體社會中，具有「邊陲性宗教擴張」性質的新興教團，是如何階段性的來建立其正當性的基礎，並進而可以從多方面來吸引信徒們的熱烈參與。

而在當代台灣新興化的教團中，還有一個發展非常蓬勃，但卻是較難被歸類的團體，它是盧勝彥所領導的眞佛宗。在教義內容上，它幾乎完全承襲自民間信仰，也就是屬於「宗法性傳統宗教餘續」中比較屬於民間層面的這一部分，但是它有效的結合了制度性宗教中所具有的組織模式(例如教團中新創造出了附屬性的僧團結構)，甚至在教義上也能與制度性宗教相銜接(拿民間信仰來與佛教密宗相銜接)。不過這種銜接比較是浮面而功能性的，而並沒有像以三教合一爲基礎的民間教派，在銜接民間信仰與制度性宗教時，有著較高的系統性[30](也就是另外創造出了一以貫之的道統)。簡言之，眞佛宗是民間信仰在遇到社會文化環境重大變遷的過程中，所產生的一個全新的教派化的適應，它在類型上是接近於「宗法性傳統宗教餘續」，但也有效的模仿了「邊陲性宗教」所具有的一些性質，這於是使得民間信仰的活力可以在現代社會中繼續有所延續[31](關於眞佛宗參考附錄三中的討論)。

六、本章摘要與討論

以社會分化過程做爲觀照的焦點，本章試圖處理宗教制度在華人社會中的演變過程。在這個過程中，當代台灣的宗教團體如何產生，以及這種產生的過程如何影響到它們所表現出來的型態，是本章主要的討論主題。而本章借重的分析工具——社會分化，其目的在於幫助我們以它來描述台灣社會在由傳統過渡到現代過程中整體社會變遷與宗教制度變化上的基本模式。在本章討論的背後，對於台灣社會社會分化的次序與方向並沒有任何目的論式的預設，換言之，社會分化在本章中並不是指導性或規範性的概念，而是一種描述性的概念。

以社會分化的角度來看，當代台灣宗教團體的生存環境，大致上受到幾個最主要的宗教制度結構位置變遷的影響：

1.具有「混合宗教」形式的「宗法性傳統宗教」，喪失了其世

30 關於民間教派議題更詳盡的討論，參考第六章。

31 另外一個民間信仰自我調適與轉化的例子，是所謂的「會靈山」運動，參考筆者(2004a)。

俗體制上原所存在的「可信結構」的支持。

2.當前社會中新的主流體制，也就是以工具理性運作邏輯爲主的現代化世俗體制，取代了傳統社會中的宗法性體制。

3.原來占據社會邊陲性位置的各種宗教團體繼續存在，並脫離與「宗法性傳統宗教」的關連性，而擁有了更高的獨立性。

而以當代台灣社會而論，在以上的這個社會演變的過程裡，經由種種歷史條件的促成，而產生了各種新興的宗教現象，對照於我們的分析架構，我們可以以三種基本型態來看待今日台灣整體社會宗教團體滋生蔓延的情況：

1.「宗法性傳統宗教餘續」

2.「核心性宗教替代」

3.「邊陲性宗教擴張」

當然，以上這種類型上的區別，它是分析性的，在現實社會中有些宗教團體可能會同時混融著以上的各個成分，而不見得能夠完全符應於如此截然的區別。

在這個類型學裡我們所要強調的是：

第一、「核心性宗教替代」與「宗法性傳統宗教餘續」不同，後者是「宗法性傳統宗教」觀念上的餘留，前者則是這些原本無組織的「宗法性傳統宗教」的觀念，要重新聚合並附加上教團的形式，且有意識的要去爭取宗教已經在現代社會中所失去了的核心性的社會位置；「核心性宗教替代」也不完全同於在某些社會中正統性宗教組織，在受到挫折以後的反彈或復振現象，因爲在前者中還多加上了一個複雜的由無組織到有組織的聚合過程，這是那些社會的情況裡所沒有的。「核心性宗教替代」是傳統混合性核心宗教在當代社會的重新聚合而成爲組織性宗教時，一種有著內在矛盾性與弔詭性的時代新產物。

第二、此處所討論到的「邊陲性宗教擴張」，是台灣當代「制度性宗教浮現」的社會過程中(參考第一章與第四章)，表現的比較明顯的一股發展態勢。這種邊陲性宗教走向獨立與擴張的過程，將重大的改變當代台灣人宗教生活的型態，一方面人們的宗教生活由傳統「混合型宗教」型態，變成了當代的教團參與式的型態；一方面隨著各個邊陲性宗教團體的專門化與獨立化，在過去信徒可以在不同團體間自由流動的皈依型態，而今也不再有充足的「可信結構」可以支持這樣的一種信仰生活，信徒的皈依行爲勢必要愈來愈往專一的型態來發展。不過這種專一指的是在同一個時間，保持對於一個單一教團的信仰，它並不必然伴隨著對同一個教團皈依時間的增長[32]。

32 有幾點要特別在此做補充說明的：首先，過去中國人的皈依行爲可以有高度的「自由流動性」(在此指的是：在同一個時間可以參與數個宗教團體的自由性)，它主要「可信結構」的基礎乃是一種存在於「宗教界的多元性」背後的「俗界社會的一體性」(杜瑞樂 1995: 142)。到了當代台灣，「俗界社會的一體性」在表面上已經不存在，而伴隨當代社會變遷產生的邊陲性宗教團體的專門化與獨立化，於是會使得信徒的皈依行爲不再是可以任意流動的了。不過實際的情況又複雜得多，因爲第一、現代多元社會的基本文化價值與社會規範強調多元並存的平等結構，教團本身沒有任何正當性來強制信徒必須對其有著專一性的皈依行爲；第二、傳統「俗界社會的一體性」雖然在表面上是喪失了，但是許多傳統宗教觀念卻沒有完全消失，這仍提供了「一體性」的非體制性的潛在基礎；第三；經過華人歷史上三教長期融合的結果，不同宗教團體的背後已經有了一個共同性的世界觀的基礎，於是以上這三個條件都仍然有著促進皈依行爲高度流動性的效果。綜合以上各種作用力，其邏輯性的結果將是，當代台灣宗教團體的參與者，一方面皈依行爲變得愈來愈爲專一(也就是同一段時間內將只參加一個宗教團體)，一方面在不同的時間，它仍然可能保持著高度的流動性(也就是改變皈依的頻率可以是頻繁的)，不過這種高流動性的皈依行爲與傳統社會中在同一個時間可以參與數個宗教團體的高度的「自由流動性」皈依行爲間已經有了根本性的差異。

第三、「宗法性傳統宗教餘續」是一個範疇相當大的概念，它內部還可能形成進一步的分化，這有待未來進一步的解析與探討。而如同牟鍾鑒(1995: 82)所述，「宗法性傳統宗教」原來的內容是：「以天神崇拜和祖先崇拜爲核心，以社稷、日月、山川等自然崇拜爲翼羽，以其他多種鬼神崇拜爲補充……」。因此它的餘續也就是多方面的，而且在這種「餘續」的情況下(「宗法性傳統宗教」中各個元素受到外力強弱不等的衝擊，使得各元素的存留狀況也各不相同)，它也不容易再是結構嚴謹的狀態。而出於傳統中央宗法政治結構的瓦解，當代「宗法性傳統宗教餘續」中比較活躍的元素，往往還是較偏屬於民間信仰的那一個部分。而在喪失了整體性而仍能各別活躍著的各種元素，它們的新狀態是不見得等同於其在原整體結構中時所存在著的狀態的。所以「宗法性傳統宗教餘續」在分析上可能並不是一個剩餘性的分析範疇，而必須以新的視野來加以考察。這一部分我們在本章中並未多加著墨，不過在附錄三中所提供的眞佛宗的例子，或許能幫助我們就有關問題開始進行更深入的反省與思考。

我們注意到，雖然同樣是衍生自社會分化的討論，透過觀察西方社會近代演變，而產生的種種描述當代社會或是宗教現象的概念，像是「世俗化」、「私人化」等等，卻不能很貼切的描繪台灣當代的宗教現況。這是因爲宗教制度在華人社會中的結構性位置，一直與其在西方社會中所占據的位置有著根本性差異；同時，華人社會中現代化過程發生方式與西方也不相同，這些差異，都使我們必須回過頭來，重新思考關於台灣當代宗教變遷的諸種相關議題。

關於「私人化」、「世俗化」等概念在台灣的適用性，鄭志明(1999: 43-45)曾加以檢討，但背後缺少完整的分析架構。本章在此擬以社會分化的觀點，對這個議題重做一番更仔細的探討。首先，就「私人化」概念而言，它所描述的是一個過程，它以一個無所不包的大教會做爲一個分析上的起點，而以「以工具理性爲運作邏輯的公領域／不受干擾的個人或家庭的私領域」這樣一個社會狀態做爲另一端的終點。而對於台灣社會來說，雖然起點不同，不過若依據某些西方學者的做法，把根植於儒家五倫與宗法思想的正統帝國及家族連帶體系，在形式上把它當做是一個主流化的宗教組織，一個類似於西方一統性教會的存在(參考Robertson 1970: 122; Martin 1965: 7)，那麼它也不能說是完全不同於前述衍生自西方社會的那個分析上的起點。而就另一端的終點而論，在表面上看起來，我們目前的社會似乎的確有著一個類似於西方現代化社會的分工型態，因此基本上我們很難說「私人化」這個概念是完全不適用來解釋今日台灣所存在的各種宗教現象。

可是再進一步來說，正因爲發展起點的和西方社會與宗教型態不盡相同，這導致了台灣整體社會的發展型態與發展結果，都與西方社會間產生了極大差異。就分析上的起點來看，傳統華人社會裡占據核心性地位的宗教，是混融在世俗社會中沒有獨立教團性與組織性的「宗法性傳統宗教」。而相對於此核心性宗教以外的邊陲性教團，像是佛教、道教與民間教派等等，在「宗法性傳統宗教」的影響下，相對而言，它經常處於一個既不強勢且又難以獨立發展的地位。到了當代，原來支撐著「宗法性傳統宗教」背後的宗法性體制與引自於西方世界的世俗工具理性體制彼此互相消長。不過在此同時，就各種有組織形式的教團像是佛教、道教與各種民間教派而言，嚴格講起來，在這個過程裡，特別是就台灣發展的歷史過程來看，它們並沒有受到太大直接的破壞，甚至於還因爲原來箝制其發展的傳統主流體制的瓦解，它們還有著進一步擴張的趨勢，雖然這種擴張並沒有改變這些邊陲性宗教團體在結構上的基本位置。

就過程來看，在西方社會裡，「私人化」本身蘊含了一種推擠性的過程，宗教組織與觀念同時被理性化過程直接推擠而喪失了其在公領域中的正當性。而在我們的社會裡，因為沒有同於西方式社會公私領域結構上的區別，這個問題在討論上一開始就相當棘手。我們這裡暫時先避開這些問題，而以一種較粗略的方式，分兩個層面來理解西方式的「私人化」過程在我們的社會中是以什麼樣的方式來發生和進行的問題。

首先，以私人領域的變化來看，就傳統華人社會中原有的組織性教團(佛教、道教、民間教團等等)而言，在明清以後，宗法性宗教祭祀活動更為完備(牟鍾鑒 1995: 235)，帝國力量管制更為嚴格，這些教團只能做為停留在個人層次的一種私人性的選擇[33]，難以在公共領域中扮演重要角色，因此在當代社會變遷過程中，對於這些團體而言，即使受到了相當的牽連和影響，但在結構位置的本質上談不到什麼嚴重的被推擠的問題。或者換另一種角度，我們可以說，表面上看起來，宗教(這裡指的是獨立性的教團而不包括混合性的「宗法性傳統宗教」)在傳統華人的心目中，它本來就是一種私人性的事務，雖然到了當代台灣因為某些社會變遷因素，它可能有更為私人性或個人化的變化，可是它的發生和西方宗教因近代社會變遷才開始產生的更為個人性和私人性的劇烈改變(Berger 1967: 155-171; Bruce 1996: 3-5; Heelas 1988; Luckmann 1990)，其情況是很不相同的。

其次，就某種類似於超越私人生活範疇的公領域的變化來看，

---

33 即使在傳統社會裡，道教信徒有所謂「舉家奉道」的集體皈依方式(參考李豐楙的說法，為盧蕙馨[1997: 118]所引述)，它在性質上也仍是私人性的而非公共性的。

雖然以宗法觀念為主軸的宗教體系是否可以被當做公領域來看，這具有相當的爭議性。不過至少我們可以確定，儘管仍然具有私的特質，在傳統華人社會公眾生活中具有重要影響力的，是所謂「宗法性傳統宗教」在各種公共性祭祀(像是祭天、祭社稷等等)中所扮演的角色。隨者帝國宗法體制的解體，這些公共性的祭祀活動一時也就消解於無形。可是我們注意到，如同前面的歷史回顧中所提到過的，在我們的社會中，舊有核心體制的更換是立刻和截然的，不過雖然體制更換了，一些特有的公共性的宗教儀式，在形式上也退出了人們的公眾生活。可是舊有體制背後的宗教與文化觀念，在台灣社會它卻從來沒有眞正的被推擠到體制之外。這是一個有著多元社會形式，卻沒有實質多元文化基礎的台灣當代世俗工具理性體制。即使在人們的私領域中，有自由選擇宗教的自由，但文化上並沒有相對應於西方「私人化過程」所發展出來的多元文化的容忍度，正如同鄭志明(1999: 21-23)所觀察到的一種「社會安全膜」假說認為：不是每一種新興宗教都可以在台灣發生，台灣社會仍有相當強的一種道德防線。換另外一種角度來說，這正是顯示了在這種外來現代化體制轉移裡，「宗法性傳統宗教」觀念的留存，仍是整體社會不可忽視的文化基礎。這也使得台灣社會中即使具有著宗教「私人化」的形式，但其實質性質卻仍與西方社會中宗教「私人化」的狀態有著很大差異。簡言之，宗教「私人化」概念固然是相當精確地描繪現代西方世界中的宗教變遷，可是因為台灣社會的特殊社會型態與歷史發展進程，若直接引用這一個概念來描述台灣當代宗教制度的變遷而忽略了台灣社會的特殊性，有可能會產生相當誤導性的推論[34]。

---

34 我們在第六章中，以「宗教信仰個體化」，而不是用「私人化」這樣的

關於「世俗化」的概念，其情況也很類似。表面上看起來，台灣引進了西方的科學與技術，甚至在型態上有了現代化理性管理的科層體制，整個社會的主流體制不能不說是一種西化的世俗化體制，看起來「世俗化」的推論——也就是宗教組織與觀念在人類世界的逐漸減弱——也應適用。不過其實不然，一是因爲台灣現代化過程的不同，一是因爲台灣宗教型態的不同，這些皆使得台灣社會宗教制度的演變與西方世界宗教制度的演變間存在著相當大的差異。

就過程來說，長期看來，西方世界「世俗化」的過程，有兩個卡軸，一個是宗教內部逐漸「除魅化」(disenchantment)的過程，一個是現代科學與技術的興起。就前者而論，如果近代基督教的發展沒有朝向著逐步擺脫神秘性、巫術、靈蹟等的內部發展，造成超越性的宗教與人間生活的斷裂，則現代科學與技術的興起也找不到空隙來進入一般人的生活世界(Berger 1967: 106-125)；就後者而論，細節我們暫且不論，眾所周知，西方近代早期科學與技術的興起和基督教文明間有著相當密切的關係(Berger1967: 113-125)。於是以上這種種基督教內部的特質與歷史演變，在近代西方世界「世俗化」過程中，使得它扮演了一個極爲重要的角色，以致於基督教本身其實就是自己的「掘墓人」。於是就歐美世界中的主流宗教基督教來說，在當代世界，做爲「世俗化」過程重要影響力的來源，它已經是很難擁有能夠抗拒「世俗化」趨勢的內在特質了。

但是就台灣社會而論，它固然引進了科學與技術，然而就宗教層面來說，由於各個宗教體系在內在性格上從來沒有過任何自發性

(續)

概念或名詞，來觀照當代台灣宗教發展趨勢中所具有的一種新的內容。

的「世俗化」過程[35]，於是若比照西方社會「世俗化」過程的近代演變，正如同Berger(1967: 113)所提到過的比喻，在西方社會「世俗化」的過程裡：「一個沒有了天使的天空，於是一下子馬上爲天文學家、或甚至是太空人所介入。」我們的社會卻是：「在台灣的天空裡，天使，或更確切來說，王爺、媽祖與觀音等眾神，並沒有從天空空出過他們的位置，但在此同時，天文學家與太空人卻一同擠進了這個天空裡」。這成爲了一幅相當奇特的景象，這是一個摻進了現代「世俗化」世界的質素，卻沒有眞正「世俗化社會」內在特質的台灣人的天空。

就宗教的型態與其在社會結構中的位置而言，「世俗化」過程使西方最主要的宗教力量——基督教教會退出人們的公眾生活，這相應的產生了宗教多元化的過程，各種原本被認爲是異端性的宗教大行其盛，也構成了現代西方社會中的新興宗教現象。

而在台灣的社會裡，就主流性的宗教而言，現代世俗性體制表面上取代了宗法家族制，我們最大的無形教會「宗法性傳統宗教」在形式上，於是缺少了體制的支持。但在，至少是在台灣，它的觀念並沒有受到直接的消滅與破壞，這一點便和西方大大不同。而就非主流性的宗教而言，在傳統社會中原來存在著的邊陲性教團(佛

35 當然，在我們今日的社會中，的確也發現到各種宗教團體吸收現代化主流體制的內容(重視經營管理、傳播媒體與組織動員的現代化管理模式)而產生的一種被稱爲是「世俗化」或是商業化的現象。不過，事實上這種「世俗化」或商業化現象，雖然在內容上已和過去有所不同，但這仍是幾千年來華人世界邊陲性宗教團體早就進行著，與主流社會妥協與適應的一種「世俗化」現象。這種現象雖然也可以被稱之爲「世俗化」，但是在理論意涵上，它並不同於當代宗教社會學討論中，所謂的宗教爲理性力量所侵蝕與推擠，而不再影響人類生活的「終極性」的「世俗化」過程。這是我們在此要特別加以區別的。

教、道教、民間教派等等)，其所處地位的性質並不同於基督教社會中的異端教團，嚴格講起來，雖然是邊陲性的宗教團體，它們都不是所謂的異端(除了民間教派經常會被政治實體定義爲異端外，但實質上它們也不是宗教教義上的異端)，因此在當代台灣社會中所出現的「邊陲性宗教擴張」現象，在社會意涵上也與西方異端性宗教大行其盛的現象有著極大差異。這裡如果一定要拿西方式的概念來比照，我們可以說西方社會的「世俗化」帶來了多元化的結果(其中的一部分是各種異端教派的興起)但也後續產生了一些「反世俗化」與「再神聖化」的反彈趨勢(像是各種基督教基要派與福音派[Fundamentalism and Evangelism]的興起)，而台灣的「世俗化」過程則既非自發性又不徹底，還處在「世俗化」過程中，各種新興宗教活動在實質內涵上有很大的一部分是傳統宗教活動的現代延續與擴張(參考鄭志明 1999: 45)。

不過本章在此要強調的是，筆者並不是認爲「私人化理論」和「世俗化理論」等概念沒有說明上的價值。剛好相反，筆者認爲這些概念是理解當代世界任何一個地區的宗教現象所不可或缺的重要分析工具。這些概念以宗教制度爲觀照核心，刻劃了西方近代理性化世界內在發展邏輯上的一個基本模式。然而這種基本模式在不同地區，隨著各地特有的歷史背景、社會結構與文化傳統，而有著不同程度的變形與轉換。因此，我們必須考察各不同地區在現代化過程中獨特的宗教制度演變的歷史，才能更深入的解釋其社會中各種宗教現象所代表的真實意義。換言之，「私人化」和「世俗化」等理論在此，仍然是我們分析當代世界宗教現象時重要的概念工具，但是我們在運用它時並不把其當作是指導性的概念，也就是先預設任何歷史的必然性。基本上筆者認爲，當代各地區性的脈絡裡所發生的宗教現象，是傳統社會結構文化與當代理性化世界「私人化」

或「世俗化」內在發展邏輯間的一種交互拉扯與交互融合的結果。

本章討論架構的基本精神在指出社會結構變遷的本身，尤其是宗教在整體社會中所占據位置的改變，是最主要的可以幫助我們來解釋當代台灣新興宗教現象的因素。正是核心性宗教、邊陲性宗教以及主流世俗體制三者在台灣歷史發展過程中的轉換、變形與交互消長，決定性的影響了當代台灣宗教市場的發展生態與宗教現象的基本型態。

由本章的觀點出發，則我們對學者既有的對於台灣當代宗教現象所提出的各種解釋，也等於是提出了某種批判。譬如說李亦園(1983)套用 Douglas(1966，1973，1978)的「群格理論」(Group-Grid theory)，以新興宗教儀式活動展現的模式，曾對民國70年代初期以前的各種新興宗教現象做了歸類和說明；瞿海源(1983: 239-241)則提出社會心理因素「不確定感」來解釋新興宗教的勃興，這兩種解釋都非常強調著一種社會性的面向，也就是一種一般所謂的新興宗教的「社會解組論」或「社會迷亂(anomie)論(參考 Yinger 1970: 170；Earhard 1989: 222-227)：社會分化或複雜化增加了人們的不確定感，使得人們更走向宗教，以及都市化和傳統社區的瓦解也促進了都市中新興宗教的發展；換句話說，社會解組或迷亂是造成一個社會新興宗教發展的非常重要的原因。在此，本章並不否定社會解組或社會危機因素對於新興宗教促進上的效果，然而這種效果到底有多麼決定性相得值當探討。事實上，本章要進一步指出的是，我們若考察大部分台灣新興宗教團體的參與者，他們往往並不是社會上適應不良的人，尤其今日佛教團體的蓬勃發展，吸引了許多社會上層階層人士，我們更很難說他們的宗教參與和不良的社會適應間有何必然的關連。本章以為，在當代台灣社會中，宗教制度結構性位置的改變所促成的邊陲性宗教擴張的機會，才是各種新興宗教現象發生的根本原因，而由這個角度出發，我們才可以對台灣的新興宗教現象提出一個比較整體性的解釋，並且也才能觀照到台灣新興宗教現象的獨特性，而不至於在直接套用西方解釋新興宗教現象的理論來解釋台灣的相關現象時發生了理論上的誤置。

其次，「復振運動」(revitalization movements)(Wallace 1956)是一個常被國內學者拿來描述新興宗教現象的名詞(李亦園 1999: 41-74，瞿海源 1989: 238)。先不說這個名詞有其相當的模糊性，需要進一步的界定，如果我們把復振當做是一種傳統宗教文化的復興與重振，則它只能說是台灣今日新興宗教現象中的一小部分(屬於本章中所謂的「核心性宗教替代」中的一種可能)。但是我們在本章中看到當代台灣新興宗教現象的主要部分，不是來自於原有社會中主流性的宗教體系，而是，至少在表面型態上，是產生自傳統社會中占據著邊陲性位置的各種教團的擴張，這一點我們必須加以做一個基本的區別。同時，本章對於許多新興宗教團體基本特質的認定，也與過去學者的相關詮釋不同，譬如說一貫道，它相當重視傳統倫理道德的提倡，而常被學者認爲是「復振運動」最好的例子(例如李亦園 1984: 404-405)。筆者以爲，做爲一個邊陲性的宗教團體，一貫道它始終有著濃厚的私人性的特質，以個人或個人周邊家族之救贖爲主要修行目的。它的重視倫理道德的維護，一方面反映了它對傳統主流社會的積極適應，一方面也反映了它在下層社會中必須扮演多重功能(社會的、經濟的等等)的屬性。但是「復振」，或者說擔綱傳統道德回復等的舉動，對於一貫道而言，除了在某些特定時空中(像是海外移民社群中或是整體社會的「核心性宗教」突然崩潰時)它的出現以外，這並不是該宗教團體最基本的內在特質。尤其我們可以看到在台灣社會更爲開放以後，如果一貫道是一個復振性的教派的話，面對著傳統社會秩序的失落，它應該更主動積極的來宣揚傳統倫理道德。然而事實上，我們所看到的是，雖然在形式上仍然強調著傳統人倫道德的重要性，一貫道當代發展的重點有逐漸導向內部教義的獨立化與系統化，和向外部擴張的國際化的發展方向(例如參考宋光宇 1998: 17, 274-276)。這正顯現著其有著逐漸擺脫「宗法性傳統宗教」約束，而產生了「邊陲性宗教擴張」的新的發展趨勢。簡言之，筆者在此並不否認一貫道的發展過程中，的確呈現過「復振運動」的一些特質。然而筆者更要強調的是台灣整個宗教制度結構性位置的變遷，才是更根本的解釋一貫道當代發展的主要因素。基本上筆者認為，復振運動理論或許是台灣某些新興宗教團體的特徵，也可能是某些宗教團體在發展過程中所曾出現過的面貌，不過要用這樣一個現象來整體性的解釋台灣當代的宗教現象則是有所不足的。

最近的一個解釋當代台灣新興宗教現象的理論性嘗試來自鄭志明，以「合緣共振」理論來說明當代台灣的新興宗教熱潮，他說：

> 所謂「合緣共振」，是指新興宗教在特殊的文化教養與宗教經驗中，依其緣分的接觸進行相互的合流，將各自龐大與複雜的信仰體系，在真實的宗教體驗中，產生共振的信仰磁波，建構了該教派特有的信仰形式與宗教體系。「合流共生」是無意識的重疊現象，「合緣共振」則是有意識的文化創造。現代社會新興宗教的形成與發展，往往是無意識的生存情境中，激發起信仰的情感與精神的整合，展現出有意識的新宗教領域。這樣的一種創造歷程，確有多種的可能性，各自有著不同的終極體悟，原因就出在「合緣共振」上，在現代社會中同一個生態環境裡有著許多不同的文化振波，因各種緣分與際會的差異，各自有著許多紛歧發展的可能性。

> 在過去的傳統社會裡，宗教可能在信仰領域裡形成壟斷的霸權，沒有「共生」的情境，無「合緣」的機會，更不用說與其他宗教產生「共振」。(鄭志明 1999: 34)

在這裡鄭志明的貢獻是，特別突顯了宗教市場的存在所產生的不同宗教團體在當代台灣的「共振」面向。然而這種解釋模型其架構顯得籠統，一方面對於核心性宗教與邊陲性宗教間未做仔細區別，一方面對於宗教制度在整體社會中的位置也缺少進一步的釐清(譬如說更具體的來問：在共振的市場中，宗教團體與其它來自主流體制中的世俗性團體間關係又如何呢？)，這使得我們很難透過這樣一個模型來掌握當代台灣新興宗教現象的社會意涵，以及它與其它地區新興宗教現象間基本差異之所在。

當然，本章還只是一個初步的嘗試，希望經由一個整體性框架的提出，突顯當代台灣新興宗教現象的特色，並幫助我們釐清當代台灣新興宗教現象中種種複雜而紛歧的活動。本章指出，宗教的由「混合性的型態」到「制度性的型態」的這一個變化，是當代台灣社會宗教現象發展的主要基調，這正有別於近代西方社會宗教制度變遷的主要內涵，而當代台灣新興宗教現象的一個動態性的展現，背後則涵蓋了「宗法性傳統宗教餘續」、「核心性宗教替代」與「邊陲性宗教擴張」這三種基本的行動邏輯。

雖然都是討論宗教制度的變遷，本章中所著眼的角度，不盡同於Luckmann《無形的宗教》一書中所指涉的整體性世界觀變遷方面的問題。在其書名中，「無形」所指涉的是神聖世界瓦解後個人虔信宗教的出現，「有形」所指涉的則是兼具一統性組織與整體性世界觀型態的一統性教會型態的歷史性宗教。由於華人世界與西方世界的宗教型態與歷史發展過程的差異，用「無形」與「有形」這類的字眼所描述的宗教現象，是難以被等同移轉在另一個社會脈絡當中的。Luckmann《無形的宗教》一書中所描述的當代整體性世界觀的瓦解，它事實上是人類社會生活目前所普遍遇到的問題，本章對此並不質疑，同時我們的討論也沒有嘗試要和Luckmann的學說做直接抗衡之意，這是筆者在此要特別加以說明的。換言之，我們所要強調的是，不應直接挪用Luckmann的分析架構來觀察當代台灣的宗教發展過程，因爲在由非制度性的宗教轉變到制度性宗教的歷史發展裡，有許多同步發生的複雜的社會過程也涉及其中，這是發生在台灣社會文化中比較獨特的層面，我們有必要對此加以特別強調。

基本上本章所要突顯的是，台灣當代的新興宗教現象，雖然和許多地區一樣是深受現代化潮流所影響，但亦有其歷史的獨特性，不能僅以西方相關理論來加以解釋。於是同樣是關注於社會分化與宗教變遷的問題，我們實在有必要對於台灣當代的宗教變遷，提出比純粹應用Luckmann的解釋框架來解釋台灣而還要來的更爲適切的分析。當然，由於現有相關研究文獻的缺乏，本章討論的方式多半還是分析性的推論，而缺少詳盡的實證性材料來做基礎。不過本章雖在概念與史料呈現上尚有許多不足之處，但是本章所提出的基本架構，應是未來對於台灣新興宗教現象的研究者所可以加以參考的一個思考的新方向。

在本章最後，筆者還要提到幾點：

第一、對於人類的社會中是否宗教制度一定會存在的問題，在本章的討論中，我們並沒有預設，不過即使我們不知道一個社會的理性化的力量，是否能夠眞正取代宗教在人類社會中的地位，但是我們至少可以知道，一個社會要以理性化的力量來取代宗教在人類社會中所具有的各種功能，這個社會理性化的力量一定是一種內在性的、自發性的，而且它也不能只是純工具理性的，而必須在其背後有著一些價值理性的內涵，而這些都是台灣當代社會的理性化過程裡所不曾出現過的。

第二、社會分化的概念可以是與結構功能論結合的相當緊密，預設了整體社會發展方向與各種必須性功能要件的分析工具，也可以是不預設任何社會發展方向的中性的分析工具，本章所採取的分析策略主要是後者。不過由於本章雖以社會分化爲分析架構，但僅只是處理了宗教制度在社會結構中的變遷方面的問題，而沒有碰觸到比較全面性的社會分化過程的分析，這使我們還很難看出來，僅只把社會分化當做一種描述性的工具時，可能會產生什麼樣的問題。因此本章所採取的分析策略是否會引發一些相關本體論與方法論方面的問題，還有待進一步的檢討與反省。

第三、蔡文輝(1982: 182-195)曾指出，由於傳統中國社會是一個整合性高的社會，擅於分析社會均衡與整合的Parsons的結構功能論，因此對其有著很高的解釋力。但就當代台灣社會而言，在某些邊陲性宗教擴張與獨立發展的趨勢中，社會整體性如何維持呢？而當前台灣社會中宗教型態由混同而成爲獨立性教團組織的發展趨勢，使得共同價值規範難以再透過一種混同於世俗組織而具滲透性的宗教型態來加以傳布，這也使當代台灣社會整合性維持的型態有了基本的改變。而這種種演變看起來有些類似，卻又是和Luhmann筆下的多元中心社會有著諸多不同。像是在台灣社會裡的「宗法性傳統宗教餘續」中，就仍然有著濃厚的維繫整體性或抗拒分化性的潛在基礎。我們到底應該用什麼樣的學術觀點和立場來思考當代台灣的社會與宗教現象，這是一個需要進一步去加以面對的問題。

第四、本章的論述架構或許有簡化之嫌，像是依據牟鍾鑒把傳統華人的宗教生活大部分歸之於「宗法性傳統宗教」這個範疇之下來討論，以及對於現代社會世俗性體制的基本結構也未多做說明，這些在論述上都顯得有些簡略，不過就彰顯本章所關注的主題而言，本章中所提出的討論架構卻仍然是相當有幫助的。

關於本章在討論上的一些基本限制：首先，雖然以社會分化爲分析架構，但本章所處理的，仍只是宗教制度在社會結構中的變遷方面的問題，而沒有對整體社會結構的分化(包括政治、經濟、教育、法律等等各部門的出現)與宗教制度之間的關係作系統性的考察，因此本章所呈現的對於社會分化與新興宗教問題關連性議題的討論，仍然是相當局部性的。其次，對於歐美、日本與印度等處傳來的外來宗教，其在台灣當代新興宗教現象中所扮演的角色爲何？以及這類宗教在台灣的發展是否能用本章所提出的架構來做說明？這些都還是有待進一步澄清的問題，本章對此並未能做深入處理。最後，限於現有文獻與本章篇幅上的限制，本章的討論，主要還是推理性的而非歸納性的，因此它還需要更多的資料來加以驗證和補充，這也是未來值得繼續加以努力的研究方向。

第三章

台灣歷史發展過程中所出現的主要宗教型態

一、前言：再論新興宗教研究的研究傳統

在第二章以社會分化過程這個角度所做的宏觀考察之後，本章與第四章，開始以台灣實際的歷史發展過程爲例，探討台灣宗教現象的性質與特色。本章的論述方式，在檢討並回顧台灣歷史發展過程中所曾出現過的各種宗教活動，並以此來和當代的宗教活動間做一個對比，以利於更深刻掌握當代台灣新興宗教現象的基本性質。根據第三章中所建構出來的一個具有社會學意義的類型學，第四章則就相關的理論問題進行討論，包括討論西方與台灣在宗教演化過程上的差異；說明當代台灣社會中宗教部門「浮現化」與「專門化」過程出現的方式；探討「人間佛教」教理與「在家人與出家人地位並重的正統教團」這種宗教型態間的相關性；以及就和「克理斯瑪教團」有關的議題提出討論等等。這兩章的目的，在把當代台灣的新興宗教現象，放在一個具有歷史縱深的脈絡裡來討論，俾能突顯各歷史發展階段中宗教變遷的特色，並有助於我們捕捉當代台灣宗教現象的特質及其未來發展趨勢。而建築在本章所提出來的類型學的基礎之上，本章就現有幾種對於當代台灣新興宗教現象的主

要研究觀點，也提出了初步的批判與檢討。

關於新興宗教研究的起源及其相關研究文獻的內容，我們在第一章中已稍有觸及。此處，爲了本書後面討論上的需要，我們嘗試就有關議題再來做一個更詳盡的說明。如前所述，新興宗教是一個相當廣泛的相對性的名詞，任何時代或任何地點當舊有的宗教無法跟上時代，或是無法充分滿足信眾要求時，就有可能會有新的宗教團體產生(Wilson 1982: 124)。因此對於新興宗教的研究可以相當廣泛，任何對於教派分裂與誕生的相關研究，都可以被看做是新興宗教研究。若扣緊西方基督教教會發展的歷史脈絡，古典宗教學與社會學學者對於教派分化歷史與宗教組織類型學的討論(例如Niebuhr 1929; Troeltsch 1981; Weber 1963[1922]：60-6)，以所謂的「教會—教派」(church-sect)這一組基本對立結構及其衍生類型，來觀照新興宗教團體所可能具有的基本性質，提供了關於西方歷史中新興宗教發生學的一般性分析架構。

不過以所謂的新興宗教或是新宗教(New Religion)研究，來做爲一個獨立的學科來看待，它的出現與當代西方世界現代化發展過程特別有關。現代化——主要包括了理性化和社會分化等，這兩個相關歷史進程(McGuire 1997: 287-289)，對於現代人的宗教生活產生了關鍵性的影響，世俗化理論最主要的支持者Berger(1967)和Wilson(1979)，認爲隨者現代社會中一統性宗教秩序的瓦解，社會將發生多元化與私人化現象，連帶削弱了宗教的「可信度」(plausibility)。而縱使在現代化社會中，各種看似異端性的宗教團體層出不窮，它們畢竟只是邊緣性的社會現象。Luckmann(1967)雖然也提出了類似的分析，但不認爲宗教在現代人的生活中是邊緣性的，而是以個人性的世界觀的面貌繼續隱含在社會之中。

1960年代和1970年代的歐美，尤其是美國，新興宗教運動開始興起，這基本上對前述詮釋產生了很大挑戰。1960年代開始美國經歷了一連串外交、內政與文化上的危機，同時東方文化對西方世界的傳入也發展到了一個新的階段，加上移民程序的放寬，許多印度與日本的修行法門或教派一下子大規模傳入，造成相當大的宗教風潮，成爲該社會中所存在的有別於傳統基督教文化的「新興宗教運動」(New Religious Movements)。與此幾乎同時出現的是，雖然美國自由派與溫和派基督教徒人數遞減，反而保守派基督教派，像是福音派、靈恩派和基要主義派等等(Evantelical-Pentecostal-Fundamentalist groups)卻有著極爲蓬勃的發展。歷史學家McLoughlin(1978: 178-216)追溯美國歷史中的宗教發展，而逕稱美國1960年代以後的宗教熱潮爲美國的「第四次大覺醒」(The Fourth Great Awakening)。

美國當代的宗教現象雖然有其特殊性，但在理論意義上，這種宗教在高度現代化國家中的復興，正構成了對於現代化與世俗化理論解釋的挑戰，同時它也反映出了現代社會「合法性危機」的問題：爲什麼現代人在資本主義與理性化社會中仍然要透過宗教來尋找其意義？由於這些問題一直是社會學家所最關心的問題，在歐美，新興宗教研究和社會學的關係也就最爲密切。起先以「膜拜教團」(cults)爲名，而後爲了避免字面上隱含的貶義，以「新興宗教運動」(New Religious Movements)之名。它成爲了一個社會學研究領域中的專有名詞，特指當代歐美國家中與現代性的對抗或融合關係特別密切的各種新興教團的活動(Saliba 1995: 8-11)。

除此之外，由於受到媒體所報導的各種駭人聽聞宗教事件的影響，歐美不少心理學家與社會心理學家也非常關注新興宗教議題，透過實際研究而想要了解：到底爲什麼？並且又是透過什麼樣的個人心理或集體控制過程，會使得人們產生這樣激烈而沒有迴轉的信仰行爲(參考Saliba 1995: 65-104)?

在日本，新興宗教的發生與研究都有其獨特傳統，以天理教、金光教和大本教爲主，出於後期封建社會發展過程中的內在矛盾，一批大規模的新興宗教運動早在19世紀末即爆發。而在二次大戰戰後，日本憲法開始實行政教分離主義，宗教團體的成立不再受到限制，於是更有大量新興教團出現，在參與人數與社會影響力上都相當顯著。

雖然同樣是受到現代化過程的影響，日本近代的各種新興宗教團體，不同於歐美新興宗教運動的外來屬性，它們幾乎都是本土性的，而且也和既有的神道教與佛教的宗教傳統關係極爲密切，這也使得新興宗教與傳統宗教間的界線顯得模糊。早期學者以「類似宗教」(*ruiji shukyo*)或「教派神道教」(*kyoha Shinto*)這種的名義來研究各種新興教團，一直到1950年代中期媒體或學者才開始以「新興宗教」(*shinko shukyo*)之名來處理相關議題，1960年代以後，「新宗教」(*shin shukyo*)之名漸成爲學界正式使用的名詞(井上順孝 1991)。

日本的新興宗教研究並不像西方的新興宗教研究有那麼強的問題意識，而只是站在一般性的了解來出發，研究觀點相當多樣性，包括了歷史學、心理學、民族誌、宗教學、社會學等等。基本上是出於戰後幾個超大型新興教派——像是創價學會、立正佼成會等的出現，以及宗教團體不斷引發的各種社會事件，這才刺激了學者，尤其是較年輕的學者，開始注意新興宗教的問題。學者一開始注意到的是宗教團體的傳承、發展與教主生平方面的史料性議題(井上順孝 1991: 7-8)，而後開始注意到「新宗教」分類與組織發展方面的社會學議題。1970年代初期，借用西方的學術觀點，像是大眾社會理論、現代化理論、社會危機論等，不少學者對日本「新宗教」

的起源提出了一般性的詮釋。不過由於宗教所占結構性位置在日本社會與西方社會中的基本差異(例如在日本，成員的宗教身分並不是獨占性的[exclusively]，新興教派也不一定是以對抗主流宗教而出現的)，以及現代化過程發生方式的差異，使得西方的學術觀點在被運用來解釋日本「新宗教」時有著相當的困難(參考岡野正純1999)。而日本宗教文化中帶有濃厚的靈驗性格，並不因高度的現代化而減弱，一直是一個引發學者激烈討論的議題(Davis 1980; 1992: 229-251)。

隨著日本海外勢力的擴張，原本不重視傳教的日本宗教，其近代產生的新興教團卻也開始帶有濃厚傳教性格，紛紛向海外傳布。這也連帶引發了歐美學者對於日本新興宗教的興趣(Clarke & Somers 1994)，新興宗教成爲了了解日本文化及其當代變遷的一面鏡子，尤其是日本宗教文化中的綜攝主義、世俗性色彩以及靈驗性格等等，在當代的新興教派中表現的非常明顯，這些都與西方的宗教文化有極大差異。

除了以上這些屬於高度現代化國家中所發生的新興宗教活動與相關研究傳統以外，同樣引人注意的是發生在中東、南美洲、亞非等地區立基於宗教而從事政治動員的各種宗教活動。在不同的地域性脈絡裡，一方面發生了各種傳統宗教的復興與基要主義運動，一方面也有許多和原有宗教傳統關係密切的新興教派的出現。這些當代宗教現象是1950年代以前的社會科學研究者所不能想像的，對於這些和當代開發中國家政治活動特別有關的傳統宗教復興或是新興宗教問題的探討，也構成了一個獨特的研究領域(例如參考Hadden & Shupe 1986)。

戰後台灣宗教的發展，可以分爲解嚴(1987)前與解嚴後兩個階段。同樣地，台灣的新興宗教研究也可以做此區分。關於台灣宗教發展的歷史，我們在下一節會有詳細論述。雖然台灣一直是一個宗教活動非常蓬勃與繁榮的區域，不過戰後(1945)的情勢給台灣帶來了新的宗教發展，一方面日本勢力的退出影響了宗教活動的生態，一方面由大陸與美國兩方面，經由移民與各派傳道人員的努力，引進了各種新興的宗教活動。而隨著經濟情況好轉，全台的宗教活動漸趨旺盛，1970年代末期，幾個新興教派的活動逐漸浮現到枱面上來，成爲學者觀察與分析的重點，像是「新約教會」、「教會聚會所」、「天德教」、「天帝教」、「弘化院」、「一貫道」、「慈惠堂」、「行天宮」、「儒宗神教」等等。該時期主要的研究者包括李亦園(1983，1984)、董芳苑(1986: 319-344)、鄭志明(1984)、瞿海源(1989)。其中董芳苑最早提出「新興宗教」這樣的名稱來觀察台灣宗教現象，並對其做了適當界說；鄭志明由教義的角度出發，探討各種新興教派中的傳統成分；李亦園與瞿海源則關心社會變遷所引發的宗教儀式、修行活動和傳教取向上的轉變。

1987年解嚴，人民團體法實施，自由宗教結社成爲可能，新興宗教團體數目直線上升，伴隨而來的是爲媒體所披露的層出不窮的宗教事件，像是1996年的宋七力與妙天事件，1997年的太極門養生協會，以及陳恆明的飛碟會事件等等。就在國內新興宗教事件不斷發生的同時，國內許多宗教會議也隨之召開，有由政府部門主持，有由新聞媒體所舉辦，也有由學術界主動策劃主辦的學術研討會等，而政府當局所聲明的「宗教掃黑」行動，亦使得當代台灣的宗教熱潮被認爲是社會亂源的一部分。

雖然有其文化上的連續性，不過解嚴以後所發生的新興宗教現象，與解嚴以前所發生的新興宗教現象間，漸有一些性質上的差異，像是解嚴以後新興教團所帶有的一些特質：幾乎沒有什麼地域性的色彩、教主權威集中、在家人與出家人界線模糊、教義中倫理色彩淡薄、善於運用媒體等等特質(參考附錄一)，在解嚴以前的宗教團體上是並不鮮明的。而正由於各種宗教事件的刺激所產生的導火線，激發了學者對解嚴以後的新興教團產生了更大興趣，系統性的研究計畫也一一展開，幾個重要研究面向包括了：1.鄭志明長期以來持續進行的對於各個重要新興宗教團體的調查與進一步理論性的探討；2.李亦園長期關心台灣新興宗教問題所提出的分析架構；3.瞿海源解嚴前後提出的廣被採用的分析架構，以及1997年以後由他所領導的一個和新興宗教有關的大型研究計畫的執行，內中有不少台灣重要的研究者參與，目前已陸續有相關研究報告發表；4.數篇博碩士論文，也爲台灣新興宗教研究累積了相當基礎性的資料(例如博士論文：林本炫 1997；鍾秋玉 2000；碩士論文：林佩君 1998；莊佩埼 1997；陳淑娟 1994；黃怡蓉 1996)。

基本上，台灣當代的宗教現象有著相當的獨特性，由於深受過去歷史發展軌跡的影響，在看待它時很難與過去的歷史分離開來，並且因與傳統宗教文化關係密切，也難直接以西方或日本現有理論觀點來加以解釋。不過過去既有相關研究，或是缺少歷史縱深，或是受限於研究取向，往往不能提供較爲貼切而深入的解釋，本章因此嘗試改由一個長時間貫時性的角度來出發，試圖藉此來釐清當代台灣宗教現象背後所可能蘊含的宗教傳統與歷史意涵。不過因爲篇幅所限，本章的主要焦點擺在台灣宗教現象的社會文化史建構，至於以此素材爲基礎的進一步理論性討論，我們拿到下一章中來加以進行。

以下，對於台灣當代宗教現象的探討還是局部性的，我們的重點擺在：歷史過程中台灣依序曾經出現了那些宗教類型？其歷史成因與內在特質到底爲何？其間曾經歷了什麼樣的轉折與變化？而當代宗教活動又如何在既有宗教發展史的基礎上，呈現了它特有的面貌？在這樣一個歷史知識的背景之下，我們或許可以就和台灣新興宗教有關的各種研究取向，提出較爲完整的評估與批判。

二、台灣歷史重層化過程及其中不同宗教行動類型的呈現

台灣史研究者若林正丈及吳密察，曾以「重層化」這樣的歷史過程，描述當代台灣的近代化過程：

> 如所周知，台灣社會的這個成果[達成財富與自由兼得的目標]，來自工業化與專制政治民主化兩方面的鉅變。台灣社會的這兩個主要變化的特徵是「速度」。東亞近代化的前例——日本，其近代化是在明治維新後約一個世紀左右，壓縮了西歐國家自18世紀後半以來的經驗；而台灣的經驗，則可以說是將之更壓縮並且重層化。工業化從日本統治末期的戰爭時期之準軍需工業出發，主要則是戰後在分裂國家的狀態下，自1950年代以後的30年間左右，大膽地導入外資及在輸出導向的工業化政策之下急速達成的。民主化方面，由於戰前殖民地統治的半世紀裡，有台灣總督府的威權統治，戰後又有冷戰體制下中國國民黨的威權統治，因此政治的自由化與民主化，是最近十年左右才開始的。……就像日本的政治學者升味準之輔所指出的，把明治期的日本和戰後的日本重疊起來思考，就比較容易了解急速發展的樣相。……台灣近代化的過程也是這樣，不單只是壓縮，同時也是重層化的過程。(2000: 11-12)。

雖然意義與內涵不盡相同，不過我們若仔細考察台灣宗教發展史的演變，因爲政體的重疊所造成的宗教文化的重疊，以及這些重疊過程在歷史發展過程中的急速，使得我們在台灣的宗教文化中，也的確可以發現到一種「重層化」的特質。這種「重層化」的特質表現在宗教文化上，大致反映在幾個密切相關但卻又似乎是相互矛盾的發展方向上：1.隨著新的政治或文化的覆蓋，不斷有由外部而來的新的宗教文化的引入，並且也產生了可以激發出新的宗教風潮的各種元素；2.在一層又一層的文化重疊中，新舊形式的宗教在同一個時空中交互重疊存在的現象特別明顯；3.在新的形式的宗教中，卻也經常涵蓋了舊的宗教元素。換言之，有些導因於「重層化」歷史過程中所產生的較底層因素，在歷史快速變遷中，有可能繼續持續的隱含在新的宗教形式當中。

而也因爲在台灣宗教文化發展的過程裡，有著以上這種「重層化」特質的存在，使得我們在討論當代台灣的宗教現象時，一種貫時性的研究角度是非常必要的。爲了有助於我們理解當代台灣的各種宗教現象，無可避免的必須先對台灣宗教發展的幾個重要層次有一番較完整的認識，我們底下將以四個時期來做回顧，其中並將扣緊在「重層化」歷史過程中所曾出現的幾種主要宗教型態來做說明。

第一層，地域性民間信仰的形成與發展

台灣早期移民在渡海、拓荒和保境的過程中，有太多不確定的外在因素，處處有賴神靈，這自然促進了宗教在台灣人的生活中所扮演的重要角色。藉著族性私佛、分香、分靈以及一些其它的方式（參考林美容 2000: 118-122），閩粵地區的地方性神明也就一一被引進到了台灣。

相對於中國大陸其它地區而言，宗教在台灣社會中所扮演的角色，更具有獨特性。首先，因爲處於邊陲地區，政府的功能不彰，民間必須自組自治性的社區，而在台灣歷史的早期，宗教正是一個能夠聚合更大範圍群眾的重要基礎[1](許嘉明 1978: 66)。然而，當宗族是中國民間社會組成的重要基石[2]，宗教卻能在台灣社會中扮演者重要角色，這主要的原因在台灣早期歷史中，清政府禁海令的頒布，使人們少有舉族而遷的可能，宗族的發展缺少條件，讓人們沒有太多選擇餘地，於是只有以象徵宗教的村廟作爲地方組織的中心，這導致宗教成爲台灣早期最主要的凝聚地方與動員地方資源的基礎(許嘉明 1978: 68；莊英章 1973: 129-130)。

至於一個地區祭祀活動的發展，有一個由點到線到面的過程，大致上早期以大陸原籍地攜奉而來之神像、香火各自奉祀，尚無團體的宗教活動；直到乾隆中葉以後開拓已就緒，乃創建村莊土地公廟及組織神明會；而後隨新天地農村社會之形成，開始其宗教信仰及社會活動，宗教信仰也由開拓伊始之私家個人敬奉，個人攜帶之神像或香火，慢慢融合，進而共同創建地方公廟爲莊內信仰中心。這個過程，大致到咸豐、同治年間已經發展得相當完備(王世慶

---

1 如許嘉明所述：「中國自古以來，歷朝的實際統治力量，一般都僅限於城市或官衙所在地，而大部分的鄉村地區均委諸一種近乎自治的狀態中。由於台灣被清政府視爲邊陲化外之區，這種地方自治的狀態就更爲顯著。」(許嘉明 1978: 66)

2 1949年以前來台的漢人祖籍地多屬閩粵兩省，而根據M. Freedman有關閩粵兩省的研究，環繞在祖先崇拜與宗族組織的主題上，他指出宗族是中國社會組成的基石(1958)，換句話說，理論上，中國傳統的人際關係是以血緣最爲重要，社會結構以宗族爲其主幹(許嘉明 1978: 60)。不過人類學家在台灣的研究 (Gallin 1966; 王崧興1967; Diamond 1969; Pasternak 1972; Ahern 1973)，卻指出台灣漢人社會裡的宗族並不發達，即使有也沒有像閩粵兩省那樣具有規模而組織緊密(參考許嘉明 1978)。

1972: 31-32)。

以上這樣的一個宗教發展的基礎，對爾後台灣宗教文化的形成有著極爲關鍵的影響。基本上來說，導因於台灣早期歷史中引發宗教出現與形成的歷史因素，使得台灣地域性的民間信仰始終帶有以下特質：

1. 功能性取向：

出於移墾社會的實際需要，台灣的宗教起始即帶有濃厚的功能性色彩，除了少數停留在文人階層所參研的佛教與道教外，大致而言，宗教在民間一開始就是以替代政府(或者說健全的法治與行政措施)與宗族在功能上的空缺，而獲得發展空間的。一般所謂台灣民間宗教靈驗性與功利性的特質，正是這種移墾社會功能性取向宗教的表現型態。也因爲這種歷史發展階段中「功能替代」(function alternative)(替代政府與宗族的功能)效果上的需要[3]，「是否能發揮其功能」，成爲一個神明能否獲得更多人信仰的主要依據。同時，伴隨著功能取向而一併發展的是，因爲日常生活中有著基本功能要件上的需要(食、衣、住、行、出生、嫁娶、死亡等等)，在地域性的脈絡裡，於是通常會產生不同神明(或是宗教系統)間的功能互補性關係和功能階序性關係，而這也進一步構成了一套台灣漢人基本的宗教性象徵符號系統。

2. 公共性的內在特質：

早期台灣人的宗教生活大致上可以分爲個人性的祈求、家族性的祖先崇拜和社區性的宗教活動。祖先崇拜是一個屬於家族範疇的，帶有某種封閉性的系統。至於一般大眾性神明的存在，雖然同

3 Dean[丁荷生](2000)曾以「第二政府」之稱，來刻劃華人社會中民間信仰組織在地域性的脈絡裡所扮演的重要角色。

時滿足了個人性的祈求與社區性的需要，但在其達到普及的過程中，它的公共性格是逐漸增加的，甚至於與私人的占有與祈求，有時還是相互矛盾，而必須以社區的需求爲優先。在這一點上，社區宗教與祖先崇拜適成強烈對比(Baity 1975: 98)。就神明形成的歷史來看，雖然一個神明通常是爲一姓或一族所攜帶至台的，至台後起先也僅爲一姓或一族所私自供奉，然而一旦當其呈現出某種特殊的靈驗性，而又爲地方上所需要時，該神明便有發展爲地方性守護神的可能性，成爲一家之私所不能據爲己有的公眾性神明，廟宇的管理者不從中獲取私利(王世慶 1972；Baity 1975: 238-269)，一個神明系統的發展也只有到此階段才可能成爲台灣人集體記憶中的一部分。換言之，由神明形成過程中我們了解到，台灣民眾宗教文化中較爲核心的部分，其內在性格中始終是帶有著某種公共性與公眾性的(雖然在歷史發展階段裡，它仍然經常受限於地域範疇)[4]。

3. **對應於特定地域範疇：**

雖然具有某種公共性的特質，台灣的各個神明系統卻又是有其

4 林美容(1991a：lx)指出：「以祭拜神明的活動來說，可分爲群體性的活動與個體性的活動兩種，所謂群體性的活動是地方居民共同參與的活動，如神明生日的千秋祭典，例行的作年尾戲(或稱平安戲)，神明巡境，大拜拜請客，吃福(尤其是吃土地公廟)，神明遊境、進香或刈火，偶而舉行一次的謝土或建醮，以及在較大地區的迎神，如迎天公、迎媽祖、迎王、迎城隍都是群體性的活動，需要某一地區的人共同參與，共同出錢出力來完成的活動。個體性的活動包括廟宇所提供的一些活動，或是服務與設施，但隨個人意願決定參加與否，例如點光明燈、安太歲、拜斗、卜龜、卜餅、求平安米、謝燈、謝太歲、謝斗、給神作契子、損貫、乩日問神、收驚等。至於教派性的道場、廟堂等。有特殊的扶乩、降筆、或是法會活動。」她進一步指出(1993: 211-212)，台灣民間信仰的核心，是群體性信仰，而非個體性信仰，此處：「所謂群體性的信仰是指公眾性的共同信仰，主要是散布於台灣各地的公廟信仰型態，也包括沒有廟宇但仍有共同祭祀組織與活動的社區信仰型態。」

地域疆界範疇的，它相應於各個地域與地方性的聚落而發展完成。雖然各個寺廟的空間始終是開放性的，但其背後所根據的地域性範圍卻是有界限的。換言之，在其形成的歷史階段裡，它背後所具有的公共性是一個有範圍的公共性，其象徵符號系統與以移民歷史、共同祖籍和共同聚居的地域範圍等因素所形成的某個固定地理範疇間，有著密切相應的關係。這一個固定的宗教性地域範疇，也就是人類學家所常稱的「祭祀圈」(岡田謙 1960[1938])，在其中經常透過儀式性的祭典，來重新宣稱其區域範圍，並保持境內的清淨與神聖。整體而言，在傳統的台灣社會，一套宗教象徵符號系統與固定的地域間，一直有著一種相互增強與相互支持的關係。而其中的一個影響是這種與地域範疇相吻合的宗教體系，有著穩定的信眾來源，它在先天上因此不需具備任何傳教取向，不過這當然也就限制了它的擴張。而神明在台灣早期發展歷史中，並不是超越性的，反而有著排他性的性格，它常成爲一個地域或聚落中，聚合全體和藉此憑藉以對抗另一個群體的手段，考諸清代台灣械鬥的歷史，這一點尤其明顯(參考莊芳榮 n.d.: 40-50)。雖然據神明以對抗他族的情況古今中外皆然，不過在台灣這主要和神明的地域性格間有密切關係，以致於信仰本身有時還更會加劇械鬥的進行，許多寺廟還是因械鬥過程中的所曾發生的靈驗性而奠定其日後特殊地位(李添春 1962: 71-72)。

這三點表面上看起來彼此間有著矛盾的性質：功能性取向、公共性特質以及對應於特定地域範疇，其在民間構成了獨特的組合，並成爲台灣人宗教心靈的一個重要基礎(見照片3-1)。功能性取向使得宗教系統或是特定的神明，與信徒間易帶有一種交換性關係；公共性特質使得宗教系統帶有潛在的志願性和公開性；對應於特定地域範疇而發展出來的符號象徵系統，則又使得宗教始終涵蓋有一

照片3-1　地域性民間信仰有著功能性取向、公共性的內在特質，以及對應於特定地域範疇等特性(攝於2002年4月嘉義水上奉天宮濟公廟的廟會上)。

種本土性格和保守性，無法有完全的開放性和普遍性。爾後，台灣雖然不斷有新的宗教形式產生，不過在新的宗教形式背後或是信徒參與新宗教的動機基礎裡，這些特質卻沒有完全消除，而仍然經常的出現著；或著當這些特質有了改變時，我們也仍然可以觀察到，其建築在原有基礎上所可能產生的模式性的變化。這幾點我們在後面將會看得更爲清楚。

此處，雖然學術傳統上有所謂儒、釋、道爲三教的分類方式，不過在民間基層的脈絡裡，整合在前述三項特質之中，早經人類學家所指出的是，一般俗民事實上只有一個宗教(杜瑞樂 1995；渡邊欣雄[周星譯] 2000: 9-29; Baity 1975: 1-14)，在這一個宗教裡，各種神格位階大小不同與功能特性互補的神明們共同構成了一套象徵符號系統，不同的宗教專業人士也各自發揮了其在地域性脈絡裡的特殊功能，並與其它宗教專業人士有功能互補上的效果，如同Baity所述：「每一個型態的廟宇不但不是和其它型態的廟宇相競爭，反而是依賴著其它型態的廟宇，而這些不同型態的廟宇，每一個都是整體信仰體系中的一個構成元素。」(Baity 1975: 137)。

而在這「一個宗教」的底下，若進一步考察宗教場所的基本組成結構，依「公共／私人」的範疇來做分類基礎，大致上可以把其區別爲：1. 純私人性的家族，也就是一家之私的祖先崇拜的場所；2. 純公共性的供奉公共性神明的公廟；3.兼具私人與公共性質的私人性神壇，因爲它雖爲供奉公共性神明，其場所卻爲私人所擁有，並且也是以營私利爲目的的；以及在功能與結構上具有極端重要性的；4.同時包含著類似於私與公的成分卻又非私非公的佛教僧院，就私的方面來說：它內部安排了擬親屬世系結構以解決出家人的脫離宗族世系而無人供奉的問題，僧院所有權常是屬少數人的而非整個社區所共有，以及純粹的佛教信仰較屬個人性的追求，而常與社區活動無關；就公來說，則它的超世俗(指僧尼階層的切斷與宗族世系的連帶關係)色彩，使它完全擺脫了爲私人所控制的可能性，信眾的參與完全是開放性的，甚至不受地域範圍的限制(Baity 1975: 85-135)。底下我們將會注意到，反映了台灣宗教發展史上重要意義的是，隨著社會變遷與歷史發展，原本在地方性的脈絡裡並不特別盛行的佛教，到後來卻有愈來愈突出的重要性，甚至開始自行獨立發展。

就信仰的需求來說，如前所述，人們一方面參與公共性宗教活動，一方面也有屬於私密性的個體信仰行爲，就後者而論它包括了：1.一般個人求神問卜、收驚改運之類的個人行爲；以及2.個人專注於純粹佛教的信仰行爲[5]，而這一點和前者在本質上是不同的。雖然這二者都是在俗民層次宗教信仰中的邊緣性的部分，但是後者背後則有另有一獨立的宗教傳統，少數信仰者是可以在信仰佛教以後而自外於一般民間信仰生活的，其意義甚爲重大。當然在清治時期，對於出家與受戒都有嚴格規定[6]（江燦騰 2001: 60, 119-120），台灣少有合格僧尼存在，這在當時大大阻礙了佛教的發展。

第二層，日據時期「以出家人為重的佛統教團」和齋教(民間獨立教團)的蓬勃發展

「重層化」產生的方式可以有數種，而伴隨著新的政治權威的建立而產生的「重層化」，就宗教文化的後續發展來看，至少有兩個重要影響：第一、新宗教的引入以及舊宗教發展上的頓挫。有時引入的新宗教的教義或宗教管理上的型態，也會對某一地區的宗教生態產生重大影響；第二、新的中央權威的建立，以及原有中央與邊陲關係的混亂。

台灣現代化始自劉銘傳1885年起，在台開始進行的現代化事

5 爲了討論上的方便，在分析上，我們可以把佛教區別爲民間佛教和正統佛教兩個類型，前者是道教化了的主祀佛教神明的寺廟，例如主奉觀音的萬華龍山寺雖以寺爲名，但實則爲地方仕紳所建以滿足地方性需求而成立的與地方信仰相混融的聚落性廟宇(莊芳榮 n.d.: 130)；至於正統寺院則自有傳統，它並不完全融入地方信仰，信徒起先也主要停留在官吏或知識分子當中。康熙59年(1720年)時，據記載當時台灣僅有六座佛寺，而後才漸漸增建(莊芳榮 n.d.: 130)。

6 例如清代法律規定：一、正常婦女出家爲尼須在40歲以上，至於五官有缺陷或四肢有不健全以及實在無家可歸者，雖一度可以例外通融，但福建省由於庵院收容年輕女尼爆發許多桃色醜聞，於是在清乾隆29年[1764]9月2日即明令禁止。二、男性16歲以下、非獨生子且家中16歲以上的男丁不少於三人，才可以出家(參考江燦騰 2001: 60)。

業。現代化中鐵路、郵政、電報、新式教育的出現等等，都深具瓦解地域性意識的作用。天津條約(1858)之後台灣四個港口的開港，也使台灣更徹底地捲進了世界經濟體系之中。對於華人世界，現代化是一種完全不同於原有宗教文化的新體制的覆蓋，而劉銘傳治台不久，台灣又為日本所占，現代化的事業乃透過日本帝國殖民政府來進行。

日人對台宗教政策最終目的，在徹底消除台灣固有宗教信仰，鞏固國家神道在台發展基礎(陳玲蓉 1992: 71)。對於台灣人來說，神道教是在基督教之後，第二個由外傳入的新宗教，但它並沒有眞正生根成爲民眾的信仰。基於現實管理上的需要，日人在台宗教政策又可以分爲三個時期：初期爲安定民心，對台灣之寺廟，原則上不加干涉。中期採取愚民政策，企圖利用寺廟增長台民之迷信與浪費，一方面提倡迷信(使人們轉移注意力於宗教上以淡化抗日的民族意識)，一方面收買民心。後期則大力推動皇民化運動，於是具有濃厚中國傳統文化色彩的寺廟就首當其衝，許多被迫拆毀、合併或改建爲日式廟宇(陳玲蓉 1992: 84-98；劉枝萬 1962: 14-20)。在這種變化中，日治時期台灣宗教生態上，一個很大的變化是產生了和佛教關係密切的：1.幾個跨地域性佛教法派的趁勢而起；2.齋教的蓬勃發展。

首先，根據數據，日據時期尤其在其末期，佛寺曾有大量增加[7]

7 莊芳榮(n.d.: 132-137)以五項統計資料，來說明日據時期佛寺數目大量增加的情形：1.台灣總督府統計書所列歷年寺院齋堂數目；2.丸井圭治郎所編《台灣宗教調查報告書》中所顯示的，日據時期台灣寺廟中主祀佛教神明的寺廟有上升的現象；3. Baity(1975)就淡水與北投地區的研究顯示，日據時期是台灣佛教寺廟建立最高峰的時期；4.根據劉枝萬先生在南投地區的調查資料也顯示，日據時期所建之寺廟，以佛教神明爲主祀神者大爲增加；5.以台灣省通志中所記載的寺廟創建年代爲參考，亦顯

照片3-2　基隆月眉山派的靈泉禪寺是日據時期在台蓬勃發展的重要寺廟(攝於2000年10月)。

(莊芳榮 n.d.: 132-137)。不過，我們注意到這和1915年西來庵事件後，寺、廟、宮、堂等民間宗教場所爲了保護自身信仰，不得不將自己的財產獻給日本佛教，換取「佈教所」之名以求庇護，並改登記爲佛教寺院的這種表面上的變化有關(莊芳榮 n.d.: 132)。基本上，我們很難由這些數據中，說明當時台灣的純正佛教徒是否在數目上有實質增長。

我們在此要強調的，反而是由這些數據中所看不出來的幾個跨地域性新興佛教道場，所謂的四大法派(基隆月眉山派[見照片3-

(續)

示日據時期主祀佛教神明的廟宇在日據時期興建的寺廟中所占比例較過去爲高。

2]、台北五股觀音山派、新竹大湖郡觀音山法雲寺派、高雄大岡山派)的出現以及齋教的興盛，它們在當時正是反映了特殊社會與歷史意義的重要新興道場。

在談論這些法派之前，我們先來檢討一下台灣人以廟宇信仰為基礎的民間信仰。我們注意到，具有地域性基礎的地方公共信仰，當然會隨著地方聚落的繁榮而相對興盛。林美容就高雄縣地方公廟成立的年代進行分析，發現創建於清朝的有117間、日據時代的有74間、1949年以後的則有173間(2000: 419)，顯示民間信仰的活力似乎並不隨時代的變遷而有所退化，甚至於隨著全島交通網的建立[8]和新都會區的形成、還有助於某些地方公廟[9]發展成為「觀光廟」，以及某些特殊信仰點[10]可能成為進香中心。

可是我們卻也要提出來的是，在社會發展的步調中，地域性的民間信仰亦有其發展上的潛在限制：第一、地方公廟背後，所根據的世界觀始終與固定地域和傳統時間節慶相結合，一旦地方生產模式改變(由農業而成為工商業)、都市化程度加深使人口異質性增高、交通便利和行政權力深入村莊使地方意識有所改變等等，皆對地方性公廟的長期發展不利。除非某些廟宇主祀之神明，性格上具有開放性與普遍性，可以以更大範圍的都會區、某些特定職業階層、或全島特定神明的進香人士為其發展腹地，才可能避免此發展上的瓶頸，但這時，這些廟宇對其信徒而言，已逐漸脫離其地方公

8 1908年台灣南北縱貫鐵路基隆至高雄間之縱貫線開始暢通。

9 尤其是有特殊靈驗事蹟的廟宇，參考彭明輝(1995: 139)。

10 例如如同林美容(1991b: 360)所曾指出過的，在漢人社會中，媽祖女神信仰裡呈現出親屬結構中婚姻的情境與作用——女人的移動和聯盟關係的建立與擴張等等。就這一點而論，媽祖女神信仰有其易於擴張的內在特質，有助於其成為跨地域性的進香中心。

廟的性質，而開始具有了更大的開放性和私人性格；第二、隨著生產剩餘與生活安定，人們在保境安民的各種例行性祭祀活動以外，若仍有進一步宗教需求，建築在功能性、公共性、與地域性基礎之上的民間宗教有其無法滿足信眾之處；第三、工商業社會中人們流動性較大，無法長期定著在一特定地域中，即使一個人仍然是護持故鄉神明，但爲了承擔其隨時要以個人來承擔的風險，他實有必要建立其不依地域而更動的信仰，結果是一方面他對暫居地的地方信仰情感淡薄，破壞了當地信仰的一致性與可信性，一方面他對故鄉廟宇的信仰，可能因個人財富增加而大爲護持，但這畢竟是以暫時性地位炫耀的成分多，實質參與的成分少。

不過當然，寺廟信仰是依恃地緣關係的存在而存在的信仰，它雖有發展上的潛在困境，卻始終在台人生活世界中有根深蒂固的作用。日治末期推行皇民化運動，使得全島寺廟信仰歷經折磨，但同時也激發了民眾的守舊心理，反而提供了日後寺廟信仰在1945年以後重新復原的契機。

相對於地方公廟信仰發展上的潛在困境，日治時期台灣宗教文化最特殊的發展趨勢，則是教派佛教的乘勢而起，以及齋教的蓬勃發展。而後者，以某一種角度來加以看待，我們甚至可以說它是台灣第一個本土性的具由實質社會影響力的新興宗教。

首先，就佛教宗派來說，如前所述，在地域性俗民生活的脈絡裡，佛教以及佛教僧侶是以其功能上的所長，而得以取得其在地位上的不可或缺性的。進一步來說，理論上漢人文化中的陰和陽皆是維持宇宙平衡必須的元素，不過俗民的生活世界卻是以「陽的極大化」做爲追求目標。而陰／陽二元對立的這種基本範疇，又與死／生、污染／潔淨等範疇相互符應，這些構成了漢人俗民生活世界整體宇宙觀的象徵符號體系中非常核心的一部分（Sangren 1987: 166-

167)。具體來說，有幾個靈魂的類屬和人類特別相關：神、孤魂野鬼或餓鬼、家鬼也就是祖先、以及超越在一切生死之上的佛。爲了趨陽避陰，並且避免野鬼的無人供奉，不同形式的儀式與寺廟，也因此而有其存在的特殊意義。其中祖先崇拜(透過牌位、家廟與祭祖儀式等的安置)供奉了家鬼，並因此而獲得它們的庇佑；社區廟宇供奉了關乎公共福祉的陽性神明，但它們仍然要時時防範陰的力量的侵犯；純正佛教的廟宇基本上不受陰陽與神鬼問題的困擾，因此可以提供安置無人供奉的鬼魂，或是提供代替家人來供奉家鬼的功能(Baity 1975: 136-188)。

而佛教僧侶在功能上，因此也就特別能夠面對供奉孤魂野鬼方面的問題，同時佛教僧侶的出家身分，使他們在執行儀式時，可以避免執事者個人的家族體系與他人的家族體系或公共利益間產生衝突。以淡水、北投地區爲例，Baity在田野觀察中就注意到，像是「進主」和「進塔」這類爲喪者安位的儀式，只要有出家僧侶在，是一定要請他來執行的，未出家的所謂「火居道士」和在家的龍華派齋公、齋姑皆無法完全替代出家僧侶在儀式與民間象徵符號系統中的地位(1975: 178-179)。這正是做爲俗民生活脈絡中的佛教，其存在上的正當性與不可或缺性的主要基礎[11]。

不過實際上情況又複雜的多，因爲嚴格的法令限制，使清代台灣合格的出家僧侶極少，許多原本必須由佛教來執行的功能，結果

11 以傳統中國七月的盂蘭盆會爲例，Teiser(1988: 208-213)指出，透過將僧眾納入祖先與子孫的交互關係中，佛教以某種獨特的方式融入了中國。換言之，在傳統中國，僧人的身分並不是完全出世的，而是通過交換循環關係中與一般日常家庭相連。在節日的儀式圈中，在推進人們進一步的生存與解脫上，僧人扮演了一個不可或缺的角色，並且也在中國家庭宗教中占有一個相當核心性的地位。

仍多由道士和齋公、齋姑來代理(徐福全 1999: 183-186)。同時，在清朝時出家人社會地位極低(江燦騰 2001: 141)，這些都使得正統佛教在當時難有發展。

日本的統治台灣改變了整個情勢，一方面殖民政府取消了對於出家資格的限制，使得佛教在台灣發展的束縛驟然解除；一方面舊社會中心與邊陲的宰制關係在新權威的籠罩下受到衝擊，被殖民者中原屬不同階層的民眾，在共同新權威的壓制之下，其間原有的地位差異反而驟然拉近(一樣都是二等公民)。此對於原居於社會中堅的儒生和原居於社會邊緣性地位的僧侶之間，地位消長尤其顯著(江燦騰 2001: 141)，於是使佛教獲得了較大的發展空間；而另外還有一個主要原因：透過佛教作爲媒介，當時的殖民者與被殖民者之間，正有其利益與文化上的可接榫之處，這使得佛教有了極大的發展空間。

日治初期，日本佛教各宗即前來佈教，起先台灣本地佛教被當作「舊慣信仰」看待，與日本佛教間並無平等地位。而後日人雖仍以教化台灣民眾成爲神道教信徒爲目的，但總督府爲了消除了兩地人民之距離，並利用宗教來協助教化事業之擴展，乃積極推動兩地佛教界的交流。具體來說，對日本官方而言，佛教可作爲凝聚中日情感共識的手段[12]，以及進一步推動向大陸擴張的橋樑[13](江燦騰 2001: 145-149；王見川、李世偉 1999: 31-32)；對日本佛教各宗派

12 常被引用的日本首任台灣總督樺山資紀對來台隨軍使的警誡語中，頗能顯露出這一點來。參考江燦騰(2001: 93)中的轉述。

13 如江燦騰所述：「由於『兒玉、後藤體制』主政時期，異乎尋常地加強對大陸福建的實際操控，故在『區隔日華』的同時，卻又必須兼顧對當地華人逐漸萌生反日情勢的安撫，於是在日華民族之間，能凝聚較大宗教文化情感共識的，就是利用彼此有深厚淵源的禪佛教信仰，以作爲輔助性聯誼與溝通的非官方管道。」(2001: 145)

來說，台灣市場是其宗派向外擴張發展的必爭之地(江燦騰 2001: 141)，而對台佈教亦是其爲換取在明治維新新政府體制下的有利發展空間，而對國家政策採取的配合舉動(江燦騰 2001: 92, 137)；對台灣佛教界來說，一方面積極加盟日本佛教可以獲得宗教團體在殖民政府下更大的生存空間(尤其是在1915年西來庵事件以後[14])，一方面日本佛教也確實給台灣佛教帶來了新思維的刺激，提供了其所需的佛教知識和經營道場的經驗(江燦騰 2001: 180)。雖然中日佛教有其差距，起先不易打破鴻溝，但後來，主要以曹洞宗爲中心，日台佛教摸索出平行發展的模式(江燦騰 2001: 128-142)，日本佛教——包括其在日本社會中具有尊嚴性的社會地位[15]與所扮演的積極入世角色、道場經營管理方式、體系化的佛學知識、文教事業的推廣和現代化的佛學教育體系對學僧教育的重視——逐漸成爲激發台灣佛教發展的一個重要外在資源。而日據時代末期陸續有台學僧於日完成佛學訓練後返台，更是直接促成了江燦騰所謂的日據時期的「新佛教運動」(2001: 367-488)。

以上我們所討論的是日本抑道揚佛政策取向，所帶給台灣佛教界的促進因素。不過同樣重要的是，各種社會變遷因素也有助於佛教新道場的崛起。我們前面已經提到過地方民間信仰有其潛在發展限制，這乃有利於佛教發展空間的出現。此處更具體而言我們要指

14 事實上，在1938年以後，台灣佛教寺院幾乎都必須向日本佛教本山寺院登記，且幾乎所有僧侶外服皆採用了日本式之僧服(梁湘潤、黃宏介 1993: 198-199)。

15 如同當時台灣佛教青年會成立宣言中所顯露出來的：「漢時佛教東漸，傳布中國。逐入我邦(日本)，迄今千歲餘。中國中古佛教大振，其後漸衰敗至頹壞，延至今日，愈不可問。我國(日本)則反是，自即 欽明天皇即位以來，本宗日新月異，其始波瀾疊越。嗣後告厥功成，團體益形鞏固。」(轉引自梁湘潤、黃宏介 1993: 202)

出：第一、抽離自地方脈絡以外的純正佛教，它與民間所謂的「香火道場[16]」不同，其必待稍有文教與充足之生產剩餘方能產生，它一般最早多出現於大都市或大都市的邊沿(莊芳榮 n.d.: 179)。早先台灣只有幾個著名佛寺存在，且多集中南部[17]。而待民間由初創家園而至有更多生產剩餘，文教愈爲興盛，這頗有利於佛教之發展，佛教之道場乃逐漸擴增，且寺院亦隨北部之開發而有北移跡象(梁湘潤、黃宏介 1993: 186)；第二、純正佛教並非以神人交換關係爲其運作基礎，而是以宣揚理念助人獲得終極解脫爲宗旨，其擴展方式必須依賴傳教，日據時期，全島交通網建立，僧侶乃更易於展開跨區域性的弘法活動(江燦騰 2001: 179)；第三、純正佛教與地域關係淡薄，與各種民間宗教習慣亦有扞格之處，新都會區之興起，所可能包含的大量與土地關係淡薄以及所謂「非慣俗(unconventional)行爲態度」(傅仰止 1997c: 171-177)較重的移民，正提供了潛在性佛教徒的存在。日據時期台灣本土佛教四大法派中之三派集中在北部，應與台北城都會區的興起有關[18]。

在日據時期，台灣佛教獨立性法脈出現的背後，我們注意到，雖然台灣佛教各道場在當時仍以大陸爲其母國，並多堅持不食肉不帶妻的中國佛教傳統(王見川、李世偉 1999: 41-52)，但其卻與中國佛教逐漸產生內在性格上的差異。首先，在外力介入下，台灣佛教已先大陸一步走上現代化腳步，隨著印刷、交通等條件的改善，新興道場遠比清代僧侶以行腳，光憑私人因緣而建立之寺院，有更可

16 也就是以靈驗性爲主要宗教訴求而形成的地方性集體膜拜的中心。

17 例如竹溪寺、彌陀寺、龍湖岩、開元寺等等(莊芳榮 n.d.: 130；梁湘潤、黃宏介 1993: 36-39)。

18 參考江燦騰更全面的討論(2001: 179-182)，不過我在此處的說法與其不盡相同。

觀之進展(梁湘潤、黃宏介 1993: 272)。而在接受亞洲現代化佛教發展先驅日本佛教經驗與思潮的衝擊之後，台灣佛教內部也開始出現了各種現代化佛教思想，包括提倡反迷信巫術、強調人性化、反對西方極樂世界、強調兩性平等等等[19](江燦騰 2001: 598)；其次，中國佛教雖本亦有所謂宗派，但主要只是一種師徒之間的受戒或剃度關係，而並沒有以整個寺院來相互隸屬(梁湘潤、黃宏介 1993: 182)，但日據時期，全台佛教俱要向日本佛教本山寺院登記，雖然這並非自發性宗派意識的出現(江燦騰2001: 199)，但卻使台灣佛教寺院在橫與縱方面都產生了相互聯繫[20](梁湘潤、黃宏介 1993: 186)，於是乃進而形成了數個深具台灣特色的佛教新法脈。

幾個台灣佛教法派興盛的背後，反映了重要的社會學意義：第一、不論就組織形式、教義與儀式各方面而言，正統佛教代表著一種出地域與血緣關係中脫離與分化出來而獨立存在的宗教範疇。雖然日據時期幾個重要佛教道場，仍不能完全脫離其「香火道場」的色彩，但在外在力量的影響與激發下(一方面社會內部原有中心與邊陲關係產生混亂後，有利於佛教的獨立與社會地位提昇，一方面日本佛教的影響促進了台灣佛教的現代化與新法脈的形成)，它已承襲了新的時代因素，而成為了有主體意識的教團，而不再是民間

19　在1916年時，日本政府為了慶祝總督府建築落成和領台二十週年，台北市舉辦了台灣史上首次的博覽會，當時台灣佛教徒和基督徒因各自設攤演講，並互相攻擊和批評，促成了台灣佛教界的大團結和大覺醒。於是在演講會之後，甚至進一步形成了佛教界的新組織和教育機構，跨出了佛教改造的重要腳步(參考江燦騰 2001: 597)。

20　例如在當時，日本曹洞宗與基隆靈泉寺江善慧法師。中壢法雲寺林覺力法師，互相聯絡為宗派；而日本臨濟宗則與台南開元寺陳傳芳，台北觀音山凌雲寺沈本圓法師相互聯絡為宗派。(梁湘潤、黃宏介 1993: 219-220)。

地方性信仰中的一部分。第二、伴隨著以上特性而同步出現的是強烈的傳教傾向，一方面因爲與地域基礎脫離，沒有固定的信眾，如何招募信徒與資源成爲教團活動中最主要的考慮重點[21]；一方面因爲日本佛教宗派介入台灣佛教後，造成台灣佛教法脈的形成，使法脈間產生競爭現象，而更強化了台灣各佛教法脈所可能具有的傳教傾向。而在積極爭取信徒過程中，佛教教義中眾生平等的普遍性概念必然會不斷被強調，以爭取原階層性社會中，地位較居邊緣性而未獲傳統信仰所重視的潛在信徒[22]。

另一個日治時期突出的新興的宗教發展趨勢是齋教的興盛，在宗教學的意義上，齋教教義直接承自佛教，信徒也常自視爲佛教徒(王見川、李世偉 2000: 78；江燦騰1994: 264-265)，不過其有自身獨特的組織模式，不透過僧侶階層而直接由在家人自行舉行儀式，信徒基本上遵守禁欲主義的素食原則[23]，而非僅只是依循潔淨原理所從事的短期性齋戒(武內房司 1994: 12)。於是，在社會學的意義上，我們應把其看做是一個獨立的範疇。某種意義上，它類似於西方社會「教會—教派」(Church-Sect)類型學中的「教派」(Wilson 1970: 7-35)，是對應於制度性教會(對於齋教來說就是正統佛教)的過度世俗化，或是其中救贖手段的被壟斷而產生的改革性組織。

21 正如 Baity在田野研究中所聽到的一位僧侶所告訴他的(1975: 126-127)：民間信仰所靠的是靈驗(efficacy)，佛教所靠的是勸人來信教(proselytization)。

22 通常表現爲對女性與在家眾的重視，例如日治時期新興的佛教法雲寺派，其主事者覺力法師特別重視對於女性信眾的傳教即爲一例(參考江燦騰 2001: 218-222)。

23 如同武內房司(1994: 16)所述：「在中國傳統社會，用不著說，在城鄉人民的心理中，過著奢侈生活——可以說每日吃肉是其象徵性表現——是正常的願望。堅持吃齋就意味著主動地放棄世俗的欲望，或盡量節欲，以此來獲得來世的拯救。」

台灣齋教各派為明化成至正德年間北直隸創立的民間教派羅祖教的分支(韓秉方 1994: 89)，齋教起始出現其背後即有改革性傾向[24]。基本上來說，對於傳統佛教，齋教的改革有這幾個相關面向；1.救贖手段的更為直接，教團內取消了出家階層，在家人自行舉行儀禮而不用依靠出家人，在家人地位顯著提升，當然信徒的自我要求也就相對提高[25]；2. 宗教儀式更為簡化[26](武內房司 1994: 18-20中)；3. 建立互助性的嚴密組織，在平等與志願參與的前提下，建立依修行與傳教成果而成立的教階制度[27](武內房司 1994: 11)，信徒不再散漫無組織。不過後來隨著教團的發展與流行，某些齋教分支卻又趨於世俗化和民間化，儀式有漸趨繁瑣傾向(參考淺井紀 1994: 34-35)。

清朝政府對齋教多次查禁，但其仍然向浙江、江西、福建等地的鄉村滲透(武內房司 1994: 5-9)，之後大約在嘉慶年間，陸續傳入政府控制較鬆的邊陲地帶台灣(莊芳榮 n.d.: 97)，咸豐、道光時教勢在此已大為擴張，日據時期因不再為政府所查禁，更有振興徵兆

24 如同日據時期日人岡松對齋教的描述裡所顯示的：「可是到了明代，由於佛教萎靡不振，導致有些俗家信眾，不願只守持佛戒，彼等進而欲與僧尼比肩，便自立其教義，並向外弘法，或為他人祈冥福。而此輩在家信徒，因謹持佛戒，經常斷葷食素，故以吃齋或持齋相稱。」(岡松参太郎編纂 1990，轉引自江燦騰 2001: 69)。

25 伴隨著在家人自我宗教身分正當性的肯定與確認，在當時也產生了對出家人品德與宗教涵養的較為嚴厲的批判(例如見武內房司1994: 17-22中所舉的例子)。

26 以在家人自行舉行儀式，不像受過長期宗教訓練的專業宗教階層可以把儀式弄得太過繁複，因此通常有著較為簡化的趨向，至少在一個改革性教團剛剛開始發展的階段尤其是如此。

27 這種教內的教階制度雖有其階層性，但教中的地位是依個人努力而得的(achieved)，而非先天所賦予(ascribed)，其社會學上的意義相當重要。

(江燦騰 2001: 67)。歷史學者指出，當時齋教在台灣的勢力還遠比佛教大(王見川、李世偉 2000: 78)。

在清代台灣的地域性脈絡裡，齋教徒一直執行著重要功能，使其成爲俗民生活中不可或缺的一環。主要是台灣合格僧道少，喪事(所謂做功德)需有宗教專業人士來執行，齋教徒持戒極嚴，做佛事幾乎不索費(徐福全 1999: 184)；儀式又自有嚴謹系統，使得其在市井間相當受到敬重(蔡相煇 1993: 216)。齋教龍華派的科儀法本在台灣各法事場合經常被使用，自成一格(徐福全 1999: 184)，甚至於不少出家人也依此來行佛事(林美容、祖運輝 1994: 230)。

原則上，齋教或是更早的羅教教團是一種超越地域關係的志願參與組合，其社會組成，歷史學者提到：「我們查閱清代檔案時，往往想像支持該教團是從事小買賣、販運等沒有穩定社會基礎的底層人物。」(武內房司 1994: 11)；「浙江處州最早出現羅教活動，約在明嘉靖年間。傳教人一般都是四處遊蕩的小手工業者。他們見多識廣，在城市鄉村流動，將順大運河南傳的羅教，傳至窮鄉僻壤。」(韓秉方 1994: 93)基本上，這也就是沒有穩定社會基礎、流動性高而又有互助性需要的人士。我們可以想像在一個政府功能不彰的移墾社會中，這一類集喪葬儀式、經濟需求和人力資源交流的互助性組織，應有其很大的發展空間，民眾或者可在還沒有取得穩定身分以前，過渡性的參與此類教團，或者也可世代參加此教團，同時鞏固了個人與教團的利益。

日據時代，一方面有了更利於非地域性宗教發展的社會條件，一方面信仰齋教的禁令也爲之解除。於是在民間社會力充沛的台灣，自我爲認定爲是佛教徒的齋教三派，當時亦成爲台灣佛教徒的主要構成分子，甚至於它還常是民間許多人在成爲正式出家人之前，吸取佛教知識的主要管道(例如見王見川、李世偉 2000: 78中所舉的例子）。而這種民間性互助集團，一旦有機會自由發展，如果信徒始終能保持其良好戒律，則在儉樸與互助的生活型態中極易致富，更是使整個教團基礎相形穩固。齋教教團當時能在邊陲之地台灣獲得適度的開展，實是中國歷史發展過程中的一個特例。

就社會學意義來說，前述並未加以太多討論的祖先崇拜或是說所謂的家族宗教、以及已討論過的地域性民間信仰、「以出家人爲重的正統教團」（在此出現的也就是正統的佛教法派）、民間獨立教派（在此出現的也就是齋教）、以及我們後面將要討論到的「在家人與出家人地位並重的正統教團」和「克理斯瑪教團」，是台灣社會宗教發展過程中，至今爲止依序所曾出現過的六種主要宗教型態（見後）。而此處我們所要特別強調的是，和家族宗教與地域性民間信仰都不同，在基本性質上，「以出家人爲重的正統教團」和民間獨立教派都是以獨立的宗教範疇來存在的。像是以齋教爲例，它已進一步的把宗教身分落實到了每一個參與者身上，而其中禁欲主義原則的素食主義，以及已是得救者的自我認定，給信徒帶來極高的自我認同，也區別出來了信徒與他人間的差異。不過，齋教中與地緣血緣皆無關的志願參與原則，和內部普遍性的地位平等原則（並因此而更徹底排除了出家人範疇的存在），固然使教團帶有著某種開放性，但弔詭的是，同樣因此而產生的信徒對自我宗教身分的驕傲感、成員對教團的高度認同、內部更緊密的互動關係等等，給教團帶來的將是更爲嚴格的內部控制與管理。

第三層，以漢人文化正統自居的威權統治政體的覆蓋以及扶鸞活動的盛行

1949年國民黨退守台灣，一個原本無法建立其基層民間控制的黨政機構（金觀濤、劉青峰 1993: 482），來到了一個只占全國面積

0.37%的省(King 1994: 135)，政府控制網於是達到了基層社會(金觀濤、劉青峰 1993: 482)。其權力正當性的基礎來自其聲稱的三民主義，也就是以儒家文化正統自居的民主自由的捍衛者。但1949年起國民黨開始實行戒嚴法，這實質上是一個威權統治時代。1950年代中期以後，在美援的協助下，國民黨進行了土地改革與一連串的經濟發展計畫，台灣人雖然沒有集會結社的政治自由，卻獲得了經濟上的富裕和部分個人性的宗教自由。

這個來自號稱文化正統的國民黨政權的統治，是台灣「重層化」結構的第三層，對台灣的階層結構與宗教文化造成了再一次的倒錯與混亂。台灣地處中國海外孤島，相對於中國核心地帶而言，原屬邊陲社會，清代道光、同治年間，已出現類似於內地的宗教文化型態，當然亦有其屬於邊陲地帶特有的文化特色。日人統治後，在同化過程中，固然無法改變台灣民間信仰已根深蒂固的事實，但新的領導階層的出現(日本官員以及願與日本政府合作的地方富豪)，完全取代了原居社會主導地位以文化正統自居的仕紳階級(吳文星 1992: 370-377)。而現代化過程，又在此基礎上，再一次產生與傳統文化不同的新的文化菁英。在這種外力介入所產生的文化變遷中，台灣在日治時期，曾發生了三個特殊的宗教文化變遷，其中二者是原本居於中國邊陲地帶的台灣中的邊沿性位置的佛教和齋教，有著格外興盛的發展，這已如前所述；另外一點則是，與儒生社會地位改變有密切關係的鸞堂的盛行(李世偉 2000)。國民黨政權來台，以正統文化自居，再一次造成台灣宗教文化的錯亂，與此同時發生的是不能見容於中國共產黨馬列主義的各種非地域性宗教團體來到台灣展開傳教工作。由最表面上看來，台灣宗教文化在1945年至1987間的變化大致上有：

1.宗教權威正當性來源產生自地域連結以及神明靈驗性的地方

廟宇，基本上沒有受到統治政體變換而影響其內在發展生機。它逐漸恢復盛況，翻修與新建者不勝枚舉。而因爲教育普及、都市化發展、人口流動頻繁等因素所造成的狹隘鄉土意識的改變，祭祀的神格也有所轉變，全國性、普世性神明的祭祀有逐漸增多跡象(余光弘 1983)。

2.台灣本地在日治時期曾蓬勃發展的佛教與齋教，在號稱正統的大批大陸僧侶來台，並積極傳教與樹立其宗教地位正當性的過程中，發展空間受到擠壓，號稱正統的大陸佛教在台灣逐漸取得了有利發展地位。

3.1950年至1970年間基督教與天主教的蓬勃發展，以及之後的停滯與下降(宋光宇 1995: 173-197；瞿海源 1997: 41-75)。不過雖然目前占台灣總人口數不超過5%(瞿海源 1997: 42)，基督教與天主教對於台灣本地宗教系統象徵符號的影響和衝擊仍是不可忽視。

4.各種在中國大陸原本已經盛行的民間教派，帶著文化憂患意識與旺盛傳教動機來台，紛紛建立其傳播網絡(董芳苑 1986: 319-344)。對台灣來說，等於是產生了一次由所謂正統漢人文化區域所引入的新興宗教熱潮，雖然大部分傳入的民間教派原在大陸社會中也多是居於邊陲性的社會位置。不過因爲集會結社相對地不自由，教團性宗教的發展在台灣還是受到很大限制。於是它們在台灣，一方面經常仍保有著隱密性，一方面也難以結合成全島性組織，同時爲了生存上的便利，它們也常刻意要和統治階層或既定的合法宗教保持某種共生性的關係。

基於篇幅以及本章主旨所限，對於以上這幾點，我們暫時不做詳論，而把全部的焦點，擺在這個時期中和扶鸞技術的出現特別有關的幾個新興宗教團體的發展上。在討論這個問題之前，先讓我們回頭來檢視一下華人地方性廟宇形成過程背後所蘊含的神人關係中，所可能會產生的特性，因爲它所帶有的特性和爾後宗教傳播技術間形成了一種對照性，值得加以注意。

我們前面指出，出於移墾社會的實際需要，台灣民間信仰起初帶有著濃厚功能性取向，也就是神明與信徒始終站在一種相互交換的關係上，因此表面上看起來，台灣人的宗教信仰的確有著一種功利性的色彩。不過這個問題並不如表面上所看起來的如此單純。

就人的層面來看，人之祭拜神明，通常是有現實上的需求，於是通常只有能具體滿足人的需求的神明才能夠繼續獲得供奉，就這一方面而言看起來當然是功利的。可是我們若能夠由神人交換關係的另一個層面，也就是神的層面來看，或許能夠更清楚的透視台灣民間信仰的深層結構。

就人的層面來說，人對神有功利性的需求；由神的層面來說，神卻也有需要人的供奉與祭拜的必要性。以其最原始的面貌來看，簡單來說，華人社會中大部分的神、鬼和祖先在形式上，是由人死後所變成的，這些範疇間的界線有時顯得非常模糊(Shryocy 1931: 57)。對於漢人社會中神明的起源，學者曾多所探討(林美容 2000；葉春榮 2001；Ahern 1981；Baity 1975)，以下主要是根據Baity就其在台灣士林地區所蒐集到的資料所提出的分析。Baity指出，祖先是個別家族所擁有的私人性的神明；神和鬼則是那些在世時與親族的關係已經斷絕的人，因此死後皆無法獲得子孫的供奉；而神是曾經展現了靈驗性與保護了公共利益的鬼，因種種機緣而成爲公眾性的神明，因爲其沒有自身的子孫，所以祂能夠超越個別家族的利益而來成爲公眾的神明，但祂同時也必須要獲得人們對祂的祭拜與供奉[28](Baity 1975: 238-251)。在這裡，神與不是他的子孫的公眾，正形

28 此處神和道家的仙又有不同，仙是已獲得了長生不老的方法而永不死的

成了一種緊密的相互需要的關係。於是就此而論，漢人民間信仰中的神與西方世界中的神在性質上是不同的，在漢人世界中的神是人所變成的，而且有許多神明還是處於缺少子孫祭拜及尚未達成自足境界下的不完全狀態[29]，甚至於祂還經常是起源自有冤屈而不能平的厲鬼[30]（林衡道 1996c: 633）。就這一方面而論，以神的內在性格來說，祂必須要展現祂的靈驗性與博愛性格，來獲得公眾對祂的供奉，公眾在獲得神的保佑以後也必須要加以回報(透過供品、燒紙錢等等)。這不僅是履行個人對神明的回饋，更是代替神明宣稱其靈驗性獲得證明的一種展示行動，而它也是人們主動自發所展現出來的，幫助神明來擴展其傳播範圍與提升神格的，一種具有虔誠性內涵的舉動。而在幾乎是完全對等公平的神人交換關係中，爲了更精確知道神的意向，扮演神人溝通橋樑的擲筊儀式，以及某些專門性的宗教人物像是乩童，也就有其存在的必要性。

在地域性民間信仰的這種宗教型態裡，宗教的傳播不是靠人爲的傳教，而是靠神的靈驗性，以及附帶的一套和分靈、分香有關的複製與衍生的方式。根據其內在邏輯而論，基本上，這是一種透過神來傳教的宗教傳布方式，雖然其中也具有人爲操控的成分。

在這種宗教傳布的方式以外，日據時期扶鸞技術，始自由中國

(續)

人，他是自足而不朽的，而非如同神是已死而還需要人們來加以供奉。不過仙和神相同的是，他們都已脫離了個別家族牽絆，因此在內在性格上皆具有一種公共屬性(Baity 1975: 240-241)。

29 這一點和證得涅槃的佛或是修道成功的仙皆有所不同。

30 漢人世界神明的起源當然不止一種，有些神明的形成和缺少子孫祭拜有關，有些則是以其在世道德與功業爲人尊崇追念而成爲神明(像是鄭成功、開漳聖王、廣澤尊王等等)。本章所強調的主要是前者，在其中神明與信徒間，有一種在內在邏輯意義上，特別緊密的相互依存關係，這一點構成了漢人宗教體系的一個相當特殊的性質。但是在此我們當然並不否認漢人宗教中神明的起源可能有各種不同的形式。

大陸的引入台灣，這產生了宗教傳播技術上革命性的變化，大爲加速了新興教團的產生與傳布，而這也一直影響了1945年以後台灣的宗教生態。

扶鸞是一種特殊神人溝通模式，伴隨著扶鸞而產生的鸞書的大量出版，也是一套獨特的宗教傳播方式。就做爲一種神人溝通與宗教傳播的技術而言，它可以獨自成立，也可以和任何組織型態與神明崇拜相結合，而形成新的宗教組織。

扶鸞有一定之過程，需經過誦經請神，然後請神明降臨，其中通常有正鸞、看砂生、記錄生及誦經生等人的參與(王志宇 1997: 32)。傳統之扶鸞爲所謂的「桃筆扶鸞」，後來又發展出一種更快速的扶鸞方式，所謂的「金指」，乃正鸞直接與神靈溝通，再以硬筆或毛筆直書於黃紙之上(王志宇 1997: 280)，大大簡化了扶鸞過程，也增加了鸞書出版的速度。

扶鸞雖是一種降神的過程，但與乩童附身的方式有程度上的不同。前者中人並沒有被神鬼完全附身，而是透過一套技術性的操弄，讓神明借此技術並透過人手的輔助，寫成文字來與人做溝通。相對於乩童的附身，文字書寫的扶鸞，是用寫的而不是用說的，這是神人溝通方式的一大突破，也是人爲操弄技術的提昇，人本與人爲的層面都有所增加，與神的溝通也更爲便利。而在中國宗教文化的脈絡裡，它通常被當作是一種比較受到尊重，而且具有相當教育意義的形式(Smith 1991: 226-233)。雖然早先扶鸞有陰鬼降筆，但後來在台灣的鸞書中，孤魂野鬼蛻變的有應公之類，已是不能入乩了(瞿海源 1992: 952-953)，顯示請神降筆示人的過程是相當莊重的，其背後的神格也愈益增高[31]。

---

31 也參考 Jordan & Overmyer(1986: 280-288)對於東西方扶鸞的比較。

扶鸞技術的普及，以及以此來做爲集會結社的基礎，這是要建築在一定歷史條件之上的，包括識字率的普及、印刷術的發達、起碼的結社自由的出現、神明象徵體系的完備化[32]和大小傳統距離的拉近(不論在思想體系或是階層結構上)[33]等等，基本上它是歷史上相當晚近的一個發展(參考Jordan & Overmyer 1986: 267-288)。

要定期性的扶鸞，必形成定期性的聚會，因此它會吸引一批有其個人需要與興趣的人前來參加，參與成員不必具有共同的地域性。基本上，這些活動已具備志願參與組織的雛形，但仍只是鬆散無約束力的志願組織(對一般信徒資格沒有特殊要求)，本身難以發展成大規模的緊密教團。它擴張的方式是由一個母堂逐漸分衍出許多子堂，藉由鸞生間的人際網絡擴大其影響(李世偉 1999: 111)。不過這種扶鸞技術，若能與其它的組織型態或特殊神格相結合，則在發展規模上亦有各種不同的可能性存在。

扶鸞在魏晉時代即已存在(許地山 1986: 7-10)，直到清咸豐以後才開始大量流行，起先主要流行於士人階層，可能與士子借扶鸞來加以猜題有關(王志宇 1997: 29)，當然士人的識字能力也是一個

---

32 當扶鸞以一種集體性儀式的面貌來出現時，背後必然存在著一套爲俗民大眾所共同接受的神明系統，否則便難以發展成爲一種流行性的教派活動。像是歐美在18、19世紀各地所流行的扶鸞活動，因背後缺少體系化多神信仰的架構，因此降筆的對象多半只是個人死去的親人，或是被詮釋爲是邪靈之類的靈體，相對來講這較不利於其發展出獨立的宗教傳統(Jordan & Overmyer 1986: 280-288)。

33 神明降筆的背後，實已經潛藏有神明由上而下而來的一種關懷芸芸眾生與諄諄善誘從事道德訓誡的意味，儒家的庶民化，也就是大傳統與小傳統距離的拉近(包括了：1.王陽明所主張的「成色斤兩說」，認定挑水童子亦能成佛成聖；2.某些儒家人士逐漸接納了宗教神學靈通感應現象奇妙的一面)(參考王志宇 1997: 209-214)，不僅正當化了扶鸞活動，也提供了其更爲充實與系統化的道德理念。

關鍵。由於起源自士子階層，使扶鸞早先較具儒家色彩。明末以後，扶鸞傳入台灣，起先可能只是個人求神問卜的需要(王志宇 1997: 162-164)，後來先是與地方官紳所舉辦的宣講相結合(王見川、李世偉 1999: 358-362)，後來在日治時期又與民間自發性的戒除鴉片煙運動相結合，使鸞堂在台灣大為盛行(王世慶 1986)。鸞堂與戒煙運動的結合，產生了兩個結果，其一是日人鴉片政策中有棄台人於不顧之意味，漢人經由鸞堂所產生的自發性戒煙運動，深獲民心且使日人又妒又恨，鸞堂竟成為了漢人民族主義激盪醞釀的場所(林衡道 1996b: 573-575)；其二是戒除鴉片需極大之決心，因此必須藉神威來加以約束戒煙者之決心(王世慶 1986: 126)，也就是要強化鸞堂中超自然信仰的色彩，這使得台灣鸞堂庶民化的性格愈來愈為明顯(王志宇 1997: 130；林衡道 1996b: 573-575)。

鸞堂戒煙效果宏著，影響日人鴉片專賣之收入，日警乃進行強制性打壓(王世慶 1986: 129-134)，不過這之後仍有許多鸞堂出現，日人並無法遏止鸞堂的發展(王志宇 1997: 11-14)。

扶鸞是奠基在民間原有神明系統之上，而產生的一種宗教傳播方式的革命。首先，由於神聖經書隨時可以造作，神明的降臨也不再為祖籍、血緣與地緣等因素所限，新的教派系統更容易獲得其正當性的來源，這乃加速了新興教派出現的頻率；其次，扶鸞技術使神聖經書可以不斷的出現與大量流傳，這使得宗教的傳布大為便利；第三，隨著時代變遷與當時社會議題的改變，扶鸞所出之書，亦可以隨時跟上時代，有助於該教團隨時適應社會之發展步調；第四，在鸞堂中例行性的扶鸞活動裡，個人可以經常與神明溝通，請神明為其解決疑惑，這頗有助於信眾對某個鸞堂或神明產生高度的認同感與親切感。

這也難怪1945年以後至1987年間，台灣所出現的成長快速的新與宗教團體裡，多與扶鸞技術的使用有著相當密切的關係。我們底下特別就三個宗教團體做一番簡述。

A.台灣鸞堂所自成的宗教系統：儒宗神教

鸞堂崇祀的主神眾多而複雜，但後來逐漸發展出有以三恩主(關聖帝君、孚佑帝君[呂洞賓]及司命眞君[灶神])或五恩主(加上王天君和岳武穆王)爲主要崇祀對象的鸞堂。而又經過1919年起鸞堂生楊明機以「儒宗神教」之名來嘗試整合「恩主公崇拜叢」，儒宗神教逐漸成爲台灣本地鸞堂的代稱(王志宇 1997: 51)。

個別的三位恩主在民間早已流行，尤其關帝以忠義形象深獲中國儒士認同，所以祂和多由儒士文人所發起的鸞堂間關係密切。不過整體性的三恩主崇拜其背後更重要的基礎，是來自清末以來民間廣爲流傳的神話：「玉皇上帝因世間人心險惡，欲將世界再次混沌，三恩主上奏玉皇大帝請求下凡度化人心。」(王志宇 1997: 49)，這套論述屢屢成爲地方仕紳遇到文化危機感或民間庶民遇到天災人禍時，所採用的一套解釋框架(李世偉 1999: 148-156)。由此看出三恩主崇拜背後，已不止是三個個別神明的集合體，而實帶有一種透過玉皇大帝做整合，並以普遍性救贖爲中心的新取向。三恩主個別神明原有的內在性格已產生轉變，或是至少已被添加了新的內涵。而由於日據時期鸞堂戒煙運動的傳布，使三恩主崇拜群急速擴張，某些廟堂也開始接受三恩主信仰成爲鸞堂(王志宇 1997: 50-51)。

1945年以後，由於日人控制的解除、經濟富裕與印刷術發達，本地鸞堂有很好的發展條件，儒宗神教在楊明機等人的繼續推動下也確實有相當成長[34]。不過各鸞堂皆有其自身的自主性(王志宇 1997: 59-71)，且大陸淪陷後各種民間教派傳入後，又多以扶鸞來著書，使得鸞堂系統更爲複雜(鄭志明 1998a: 316-318)，造成整體整合上的困難[35]，教派的力量一直不易凝聚[36]。

儒宗神教在日據時期的興盛，和存在於社會大眾與統治階級間的文化矛盾是有著密切關係的(社會大眾欲透過鸞堂來抒發民族情感)。而1945年後一個自居中華文化儒家正統政權的統治，無形中當然會削弱了儒宗神教可據以爲憑的一個文化上的正當性。不過國民黨政權繼續日本政權所曾經進行過的現代化(或者說是西化)過程，產生了傳統文化與社會倫理承續上的危機，於是對於某個世代的群眾而言，儒宗神教背後的諸種文化與倫理訴求，顯然至今仍然能夠繼續引起他們的共鳴[37]。

B.一貫道

---

34 儒宗神教在楊明機等人的推動下，有了相當的成長，在戰後有許多宮堂設立，並積極的發展堂務，出版雜誌推廣儒宗神教，如新營《聖道雜誌》、斗南《明道雜誌》，台中《聖賢雜誌》、《鸞友雜誌》，高雄《醒世雜誌》、《明德雜誌》、《談道雜誌》，台北《聖理雜誌》、《覺醒雜誌》，永和《聖教雜誌》、《全眞雜誌》等，都是與推展儒宗神教關係密切的雜誌(王志宇 1997: 59)。而林衡道也指出台灣在1950、60年代以後所成立的關帝廟，幾乎大部分都設有鸞堂來從事扶鸞降筆的活動(林衡道 1996a: 179)。

35 整合的動作，一方面也是爲了要爭取在國民黨政權統治底下地位的合法化(參考王志宇 1997: 59-64)。

36 1980年代左右，據吉元昭治的報導，台灣當時鸞堂總數已經超過500所，鸞書的種類在300-400種之間，定期發行的雜誌有十餘種(吉元昭治 1990: 203)。台灣鸞堂成立年代與所在地點可參考瞿海源(1992: 953-965)。

37 參考宋光宇(1995: 263-289)對台灣當代鸞書中所反映出來的價值觀所做的討論。

一貫道是一個吸收了扶鸞技術的重要民間教派。它和齋教有著同樣的源頭，都是明末羅教所衍生出來的教派。基本上，目前學界已有共識，一貫道正式的創立者是該教自稱的十五祖王覺一[38](王見川、李世偉 2000: 191)。它的基本教義是由無生老母「三期末劫」、「九六原靈」、「三曹普渡」等幾組概念組成(王見川、李世偉 2000: 194)，除「三曹普渡」爲王覺一所首創外，其餘皆繼承明代以來民間教派的教義(王見川、李世偉 2000: 194)。

資料顯示，王覺一是一個熟悉於算卦、扶鸞的人(馬西沙、韓秉方 1992: 1156)，一貫道的創教，也和無生老母的降筆有關(馬西沙、韓秉方 1992: 1152-1153)，顯示自始一貫道就運用了清朝已大爲流行的扶鸞，做爲正當化自身宗教傳統與促進宗教傳播的一個重要依據，而一貫道教祖的承繼問題也曾經由扶鸞來獲得解決(王志宇 1997: 328)。李世瑜1940年代對於華北地區一貫道的研究指出：「一貫道所以致人崇信的原因，大部的力量在於一般所不能了解的『扶乩』。」(李世瑜 1975: 63)大陸時期各地一貫道辦道是否興旺，扶鸞情狀況的好壞是一個相當關鍵的因素(連立昌 2000: 446)。

一貫道的扶鸞，經過相當改良，主要是以天、地、人三才，通常也就是三個小孩爲乩手。他們是純潔而無太多知識的人，由其扶出洋洋灑灑的鸞書，益發顯示著特殊的神聖性與神奇性。

一貫道在大陸的出現，在清太平天國之亂平定之後，是清末各種社會矛盾最深的一個時候(馮佐哲、李富華 1994: 328-333)，各地民間宗教結社蜂擁。一貫道(起先叫一貫教)的出現，一開始就有整合各派的企圖(馮佐哲、李富華 1994: 331-333)，而其教義能夠統合

38 馬西沙、韓秉方(1992：1151)指出一貫道正式創立於光緒三年(1877年)。

照片3-3　一貫道在台灣的發展有眾多支線，本圖爲一貫道「發一崇德」組中的宗教擺設(攝於2002年12月雲林縣斗南鎮所舉辦的全國宗教博覽會會場上)。

儒釋道三家，並導出抽象層次較高的道統爲宇宙論與救贖論的基礎，使它有著更高的獨立性。而相對於其神秘性高的道的存在，自然產生較具神秘感的各種皈依與聚會儀式。而扶鸞所出之經典亦能不斷增加一貫道之活力與競爭力。十八祖張天然接續道統(1930年)後，一貫道發展極快，1936年至1945年於大陸日本占領區內，是它發展的全盛時期(李世瑜 1975: 32)，此後因其與汪僞政權的關係，而被戰後國民黨政府取締(王見川、李世偉 2000: 197)，但事實上1949年時，一貫道遍及海內外，已是中國當時信徒最多勢力最龐大的教派(王見川、李世偉 2000: 181)。至台灣以後一貫道與國民黨政府的緊張關係一直持續到1987年它爲政府所正式承認時爲止。

本章在此不擬討論爲什麼在重重壓制下一貫道在台灣還可以獲致成功[39]，不過在此要特別加以說明的是：就一貫道的基本性質而言，基本上它是有明確譜系與教義體系的一個獨立性民間教派。這個體系包含著自身特有的入教儀式、戒律要求與內部清楚的層級關係，不但不需出家人來舉行儀禮，整個教團事實上完全獨立發展，自成一個完整體系。這些特點與歷史上的齋教相近，但整個系統卻更爲獨立。而扶鸞則是其在歷史發展階段中，所曾借用來強化自身正當性與促進宗教傳播的重要手段。不過隨著時代背景的不同與組成成員的變化，扶鸞之做爲吸引信徒的一種手段，在台灣的一貫道教團中也開始產生了變化。首先是寶光建德組支線停止了扶鸞(楊弘任 1997: 11)，接著在1980年代左右，各大支線都逐漸開始以經書研讀爲主，扶鸞在一貫道宗教活動中所扮演的角色在逐漸下降之中(宋光宇 1996: 73-74)。

C.慈惠堂與勝安宮的瑤池金母信仰叢

慈惠堂以及勝安宮二者同出一源，各自的總堂都居於花蓮縣吉安鄉(彼此僅是隔壁，見照片3-4與3-5)。

這二者所代表的瑤池金母信仰叢，是混合了地域性民間信仰、民間教派的教義與組織型態再加上扶鸞技術的一個綜合體[40]。在本質上其較接近地域性民間信仰，但在神格的內在意涵上已有所轉

---

39 另外可以參考本書第二章中的相關討論。

40 鄭志明指出，慈惠堂這個新興教派，在教義思想方面深受民間教團，如儒宗神教、天道、羅教系統等之影響，大致揉和了各教團的教義，並在民間信仰求福報的心理基礎上，發展出一套有關瑤池金母的神話理論(轉引自瞿海源 1992: 969)。

照片3-4　位於花蓮縣吉安鄉的勝安宮(攝於2001年5月)。

變，組織型態上則吸取了民間教派整合會眾的諸種方式，而扶鸞技術的使用，則增強了該信仰叢的內在活力以及正當性的基礎。純就慈惠堂而言，1997年時有向總堂登記者在全台就有804個堂(王見川、李世偉 2000: 262)，勝安宮則全省堂數較少，1984年時約有百餘堂(王志宇 1997: 336)。

台灣島上，花蓮是一個二度移民之所，其拓墾的階段，大致是清末西岸各區域的地域性民間信仰已經發展到相對完備的階段。其移民大都來自台灣其他地方，這些人早在移入花蓮之前，已在台灣西岸原聚落住過一段較長時間，甚至已拋開祖籍觀念。各地入墾花蓮的移民因此已經疏離於大陸原鄉的記憶，或是僅以西岸原居地的聚落記憶做為拓墾花蓮的鄉土意念，或是完全以花蓮墾地做為感情的連結(姚誠 1999: 7-11)。換言之，即使如三山國王或是開漳聖王這類鄉土性神明，從分靈至花蓮開始，即失去其依祖籍族群來區別

照片3-5　與勝安宮僅為隔壁，位於花蓮縣吉安鄉的慈惠堂總堂（攝於2001年5月）。

其信仰的祭祀圈意義(姚誠 1999：7-11)，不再完全是鄉土性神明，而是開始具有普世性與融合意義的神祉。就這一點來說，或許可以說明一個原本可能只是服務花蓮當地信眾的瑤池金母崇拜，竟可以演變為全島性的信仰。

由數據看來，以慈惠堂為例，慈惠堂在各地的發展有所不同，花蓮地區在1957到1976年間逐步擴展，之後則停止擴張(瞿海源 1992: 968)。至於對花蓮以外的地區而言，慈惠堂是一個具有地方性神明信仰類似內容的外來宗教，其在台灣北部和中部是自1967年以後開始有著快速成長(瞿海源 1992: 968)，南部的慈惠堂數目則較少(Jordan & Overmyer 1986: 134)。

西王母信仰雖是中國長久以來就具有的神明信仰，但在過去祂只是一個虛懸的神明，在台灣民間本沒有太多人供奉[41]。祂不是由人所變成的神，而是一種原始自然崇拜擬人化後所變成的神。

道教系統中，西王母位居象徵「道」的元始天尊之下，在道化陰陽的結構中扮演著「洞陰之極尊」的始「陰」角色，與東王公相反相成化育萬物。在《神仙鑑》神學系統下，西王母被安排在玄玄上人(道)所化生的五老之中，陰性職司仍舊依附其母性神格而被保留，不過其在《神仙鑑》中出現頻率頗高，有著生成宇宙和化育眾生的功能(魏光霞 1997: 472-473)。

清中葉以降，民間結社性質的無生老母信仰聲勢浩大，對西王母信仰產生威脅，對西王母言，先是被無生老母形象收編了，或是西王母既具的意象被無生老母所統攝。不過後來西王母的發展又另闢新途，甚至開發出新的信仰型態，民國以來的《洞冥寶記》和《蟠桃宴記》兩部鸞書，便是在此基礎上結合五老傳說等細節益趨成熟的神話建構，也是今日台灣西王母信仰的主要模式。如同魏光霞(1997: 473-475)所指出的，在《洞冥寶記》與《蟠桃宴記》中，有著共同的神話：老母化育原靈—原靈迷失—老母哀痛—降下末劫並大開普渡—三設龍華蟠桃收圓，形成「神話樂園－樂園破壞－樂園重建」或「原始—歷劫—回歸」的共同結構。

一個虛懸的神明如何可能轉化成爲了具有普遍性救贖性質的神明？甚至於自此其不但經常降旨救世，人們也願虔心而在實質上加以供奉，這背後的社會學意義相當值得探討。基本上，這乃是民間教派思想中的救贖觀、地方神明信仰的靈驗取向、與扶鸞降書所可能帶動的義理轉化與傳播革命等等，綜合而成的一個新的信仰體

41 資料顯示，1930年以前，台灣沒有一座寺廟供奉瑤池金母(瞿海源 1992: 966)。

系。而社會變遷中信徒神明信仰內容的轉變，則又與此新信仰體系有其相互呼應之處，以致於瑤池金母信仰叢在台灣一時蔚爲風潮，直至後來興起頗具社會影響力的某些新興教團(例如盧勝彥的眞佛宗[參考本書附錄三])，其在教義內容上也與此關係密切。

依據慈惠堂碑文記載，該堂的瑤池金母信仰起源於1949年王母娘娘在花蓮的顯聖事件[42](彭榮邦 2000: 62)。由於靈驗，信徒很多，不久即收了51位契子女。1950年信徒分裂爲二：勝安宮與慈惠堂，前者據有當時王母娘娘顯聖之地，並分得王母娘娘金身，後者則分得香爐。慈惠堂在初成立時顯然面臨較大的正當性危機，可能因此而另起一種形式，改原穿著之黃衣爲青衣，改王母娘娘之名爲金母娘娘，並建立統一性的經典[43]和儀軌，結果在花蓮當地二者香火雖不相上下，就全省來看慈惠堂反而還遠比勝安宮來得要更爲廣布。不過二者在組織與活動型態上還是有所差異，在花蓮吉安鄉地區，勝安宮仍有較濃厚地方性廟宇色彩，有爐主、繞境和鑼鼓陣；慈惠堂總堂在該地則三者皆無(參考姚誠 1999: 118，121中的資料)。在競爭正當性過程中，慈惠堂刻意突出其教義與儀軌的獨立性與系統性，使它逐漸脫離了地域性色彩而有了與民間教派類似的特色，其全省信徒間結合的程度較之勝安宮系統來得還要緊密。

以上這三者，鸞堂，或者說儒宗神教，是扶鸞技術在台灣因種種歷史因緣，並結合了地域性民間信仰以後，而形成的獨特宗教傳統；一貫道，是以民間獨立教派的型態在結合了扶鸞技術以後更增加了其傳播速度的產物；慈惠堂與勝安宮系統，則是地域性民間信

42 該日期有所爭論(彭榮邦 2000: 62；瞿海源 1992: 966)，更詳細的關於慈惠堂成立的始末參考彭榮邦(2000: 62-68)，王見川根據資料指出，慈惠堂源頭是乩童問事團體勝化堂(王見川、李世偉 2000: 262)。

43 參考王見川對慈惠堂經典由來的介紹(王見川、李世偉 2000: 261-263)。

仰在加入了扶鸞技術，並受到民間獨立教派教義與組織形式的影響以後，逐漸帶有民間獨立教派特色的新興信仰。除此之外，1945至1987年間還有許多當時在台灣傳布的民間教派也都曾引用扶鸞著書來爲宗教說法，像是世界弘化院、同善堂、軒轅教、天德教、天帝教等等，可見扶鸞在該時期促進宗教建立與發展上的重要性。

到此爲止，我們已論述了1945至1987年間幾個民間教派在台灣的蓬勃發展。不過就新組織型態的出現這一方面言之，在戒嚴體制之下，即使政府宣稱宗教自由，但政黨實自居正統意識型態的代表者，宗教對國家只能採取支持與配合態度，具有集會結社意涵的民間教團活動尤其受到限制，因此在組織型態的演變上，在解嚴以前，新的宗教型態事實上很難出現，它要到解嚴前夕才開始有突破性的進展。但是在此同時我們卻也注意到，混融在世俗體制或是各個既有合法宗教團體中的各種宗教元素，不論是來自本地或是外地，在民間新興教團的成立受到法令限制以前，彼此卻仍然不斷交互衝撞與交流著，使得台灣民間的宗教文化愈益豐富，進而成爲解嚴以後各種新興宗教創立時的一個重要文化基礎。

第四層，多元體制中「在家人與出家人地位並重的正統教團」和「克理斯瑪教團」的浮現

「重層化」過程中的第四層不再是一個外來政權的覆蓋，而是威權統治結構的轉型和變遷所導致的國家與社會關係的改變。起先是統治菁英階層由外省籍人士爲主，過渡到以本省菁英爲主體，接著是一個在法律制度層面有著多元民主體制政體的形成。這一層「重層化」的最終結果，將不再是新中央權威的建立與原有中央與邊陲關係的混亂，而是一個完全依功能來分化，各功能系統有其獨立運作邏輯的無中心社會(例如參考Luhmann 1982)的出現。

戒嚴時代，台灣社會是一個既非完全一元也非多元，既非集權也非民主的，籠罩在威權統治下的「有限多元」的社會。不少政治學者曾引用「統合主義[44]」(corporatism)這樣的概念來描述台灣威權統治的實質內涵(丁仁方 1999；Tien[田弘茂] 1989: 44-45；Unger & Chan 1995；Zeigler 1988)，這是一種以強制手段來整合社會部門的統治模式，在實際運作上，它會抑制自主性及自發性的社會利益結合而設定若干民間團體，由權威當局認可的代言人，透過設定的程序和管道，跟黨政機關的相關部門打交道。民間團體之間缺乏橫向的聯繫，而由黨政機關以縱向串連方式，來整合各類社會利益及力量(徐振國 1990: 13)。戒嚴時代主要控制民間社團的規範，來自於1942年所制訂的〈非常時期人民團體組織法〉(瞿海源 1999: 10)。

不過台灣長達40年左右的威權統治，也有內在的轉折與變化，大致在其後期，內部已出現控制上的縫隙，而後此縫隙逐漸變大。1968年以後，由於各種選舉的逐漸開放，基於政治動員需要使國民黨必須充實基層，也使得國民黨的統治模式有所改變，民間社團有了更大議價空間(丁仁方 1999: 57-65)。

1987年解除戒嚴，1989年公告的〈人民團體法〉第一章「通則」第七條：「人民團體在同一組織區域內，除法律另有限制外，得組織兩個以上同級同類之團體。但其名稱不得相同。」(引自葉

---

44 政治學者Schmitter 對於統合主義(或者譯爲整合主義)(corporatism)的定義爲：「統合主義可界定爲一種利益代表系統，在此系統中，所有組成分子組成有限數目、單一、強制性、非競爭性、層級性及功能分化的團體，並由國家機器所認可及核准，且授予代表性的獨占，用以交換對它們的領導人之選擇及需求、支持之表達的控制。」(1974: 93，轉引自吳文程 1995: 146)。

永文 2000a: 235)於是除了解嚴以前就已公開存在的12個合法宗教以外，各教團從此紛紛以人民團體的名義來登記，正式開始了宗教組織多元化發展的趨勢。

不過威權體制的轉變不只是牽涉到新興教團的出現而已，由於過去威權體制對於民間部門的控制，不單純只是強制性的，它還經常透過所謂的「恩寵依侍關係」(patron-client relationship)，也就是在社會上經濟地位不平等的人之間所形成的一種不平等或服務的交換關係(Powell 1970: 411-425: 147)，來達成對各民間社團的滲透與控制。一旦這種控制關係逐漸減弱，各民間團體內部權力結構的變化也是巨大的。簡言之，威權體制的消除對於民間宗教生態的立即影響至少有三個方面：1.宗教團體的數量激增，包括了一些原本已長期存在卻沒有合法地位的教團獲致了法律上的正當性，以及另外一些新興教團的出現，某種法律地位上的平等，也進一步使不同宗教團體間的互動模式有所轉變；2.由於不再有黨國機器的介入與滲透，宗教團體內部的權力結構也將大幅轉變；3.由於統治結構的改變，國家與社會之間的關係有所改變，逐漸由「統合主義體系」(corporative system)轉變爲「多元主義體系」(pluralist system)(吳文程 1995: 148)，做爲社會中的一個部門的宗教，將不再與政治相互隔絕，也不再只是被動的受其控制，而將出現一種與政治相互動員與相互影響，卻又各自具有主體性的一種交互關係(參考葉永文 2000a: 235-239)。

解嚴以後，宗教文化發展的新情勢相當複雜，我們以下將只討論其中兩個最主要的發展：佛教的當代復興和「由克理斯瑪領導型態領導者所領導的獨立教團」的出現與蓬勃發展。

1945年戰後大批中國大陸佛教界人士開始來台，這後來竟取代了台灣原有佛教與齋教各宗派的地位，本地與外來勢力間有著急遽消長。1960年以前，屬於大陸佛教在台灣的一個重建時期，中國佛教會開始掌握了台灣佛教領導權，但佛教當時整體的增長仍相當緩慢(姚麗香 1984: 130)，在1980年以前，台灣佛寺的增長率亦低(姚麗香1984: 124)。不過大概在1980年代前後，佛教在台灣開始大幅增長，它的力量主要來自中國佛教會未能完全控制的一些屬於佛教界較外圍的僧尼以及在家居士們，其蓬勃發展的朝氣至今仍延續著。

如前所述，在社會變遷過程中，生產剩餘、人口流動、都市化與工業化的發生以及全島交通網的建立等等，這些因素有可能給地域性民間信仰帶來相當大的衝擊，但相對而言，它們卻反而有助於佛教團體的發展。而日本政體的「重層化」統治，更是破除了清政體中原所存在的幾種不利於佛教發展的因素，包括了出家限令的解除、僧侶社會地位不再爲儒家社會價值所壓迫等等。而日本僧侶所帶來的宗教師的新形象與現代化思維，亦給台灣佛教界帶來不少刺激。總之，在台灣，日據時期，已具備了諸種有利於佛教發展的文化與社會基礎，這個基礎在二次大戰期間雖受到相當的減損，但隨著戰後台灣經濟發展的復甦，它是可以很快的再恢復過來的。

1945年時，除民間佛道不分的民間信仰以外，如前所述，台灣佛教的主要組成爲幾個重要的佛教法派以及齋教三派，當時並有全島性的宗教組織南瀛佛教會的成立，1946年它改名爲中國台灣省佛教分會(中村元等著[余萬居譯] 1984: 1062)。戰後，大批中國佛教人士來台[45]，基本上又可以分爲原在大陸時期即已形成的屬於保守派的圓瑛派和改革派的太虛派。

45 江浙系統的有白聖、南亭等人，海外來台者有印順、道安等人，居士則有李子寬、張清揚、李炳南、周宣德等人。

起先大陸來台的僧侶類似於戶籍不明的流動人口，被謠傳有匪諜之嫌，多人曾被逮捕，大陸僧侶爲求自保乃在1952年在台恢復了中國佛教會，使僧籍有所登載(陳兵、鄧子美 2000: 59-63)。同年中佛會干預了台南大仙寺的傳戒活動，爾後中佛會每年舉行一次傳戒法會，其它寺院則不准舉辦，從而也控制了台灣的佛教界(江燦騰 1997: 71-72)。

中佛會的壟斷台灣佛教界，是國民黨在台灣「統合主義」統治結構中的一部分(Laliberte 1999: 49-51)。就大陸僧侶來說，做爲完全沒有地域基礎的外來者，經濟與社會基礎皆不穩固，願意和國民黨配合；就國民黨來說，則中佛會可爲統治集團的需要服務，一方面可做爲反共意識型態的代言人(Laliberte 1999: 50-51)，一方面並可成爲當局內政與外交的輔助力量(江燦騰 1996: 290)。而爲了確保中佛會在政治立場上與當局保持高度一致，國民黨積極介入其理監事選舉，直接加以影響(唐蕙敏 1999: 92)，中佛會也逐漸爲以白聖爲首的保守派所主導。

在中佛會方面，鑲嵌在「統合主義」統治結構中，具有幾項優勢：第一、中佛會成爲了唯一被允許存在的全國性佛教組織，並且強制規定，出家人必須加入中佛會(葉永文 2000b: 215)；第二、傳戒壟斷以後，出家人必須透過它才可以得到僧侶的執照，每次傳戒活動也爲中佛會帶來了大量香火錢(唐蕙敏 1999: 93)；第三、中佛會的選舉在當局默許下，依照全國各省名額分配，從而迫使台灣省佛教菁英退出權力核心(葉永文 2000b: 216)。

然而當時爲什麼台灣本土的佛教界，包括日據時期興隆的重要佛教法派和齋教，未能形成足夠的力量在1949年以後發揮其影響力呢？這一類的問題不少學者曾加以論辯，本章在此不擬做系統性處理，不過倒是要特別點出當時幾個重要的內在與外在因素的影響，就外在因素：1.在國民黨白色恐怖壓制下，本省佛教菁英難於對抗[46]，只有在附屬於中佛會的情況下才能避免危險(Laliberte 1999: 49-51)；2.日本戰敗後留下的寺產多爲國民黨或軍方接收，台籍僧侶不得不請外省僧侶來任住持，可以暫時保留其做爲佛教寺院的用途(江燦騰 1996: 274)，大陸僧侶順理成章的接受了不少台灣寺院。就內在因素：台灣佛教界當時適逢第一代教派領導人紛紛過世之際，與大陸佛教界的接觸一時之間無名僧可爲憑藉[47]，同樣的齋教本身，也碰到領導人未能有計畫培養人才，而致發展不良的問題[48](江燦騰 1996: 326-329)；而更根本來看，我們可以說是因爲台灣本土的佛教與齋教徒，一方面有著日本化的內涵，一方面也有著對於中國祖國佛教的嚮往，一旦面臨大陸佛教的侵入，於是它始終有著認同上的徬徨，以及步調不能迅速加以調適的困擾。換言之，在「重層化」過程中，它出現了主體性混淆與正當性模糊的尷尬處境。此外，語言轉換的問題，使本土教界菁英失去其優越地位，也是相關的重要因素(江燦騰 1966: 470-471)。而齋教徒過去可以保有在家的形式來管理寺廟，現在卻被強迫要受出家戒(江燦騰 1996: 251)，更是在外來的所謂正統佛教的控制下，被削弱了主體性與獨立性。

中佛會的長期控制台灣佛教界是時代性產物，但其影響也不全

46 譬如說台南開元寺住持高執德即因在1948年接待過大陸共產黨籍高僧巨贊，而在1949年被槍決。

47 譬如台灣當時佛教各法派的領導者：法雲派覺力法師圓寂於1936年，凌雲寺派本圓法師圓寂於1946年，月眉派基隆靈泉寺善慧法師圓寂於1945年，開元寺主持得圓法師圓寂於1946年，竹溪寺主持捷圓法師圓寂於1948年，大岡山超峰寺主持義敏法師圓寂於1947年(參考梁湘潤、黃宏介 1993: 285-293)。

48 日據時期齋教在台主要領導人爲黃玉階(1850-1918)，過世以後，其弟黃監自1918年起繼任爲齋教先天道頭領(直至1958年)，但未能有計畫培植人才，影響該教發展甚巨(江燦騰 1996: 326-329)。

然是負面[49]。就正面來說，它使得相對於台灣其它宗教社團，戒嚴時期佛教還有著較爲幸運的處境(唐蕙敏 1999: 92)，同時統一的傳戒制度與中國式佛教儀軌，對日後出家人的自我認同，以及信徒對出家僧侶的認同而言，皆有提昇作用(江燦騰 1966: 473)。然而這種非自發性的控制，只能維持一種表面形式的統一，佛教界本身的主體性與內在活力並沒有因而增加。

不過和國民黨的控制農會、工會與產業界相比，其對宗教團體的內部控制，相對而言還是較鬆的(Laliberte 1999: 51)。1970年代以後，中佛會內部出現嚴重分裂，而日益喪失其功能(謝英玉 1992: 38)，不僅一些教團開始自行運作，許多居士團體也開始各自獨立發展，而幾乎不爲中佛會所管轄。1969年，與中佛會有相抗庭意味的中華佛教居士會成立，1974年星雲和印順退出了中佛會，還有李炳南1950年代以後在中部自成一格的居士團體蓮社，自始並不受中佛會管轄(謝英玉 1992: 39, 64-68)，一個多元化的局面已在醞釀之中。而1987年解嚴徹底解除了中佛會的壟斷，同級佛教團體紛紛成立，各教團也開始可自行傳戒(葉永文 2000a: 235-238)，中佛會的統一領導權已無實質意義，佛教界成爲多元發展局面。

這個多元化的局面，正是我們在解嚴前後，所開始看到的各個新興佛教教團的出現。最顯著的是1980年代末期開始大放異彩的星雲的佛光山和證嚴的慈濟功德會，這兩個原本屬佛教界邊陲地帶的教團一躍而成爲全國數一數二的宗教團體，而緊接著聖嚴的法鼓山和唯覺的中台禪寺，皆以講禪和修禪活動爲主而崛起於北台灣(江燦騰 1997: 8-47)。佛教成爲全台第一大教，而各種新興佛教力量基本上和中佛會都沒有直接關連。

49 對中佛會較爲負面的評價參考楊惠南(1991: 1-44)。

佛教在當代台灣的盛行，受到各種社會與政治因素的影響，也有佛教內部自清末以來長期發展的一個軌跡可循，此處我們不擬多論[50]。不過我們在此特別要提出來的是，當代台灣最具有實力的幾個佛教教團，在其組織型態背後所具有的幾點共同性質：

第一、佛教的權威與合法性建築在依中國佛教傳戒制度所產生的領導人身上。如同江燦騰所述：「中國佛教會藉傳戒活動，排除了日據時代已在台灣出現的僧侶娶妻食肉的新風氣。也就是說，出家人除了落髮以外，要吃全素，而且不能結婚。此一措施的影響極

50 如前所述，日據時期，台灣已具備了諸種有利於佛教發展的文化與社會基礎，這個基礎在二次人戰期間雖受到相當減損，但隨著戰後台灣經濟發展的復甦，它很快的又恢復了過來。而更具體言之，還有一些新的因素需要加以考慮，一般常爲學者所提到的有：就內在發展邏輯而言：1.清末以來佛教界面臨時代巨變，而必須有振興改革的努力，其中又以太虛法師和歐陽竟無居士爲代表的對中國傳統佛教的反省和批判最爲重要，在此時代背景中而後有印順法師著述闡揚人間佛教思想，爲佛教的現代轉向奠下了理論基礎，而後台灣佛教的社會實踐與事功，在相當程度上都與此有關；2.佛教界自1950年代開始，相對而言處於一個較安定的發展環境，可長期推動文化教育工作(影印經書、辦雜誌、辦佛學院、推動大專院校佛學社團)，有利於佛教主體性的建立與傳播，尤其是有更多社會菁英階層被引導進入佛教的信仰核心。就社會發展因素而論：1.佛教的興起和台灣的經濟奇蹟有關，台灣的經濟起飛帶動了本土力量的勃興，佛教界亦在此中找到了發展的空間；2.經濟發展帶動的都市化與工業化，也有利於非地域性的宗教佛教的發展。在政治因素方面：在1965年美援終止與1971年台灣退出聯合國後，美對其在台教會的補助亦漸終止，外國教會的發展勢力衰退，相對的有利於本土性制度性宗教的吸收信徒(例如參考王雷泉 1999；江燦騰 1997：1-47)。當然，個別來說，不同佛教教團都有其特殊的促成其興盛與繁榮的原因，並不能同一而論，像是星雲的可以突破語言隔閡(藉助有力翻譯)而走出都市(江燦騰 1997: 21-22)並具備靈活的傳播與經營手腕，證嚴的在東台灣從事社會濟助事業成爲打動人心的社會議題(江燦騰 1997: 28-33)，聖嚴與唯覺的以都會區爲發展腹地，藉禪學來滿足現代都市人的需要(江燦騰 1997: 11)等等，都是不可忽略的促成當代台灣佛教興盛的重要因素。

爲深遠，受戒行爲成了塑造僧侶出家神聖的圖騰，並長期主導了一般佛教徒的認知模式和崇拜心理的深層結構。」(江燦騰 1977: 225) 由於受到儒家禮教思想和習俗的支配，再加上中佛會傳戒制度的深遠影響，一個能夠爲人所普遍接受的高僧大德，是必須要遵守嚴格的中國式佛教戒律的[51]。這一點是大陸傳統在台灣的移植與延續。

第二、子孫道場的內在特質。原始佛教的僧團是無政府的、民主平等的、法制的、十方的，到中國禪宗叢林，成立相對的領導體系，並樹立方丈之權威性，但也仍然是十方的(主要指寺院決定住持人選時，是公開推選的，而非師徒指定繼承；同時十方道場的住持若收了徒弟，師徒通常也不准住在同一個道場)。後來叢林又分爲兩種，一是十方叢林，是公有制；一是小廟，是私有制，也就是通常所稱的子孫廟，一廟由某位法師加以經營，而後由其全權支配，成爲師徒私相授受的道場。台灣早期佛教發展與福建鼓山湧泉寺關係密切，該寺屬十方叢林(江燦騰 2001: 523)，台灣早期重要佛教道場開元寺亦爲十方叢林(江燦騰 2001: 523)，但後來台灣佛教道場型態，逐漸以子孫道場爲主(梁湘潤、黃宏介 1993: 191)，日據時期日本佛教所帶來的宗派主義更加深了這個趨勢，至今此種型態仍是台灣佛教道場的主流。台灣當今的主要佛教道場都是以各自體系中的徒眾爲核心來加以發展的，也由此而產生特殊風格。它雖然有著封閉性，但亦有便於管理、凝聚力強、易於成就事業的機動性，惟長期發展時，易發生種種組織轉型與永續經營方面的問題。

第三、在家信徒的地位大增且多自有獨立性運作的組織存在。

---

51 不過這種情況目前也面臨著很大的挑戰，江燦騰曾提到了兩點：1.來自西藏密教的挑戰；2.台灣節育政策造成了男性出家意願降低，佛教界對戒律問題有必要加以調整(江燦騰 1997: 225-228)。

居士在整個教團中的地位大爲增加，且不再是以鬆散無組織的外圍信徒的角色來存在，而是具有實質作用，且並不依附於出家僧團的獨立系統。出家僧侶與在家居士之間的角色關係有所重組，僧主俗從的方式已有改變，功能性的分工代替了階層性的從屬，譬如說慈濟的委員聯誼會、佛光山的國際佛光會、法鼓山的護法總會等等都是由居士所組成，且在其教團中是具有決定性影響力的現代佛教事業的推動者。

綜合以上幾點特質，基本上，我把解嚴後在台灣盛行的幾個大型佛教道場，在分析上把其歸類爲是一種「在家人與出家人地位並重的正統教團」的宗教型態：一方面它在出家人高於在家人的階層性組合上有所調整，使其已不同於「以出家人爲重的正統教團」；但一方面因其與傳統宗教仍保持了清楚的傳承關係，使它也不完全同於在結構上不需要出家人的獨立性在家修行團體。而做爲有著子孫道場內在特質的組織體，內在凝聚力大且較易快速成就事業，對於在家人的地位有間接促進的作用。

這一類宗教型態的基本結構是：以一具有正統傳承與正當性的出家人來領導，底下有著出家人地位略高，或是幾乎與在家人地位相同的並行結構。出家人與在家人之間的區別，主要在於功能分工上的不同，而非階層性的高低。出家眾以講經說法爲其專業，在家眾則實際執行多種教育、文化與慈善事業，至於儀式的執行或各個分支部門的領導，有時甚至可以因實際需要而委由在家眾來帶領。

而在家信徒之間，不再是散漫無組織的群眾，其有起碼之整合與組織，有時還有著資格上的限制和服裝上的特殊標示(見照片3-6)。

在數量上，教團中在家眾的數目大爲增加，在教育程度與佛學知識上，其普遍亦有較高之水平。和傳統佛教比起來，在家眾不僅

照片3-6　慈濟功德會爲當代在台灣興起的「在家人與出家人地位並重的正統教團」，在其中，在家信徒不再是散漫無組織的群眾，而有著資格上的限制和服裝上的特殊標示(攝於1995年5月，照片中之人物爲慈濟委員)。

在整個教團中所扮演的角色益形重要，其地位亦有所提升，而其亦因如此將形成較高的身分認同。但是這種在家眾身分認同的提高，並不會也不必形成對於出家眾地位的直接挑戰和批判。

不過另一方面來說，在這種較爲平等相對的結構中，出家眾與在家眾之間已沒有一種嚴謹不可逾越之界線，在家眾可執行大部分之儀式，甚至也可做短期出家之嘗試。出家眾與在家眾之間不再只是一種受供養與功德求取者的關係，在家眾已由修行的旁觀者變爲當事者。但是我們也注意到，因爲有專業的修行者——也就是出家眾——做爲修行階序上的一個優先要被要求的階層，在此緩衝下，對於在家眾參與程度和資格上的要求基本上還是可嚴可鬆有著較大的彈性。

隨著教團中在家人角色與地位的改變，傳統佛教中神聖與世俗對立的基本二元結構受到顛覆，出家人的修行取向也必然會因此而產生種種轉變。由於在家人已不只是功德的求取者而是修行的當事者，他們的參與世俗活動，於是將成爲具有積極宗教意義的以俗世活動來自我淬煉和以宗教來影響世俗的一個必要的環節；相對於此，在有著強大在家眾爲基礎的宗教團體裡，出家眾爲了保持其優越性，或是至少能與在家眾獲得一種對等與平衡的關係，他們往往必須採取自立更生的生活型態，或者是一種能在世俗功業上有所成就的行動取向，進一步的，其所宣揚的義理基礎，也必須能就聖俗之間的內在緊張性，做出某種調和性的說明。

過去中國歷史上雖不乏有優秀在家居士的出現，尤其明清以來以知識分子爲主體的「居士佛教」已發展得極爲可觀(江燦騰 1997: 165)，不過做爲一種能在組織結構上表現出在家人與出家人地位並行的獨特宗教型態，則是相當晚近的發展，它背後也需種種歷史與社會條件的配合與促成。

台灣當代佛教團體中在家人地位的提升，有其特殊的歷史背景。做爲沒有經濟外援與土地資源的宗教團體——大陸佛教，其來台後的發展一方面必須仰賴有經濟實力的在家眾來加以護持，一方面也必須創辦各種相關文教事業同時兼具弘法與經濟資源擴充的功能(謝英玉 1992: 39)，而這又是必須借重在家人的世俗經營能力才可能成功的，這些因素使得戰後在家眾在台灣各個佛教教團中，扮演著不可或缺的角色，其地位自然相形升高。

就廣泛的外在社會變化來說，民眾教育程度的提升、社會的多元分化與自由流動等等皆會影響到在家人在教團內部的地位。第一、由於社會大眾教育水平的普遍提昇，大量有相當知識水平的在家眾乃得而出現；第二、一個愈是多元分化的社會，各行各業與宗教的神聖領域間可以是一個多元並行的結構，不論從事各行各業(不像過去僅有儒生士子有著較高的社會地位，因此通常僅有少數儒生士子可以來形成居士的傳統)，其在家人的社會地位都並不遜於出家人；更何況第三、在一個開放流動的社會中，出家不再是一個封閉社會中貧賤者少數可以從事向上流動的社會管道，這種種社會外界的變化，乃使得出家人與在家人間逐漸形成一種地位上的消長，在家人也不再只是功德的求取者而成為修行的當事者。

而更根本來看，隨著主流性社會體制與佛教在社會結構中位置的改變[52]，在家人在教團中的地位也跟著產生變化。在清朝以前，佛教是被區隔在主流社會體制——也就是「宗法帝國體制」之外，而與其盡量互不侵犯的一個神聖領域(參考劉小楓 1996: 441)。但隨著社會現代化的發展，社會的主流體制已逐漸是一個引進於西方的純以工具理性做為內部運作邏輯的現代化世俗體制(Weber 1947)，在表面上看來，這種體制只是一種不帶價值色彩的程序性的體制，不過事實上，每一個宗教團體為了要在這樣一個工具理性化的世界裡生存，具體來說，也就是要和其它宗教團體以及其它世俗性團體做必須性的競爭，它就必須在某種程度上適應於這種工具理性化的運作邏輯，那也就是以效率來衡量一切的邏輯，這主要包括著採用規劃良好的宣傳管道、合乎效率的管理與分工、教義走向系統化、有效的傳教、良好的維繫信徒的方法等等(Wilson 1992: 211-217)。而這種種在過去所不必須，而現在為了適應主流社會體制而需要採取的必要性調適，無一不是要借重平日在主流體制中活躍的在家人才可能來加以實踐，在家人在整個教團中於是愈來愈扮演了一個不

52 對於當前台灣社會中主流性社會體制與宗教制度在社會結構中位置改變的相關討論，可參考本書第二章中的相關討論。

可或缺性的角色。

當然，就佛教界本身來說，也需要在自身義理基礎上有所調整與改變，才更能與這種新的「在家人與出家人地位並行」的宗教型態相容。這一方面由民初以來歐陽竟無居士對傳統僧主俗從方式所提出的反省與批判拉開序幕；太虛提出的人生佛教，則力圖建立起融入世出世法爲一體的新佛學體系，並揭櫫教理、教制、教產三大革命；直至印順的人間佛教，以人爲中心對佛教思想進行了重新再認識的工作，僧主俗從的事實更受到了嚴厲批判[53]（王雷泉 1997）。這種思想史中的內在發展理路，也爲「在家人與出家人地位並重的正統教團」的宗教型態提供了義理上的基礎（也參考第四章中對於「人間佛教」議題的相關討論）。

接下來，我們要談的是牽涉極爲複雜的，台灣在解嚴前後才開始大量興起的各種新創立的教團。由於法令限制的消除，許多原本隱蔽的宗教活動開始公開化，而新的宗教團體更是紛紛成立，以人民團體的方式取得合法地位[54]，在教義與組織形式上皆獲得了一種

53 印順認爲過去的僧主俗從這個事實，導致了「佛教爲出家人的佛教，學佛等於出家」的誤會，其結果就是佛教與社會脫節。佛教愈是衰落，越與社會脫節，誤會也就越深。因此他呼籲：「復興中國佛教，說起來千頭萬緒，然我們始終以爲：應著重於青年的佛教、知識界的佛教、在家的佛教。今後的中國佛教，如果老是局限於衰老的、知識水準不足的、出家的（不是說這些人不要學佛，是說不能著重在這些人），那麼佛教的光明前途，將永遠不會到來。在這三點中，在家的佛教更爲重要。」（印順 1991: 81）印順指出，所謂在家佛教，包含兩個內容：一是佛化的家庭，二是由在家佛弟子來主持弘揚的居士道場，即優婆菩薩僧團。他勸出家眾不要反對，也不要擔心在家菩薩僧的發展，「如出家眾自身健全，深入佛法而適應眾生，那一定會與在家佛教攜手並進……」（印順 1991: 90）（轉引自王雷泉 1997）。

54 台灣當代的新興宗教團體目前至少有200個以上（根據張新鷹 1999: 382）。

解放，展現著多樣性與無比活力。不過台灣當代新興宗教現象是一個正在發展中的議題，而現有相關有系統的論述仍十分缺乏，這使我們幾乎還不可能在現階段對於當代台灣新興宗教現象提出比較令人滿意的分析。不過爲了討論上的必要，在此我還是嘗試先提出一些暫時性的論述。

就台灣社會情境中幾項特別有利於新興教團發展的因素而言，概略的說，一體化社會結構的瓦解與多元主體性的出現是一體之兩面，隨著傳統定於一尊的社會秩序的瓦解，不同宗教團體接著也就可能來建構自身的主體性與正當性。更具體而論：第一、地域性連結的脫離：隨著工業化與都市化的高度發展，人們和地域性的連結逐漸脫離，各種非傳統性的宗教活動，更有機會來吸引到已脫離了傳統宗教活動的人前來參加；第二、科技：科技的快速發展，不斷瓦解著傳統導向的生活方式，傳統宗教社會調適的速度若不能跟上新興教團，有可能面臨被淘汰的命運；第三、教育：當整體社會教育水平大爲提高，個人對於宗教選擇產生了自覺性的問題，人們不再純粹依循傳統來做宗教選擇。新興宗教與傳統宗教，因此被放到同樣一個水平上，成爲現代人私人生活領域(見後)中，多種可能加以選擇的活動中的一種；第四、法令改變所帶動的宗教地位的平等：法令限制的解除，使得傳統宗教與新興宗教的法律地位，被拉到了一個平等的地位，雖然由於人們的慣性，傳統宗教仍然占有著優勢，但是在多元並存的情境中，其所謂的「可信性」(plausibility, Berger 1967: 127-153)受到了極大衝擊，於是許多原來信仰傳統宗教的信徒有可能被釋放出來，重新去尋找新的宗教。這一點給新興宗教團體帶來了較佳的發展機會；第五、工具理性化手段的運用：面臨著近代台灣第二次宗教傳播技術的革命(第一次是扶鸞技術的使用，前已述)，也就是現代多媒體的運用(參考Roof 1999: 67-

72)，新興宗教比傳統宗教有著更佳的條件，來對此加以運用(見後述)，這一點使得相對於傳統宗教而言，新興宗教在傳教上的舉動能夠更爲靈活。

考慮台灣當代新興宗教出現的時機，也有幾個重要因素影響了它的發展模式：

第一、晚出的：在不斷「重層化」的歷史與文化過程中，這些新興宗教團體在時間序列上最爲晚出，既有宗教文化中的各種元素，已處於一個相對而言發展較爲完備和成熟的階段，使得當代台灣新興宗教能夠廣泛的吸取到各種既有的宗教元素。這使得當代台灣的新興宗教團體在教義與形式上極爲龐雜，並具有極高的混融性，不過當然這並不表示各種新興宗教團體的組織形式與教義背後，沒有其歷史與宗教的脈絡可尋。

第二、可吸收元素的增加：當代也是一個交通與傳播皆發達的時刻，又加上全球化過程中，東西文化的交流正方興未艾，吸取與學習新宗教元素的可能性大增。

第三、形式束縛的解除：隨著法令限制的解除，宗教團體可以以各種公開或不公開活動的方式來存在，在組織發展的形式上，有一個更寬廣的空間；以及下面三點和現代性的議題[55]關係特別密切的：

第四、多元主體性浮現的社會框架：當代台灣新興教團的出現正値一個社會走向多元化的階段，原則上各宗教的法律地位平等，且宗教與其它社會範疇間應相互尊重其主體性的基本社會框架逐漸浮現。教團開始有著更爲自由與不受約束的主體性建構的空間，但

55 這使得任何對於當代台灣新興宗教的討論，無可避免的與當代歐美與日本等現代化社會中的新興宗教議題有了高度的相關性。

同樣的，展現其主體性與特色也是其在發展上所必須要有的發展策略，這一點與前述第一點新興教團教義與組織有高度混融形式這個命題之間並不矛盾，而是反映了當代新興教團的主體性，是建築在一種更爲動態與流動性的樣貌之上。

第五、工具理性化手段的使用為社會主導性趨勢：當代台灣新興教團的出現正值理性化社會進程爲社會主導力量的階段，要在這樣一個社會中與其它團體做競爭，就必須採取有效的理性化管理與經營的手段，這最主要包括了現代傳播媒體與組織工具的運用，而由於沒有特定傳統形式的要求和組織既有權力結構的束縛，比起其它既有宗教團體，新興教團在這一方面的運用常是特別靈活。

第六、社會生活公／私領域特質的改變：台灣當代新興教團出現的時機，正値現代性的引入，台灣社會開始改變人們公／私領域的特質與宗教皈依模式的時刻(見第二章)。相應於這種變遷，具有新創發形式與教義的新興教團，在其教義與組織形式中將會更快的反映出這種變化。雖然如前所述，台灣社會領域「私人化」的社會過程，並不同於西方，也就是傳統社會中的「制度性宗教」，在社會變遷過程中，並未如同其在西方社會裡一般，曾遭受了嚴厲的被推擠的過程(見第二章)。換句話說，台灣並未眞正產生西方式的「私人化的宗教[56]」(見第六章)。不過現代社會中公私領域二元對

56 簡言之，現代社會生活主要是依「以工具理性爲運作邏輯的公領域／個人可以自由支配的私領域」，這樣的二元結構來加以運作的(Luckmann 1967)。在這種結構中，一方面在私領域裡個人(或是再加上與其最親密的小家庭成員們)有著脫離於社會性範疇的完全的自由支配權；一方面私人生活領域裡的活動(像是家庭與宗教)卻也因被推擠到公眾生活以外，而不再帶有任何結構性或制度性的影響力。個人在私領域中所握有的這種自由，正是一種狹隘、私人性、隔絕性、無傳統性與無社會性的，它可能完全被消費主義的世俗傾向所充滿，不過也可能在此中採取一種與

立的生活結構，還是開始被覆蓋在了台灣人生活場域之上。於是配合著前述所提政教分離與多元主體性社會框架的浮現，所導致的一種「宗教信仰個體性」的發展(換言之，宗教的壟斷不再可能，個人可以自由選擇宗教，宗教成爲主要圍繞在個人層面的信仰與活動模式)(參考第一章與第六章)，公私領域二元分化的社會結構，將會更深一層的來強化了「宗教信仰個體化」的發展趨勢，或是說它將賦予「宗教信仰個體化」發展趨勢一個社會結構條件上相應的基礎，雖然它仍然不足以使台灣人的宗教型態發展，成爲西方式的「私人化的宗教」。

如前所述，當代台灣的新興宗教團體在教義與形式上極爲龐雜，並具有極高的混融性，尤其在表面上已不必受政治與傳統宗教形式所束縛，其表現形式乃更爲多樣，甚至於各種「擬宗教[57]」(quasi-religion)的宗教類型也紛紛出現。而就整體社會而言，多元化潮流已不可擋，個人主體性逐漸增高，以滿足不同層次民眾心理需求的各種宗教類型也紛紛出籠。嚴格講起來，要討論新興宗教的基本型態幾乎已是不可能，就是有也是相當暫時性和階段性的。不過此處我倒是要舉出一種在台灣新興宗教發展到目前爲止的過程中，相當典型、相當具有活動力和相當具有社會影響力的一種宗教型態來做討論，雖然如此稱呼並不十分適當，不過我們暫時把其稱

(續)

歷史傳統或現實社會政經皆無涉的完全絕對化與神聖化的相當個人性的追求。這種私領域裡的活動是相當個人性的，也就是以個人的情意與感受爲中心的，其所受到的傳統包袱也相對減小(雖然傳統性的事物在與其它事物競爭其對於個人私領域的吸引力時往往還是占有許多優勢)。

57 有些是有著宗教形式但內容已不全是宗教，有些則是沒有宗教形式但內容則仍充滿著宗教意涵。此處我們雖未就宗教作一清楚界定，不過以上的說明，已可幫助我們理解到現代社會中「擬宗教」這一個概念所可能具有的基本指涉。

之爲「由克理斯瑪型領導型態領導者所領導的獨立教團」(以下簡稱「克理斯瑪教團」)。其中一些經常爲媒體所報導的具有代表性的實例有：清海領導的「清海無上師世界會」，盧勝彥領導的「眞佛宗」，妙天領導的「印心禪學會」，宋七力領導的「中國宋七力顯相協會」等等(參考照片3-7、3-8、3-9)。

「克理斯瑪型領導型態」(charismatic leadership)，一般指的是領導者使被追隨者相信其有著與一般常人不同的特殊能力。也就是領導者的權威，主要來自於其超凡的能力(Weber, 1958a: 245-252)，而一個由這樣的領導者所領導的宗教團體，常能激發出跟隨者格外強烈的宗教投入。雖然因爲「克理斯瑪型領導型態」的概念，源自於西方基督教會，使其帶有一種來自於神明的超越性意涵，並且其通常也帶有著一種做爲神的使者而產生的理念宣揚的行動取向。不過我們若採取較廣義的說法，僅以此來指稱一種超凡特殊的能力，在某種程度上它卻也可以更廣泛的被運用在不同的文化領域中。當然我們也注意到，以當代台灣爲例，一個領導者被人相信其具有某種「克理斯瑪」，這種「克理斯瑪」的背後，實有著它因受到特殊歷史與文化背景影響而產生的獨特內容。以台灣的宗教文化來說，傳統中國的天人感應說、佛教的菩薩觀與神通觀、民間與氣有關的宇宙論、宗法制中的祖師崇拜情結、甚至近代來自基督教的救世主形象、來自印度「古魯」(guru)的精神導師型態和近代科學的磁場與力學觀等等，都會影響到這個社會中「克理斯瑪領導型態」背後所可能具有的實質內涵，所以當我們在借用Weber「克理斯瑪領導型態」這個概念來討論當代台灣的新興宗教時，必須注意到，它已和Weber原來的概念有所出入。

「克理斯瑪型領導者」的出現在歷史上極爲普遍，根據Weber，通常任何新興宗教的出現，本來就一定是要經由「克理斯

照片3-7　清海所領導的「清海無上師世界會」，是當代在台灣興起的「克理斯瑪教團」中頗具代表性的一個，這是一種在形式上可以不拘於文化傳統束縛，並在教義上相信自我現世具有發展上無限可能性的教團型態，它以「克理斯瑪型領導者」的存在爲主要表現形式(攝於2001年5月該會所舉辦的大型活動上)。

瑪型領導者」的革命性舉動，來破除既有的傳統宗教勢力，因此當代台灣多元化社會情境中，因新興宗教的頻繁出現而導致的眾多「克理斯瑪型領導者」的公開活動，似乎也是不足爲奇。不過在此，我們所要特別強調的是，當今台灣普遍盛行的「克理斯瑪教團」，已不只是一種伴隨新興宗教的出現而產生的過渡性宗教團體，而是充分反映當今社會結構與群眾心理的一種重要宗教型態，因此特別值得加以討論。而因爲任何宗教通常都會逐漸走上制度化的過程，於是當「克理斯瑪教團」是一種特別能夠符應於當代台灣

照片3-8 盧勝彥所領導的「眞佛宗」，是當代在台灣興起的「克里斯瑪教團中，頗具代表性的一個，教團中有著突出的教主形象(攝於2001年10月該會所舉辦的大型活動上)。

人心靈需要的宗教型態時，在當代台灣，每一個新興教團的壽命通常也就不會太長，一旦在第一代克理斯瑪領導過世與組織逐漸走上制度化道路之後，其社會吸引力也就逐漸減弱而不再容易獲得社會的共鳴。

放在當今台灣的時空脈絡裡，當我們把「克理斯瑪教團」視作是一種特殊的宗教型態時，其內在結構中至少具有著以下幾項特質：

第一、以一個現世的具有「克理斯瑪型領導型態」的領導者，作為整個教團運作的核心：在台灣文化脈絡中，該類宗教型態領導者的權威，基本上來自於其個人在經過獨特修行經驗後，有某種徵兆(能夠對開悟的境界加以描述、能夠感知他人意識、有特殊治病

照片3-9　盧勝彥所領導的「眞佛宗」，有著典型的「克理斯瑪教團」的型態，教團中已有著依據盧勝彥的形象所雕塑的所謂「蓮花童子」的金身，供信徒膜拜，雖然在藏傳佛教中以上師打造金身供信徒崇拜的例子亦所在多有，但對於台灣本土發展出來的教團而言(即使眞佛宗教團是以密宗的姿態而出現的)，這種把教主鑄成金身來讓信徒崇拜的情況，是一個相當新的發展(攝於2002年11月，地點爲「眞佛宗」在台灣中部地區的道場)。

能力等等)能夠證明他(她)已經獲得了開悟或是終極解脫的境界。該領導者是否曾經過宗教形式上的出家或離世，並不是絕對重要[58]，但通常曾經歷過一般世俗人的生活方式，並曾對此加以棄絕，而進一步從事過相當時間的專心自我鍛鍊與追求終極救贖的過程(這表

58　這表示傳統宗教中某些對於得道者較爲嚴格的形式上的要求，在新興宗教中已有所鬆動。

示了任何世俗人在經過了同樣的過程後也可以在此世達到同樣的開悟境界)。某種來自「既成宗教」(established religion)宗師的傳承，雖然可以增加領導者正當性的基礎，但並非必要。而整個教團教義、儀式與經典等等，雖亦可能由「既成宗教」中加以借用，但主要還是直接來自於領導者個人的設計或是言論。

第二、信衆與領導者中間沒有，或是僅有薄弱的專業宗教階層存在：由於宗教權威完全集中在領導者個人身上，中層的專業宗教階層幾乎不存在，或是只扮演著維護領導者權威的附帶性角色。相對的，在沒有堅強宗教專業階層的情況下，除了領導人以外，所有信眾的地位是平等的並具有相當自主性。我們注意到，雖然在組織型態上，「克理斯瑪教團」中領導者與信眾之間呈現著極大的權力上的不平等，但是一方面因爲專業宗教階層的去除，使一般信眾的權力相對提高；一方面領導者現世可以獲得解脫與開悟的這種修行模式，在理論上化解了領導者與信徒之間不可逾越的權力關係(因爲每個人也可以經由此模式而成爲「克理斯瑪」能力的擁有者)，這些反而使「克理斯瑪教團」在和其它的宗教型態相比時，相對而言還是一種內部有著較高平等性內涵的宗教型態。

第三、教義與儀式的重點在提供一套特殊獨有的宗教知識或技術來助人在此世即獲得終極性的解脫：理論上「克理斯瑪教團」領導者本身曾歷經了必須的修行過程，並展現了在此世獲得解脫的可能性，對於這一套在應用上已顯示其是實質可行的知識或技術的傳授，乃成爲教團領導者所傳授教義的主要核心內容。這些內容可以或可以不與既有宗教傳統有直接的關連性，而關於這套教義的傳授可能是採取公開，但也可能是採取密傳的方式。此處特別要強調的是，在華人宗教文化脈絡(也就是通常是以個人修行爲主要宗教訴求)以及當代社會情境中(也就是「宗教信仰個體化」的發展趨勢

[見第六章]下），「克理斯瑪教團」的訴求是以個人性的救贖為主，而非先知式的以改變現有社會秩序為目的。

第四、信眾對領導者的情感託付與宗教投入是熱烈而完全的：隨著參與過程的階段性發展，信眾對一個教團的投入當然是有深淺之別，不過在當代台灣的「克理斯瑪教團」宗教型態中，信徒對一個教團的投入，有著熱烈而完全的集中在領導者個人身上的基本傾向。具體原因可以分為兩個部分來看，一部分是因為宗教權威的凝聚與集中，一部分則是因為信徒對個人的私領域開始有完全支配權的社會結構條件上的許可。就前者而論：在「克理斯瑪教團」中，宗教權威的基礎完全集中在領導者個人身上，這種來自個人性的權威可以不必遵循任何宗教傳統，使其缺少來自教團外部的有效制衡，而在教團內部也因沒有可以和其相抗衡的宗教專業階層，亦使其缺少內部制衡力量，於是宗教權威的凝聚相當集中而不帶有擴散性(除了與領導者個人有關的事物以外，沒有其它事物可以均霑這些權威)；就後者而論，起源於現代社會生活結構的特質，公眾生活已漸不帶有宗教性，宗教基本上已是屬於私人生活領域的事情，而在公私二元分化的結構中，個人對自己的私領域開始有了完全的支配權，宗教參與已不只是一種習俗性的活動，而是個人對自己私領域握有完全支配權的一種展現，於是個人一旦志願性的做出對於某個「克理斯瑪教團」加以參加的選擇，其自然便產生了熱切完全而沒有保留的投入。前述兩方面的相互結合，自然造成了「克理斯瑪教團」中信眾對領導者的情感託付與宗教投入是相當熱烈而完全的。而在此種宗教型態中，傳統民間宗教中的神人交換關係也已經改變，因為對活著的宗教領導人不像對不會主動言語的神像，信徒基本上是不能對領導者的宗教權威加以任意操控的；而宗教權威與個別信徒間的距離相當大，具有超地域、超性別、超族群的普遍性與超越性色彩，但這又不像西方宗教權威般是完全超越性的，因爲就理論上而言，領導者的開悟境界並非是信眾所達不到的。

「克理斯瑪教團」成爲當代台灣社會中一種典型，並且是深具有社會共鳴的宗教型態，其後有其形成的特殊社會與文化背景，這一方面尚須要深入的實證研究。

筆者在此先嘗試由幾個社會心理的因素著眼，對此問題提出一些分析性的說明：

首先，就消極面看來，「克理斯瑪教團」的一個流行，反映了傳統社會在邁入現代社會中，所產生的傳統斷層與後續的又重新凝聚的過程。也就是由於社會變遷與現代化過程的過於快速，使許多人與既有的宗教傳統，包括既有的經典、儀式和神聖權威等等的脫節，於是給予了新的更沒有傳統包袱、更容易親近與接觸的神聖權威出現的機會，那也就是凝聚在一個「克理斯瑪型領導者」個人身上的神聖權威。在某種意義上，「克理斯瑪型領導者」的活動，正是一個綜合了舊的宗教傳統而以新的面貌重新來出現的，更能爲現代人所直接親近與接觸的神聖權威的彰顯，這種神聖權威表現方式的普及與流行，反映了台灣當代文化裡的神聖領域已經變得相對狹窄，甚至於主要只停駐在一些個別單一的個人身上。

其次，或許也是更重要的是，「克理斯瑪教團」的性質，在實質上滿足了現代人某種特殊的心理需求(反分化的心理與自我意識的擴張)，也符合了現代人所接受的宗教形式(「宗教信仰的個體化」)，於是這使其成爲了在當代台灣普遍流行的一種宗教型態。簡言之，基本上，在分化的社會結構中，「克理斯瑪教團」是一種因多元分化的結構而產生，卻又在個人的私領域裡抗拒分化與自我分割的，既矛盾又弔詭的現代產物，它是在高度分化結構下，新萌發出來的宗教行動類型。也就是在高度分化的社會結構中，產生了脫離了傳統宗教束縛的「個體性」的信仰者(參考第六章)，他們開始更專注於個人救贖與自身主觀的內在體驗，這在某種程度上是個人意識提高以及對世俗社會因高度分化所產生的各種「零細化」(fragmentation)現象(也就是在分化結構中，宇宙與個人人生成爲支離破碎的，欠缺完整性)不滿後所產生的結果。於是在「克理斯瑪教團」這種宗教型態裡，我們可以發現到，參與者一方面雖抗拒儀式、組織與既有傳統的權威，一方面卻又戲劇性的主動而自願的聚集在一個教主的周邊，也就是既追求著絕對而不受限制的自我成長，卻又在某種自我投射過程中，賦予了教主完全而不受限制的權威。

三、就與台灣當代新興宗教現象相關的研究觀點所做的局部性考察

透過對於台灣宗教發展史的社會學建構，本章嘗試探討歷史文化脈絡中，幾種內在運作邏輯有所不同的宗教行動類型，如何一一浮現在台灣的歷史舞台上，並成爲深具社會共鳴與發揮社會影響力的社會活動型態。就社會學意義上的類型來說，前述未做太多討論的以祖先崇拜爲構成主體的家族性祭祀活動，和本章所討論的地域性民間信仰、「以出家人爲重的正統教團」民間獨立教派、「在家人與出家人地位並重的正統教團」和「克理斯瑪教團」，它們正是先後出現在台灣歷史上的六種主要宗教型態，此處可以參考表3-1和表3-2：

表3-1中顯示了這些基本宗教行動類型最主要的性質，表3-2則羅列了各個基本宗教行動類型在台灣歷史發展過程中先後出現的時間與順序，除了家族性祭祀活動這種宗教行動類型本章中未做太多

表3-1　台灣宗教發展史中的所出現過的六種基本宗教行動類型

類　型	主要性質
A 家族性祭祀活動	崇拜者以與自己具有某種血緣關係的祖先亡靈做爲可以祈福禳災的對象而加以崇拜
B 地域性民間信仰	圍繞在公共性神明所形成的地域性信仰，地域內成員爲當然信徒
C 以出家人爲重的正統教團	獨立性的宗教組織，內有一與世俗脫離且宗教地位較高的專業宗教階層存在
D 民間獨立教派	獨立性的宗教組織，不需特定專業宗教階層而由在家人自行訓練成爲專業宗教人員
E 在家人與出家人地位並重的正統教團	獨立性的宗教組織，在家人與專業宗教階層依功能來分工而構成整個教團
F 克理斯瑪教團	獨立性的宗教組織，以一個領導者爲權力核心，其他成員地位相同，內部沒有專業宗教階層存在

討論以外，表中所顯示的訊息多是前面已討論過的。這些基本宗教行動類型在台灣歷史上的逐一浮現，和台灣歷史「重層化」的過程有關，尤其是一種中央與邊陲關係不斷錯置與混亂的歷史情境，這使得宗教型態的發展更爲多元化，而全民教育程度的提升與外在政治情勢的改變，也使宗教團體的權威模式不斷有所變化，甚至於促進了新的宗教型態的出現。而到了今天因爲台灣歷史的變遷過於快速，再加上這種特殊的重層化歷史過程，使得我們在同一個時間空間裡，可以看到以上六種宗教型態同時的存在著，有時還有相互競爭爭取信徒的情況。

由於主要以歷史材料爲主，限於主旨與篇幅，我們無法在此更

表3-2　台灣宗教發展史中所出現的基本宗教行動類型及其相關型態

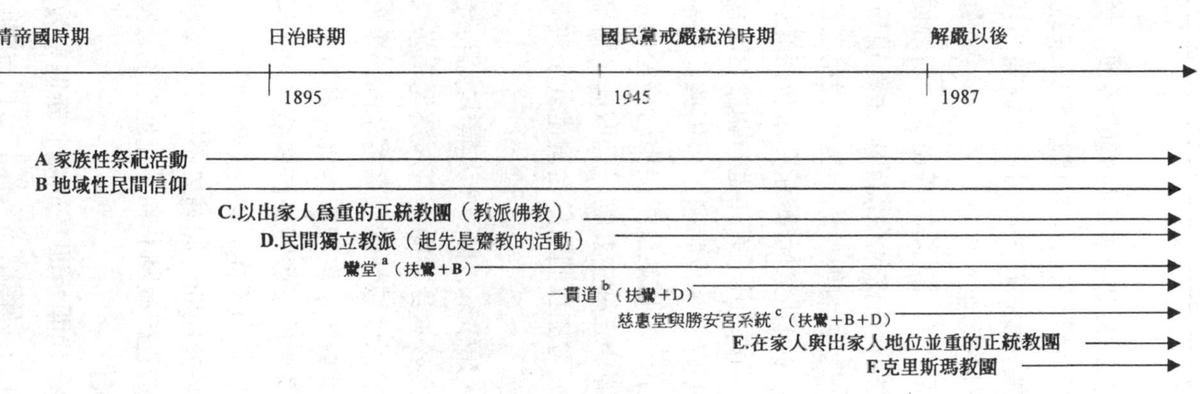

a 鸞堂、一貫道和慈惠堂與勝安宮系統三者屬於混和性的宗教型態，其中鸞堂是扶鸞技術在台灣因種種歷史機緣並結合了地域性民間信仰以後而形成的獨特宗教傳統。

b 一貫道可以說是以民間獨立教派的形式在結合了扶鸞技術以後更增加了其傳播速度的宗教型態。

c 慈惠堂與勝安宮系統基本上是地地域性民間信仰在加入了扶鸞技術，並受到民間教獨立教派教義與組織形式的影響以後，逐漸帶有民間獨立教派特色的宗教型態。

深入來討論台灣宗教發展史中所出現過的各種宗教型態其背後所帶有的深刻意涵，我們也無法在此來處理不同宗教型態間的辯證關係，這些都還有待進一步系統性的分析與討論，我們將把其留到第四章中再來做更仔細的處理。

不過此處，建築在前面討論的基礎上，附帶性的，我們在此倒是希望能就現有幾種對於當代台灣新興宗教現象頗具代表性的看法，進一步的提出一些檢討與反省。雖然在第二章中，依據台灣社會結構變遷的特性，我們已對台灣新興宗教研究的相關文獻提出了某種批判，不過在本章提出了更詳盡的關於台灣宗教發展史的考察之後，在更廣闊的基礎上，我們還可以依據此，對有關研究做更深刻的反省。於是以下，對照本章所提出的類型學，我們將對目前台灣新興宗教研究文獻中三種主要的研究取向，再來做一番討論與反省，以助於啓發性的增加我們對於台灣當代宗教活動性質與特色的了解。

首先，是來自人類學家的看法。人類學家對於台灣漢人的宗教研究，通常目的不在宗教本身，而在嘗試透過宗教來理解漢人社會的基本組織原則。由於以地域性聚落爲觀察的出發點，研究者常帶有一種整體觀或是功能觀，宗教被當作促進社會整合的一個手段，這種觀點在研究小聚落中的宗教時或許還能適用，但一旦搬到都市中來時，在解釋上往往有力不從心之感(參考張珣的討論 1996b: 181, 199)，這對於和地域性民間信仰屬於不同宗教型態的當代「在家人與出家人地位並重的正統教團」和「克理斯瑪教團」而言，尤其容易產生解釋上的問題。

李亦園自1980年代開始即長期關心新興宗教問題，在最近妙天、宋七力事件之後，仍繼續爲文探討當代台灣的新興宗教問題。雖然論述上更爲細膩，但其基本上沒有改變對新興宗教的看法：一種社會脫序所產生的宗教脫軌現象。李亦園(1984)在其對於民國70年代早期以前宗教現象所做的分析裡，對於當時的宗教現象是以兩個趨勢來加以看待：一個是功利主義的趨勢，一個是虔信教派的活躍。他指出儘管社會的變遷是多麼急速，台灣社會中宗教發展的模式仍然是不脫傳統中國文化的影響，這主要指的是：1.我國傳統宗教體系中宗教與道德倫理系統有著相當的分離；2.這種分離在小傳統的社會(民間社會)中更爲嚴重，也就是宗教會更趨於巫術性、形式化、甚至商業化；3.而對以上這一種情況的反動，也就是社會上會產生所謂的道德復振運動或虔信教派的盛行，企圖以經義或儀式的方法恢復傳統道德標準的宗教。在這裡，一批新興宗教基本上代表了一種小傳統的現代發展，一種脫離了道德規範控制的宗教活動；另一批新興宗教則是企圖彌補這種情勢的相對性的產物[59]。

他的這種視某些新興宗教爲脫離儒家文化而產生的文化脫軌現象，至今並沒有太大的改變，在檢討過妙天、宋七力等宗教事件之後他說：

> 在傳統時代，我們的民間宗教則多少服從儒家的那一套管束，用儒家的哲學思想來管束一般宗教信仰的非現實部分的

59 與此論點有相當關係的是李亦園(1983)在另一篇文章裡，嘗試套用Douglas(1966，1973，1978)的「群格理論」(Group-Grid theory)，以新興宗教儀式活動展現的模式，來對民國70年代初期以前的各種新興宗教現象做一個歸類和説明。基本上他以爲：傳統的華人社會是一個傳統親屬群體約束力量大、且個人角色規範明確的社會，但是西方文化東傳以後，在社會急遽變化中(主要是工商業取代農業，使得傳統群體與個人角色關係起了變化，都市化和人口遷移使傳統社會關係也改變)，這兩者的力量卻都減弱了。相應於此，於是社會上產生了可以對應於 Douglas 理論中的幾個不同的異質化的階層，其並分別產生了各自其所特有的宗教上的形式。

> 發展。但是，在現代社會中，儒家的那一套思想已經衰微了，對於道德倫理甚至安身立命終極關懷想法也已經慢慢的變得薄弱，甚至於蕩然無存，也因而無法提供控制與管束的力量。而剩下的一部分，就只有對超自然的信仰，滿足個人物欲願望的部分，卻是逐步的、沒有限制的、沒有控制的、沒有約束的擴大。也因此，我們現在所看到的大部分的民間宗教幾乎都是非常的功利與現實，再加上社會的變遷、經濟的發展，一切皆以賺錢、競爭和商品為標準，這種趨向也助長了民間宗教在現實功利面上的發展。而它的結果，就是像宋七力、妙天、太極門等，甚至名門正派的佛教禪寺都會走上像這樣的一種道路。這實在是非常悲哀的一條道路。(1999: 62)

在這裡，這種看法有其一定程度的正確性，因爲在一個多元社會裡，尤其是在一個不斷「重層化」的歷史過程中，新興宗教的出現本來就和正統中央與邊陲關係混亂後所發生的影響有關。不過這裡牽涉到的更根本的議題，其實是怎麼來看待宗教，尤其是新興宗教的問題。在傳統儒家正統社會裡，除了隱性的宗法性宗教以外，其它獨立性的宗教團體只能居於邊陲性的地位，不僅沒有獨立發展的空間，還必須對於正統宗法社會中的基本觀念做出一定的調整和適應(Yang[楊慶堃]1961: 280)。而今面對著正統宗法宗教的瓦解以及多元社會中所產生的宗教獨立主體的出現，相應的也有新的宗教型態開始浮現，但它事實上決不只是完全脫離於道德意識的商業行爲，而是有其自身獨特運作邏輯的新興教團。以人類學社會整合的角度來看待台灣今日的新興宗教，不僅忽略了台灣宗教型態特殊的演變過程，也忽視了當代台灣新興教團內在基本結構所可能反映出來的時代意義。

對於台灣當代的新興宗教現象，社會學是另一個主要的研究典範，它視大量個人的參與新興宗教團體，爲當代特殊社會文化變遷的結果。而某一波新興宗教風潮既然是同一個時空的產物，它們也就具有著某些共同的特質。社會學家瞿海源在1980年代末期對當時新興宗教現象所做的觀察至今仍經常爲人所引用(例如鄭志明 1996: 274-275)，他曾指出了當時台灣宗教現象蓬勃背後所具有的幾點共同特質：1.全區域、2.悸動性、3.靈驗性、4.傳播性、5.信徒取向、6.入世性、7.再創性與復振性(1989: 234-239)。由於強調同一個時代風潮的影響，他並未在不同宗教傳統間做仔細區別，所有這些特質可以同時在當時一貫道、天帝教、十八王公廟、北港朝天宮、儒宗神教等的宗教活動裡來找到。這是一種非常強的關於「同時性原理」(synchronic theories)(參考Ellwood 1978: 267-284)的預設，也就是不管是新興教團或是傳統民間信仰，在當代社會變遷過程中都產生了共同的特質。可是依據我們前述的論述，事實上就是不管其教義上的差異，某種宗教型態上的區別還是有必要的，即使當代的宗教熱潮廣泛的發生在各種宗教型態當中，不過我們注意到，由於內在教義傳統的延續性和權力結構上的差異，還是會使其在不同特質上的表現有著程度上的差異。像是我們所指陳的「在家人與出家人地位並重的正統教團」與「克理斯瑪教團」，後者便比前者有更多悸動性與靈驗性的特質。而若拿「克理斯瑪教團」與「地方公廟」兩種宗教型態相比，雖然同樣具有某種悸動性與靈驗性，前者中所具有的一種超越性格和後者中所具有的一種神人交換性格，二者在本質上仍是有很大的不同。換言之社會學研究取向過分重視「同時性原理」，常會忽略不同宗教傳統和宗教型態在面對時代變遷時所產生的差異性的反應，這對於更全面的來理解台灣當代的宗教現象而言是有著侷限性的。

瞿海源另一個常被引述的對於新興宗教的相關解釋，是所謂「不確定感」這個因素做爲一個中介變數對於新興宗教所產生的促進作用。奠基於社會學傳統，早期其強調的是社會分化過程所產生的不確定感，尤其是社會流動性大與機會增多，反使得人們生活有更多不確定性，容易選擇有靈驗性、悸動性、信徒取向高的宗教活動來消除不確定感(瞿海源 1989: 239-240)。近期其對不確定感的說明更爲詳盡，解嚴以後台灣社會結構中的不確定性包括了：自由化與市場化促成了政治和經濟極大的不確定性，而科學、傳統宗教、乃至家庭各方面也增加了社會結構性的不確定，這些都進一步產生個人心理的不確定感，而造成新興宗教和星相術數等之流行(瞿海源 1998: 16-17)。瞿海源指出，雖然各種世俗手段也可以消滅不確定感，但它也不是世俗方法可以完全消滅的，因此不確定感和新興宗教或星相術數等之流行，有相當密切的關係。

此處我們並不否認當代社會結構變遷中，所引發的不確定感和新興宗教現象間有著某種關係。但是值得進一步追究的是，不確定感是人類心理一個恆常性的內在特質，考諸台灣「重層化」歷史過程中的四個分層：早期的移民渡海與捍衛地方、日治時期地域性村落的逐漸解體和社會階層關係的倒錯、1945年至1987年間新文化正統強制性引入所產生的文化錯亂、解嚴以後多元化社會情境的出現，無一不是一種易於產生個人不確定感的社會環境，其也曾各自激發了當時的宗教活動。做爲解釋新興教團成因與基本特質的核心性因素，不確定感雖然深具社會學意涵，但顯然無法突顯出當代台灣新興宗教的文化特色與時代特質，更何況當代新興宗教現象所反映出來的基本宗教型態的演變，和宗教傳統與現代社會的脫離、宗教在整體社會中位置的改變、現代人社會生活結構的變化等等都有著密切關係，反而與社會心理因素不確定感之間無必然的關連性，這顯示出了以某種局部性的社會心理因素來解釋新興宗教，有可能過度簡化了當代社會中宗教參與者的內在動機基礎，也窄化了對宗教在社會中所可能扮演的各種角色的了解。

宗教學視宗教本身爲一個獨立研究的實體，而實際深入探討宗教團體內部象徵符號的交互關係間所代表的意義，這種研究取向在台灣是一個相當晚近的學術發展。對於新興宗教而言，由於過去華人社會中，官方的正統意識型態向來對民間教派多所貶抑，因此今日若能採取一種更中立的觀點，正視新興教派背後象徵符號所代表的內在意涵，這是相當具有意義的。

事實上，考諸今日台灣宗教文化的發展環境，視宗教爲一個具有主體性意義內涵的實體也是必須的。如果以一個比較宗教史的角度來看，正如同Overmyer所指出來的，13世紀時日本的淨土宗的發展，16世時歐洲的路德會的發展，以及中世紀時各種虔信(*bhakti*)教派在印度的發生，類似的也都是某種大規模民間教派運動的發生。不過和其它的地區比較不同的是，在中國，因爲一些特殊文化和歷史因素的存在，而使得明清以來起自於華人民間社會的大量新興教派，幾乎從來未曾發展至它可能達成的一個充分的規模(參考Overmyer 1976［劉心勇等譯 1993］：76)。然而一方面因爲台灣過去在中國地處邊陲，且又在歷史「重層化」過程中，不斷產生有利於民間教派發展的空間(例如過去齋教的因此而勃興)，一方面更因爲當前多元化社會體制的出現，使得各種宗教團體內在宗教邏輯的發展，可以得到更充分的展現，於是以宗教學來研究當代台灣新興宗教，已愈來愈是一個相當適當而且也是相當必要的研究途徑。

鄭志明長期以來從事台灣民間教派與新興宗教的研究，蒐集並記錄各個教團的發展軌跡，著重在教義系統與宗教內在邏輯的說明，尤其強調各教團和傳統宗教文化間的一個連續性，這是由宗教學本身來研究台灣新興宗教的一個相當具有代表性的例子。然而，以宗教學來研究新興宗教，若忽略了歷史性材料的掌握，純粹著重在宗教團體內在象徵符號不同元素間關連性的分析與說明，這有時也會產生歷史錯置和解釋框架稍顯粗略的結果。

舉例來說，鄭志明在考察過當代台灣新興教團「清海無上師世界會」的教義後指出，清海的教義：「就其內在本質來說，實際上還是脫離不出傳統的道學，與儒釋道三家的形而上學依舊相互涵攝，可以說仍是源自中國天人一貫的天道思想。……以『心』作爲宇宙聲光發射的樞紐，類似宋明心學『宇宙即吾心，吾心即宇宙』的說法……」(鄭志明 1998b: 99-100)。此處我並不否認清海教團與傳統華人宗教文化間有其相似之處，然而作爲一個當代的新興教團，其領導者原籍越南人的清海，是在印度學習到「靈魂之主」(*Radha Soami*)宗教傳統中的「音流瑜伽」(*Surat Shabd Yoga*)之後，才開始以此來展開她的傳教生涯的[60]，其教義的內在基本邏輯，實不能只以華人既有的宗教邏輯將之一筆帶過，忽略歷史事實的宗教研究有時的確會造成推論上的輕忽之處。

另一個例子是鄭志明(1996: 146-169)對於民間慈善行爲的處理，在仔細分析了民間信仰世界觀中的濟世思想以後，他繼續探討了傳統濟世觀在現代社會中所產生的一些具體發展趨勢。由於站在民俗大眾的思想體系上出發，他基本上假設了台灣各種本土性的宗教團體有著類似的濟世觀，對於不同宗教型態間的區別反而相當模糊。但是就如同本章前面所提到過的，各種宗教型態因爲在社會中所處的位置及教義上之差異，於是同樣慈善行動的背後，實各有其

60 參考本書附錄二。

獨特的行動取向而不能完全一概而論，像是地方公廟中神恩在地方區域中的展現、「出家人爲重正統教團」中在家人積功德以求更好來生的舉動，和「在家人與出家人地位並重正統教團」中因在家人地位提昇所產生的強烈入世取向，彼此雖皆展現爲慈善行爲，但實有相當差異(見第四章)。在以宗教學來討論民間基本象徵符號系統的同時，如何能同時注意到不同宗教型態間的區別，並探討此種差異性的來源，是有助於更精確的來呈現民間各種豐富的宗教活動的。

鄭志明(1999: 34)最近提出的一個關於當代台灣新興宗教現象的解釋框架，是他的「合緣共振」的理論，他說：

> 所謂「合緣共振」，是指新興宗教在特殊的文化教養與宗教經驗中，依其緣分的接觸進行相互的合流，將各自龐大與複雜的信仰體系，在真實的宗教體驗中，產生共振的信仰磁波，建構了該教派特有的信仰形式與宗教體系。「合流共生」是無意識的重疊現象，「合緣共振」則是有意識的文化創造。現代社會新興宗教的形成與發展，往往是無意識的生存情境中，激發起信仰的情感與精神的整合，展現出有意識的新宗教領域。這樣的一種創造歷程，確有多種的可能性，各自有著不同的終極體悟，原因就出在「合緣共振」上，在現代社會中同一個生態環境裡有著許多不同的文化振波，因各種緣分與際會的差異，各自有著許多紛歧發展的可能性。在過去的傳統社會裡，宗教可能在信仰領域裡形成壟斷的霸權，沒有「共生」的情境，無「合緣」的機會，更不用說與其他宗教產生「共振」。

如前所述，當代台灣的宗教活動既是晚出的、可吸收元素增加的和沒有形式上束縛的，「合緣共振」這樣的名詞在某種程度上，可以說的確是捕捉到了不同宗教團體在一個宗教市場中，所產生的共同交流與相互影響的面向。但是這樣一個架構，除了告訴我們新興宗教在當代台灣社會中所處的多元化宗教生態以及新興宗教與傳統宗教文化間所可能有的密切關係以外，並沒有傳達太多額外的訊息。雖然這樣的一個分析架構是該作者有意擺脫西方有關宗教發展模式的解釋，而自行發展出來有文化特色的概念架構，但是它還並不足以幫助我們眞正的區別出，同處當代的西方社會與東方社會、傳統宗教與新興宗教、甚至於宗教團體與世俗性社會團體之間的差異性到底何在？似乎在一個自由開放的社會空間裡，多樣文化傳統間的激盪，就足以產生各種五花八門的新興宗教運動，一個清楚精確有層次的歷史背景，在此是相當的被忽略了，因應不同社會需求所產生的不同宗教型態在其社會行動上的差異，也沒有被指認出來。這構成了一個難以在經驗資料上加以進一步驗證的概念架構，雖具有描述性的價值，但離抽離出內在基本運作邏輯的分析性理論框架之間還有一段距離。

四、本章結語

當代台灣新興宗教現象是一個正在發生中的現象，飄忽不定而形式多變化，有著難以加以定位的困難。做爲一個研究對象，其亦因有著高度歷史與文化的特殊性，而往往在精確的描繪與抽象性的分析之間，很難找到平衡點。不過今日我們卻也有幸站在一個較好的時間點之上，來思考相關議題。因爲第一、由於歷史發展的輪廓愈益清楚，且相對於中國大陸而言，台灣又有著較適於宗教發展的環境，我們對於台灣社會中所曾出現過的各種宗教型態以及其間的關係，乃逐漸可以有一個比較全盤的掌握，在歷史「重層化」過程中的第四層，以及解嚴十多年後的這個時間點上，有助於我們對台灣人的宗教世界有一個較爲全面而深入的觀察；第二、相關研究材料已累積到一定的程度，尤其是近年來關於台灣宗教發展史的相關論述相當豐富，對於當代台灣新興宗教各教團的調查報告亦紛紛出現，使我們逐漸可以採取一種更大膽的分析性的論述，來綜論當代台灣的新興宗教議題；三、歐美與日本的新興宗教研究在理論與經驗研究上，都已趨於成熟，相關文獻可以提供我們做爲一個對照與論證上的參考座標。而也正是站在前述的這些基礎之上，本章嘗試對於台灣的宗教發展過程，提出一個類型學式的分析，並以此爲基礎，來對現有和台灣有關的新興宗教研究，提出初步的反省與檢討。當然因爲篇幅與論文主旨所限，本章所能完成的目標還是相當局部性的。

由這種「重層化」的角度出發，如我們前面所述，在一層又一層的文化重疊中，新舊形式的宗教在同一個時空中交互重疊存在的現象特別明顯，同時，在新的形式的宗教中，卻也經常涵蓋了舊的宗教元素。不過在此同時，我們卻也要強調，當代社會的多元化與社會分化的情境，對於宗教生態的影響是決定性的，它一方面導致了「制度性宗教浮現」的動態性發展，一方面也影響到宗教活動的性質，使其有一種所謂「重新排列組合」和「重新對焦化」(參考第一章)的情況。以上這些因素的結合，使得對於當代台灣新興宗教的探索，一方面是必須要對於各個「重層」中的宗教傳統有所釐清，一方面也需要對於新社會情境的變化有所解析。

當代台灣的宗教活動不是全新的，但也不是完全傳統的，就此而言，我們固然不可忽視當代台灣宗教活動背後在文化上的連續性，但也必須要注意到當代的一個新情境的變化，也就是社會學意義下的「斷裂性」（社會分化的產生），已使得各種傳統性的文化元素，重新組合與重新對焦，甚至於開始結合在新的組織形式底下而具有了新的社會意涵。

簡言之，台灣的新興宗教現象是一個與傳統密切相關，卻又是新貌層出不窮的當代社會現象。在這種複雜與多變性底下，如何來定位與理解新興宗教，乃成爲了一個我們始終可以加以繼續討論的研究課題。而本章的論述方式，主要是以台灣宗教發展史爲一個背景，試圖呈現出在台灣重層化的歷史過程中，是以什麼方式不斷激發出了新的宗教型態，這些型態在台灣整體歷史時空中又各自代表了什麼樣的社會學的意義。在本章所呈現的這些基礎知識之上，我們或許有可能對於台灣當代宗教活動的性質，能有更爲深刻的掌握。第四章中我們將延續本章的討論，繼續就本章所引發的一些理論性的議題有所探討。

第四章

社會變遷中宗教行動模式內在邏輯的轉變：一個中間考察與回顧

一、前言

前一章的討論，主要在檢討並回顧台灣歷史發展過程中，所曾出現過的各種宗教活動，並以此來和台灣當代的宗教現象做一對比。在討論過程中，我們對於台灣歷史文化脈絡裡和宗教有關的行動類型做了一個初步的歸納。正如前一章的討論中所指出的，台灣歷史發展過程中，至少曾出現了六種具有不同內在運作邏輯的宗教行動類型，它們是：1.以祖先崇拜爲構成主體的家族性祭祀活動、2.地域性民間信仰、3.「以出家人爲重的正統教團」、4.民間獨立教派、5.「在家人與出家人地位並重的正統教團」和6.「克理斯瑪教團」等等。以此爲基礎，在前一章中我們也對學界現有的相關研究提出了批判與檢討。

第三章中的歸納還是相當初步性的，其中留有許多問題有待進一步討論，本章於是希望建築在前一章的基礎上，對相關議題做更深一層的探究，這將有助於我們對台灣各時代宗教活動的特色，以及當代宗教現象的基本性質有更完整的掌握，也就是透過對於在台灣歷史文化脈絡中，所曾出現過的各種宗教型態間的對比，可以使我們對於新舊時代間宗教活動的性質能有更深刻的認識。本章以下的論述，並非完全是系統性的，其目的主要在啓發性的就和前一章有關，但卻未深入處理的問題，儘可能的加以討論，俾有助於對當代台灣宗教現象的性質有更完整而深入的看法。而本章在全書中居於一個中間考察的位置，一方面承襲前面幾章的內容而加以發揮，一方面也有助於提供後面幾章討論一個更寬廣的思考框架。

二、關於六種宗教行動類型基本性質與運作邏輯的表格式的呈現

首先，承續前一章的討論，我們這裡嘗試進一步的以幾個表格，來說明前述六種宗教行動類型在性質上的區別，以及其在社會行動模式上所可能會產生的差異。

第一個表格是關於宗教權威的凝聚與分享，接著是關於宗教團體招募成員與擴展的方式，最後是宗教團體與社會的關係。這在表4-1、4-2與4-3中有所呈現。

在表4-1宗教權威的凝聚與分享中，我們看到在六種類型裡的後三種類型中，宗教權威不再由少數人所獨占，尤其是在家眾可以逐漸不必再透過專業的宗教階層來進行各種儀式性的活動，教內男女地位也愈趨平等，一種民主化的程序更普及於教團內部；同樣的，就宗教團體內部地位的產生而言，也由一種以先天既定特殊身分來決定的模式，轉移到人人透過修行或操演，而可以獲得某種宗教身分的更公開的晉升方式，由上而下它們依序的變化是：家族性祭祀活動中宗教身分是純由年齡與性別來決定；地域性民間信仰表面上在神明前人人的參與是平等的，但實則世俗世界中握有權力者在重要宗教活動時通常還是扮演著較爲關鍵性的宗教角色，不過這

表4-1　宗教權威的凝聚與分享——以六種宗教類型為比較對象

類型＼項目	宗教權威的凝聚	內部地位形成的依據
A家族性祭祀活動	集中在祖靈上	依據性別、年齡等出生時即有的特質來加以決定
B地域性民間信仰	集中在神明上	表面上是平等的，但實則與世俗社會關係相妥協，男性與地方頭人往往是民間信仰中主要的組織者
C以出家人爲中心的正統教團	集中在所謂的佛、法、僧三個部分	出家人地位高於在家人，而在家人彼此之間則是相互平等的
D民間獨立教派	集中在「救贖神」上，教團內部則區分了不同階層，層次愈高愈具有宗教權威	原則上沒有出家階層的存在，內部之階層依個人修行與傳教努力的程度而定
E在家人與出家人地位並重的正統教團	均分在專業宗教階層與在家人團體這兩個依功能分工的組合上	出家人與在家人之間爲功能分化的關係，而非階層性的關係
F克理斯瑪教團	一方面集中在領導者個人身上，一方面每一個參與者被認爲在此世也有可能達到和領導者同樣的境界	一種社會主義式的平等關係，除教主外，原則上其餘信徒間關係一律平等

表4-2　宗教團體招募成員與擴展的方式——以六種宗教類型為比較對象

項目 類型	成員的招募	擴展原則
A 家族性祭祀活動	透過血緣或虛擬血緣； 沒有招募問題； 義務與強迫性參與	分香
B 地域性民間信仰	透過地緣； 沒有招募問題， 以家庭爲參與單位； 半強迫性參與	與靈驗性原則相搭配的分香、分靈等等
C 以出家人爲中心的正統教團	透過網絡牽引或介紹； 以個人爲招募對象， 以個人爲參與單位； 志願參與， 志願離開	宗教性世系傳承的擴展或是子孫廟的承續 ＋ 宗教專業階層的傳教
D 民間獨立教派	透過網絡牽引或介紹； 以個人爲招募對象， 以個人爲參與單位； 志願參與， 半志願離開	依信徒階層性宗教身分所組成的傳教集團的傳教
E 在家人與出家人地位並重的正統教團	透過網絡牽引或介紹； 以個人爲招募單位， 以個人爲參與單位； 志願參與， 志願離開	宗教性世系傳承的擴展或是子孫廟的承續 ＋ 宗教專業階層的傳教 ＋ 個別信徒的志願性傳教
F 克理斯瑪教團	透過網絡牽引或介紹； 以個人爲招募單位， 以個人爲參與單位； 志願參與， 半志願離開	靈驗性原則 ＋ 領導人的傳教 ＋ 個別信徒的志願性傳教

表4-3　宗教團體與社會的關係——以六種宗教類型為比較對象

類型＼項目	宗教與社會的關係	宗教團體對社會所採取的慈善活動
A 家族性祭祀活動	宗教尚未與社會分化	無此取向／無此行動 （僅有以延續宗族爲目標的宗族內的互助）
B 地域性民間信仰	宗教尚未與社會分化 但有臨時性之宗教組織	侷限性的有此取向／有侷限性的行動 （慈善是地方神明公共性格的自然反映，但有其地方區域性的色彩）
C 以出家人爲中心的正統教團	宗教已與社會分化， 但與主流社會互不干涉	有此取向／無眞正利他行動（但有積功德行動） 佛教有「普遍性關懷」的基礎，但歷史上佛教被社會區隔在外，取向未發揮爲行動，不過在家眾所具有的積功德心理，間接推動了慈善事業的出現
D 民間獨立教派	宗教已與社會分化， 與國家和正統宗教組織對立，與民間融合	有此取向／有侷限性的行動 有「普遍性關懷」的教義基礎，但過分具體落實在信眾日常生活緊密的互動中，僅成爲社會互助系統的一部分，未能加以擴張
E 在家人與出家人地位並重的正統教團	宗教已與社會分化， 與社會公領域互不干涉，私領域中則與主流社會妥協	有此取向／有此行動 入世的慈善行爲可以反映出：「在家眾／出家眾」二者在地位上的平等，以及在功能上的等價，故有此取向；此外「在家眾／出家眾」二者的分隔，仍保留了在家眾對積功德行爲的興趣
F 克理斯瑪教團	宗教已與社會分化， 與社會公領域互不干涉，但私領域中基本上反對既有主流社會	慈善行爲與個人救贖無關／但仍有侷限性的行動 慈善取向與宗教修行無關，但爲投合社會大眾個人身心之需要，有必要從事慈善以助於傳教工作之推動

在形式上已不是完全的爲先天所決定的；「以出家人爲中心的正統教團」，在其中，只要是出家人，地位自然高於在家人，這是一種地位爲宗教上的先天性身分所決定的情況；「民間獨立教派」中則信徒在出發點上就是平等的，但依個人修行的程度而開始在教團內產生新的階層；「在家人與出家人地位並重的正統教團」，一方面仍保留了出家階層，但在家人的地位也不必然較低，它的先天決定性色彩已大爲降低；「克理斯瑪教團」則在教主的權威底下，所有信眾一律平等，即使某些人修行情況較佳，亦並未在教內再明顯劃分階層。

表4-2所反映的是宗教在社會中位置的改變，也就是當宗教與社會其它部門間逐漸有著相互區隔的界限後，所產生的關於成員招募模式與組織擴展方式的變化。早先家族宗教幾乎完全與血緣宗法團體相密合，家族的成員即是家族宗教內的成員，這時根本沒有所謂招募成員的問題；而後地域性民間信仰有著濃厚的地緣特性，基本上以地緣關係來決定信徒的身分，在這種運作邏輯中它也沒有招募成員的問題；但表中另外四種宗教團體則是分化於社會之外的獨立宗教組織，它們並未自然擁有某些固定的成員，對於這些團體於是馬上會產生成員招募的問題，而這同時反映出來的則是社會上志願參與行動模式的開始出現；不過我們也要注意到的是，在華人社會裡，這種志願參與模式往往還只是局部性的，因爲沿襲著華人原有的社會互動模式，教團內部還是常以擬血緣或家長制的方式來加以組織和管理，於是個人參與的自由度還是有限的，這尤其反映在信徒參與後是否能夠自由離開的這件事情上。舉例來說，例如因受到外來的壓迫，民間獨立教派的秘密性往往較高，教團內部對信徒的約制也就較強；而「克理斯瑪教團」，在教主個人權力集中的互動模式裡，也常會限制了信徒原本可以任意出入教團的自由，這使

得志願參與模式在華人社會裡也未能徹底被表現出來。

至於宗教團體的擴展，靈驗與傳教是兩個不同的原則，前者是傳統社會中漢人基本宇宙觀的核心組成(Sangren 1987)，以能夠跨越陰陽的媒介物做爲靈驗的表徵，並以靈驗性的展現[1]來獲得信徒的信仰，也就是某個信仰中每一次個別信徒信仰的程度或是整體信徒數日的增加，常是伴隨著被崇拜物靈驗性的展現而來的；而就傳教方式的存在而言，則代表某個宗教團體已局部性的分化於社會世俗組織之外，有區別於世俗社會的獨立教團與教義，所以必須透過教義的傳播來增加信徒的人數。於是在這裡，六種類型中，教團擴展的原則各有所不同，在後四種類型裡，傳教原則所占的比重相對較大。當然其間各種不同類型又各有特性，模式不盡相同，尤其各教團在現實時空中，往往還必須在某種程度上結合世系繼承或是靈驗性的原則，才能使得組織的擴展更爲廣闊，這些在表四之二擴展原則這一單項中都有所呈現。

表4-3中所呈現的是不同宗教行動類型中所具有的宗教與社會的關係，以祖先崇拜爲構成主體的家族性祭祀活動和地域性民間信仰，都尚未與社會產生分化，也沒有固定的宗教組織，是華人「混合宗教」的主體，表中的後四者類型則是獨立的制度性宗教團體。「以出家人爲重的正統教團」逐漸融入主流社會，明清以後已爲帝國政府所接納，雖然它仍是處於一種被嚴格監督與管理的狀態，但也逐漸取得制度性宗教中的正統地位。民間獨立教派則始終被帝國

1　是不是眞的有靈驗性不是我們這裡所能夠判斷的，但是我們可以根據信徒們的主觀認定，所構成的一種社會性的靈驗性(有多數人覺得某個神明或精靈物是靈驗的)或歷史性的靈驗性(在特殊歷史事件中，信徒認爲某個神明或精靈物，確實以某種方式的介入而影響了歷史過程的進行)，來判斷某個神明或精靈物是否眞的展現出來了靈驗性。

政府定位爲異端，與官方有著緊張關係，但在地域性的脈絡裡，它卻又是與民間融合緊密的自發性社團。至於後二種宗教行動類型：「在家人與出家人地位並重的正統教團」和「克理斯瑪教團」，興起於當代社會結構已經產生多元分化的情境裡，生活領域公私部門的分化，此時已經改變了宗教在社會結構中的位置，於是而今宗教只能被限定在個人的私領域中來發生影響力，不過這二者間的社會行動取向還是有所不同，前者以主流和正統自居，對現實社會妥協性較高，後者則依然帶有著某種與正統主流社會相互區隔的潛在的異端性格(見第五章)。

另一個屬於宗教與社會關係的相關考察，也呈現在表4-3中，這也就是宗教團體對社會所採取的慈善行動：當宗教未與社會產生分化時，慈善行動照顧的是與行動者有血緣和地緣關係的群眾，或是當宗教取得國教地位時，可以大規模的執行著國家中社會福利方面的工作[2]；當宗教與社會分化，不再限於地域或血緣的界限，而產生

---

2 譬如像中國在帝國時期的唐朝，雖非國教但地位與影響力皆接近於國教地位的佛教，其就有著代表國家來執行公共福利的結構性角色(參考劉淑芬2001)，不過佛教在當時所具有的入世特質，是配合國家來執行社會福利政策，這與當代台灣佛教在政教分離結構中所開始產生的「人間佛教」的入世轉向(見本章後面的討論)，二者不能一概而論。前者是擬國教的角色扮演，後者則是處在具有現代性的當代多元社會中，宗教團體在教義與實踐層面所不得不採取的適應與調整。又或者說，前者是政教未分化情況下，佛教對於政治體制既有秩序的物質(透過賑濟緩和社會衝突)與精神層面(提供正當性的基礎)的雙重維護(這裡談不上是入世的，因爲政教未分化，一切社會實體都兼具了神聖的性質，涉入社會實體也不代表是涉入世俗)；後者在理論上是指多元社會裡做爲一個民間團體，佛教能夠以自身倫理的一致性出發，有其主動參與社會的意向，並能產生其社會實踐上的效果，它所代表的是教義的內在轉向，在行動上則是落實在每一個個別信徒上的「志業的召喚」(這對佛教來說是一個需要做內在教義轉向的問題，而不只是取得國教地位後所進行的集體性慈善服務

了普遍性的博愛情操時，宗教慈善的範圍於是可以廣包所有的對象(不分國籍、種族與階層)；但是在此同時，教義中是否有一種對於入世行動的重視，還會決定一個教團是否會有著更爲積極的慈善行動的興趣。更且，慈善活動的進行與在家眾教內的地位，在某種程度還呈現一種曲線式的關係，也就是當教內重視在家眾以及世俗活動的重要性時，在家眾的確會熱烈的投入於社會慈善行動之中，教團幹部也會鼓勵甚至是有計畫的推廣這一方面有益於教團擴張的行動；不過弔詭的是，當教團極爲重視在家眾的地位時，在家眾一般被認爲今生就可以成佛成聖，慈善活動所代表的功德的累積，也就不是絕對必要的，甚至於常被認爲只是某種外象的呈現而已，而無助於個人的解脫，在這種情況下，教團整體反而不再有積極從事於慈善活動的興趣與動機。換言之，慈善行動的動機與運作模式，隨著不同宗教行動的邏輯而有所不同，並不能純以行動的數量來做區別，而幾種不同邏輯間的交互運作，共同決定了一個教團對於慈善行動的興趣與實際執行的程度。於是在表4-3中，我們看到後三種宗教類型裡，信徒們已經具有了與前三種類型從事於慈善行動不同的內在原因(也就是後三種類型是出於普遍性的博愛情操以及入世路線的肯定)，但弔詭的是隨著在家眾在教團內地位的提昇，這反而會使信徒們對於慈善行動不再太過熱衷。

就慈善行動而論，在六種類型的後面三種裡，最特別而值得討論的是「在家人與出家人地位並重的正統教團」這一類型。它如同

(續)————

而已)。簡言之，唐代佛教的積極於公益性活動，與當代台灣「人間佛教」的盛行，就時空環境、行動模式與動機基礎而論，二者間有很大差異，二者應加以區別，尤其唐代佛教社會性活動的普遍並不能證明佛教在當今環境中，一定能夠順利開展出具有內在倫理一致性的入世性格(另參考本章後面關於人間佛教議題的相關討論)。

後三種類型中的另外兩種，在其中皆有著普遍性的博愛情操以及入世路線的肯定這兩種特性，而這兩種特性皆是有助於慈善行動動機的產生的。不過在這種宗教行動類型裡，如前所述，邏輯上很有可能的是，當在家眾地位高度提昇時，這反而會使在家眾喪失了對於慈善行動的興趣，這是因爲他們或許會因相信今世即可以在內在本性上，有所證悟而成佛，於是轉而把修行的重點擺在個人的內在改變上，而不必須再透過累積性的功德或外在性活動的輔助，來達成自我或家族的成就。

可是我們還注意到，在這種「在家人與出家人地位並重的正統教團」的這一種類型裡，它仍折衷性的保留了出家階層與在家階層的雙軌結構，這也等於是折衷而妥協性的保留了積功德行爲在在家眾中的功能性。換句話說，這也就是保留了做爲在家眾可以暫時不必像出家眾一樣，必須直接而艱苦的做一種內在修習的可能性，而暫且可以妥協而折衷性的，以積功德累積資糧福報的方式來修行。在這種妥協性結構的安排下(在家眾可以安於做在家眾，而不必在此世急於成佛成聖)，於是未經預期的，有礙於在家眾發展出從事慈善活動興趣的因素(也就是有極高的自我期許，相信此世可以成佛成聖，而不必再放太多的精力，在那種有限性與外在性的助人與慈善的行動上)，在此反而較不易起太明顯的作用了。於是這在邏輯上產生了這樣的結果，在前述六種行動類型中，在實際行動的結果上，至少在當代台灣的時空條件下[3]，「在家人與出家人地位並

3 在這些條件中最主要的關鍵因素就是積功德的家族性功能(整個家族的功德，或是和自己有關的家族成員亡靈的功德必須要被推向極大化，這有助於家族的延續與家族成員的興旺)始終是被民間社會所肯定的(即使它對個人或許已不是如此重要)。換言之，即使個人的內在成就已和功德累積間沒有必然的關係，但是只要是個人與家族間還有著相當的聯繫，以

重的正統教團」，將會是慈善行動最強的一種行動類型，因爲它不僅有著普遍性的博愛情操和重視入世的行動取向，更重要的是，它在教團中，保留了在家眾與出家眾的雙軌結構，這不僅提供了有助於慈善行動發生的積功德動機的正當性基礎，並且在某一個程度上對於在家信徒相信此世可以自我成就的高度自我期望(這會有礙於在家信徒發展出積功德行動的興趣)，也有一種抑制的效果[4]。

關於這六種行動類型內在邏輯的對照與比較，我們暫且進行到此，以上這種討論基本上是啓發性的，而不是系統性的。事實上，相關的討論項目還可以無限延伸下去，像是宗教團體中的女性地位[5]、

(續)

及家族的延續性仍是社會普遍的價值參考框架，做爲連結個人與家族的重要象徵符號——功德——它就始終是家族成員所追求的對象。因爲功德是個人與家族共享，而且是個人與家族成員間可以做量化性之傳遞的元素(筆者 1999: 466-468)，所以只要有家族系統的存在，功德的存在就有著它的社會基礎。於是在這種功德仍有其社會共鳴基礎的時空條件之下，「在家人與出家人地位並重的正統教團」的宗教類型將與慈善行動的推行間有著相當強的內在連結。

4 以上所討論的是一種分析性的類型，當然在台灣現實時空中，我們不可能找到可以完全加以對應的個案，不過這裡所討論的這一種情況(「在家人與出家人地位並重的正統教團」這一行動類型，有著較高的關於慈善方面的實際社會行動)，可以在當代台灣佛教慈濟功德會社會行動的內部運作邏輯裡，發現到相當近似的模式。

5 在華人社會文化脈絡裡，在某個宗教型態中，女性這個範疇會被如何的來加以對待，和該宗教型態由主流宗族社會中分離化的程度有關。也就是它主要取決於該種宗教型態與「宗族組織」或是「家族性祭祀活動」間的關係，二者愈是相合，則該宗教型態中的女性地位也就愈低。以家族性祭祀活動爲基準，其中女性地位完全依附於男性，於是在本章中所提到的六個宗教型態裡，女性在其中的地位是最低的；而在地域性民間信仰裡，在神明面前男女雖然平等，但實質上是以完成了社會規範要求的男女才能獲得神的認可(女性是以「婦德」或是「母德」的身分來獲致男女平等的)，它實質上是複製了主流社會裡男女不平等的結構；而本章另外提到的後四種宗教型態，有分化獨立的形式，較能脫離主流社會的

神人關係的模式、救贖手段操控的模式以及其它許許多多的項目，在六種類型間均有極大差異。不過限於篇幅，此處對此就不再做細部的討論，後面我們將把更多重點擺在和時代變遷因素有關的討論上。

三、關於本章討論的基本性質與內容

嚴格講起來，第三章中所討論的類型，離類型學的建構還有一大段距離，像是該六種宗教活動型態所採用的名稱，本身就不是抽象性的，還挾帶有太多歷史性的涵義在其中，像是家族性祭祀活動、地域性民間信仰等等，都是華人社會特有的一些宗教活動的稱謂，本身並不適於做爲類型學的名稱。更且，前述這些名稱，不僅語言的抽象性不夠，其理論性的指涉也還有待說明，這些問題顯然都還有待進一步的討論。

不過事實上，前一章以及本章的論述宗旨，主要還並不是要做類型學的建構，而是希望藉此，對整體社會環境改變所相應產生的宗教組織的改變過程有所討論。因此我們更大的一個觀照面是社會變遷及其影響，尤其是由傳統社會到現代社會中，社會部門的組成

(續)

束縛，女性的地位相對而言也較爲平等，但保留了出家階層的「以出家人爲中心的正統教團」和「在家人與出家人地位並重的正統教團」，仍強調一種階層性關係的存在，乃有可能重新複製社會既有的男女不平等的階層性關係，不過後者已有極大的轉化這種關係的可能性(會認爲男女差別僅是出於功能上的分化，而非階層性的分別)；至於「民間獨立教派」和「克理斯瑪教團」中，理論上男女的平等性通常更高，女性也可以在沒有教義阻礙的情況下在教團中扮演積極性的角色，不過在實際上這仍會因各個教團對於社會穩定與秩序的強調與否，而影響到某個教團中女性實質性的地位。

與各部門間互動模式的變化，所帶動的宗教團體的內部轉變。而宗教團體行動取向內在邏輯的變化，等於是從某個側面，比較集中而密集的呈現出華人世界在過去一、兩百年來的變遷趨勢。

過去對於傳統華人社會組織的討論，大部分集中在和宗族有關的社會組織及其社會功能的探討（例如Freedman 1958），和對於民間廟宇組織活動的調查（例如Seaman 1978），有別於其它學者，Sangren（1984）和Weller（1999）則是特別強調在傳統華人社會中，宗族或血緣團體以外的社會團體的重要性，也就是華人社會不只是有著直的，建築在性別與年齡階層的宗族血緣式的社會連結，更有建築在平等互助關係式的橫的社會連結。這些團體都是有別於宗族組織的，像是神明會、地方互助會、各種宗教團體等等，而這也顯現了華人民間社會的活力。有些學者認爲，或許這種潛力，還可以有助於華人社會發展出有別於西方的另一種市民社會[6]（Weller 1999）。

我們這裡暫時不討論這種關於直的與橫的社會連結間的差異，以及這兩種社會結合，所可能會產生的政治與社會上的效果。基本上，和前述這種討論方式相比，我們所討論的六種類型，並不是在同一個時間點的切面上同時存在著的行動類型，而是穿過不同時代依序開始其發展的六種行動類型，雖然在當代台灣的時空中，我們仍然可以看到這六種類型的同時存在。於是這和過去對於華人社會組織的討論極爲不同的是，在我們這個類型學的討論裡，並非僅只是侷限在傳統華人社會來討論傳統的社會組織，而是更注意到華人

6 當然，我們或許會問：民間以平等爲基礎的組合模式，它可以擴張的程度與範圍到底大到什麼程度？如果沒有某種政治程序來產生縱的連結（例如代議政治），一個龐大的國家體系是否能憑藉此來加以組織與運作？

社會團體的種種時代改變，這使整個討論的焦點有所轉移，而更關聯到了社會分化與政教關係方面的問題。於是以下，我們將暫時不再討論宗教行動類型間內在邏輯上的差異與對比，而把主要的焦點放在外在社會環境改變方面的議題：是什麼樣的社會環境，促成了新的宗教行動類型的出現？而新的宗教行動類型，又應以什麼樣的社會學的意義來加以了解？

在我們以下的討論裡，將注意到兩個關鍵性的時間點，一個是宗教團體分化於社會之外具有獨立運作範疇的制度性宗教團體開始出現，一個是整體社會分化以後宗教團體所扮演的社會角色開始改變。其中，爲了討論上的便利，我們還特別對於Robert Bellah 宗教演化的相關概念做了一個介紹。同時，我們還將對兩個和當代台灣新興宗教現象特別有關的問題做密集性討論：一個是關於本書在導論中所曾提到的，當代宗教在台灣社會脈絡裡的「浮現化」與「成形化」的議題；一個是關於所謂的「人間佛教」的議題。

四、一些關鍵的時間點

如前所述，對應於前面六種宗教行動類型，我們將特別注意到兩個較爲關鍵性的時間點，一個是宗教團體開始分化於社會之外，而開始具有制度性宗教團體的形貌時，一個是整體社會分化過程產生以後，宗教團體內部權力結構也開始產生相應的改變時。就前者而論，這個關鍵點可以放在中國歷史的脈絡裡來討論，也可以專就台灣歷史發展的脈絡來做討論；就後者而論，則可以擺在台灣近代社會分化的過程裡來做考察。

首先，就宗教分化於社會之外的這一點來看，我們注意到，「以祖先崇拜爲構成主體的家族性祭祀活動」和「地域性民間信仰」，是尚未由血緣與地域性生活範疇相脫離出來的自然宗教組織，如同第一章所述，就中國而言，夏商周三代起，「宗法性傳統宗教」逐漸成形，而民間的鬼神與自然崇拜，在這個時候亦已相當盛行[7]。在中國，要到了東漢末期才有和世俗對立的宗教型態的出現，首先是佛教傳入中國，展現了一種做爲獨立主體的宗教實體其所可能存在的形式，佛教中專業而出世的僧侶階層，更是集中的反映出來了這種形式。而爾後的道教，大致起於東漢時期《太平經》的出現，張角兄弟領導的道教教團可以說是中國第一個有組織的民間教團，它一方面是模仿自佛教，一方面則是下層農民階級在某些層面上有著脫離正統「宗法性傳統宗教」的趨勢，而產生了有組織的分化與對抗。至於「民間獨立教派」，是相應於三教融合趨勢而產生的獨立教團，也是文化發展重心下降以後，民間自發性的自組教團的活動，它起自於宋而在明清以後發展到達高峰，它的流行與佛道兩教本身的衰落有著相當關係，而當帝國政府的正當性不足時，往往也就是自稱居於三教合一道統的民間教派大爲流行之時。

以上，是以中國的歷史過程來看，也就是東漢時，出現了分化於社會之外的宗教團體，佛教與道教，但是它們最終無法在帝國體制中取得主流性的地位，而居於一種邊陲性的位置，這也是制度性宗教團體在傳統華人社會裡所占據的主要角色；另一個制度性宗教

---

7 「地域性民間信仰」的形成，各地又有不同而各有特色，相對於宗族力量在宋朝以後的興盛於民間，「地域性民間信仰」在某個程度上，與各地宗族的力量常有所互補或是消長，像是明末的東南沿海，因爲灌溉系統的重新整合，以及對於沿海倭寇對抗上的必要性，地方性的力量有必要打破宗族的界限，在一種新的地域性上的基礎上來做合作，這也就促成了「地域性民間信仰」的相對興盛(Dean 1998: 274)。同樣的在清代台灣，由於移民社會中大宗族的力量相對薄弱，於是只有借重「地域性民間信仰」來整合地方，這乃促成「地域性民間信仰」發展的機會。

團體，民間獨立教派，在政治上被貼上異端的標籤，它的興起，與民間自發性力量的崛起有關，這要到明清以後才逐漸發展成熟，不過在文化上它並非是異端，反而始終是融合性的，以三教合一爲主要訴求。

而若以台灣來看，移民的浪潮主要在清朝以後，前四種宗教類型俱已在大陸發展成熟，而台灣本被清政府視爲邊陲化外之地，各種宗教型態在台都有一個相對而言較大的發展空間，移墾初期以祖先崇拜爲構成主體的家族性祭祀活動和地域性民間信仰即已傳布來台，後者在咸豐、同治年間發展已相當完備。至於「以出家人爲重的正統教團」在台的蓬勃發展，在台灣主要也就是傳統佛教僧團，它與日治時期所形成的特殊生態頗有關係，這已如前一章所述。此外，民間獨立教派，在台灣起先是齋教的傳布，雖然帝國政府禁止民間教派的傳布，但台灣因處邊陲地帶控制較鬆，清嘉慶以後來台的教徒反而不少(見前章)。日治時期不但傳教的禁令被解除，它還是日本政府刻意用來推動兩地交流的媒介，這也使得相對於民間教派在中國的際遇而言，齋教在台灣的發展空間是相當寬廣的。爾後的一貫道也是具有代表性的民間教派，在1945年戰後齋教逐漸在台衰落以後，一貫道逐漸成爲台灣最大的民間教派，可以說是在結構上替代了齋教原有的社會位置，不過它卻也開始受到了以儒家正統自居的國民黨政府的排擠和壓抑。

在時間點上我們可以說，明清時有家族性祭祀活動和地域性民間信仰的傳布來台，並逐漸生根發展，佛教的傳入亦在此時。但要直到日治時期，在原漢人主流社會受到相當打擊時，做爲整體社會邊陲性宗教團體的佛教和獨立民間教派，才開始獲得了較大發展空間。而後隨著國民黨政府的來台，佛教成爲國家「統合主義」結構中的一個附庸性組織，一貫道則再度成爲主流政體所壓抑的對象，這種情形直到1987年解嚴前後才有所改變。

前面所討論的還只是涉及到六種宗教行動類型中的前四種，後兩種類型：「在家人與出家人地位並重的正統教團」和「克理斯瑪教團」的出現與蓬勃發展，則和整體社會分化的趨勢有著相當關係。在更廣泛的討論台灣當代社會分化的趨勢及其對於宗教行動類型的形成所產生的影響之前，我們先以相當篇幅來對Robert Bellah和宗教演化有關的概念做一個說明，因為它對於我們接下來的討論很有幫助。

五、介紹 Robert Bellah 有關宗教演化的觀念

Robert Bellah 在1964年，以社會分化與宗教分化為觀照點，重新提出了關於宗教演化的討論。雖然多少仍帶有西方中心立場，也就是以基督新教為宗教演化後期過程中的產物，不過他所提出來的討論架構至今仍頗有參考性，很可以做為我們討論台灣宗教發展史演變的一個參考。

由於演化論一般預設了文明發展的進程，內在帶有強烈的價值判斷和文化中心主義，早已在學術圈內深受批評。不過Bellah的出發點，專注在較普遍層次的關於宗教象徵符號系統的演變與分化，可以說是盡量避開了演化論中意識型態的層面。首先，Bellah定義宗教為：一套和人類存在的終極情境有關的象徵符號和行動，接著Bellah(1964: 358)指出，宗教象徵符號系統在三個層面(象徵符號系統的分化、宗教群體的分化、以自我為宗教的主要對象)上的變化是不可忽視的：

第一也是最核心的，宗教象徵符號系統由「緊密集中」

(compact)的狀態演變到成為「分化精細」(differentiated)的狀態。和此密切有關的，宗教集體愈益由其它的社會結構中分離出來。此外，也有愈來愈多的人開始以自我做為宗教的主要對象。

而根據這些主要判準，以理想類型的方式，Bellah區分出來了五種主要的宗教演化的類型，也就是：原始的、古代的、歷史性的、早期現代的、和現代的宗教(Primitive, Archaic, Historic, Early Modern, Modern)，但Bellah強調，其發展順序並非是必然相連的，而且各種變異性的情況是可能存在的，當然現實社會中某些宗教行動也不盡然和這些類型會完全相符。Bellah預設，某種宗教類型的出現，與其外在社會文化演化的狀況有著密切的關聯性。Bellah接著由象徵符號系統、宗教行動、宗教組織、與社會意涵四個層面一一討論了不同宗教類型間的內在差異與社會影響。

Bellah的類型學相當複雜，我們在此不擬太詳細的來介紹其內容，根據Bellah的討論，我們可以把其歸納整理爲表4-4：

這個表格中的內容已經經過筆者做了相當簡化，不過大致上仍可以概略呈現出Bellah的想法。

最關鍵的來說，宗教領域的自主性以及象徵符號系統複雜的程度，是Bellah宗教演化理論中主要的觀照點：首先，在動物身上或是前宗教時期的人類，與自然情境合一，只是被動的忍受自然環境所加諸的一切。到了原始宗教時期，有了操弄象徵符號的能力，藉由符號，產生世界與自我的區別，並進而透過符號的操弄，在意識上產生超越環境的感受，在此時，宗教符號所建構的神秘世界，與經驗界的細節幾乎是一致的，山石樹木以及祖先等等都是該宗教體系中重要的部分，而該宗教體系的行動，主要是一種單純而與自然

表4-4　Robert Bellah宗教演化論模型中所提出的主要內容

主要特質／基本類型	宗教象徵系統的主要特徵	宗教行動	宗教組織	社會意涵
原始宗教	是一種夢幻與神秘的狀態	參與儀式的過程中達成個人與世界的合一	宗教組織尚未由社會中分化出來	儀式強化了社會整合，但宗教本身並不能產生社會變遷的力量
古代宗教	具有一元論的特質，但神靈已有更清楚的輪廓	藉崇拜和犧牲與神溝通	有宗教崇拜的團體出現，但尚未由社會中充分分化出來，不過有伴隨社會階層化而產生的相應的團體上的分殊化	宗教與社會間沒有緊張性，宗教參與和社會服從是合一的
歷史性宗教	有著超越性的特性；二元論的世界觀；拒斥現世	自我概念的出現；以救贖為宗教宗旨，但救贖仍必須透過某種媒介	有明顯分化的宗教團體，並宣稱代表著超越俗世的另一個世界	宗教菁英與社會產生緊張關係，並成為社會變遷的重要來源
早期現代宗教	人與超越性實體的直接連結	日常生活中所有行動皆和宗教有關；對神的忠誠而非行為是救贖與否的指標；救贖通過入世性的活動來完成	排斥宗教內部僧侶與在家眾二分性階層的存在（而另以新的方式［例如揀選說］來產生內部宗教地位上的分化）	透過宗教價值對於世俗性結構的滲透，激發了新的世俗性結構的出現，或是轉化了原來的世俗性結構
現代宗教	多元無限的結構，沒有團體能壟斷對世界的詮釋	在正統宗教瓦解的過程中，個人對於救贖行動的追求反而更形強烈	個人必須對自身救贖負責；不關心組織問題，以致宗教組織在宗教活動中不再扮演決定性的角色	文化與人格系統處於不斷自我修正的過程，人類行動的範圍與空間前所未有的增大了

合一的儀式過程。

在古代宗教時期，神明體系開始明確化，有各種相關的神明崇拜(cult)以及祭司人員，整體世界觀是一元論的，神仍居住在這個世界或是和這個世界有關的某個部位，並主宰著這個世界。而神人間的距離已經分隔，以致於和神人溝通有關的獻祭(sacrifice)以及祭拜(worship)活動非常重要，不過宗教組織在此時還未由世俗組織中分化出來，二者還相互混合滲透著，但伴隨著社會階級的分化，漸產生了某種神明崇拜的分化，以適應於不同階級。

歷史性宗教是一個相當劇烈的轉變，宗教象徵符號的內容，愈益超越於現世性，世界觀產生此世與彼世的二元對立。宗教開始有系統的追求著脫離於現世的救贖，相應於宗教超越性的是它的普世性格(universalistic)的出現。而人類開始有著超越於地域與血緣之外的宗教身分認同的出現，一個有自身責任感與認同感的結構性的自我概念也第一次出現了。同時，明確分化的宗教團體也出現了，它與現實社會結構有著某種對立關係，因此也是引發社會變遷的一股重要力量。

早期現代宗教，是人類邁入當代世界的轉折的開始，Bellah主要在以基督新教爲例(在歷史上那是第一個也是最主要的早期現代宗教)，來說明人類當代世界宗教符號的演變，其中最關鍵的改變，也就是原所認定的此世與彼世內所具有的階層性的結構都瓦解了，宗教的救贖再也不需要一種媒介，而可以，而且也是必須由個人自己來加以承擔。換句話說，在過去，或許可以由專業宗教階層來代理的有助於個人獲得救贖的活動，而今不需要媒介，而可以由個人自己來執行，這把每一個人(不管他的社會階層與行業)推到了救贖的第一線上。進一步的，神聖與世俗間的界限也要重新被劃定，而今救贖的完成必須要透過入世的行動來完成，而不再是以拒斥世界的方式來加以成就了。在這種宗教形式中，宗教不僅只是參加某些儀式性的活動而已，反而個人現世生活的全部表現都是宗教行動。在這裡，我要指出來的是，由於間接的接受了現世(救贖必須在入世行動中加以完成)與個人主動意志的能動性(不像過去個人救贖是由他人所代理的)，這已埋下了劇烈的宗教變遷的種子，雖然在較早期，這些教義的新取向還是被嚴格的限定在教團內部的管制與約束之中，而僅由某些團體性的行動來表現。

早期現代宗教的社會影響，可由Weber所提出的基督新教倫理中看到一個側面，這種宗教倫理刺激了各種世俗性結構(經濟、政治等等)的出現，而這種世俗性結構發展完全後，往往又成爲國家體制的競爭者和制衡者。這種細緻而間接的一種宗教影響社會的模式，和歷史性宗教中烏托邦式價值對抗的形式已大有不同。在此，Bellah弔詭的指出來，這種將宗教價值實踐於社會結構中的傾向，事實上目前已經經過制度化而成爲社會運作模式中的一部分，像是當今歐美社會中的自由與民主的形式，表現出了一種可以做自我修正的社會型態，正是反映出來了這樣的一種結果。

現代宗教(在今天看來，Bellah的描述倒像是在說一種後現代情境中的宗教)，是當代西方所正在面臨的宗教，延續早期現代宗教，宗教的二元觀(此世與彼世、神聖與世俗的分立)已逐漸瓦解，宗教組織的控制愈益薄弱，相對的個人也有了更大的自主性，在此中，傳統教團似的宗教型態已有所改變，不再有任何教團可以壟斷宗教的象徵符號系統。

追溯現代宗教的傳統，Bellah認爲這由Kant的知識論揭開了序幕，因爲它把宗教的基礎與正當性，由認知層面轉至了倫理層面上，而不再是無所不包的。此後這一方面的爭論與反省不斷延續著，這也正是現代人處境的呈現。而現代宗教也就是發生在這樣的一個多元結構中的轉型與調適。就宗教的社會意涵而言，如前一個階段宗教中所展現的自我修正的特性，使得宗教的權威，也不斷面臨著自我瓦解，意義與道德標準不斷處在分解與解構的程序當中，這一方面構成了人類在意義感上的危機，但卻也是人類行動創造性與自主性的一個考驗的時機。

有趣的是，具有現代宗教特質的思考模式的出現，不只是限於出現在西方基督新教的傳統中，在非西方的日本裡也可以見到。Bellah在此舉的例子是，19世紀末至20世紀初的內村鑒三所推動的「非教會式的基督教」(non-church Christianity)，和更近期當代淨土真宗傳統的學者家永三郎的思想。但是在非西方社會，這些思想家不像在西方現代宗教傳統中的某些思想者(Kant, Schleiermacher, Bultmann, Bonhoeffer, Tillich等等)一般，在西方社會有著明顯的影響力，雖然他們後續的影響力確實已在增加之中。

不過，如同Yinger(1970: 515)所指出的，Bellah在文章中並沒有說明什麼樣的社會經濟條件會引發宗教階段的演變。Yinger指出，在這裡，至少有幾個方面可能是有關的因素：1.一個團體的生存是否還是危險的，也就是其科技資源的水平如何；2.社會內部分化的程度；3.不同部落或社群間的相互接觸的程度；4.宗教專才者尤其是宗教菁英的存在與否；5.書寫技術的發展；6.關於自我形成與社會過程形成的知識水平等等。

六、台灣宗教發展實況與 Bellah 宗教演化類型間的一個對照與比較

Bellah的類型學是跨文化的分析性的理想類型，我所歸納出來的六種宗教行動類型，則是扣緊台灣歷史發展所提出的具體的、並

且是有歷史意涵的類型學。理論上，我所提出的類型學也只能適用來觀照台灣的宗教發展。Bellah的類型學則是建築在世界文明史的基礎上所建構出來的，他所用的名詞亦有相當的抽象性，不致於落於特定的文化區域當中，雖然他始終不能擺脫以西方文化爲中心的色彩，以基督新教爲宗教演化形式較高或是較後期的表現。

由於本書所根據的素材有限，並不期望建構一個跨文化的宗教演化的類型學，反而主要的目的在以分析性的角度來理解台灣宗教發展的過程，以及當代台灣各種宗教現象的意涵，這和Bellah的出發點與理論目標當然不同。然而在起先並沒有特別注意到Bellah的這一篇關於宗教演化文章的情況下，我在第三章中關於台灣宗教發展史的歸納，卻意外引發了我的注意力到和宗教演化相關的文獻裡，並且也注意到了Bellah這一篇文章中的論點和我的討論結果上的一些相似性，雖然其間也還是有某些差異存在。

這其中最主要的類似性是，在宗教型態轉變過程中，我和Bellah所特別強調的幾點扮演了具有關鍵性的特質，它們幾乎是相同的，它們包括了：宗教的世界觀與世俗世界間的區隔與分化、宗教團體的分化與獨立的程度、神聖與世俗間是否需要神職人員的媒介、宗教團體內部的民主化(在家人與僧侶階層關係的調整)等等，像是本章中的表四之一，談的就是宗教團體內部的民主化和救贖是否需要媒介方面的問題；表四之二所談的和宗教團體的分化與獨立等面向息息相觀；表四之三中的項目則牽涉到宗教中神聖與世俗、現世與彼世方面的議題。我的討論和Bellah類型學討論的類似性，其原因無它，因爲社會分化的過程的確是或快或慢的發生在全世界的一個共通過程(見第二章)，雖然它在東西方發生的方式有所差異，而且這個過程主要還是由近代西方所發動的；另外印刷術與教育的普及所造成的社會階層的瓦解與融合，也劇烈影響了世界上所有宗教團體的發展，這個過程也是東西方所普同的。

做爲一種啓發性的概念，Bellah的理論模型有相當的參考價值，不過也如Anthony D. Smith(1976: 51-54)所批評的，Bellah純以宗教與社會的分化，做爲整體宗教演化的主軸，其討論過於簡單，並不能涵蓋人類歷史全面的情況，存在著太多的反例(尤其是東西方之間的差異)。而一個宗教在教義或是在組織層面上的與社會的分化，這二者間不見得是一致的，它可能一方面在教義上是獨立的，一方面在組織上又是完全承襲自社會的(例如印度教的例子)。尤其對於小型部落與大型社會中宗教與社會的結合模式差異很大(例如猶太部落與羅馬帝國二者之間的差異)，不能一概以同一個指標來看待。更何況Bellah完全沒有考慮文化傳播的問題，而假設所有社會中的宗教演化都是在一種封閉狀況下而發生的，這更是不符歷史實情。

承續Smith對於Bellah的批評，在接受Bellah宗教演化概念中所提供的一些啓發性的想法的同時，我們或許可以在討論中，更去注意到華人社會宗教發展的過程裡，和西方宗教演化過程中比較有所不同的層面。

首先，我們發現，在Bellah(1964: 22, 36)眼中，華人世界中流行的儒教、道教、佛教等都是歷史性宗教，有著明確的教團和拒斥現世的特性，由這裡看起來，華人世界的發展，好像在宗教層面也曾清楚的依序展現了由原始宗教、古代宗教到歷史性宗教的一個變化。就此， Bellah 的觀點也不能說是不對，但是若從另一個層面去加以強調，我們就會注意到，在華人的文化世界裡，以整個中國社會來說，幾乎一直到清帝國末期，它都還是籠罩在古代宗教的階段裡，而且還在象徵符號上愈趨精緻複雜，爲一套機體性的世界觀

(Needham et al. 1956: 281)[8]所涵蓋。於是歷史性宗教即使出現在這個社會中，它也只是邊陲性的、附帶性的，未能對社會結構產生任何根本性的改變。這構成了一個超級的古代宗教，一個高度整合又能夠不斷自我再生產[9]的社會結構。宗教團體的分化與獨立化，在這個超級古代宗教的籠罩下，它所碰到的障礙是格外多的，甚至於一個宗教團體表面的獨立化，並不能改變它在主流社會中始終是一個邊陲性宗教團體的事實。而這個情況對於分析華人社會演變與宗教發展而言，正有著不可忽視的重要性。換言之，觀察華人世界的宗教演變，不只是要注意貫時性過程中宗教類型間的交替轉變，更應注意到同時性時空中不同類型間的協調並存的情況，這種同時性並存的情況在華人社會中不僅由古至今都一直存在，它的並存的模式還隨著現代社會的到來而有所轉變，不再是主流與邊陲的並存，而開始是多元平行的競爭，但這背後卻也仍然有著這個「超級古代宗教」若隱若現的籠罩著。這種超級古代宗教勢力的長久維繫和歷史性宗教在此中並未能取得發展優勢的歷史情境，以及演化過程上可能是由超級古代宗教直接過渡到早期現代宗教(或是直接過渡到現代宗教)的這種發展模式，值得我們對其再做深入的剖析與探討。

其次，Bellah以路德1517年開始的宗教革命，視爲早期現代宗教的開始，至少這是唯一曾成功的取得了制度化結果的近代宗教模式的出現。和此相比，我們注意到，在華人社會裡，早期現代宗教

8 Needham et al.(1956: 281)用秩序(Order)、模式(Pattern)、有機體(Organism)等名詞來描述華人的思考模式。

9 例如透過各種儀式使陽間的社會秩序不斷獲得重生，現世秩序的正當性不斷被加強；而宗法血緣的延續也保障了原有社會階層關係的不斷重現與再加強。

中重要的關鍵，「媒介性救贖模式」(meditated salvation)的打破，以及由彼世轉移到此世的修行焦點，卻是早就已出現在華人的社會中，雖然它是否曾取得過任何制度性的堅實結果還有待討論。這一方面的例子其實非常多，舉例來說像：隋文帝開皇年間(581-600)僧人信行創立了三階教；唐太宗至高宗年間約公元641年起善導所創立的淨土宗；摩尼教在唐初到唐中葉間的流行；南宋高宗時期茅子元創立了白蓮宗(1133)；南宋時期經過儒釋道以及摩尼教教義融合後的白蓮教的出現(1133-1170)；明成化至正德年間羅清創立了無爲教(1482起)，以無生老母爲救贖之母，並有獨立的教義，這在華人宗教發展史上更是有劃時代的意義(以上年代見濮文起主編1996: 431-477)。以上的發展，首先是民間佛教與道教的出現，去除了信徒「媒介性救贖模式」的阻隔，而後民間又自組教團，漸漸擺脫爲官方所承認的佛道兩教的牽制。以年代上來看，除了羅清所創的無爲教接近路德宗教革命的年代，其它的創教舉動都遠早於路德的年代，這不能不說在華人社會裡，出於印刷術的出現與普及、民眾書寫與閱讀能力的增加和民間經濟能力的提升等等，自唐朝以後各宗教的發展就開始了民間化的道路，「媒介性救贖模式」也早在許多教團中爲新的活動模式所取代。

更且，就「由彼世轉移到此世的修行焦點」這個議題而言，由於在中國，歷史性宗教並沒有長期的占據支配性的地位，自三武一宗滅佛以後，政治，或者說具有古代宗教特質的宗法血緣體，已牢牢凌駕於歷史性宗教之上，華人的世界觀也就未曾明顯的出現過歷史性宗教中所具有的現世與彼世截然對立的結構。在這種情況下，華人宗教演化過程中，所出現過的此世與彼世的融合，或是宗教入世性格的強調，並不等同於基督新教倫理中充滿了內在緊張性的入世禁慾主義，反而是歷史性宗教(在華人世界裡主要是佛教)在適應於一個超級的古代宗教時，所發生的一種演化上的倒退現象(另參考本章後面對於人間佛教議題的討論)。

在這裡，我們並不是要否定Bellah宗教演化論之論述上的有效性，而是要特別強調：第一、某種文化傳播過程的影響，在宗教演化的過程中不可忽視，各種外來的或是非自發性的新的宗教元素的導入，常會隨著被導入體的特性而產生獨特的後續發展；第二、某種宗教上「同形異質」的現象，存在於台灣與西方社會間(參考第一章)，觀察者在對比二者在演化模式上的差異時，應特別就此情況加以澄清與說明。不過這些問題牽涉的相當廣泛，做爲啓發性的討論，我們在此先暫時打住，轉而把注意力的焦點放在和台灣當代宗教演化的特質與發展模式更爲有關的面向上。這其中包括兩個議題，一個是關於宗教團體走向制度化與專門化的社會發展的邏輯，一個是關於人間佛教發展路線的內在邏輯以及其社會基礎方面的問題。

七、台灣社會社會結構分化過程中宗教部門的「浮現化」與「專門化」

社會各部門的獨立與分化，並且相互聯繫成一個雖獨立卻又是相關的運作體系，是現代社會，尤其是資本主義經濟體系社會的一個主要特徵，如同第一章所引述的Jameson(詹明信)(1990: 42)的話，那也就是阿圖塞(Althusser)所說的一種「半自律性」的社會組合。至於爲什麼會發生這樣的社會變遷，以及這一個變遷是如何發生在台灣的歷史過程中，這一方面的議題因牽涉太大，我們此處暫時不予深究[10]。簡要的說，從功能論的角度來看，分化有利於效率的提升，並使體系的適應力提高(Parsons 1966: 22)。而在分化過程中，一個社會的某些子系統有其存在上的必要性，以來執行其無法由其它系統所取代的任務。以Luhmann的觀點而論，現代社會是一個依功能來分化的社會，「分化越複雜，整體社會越難能保證所有次系統都以同樣的結構、形式和規範來運作，社會的整合越來越不是因爲共同的理念和標準，而是由於各次系統之間相互尊重和不干擾。其實，各次系統越自立，受制於一個具有約束力的統一規範的需要，也相對地減少。一個功能系統屬於整體社會，不是因爲它遵守共同的信念和原則，而是因爲它在整體社會扮演一個重要角色，而同時整個社會提供給它一個能使它可以完成任務的、由其他次系統所構成的內在社會環境。既然每一個功能系統只集中於一個特殊功能，它就必須假定其他主要功能的妥善履行，做爲其有效運作的

---

10 關於整體社會爲何出現功能分化的議題，隨著政治經濟文化脈絡的不同，各有不同的線索，不見得能一概而論。有關的討論像是古典社會學者Durkheim(1933: 200-225)所提出的社會分工會產生的原因主要是一種社會密度(density of societies)的提高所導致，這種密度包括物質密度(physical density)和道德密度(moral density)，前者指人口聚集的密度，後者指人和人溝通的強度與交通關係密切的程度；Stinchcombe(1965)指出社會專門化團體的廣爲出現，受幾個因素的影響：識字率的普遍提升、專業教育的出現、都市化、金錢經濟、政治革命等等；Eisenstadt(1958)和Parsons(1966)在討論各種專業組織的出現時，特別注意到一種社會規範的變遷所產生的影響，以及團體間的競爭現象，前者像是團體內部的角色開始以能力爲標準而不是以出身爲標準，後者像是團體間對於共同目標的共識逐漸減低，彼此也開始相互競爭外在資源(參考Scott 的討論 1998: 152)。Eisenstadt指出，最主要的引發專業組織出現的原因，一個是一些「自由流動」(free-floating)資源的出現，一個是會相互競爭資源的多個權力中心的出現(參考Scott 1998: 152)。這些討論多還是以專業組織的誕生爲焦點，論述上有著較高的抽象性，涵蓋的歷史時空也還是以西方爲主。

條件。」(引述自趙沛鐸1996:19)

在Luhmann的論述裡，宗教是社會系統中的一個子系統，它是所有含有神聖意義的溝通共同連接而成。雖然在現代社會，由於主導性分化類型的變化，宗教成爲眾多功能子系統中的一個，其運作與溝通，不再像在過去的社會裡一般，可以穿越各種分化界限，整合社會和所有的次系統(參考Beyer 1984: xxix)，但是宗教仍是必須的，找不到其它的替代品。如同Luhmann所述：

> 一旦宗教關聯到不確定性和確定性(或驗外[*Transzendenz*]和驗內[*Immanenz*])同時並存的問題時，在這些問題的解決上，除了宗教之外，不再有功能等值品(1977: 46 轉引自趙沛鐸 1996: 24)

進一步講，宗教系統的特定功能，就是爲整體社會系統「將不確定的複雜性轉化爲確定的或可確定的複雜性」(Luhmann 1974: 49; 1977: 20，轉引自趙沛鐸 1996: 13)；或者說是「去除世界的弔詭」、「將生活中不可信賴的轉爲可信賴的」(Luhmann 1989: 272; 1991: 133-134，轉引自趙沛鐸 1996: 14)。

在西方，傳統的宗教結構是有組織的教會，在現代功能分化的社會裡，它於是很難再來聲稱對其它一些領域擁有支配權。而因爲宗教曾經爲整個社會提供了終極準則，於是由宗教的觀點來看，其它功能領域的這種獨立性便有可能表現爲對宗教的否定(參考Beyer 1984: xxix)。

這種現代社會功能分化所造成的對傳統宗教的否定，基本上，對於東西方社會都是相同的，但是，有一個關鍵點的不同，不扣緊這一個關鍵點上的差異，那麼在分析上若一不小心，便可能會落於一種名詞上的陷阱之中。更且，這一個關鍵點也不只是名詞上的問題，更是攸關整體社會在社會分化過程中，所展現出來的變遷模式上的差異。這一個關鍵點也就是在傳統社會中的主流宗教，是制度性的還是混合性的？這一方面的討論我們在第二章已有所述，此處再加以重述以突顯本書的論點。

在功能分化的社會裡，各部門有清楚的界限與範疇，執行具體的功能。具體來講，通常也就是以明確宗旨與功能爲目標的團體來達成這些效果。這對西方社會來說，長期主宰中世紀歷史發展的基督教教會，早就是一個有著教義系統化與內部分工專門化的制度性宗教團體[11]，雖然它曾代替(或者說是壟斷了)其它部門而執行著多樣的社會功能(法律、教育、醫療、經濟等等)。而今面臨著社會分化過程的變遷中，宗教團體不得不把這些宗教以外的功能讓渡出來，讓這些理性化(或是說資本主義)社會中新興起的部門來擔綱其獨立運作的角色，在這裡宗教團體有著收縮與退出的傾向，也改變了它的基本行動取向，但就宗教組織理性化與系統性的運作型態而言，它的變化並不是太大。

相反的，在華人傳統社會裡，一個正統核心性的宗教，或者說，一個對世俗性活動加以正當化與神聖化的所謂「正當化的系統」(Seiwart 1981: 64)，與西方社會中的基督教不同，它的界限並不是被劃定在某種明確的制度性宗教團體當中，在第二章中根據牟鍾鑒我們曾稱此爲華人的「宗法性傳統宗教」，也就是：「以天神崇拜和祖先崇拜爲核心，以社稷、日月、山川等自然崇拜爲翼羽，

11 我們在第一章的註釋裡已經提到過，Hall(1998)的研究中曾指出，近代西方理性科層制的組織型態，事實上很多部分是由宗教組織所演變或採借而來。

以其他多種鬼神崇拜爲補充，形成相對穩固的郊社制度、宗廟制度以及其他祭祀制度。」(牟鍾鑒 1995: 82)它是華人宗法等級社會禮俗的重要組成部分，是維繫社會秩序和家族體系的精神力量，亦是慰藉華人心靈的精神泉源(牟鍾鑒 1995: 82)。在結構上，它是由涵蓋各個階層的多個相容互補的面向所組成的，既包含了以儒家自居但是卻支持血緣宗法秩序的士人，也包含了以萬物有靈論爲宇由觀的一般農民，甚至於儒釋道三者在這個「宗法性傳統宗教」的範疇裡也不是相互排斥的，而是一種功能性的互補關係，共同支撐起了華人世界的正統「混合性宗教」。周邊邊陲性的宗教，像佛教、道教以及明清以後興起的民間教派等等，它們雖然像西方的基督教會一樣有著制度性宗教的型態，但是在整體社會中，一方面相對而言它只有著邊陲性的位置與影響力，一方面它們在皈依行爲上也不是排它性的(參考照片4-1)，其與信徒間的關係通常不是堅實不破的連結，其在整體社會之中也僅扮演一種「補充性」與「附加性」的角色(見第一章)。

而當現代社會裡新的社會分化的結構出現時，我們注意到，在華人社會裡，一方面原來的正統混合性宗教勢必受到影響而有所退縮與減弱，一方面就制度性宗教團體的變化來看，則和西方傳統社會中制度性團體基督教的當代變化不同，相對之下它不但不會退縮，反而必然會有愈益蓬勃發展的態勢，甚至於成爲新的社會分化社會結構中不可或缺的一部分。當然這時它所扮演的角色，已不是對整體宣稱有效的共同信念和原則的提供者，而是謹守(或是被迫侷限於)宗教部門功能執行的社會局部性的角色扮演者，因爲在華人社會裡，由傳統社會過渡到現代社會的過程中，宗教雖曾被擠壓，但是在新的社會分化的結構裡，它又是整體社會要正常運作時不可或缺的一部分，也就是正如前引Luhmann所述，既然每一個功

照片4-1　華人社會中各種教團在皈依行爲上往往有著相當的包容性，有可能容許信徒同時加入不同教團，例如天帝教花蓮分會會址前一張看板中的標語明顯的標示出了這種立場(攝於2002年11月的花蓮市區，照片提供：楊欽堯)。

能系統只集中於一個特殊功能，它就必須假定其他主要功能的妥善履行，做爲其有效運作的條件。

既然宗教終究是社會所不可或缺的一個專業化的部門，它也就必須以專業化的形式來被要求，才能有效執行它的社會功能，有助於整體社會的運作。這是一個整體社會變遷所產生的對於宗教團體的衝擊。這些衝擊原本對於華人傳統社會中的主流與邊陲的宗教團體都是相同的，但在調適過程中，一方面華人社會中原來「混合式」的主流宗教，顯然存在著不利於它專門化與制度化的條件，一方面原位居邊陲性位置的制度性宗教，顯然又有著特別有利於其專門化與可公開扮演社會中宗教功能提供者的基本特質(詳後)，兩相比較，原社會中的制度性宗教團體，在新的社會分化的社會環境裡，不但未有衰退，還更形蓬勃發展，甚至於在整體社會中成爲一不可或缺的角色。這也就是本書在第一章中所強調的一種「浮現化」與「專門化」的過程，它主要也是針對制度性宗教團體在當代台灣的蓬勃發展而說的。

這或許會讓我們馬上產生一種推論，西方社會曾經在某一個歷史發展階段中發生過所謂的世俗化的過程，宗教團體被世俗性的力量所推擠而勢力愈顯單薄，華人社會在當代卻有著制度性宗教團體興起的現象，顯示華人世俗化過程與西方社會有著明顯的差異。就此而論，一方面這確實是如此，一方面卻也不盡然，事實上我們對此議題不能如此單純的來加以看待。這是因爲在西方世俗化所要解構的主要勢力，集中的聚集在制度性宗教團體中，華人社會則是分散的散布在那個沒有教團與清楚教義的「混合性宗教」當中，制度性宗教反而不是世俗化勢力主要所打擊的對象，某種程度上，它還是這個社會「重新型態化」過程(見第一章)中的受益者。而那個「混合性宗教」，也就是所謂的「宗法性傳統宗教」，它倒是在這一個世俗化的過程裡，確實受到了相當的打擊，甚至於在新的社會分化結構中需要宗教來扮演其必須性的角色時，它也因內在條件上的限制，沒有辦法以獨立而明確的組織模式來填補這一個空缺，其機會反而是落到了在原社會中居於邊陲性角色的各種制度性宗教團體上。

我們或許可以說，整體看來，世俗化過程的確是曾經同時發生在西方與東方的，至少在某一個歷史階段中的確是如此，雖然在表象上，各個社會以不同的方式和以不同的部門來承受這種世俗化勢力的衝擊。但是在這之後，在社會「重新型態化」過程相對穩定，社會分工結構中社會仍需要宗教的部門時(整體社會功能運作上的必須)，西方社會原有的主流宗教(基督教)可以適當調整而重新扮演其角色，華人社會卻是邊陲性的宗教團體，以其制度性宗教的優勢，和新社會情境中在正當性取得上所受到的阻力變小(原本阻礙其正當性取得的「宗法性傳統宗教」自身碰到了發展上的困難)，而使其開始逐漸浮現到了舞台上來，成為了社會專門化部門中不可或缺的一個部分。這對華人社會的民眾和對這些原本是社會中的邊陲團體而言，都是一個全新的局面。就前者而論，人們原本的宗教生活是混合性的，是不經意的一種自然狀態下的參與，而今成為志願參與的一部分，個人是以加入一個制度性宗教團體來感受宗教生活的；就後者而論，這些宗教團體於是開始必須明確的來界定自身的宗旨與功能，並和其它團體競爭信徒與資源，同時與其它部門也需要開始產生橫的互動與連結(而不只是像過去與其它部門間僅有著一種縱的，屬於「統合主義」式結構中的關係[見第三章])。

至於，本來應該可能是填補當代華人世界社會分化結構中宗教部門的最佳的候選人：「宗法性傳統宗教」，為什麼沒有脫穎而出，成為當代華人社會裡較為蓬勃發展的宗教團體呢？這個問題牽涉很廣，我們在第一章與第二章中已略有所述，不過它還應以更扣緊歷史脈絡的方式來談，像是清末民初各地廣為成立的孔教會，以及台灣由日治時期至今民間都還存在著的扶鸞活動，都可以放到這個脈絡裡來加以討論。

對於這個問題，我們這裡暫時可以做一個較為局部性的補充，譬如說以清末民初曾喧騰一時的孔教會[12]為例，大陸學者邱巍

12 清末民初，定孔教為國教的運動，主要為康有為所領導，前後掀起了兩

(2001: 57)在歸納當時孔教運動失敗的原因時，大概提到了幾點主要的內在因素：一、理論上的深刻矛盾，也就是孔子的人道設教的理想與西方式神道設教的宗教模式先天上有不相容之處，這模糊了孔教運動的性質與方向；二、華人傳統社會中的帝制結構與孔教之間的關係過於密切，這於是與現實的民主政治間產生深刻的內在矛盾；三、組織分散、經營不力、人才匱乏與經費短缺，換言之，在組織與教義上都缺少嚴密明確的系統，難以有效持續性的運作。在這裡，第一點與第三點正是如本書在第一章中所強調的：傳統社會中華人主流性的「宗法性傳統宗教」背後，主要的指導者儒家的知識分子是不熱衷於宗教的。這不利於「宗法性傳統宗教」的重新凝聚，並以組織性教團的面貌來加以出現；並且傳統華人社會裡占有核心性地位的「宗法性傳統宗教」，缺少固定組織與神職人員，時代變遷中，它並沒有辦法來凝聚成一股有效地對抗或調和時代變遷趨勢的宗教性的力量。至於前述第二點，則顯示在傳統社會中與主流世俗社會合一的孔教，在原傳統社會中主流世俗體制傾倒的同時，它的「正當性」也就立刻受到了懷疑和挑戰。

至於在原社會中占據著邊陲性位置的制度性宗教(佛教、道教、民間教派等等)，它們又爲什麼和具有著什麼樣的條件，來成爲華人世界當代社會分化結構中宗教部門的較佳的候選人呢？這個問題，同樣需要被放進歷史脈絡中來加以討論，不過至少我們也已經注意到，當代台灣佛教的蓬勃發展，已經在某個程度上說明了這

(續)

次高峰，一次是1897年康有爲在廣西發起聖學會，以「尊孔教救中國」爲宗旨，後隨戊戌變法失敗而消沈；一次是民初，辛亥革命成功以後，社會仍異常混亂，使「定孔教爲國教」的提議獲得轉機，並發展成爲大規模的社會運動，最後因新文化運動的興起而寂滅(參考邱巍 2001；黃岭峻 2001；蕭公權 1988: 91-127)。

一個歷史事實的存在。而我們在第二章的討論中也曾指出了幾點主要的內在原因：一、它始終有著獨立的傳統，較能以獨立性教團的面貌而持續性的存在；二、它在意識型態上並不代表著傳統社會中的主流，因此所受到的來自現代化體制的直接打擊相對而言也就較小。至於外在原因則是：一、它一旦免除了過去必須性的對於「宗法性傳統宗教」的順服與適應，它在當代社會分化的社會結構裡，反而有著更廣闊的發展空間；二、外在宗教市場的丕變，反而給予制度性宗教團體更好的發展機會，具體來說也就是「宗法性傳統宗教」崩解以後有更多游離在外無宗教信仰者的出現，使宗教市場出現了更多需求者。

除此之外，本章在此處還要加上一個第一章中已經提到過的消極性的因素：也就是「**傳統社會中制度性宗教團體在教義上的去異端化**」，有助於其在激烈社會變遷與文化衝突的情境中，有可能，或是說至少不妨礙於其成為提供傳統文化認同象徵符號資源的主要來源。因為這些制度性宗教團體，雖然在原傳統社會結構中，居於邊陲性的位置，但是它們在教義內容上，卻不是完全邊陲性的，更不是異端的，在華人世界三教合一思想文化發展的大趨勢之下(參考第六章)，在明清以後，各教間早就相互融合，形成一種共同的道統，而不同宗教傳統在教義內容上，也有高度的相容性，或許這也可以說是各制度性宗教已為正統「宗法性傳統宗教」所同化(或者說中國化)，而不再對正統的社會秩序造成侵犯和危害。於是在這種結果下所存在的制度性宗教團體，它在教義上既不是異端，也不是危害社會秩序的，只能說是有著潛在的異端傾向和潛在促成民間社會結合的危險性。而今當整個社會在現代化(或是說西化)的過程中面臨到一種文化危機時，這種位置邊陲卻在文化內容上又與正統相容的制度性宗教團體，因為它文化上「去異端化」的相對徹底，於是它的邊陲性的社會位置，並不會阻礙它成爲有助於現代華人建立其傳統文化認同感的主要文化資源，也就是這個消極性的因素，正有助於在原社會中占據著邊陲性位置的制度性宗教，有條件來成爲華人世界當代社會分化結構中宗教部門的一個適當的代理者。

本節最後，我們還要略加以說明的是，當代台灣制度性宗教團體的蓬勃發展以及宗教部門專門化的舉動，整體而言，就分析上來看，它受到兩股社會發展現實的影響而產生，而其間又有密不可分的關聯性。一個社會現實是社會平行多元分工結構所造成的宗教部門的既被局部化與又被專門化的長期社會發展邏輯的滲透與拉鋸，在此我們或許可以說這是社會產生「一度分化」(primary differentiation)，各部門平行並存以後所產生的歷史與社會影響。另外一個社會現實是宗教部門失去了社會的中心位置之後，宗教部門內部，也進一步產生了各種宗教團體的競爭，而不會再有某個或某類宗教團體具有獨特的優勢地位(在「統合主義」政治結構中，具有特權性的國教或擬國教的地位)，相對於前一者來說，我們或許可以稱此爲一種「二度分化」(secondary differentiation)，也就是因第一次分化所造成的各部門內部各次級組成的再一次的分化與競爭(當然這種名詞本身，其意涵是相對性的)。而其在此，也就造成了第二個影響宗教朝往制度化傾向發展的社會現實，那就是：因爲在結構上各宗教團體自此沒有任何團體有著對於「正當性」的壟斷權或是特殊政治力量的保護，而必須開始參與市場性的競爭，而在競爭中，爲了提高效率與取得優勢，一個團體就不得不進行理性化的一種管理(採用規劃良好的宣傳管道、合乎效率的管理與分工、教義走向系統化、有效的傳教、良好的維繫信徒的方法等等)，這也就在某個層面上加強了各宗教團體通往制度性模式的發展。而我們在此特別要強調的是，就這兩個社會現實的討論而言，本節說明主要所涵蓋的範圍，還只是前者而非後者(雖然這二者在歷史發展邏輯與實質的因果關係上都有密切關係)，這是我們在分析上所要特別加以澄清的，至於後者，它可以說是前者發生以後的一個後續的社會結果。這些論點我們在第一章中亦已有所述。

八、關於人間佛教議題的討論[13]

談到這裡，我們有必要先就所謂「人間佛教」的議題做一說明，因爲它和我們下一節要討論到的「在家人與出家人地位並重的正統教團」這種行動類型間，有著某種類似性與相關性，所以在討論它之前，我們有必要先提供和「人間佛教」有關的議題一個最起碼的背景性的知識。

在華人近代宗教發展史的脈絡裡，不論就理論或實踐層次而言，「人間佛教」這一個名詞背後所可能代表的社會學意涵都是極端重要的，儘管這個名詞的含義在廣爲運用之後，已經顯得多重、複雜、甚至是模稜兩可了。不過最粗略來講，它代表了漢人佛教在當代社會裡所產生或所意欲產生的一個內在意向上的根本轉變，也就是佛教內在的出世性格開始有所轉化，而愈來愈具有入世性，雖然不同宗教師或學者對其實際內涵還是有著相當不同的看法。更進一層來說，「人間佛教」是指宗教在制度上產生了明確界限之後，進而與世俗範疇間產生了互動關係。在此，隱含了三點歷史發展上的現實：宗教的制度化(或者說是制度化宗教的形成)、社會生活在宗教與世俗領域上的二元分化，以及宗教與世俗領域中世俗領域占

13 關於人間佛教的議題，筆者另有更爲深入的討論，參考筆者(2004b)。

據了較強的引導性的位置。落實於現實世界，「人間佛教」的行動意向和本章中所提到的「在家人與出家人地位並重的正統教團」之間，有著高度的「選擇性的親近」，二者皆反映著宗教系統中出世與入世行動取向間的關係產生了新的變化，不過前者是教義上的轉向，後者則是在組織層次的變化，二者間所談的還並不完全是同樣的一件事。

近代中國佛教的復興以及教義取向上的轉變，它不是自發性的，而是在時代劇變中，不得不採取的改變[14]。如同陳兵、鄧子美(2000: 68)所述：「宋代以來，隨封建中央集權制的不斷強化及儒學地位的不斷升級，佛教傳布模式在特定的文化格局中、在國家管理下定型，逐漸失去生機。」而「19世紀後半葉以來，佛教與中國封建社會一起，在列強的侵凌宰割中，經受了重重危難。進入20世紀以後，東西方文化的碰撞更爲強烈，社會變化更爲急速，衰退不堪的佛教，又面臨新世紀的種種挑戰。」換言之在時代動盪中已走入下坡的中國佛教，如何能重新自我界定其角色與功能，並取得新的生機和生存發展上的正當性，是它在當代所面對的嚴酷考驗。陳兵、鄧子美(2000: 8-12)曾歸納了這些挑戰與考驗，包括了：一、西方資本主義文明的挑戰；二、新的政教關係的挑戰；三、傳統佛教經濟基礎的崩潰；四、科學、無神論等新思潮的挑戰；五、基督教的挑戰等等。

在時代挑戰中，「傳統」的正當性面臨到了挑戰，華人文化如

---

14 如果我們要說「人間佛教」在佛教發展史中的位置，類似於西方基督教發展史中的新教革命的話(二者皆由一種出世性轉變到了一種入世性)，這種類比事實上並不是十分恰當的，因爲後者是一種自發性的內在革命，前者則是在現代性的衝擊下爲了繼續生存而不得不採取的調適與改變。

何能在時代衝擊中再予振興，這成為社會菁英主要的歷史關懷，而部分儒家的知識分子把過去華人文化的衰微歸罪於印度佛教在中國的過於興盛，因此要復興當代的中華文化，必須抑制佛教的流行[15](參考楊惠南 1991: 82)。梁漱溟(1983: 248-249)在民初對於佛教的批判至今看起來立論仍是相當鮮明，也就是佛教的基本性格是出世的，它有它自己的性質與功能，若強做改變，這不但已不是佛教，而且這可能還是糟蹋了佛教，他說：

> 孔與佛恰好相反，一個是專談現世生活，不談現實生活以外的事；一個是專談現世生活以外的事，不談現世生活。這樣，就致佛教在現代很沒有多大活動的可能。在想把佛教抬出來活動的人，便不得不謀變更其原來面目。似乎記得太虛和尚在〈海潮音〉一文中要藉著「人天乘」的一句話為題目，替佛教擴張他的範圍到現世生活裡來。又彷彿劉人航和其他幾位也都有類乎此的話頭。而梁任公先生則因未曾認清佛教原來怎麼一回事的緣故，就說出「禪宗可以稱得起為世間的佛教應用」的話。(見《歐游心影錄》)他並因此而總想著佛教到世間來應用；以如何可以把貴族氣味的佛教改造成平民化，讓大家人人都可以受用的問題，訪問於我，其實這個改造是做不到的事，如果做到也必非復佛教。今年我在上

15 在這裡可以做對照的，剛好相反的是，當時佛教界的人士則指出，中國之衰弱，和不重視宗教有關，例如楊仁山就提道：「就目前世界論之，支那之衰壞矣！有志之士熱腸百轉，痛其江河日下，不能振興，……欲醒此夢，非學佛不爲功。」(1987: 52)「近來國家之禍，實全國人民太不明宗教之理之故所致，非宗教之理大明，必不足以圖治也。」(1987: 220)(轉引自邱敏捷 2000: 24)

> 海見著章太炎先生，就以這個問題探他的意見。他說，這恐怕很難；或者不立語言文字的禪宗可以普及到不識字的粗人，但普及後，還是不是佛教，就不敢說罷了。他還有一些話，論佛教在現時的宜否，但只有以上兩句是可取的。總而言之，佛教是根本不能拉到現世來用的；若因為要拉他來用而改換他的本來面目，則又何苦如此糟蹋佛教？

在這裡，我們看得出來，要面對像梁漱溟這樣的儒家知識分子的批評和挑戰，佛教界必須要做到幾件事：一、由歷史發展或教義層面來強調佛教的原來面貌和內在性格並不是如某些人所批評的那樣是出世的；二、實際說明佛教與「現代性」之間不相衝突的基本立場與態度；三、更明確說明或是以實際的行動來表現佛教在現代社會中不是消極出世，而是有其實踐能力與社會關懷的。這樣的使命表面上看起來並不複雜，但在實質上背後有其理論上的內在困境。

此處，以社會學的角度來講，先不論Weber是否正確的理解了原始佛教的意涵，若以Weber 救贖行動的類型學來思考這個問題。我們可以說，就救贖取得的方式而言，原始佛教接近著一種「出世神秘主義」(other-worldly mysticism)，也就是以冥思性的方式而與一種永恆狀態的合一，在其中現實世界的染著基本上是與自我救贖相牴觸的。相反的，近代的基督新教，有著「入世禁慾主義」(inner-worldly asceticism)的特質，其強調著一種理性而具有內在一致性的自我節制的生活態度(或是宗教態度)，並且認定必須在現實社會中加以實踐出來，這於是使現實人生充滿了倫理性的色彩。換言之，宗教與經濟或政治間在此乃有了既相互獨立卻又是直接相關的連結。於是雖然在某種程度上宗教都是拒世的，前述這兩種救贖取向在其社會實踐模式上仍有著相當大的差異[16]。

然而，也如同Weber所述，在現實世界，這兩者間的差異與對立卻也可以被緩和下來，甚至是可以以某種方式來相互結合，雖然這並不能掩蓋其間所存在著的內在矛盾。Weber說道：

> 不過，兩者的對立也可以緩和下來。情形之一是，行動的禁慾僅限定於行動者本身抑制與克服被造物墮落狀態的問題。這時，對於確實合乎神意的、行動的救贖業績之專注會激越到避免在俗世生活秩序中採取任何行動的地步，此即出世的禁慾(*weltflüchtige Askese*)。就其表面的態度觀之，實接近於出世的冥思。另一種情形是，冥思的神秘論者還未得出必須逃離世界的結論，而像是入世的禁欲者一般，仍然置身於世俗的生活秩序中，此即入世的神秘論(*innerweltliche Mystik*)。就救贖追求而言，以上兩種立場的對立事實上有可能銷聲匿跡，而以某種互相結合的方式出現，然而，亦有可能在表面相似的帷幕下持續對立(引自Weber著，康樂、簡惠美1989譯之《宗教與世界：韋伯選集[II]》：106)

16 以Weber的話來說：「關於拒世，我們在〈導論〉中曾提示二種對立的型態。一是行動的禁慾，亦即身當神的工具者的一種合乎神意的行爲；一是神秘論中冥思性的充滿聖靈。神秘論趨向一種救贖『擁有』的狀態，而非行動；個人並非神的工具，而是神的『容器』。以此，塵世中的行動，便顯然會危及絕對非理性的、彼世的宗教狀態。行動的禁慾則施展於塵世生活中，以成其爲世界之理性的締造者，亦即是：試圖透過此世的『志業』(*Beruf*)之功，以馴化被造物的墮落狀態；此即入世的禁慾(*innerweltliche Askese*)。與此恰成極端對比的是，以逃離現世爲其徹底結論的神秘論；此即出世的冥思(*weltflüchtige Kontemplation*)。」(引自Weber著，康樂、簡惠美 1989譯，《宗教與世界：韋伯選集[II]》：106)

由此看來，所謂的「人間佛教」，基本上也就是一種嘗試把兩個不同的救贖取向相結合的時代性的產物。在面對時代的挑戰中，佛教內部的知識分子與宗教師在清楚而已確定的目的論(要證明佛教可以開展出入世性的關懷)的引導下，希望能夠轉化成或至少是能夠與之相結合，一種佛教在過去(尤其是在華人世界裡)所沒有被突顯出來的基本取向。這樣的一種使命，放在佛教發展史的脈絡裡，「人間佛教」學者自稱是「契理契機的」，也就是合乎究竟的教理並能夠適應於當代時機的(印順 1989: 1)，如同印順自述：「我不是復古的，也決不是創新的，是主張不違反佛法的本質，從適應現實中，振興純正的佛法。」(1989: 2)

然而，在前述這兩種行動取向(出世神秘主義與入世禁慾主義)的結合裡，它絕不是沒有內在矛盾的，也因此「人間佛教」始終是一種兩難的，並帶有著綜合性的色彩，雖然詮釋者總是能夠由原始佛教的教義中找到自我支持的根據。而且，我們也要指出，由於入世禁慾主義，始終並不是佛教內在自發性的特質，於是即使佛教能與這種入世禁慾主義間取得一種共存的關係，但它也絕對不會和西方的基督新教一樣有著類似的倫理實踐與社會關懷之模式。

當然，或許如同Weber所述的：「冥思的神秘論者還未得出必須逃離世界的結論，而像是入世的禁欲者一般，仍然置身於世俗的生活秩序中，此即入世的神秘論。」就此而論，則「人間佛教」也可能只是一種神秘論的妥協與緩和，盡量調和或容忍著出世與入世間的矛盾，而成爲所謂「入世神秘主義」的宗教型態，但它在根本動機上通常並不會擁有強烈的想要對現世加以改造的願望，而這種情況對於大多數「人間佛教」的推動者而言，是不夠理想的。

不過不管怎麼說，我們這裡可以看得出來，所謂的「人間佛教」，它絕不只是一種單純的社會實踐的問題，而代表了高度的理論性的挑戰，尤其是假使佛教徒希望在走向了入世，留住佛教招牌的同時，仍能夠繼續保留佛教原有的內在精神，而非僅是把佛教完全換成基督新教的話。

談到這裡，當然，我們也注意到，佛教在中國的「中國化」，使它早就具有著某種「人間佛教」的色彩，也就是透過將僧眾納入祖先與子孫的交互關係中(換句話說使佛教變成了和亡魂救渡特別有關的「死」的宗教或是「鬼」的宗教)，而使得佛教以獨特的方式融入了中國，並使它帶有了濃厚的世俗性。但是在這裡，原始佛教最基本的特質，像是三法印「諸行無常、諸法無我、涅槃寂靜」的理想，卻變得相當模糊了[17]，這種中國佛教入世實踐的型態，雖然近似於入世，但是是以妥協爲出發點，而非內在前後一貫性倫理體系的實踐，這是較爲嚴肅的當代「人間佛教」的弘揚者(例如印順)所不能接受的[18]，就此而言，當代「人間佛教」推動者，還必須在

17 根據龍樹與南傳佛教覺音三藏的說法，印順指出佛陀的說法可以被區別爲四「悉檀」(*siddhanta*)(理趣之意)，也就是世間悉檀、爲人悉檀、對治悉檀和第一義悉檀，而只有第一義悉檀才是甚深究竟的眞義，它主要紀錄在《雜阿含經》爲本的「四部阿含」中。前三悉檀可破可壞，第一義悉檀卻是不可壞的。因此佛教在不同時間空間中的適應，是絕對不能脫離於第一義悉檀中的主旨的。(參考印順 1989: 28-32 ; 1992a: 29-32)

18 如同印順所述(1989: 63)：「從事於或慧或福的利他菩薩行，先應要求自身在佛法中的充實，以三心而行十善爲基礎。否則，弘法也好，慈濟也好，上也者只是世間的善行，佛法(與世學混淆)的眞義越來越稀薄了！下也者是『泥菩薩過河』(不見了)，引起佛教的不良副作用。總之，菩薩發心利他，要站穩自己的腳跟才得！)。」或者我們借用人類學家的說法，某種對於環境過多的適應，而不再具有創造性與進取性，在演化上或許可以稱之爲是一種「遲滯性的演化」(involution)(Geertz 1963)，也就是某個社會或文化，或許會因太過適應於其生態環境，造成了一種遲滯性的狀態，反而失去了它的適應力，因爲它不再具有能夠達到更高科技與社會組織的創新的力量。由此看來，佛教在社會中的傳布，固然需要對於主流社會環境的適應，但是若適應太過，也會有害於它自身的發展。

中國佛教既有性格之外去尋找它的正當性的基礎。

眾所周知，「人間佛教」主要的提倡者是太虛和印順，二者的大方向是類似的，雖然不見得都達到了其自己所設定的目標，學者指出，基本上前者的取向可以被稱爲是「因勢利導」，後者則可以說是「正本清源」(陳兵、鄧子美 2000: 205)，而後者對前者的某些詮釋曾提出了不同的看法，尤其是關於判教和中國佛教性質的問題上(參考陳兵、鄧子美 2000: 206)，前者在此仍執著的強調著中國傳統佛教大乘宗派的優越性，有濃厚民族主義色彩，後者則更徹底的回歸到印度佛教思想裡來尋找理論基礎。此外，就去除巫術性的傾向而言，太虛的「人『生』佛教」，是要以「生」來對治中國民間佛教對於「死」與「鬼」的強調(對於死的過度重視)，印順的「『人間』佛教」則更徹底，是要以「人間」性來徹底的排除民間佛教中的現實與巫術色彩(也就是反人間的傾向)，這包括了對於「死」、「鬼」的對治，也包括了對於「神」、與「永生」(對長壽的追求)的對治(印順 1992a: 17-23)。這不是說印順要完全丟掉所謂輪迴、神鬼、靈魂等這些具有神秘色彩的觀念，而是說他要把宗教修行的重心，做一個一百八十度的翻轉，由天上拉到人間來。就像他所說的：「所以說彌勒淨土，必須理解這人間淨土的特性，有的把這人間淨土忘卻了，剩下求生兜率淨土的思想；求生兜率，比求生西方淨土，要來得容易，這是沒有多大意義的教說」(1992c: 20)，以及他根據《增壹阿含經》而所強調的：「諸佛皆出人間，終不在天上成佛也」(1989: 3)。

然而要把入世性格帶進佛教，純靠對於原始佛教的大力提倡還是不足，它最多只能重建出一種具有內在一致性的基本倫理取向，並藉此而與後期佛教或是中國化佛教中的巫術性色彩劃清界限，但卻不能開展出眞正的入世實踐的內在動力。在這裡，或許是爲了突顯佛教的入世性，印順必須在理論的詮釋上做出帶有價值取向的選擇，也就是在強調回歸原始佛教的同時，他還需要把不是佛陀個人直接言論的中期佛教的大乘思想帶進來，做爲「人間佛教」主要精神資源的源頭。在此，印順已經超出了純粹學術研究的立場，而是以宗教師的身分來做擷取與選擇，他的「以佛法來研究佛法」，也就是以「三法印」爲基礎來判斷佛教經律與制度的適當性，正是他主要的立足點(邱敏捷 2000: 66-73)，根據這一點於是佛法不必限於佛的口說，只要是合乎教法的都是「佛說[19]」。於是印順所弘揚的「人間佛教」，在他特殊價值判斷的取捨下，可以同時包含著原始佛教單純而一致的倫理觀，和中期大乘佛教自利利他大悲大願的實踐性格，卻又與後期祕密大乘佛教中的咒術與神化色彩盡量劃清界限。正如他所說的，「人間佛教」是：「立本於根本佛教之淳樸，宏博中期佛教之行解，攝取後期佛教之卻當者，庶足以復興佛教而暢佛之本懷也歟。」(1989: 1-2)，也如他所說的：「印度佛教的興起、發展又衰落，正如人的一生，自童眞、少壯而衰老。童眞，充滿活力，是可稱讚的，但童眞而進入壯年，不是更有意義了嗎？壯年而不如珍攝，轉眼衰老了。老年經驗多，知識豐富，表示成熟嗎？也可能表示接近衰亡。所以我不說愈古愈眞，更不同情於愈後愈圓滿，愈究竟的見解」(1989: 17-18)。

19 印順(1992b: 153)提道：「釋尊有他的自覺聖境；他吐露在語言中，表現在行爲中。這意境、言說、身行的三業大用，出現在世人的認識中，是這個世間的佛法的根源，佛法是不限於口說的。」(轉引自邱敏捷 2000: 173)邱敏捷評論道：「依印順的觀點，『限於口說』範圍太偏狹，佛法應不限於口說，舉凡釋迦的身、語、意三業都是佛法的根源。基本上，印順的說法雖言之成理，卻頗爲『弔詭』，他迴避了傳統中國古德大師『佛說』爲『親口說』的定義，而把『佛說』的定義加以延伸。然這種延伸定義是印順的『自我預設』……」

於是在這裡我們可以說，「人間佛教」結合了原始佛教與中期大乘佛教，它是爲適應時代而產生的一種綜合性並具有價值選擇與判斷的產物，它既要對抗佛教中國化所產生的過度世俗化的現象，也要對抗密乘佛教神化色彩的濃厚，更要和當代的基督教相競爭，證明佛教也可以接續在既有的內在精神上產生深刻的入世關懷，然而佛教的內在資源是否眞的能夠有利於佛教徒或是佛教團體產生持久且在倫理的立場上有著高度一致性的入世行動？或只是有助於凝聚群體來施行超越個人利益的有利於公共福祉的社會行動？此處前者代表了宗教對世俗社會產生了深刻而眞實的影響，後者則相反的僅是有助於現存社會秩序正當性的維護。「人間佛教」的推動者所要追求的是前者，但結果卻常是後者，這代表了理論層次與實踐層次的落差，更反映了佛教的內在資源雖然有可能與入世實踐的精神相容，卻仍並不足以產生具有內在一致性和長久持續性的「入世」的社會實踐模式[20]。

20　當然，在此我們並不是否定佛教與入世實踐行動取向間的相容性。就如同日本學者梶山雄一在談到佛教中觀思想時所說：「社會性世俗性，就其自身來說，並無宗教的價值。社會性世俗性之能夠超越自身而成爲自身以上的東西，是因爲有空之原理在運作之故。」（梶山雄一[吳汝鈞譯]1993: 67）由此看起來，以中觀哲學（大乘佛教最主要的思想依據）爲基礎，根據空之原理，在一個辯證性的論述模式裡，佛教思想與世俗實踐之間是可以做一個很好而且是很精采的結合的。但是這種結合的基本精神在於說明：入世與出世間的無分別性，以及開悟者可以在入世行動上有所發揮的可能性。但它是否能夠對於：爲什麼一定要從事社會實踐？實踐的神聖意義何在？以及純粹實踐的本身是否能達到解脫？等等這些問題提出具有說服力的看法呢？因爲「要達到解脫就必須要從事社會實踐或必須通過社會實踐來達成」，和「一個解脫者或通往解脫者也可以，甚至是應該要從事於社會實踐」這兩種命題，在意義上還是有著很大差異，前者比較像是基督新教的入世禁慾主義所強調的，後者則是人間佛教的理想至多所能達到的，二者在內在性質以及行動動機基礎上顯

九、「在家人與出家人地位並重的正統教團」和「克理斯瑪教團」的出現及其社會意涵

回到關於宗教行動類型的討論，第三章中所提出來的六種宗教類型，至今都仍廣存在於台灣的社會中，不過後面兩種類型則是社會分化趨勢加劇以後，在最近一二十年間，尤其是解嚴(1987年)以後才廣爲蓬勃發展的宗教行動類型。事實上該兩種類型的背後，本就包含著和社會分化與多元化過程密不可分的社會意涵，它們是當分化成爲制度性與結構性的社會事實時，宗教團體在行動邏輯上所產生的一個相應的改變。

以時間點來說，如同第二章所述，國民黨的威權統治，在面臨本土政治勢力的參與壓力與資深民意代表凋零所產生的法統危機之下，1968年以後，各種選舉乃逐漸開放，該統治結構遂逐漸轉型。而快速的經濟發展也使台灣民間社團組織蓬勃發展。1980年代以後，台灣社會結構日趨複雜以及民間自主意識抬頭，許多利益團體的運作，逐漸擺脫國民黨控制走向自主運作的路線。簡言之，和國民黨一統性威權體制所不能完全相容的，是現代化體制(也就是各領域[經濟、法律、教育、文化等等]有著獨立運作邏輯的現代分工

(續)

然是存在著一些根本性的差異。不過，還要在此強調的是，此處，我們並沒有做出關於哪一種宗教較優的任何價值性的判斷，而僅是在於以實例來說明並探討教義與行動間的邏輯性關係何在。此外，至於佛教與入世實踐行動間的結合，筆者以爲，它的可能性或許在於以某種具有實踐旨趣的意識型態(像是馬克思主義)爲基礎，再輔以具有內向反身性的佛教爲輔助的這種模式，或許可能有較大的開展性(當然這種方式已爲一般佛教徒所不易接受)，若純以佛教自身爲主體來做轉化，則它顯然在理論與實踐層面上都存在著較大的內在限制。

體制)的運作，在各功能分工基本單位的衝擊之下，它使得威權制度不得不放棄其一元性控制的基本結構。1987年解除戒嚴，各宗教團體紛紛以人民團體的名義來登記，正式開始了宗教組織多元化發展的趨勢。

「在家人與出家人地位並重的正統教團」是社會上既有的正統教派(過去爲官方所正式承認的教派)，在社會趨於多元化過程中，產生了內在轉變之後而出現的新的宗教型態，它在社會位置上仍是屬於正統，與主流社會秩序，包括既有的政治、經濟活動間，維持著一種和諧與相容的關係。不過一個團體正當性與經濟的基礎，不再是「統合主義」統治結構中，受到統治者保障或包庇所產生的宗教市場的壟斷，於是在新的宗教市場競爭關係中，其必須更積極而普遍的注意到廣大世俗階層的興趣，以維繫教團的基本生存。這反映在教團內部，在家信徒的地位於是有所提升，甚至於有以在家眾爲活動主體的教團也紛紛出現，而當在家眾在教團內部地位增高的同時，連帶的各種較爲世俗性的認知取向(例如說重視企業管理與經營，重視市場的競爭能力等等)，也在教團中影響力日增。不過一個教團爲了保持其正統的傳承關係，僧侶階層仍在教團內有著不可或缺的象徵性地位，雖然它們在活動的性質上，已不是絕對的侷限在神聖的宗教領域，而往往開始大幅度的涉及於世俗性的組織經營與市場競爭之類的活動。

由此，和我們前面所討論的「人間佛教」議題有關的是，筆者以爲，「人間佛教」發展趨勢在當代台灣的發展，固然有著佛教內部自身教義發展邏輯的脈絡可尋，但實則如前一節所述，它在更大的程度上一方面是歷史環境的衝擊所促成，一方面則是社會結構改變以後所產生的相應的結果，它的屬於因教理改革而產生的改變教團的力量，相對而言反而是較後發生的，而且也未曾產生戲劇性的絕對的影響力，嚴格講起來，「人間佛教」的性質與動力來源，主要是來自社會的(或者說是社會學意義下的)，也就是說這個過程是：「在家人與出家人地位並重的正統教團」的浮現，帶動了教團宗教義理的變化與轉型；而不是相反的由另一個方向，也就是宗教義理上的革命性改變而帶動了教團在儀式、象徵符號、互動模式、內部權力結構與正當性基礎上的全面的改變。

另一個在台灣當代多元化結構中所浮現出來的宗教行動類型是「克理斯瑪教團」，如前所述，這一個名詞的使用本身很有爭議，因爲「克理斯瑪」是一個基督教文化脈絡底下的名詞，其權威的基礎常是來自於上帝，且某種程度上還需和人間巫術的使用劃清界限，因爲它有著一個更高層次的倫理訴求，這些都和東方式宗教領導者權威基礎的往往來自於個人長期的修煉，且並不嚴厲拒斥著外在神通性的表現等等特質間有著極大差異。但是在沒有更好的名詞之下，我們暫時還是用了這個名詞來做命名，用來指陳：一種教團權威集中於教主個人人身的行動類型，因爲集中於個人人身，它也就能夠超越於文化傳統與宗教傳承的束縛，雖然在實際上它的內容仍多方面的與既有的傳統或傳承有關；而教主的權威，在表現形式上，有著超凡特異的屬性，也就是不同於常人，這在華人宗教文化脈絡裡，往往和各種因自我修煉(包括前世的修煉)而獲得的神通力有關。簡言之，「克理斯瑪教團」就是一種在形式上可以任意超越文化傳統束縛，並相信自我現世具有發展上無限可能性的教團形式，這種教團在形式上的集中表現，就是擁有一個權威集中於個人的領導者，並且這個個人還經常必須透過「克理斯瑪展現」(charismatic display)來與信徒互動，以維繫他(她)自己與這個教團的正當性。

在分化的社會結構中，「克理斯瑪教團」是一種因多元分化的結構而產生，卻又在個人的私領域裡抗拒分化與自我分割的，既矛盾又弔詭的現代產物。和「在家人與出家人地位並重的正統教團」相比，此二者皆因多元化的結構而出現，前者是既有正統教團在不得不適應於內部在家眾地位提高與外部市場競爭的社會現實後所產生的轉型；後者則是高度分化結構下，新萌發出來的宗教行動類型，也就是在高度分化的社會結構中，產生了脫離了傳統宗教束縛的「個體性」的信仰者(參考第六章)，他們開始更專注於個人救贖與自身主觀的內在體驗，這在某種程度上是個人意識提高，以及個人對世俗社會因高度分化所產生的各種「零細化」(fragmentation)現象(也就是在分化結構中，宇宙與個人人生成為支離破碎的、欠缺完整性)不滿之後所產生的結果(參考附錄二)。在「克理斯瑪教團」這種宗教型態裡，人們一方面雖抗拒儀式、組織與既有傳統的權威；一方面卻又戲劇性的主動而自願的聚集在一個教主的周邊，也就是既追求著絕對而不受限制的自我成長，卻又在某種自我投射過程中，賦予了教主完全而不受限制的權威。

拿「在家人與出家人地位並重的正統教團」和「克理斯瑪教團」教團相比，後者有更強的「個體化」的傾向，其異端傾向也較為濃厚，雖然在華人文化脈絡裡，它往往不是文化上的異端，而是政治取向上對既有宗教組織與既定社會階序的不妥協性。不過即使是這樣的異端傾向，它往往也還只是潛在性的，要視當時外在政治與社會壓力的情況而定，外在的壓力愈大，愈會激發出它潛在的異端傾向，而在現代多元社會結構中，形式上較能容忍各種民間團體的存在，於是當外在的壓力較輕時，這也就使得這類教團的異端性格有所緩和。

當然，領導權威集中在教主個人手裡，這是傳統父權社會裡極為普遍的現象，教主往往以救世主和超人的名義出現在信徒的面前。不過我們在此要做區別的是，前一章和本章中所提到的這種「克理斯瑪教團」，和傳統集權式的組織型態，意涵極不相同，在過去，是權威未分化的情況下，某些團體內部所具有的權威集中的現象，現代的這種「克理斯瑪教團」，則是社會權威結構分化以後，個人獨立的私領域逐漸形成，一部分人將關於自我的想像投射於教主身上而產生的自願性參與團體，雖然這也造成了教團權威的集中，但它的幅度基本上只能被限制在人們私領域的範圍內，教團的規模相對而言也較小，性質上是類似於被主流社會所邊緣化的小團體(參考Wilson 1975: 111)(雖然在某些歷史和社會條件下它也有可能成爲大型的團體)，這和過去人們對權威的習慣性服從，以及寄望於教主救世主般的現世拯救而產生的各種宗教權威集中的現象，有著本質上的不同。如果要在名詞上加以區別，那麼若現代社會中以個體性自我意識的聚合爲基本構成元素的教團被稱之爲「克理斯瑪教團」的話，則過去宗教團體內部的權威集中，我們或許可以稱之爲一種「父權救世主教團」，一種權威未分化的社會結構中所產生的具有政治與社會意涵的群體性聚集。簡言之，這種現代「克理斯瑪教團」集中的權威，它的意義已不同於傳統社會中無法掌握個人命運而期待救世主的現世拯救的型態，反而是個人能自主掌握自身命運以後，在對自我的較高期望中，認同於教團領導人身心所反映出來的超人般的境界(並嘗試以此爲仿效的對象)，而在個人性私領域裡所產生的一種宗教性的活動。

十、第三章與第四章的共同摘要

本書主要的關懷點，是所謂的新興宗教的議題。然而關於新興宗教的定義，背後包含了文化與歷史的面向，我們實無法以一個外來的標準來判定宗教的新舊，甚至於關於教派分裂與發展的模式，東西方間亦有很大差異，以新興宗教這樣的概念來囊括當代台灣宗教團體蓬勃發展的現象，其是否適當？也仍是一個有待討論的問題。在這一方面的問題得到較好的處理之前，本書在第三章與第四章的處理方式，是暫時迴避宗教傳承方面的議題，而直接以社會學的角度，區別出先後在台灣歷史發展時空中所出現的，在內在運作邏輯上有所差異的宗教型態。在這種有著歷史縱深與社會學意涵的討論裡，雖然我們尚未能對所謂新興宗教的定義問題提供明確的解答，但至少能夠對於不同宗教型態之間的社會學上的差異，做出基本區別。在理論框架的建構上，這已是通往了解台灣當代宗教現象的第一步，因爲唯有把當代台灣的宗教現象與歷史上所曾出現過的宗教現象相對比，它的歷史獨特性才能被指認出來，它未來的發展趨勢也才能被正確的加以捕捉，否則任何討論都還是不夠踏實的。

扣緊歷史發展的軌跡，以「重層化」爲架構，我們在第三章中，建構出來了六種基本的宗教行動類型，其間主要的區別點在於一個宗教團體制度化與獨立性發展的程度，以及內部權威凝聚的方式，而不同宗教型態的出現與存在，與其周邊社會中社會分化的程度、政教關係的模式、整體教育水平等因素間，有著絕對的關係，這在第三章中已有廣泛討論。

承續第三章的討論，第四章就第三章中所建構出來的類型學背後所帶有的各種理論性意涵，做了一個更廣泛的思考。首先，就各類型在幾個基本面向上的差異，包括權威凝聚之方式、教團內地位形成之依據、成員招募方式、教團擴展原則、教團慈善活動的性質和教團與社會關係等等，該章都提供了更詳細的說明，俾使本類型的內容較爲完整，這當然有助於我們更深刻的注意到不同類型間的異同，以及各類型背後所具有的獨特的社會意涵。

接著，該章特別就Robert Bellah 所曾提出過的宗教演化類型，與筆者所建構的類型做一比較。其間的相似處是在宗教型態轉變的過程中，不論是西方或台灣，有幾個性質上的變化都是具有關鍵性的，它們包括了：宗教的世界觀與世俗世界間的區隔與分化、宗教團體的分化與獨立的程度、神聖與世俗間是否需要神職人員的媒介、在家人與僧侶階層關係的調整等等。不過其間也存在著幾點重要的差異，包括：1.演化過程中外力的影響(是自發性的變化或是受外力影響而產生變化)；2.不同宗教型態間並存的模式(例如華人社會中始終爲「古代宗教」所籠罩，即使出現了「歷史性宗教」，也必須與「古代宗教」並存共生，這和西方「歷史性宗教」取代了「古代宗教」的模式不同)；3.不同歷史條件在各自歷史發展軌跡中所出現的時機(例如華人社會中印刷術普及甚早，故早有對於「媒介性救贖模式」的瓦解，以及華人社會爲「古代宗教」所籠罩，故「歷史性宗教」早就必須做出入世性的調適，而不必等到進入「早期現代宗教」型態時，才開始發展出入世行動的轉向)等等，這些差異的存在使得西方與台灣的宗教發展型態之間，一方面在類似的特質背後，可能蘊含著不同的社會與歷史意涵(所謂的「同形異質」現象)，一方面在不同個別類型間的銜接和轉變過程上，可能有著相當不同的發展模式(譬如說當華人傳統社會中「混合宗教」形式的「古代宗教」始終占有核心性位置時，「早期現代宗教」與「現代宗教」在台灣的出現過程便與西方社會中的發展模式有所不同)。

在此，我們或許還可以就本書中多處所提到過的，彼此間關係非常密切的Parsons、Bellah和Luhmann三者間的理論關係，進一步的做一個摘要性的對比與說明。

就三者間的相似性而言，以社會分化做爲討論焦點，他們的理論都可以被放在「系統理論」的概念框架裡來加以看待，也就是三者對於宗教現象的解釋，都是以部分對應於社會其它部門和對應於社會整體的這種關聯性，來做爲主要的分析角度。基本上這三者都認定了：宗教對於社會，有其功能上的必要，而隨著社會系統的演化，宗教的型態有所改變，宗教在系統中所扮演的角色和與其它部門間的關係也會有所變化。

若以Bellah 和Parsons之間的關係來加以討論，這二者間在理論的立場上並無差異，不過前者對於宗教演化的問題，有著更爲詳盡的發揮，也之在第四章中，我們乃以其做爲一個啓發性的概念框架來加以討論。Parsons(1966)曾以文化系統與社會相對分離的程度，來區別歷史過程中不同社會演化的階段性差異，他並區別出來了初民、中等和高等社會等不同的發展階段，其中書寫能力的存在以及普遍化，是影響文化體系能否獨立發展的關鍵，愈到後期，文化體系愈具有一種獨立性與自主性。而Bellah的討論，與Parsons相當類似，不過特別注意到宗教部門的變化，在討論宗教演化時，他扣緊著的是關於宗教象徵符號繁複的程度，以及宗教組織分化與獨立的程度，他並以此集中而密集的說明了宗教演化的內在機制，以及相續的宗教演化的主要階段，如前所述，這其中包含了五個主要的階段性發展。

進一步來加以區分，以Parsons和Bellah的結構功能論爲對照性的一邊，它和Luhmann的系統理論在基本預設上，有著根本性的差異。簡單的說，結構功能論是以系統的維繫，做爲分析上的基本前題，爲了維持整個系統，在滿足維持系統之基本功能中，產生了一組最基本的結構組成(也就是AGIL，見第二章)，而對於系統的維持而言，某種價值共識的達成也是必須的。但是在另一邊Luhmann的系統理論裡，則認爲當代社會的演化已經進入了一種各個次系統自我參照與「自我再製」(autopoietic)的情況，整合性的世界觀與社會生活已不存在，他的系統理論不再關心社會整合如何達成的問題，而是關心特定的次系統執行著哪一種功能？並且這些成效可以被哪些功能上對等的可能性所取代？(Kneer & Nassehi, 1993[魯貴顯譯 1999: 50-51])而系統之所以必須存在，是因爲人類在對體驗的處理上，基於人類學理由來說，能力非常有限(Kneer & Nassehi, 1993[魯貴顯譯 1999: 52])，也因之必須借助系統來減低世界的複雜性。就如同我們在第二章所述， Luhmann將Parsons 的結構功能理論做了一個翻轉，將結構概念擱置，而以功能分析重新開展，以此來產生了意欲解釋所有社會現象的宏觀性的大理論，這是理論的重新翻寫，也是一個立足點上的跳躍。

特別就宗教和社會的關係來看，Luhmann以爲，在現代社會裡，宗教已經難以再爲整體社會執行其功能，對於其它部分於是僅在協助處理一些其它系統中產生而又不能在該系統中獲得解決的一些私人性問題。這種看法和 Parsons與Bellah二者的想法差異很大，在後二者的概念架構中，即使宗教已由社會中分離出來，甚至於宗教已成爲一種個人性的選擇，但某種共同的宗教精神，已經內化在整體社會體系和個人工作倫理之中。換言之，在Parsons 與Bellah的討論裡認爲，宗教演化的過程中，宗教象徵符號愈形複雜，個人的自主性也愈益增高，這的確是現代社會的特徵，但是整體社會的價值共識並未瓦解，在一個間接的層次上，宗教仍是促進社會整合的主要元素(參考Roberts 1990: 306-310)。

回到台灣實際的情況裡來，我們在第三章與第四章中，就當代台灣社會分化過程的出現與其中所產生的相關宗教型態，有相當密集性的討論。我們的焦點主要擺在兩個層面上，一是就台灣社會中社會分化與宗教部門浮現這兩種過程間的相互關聯性，做了一個理論性的探討，並就此發展過程中當代台灣社會中宗教部門的性質提出了討論，這有助於我們認識到當代台灣新興宗教現象背後所具有的獨特性；一是實際提出「在家人與出家人地位並重的正統教團」和「克理斯瑪教團」這兩種宗教行動類型，以說明當代台灣宗教活動性質的社會學意義上的變化。

而由於和「在家人與出家人地位並重的正統教團」這種當代出現的宗教型態特別有關，我們在第四章中也特別討論了所謂「人間佛教」的議題，筆者以爲，它是佛教界爲適應時代而產生的一種綜合性並具有價值選擇與判斷的產物。而在當代社會中，佛教組織的轉型與實踐路線的改變，固然一方面是受到「人間佛教」思想路線之啓發，然而在更大的程度上，其歷史原因，還是一種社會學式的，也就是它主要還是導因於整體社會結構改變以後，在正統宗教團體內部所產生的相應的結果。更且，台灣佛教界在當代所產生的某種入世路線的轉向，在實踐層次上，與西方基督新教的「入世禁慾主義」，也就是試圖將一套具有內在一致性的倫理立場實踐於世俗生活之中的行動模式，其間還存在著一定程度的差異。

另一種台灣社會分化結構中所新萌發出來的宗教型態：「克理斯瑪教團」，就社會心理層面而言，它和宗教信仰的「個體化」發展過程(參考第六章)有關，也和社會的過度分割化與「零細化」有關，換言之，它一方面是「個體化」宗教信仰者的自願性聚合，一方面也是現代人對抗主流世俗社會的一種重要的表現形式。在分析上，我們注意到，這種當代的「克理斯瑪教團」，必須與傳統社會中的各種集權式的團體(包括宗教的與非宗教的)做一區別，前者是屬於個人私領域中自我領域高度擴張後的特殊產物；後者則是自我尙未由群體社會中分化出來的對應物，雖然二者皆表現爲一種權威高度集中的形式，但實質性的內容並不相同。

此外，我們在此還是要強調的是，本章與第三章中所提供的類型學討論：

第一、它是分析性的，在台灣這種歷史高度「重層化」發展的情境裡，新舊形式混融的現象特別明顯(參考第三章)，一個教團很少是清楚而純粹的完全對應著本書中所提出來的任一個宗教型態，同時一個教團在不同的發展時期裡也常具有不同的形式，更何況在資訊交流頻繁，宗教傳布公開的情況中，不同宗教團體間相互模仿與互相影響的可能性大增，因此本書所提出來的這種類型學，雖然衍生自眞實的歷史脈絡，它在性質上卻仍是分析性的，因爲在台灣當代社會情境裡，要發現某種較爲純粹的宗教型態，基本上是不可能的。

第二、這一個類型學雖然強調著歷時性過程中，不同宗教型態間的差異，但在台灣這種非自發性的社會變遷過程裡，社會並未自發性的產生排斥舊元素的內在機制，於是舊的宗教型態有可能不但不消失或減退，它還會在適當的結合了新型態中的某些特質以後，繼續維持著它的活力[21]，這使得我們今日所面對的台灣宗教現象，顯得異常的複雜，就此而論，除了依據「歷時性」原理，而注意到不同宗教型態間歷史演化的過程以外，就分析台灣當代宗教現象而言，「同時性」的考察，也就是注意到原本應屬於不同時間的宗教型態，如何在同一個時空中交互激盪並存，它也是相當必要的。

第三、此處所提出來的類型學的討論，基本上還有著暫時性的性質，並且也只是啓發性的而非系統性的，簡言之，在有限的資料

---

21 我們在附錄三中所提到的盧勝彥眞佛宗的個案，就是以地域性民間信仰爲基礎，再結合了現代教團的形式以後，而能夠在當代台灣社會蓬勃發展的例子。

與理論資源之下，我們嘗試啓發性的就與台灣當代宗教發展特別有關的議題加以討論，但它在名詞使用與系統性完整的程度上，都還有有待商榷與欠完備之處，相關問題還待未來更多的討論，俾使理論的深度、概念的精確度與實證資料的支持度等都能再有所提昇。

第五章

由傳統社會到現代社會中華人民間教派社會文化意涵之轉變：透過「清海無上師世界會」教團所做的相關考察

一、前言

承續前面的討論，在第五章與第六章這兩個章節中，奠基在實證的基礎上，藉著個案研究的方式，我們希望能就一些與台灣當代新興宗教現象有關的議題做更深入的探討。而這兩章中所選擇的個案，是清海無上師世界會，它在1990年代曾經在台灣發展到鼎盛，當時信徒應有30萬以上，但在清海個人1996年居留國外以後，該教團在台的發展漸趨緩慢。台灣在1987年解嚴前後，一元化的控制系統已經崩解，當時正是各種新教派開始蓬勃發展的時刻，像是自居正統的教派有星雲的佛光山、證嚴的慈濟功德會，一般被佛教界與媒體看做是異端的則有清海無上師世界會和盧勝彥眞佛宗[1]。這其

1 例如在1990年代初期，佛教界陳慧劍居士(1990)所撰寫的流傳頗廣的文章〈二十世紀末期台灣「附佛法外道」之興起〉，就以盧勝彥與清海爲主要批評對象，認爲他們假借佛教之名，實則是有違釋迦遺教的異端邪教團體。

中，尤其是清海無上師世界會的作風較爲奇特，也引起了外界較多的好奇與爭議，像是它的熱烈鼓吹的教主崇拜、豔麗異常的教主裝扮、毫不避諱的商業性活動，和因對信徒要求強烈而使信徒在日常生活中常與家人發生衝突等等。然而在種種爭議中，該教團仍能一次又一次掀起信仰的風潮，甚至於可以以建築在台灣募集而得資源的基礎上，進而發展爲一個傳教網絡遍布全球的國際性教團。

我們之所以選擇清海教團做爲考察對象，如同第一章中所述，當代台灣宗教活動的一個主要內容是所謂的「制度性宗教的浮現」，而其中較爲明顯的一個發展趨勢又是所謂的「邊陲性宗教擴張」。清海教團在此，它正是台灣當代「邊陲性宗教擴張」的發展態勢中，表現的較爲極端而徹底的一個，也之透過它可以讓我們更爲明顯的觀察到「邊陲性宗教擴張」的表現型態，以及更主要的，當代台灣新興宗教現象一些主要的特徵與發展趨勢。

而從一個比較暫時性的角度來看，即使我們還不能明確定義什麼是台灣的新興宗教現象，不過不管採取什麼樣的定義，就其規模、影響力、傳承的脫離既有宗派、作風的異端性與新潮性、以及外界對其是否持有負面看法(所謂的「污名化」[stigmatized])等等標準來看，清海教團的存在都應是屬於台灣新興宗教現象中不可忽視的一部分。甚至於假若我們要挑選出台灣當代新興起的宗教團體中，既在實質參與人數上不可忽視，又具有突出而明顯新特質展現的團體時，清海教團顯然都是其中不可加以忽視的一個。做爲一個「策略性的研究點」，在有限的時間與篇幅裡，清海教團實不失爲是一個極佳的有助於我們探究台灣當代新興宗教相關議題的研究對象。

不過，以下的個案探討，還不是全面性的個案研究，而是在幾個有啓發性的重點上，對於清海教團所進行的分析與探討。這是希望在有限的資料與篇幅內，能夠就一些具有理論啓示性的問題提出討論，這種研究的方式當然還是權宜性的、策略性的，也是現階段在各新興宗教團體異常封閉，資料收集不易的情況下，暫時性的一種作法。

以下，第五章與第六章可以被看做是本書中一個獨立的單元。目的在經驗性的比較華人社會中當代宗教現象與傳統教派活動間的類似與差異的部分。在比較時，就台灣當代的新興宗教團體而言，如前所述，我們是以當代台灣一個醒目發展的宗教團體清海無上師世界會做代表；就傳統社會中的教派活動而言，我們則是以傳統華人社會中的民間教派[2]爲主要的參照點。本書的第五章是一篇經驗性的考察報告，我們發現到，在傳統華人社會中民間教派所具有的社會意涵，像是教派主義、綜攝性格、異端傾向等等，固然在當代台灣的清海教團中仍有保留，但其性質與行動旨趣已有所差異。這

2 本章中出現的兩個名詞，民間宗教和民間教派，不同學者稱法不同。前者有學者稱之爲民俗宗教、民間信仰；後者則有學者稱之爲民間宗教(主要是大陸學者)、教派宗教、教派團體(sectarian cult)、會道門等等(參考王見川、林美容、周益民 1997: 1；林美容 1997: VIII-XVII；渡邊欣雄 2000: 6，濮文起2000: 1)。本章中所指的民間宗教，也就是民間非制度性的民俗信仰，依渡邊欣雄(2000: 6)的定義(他稱之爲民俗宗教)：「沿著人們的生活脈絡來編成，並被利用於生活之中的宗教，它服務於生活總體的目的。這種宗教構成的要素，比如，國家的制度保障、文字的利用、祭祀對象物的由來等，即使發源於正規的宗教，也是被攝取到了人們的生活體系之中。所謂的民俗宗教構成了人們的慣例行爲和生活信條，而不是基於教祖的教導，也沒有教理、教典和教義的規定。其組織不是具有單一的宗教目的的團體，而是以家庭、宗教、親族和地域社區等既存的生活組織爲母體才形成的；其信條根據生活禁忌、傳說、神話等上述共同體所共有的規範、觀念而形成並得到維持。民俗宗教乃是通過上述組織而得以傳承和創造的極具地方性和鄉土性的宗教。」而本章貫穿全文所稱的民間教派，指的是有獨立教團但卻又在傳統中國社會中沒有取得官方認可的宗教結社組織，像是白蓮教、一貫道、齋教等等。

清楚顯示出來了，台灣當代宗教文化變遷的軌跡。其中教派主義內涵的轉變，反映了前述所討論的宗教「浮現化」與「成形化」的社會過程所產生的影響；綜攝性格的持續，反映了文化的連續性和其自發性的調整與創造的過程；異端傾向的轉向，則代表了傳統漢人宗教的教義已發生「重新排列組合」以及「重新對焦化」的結果。本書第六章仍是以清海教團爲考察對象，但把焦點靠的更近，針對的問題則是清海教團的歷史複雜性所反映出來的理論意義，檢驗過程是抽出其發展史中的三個段落，來對照其組織與教義活動的改變，並與台灣時代變遷的腳步一起搭配起來看。該章中有著較爲強烈的理論性關懷，想要追問：在台灣的社會文化脈絡中，當代新出現的新興宗教團體，到底在什麼樣的面向上是新的？在什麼樣的面向上它又是舊的？該章發現，以清海教團為例，它的發生模式與正當性的取得，其模式是舊的，它內部的活動型態以及互動模式，則已經具有「宗教信仰個體化」的性質，也就是在社會學的意義上，已經具有了「新」的屬性。最後，建築在該章的發現上，我們對於西方既有的解釋新興宗教誕生與發展的模型，也提出了初步的檢討與反省。以下，我們即開始進行第五章的討論，討論之先，我們還是由一個比較具有理論性意涵的問題開始出發。

二、關於宗教發展的幾個概念運用上的問題

宗教的建立、發展與傳播的模式，我們或許可以稱之爲「宗教發展制度叢」，它在每一個社會中都有其特定的基本型態，而隨著時代變更，這種制度叢也會有所變化。相對於原有的傳統宗教，在社會變遷過程中，一個社會中也常會有新興宗教團體的出現，其出現的模式，也正是該社會中所存在的這種「宗教發展制度叢」的一

種反映。

不同社會中的「宗教發展制度叢」有著極大差異，不過宗教社會學領域中既有的解釋宗教分裂與興起的模型，以所謂的「教會—教派」(church-sect)這一組基本對立結構及其衍生類型，來觀照新興宗教團體所可能具有的基本性質，主要還是根據觀察西方特定歷史發展時期宗教發展史所得出來的概念架構。Weber(1963: 60-79)指出，「教會」(church)是一個制度性的統一的宗教組織，大家一出生就生活在這樣的一個制度性的宗教環境裡面。「教派」(sect)則是一個教義上的異端組織，是一種社會上的少數，但是是一種有選擇性的志願參與團體，信徒相信他們是唯一可以獲得眞正救贖的對象。Weber 對此二分性名詞的概念討論尙完全限定在基督教團體中(Hall 1987: 155)，其目的在探討基督教會與世俗社會之間的動態關係。以神學問題的探討爲主，Troeltsch (1981, vol.1: 331-343) 繼續發揮Weber 的概念，他指出，「教會」是適應於世俗體制的宗教組織，「教派」則是因執著於理想主義和聖經訓示，而產生的激進宗教團體。此外「神秘主義」(mysticism)則是相應於現代的個人主義而產生的更具流動性的宗教組織(1981, vol. 2: 693)。

Niebuhr(1929)延續Troeltsch 的神學關懷，批判美國社會中各種教派的實際發展狀況，他指出隨著時間進展，各「教派」的激進傾向有所妥協，社會階級構成亦有所轉化，產生了與主流社會和其它宗教團體間和平共存的，特有的「教社」(denomination)的新宗教型態。Becker(1932) 則使用「膜拜教團」(cult)這個概念，來指涉Troeltsch 所提出的有著個人主義取向的「神秘主義」的概念。Yinger 和Wilson 接著在以上概念的基礎上加以精緻化，依據制度化和組織複雜的程度，以及宗教團體與社會的關係，Yinger(1970) 在「教會」、「教派」與「膜拜教團」等概念上再做進一步的細分，

Wilson(1970, 1973)則就「教派」的基本取向再加以細分爲多種類型，並指出，隨著其基本教義取向的不同，其後續與社會間的關係，也會有極大差異，而影響了其轉化的模式。但是Yinger(1970: 256)批評Wilson 的類型學，認爲他混淆了一個宗教團體眞正追求的目標和實際執行的手段間的區別，以致於提出了一個類型間彼此重疊的分析架構。爲了能夠使定義更具有操作性，Johnson(1963)則提出了一個單面向的定義，僅以一個宗教團體與社會主流價值間的關係，來定義其是屬於「教會」或者「教派」。

許多學者嘗試把這一套類型學應用來解釋西方以外地區宗教分裂與發展的情況。Moberg(1961: 47)指出這一套類型學稍加調整，即可適用於基督教以外的地區。Hertel(1977)將其應用到印度地區，把上層「克斯特」(caste)比擬爲「教會」，下層「克斯特」比擬爲「教派」，認爲該類型學可以用來解釋印度當地的宗教生態。Matin (1965: 7)則將傳統中國社會中的儒教，比擬爲「教會」，「正因爲儒教是單純的保留著『教會』的一種極端的情況，它完全併入社會模式之中而成爲隱而不見的了。」相對於此，道教和佛教則是中國社會中的「教派」團體。Wilson 則嘗試把他由基督教發展史中，歸納出來的類型學應用在部落社會與第三世界國家，其名著《巫術與千禧年》(*Magic and the Millennium*)(1973: 18-26)中，採取寬鬆的定義，不以教義爲唯一標準，而以與社會既存秩序的反彈——包括對正統宗教傳統的排斥和新的救贖管道的追尋等等——來定義所謂的「教派」，他並以此定義大規模的分析了非西方國家中各種新興教派的宗教活動。

然而這些概念的提出或修正，離能夠適當來的解釋華人社會中宗教發展與教派分裂的狀況，實還有一大段距離。雖然早期漢學家de Groot(1903-04)的著作，專注於探討在中國帝國壓迫下，「教派」團體的叛亂傾向及與帝國政府間的緊張關係，暗示了傳統宗教社會學中的這一套概念結構，可以被應用在華人社會。但較晚近的漢學研究(Overmyer 1976, 1981; Jordan & Overmyer 1986; Naquin 1985)，則強調明清以來民間教派中較爲溫和的一面，尤其是它的非對抗性的基本內涵。這裡顯現出，以明清時期爲背景，如果稱呼當時各種與正統宗教相區別的新興宗教團體爲「教派」，則「教派」團體的實際指涉與運作模式，在華人社會裡，實在是與其在西方社會中的運作模式有著極大差異。

最概略來說，這種基本差異，大致集中的反映在兩個方面：第一、牽涉到宗教的定義與型態方面的問題，華人社會中「教」一般指的是獨特的一套道理或方法；或甚至指的是一套規範性的儀式活動，而非有組織的教派活動(ter Harr 1990: 13)；Cohen(1988)更指出，華人教派活動是相當個人性的[3]，個人爲求自身或家族成員靈魂的解脫而來參與，爲求有效的解脫，個人也可以同時參與多個宗教團體。換言之，既然「教」只是一套獨特的修行方法或處事原則，除了少數宗教專業階層以外，人們沒有必要單獨對一個宗教團體效忠，宗教團體間的界限當然也就不是互斥的，西方式的截然區隔與分立的教派觀念，在此因此並不適用(Jordan & Overmyer 1986: 7-12; Robertson 1970: 113-142)。第二、牽涉到整個華人社會文化發展型態的問題，相對來講，如後所要描述的，中國在明朝中葉以後，在不同的地域甚至是階級間，已經產生了一個整合性與共通性都相當高的文化系統(Rawski 1985: 403-404)。在這種情況下，即使有許多新興教派的出現，它的意義也絕不同於西方社會中的異端教派，有著文化上的對立與反彈的清楚立場。

3　這種個人性和西方社會中的私人性當然不同。

總之，新興宗教團體的活動在華人的文化脈絡裡，實帶有著獨特的文化與社會意涵，我們必須還原到華人的生活世界中來做考察，才不致於扭曲了這些宗教活動所代表的眞實意義。

三、傳統華人社會中的各種新興民間教派

傳統帝國中一般華人的宗教生活

就華人歷史上的新興教派來看，明清以後蓬勃發展的各種非佛教非道教的各種新興教派，曾在歷史上產生了相當大的影響力，這代表了華人民間新興宗教活動最主要的表現型態。雖然中國幅員廣闊，歷史跨越時間又長，不同時空中的新興教派活動，常各因不同的因素而產生。不過過去的研究，已能幫助我們描繪出傳統華人社會中，人們參與各種新興教派活動的背後，所可能具有的一個基本模式。

事實上，雖然還存在著爭議(梁其姿 1990: 148-153)，早經一些歷史學家所指出的是，中國在明朝中葉以後，在不同的地域甚至是階級間，已經產生了一個整合性與共通性都相當高的文化系統[4]。和同一時間的法國相比，中國的情況尤爲特出，Rawski(1985: 403-

4 至於如何可能會在如此廣大的幅員與眾多的族群裡產生這種統合性的狀態，這和中國中原地區自孔子以來，相對於周遭其它區域，有著圍繞在「禮」、「文」等文化傳統上所形成的高度文化認同的這樣一個歷史背景關係十分密切(Watson 1993: 86-87)，而各個學者也曾強調了不同因素在促進中國文化整合性上的重要性，像是共同文字與經典(Ho 1976)、集權政體以及官僚體系的運作(Wittfogel 1957)、階層性市場貿易與商業體系的促成(Skinner 1964-1965)、考試制度的存在(Rawski 1985a)等等，晚近Watson 則強調儀式在俗民日常生活中所起的作用(1985, 1993)。

404）指出：

> 和法國相比，帝國時代末期的中國有著高度的文化整合。這部分是因為經由中國各種社會團體的傳布所造成的識字能力的普及。法國的民間文化基本上是屬於文盲的，如同Weber [Eugan Weber 1976]曾經指出的，一直到19世紀，當法語逐漸滲透到各個方言區域以後，法國民族文化上的統一才完成。和此相比，中國的文盲居於一個文字文化的環境中，並在多方面受此影響……。法國鄉村人口各部門中長期的文盲狀態部分是階級結構所造成，……和此成對比的是中國的體系中對於考選人才的強調超過對於出身的強調，這對於有功名的菁英分子而言，當他們的兒子也必須要通過科舉考試才能取得社會地位時，事實上產生了向下流動的結果。雖然大部分考上的人仍然多半是來自於過去產生過功名的家族，考試制度所造成的個人地位的改變使民間普遍產生了相信社會流動是可能的印象，而這對於型塑家庭的生存方式而言極具影響力。法國和中國其它的對比還包括了：早期的現代法國其城市與鄉村的分離比晚明與清初的中國更嚴重。法國的該種分離狀態還被貿易網絡、方言以及階級分層嚴格的語言等因素所強化，並為法國前現代時期運輸系統的限制所影響而更為加深。尤其在14到17世紀時，比起中國統一性的官僚體系而言，法國政治體系在克服各種地方主義上的能力相差頗遠。……
>
> Skinner的研究也指出，中國和許多人類學家所研究的中美洲農民社會差異顯著。Skinner以分析地域性系統來檢視帝國晚期時城市與鄉村傳統的整合性的狀態。中國文化是高度地理

與社會流動狀態下的產物，並經過了菁英階層在本地鄉土所做的一些修改和調整。

中國的這種統合性狀態到底有著什麼樣的內在性質仍頗受爭論（參考Bell 1988: 46），它也許是Freedman曾強調的華人宗教文化中一套整合性觀念的存在(Freedman 1979)，也許是Sangren 的分析中提出的以「陰／陽」及其背後「靈」的核心性觀念，所組成涵蓋在華人民間宗教儀式背後的一套信仰體系(1987)，但也很可能只是如Watson(1993)所強調的：華人文化上的統一性並不是思想上的所謂的「正統」(orthodoxy)，而是儀式上所強調的正確的形式，也就是「正確的實踐[5]」(orhopraxy)。這種宗教體系中的一致性，顯然與西方信仰體系中所強調的眞理的唯一性意義大不相同[6](Hansen 1985)。

不同社會組成在這個文化統合性達成的過程中，到底扮演著什麼角色？而其間的統合性又是透過什麼樣的機制來達成？這一幅圖像至今還有待澄清。不過至少我們已經可以知道，這個過程絕對不只是單向的，也就是僅僅透過帝國官員或地方仕紳階層的推動就可以達成的，而是各個階層主動參與與互動中所達成的一個結果。

---

5 畢竟中國領土遼闊、族群變異性大，也缺少強而有力的國家機器，統合所強調的主要還是儀式性的一套神聖秩序的維持，而非信仰上的一致，官方所做的動作也只是停留在地方廟宇以及節慶活動中一套正確祭拜活動的維繫。

6 以華南地區廣東人的媽祖崇拜爲例，Watson曾指出，在天后崇拜叢裡，媽祖對地方官員而言代表了一個教化的象徵；對地主與商人而言代表了一個社會秩序的守護神；對自耕農而言，代表了一種宗族權力的支持者；對佃農而言代表了弱勢的保護者；對蛋民與海盜而言是海上的守護神；對婦女而言則是一個保佑婦女生男的生育女神(Watson 1985, 1993: 95-96)，在這裡，帝國所強調的統一性主要是儀式上的而非信仰上的。

Watson在其對於中國葬儀標準化過程的研究(1993)裡，顯示基層農民階層中某些普遍流行的喪葬儀式，就曾使得帝國官員不能不加以吸收，而使其成爲標準化儀式中的一部分。在這裡我們看到，在一套共享的文化體系之下，階級的分化、甚至是教派的分裂，它所代表的意義並不是如同西方社會底下的那種階級鬥爭或是宗教團體教義間的對立與分裂。

在地域性的脈絡裡，傳統華人社會基本上是處於一個相當均衡的狀態，雖然社會上各個階層的生活方式不完全相同，但是社會間存在著一個緊密內在聯繫的文化網絡(Kuhn 1988[陳兼、劉昶譯2000]: 41)。換言之，某種爲不同階級與社會組成所共同分享和參與的文化正統，的確是存在於傳統中國的民間社會中。對不同階層，這個正統可能有著不同的意涵，但它們皆導向著對於既有社會秩序的肯定與維繫。例如Sangren(1987: 166-176)指出，不論在地方儀式或是士人的哲學著作中，陰／陽關係一直是華人宇宙秩序結構中，相當核心性的關注，但是一方面陰／陽關係是相對的兩極；一方面這二者也並非對稱性的，對於代表秩序的陽的偏好始終較高。雖然陰也是構成再生產與秩序重建的一個主要部分，但卻未被給予正面評價，反而被認爲對秩序帶有著一種潛在威脅性。這種對於陰／陽的態度背後，於是帶有著階序性的價值判斷，已經不再是道家自然主義的觀點。在這裡雖然無秩序狀態並不表示它就是一種邪惡狀態，但秩序狀態卻被認爲是善的、好的。Sangren並以兩種民間宗教活動——建醮與喪葬儀式——爲例，進一步分析了中國的正統價值與權威，在民間宗教活動中如何來展現、複製與被正當化的過程。在其中雖然無秩序與秩序狀態的關係是辯證性的，但儀式最後總是以陽或者進一步的以父權體制的肯定，來回復「秩序」在整個價値階層中的優位性[7](Sangren 1987: 166-176)。

圍繞著社會秩序的觀念，以一個特定地方性的區域爲範圍的民間宗教，其基本性格是保守的，在實際組織與儀式的操作上，它與地方菁英的權力與影響力間往往有相當密切的關係(Weller 1982: 407)。雖然作爲一套神明與信仰體系，它可以成爲與地方政治權力或是宗族血緣結構相區別的一套獨立存在的體系。可是在世俗生活中，它已完全與地域性的社會秩序融爲一體，甚至是某些具有潛在顛覆男性社會秩序內在性格的女性神明，像是觀音或是媽祖，在經過官方認可之後，反而可以成爲有助於社區整體性整合的神祇。就像Weller所指出的，民間廟宇中的籤詩，幾乎從來不曾出現過有違正統意識型態的，或者是有政治顛覆意味的措辭(1982: 467)。

為什麼要去另外組織或是參加新興教派？

傳統華人社會中的參與新興教派到底代表什麼意義呢？在一個相對來講文化整合性較高，且生活處於均衡狀態的人們，他們爲什

7 歸結他的發現，Sangren說道：「這一個背後共同分享著的對於秩序的關注，在關於儀式與經典，和關於在地方性機構(或是根據Skinner的名詞稱之爲『自然村落的』)與官方行政機構中民間與菁英的表達方式之間所存在著的，相對而言是一個較爲緊密而無縫隙的文化整合過程中，它扮演著重要的角色。不管是地方或是官方機構的正當性，都來自『陽』與『秩序』所占位置的優位性，其中任一個機構的正當性面臨到了外來威脅，馬上會被認爲這是對整體秩序正當性的一個威脅。簡言之，來自菁英書寫經典中所產生的富有秩序性的儀式，和農民儀式中所涵蓋的各種經典，它們都是一個共同過程中所產生的各自特有的表現方式，這個過程也就是行政體系、階層性體系中的層級運作、社會關係(包括控制與階序性的關係)，和價值等等的同時產生的再生產的過程。這個基本的文化共鳴是中國文化整合的基礎，也是能夠將中國許多地域性傳統整合到一個更大的文化與政治系統的一個必要條件。」(1987: 224-225)

麼還會在既有的宗教生活之外去參加其它具有結社性質的宗教活動呢？這種宗教參與是不是具有異端的性質？這種性質的內涵又是什麼？

由純功能性的角度來看，由於傳統帝國的政府功能不彰、社會組織不健全和公權力薄弱等因素，自力救濟成爲普遍的社會調適方式(莊吉發 1994: 42)，這自然使各種藉宗教以凝聚群眾的新興教派大有發展空間。尤其是社會動盪不安天災人禍頻起時，農民流離失所衣食艱難，宗教團體若能反映下層民眾的人生理想與現實需求，自然可以得到占社會人口大多數的鄉村農民與城市下層人民的歡迎。

在傳統的中國社會，宗教層面與政治社會層面之間的界線有時並不清楚，反映在各種民間教派的活動上尤然。不過學者Overmyer長期以來一直強調，雖然民間教派的宗教思想經常和政治行動相結合，但它的宗教宗旨絕對不能與政治性或社會性的目的混而一談，它尤其應與各種秘密會社間做一區別，因爲在大部分時間裡，民間教派的活動是公開而不具政治性意圖的，如他所述，中國的民間教派有自身獨立傳承、教義、儀式和救贖觀，而不能被看做是政治目的的附屬品。進一步來說，也如同Naquin(1976, 1981)對於清代白蓮教的研究中所顯示出來的，天災、人禍這些因素，並不能解釋各種民間教派的興起與活躍，反而各教派的內在發展過程是更具關鍵性的解釋因素。

Overmyer曾把民間教派統稱爲一種中國社會中的「其它選擇的可能性」(alternatives)(1981)，也就是民間教派是因其能夠提供正統社會組織與宗教活動中所無法提供的東西而存在的，像是達到救贖的更積極的保障、更明確的倫理與宗教的信念、理想的社會與政治秩序的藍圖、個人價值感的增加、向上流動的機會、以及婦女地位的提昇等等。事實上，在傳統中國，佛教和道教以外的民間教派，它的涵蓋範圍相當廣闊，它們可能是和社會分化過程有關(不同職業團體、族群、地域性團體的出現)而產生的宗教團體，也可能代表眞正社會或文化異端的出現。然而如前所述，中國在明清時代，文化上已達到某種統合性，在這之後，即使是異端的出現，它也開始逐漸混融了來自正統的各種內涵，更何況有著反對正統秩序內涵的異端，如何能夠長期持續？或是它在發展過程中也必須經歷各種型態上的轉化？這種種因素使得民間教派的表現型態極為複雜，不能一概而論。

Harrell & Perry(1982)曾把中國傳統民間教派中經常出現的信仰內容，以七種主要型態來做區別，他們認為這七種取向應該被分開來加以看待，不同的教派所強調的常有所不同，它們是：1.教派主義(sectarianism)；2.綜攝主義(syncretism)；3. 秘密性(secrecy)；4. 救贖主義(salvatoinism)；5.千禧年主義(millenarianism)；6.顛覆性(subversiveness)；7.異端性[8](heterodoxy)等等。

---

8 具體來說：1.「教派主義」指的是宗教身分的產生不再是依據血緣或地緣，反而特別強調特殊的入教儀式及參與成員自願性參加所產生的宗教身分，這種取向的背後常包含著獨立的宗教傳承、教義與儀式性的活動，進一步的，它也宣稱自身比起其它人或團體來得對眞理有著更為眞確的掌握與理解；2.「綜攝主義」指的是一種明顯的態度與取向，這種取向有意的結合「既成宗教」傳統中的內涵，並試圖提供其自身所聲稱的一套最原初、最無上和最核心性的教義與修行方法；3.「秘密性」：有些宗教團體因為政府的鎮壓而不得不帶有秘密性，不過也有少數教派教義的性質本身帶有一種神秘性，這時這種秘密性並非因畏懼政府迫害而產生，而是在宗教知識神聖性、獨特性與優越性的自我認知中所產生的；4.「救贖主義」：許多民間教派教義中最核心的部分是它的對於可以達到救贖的明確宣稱，雖然對於世界新樂園的描寫是各有不同的；5.「千禧年主義」：它是屬於救贖主義中具有集體性形式的一個特殊類型，華人社會中這種取向主要來自印度的三期末劫(*kalpas*)以及彌勒淨土

Harrell & Perry 所提出的這七個類型，很詳盡的鋪陳出民間教派的主要性質與訴求，不過我們若把主要的焦點擺在民間教派背後的宗教屬性上，這個問題還可以以更簡潔的方式來加以處理。如前所述，做爲基層社會中的志願性組合以及作爲彌補帝國政府在地方行政上的功能不彰，民間教派的作用當然是多重的(Overmyer 1981)，不過這裡面最主要的還是宗教救贖的面向，因爲其它的功能都是可以在其它的民間社團活動中找得到，唯獨宗教救贖的面向，做爲一種「其它選擇的可能性」(Overmyer 1981)的提供，它是使各種民間教派的存在有其不可替代性的主要因素。如同Overmyer所強調，大部分民間教派是純宗教性的，在沒有外力因素的介入下，傾向於以公開的方式來進行活動，同時其起先多半沒有明顯的政治企圖，只有當社會動盪不安時，它才會與其它的政治訴求相結合，但這時它已超出了民間教派的基本型態，而帶有了秘密

(續)

的觀念，而後這些觀念又演化成爲和無生老母有關的看法。這是華人民間教派發展上的一個特殊產物，某種程度反映了一個完全沒有性別區分的救贖藍圖的存在；6.「顛覆性」：這表示的是一種反對現有社會與政治秩序並意圖取而代之的行動取向，它不一定是屬於千禧年主義的(像是天地會)，而有千禧年主義傾向的教派卻也不一定是有政治顛覆性的(像是今日的一貫道)，一個追求普遍性平等取向的教派如何會轉變爲試圖顛覆既有政體的運動，這背後還有許多條件要加以考慮；7.「異端性」：和前述不同的是，這一個標籤是來自於中國帝國官方單方面所加諸在民間教派上的稱謂，因爲各種民間教派在儀式與觀念上侵犯到了帝國一統性的權威，因此不論一個教派是不是有任何實質政治性的活動，帝國政府基本上總是認爲任何民間教派對於帝國秩序的維持皆帶有潛在的危險性，然而事實上許多民間新興教派並沒有帶有著官方所認爲的這種帶有政治顛覆性的異端性格(例如參考 Shek 1982；Weller 1982)，當然此處我們也可以把異端這樣一個標籤放到一個更廣泛的文化上的「正統／異端」的問題來做討論(錢新祖 1988)，這個問題將留待後面再來做更深入的考察。

會社的性質。當政府過度鎮壓一個民間教派的活動時，常可能會因此而激發出一個教派反抗性的政治意圖，但通常一個教派在起初的發展階段，大部分還是以宗教性的意圖爲主要的行動取向。

於是我們在此若暫時不考慮民間教派的非宗教面向，而純粹以宗教面向來做考核，那麼Harrell & Perry 所提出的華人民間教派的七種可能性裡，除了救贖主義是所有宗教活動都有的一種特質，秘密性、顛覆性與千禧年主義是與當時的政治環境關係特別密切的行動取向以外，另外的三種行動取向：教派主義、綜攝主義和異端性，則相當值得被拿出來加以討論。它們特別能夠幫助我們去理解華人社會中新興宗教活動的主要社會文化意涵，也就是可以讓我們更清楚的認識到，在傳統華人社會裡爲什麼會有人去信仰民間教派的問題？我們以下將就這幾個面向在傳統華人社會中的意義一一來加以檢視。

傳統華人社會中的「教派主義」及其基本特質

依附於特定地域並以地方廟宇爲主幹的民間信仰，和超越地域性的民間教派，二者在教義內容與儀式上有許多相似之處。但是做爲已分化的宗教團體，即使有種種儀式與教義上的相似性，民間教派和地域性的民間信仰間，畢竟已經產生了某些基本差異。我們可以以鸞堂做一個例子來加以討論。

Harrell & Perry指出(1982: 287)，鸞堂在民間教派的類屬中，處於一個最爲曖昧與模糊的位置，因爲它雖然有獨立的教義與組織，但是它並沒有特殊的入教儀式，很少與外界信仰體系間做清楚區別，也很少自我宣稱自己比其它團體或個人獲致了更正確的眞理。我們在此可以把鸞堂看做是民間教派中一個較爲雛形的發展型態，它既不需與其它的民間信仰間做出明顯的教義上的區別，也不需與周遭的社會政治結構間產生區別或衝突[9]。

不過即使是這種最初步的民間教派的形式，它也已經呈現出和地域性民間宗教間的區別，歸納Seaman(1978: 156-163)的說明，鸞堂和民間地方信仰中的乩童崇拜活動間，至少存在著以下幾點基本差異：1.和乩童附身時的儀式活動相比，鸞堂中的儀式活動更爲嚴謹而有秩序，神聖空間結構清楚，且在此空間中信徒與神媒的活動間必須保持一種距離；2.鸞堂中每一個人的角色較爲確定，儀式中角色的分工也較詳細，有更多宗教專業性的角色出現，而每週的活動時間是例行性的；3.鸞堂中的倫理觀有著系統性的呈現，且有以勸化人心宣揚某種道德理念爲主的善書的大量出版；4.配合著文字性的出版品，鸞堂中採用了許多系統性的教育與訓練活動，有助於信徒更深入來了解教理，這和乩童活動中多以言談爲主很少運用文字極不相同；5.透過扶鸞的媒介與鸞書的顯示，行善的方式可以得到較清楚的指示，人們也能更清楚的知道親人或自身善行的結果，鸞書中對於當地某某人得道成神的一種揭示，對於信徒能產生無比的鼓勵，使其願意置身在某個鸞堂中來從事功德積累的行動；6.鸞堂中以書寫文字和詩詞來記錄自身的教義與活動，這使教團活動更具有持續性，並有利於教理的傳播；7.鸞堂有著比一般民間信仰更穩固的組織基礎、更系統性的意識型態，以及更明確的關於積功德的手段與目的的提供，這使得它成爲社區中重要的社會資本。

總括言之，儀式過程嚴謹、角色扮演確定、倫理觀更為系統性、自身有經書的出版與流通、文字運用較多、對個人功德積累效果的承諾更明確，和有固定常設的組織基礎等等，使得民間教派活

9　不過在台灣民間地方派系的活動中，它仍然經常能夠成爲資源動員過程中重要的組織基礎(Seaman 1978: 161-162)。

動已與一般的民間信仰間有著明顯區別。

眾所周知，華人的民間宗教活動主要是一種混融性的宗教，也就是除了少數宗教專業人士組成的佛教和道教僧團以外，大部分人所信仰的民間宗教，是散布在各種世俗性的制度之中，沒有自身獨立宗教組織的所謂「混合宗教」(diffused religion)(Yang 1961: 294-300；劉創楚、楊慶堃 1992: 65)。在這種宗教型態中，一般民眾已經不知不覺的成爲了民間信仰的信徒，沒有什麼選擇性的就參加了民間季節性與節慶性的宗教活動，但當人們被問到是否有宗教信仰時，很少有人會直接回答他們是有宗教信仰的人，而多半以：「我沒有信什麼教，我只是有拿香拜拜」(Weller 1982: 465)來做回答。這種傳統習俗中的宗教活動，除了少數地方政治或宗教菁英以外，一般人對它並沒有太深入的投入，其在教義上亦缺少明確而系統性的內涵(雖然其象徵符號的背後，或許有極爲嚴謹而有秩序的結構存在)，而其參與接近於習慣性，參與分子人口龐雜動機亦較混雜。這種參與，相對來講，既不能藉此來與他人有所區別，亦不能滿足個人一種較爲純粹的長期而持續的宗教性的需求。在這種「混合宗教」的宗教型態之下，於是另外產生了需要更多的付出、更爲專一和更爲凝聚性的宗教型態，這在功能上是一個相當自然的發展趨勢。

在「混合宗教」的氛圍和文化背景中，人們的參與民間教派代表了一種追求更深一層救贖的心理或物質需求。因爲「混合宗教」中教義的模糊、宗教身分的不確定性以及宗教世俗性的濃厚，這使得有別於「混合宗教」的專門性宗教團體有了一定的發展空間。在這一點上，道教、佛教，與明清以後蓬勃發展的民間教派可以說是具有著相同的功能。而既然中國在明清以後，文化上已形成某種統合性，這些制度性的宗教團體，除了在型態上曾自覺性的做出一種與日常生活的區隔以外，為了吸引一般信徒的需要，它們所根據的內容卻多半是必須與「混合宗教」有著密切的相關性與相容性的。在這裡，華人社會中的民間教派是相對於「混合性宗教」的形式模糊而產生的[10]，而非如同西方社會裡的新興教派，往往是對立於正

10 不同民間教派的背後通常有其依循的獨立傳承，一般來講明清以後這些教派或多或少都與白蓮教有著教義與師承網絡上的關連性。Naquin(1985)注意到，為了適應不同的地理與政治環境，在18世紀至19世紀初期的中國，民間教派逐漸發展出兩種不同的基本型態，前者是所謂的「念經型」(sutra-recitation sects)，後者是所謂的「打坐型」(meditational sects)，前者有較具體而活躍的經常性聚會，其中經典誦念常是聚會活動中最重要的部分；而後者結構鬆散，以打坐和練功為主。這兩者在經典運用、口述傳播、儀式、組織結構、成員社會背景、和與正統民間信仰間的關連性等等特質上皆有所差異。基本上，「念經型」教派，屬於民間虔誠性修行傳統的一部分，佛教長期以來就有一些虔誠的在家眾食齋念經，並常聚在一起相互支持以增強修行的效果，他們有時甚至禁絕自身的性生活來模擬一種出家的情境，這種趨勢在民間教派中也逐漸有了類似性的發展。這類教派的出現是民眾宗教虔誠性的自發性表現，信眾宗教生活已經與民間信仰有所區隔，並加入了有別於民間信仰的神明來加以崇拜。信眾有定期聚會，彼此有一定的互動關係，聚會時不外是虔敬念經和共享齋飯。許多信徒漸具有專業宗教人士的水平，可自行舉行儀式，甚至可為他人舉行喪葬禮儀。而因為虔誠行為本身常也代表更多功德的累積以及更大精神靈力的獲得，況且又加上在華人世界中美好的彼世與健康長壽的此世常是可以共同來加以追求的，這些因素的配合當然也就增廣了「念經型」教派的社會吸引力。Naquin 所說的「打坐型」教派，其內部活動除了打坐外還包括武術、氣功、醫療等等，它較前者出現的晚，信徒多為中國北方識字不多的農民，組織結構鬆散，內部橫向的互動較少而以直線的師徒關係為主，通常並沒有固定聚會時間和場所，亦無固定經典，不會特別強調素食，而較強調打坐、運氣、或練功等對於身體和延長壽命上的效驗，而這些修煉常被認為是人類與自然及超自然界間達成平衡性的一種修持。教主通常被相信有特殊的能力和出身，個人的參與教團常被認為是與有著終極救贖性功能的神明有了直接連結。為了有助於打坐或練功，有時教內也存在著字數不多的秘密咒語來讓信徒持誦。教團要求信徒應在日常生活中有良好的行為(根據儒家的仁義禮智或是佛教的慈悲等等)，這被認為是

統教會教義上的世俗化而產生的對立團體。換言之，在華人的宗教文化裡，即使某些人有著自組教團的心理需求，但其目的並不是對抗性的(因為在「混合宗教」體系中，並沒有明確可資對抗的宗教性的目標物存在)，反而是以既有文化為基礎而產生的一種宗教專門化的舉動。這種舉動當然有潛在的顛覆性，但只有少數團體在某些特殊歷史機遇裡，其顛覆性才會獲得滋長與發展。

傳統華人社會中民間教派所具有的綜攝主義取向

既然是獨立的宗教團體，各民間教派也就必須強調其特有的宗教傳承以及法門的有效性，這一方面在長期的歷史發展過程中，道

(續)

行善，可帶來功德並有助於個人解脫。平日教團對於教義的實質討論不多，而把重點擺在打坐與持咒上。除了打坐的程序以外，其它的儀式過程有簡單化的趨勢。這類教團以打坐技術與咒語的傳授為主，參與教團主要的目的也就是在學習這些內容，信徒相信這些內容可以有助於此世身心的增長，也有助達到未來解脫。Naquin 所舉的例子，屬於「念經型」的教團有羅教、紅陽教，屬於「打坐型」的教團有八卦教。這兩種類型間最主要的區別在於救贖工具的差異上，「念經型」教團強調文字經典的傳遞及其與「既成宗教」傳統的連續性，入教有一定程度的基本要求，信徒的生活在某些層面上模擬著出家人的戒律形式但卻又加以適當的簡單化，信徒的參與乃是民間宗教虔敬行為的高度表現，而出於共同的宗教追求，信徒間的橫向連結一般而言也較為緊密。「打坐型」所強調的則並非個人的虔敬面向，而是救贖工具的方便與立即見效，尤其是在個人體驗、醫療與身心健康方面等的效果。宗教傳承的連續性主要反映在師父(也就是教主)與法脈或是某種功法武術間的嫡系傳承上，而非經由文字經典的傳承來決定。信徒的參與不須經典的研讀也不需教義的嫻熟，事實上教義本身形式上也是相對簡單，通常只包含打坐、氣功、或武術的方法，和簡易咒語的誦念。這種簡易性於是使其可以吸收大批知識與宗教背景不多的農民。筆者(2001b)在一篇研討會論文中曾以實證資料來加以檢證，而指出，傳統社會中這種二分法式的宗教參與模式，到了當代台灣社會，二者間的界限已漸趨模糊，也就是方法的簡易與否已不是區別修行模式的主要理由，這和印刷術的普及與民眾教育程度提高等因素間很有關係。

教、佛教、以及民間教派都已形成其特有的祖述傳承的基本模式[11]。而比較晚出的民間教派，延續自南宋以來標榜三教合一的白蓮教系統，是儒釋道三教以及民間信仰在民間相互融合後所產生的獨立教派。在某種程度上，在宋朝以後三教融合的時代氣氛中，民間教派比起佛教和道教更能貼合俗民大眾的心理需求，這一點和明清以來幾乎是所有的新興教派背後都具有著的「綜攝主義」特質或取向關係密切。如同Jordan & Overmyer(1986: 10)對於明清以來這些歷史上的新興教派所做的描述：

> 我們可以發現到，不止是對於領導者而言，甚至是對於所有的信徒而言也是一樣，這種原初無上感，這種「嶄新」的感覺，和這種刻意結合過去傳統的心態，它們都是非常重要的。根據我們的研究的發現，信徒們之所以會去相信這樣的東西，是因為他們認為他們正參加著華人文化中最核心性的一些傳統。因為這些傳統[指佛教道教等獨立性的宗教團體]在其一般形式中常對信徒有著一些特殊的要求，以致於它們彼此常常互不相容，於是在民間也就產生了一種希望既能拿掉這些特殊要求，又能夠保有其原有的標誌和象徵符號的訴求。為了適應一種廣泛的和更民主式的參與，某種修改是必須的，而這些[新興]教派教義中所提到的某種原初無上感和超越一切傳統的宣稱，給這些進一步的修改提供了重要的神聖性的認可。

換句話說，這些新興獨立教派，透過一種更「廣泛的和更民主

11 參考Overmyer (1976 [劉心勇等譯 1993]：92-152)。

式的參與」，一個信徒「可以同時參與全部的那些在華人文明裡被認爲在道德上與宇宙觀上都是最好的東西」(Jordan & Overmyer 1986: 10)。正如同 Jordan & Overmyer 所指出的：「文化雖然會激發人們應該去從事某種行爲，但是在此同時，社會結構的存在卻有可能使人無法去從事它們。在以上這種情況下，綜攝主義式的教派團體，它提供了一種出路，經由吸收與結合各種不同的行動，並使其重新在制度上成爲新的，在教義上成爲最原初而根本的。這些教派團體訂定了自己的規則，規定了誰可以來參加，和該進行什麼樣的活動，如此於是產生了一個讓相關活動的進行明顯的具有著正當性的脈絡。這些教派團體的存在，提供了一個社會組織來代表著某種正當性的宣稱，而透過群體的支持和群體行動中所帶來的情感上的滿足，更加強了這個宣稱所帶有的正當性。」(1986: 10-11)

由這裡我們理解到明清以來華人社會中不斷出現的各種新興教派，實是在華人既有的文化脈絡裡，民眾自然的發生，並且又以一定的方式來賦予其正當性的，對於更直接、更完整、更原初的救贖路徑的追求。換言之，綜攝主義所代表的是一種特別能符合俗民生活特質的行動取向，在民眾心理上，民間教派比佛教和道教團體都來的更具有普遍性和正當性，它等於是去除了結構上的障礙，而讓人們可以同時參加著文化裡面最好的和最精華的部分。綜攝主義式的眞理宣稱使教義帶有一種普遍性的屬性，透過這種宣稱，一方面顯示了一個教團的正當性高於其它的「既成宗教」，一方面也表示只有它才能既包含又夠超越其它宗教團體，而具有一種「最高的有效性」(ultimate validity, Weller 1982: 473)。

傳統華人社會民間教派所潛藏著的異端性格

由前面的討論中我們發現，嚴格說起來，大部分的民間教派比較像是在民間信仰的基礎上民眾自發性所組成的宗教組織，它在文化上並不帶有強烈的異端色彩，主要還是因爲它與既有社會組織間產生一種分化與獨立的態勢，因此不斷的被外界冠以「異端」或是「邪說」之名。這與西方中世紀時的基督教社會中，教會訂有明確的區分正統與異端的準則，而後確立了整個西方社會對於正統與異端的區別方式是大有不同的[12]。

在華人社會裡，沒有一個宗教可以持久的取得絕對優勢，也沒有宗教在政治上獲得絕對性的支持，異端因此是一個相對性的名詞。不過明清以後，新儒家思想——更具體來講就是三綱五常的階序主義——逐漸取得一種正統地位，與此相異的觀念皆曾被王朝方而斥之爲異端(Henderson 1998: 69-84)，在清聖祖聖諭中的第七條(共有十六條)「黜異端以崇正學」(清聖祖撰．清世宗編 1742: 5-57；也見Cohen 1963: 11-13)中，雍正對此條加以解釋並詳細說明異端的涵義，他指出人性本善，但卻爲異端所害而偏離正體，以致不

12 正統基督徒崇信幾個基本神學信念，這些信念構成了基督教信仰的基礎，與此不符的便會被天主教會視之爲異端，一般而言，這幾個信念包括了：1.三位一體的觀念：正統的「聖經」認爲只有一位上帝，上帝通過父、子、聖靈永恆的三位來表明自己，異端則往往否定這一條；2.關於因信得救的恩典的觀念：正統教義以爲一個人因信仰基督靠上帝的恩典和愛得蒙救贖，異端則雖口稱上帝恩典，但實際上宣講的是需靠好「行爲救贖」才能得救：3.關於救贖的觀念：正統基督教相信救恩惟一需要的是基督的死，異端則貶低基督在十字架上的救贖工作；4.對基督身體復活的觀念：基督教信仰中一個中心教義是耶穌死後從墳墓身體復活了，異端則對聖經的復活說加以重新詮釋，最爲常見的是對身體復活加以精神化的詮釋；5.對聖經的看法：正統基督徒相信「聖經」是上帝的道的唯一文字權威，異端則破壞「聖經」的權威啓示，稱之爲「舊亮光」，要置之於「新亮光」之下；6.基督復臨的觀念：基督徒都相信基督將要復臨地上，但異端通常會過分強調這一點，並往往會提出確切的日期(參考沈介山 1982；裴斐 2001: 1-11；Henderson 1998: 40-49)。

能盡忠盡孝及盡人事，在這種忠孝的標準下，佛教「只是理會一個心」，道教「只是要存得一個神氣」，這還勉強可以接受，但若藉此聚眾或行燒香之會，則是禍害社會的異端，其它如白蓮聞香等教樹黨結盟當然都是異端，而基督教，本身雖因教士精通曆法而為帝王所用，但實則「亦屬不經」，也是異端。這裡看得出來，在傳統華人社會，異端是一種政治性的名詞，而且有很高的相對性，端看與何做比較、以及視帝國政府態度的轉變而有所不同。

而由上面也看出來，在傳統華人社會裡，基督教有違忠孝，其實這才是眞正的異端。相對來講，民間教派比起基督教來，其異端色彩淡的多，Naquin曾引用「故宮外紀檔」某位清朝官員對於基督教徒的評論來突顯在華人文化脈絡裡的正統與異端間的區別：「基督徒不敬天地，不拜祖先，不孝敬父母，也不怕法律懲罰……不想要財富，也不鼓勵人去做善事。」(轉引自Naquin 1985: 290)就此看來，和基督徒比起來，民間教派的信徒仍敬天地與遵守社會倫常，且鼓勵行善，實在還是不夠異端。

不過由另一方面來看，民間教派又比佛教和道教團體更具有潛在的顛覆性，Sangren避開官方式的定義以及菁英／民間這種二分法而討論了華人文化思想中所謂正統與異端的問題。Sangren(1987: 166-186)指出，華人文化中的正統，是一種在官方與民間皆普遍存在著的，肯定現有社會權威及制度中的秩序和正當性的價值結構。而非正統，也就是異端，則拒絕承認既存的社會秩序是唯一合理和正當的。這種正統的價值結構不只在儒家的思想中出現，它還反映在基層民眾生活中以靈驗觀來正當化既存社區結構與社會關係的民間信仰裡。相反的，異端思想則挑戰到既存的社會秩序[13]。

---

13 當然各個宗教依據自身的教義，亦有其特殊的區別正統與異端的標準

Sangren指出，在華人世界裡，最早的異端來自早期的道家思想，強調陰陽調和宇宙的渾沌狀態，這事實上是反歷史和反階層的，道家的大同思想，有著回歸宇宙原初狀態的神秘屬性，基本上與儒家以陽爲上的階層秩序產生矛盾與衝突。不過後期制度性的道教中，愈來愈關注宇宙階層性秩序的回復，特過驅魔、齋戒、建醮等儀式，其目的在導向社會秩序的回歸與保護，這已逐漸脫離其原始的異端性格而與正統秩序關係愈來愈爲密切。

道教以外，佛教的傳入中國產生了一股新的異端思想，無常思想和緣起觀否定了世間秩序的眞實性與永恆性。中國曾有不少帝王視佛教爲對其政權正當性的重大威脅(Yang 1961: 192-204)。不過後來帝國政權(尤其是明朝以後)，開始透過武力與各種制度把佛教的寺院組織區隔在市井之外(印順 1978)，使其屬於一種脫社會的狀態(劉小楓 1996: 441)，佛教的影響力也被限定在一個和個人救贖有關的範圍內，而被嚴格禁止帶有任何政治性或集體性的訴求。此外佛教對中國宗法思想的種種適應，當然在現實政治的層次也緩和了它所帶有的內在顚覆傾向。

相對於道教與佛教，許多新興民間教派在組織與象徵符號上都保留了較多的異端性，雖然這不見得是有意識的要與正統做對抗。Sangren(1987: 180-181) 以白蓮教傳統中的無生老母爲例，指出她的存在和既有歷史與階層性權力結構的正當性間形成強烈對比，這種陰性神明凌駕在陽性秩序之上的安排，以及相信所有人具有平等而直接的親近最終極權威的看法，是深具文化、社會與政治的顚覆性的。和此相比，許多民間信仰中的女性神明像是媽祖與觀音等等

(續)

(例如參考Saso 1974對於道教正一派的討論)，這與本章以整體社會文化爲範疇所討論的正統與異端的議題並不相同。

其實都有這種潛在的顚覆性，不過由於這些混融在地方「混合宗教」中的神明具有太濃厚的地域性色彩，而經常爲地方性的權力結構所掌控，而不如已經產生了獨立宗教傳統的民間教派來得更具有組織上的自主性。此外媽祖、觀音等女神，已爲官方所承認或是冊封，某種程度上已屬於正式體制中的一部分，而不若民間教派中的某些神明，像是無生老母，是未受封的體制外之神，仍明顯的具有獨立而自主的性格。也如同Naquin(1985: 289)所指出的，民間信仰仍能在政府與社會間做一個連結，民間教派則沒有這種連結，這使得它帶有了較濃厚的異端色彩。

於是我們可以說，雖然各種民間教派情況都不相同，帝國政府對於民間教派的態度和實際的管理方式也時有差異，不過若以「是否對既有政治社會秩序會產生顚覆性」來做爲一種衡量異端的標準，明清以後，民間教派往往比民間信仰、佛教、道教等宗教帶有更大的異端性格。雖然不是全部，但許多民間教派帶有著這幾種反映出了異端性格的特性：1.教義上平等性的強調，以及由此而產生的較社會外界更爲平等的互動模式，這尤其反映在教團中女性與男性間地位上的平等，這使主流社會中的階序性價值系統正當性受損；2.超越家庭(家族、宗族等等)、地方聚落(例如地方公廟)、以及國家以外的獨立的社會組合，尤其它是以民眾的自由意志(志願參與)做爲參與的基礎，這構成了對於既有儒家式的社會秩序的挑戰；3.教義上直接的對於既有社會秩序的否定，尤其是當社會動亂不安時，人民處於水深火熱之中，民間教派自白蓮教以來流傳的「三期末劫觀」，宣稱新的救世主即將到來的思想，往往就更容易被某些民間教派的領導人拿出來加以傳播與應用來解釋社會現勢，這等於是對於既有政治權威統治正當性的全盤否定。

歸納我們的討論，我們發現西方社會中新興教派的出現或是正統與異端間的對峙，常起自於教義上的爭論。但是在傳統華人社會，明清以來，整個社會已達到一種相對而言較高的整合狀態，在這種背景中，除了特殊時空中的社會性(例如基層民眾自組社團的需要)與政治性因素(民眾藉宗教來整合以反抗帝國壓迫)以外，就宗教層面而論，新興宗教的出現和幾種彼此相關但卻不能在現實社會文化脈絡中得到滿足的心理需求有關：其一、對於專門性的救贖管道的渴望，傳統華人社會中混合宗教的模式，不能滿足個人尋求進一步救贖的積極渴望，某些民眾乃有自組教團的需要，試圖尋求教義更有系統性與宗教角色更具有明確性的一種相互支持的宗教情境，這一點可以被稱爲華人社會中特有的一種和民間宗教甚至於說是和正統的社會秩序相容相蓄的「教派主義」傾向(這和西方式的教派主義傾向相當不同)；其二、想要跨越個人既有文化條件限制的一種和綜攝主義特別有關的行動取向，想要在最短的時間內，同時吸收既存文化脈絡中最精華的部分；其三、對於個人直接可以掌握的救贖工具的渴望，正統社會秩序中過分強調嚴謹階序以及「陽」的優位性，在民眾自組教團過程的背後，雖然起先不見得帶有顛覆正統秩序的異端思想，但在尋求獲得進一步解脫的同時，必然產生一種更直接的解脫管道，不限個人身分地位，都可以更直接的來掌握有助於個人獲得救贖的手段，這也使得正統社會秩序無形中受到了顛覆。

四、一個當代台灣的新興宗教團體——「清海無上師世界會」

前述的討論，基本上把傳統華人社會中的民間教派，也就是當時的新興宗教團體，放在整體社會社會文化整合性這樣的背景中來加以定位，並由此來突顯出傳統華人社會中民間教派在性質上的一個特殊性。然而到了現代社會，尤其到了台灣解嚴以後新興宗教團體層出不窮的情況裡，華人社會文化脈絡中的新興宗教團體該如何來被定位呢？而台灣當代新興宗教團體上所帶有的性質，與傳統社會中的民間教派間又有何差異？我們是否能夠沿用前述討論中所採取的角度來理解當代台灣的新興宗教團體？這些問題的澄清不僅有助於我們了解關於傳統宗教變遷的問題，更重要的是，它幫助我們對於華人宗教生活的本質有一個更全盤性的觀察與掌握。爲了不致使我們的討論流於空泛和抽象，我們嘗試以一個在當代台灣社會相當活躍的新興宗教團體做例子，實際的來檢驗幾個重要的相關問題。我們選的例子是「清海無上師世界會」。而我們所要檢驗的問題大致上有：

A.關於華人社會中「教派主義」方面的問題：

A1 清海教團的性質應如何來被歸類？

A2 在什麼程度或是在什麼標準上，清海教團滿足了信眾「教派主義」的宗教需求？

A3 清海教團以什麼方式來建構自身的宗教傳承？其與過去傳統華人社會民間教派經常採用的方式間有何基本異同？

A4 信徒參與清海教團的動機是否眞的與「教派主義」密切相關？也就是主要在出於對更明確的宗教身分和更系統性的教義的追求。

B. 關於華人社會中「綜攝主義」方面的問題：

B1 清海教團的教義與儀式活動，在什麼面向和在什麼程度上帶有一種綜攝主義的特質？這種綜攝主義的特質和傳統華人社會中的民間教派所帶有的綜攝主義特質間有無差異？

B2 對於清海教團的信徒而言，到底是在什麼程度？並且是在什麼形式上採取了一種綜攝主義式的行動模式或態度？它反映了一種什麼樣的社會意涵？

C.關於華人社會民間教派中所具有的潛在異端性格：

C1 清海教團的教義、儀式與傳承建構的方式，在什麼程度或是在什麼標準上反映出來了一種異端性格？

C2 清海教團所帶有的某種異端性格，其是否是以自覺而有意識的方式來出現的？而其在當代社會中所代表的社會文化意涵又爲何？

對於清海教團的一個初步介紹

清海教團發展簡史[14]

清海教團，也就是由清海所領導的一個當代新興教團，它在台灣內政部登記的名稱爲「中華民國禪定學會」。目前它的分支遍布世界各地，共有超過50個以上的小中心，200個以上的聯絡點(見《即刻開悟之鑰[樣書]》)，整個全球性的國際網絡統稱「清海無上師世界會」。媒體曾報導它在世界上有超過兩百萬以上的信徒[15]，在台灣則有30萬左右的信徒(Chua-eoan 1997: 43)，這些數目還需要進一步查證。清海在1993年以後，開始以國外爲主要活動場域，1996年後更長期居留國外，使得教團在國內的發展居於停滯。1996年宋七力事件發生，政府在進行全面「宗教掃黑」活動時，也是以清海教團爲主要清查對象之一，而迫使其西湖道場不得不關閉了將

14 可另參考鄭志明(1998b:57-170)和本書附錄二。

15 出於1999年7月間網址http://www.rickross.com/reference/ching_hai/suma_ching3.htm上的一篇文章所載。該文作者爲 Andrew Mullins，標題爲：“Committee hears of Trie’s Cash for Clinton Defense: Cult Warning on Travelling ‘God’”.

照片5-1 清海所領導的「清海無上師世界會」，是當代在台灣頗受爭議的新興教團之一(攝於2002年12月雲林縣斗南鎮所舉辦的全國宗教博覽會會場上)。

近一年。西元2000年5月間，在離開了台灣4年後，清海曾短暫回台兩天，並舉行了一場經過了盛大宣傳與設計的弘法活動，掀起了一次新的傳教高峰。目前在台灣經常參與活動的信徒大約在5萬以內[16](見照片5-1、5-2、5-3)。

16 和大部分新興宗教團體類似的，清海教團也沒有向外透露過其所具有信眾的眞實數目。一位在過去擔任過該教團內部幹部人員曾告訴我：清海教團在台灣的全盛時期時大概有十多萬以上的信徒，而現在，該教團在台灣的發展屬於一個比較停滯的時期，平時會參與共修活動的信徒大約在5萬以內。這個數據當然還需要進一步的查證。

照片5-2　在「清海無上師世界會」所舉辦的活動中，常可見到清海個人的大型畫像擺置在會場(攝於2001年5月該會所舉辦的一場活動上)。

照片5-3　「清海無上師世界會」教團的領導者清海，出現於最近一次在台灣的演講活動裡(攝於2001年5月)。

清海教團1986年底開始在台灣發展，一開始是以佛教團體的面貌出現，1990年左右達到了一個全盛時期，而也就在此時，它和佛教中其它自認為是比較正統的佛教組織間產生了嚴重衝突。衝突中，領導者的作風有所改變，並逐漸擺脫了該教團與佛教在表面上的相似性，於是這個教團在台灣成為了一個不折不扣的新興宗教團體；而清海本人也愈來愈轉而以國外，尤其是亞洲其它國家和美國為弘法講道的重心(其中又以亞裔的信眾為主)，使得整個教團逐漸成為了一個全球性的組織。

清海教團發展的過程裡，一個最受爭議的議題是該教團領導者清海的特立獨行，她早先雖具有比丘尼的形象，後來則完全以華麗的裝扮出現，期間不但備受台灣其它自稱是「正統」的佛教團體攻擊，指謫其是佛教界的異端，媒體也經常對其加以負面報導，幾乎只要是一討論到台灣任何所謂「怪異」的新興宗教現象，一定會以該教團做為一個主要例子。如同記者所描述的：「香奈爾服飾、深色眼影、鮮紅唇色……，論起清海無上師，一般民眾想起的大概就是她令人無法忽略的外表及服飾，……清海無上師一直就是國內最具爭議性的宗教界人物之一。」(《中央日報》1996.10.23第3版)在這種種的爭議之中，雖然不是全部，但卻一直有眾多信徒能夠保持著對於該教團的堅定信仰，這是一直為外界所不解的。

教義

清海並沒有以專門著作來系統性的陳述其教團的教義。信徒只有根據記錄著清海各種演講內容的書籍、錄音帶與錄影帶，來捕捉其所傳布的教義的精髓，尤其是8本《即刻開悟之鑰》和3本《即刻開悟之鑰．問答錄》(至2000年為止)。不過在其所傳布的「觀音法門」背後(見照片5-4)，可以發現一套雖然簡單但卻也有著一定程度系統性的宇宙論。

照片5-4　清海教團強調著超世界的奧秘的存在，修行可以使個人靈魂提升，到達各種美好的境界(攝於2001年5月該會所舉辦的活動上，爲一張題爲「超世界的奧秘」的說明性海報)。

清海提到，她要給大家一條「上去的路」，而其它的路，都不是究竟的路。我們這個世界也就是所謂的娑婆世界，是一個充滿痛苦和煩惱的世界。這之上，還有至少五層以上的世界，而每一世界

照片5-5　「觀音法門」是清海教團對外傳教時，向大眾所傳布的主要修行方法(攝於2002年12月雲林縣斗南鎮所舉辦的全國宗教博覽會會場上)。

都有一個管理的主宰存在，而修行也就是利用我們此世的肉體，嘗試去體驗更高層次世界中的震動的頻率(見照片5-5)。

比我們高一點的世界，是「阿修羅世界」(《即刻開悟之鑰[樣書]》：11)，修到這個境界，就可以有各種神通的能力，包括能治病、能看到或聽到平常看不到的事。到了第二界則神通能力更強，同時口才和智力在這一界裡也都發展到巔峰。第三界則是物質世界的最高階段，能達到這一界的人，是一個已經完全清付了過去業障的人。能夠超越第三世界以上的人，就是一個超越了輪迴而不再退轉的人。超過了第三界，到達了第四界——所謂的「禁城」，這個世界有一部分是非常黑暗的地方，在找到最終的眞理之前，大家都會被擋在這個黑暗的地方，理論上，只有透過有經驗師父的引導，人們才能順利通過這一道關卡。通過第四界到第五界，則是所謂「明師的家鄉」，所有的明師都是來自那裡。那是非常高的境界，也是所有信徒修行的最高目標。

「觀音法門」認定在宇宙所有事物的背後，有著一種可以貫穿一切的元素在裡面，它也就是「音流」(sound current)。音流構成了世間一切物質，而它也是世間一切事物的源頭。所謂的修行，或是說要達到更高的境界，它的重點也就是要如何和宇宙間這一個最原本的力量產生聯繫。

在清海教團裡，修行，其最主要的重點，也就是要經由一種特殊的方法「觀音法門」，來聽取宇宙間這種最根本的音流，並且可以經由一些特定的標準來判定自己修行的境界。這一部分也正是清海在所謂「印心」的過程裡所教給弟子們的。

「觀音法門」的具體內容，在於傳授一套可以與宇宙源頭的音流相連接的方法，這裡面又包括了所謂的「觀光」和「觀音」，也就是在打坐中來看內在的光和聽內在聲音的方法，這其中還包括了一套咒語的傳授。信徒被要求每天要打坐兩個半小時，也就是在操持這種獨特的修行方法來使靈魂的層次不斷提昇。另外信徒還被要求要守五戒，和一般佛教徒要守的五誡類似的，這五戒是：不殺生、不妄語、不偷盜、不邪淫、不接受有害的精神和物質食料。而在不接受有害的精神和物質食料這一項上信徒又被特別要求要吃「全素」，連蛋也不能夠吃，因爲蛋被認爲是一種具有靈魂形式的東西，吃它會使自己製造新的業障，阻礙個人靈魂的成長。

在這個修行的系統裡面，不論就理論，或是就實際的運作而言，師父，也就是所謂的「明師」，扮演著極端重要的角色。在此法門中，把歷代存在的宗教導師或領袖，例如耶穌、佛陀、老子、穆罕默德、達摩、惠能等等，都看做是「觀音法門」的傳人。這種法門，是一定要透過一個當世的得道者，才可能加以傳授的，因爲它不只是一套方法而已。傳道的過程，除了經驗傳遞以外，它本身更代表了一種力量傳遞與相感通的過程。同時更主要的，不透過在世明師的拯救，人們不可能有機會獲得眞正的救贖。在世明師被認爲是一個由第五界而來，發願下凡拯救世人的一位特殊的人物，他本身就是宇宙間那種神秘音流的展現。在印心時，明師可以透過他的力量，幫助人們開啓靈魂上與此宇宙間神秘音流的連繫。在信徒平日的生活裡，透過音流之間的一種交感，明師也可以隨時介入人們的生活中。未曾透過明師所傳授的「觀音法門」，很難發生實質的效果。同時在修行的過程裡，明師對弟子也有著某種責任，必須盡可能的來幫助他的弟子。當然，相對的，弟子也必須對明師完全歸順，才可能獲致最大的修行成效。而明師既然被認爲是一位由第五界下來的人物，他所具有的各種神秘力量，包括所謂的「千百億化身」、「放光」、「加持」，幾乎是不言自明的，而清海個人也常宣稱她具有著這些特異的能力，像是清海所宣稱的，「即刻開悟」、「一世解脫」、「五代超生」，也正是她以明師的身分所給予弟子的修行上的承諾(見照片5-6)。

儀式

嚴格講起來，清海教團是相當反儀式的，圍繞在和敬佛念佛有關的主題上，該教團的反儀式傾向大致上是出於兩個原因：1.儀式無助於該教團所強調的關於個人內在的追尋[17]；2.現世的佛已在眼

17 例如清海說道：「可是師父要你們成佛，怎麼可能講一些跟大眾一樣的道理呢？大多數的人要你們往外拜佛，拜外表的佛，可是師父說你們要

照片5-6　清海所宣稱的「即刻開悟」、「一世解脱」是她以明師的身分所給予弟子的修行上的承諾(攝於2002年12月雲林縣斗南鎮所舉辦的全國宗教博覽會會場上)。

前(或者是指清海，或者是指個人內心的佛)，沒有必要以其它的佛像來加以代替[18]。在實際運作上也幾乎是如此，該教團不拜任何神

(續)

看自己的佛，不要拜佛而要『成佛』(《即刻開悟之鑰[第一冊]》：266)；「如果你只是想求佛，或是頂禮十方三世佛，或是在佛的面前頂禮祂，也沒有太多用，仍然不能究竟解脱。」(《即刻開悟之鑰[第一冊]》：271-272)

18　如同清海所述：「師父替五位在家人落髮，儀式簡單，氣氛莊嚴，雖然沒有木頭佛像，但是師父就是眞正的佛，何必再找木頭佛替代？」(《清海無上師新聞雜誌[合訂本第一輯]》：74)；「眾生本來都是佛，但是講給他們聽，他們不懂。一半多的人，都喜歡去拜木頭佛，求當來佛，彌

像，也沒有任何宗教上的象徵符號。平日聚會除了打坐以外，沒有任何儀式性的活動舉行。而打坐時信徒間完全沒有互動，且絕對禁止信徒言語。各地區每週舉行兩次的打坐共修，它通常僅是舉行於一塊室內較大的平地之上(有時地點也可能是室外)，由場地周邊通常看不出這是一個宗教場所，場地中唯一和宗教有關的是共修時前方一定會放有一張椅子，並在椅子旁架有一幅清海的照片。

或許該教團中唯一可以被稱爲儀式的是入教皈依，也就是所謂的「印心」時所採取的儀式。該過程主要在傳授「觀音法門」中所包含的特殊打坐技術和與此相關的一套秘密性的口訣(見照片5-7、5-8)。

「印心」的過程有著相當的神秘性，在其中清海本人或是她所認可的「觀音使者」，向準備皈依的信徒說明了兩種屬於「觀音法門」中的特殊打坐技術：「觀光」和「觀音」。

「觀光」是採取著一般禪坐的姿勢，闔上雙眼，觀想額頭上某個部位內(也就是一般修行人所講的第十竅或是第三眼的位置)所可能看到的某種光芒或意像。同時在打坐時也要默念所謂的「五句」——它代表著的是我們前面所提到過的五個世界中個別主宰的名字。這五個名字的發音不是一般的名詞，而是某種咒語性的詞句，它本身被認爲具有一種神聖與神秘的力量，除了「印心」傳法的時刻以外，它不能被朗誦出聲也不能被寫下來，信徒在任何時候心中默念它都能因此而受到某種保護，而信徒在「觀光」之時，更是要持頌「五句」以求打坐時能夠免於受到所謂「負面力量」的干

(續)

勒佛，或是去過去佛，釋迦牟尼佛，祂在二千多年前已經涅槃，可是眾生喜歡求，還沒有降生的佛，他們也很喜歡等，但是現在的佛，它們不想看，自己的佛也不相信，所以麻煩得很。」(《即刻開悟之鑰[第一冊]》：266)

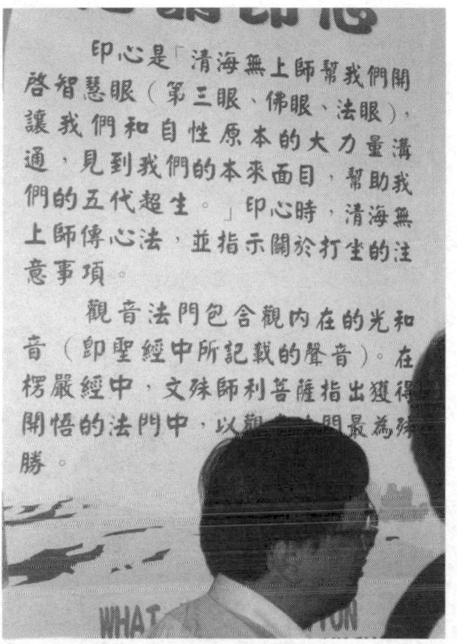

照片5-7　在一張題爲「何謂印心」的海報上，清海教團強調著在舉行了「印心」儀式後，個人如何可能與內在自性的根源產生連結(攝於2001年5月該會所舉辦的活動上)。

擾。因爲「觀光」時所採取的打坐姿勢與一般人的打坐姿勢無異，所以「觀光」時並不需要對外做任何的迴避。

「觀音」則是另以一種蹲坐姿，閉上雙眼並以某種方式摀住耳朵來專心聽受由頭部上方所傳來的某種聲音[1]。這種聲音被認爲是

1　關於觀音法門的操作方式曾出現於Diem(1992: chapter 3)、Juergensmyer (1991: 99)和Kirpal Singh (1970: Book2)的記述中，同時網站上也常可見到有關說明，例如曾出現於2003年間的網址：http://members.tripod.com/~dlane5/thak.html上。事實上如同Diem(1992:chapter 3)所指出的，這種觀想音流的方式，早已見於印度《奧義書》(Upanishad)中。

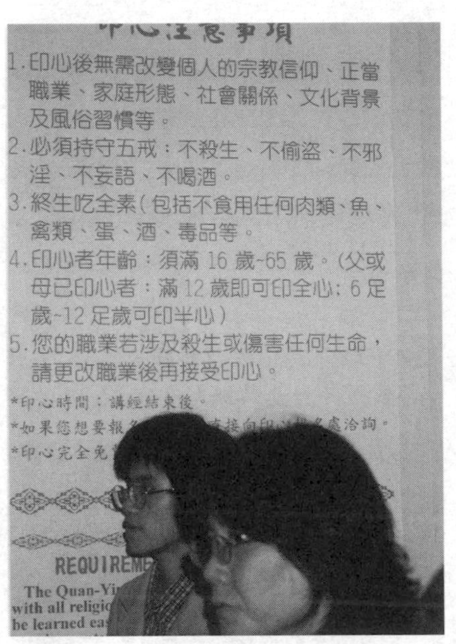

照片5-8　在一張題為「印心注意事項」的海報上，清海教團說明了「印心」後所要求的基本生活戒律，其中並強調著進入該教團並不需要改變個人的信仰(攝於2001年5月該會所舉辦的活動上)。

來自於宇宙最源頭創生力量的一種音流。「觀音」的姿勢被認為是該法門中不能對外公開的一部分，因此在進行「觀音」時必須與非信徒做區隔，或是覆蓋上不透光的大布——所謂的「觀音布」，以防避外人的知曉。

如前述，該教團認為在人間以上還有五個世界，雖然因為受著肉體限制，人們無法自由進出於這些世界，然而在打坐時，其靈魂卻是可以和這些境界做溝通，所謂的「觀光」、「觀音」，也正是在這種溝通之後所接觸到的來自於不同境界的聲音和景觀。清海所傳授的這種「觀音」法門裡清楚的告訴了信眾，在打坐時看到了社麼樣的光或是聽到了什麼樣的聲音，就是代表信眾的修行達到了什麼樣的境界。信徒於是必須努力打坐，專心體驗著更高境界的到來。像是光，人們在打坐中有可能看到各種光：藍光、紅光、黃光、太陽光等等。而聲音，人們在打坐中也可能聽到各種聲音：風聲、雨聲、水聲、火車聲、鈴鐺聲、海潮聲、鐘聲、簫聲、笛聲、小提琴聲音等等，它們都各自代表了信徒在不同境界中所感受到的基本頻率。「觀音法門」修行中一個最主要的重點，也就是在打坐中專心感受這些特殊的體驗。

傳承

清海所傳授的「觀音法門」其真實的歷史傳承一直頗有爭論，雖然沒有完整的資料，不過根據幾位西方記者和學者的考證[2]，清海所傳布的修行方法是來自於在印度所流傳的「音流瑜珈」（*Surat Shabd Yoga*）。不過清海在台灣傳教時絕口不提她在印度的傳承[3]，

2 例如記者Rafer Guzman 在San Jose Metro 雜誌上所寫的文章(可見於1998年間的網站 http://www.metroactive.com/papers/metro/03.28.96.suma-9613.htm)；Peierre de Villiers 在網站上所寫的文章(見於1998年間的網站http://www.mtsac.edu/~dlane/Chinew.html)以及學者David Lane 所設的網站(http://www.mtsac.edu/~dlane)中對於清海的一些經常性的報導等等。

3 根據前述文章的報導，清海所根據的傳統來自印度的「*Sant mat*（聖人之路）運動」(15世紀以來在北印度經由Kabir、Nanak等所謂的宗教明師所開啓的一個宗教傳統)，該傳統經過19世紀Shiv Dayal Singh的創立*Radha Soami*（靈魂之主)組織以後，更爲盛行，並也產生了許多旁支。在印度，這些旁支基本上可以說是延伸自錫克教(Sihkism)的教義(Nanak本身就是錫克教的第一代教主)所產生的一股當代神秘主義運動(也見Juergensmyer 1991)。而清海在印度時曾跟隨其中一個旁支的領導者Thakar Singh修習該法門，許多國外媒體對此曾加以報導，國內佛教團體在攻擊或批評清海時也常舉出其這一方面的師承而批評其是錫克教徒(例如正法明 1988)，而清海本人或是清海教團對以上的情況未曾加以說

而另以新的方式，尤其是以華人宗教文化脈絡中比較能夠令人理解的語彙，來論述「觀音法門」的傳承與法脈。

由於清海早期以佛教比丘尼的面貌出現，她比較強調「觀音法門」與佛教之間的連接性，舉例來說，她提到：

> 二祖慧可、三祖僧燦、四祖道信、五祖弘忍、六祖會能，還有其它禪師如黃檗、百丈等，有很多明師，不是只有一位。[清海修「觀音法門」]而已。(《即刻開悟・問答錄[第一冊]》: 201)。

而更廣泛的來解釋佛經，清海指出佛經中所要傳達的眞正的解脫法門其實都是「觀音法門」[4]。雖然後來惠能所傳的「觀音法門」其法脈可能是流傳到了中國以外的地方[5]。但基本上法脈是代代相傳不會中斷的[6]。事實上，世界上所有可以讓人獲得解脫的宗教，其眞正

(續)

明。另外，可以參考本書第六章中更詳盡的討論。

4 清海說道：「法華經都在講觀音法門，講內在的聲音，你們回家看看會知道。……在法華經中，釋迦牟尼佛稱「觀音法門」爲『法華法』、『蓮華法』，在金剛經，祂說這是『金剛法』，在阿彌陀經，祂說這是『淨土法』，很可能因爲說法不同，所以我們比較容易混淆。因爲眾生根基不同，等級不同，所以釋迦牟尼用不同的名稱，來解釋同一個法門給眾生聽，並不是眞的有那麼多不同的法門。……在楞嚴經、法華經、金剛經中，佛都一再讚歎觀音法門。」(《即刻開悟之鑰[第一冊]》：77-78)

5 清海敘述道：「有可能福爾摩沙人以前沒有高徒，或是在大陸沒有高徒，沒有道深的徒弟，達不到惠能的等級，所以法脈才斷掉。」(《即刻開悟・問答錄[第一冊]》：92)；「[六祖的法脈]不是失傳，是跑到另外一個地方。比如一部車，今天開到這裡，明天開到那裡，等一下又繞回來。」(《即刻開悟・問答錄(第二冊)》：127)

6 清海說道：「生生世世都有法脈，不過有的時候法脈在這裡，有的時候

的內涵都是「觀音法門」。清海說：

> 任何法門都是觀音法門，如果你看過師父的書就會知道，天主教也是修一樣的法門，耶穌基督也是傳一樣的法門，老子也講一樣的事情，釋迦牟尼佛、穆罕默德等等，古代的大老師，都應該修這個法門，不管是過去、現在或未來都一樣，只有這個「道」、這一條路可以上去，沒有其它的路，其它的路都不是究竟的路，最後還是應該再回到這條路。(《即刻開悟之鑰》[第五冊]: 42-43)

但是只有遇到個別的眞正悟道的明師，才能獲得各大宗教背後眞正的眞理，也就是「觀音法門」。而明師所擁有的除了是「觀音法門」的密法以外，更擁有一種開悟者所特有的傳法的力量。只有傳授打坐的方法而缺少明師是徒勞無功的[7]。

而「觀音法門」所涉及的一套修行方法，帶有一種秘傳性，這種秘傳性並非是建築在排他性的基礎之上，因爲任何人不需任何費用，只要願遵守戒律都可以成爲信徒。其秘傳性的基礎主要還是來自於對於師徒相授關係的嚴格對待，也就是該教團認爲「觀音法門」只能傳授給對它感到興趣的人，而且只有透過師徒的直接相

(續)

在那裡，但是不會斷掉。」(《即刻開悟．問答錄[第二冊]》：103)

7 清海敘述道：「本來是同樣的法門，有好的明師是天台宗，有好的明師是曹洞宗，有好的明師是『觀音法門』、是禪、是阿彌陀、是普門等等，如果沒有明師傳法，都只是口唸而已，唸外面的東西，沒有這個傳法的力量，是得不到什麼的。任何法門，如果我們只知道一半，傳給人家一半，就不是眞正完全的法門，不夠力量帶人上去。」(《即刻開悟之鑰[第一冊]》：126-127)

授，這一套法門才能夠產生作用[8]。

歸納言之，我們注意到，在建構其法脈與傳承時，與其它宗教傳統間的「相通性」，與本土宗教傳統像是禪宗之間的「接續性」，居於歷史早期就存在的一種「原初性」，以及師徒間緊密相授所帶有的「秘傳性」，是清海教團建構其傳承時所使用到的最主要的語彙[9]。

五、由傳統社會中的民間教派到現代社會中的新興宗教

由傳統社會到現代社會，華人社會歷經了極大轉變，中國方面辛亥革命後數千年來的一元性宗法帝國體制完全瓦解，台灣則早在日本統治時開始走向現代化的道路。1949年以後國民黨政府雖仍然

8 舉例來說，清海自述道：「任何古代的大禪師都是『教外別傳，不用經典』，因爲用經典不能傳什麼，經典只是一種筆錄，可以給後世人比較、參考，研究古代修行人的體驗如何，思想如何，他們開悟以後都講些什麼，都看些什麼，這是經典的用處，但是用經典不可以傳法。」(《即刻開悟之鑰》[第一冊]：78)

9 以上所敘述的是清海教團早期建構其傳承時所使用的方式。近期因清海教團與Thakar Singh (也就是傳言中清海學習到「觀音法門」時眞正的師承者)所領導的所謂「聖人之路」教團間產生傳承上的爭議，清海教團內部開始產生新的說法來正當化清海的傳承。該教團1997年4月的《清海無上師新聞雜誌》[79期]中，開始特別詳細的介紹了她的師承：一位450歲的大師Khuda Ji，該期雜誌記載著：「有一天她[清海]遇到了這位她渴望已久的明師，也就是獨居在喜馬拉雅山深處的庫達吉大師(Khuda Ji)，當時他已經450歲了，他爲The Supreme Master Ching Hai印心，並傳授她體觀內在光與音的古老法門。在這之前，他一直耐心的在喜馬拉雅山裡等候她的到來，而她也成爲了他的第一個、也是唯一的一個弟子。……庫達吉大師在完成他高雅的使命後不久，就離開了塵世……」。這一部分和清海教團近期之傳承建構有關的議題我們在正文中暫不做討論。

是威權統治，但選擇加速經濟發展的同時，威權統治也逐漸轉型，1987年解除戒嚴，也宣布了一元性控制結構的結束，各種新興宗教團體如雨後春筍般地在台灣紛紛出現。在傳統的中國社會，在混合性宗教圍繞，以及某種共同的文化思想據有主流位置的情況之下，各種民間教派在宗教層面上，一方面可能是代表了民間群眾自發性所組成的一種，或者是出於虔敬，或者是爲了更直接而有效的靈驗性的追求，而產生的接近於「制度性宗教」的集體性聚合；一方面，各民間教派又帶有潛在的顛覆性與異端性，在人人平等的志願性組合中，無形中否定了社會既有的階層性關係，這對於社會中的弱勢格外具有吸引力。然而到了台灣解嚴以後的社會，即使某種共通的文化觀念仍然瀰漫，但社會結構的多元化已成爲事實，政治與宗教形式上有著互爲主體性的關係，不管是正統也好、異端也好，在多元社會裡，這些詞彙都已經缺少了一種正當性。那麼新起的各種宗教團體，到底在當前的台灣社會中，是以什麼立足點來獲得信眾的認同呢？而其在當前台灣的社會文化中，到底扮演了什麼樣的一種角色？這種角色和各種民間教派在傳統中國社會中所扮演的角色又有何基本差異？這些問題值得我們更仔細的來加以考察。

「教派主義」的現代考察

如前所述，民間教派在傳統華人社會裡代表了形式上有別於「混和宗教」(也就是民間信仰)，而在內容上具有「綜攝主義」特質的一種宗教結社，它是以既有文化爲基礎，而產生的宗教專門化的舉動。這種舉動我們曾稱之爲「教派主義」，也就是：「自組獨立性宗教組織，有特殊入教儀式與教義，並有著宣稱該組織比起其它人或團體來得對真理有著更為真確的掌握與理解的這種一般性的宗教取向」。而到了當代台灣社會中新興宗教團體的流行，它們到底在什麼樣的程度上，還繼續延續著這種「教派主義」的社會文化意涵呢？

我們注意到，曾為西方學者所廣為報導的，當代西方1960至70年代之間蓬勃發展的新興宗教團體，具有一種與「既成宗教」決裂的取向，尤其是其信徒往往必須摒棄對有「既成宗教」的參與，轉而投入一個完全不同的信仰體系[10](Wuthnow 1976: 42)。然而若考察台灣當代的新興宗教，例如說瞿海源(2001: 19)曾就數個當代的新興宗教團體信眾的宗教行為與態度直接加以調查，並與自認為是民間信仰者而未參加新興宗教團體的人做比較，結果發現除了某些教團有其特殊性以外，新興宗教參與者比民間信仰者在一些華人傳統宗教觀念或行為，諸如：相信靈魂的存在、相信因果輪迴、相信氣、相信緣分、看風水、算命、從事念佛念經等等方面，都來的要更為積極。而關於祖先崇拜的態度上，雖然新興宗教信徒較一般民間信仰者來得較為消極，但二者間的差異並不顯著。而新興教團的參與者與傳統民間宗教信仰者間眞正產生巨大差異的是，前者在拜土地公、媽祖、關公等傳統神明的比率上比前者低的多。這裡顯現出，和西方當代新興宗教熱潮不同的是，台灣當代的新興宗教團體與傳統宗教間有著緊密的連續性，甚至於信仰新興宗教者比傳統民間信仰的信眾，更為熱衷於各種較為傳統的文化觀念。進一步來講，我們可以說，當代台灣的新興宗教團體，的確在整個社會文化脈絡中，提供了一種「教派主義」式的宗教專門化的功能。

---

10 例如Wuthnow(1976)考察1970年代間美國人的信仰體系，而區分出四種類別的存在：一神論、個人主義、社會科學與神秘主義。其中屬於神秘主義者數目雖然不多(少於5%)，但新興宗教團體的參與者大部分屬於這個範疇，這個範疇的存在反映出當代美國新興宗教團體參與者所信仰的價值體系與美國主流社會的價值系統間已有著重大出入。

就此而論，清海教團在「教派主義」這一方面的特質相當值得討論。如前所述，清海在台灣以「觀音法門」之名來進行傳教，傳教時又盡量與民間宗教傳統相連接，資料也顯示許多信徒是在既有民間信仰的基礎上來接受清海的。而清海教團所提供的修行方法，一方面在內容上是華人整體宗教文化中的一部分，一方面又有幾個和「教派主義」相關的特點對信徒而言格外具有吸引力，雖然這些特點在有些新興教團上也可以發現，並非清海教團所獨有：

1.更易親近且較為直接的救贖管道

既不需出家也不必依賴任何神明或僧侶來做媒介，更不必與外在社會的家庭、市場、或國家體制發生關連，個人在此可以直接獲得有助於達到解脫的手段，甚至於傳統宗教的經典幾乎完全不需要，只要透過「觀音法門」，個人可以「即刻開悟，一世解脫」。而隨著時間演進，該教團也發展出圍繞在清海言論與創作而產生的特有經典，這種屬於自己的經典使信徒產生進一步的歸屬感，也有助於宗教的進一步傳播。

2.師徒關係的緊密連結以及關於救贖的保障和承諾

該教團的教主聲稱已達到終極解脫的境界，並宣稱她對弟子負有完全的責任，只要弟子皈依她，並依法修行，定將獲得解脫[11]。

11　清海說道：「一位大師累世修行，福報很大，他們可以一邊指引我們路走，一邊幫我們拿行李，因爲他們有足夠的力量。」(《即刻開悟．問答錄》[第二冊]：256)；「印心的人跟其他人一樣，定業也是不能轉。不過凡是師父的學生都知道，師父幫忙他們很多，是不是？有時候一位師父會替它的徒弟受苦，把業障都放在自己身上，有時候是將災難轉大成小，或是把業障經由做夢化解。保證解脫。」(《即刻開悟．問答錄[第一冊]》：238)；「一個人印心以後，如果還相信師父，並且繼續修行觀音法門，這樣一定保證可以往生極樂的境界，永遠解脫。」《清海無上這裡構成了一個以師徒關係為主軸，同修關係為輔的宗教修行團體。在特殊師徒救贖關係的保障下，個人對修行有了更大的信心和認同感。

3.能與世俗生活相調適的修行型態

就嚴格吃素或是每天打坐兩個半小時而言，雖然造成世俗生活上的困難，但比起出家或是完全與世隔絕的修行，這反而是提供了一個可以在俗世間進行修行的既確實又簡易的管道。雖然該教團亦保留了出家階層，但他們仍著家常服，也不具特殊地位，僅是在清海指示下在各小中心協助維護教團的常駐人員。理論上，該教團已否定了出家與在家之間的界線或是區別[12]，在實際運作上，該教團所具有的反儀式主義，簡單易行的打坐方法，和所謂「五句咒」的提供(可在日常生活中做為一種保護性的力量)，皆利於在家的長期修持。

(續)

師新聞雜誌[合訂本第一輯]》：7)

12 如同清海所述：「[在家與出家]兩個都好，如果不修觀音法門的話，兩個都不好」(《即刻開悟・問答錄》[第一冊]：87)；「[問：是不是應該放下一切全心修行？]本來應該這樣，不過不應該出家，在家也可以儘量修行，一邊工作，一邊打坐，清付我們的業障，完成我們的任務。如果世俗的責任已了，又喜歡出家，那可以出家。有任務就應該繼續留下來把它做好。」(《即刻開悟・問答錄》[第一冊]：201)；「超三界才能夠成佛，超三界的人才是真正的出家人，不論他剃度不剃度，不論他穿出家衣服或是牛仔褲。」(《即刻開悟・問答錄》[第二冊]：133)；「出家、在家都一樣，看我們的『心』才是最重要的。」(《即刻開悟・問答錄》[第二冊]：85)；「[問：出家修觀音法門和在家修有何不同？]沒有什麼不同，出家身分會比較方便，如此而已。否則出家人、在家人都可以修行，也一樣會有成就。」(《即刻開悟・問答錄》[第二冊]：23)；「我的學生大部分都是在家人，很少出家人，也不應該出家，結婚也一樣可以修行。」(《即刻開悟・問答錄》[第二冊]：4)

以上這些特質反映了清海教團在整個社會文化脈絡中，的確提供了一種「教派主義」式的社會與宗教功能。如果相應於傳統社會中的教派主義，以及前面註釋中(本章註釋十)提到的，教派主義背後可能具有的「念經型」與「打坐型」的型態，我們或許可以發現清海教團信徒起初的參與動機，或者可能是出於個人虔敬性的進一步追求，或者可能是出於個人相信該教團因對於救贖手段所獨有的專門性而帶有較高的靈驗性而前來參加。

要對這個議題加以查證，事實上相當困難，除非我們能夠在每一個信徒初加入時就加以訪談，以免除其記憶上的扭曲，並且保證每一個受訪者對於自身參與動機的描述，都是反映了內心的眞實狀態，否則我們很難知道信徒參與的眞正原因何在(關於信徒動機測量的問題參考筆者1999: 271-315)。不過幾個側面性的資料在此倒是有助於我們釐清這個問題。

首先，我嘗試就50位受訪者的資料來做歸納，除了四位參與者自述的動機難以被歸類以外(一位是因女友介紹、一位是因身體必須吃素而被人介紹來此教團、兩位是自小爲父母所帶領來參加)，在50位受訪者資料中，根據其自述的參與原因，我們可以清楚看到有三種參與類型存在著：

A群，共有24位，他們在參與清海教團前，擁有豐富的宗教經驗與背景，並已經過長期的宗教摸索，而參與清海教團對他們而言，代表了一種修行境界的提升和突破，參與清海教團正是其宗教虔敬性的進一步發展[13]。由這些參與者的情況看來，清海教團正是

13 這一方面的例子很多，這裡僅列舉一位信徒(36歲，男性，參與已有兩年)的談話來做例子：「那時後應該是23歲、24歲、25歲那附近，那時候就一直在找這個。就是說，譬如說我從哪裡來的？我是怎麼來的？啊我要怎麼回去？我什麼時候回去？我回去是要帶什麼東西？啊我來這裡是

代表了民間宗教虔敬性的一個「教派主義式」的表現。

B群，有3位，他們很坦白的說道，其起初的參與教團是爲了追求一種在他處所得不到的靈驗效果(一位是因女兒智障問題遍尋宗

(續)

要做什麼工作？啊我來了以後，我什麼人，我來這裡要幹什麼？啊我回去以後要回到哪裡找什麼人？啊一直在找的話，變成一貫道的話，它沒有辦法給我這些答案，完全提供不出來！它只跟我說『啊你回去以後，你回到無極老母那裡』，啊我說：『我來這裡要做什麼工作？』它就答不出來啦！它說『啊你是以前來這裡輪迴受苦的，欸呀，啊來這裡受苦以後是要再來。』這樣子好像不太對的樣子。……一貫道沒辦法啦，我就……要不然我就求神通，所以我就開始求神通，那時候就求到了神通。跟道教的那時候跟五府千歲！那時候有一陣子很想要做乩童！啊後來開始跟人學一些什麼，呂祖丹訣……開始學打坐，那時候是說打禪，不是說打坐，啊坐了以後，你會知道聽到什麼聲音或者跟某一個東西溝通，啊溝通之後，變成說它表達意思你能夠印在你腦海裡面，很清楚的印出來！……啊後來我又回去一貫道，因爲那個一貫道找不到了嘛，我就想說嗯不然再深入一點，我就跳過來基礎組這裡，之前我是在發一組，跳到基礎組，我想說既然這樣子，我就專心下去。啊問那個……，那時後我太太在基礎組這裡，我就開始說『好！我要開始找東西！』但是我要怎麼個深入呢？那時候點傳師也說：『好哇，要不然……你若是要深入就要做堂主，要做講師，你才有辦法深入經典裡面。』我說：『好哇，這樣沒有問題！』啊問說『有什麼條件？』他就說『開佛堂』，我說：『沒有問題！』『吃素』『沒問題！』喔，我就……那第二天我就統統斷掉，開始吃素。然後就開始看經典，那時候開始在看，看了經典的確是有差，不過都變……落於它仁義禮智信，忠孝仁愛信義和平，變成落於此。剛開始一個心地上修爲，這條路好像也碰到阻礙，到最後，哇，那個時候我已經走了快要三年了有了，走了快三年了。啊那時走了走才覺得說也覺得沒有辦法，我那時候的志願是我至少也要做到講師！那時候就是這樣覺得，所以一直對經典方面下去著手。啊我們那時候從經典的下手不是從佛教正統的經典，是從道德經，啊還有那個波若心經、四書五經，從這裡著手研究經典。啊你知道這個哪有……這個跟我們是一個心地修爲喔，是有碰觸到一些啦，不過沒有完全很緊密的契合住。不一樣嘛！結果就換工作，欸，啊換工作那時候剛好換到這間，啊才碰到我們那個同修，才有去接觸我們同修，他當時就給我講我們師父的事情，……接觸了半年就印心了。」(訪談記錄35：5-8)

教師協助，一位因自身疾病問題尋求保護，一位因關心亡父的超渡問題而來參加)，這些人參與教團是爲了試圖在專門性的宗教活動裡，獲得更大的世俗性效驗，這也屬於傳統民間教派活動中所具有的一種「教派主義」傾向。

我們注意到，在此處，前述A群的人爲了修行上的突破而來加入清海教團，某種程度，這當然也是一種追求靈驗的心理，不過這比較偏向於一種宗教性的靈驗效果，而非世俗性的功能，我們還是把其與B群間做一個區別。不過不管怎麼說，A、B兩群人的參與動機，與傳統民間教派的參與者間並沒有太大的區別。

而最爲特殊的是C群，共有19位，根據自述，他們在參與清海教團之前，多無特殊宗教體驗與興趣，而其自陳的參與清海教團的目的，幾乎不是宗教性的興趣，也不是任何世俗性利益的關注。對於他們而言，參與清海教團顯然已不代表一種傳統意義下，類似於「教派主義」的那種尋求更專門性宗教修行或救贖的舉動，他們多半也沒有注意到民間信仰中，特別重視的所謂靈驗性方面的問題。那麼他們的參與清海教團的目的到底何在呢？我們先看看一些例子，一位參與了四年，39歲的女性信眾說道：

> 過去就是類似我們傳統一般的佛、道教之類的這樣子。就是跟著媽媽這樣子來，沒有所謂有特別說跟著誰在學些什麼，就是一直類似傳統的這一種。(問：那怎麼會選這個法門？)我不曉得啊！就是我表姊介紹。對！就是看到[清海]就是很親切，就是很熟悉！不會說不認識！沒有那一種不熟悉的，那她的名字我是在樣書上看到她的法號的。然後再就是從簡介開始看，然後我會吃素是因為我看到我們的簡介。其實我這個人就是我的個性，你叫我說完全以一個宗教的立場去信

> 某些東西，我是比較不苟同的啦！那我會開始吃素是原因在我們師父分析說我們人的構造……，就一些比較科學的一些解說喔，咦我就說我蠻能接受，我說那應該是正確這是正確的才對。我剛開始有點為了要吃健康那一種感覺，依我們的人體構造的……總總的那個喔，我才說開始吃素(訪談記錄14: 2-4)。

一位參與超過十年以上，41歲的男性信眾說道：

> 那時候還沒接觸宗教嘛，所以經典也沒什麼看啊你就是賺錢、娶老婆，你看整個流程嘛，你可以看你老一輩的流程就知道啊，以前是農業社會嘛，那你看老一輩的流程就是：再來長大，讀書，讀書完之後，再來就是結婚小孩，然後再來就是賺錢嘛，賺錢，然後再來就是當阿公啦，就往生了啦！就不是這樣子而已嘛！人不是這樣子就結束嘛，對不對！就是這個社會上已經不好玩了啊，其實這些都玩了就是這樣子而已！你沒有什麼其它的那個，好像就是這樣子嘛！都會膩啦，人對某一件事情玩久，你就啊覺得不好玩啦！啊那時候剛好就……咦，印心剛好……看到師父她有弘法講經，看到守五戒啊。那時候好像在哪邊……在國軍英雄館。……聽兩次嘛，那時候台北辦兩場，我忘記怎樣，差不多兩個月，我就下次我就印心啦！因為守五戒啊，啊也要戒煙、戒……不能……我們那個五戒裡面就是這樣講啊：「不抽煙」、「不喝酒」！啊這個「不賭」，那我這邊順便可以戒啊，簽約嘛！好像類似簽合約，你懂我的意思嗎？啊試看看啦！可不可以戒！那時候我心態並不是很清楚那個是什麼「一世解

脫」那種的，你懂我意思嗎？剛開始不是很清楚，只是「嗯……這個可以喔，可以試看看喔」……也沒有想那麼多說嗯要「一世解脫」那一種的，有沒有，覺得「超生了死」那一種的。因為你對宗教那種概念還不是很清楚啦，還不懂那些原理啦，只是啊這個戒一戒再說。……剛好師父那時候我們那時候剛開始是最好的，師父還很少徒弟。東摸摸，西摸摸，多好啊！那跟著師父在那邊跑，多舒服！（訪談記錄9: 2-3）

一位參加了三年，41歲的男性提到：

原先是這樣子啦，其實也是一個因緣[開始吃素]啦……那邊吃的時候剛好那個我們的松山小中心就在隔壁嘛，我有時候經過那一邊。那我一直覺得很奇怪，「這家……這家這個小中心看起來好像在賣書啊，又好像賣錄音帶的喔，也搞不清楚他們在幹什麼？」我常常經過啦，啊有一點覺得很好奇的感覺。我經過兩……，後來幾次，後來我就是有一段時間說「嗯……我進去看一看好了」，啊就進去看一看，我就在那邊資料啊看到一些書啊，我開始翻了啊！啊因為我覺得裡面有一些東西，我覺得對我來講好像覺得蠻有吸引力的，好像解決到我心裡上的某些問題！當然這些問題可能是說在我的人生的一個過程當中喔，可能我一直在探詢，要尋找這些答案！只是說剛好機緣巧合，我剛好看到一些資料，剛好我是我要的，所以我就開始想要了解他們到底……後來回想起來啦才覺得說「啊好像是以前曾經在第四台有播放過」，只是我剛好畫面我切了好幾次，都是切掉了，沒有去注意到。……那就是因為這樣子的一個機緣巧合，那我就裡面，然後它裡面很多那個師兄啊師姐們然後來跟我介紹，那我就買一本回去看，就只是這樣。那我大概跟這個我們的團體，大概接觸的過程大概是這樣子。……那就是說我剛好因為要做這些資……嗯……我的教材之後[探討吃素問題的保險業務報告]，我就開始決定我就要吃素，剛開始吃之後沒多久，因為我開始在吃方便素嘛，喔，吃了一兩個月之後，然後剛好有接觸到師父的那個小中心嘛，然後我買一些書回去看，然後我就是說我覺得還不錯，因為裡面有很多教理喔剛好是跟我，就是說整個在成長的過程中所探詢的要的答案好像都在這邊喔，就是能夠解答我心中的一些疑慮啊！然後慢慢的我就想去了解它們宗教團體到底是什麼東西喔，什麼樣的一個宗教團體。說實在我剛剛開始我對這個宗教團體，我還是蠻陌生的！就是接觸那些東西之後，然後就是看了書啊，然後還有一些體驗啊，讓我覺得可以蠻有信心！(訪談記錄 40: 1-3)

一位女性參與六年的女性信眾提到：

在年輕一點的時候常常就覺得說這人生很無聊！喔，你這樣子在外面很多這樣子紛爭，很多這樣子的那個，為的就求一日三餐溫飽，喔，那我就覺得很多事情都很無聊！那我就想說那我們人是從哪裡來？我們來這裡是為什麼？難道就只為了吃這三餐嗎？以前就會有這一些疑惑這樣子啦！那實際上就是說從小到大過程也還都蠻順啦，也沒什麼特別的挫折，都沒有！只是就是說對這一方面我會去想這一些問題。喔，

> 啊有時候像我現在在外貿協會上班，那你說嘛，待遇、工作環境什麼也都還不錯，可是我是覺得那些工作好像就是說很無聊，然後就是說那我就難道一輩子就只做這一些事情嗎？好像就找不到你人生的目標，你知道嗎！喔，啊人生活得好像很茫然這樣子，不知道你活著是在幹什麼！那後來等於就是說看了師父的書以後，我就覺得有很多就是「喔……原來如此！」喔，恍然大悟！對宇宙這個生命的來源啊或什麼之類，就是喔就是說「喔……這原來是我們人來就是來要來修行」，因為要來修行然後你才能夠升高你的等級，才能夠脫離這個比較低等級的那個社會啊還有環境……因為我那時候剛開始是只知道說師父的教理很好，然後呢可是我對修行完全沒有概念！包括外面的什麼密宗、淨土宗什麼宗，我完全沒有概念。我不知道什麼人家……我當然知道說……嗯出家人他們當然是在修行啊，念經啊什麼之類。可是什麼叫修行？說實在我不是很有概念。那我接觸師父了之後，我對什麼叫印心，說實在我也搞不清楚！我只是覺得說師父的道理，嗯我很喜歡，我能夠接受，喔，那我就很願意跟她這樣子，喔。我對那個其它的那個什麼，完全沒有什麼特殊概念。那你說對……以前說有一些人他就很喜歡拜拜求神問卜，我也不會說特別喜歡，只是說因為家裡有，偶爾跟著這樣做。都沒有很對任何一個宗教都沒有說比較特殊、比較深刻的認識或什麼，都沒有！（訪談記錄43: 4-5）。

我們發現到，對C群的人而言，他們雖然不見得是擁有深厚科學精神的人，但是由其言談中我們至少可以看出來，他們已是深受以現代科學爲主要導向的世俗性學校教育影響的一群人；其在童年時雖然曾接觸各種傳統民間信仰，但成年後自身很少實際參與或操作；即使教育程度較高，但對傳統宗教經典有著相當隔閡。他們在遇到清海教團以前，很難想像自己會成爲什麼樣的宗教信仰者，而其在初參與清海教團之當時，在其生活環境中，多少有著某些實際的困難，或是難以排遣的無意義感，他們對自己的參與清海教團，通常不會把它當作是一種宗教性的行爲，而是一種親密的師徒關係，再加上一套自認是合乎邏輯與科學並可以解釋宇宙人生萬物的原理。對於C群的人來講，清海教團的意義雖然在實質內容上，不見得和其對於A群或B群的人有著太大差異(也就是教派主義與綜攝主義所涵蓋的：更直接與易親近的救贖管道、師徒關係所產生的救贖保障、與世俗生活相調適的修行型態等等)，但又有一些要素是A 群和B群的人中所沒有的，最主要的是：

1.與傳統的斷裂

由於社會變遷與現代化教育的新內容，使許多人與既有的宗教傳統，包括既有的經典、儀式和神聖權威等等產生脫節。當然這種脫節並不表示其會對宗教免疫，而較可能是一種對於宗教的陌生感和不願被定位爲是宗教信仰者的自我認同取向。

2.一種合乎科學語言的新的宗教論述形式的出現

科學已成爲現代人語言論述模式中，非常重要的一部分，雖然很少人具有眞正的科學精神，但多半以一種自認是科學的態度，來做爲衡量事物的一個標準。一個宗教團體必須以具有看似科學性的語言——像是經過親身驗證的、有物理或化學原理上的依據的、邏輯嚴密的、對個人身心健康有實質助益的等等——來述說，才能獲得外在社會大眾的共鳴。這與過去的宗教語言——強調傳承、神聖性、虔誠性、終極救贖性等等——不盡相同。進一步來講，如前所述，華人民間教派教義上有著濃厚的「綜攝主義」性格。在過去，一般民眾對於「綜攝主義」的心理共鳴是停留在三教或五教合一的基礎上。然而對於現代人，更大的共鳴來自於科學與宗教間的一種融通上，或是更確切的說，科學性的語言對於建構宗教的正當性已是絕對必要，至於什麼是「科學的」，主要還是建築在俗民的日常認知上(志願參與而非依循傳統的、可親身體驗的、有益健康的、可用物理或化學原理講得通的、聽起來有因果關係的次序等等)而非科學家們所認定的所謂的眞正的科學標準。這些我們在下一節還會加以討論。

總的來講，當代較年輕的新興宗教參與者，其之參與新興教團，與傳統社會中某些民眾所具有的一種「教派主義」心理(這種心理目前還存留在新興教團中較年長的參與者身上)——也就是一種透過志願參與與組合，虔敬而有意識的來尋求更進一層解脫或更大靈驗性的心理——二者實不盡相同。當代較年輕的新興宗教參與者，往往是在既無特殊宗教背景，也無特殊心理準備的情況下接觸了一些新興宗教團體，對這些信徒而言，他們的選擇新興宗教，並不是起自於自身長期宗教探索與靈驗性的追求，而比較是理性化社會裡人生碰到困難時，所可能採取的解決方案中的一種，因爲相對於分化的社會，宗教的整體性答案似乎提供了另一個可能。這些信眾在剛加入一個新興教團的時候，所考慮的往往並不是一個宗教比另一個宗教更爲有效的問題，而比較是機緣投合和隨機性所促成，進一步長期的皈依或信奉，則取決於該宗教在實際解決個人現實人生問題的能力上(由於社會的富裕，個人現實人生問題的重點通常也主要是擺在精神層面而非物質層面)。

進一步來看，我們發現，參與時的年齡是一項需要加以考慮的因素。例如將前述的A群和B群一起加以考量(27位)，其平均初參與時之年齡是47歲，並且有48%(13位)年紀在45歲以上(不含45

歲)，C 群(19位)則平均初參與時之年齡是42.16歲，且只有26%(5位)年紀在45歲以上。這裡顯現了明顯的代間差異，也突顯出當代台灣宗教社會文化環境以及新興宗教團體在內在本質上的可能轉變。換言之，我們幾乎可以說，年紀愈輕愈有可能落於C型參與者這個範疇，也就是具有與傳統宗教脫節，受到更多世俗性教育薰陶，以及有著「自認擁有科學主義精神與態度」等這些特質的一群人。C群和那些普遍來說較爲年長的新興宗教信仰者A群或B群，在宗教取向上多有不同，後者具有一種傳統的「教派主義」心理——也就是一種嘗試透過志願參與與組合，虔敬而有意識的來尋求更進一層解脫或更大靈驗性的心理，而前者卻常是在對宗教較爲無知的情況下來加入新興教團的，其中師徒情感和整體性的(holistic)世界觀，是個人在加入教團時主要的著眼點，因爲這些要素在某種程度上提供了或是說彌補了，理性化與高度分化社會中所高度欠缺的一些內涵。

簡言之，我們可以說，教派主義內涵的轉變，反映了社會主流不再帶有宗教質素、以及宗教成為志願參與以後，教團與民眾雙方面的調整然後再相兜合的過程，自此，參與宗教在形式上已不再是一種與主流社會價值有關的更投入的活動，而是出於個人有所需要時，諸多解決問題方案中的一種。在信教過程中，參與某個教團雖然是出自於自願，但會跟隨某個特定教團，其信教過程則有隨機(因機率原因而剛好在身邊接觸到某個可以解決自己問題的教團)的性質。這與民眾在日常生活中，與傳統社會曾居於主流的宗教情境已有脫離(所以多半對傳統宗教認識不深)；個人的宗教參與不再受限於傳承與地緣(所以在有需要時即從身邊一時間最容易找到的地方開始接觸起)；華人歷史文化長期激盪中各宗教團體(基督教與伊斯蘭教除外)同質性已相當高(所以參加哪個宗教團體其性質並不會差別太大）；以及宗教團體在新的社會情境中重做調整以適應市場，並開始以個體性的實際需要爲主(因此教團不再僅是代表一個宗教傳承的承載者，更是一個現代人生活問題的解決者，現代人參加教團的主因將是個人問題的解決，而與宗教傳承的接續間關係不大)等因素間都有關。這種宗教文化與社會環境變遷所導致的信徒特質以及宗教團體訴求的不同，使得當代台灣的新興宗教團體，在基本特質與發展方向上，已與傳統民間教派間產生了一定程度的歧異點，這亟待新的詮釋典範來加以進一步的考察與說明。

「綜攝主義」的現代考察

在傳統華人社會裡，綜攝主義所代表是民間教派背後所特有的來自基層民眾想要跨越文化藩籬的一種動機和心理狀態。對於民間教派的信徒來講，綜攝主義並非是出自於認知層面中追求真理的興趣，而是屬於一種有意識的想要就文化中的精華部分做廣泛融合與吸納的基本取向；它比較偏向於情感與實踐層面而非理性層面，雖然其往往也和某種知識層面從事融合與匯通的系統性建構工作間，有著密切的關連性。由於綜攝主義有著跨越文化藩籬的取向，它具有著明顯的反菁英人士壟斷文化資源的實踐旨趣[14]。

雖然觀音法門源頭來自於印度的「音流瑜珈」，況且清海也是一個擁有英國國籍的越南人，不過做爲想要在當代華人社會中傳布的新興宗教團體，爲了迎合華人基層民眾所具有的這種綜攝主義取向，清海教團也同樣有著濃厚的綜攝主義特性。譬如說清海提到：

所有的宗教都是揭示我們內在相同的真理，都是指示我們擁

14　關於綜攝主義，我們在第六章中有更詳盡的討論。

有同一個無上師的力量。(《即刻開悟之鑰1993年全球弘法專輯[第四冊]》:封底)

開悟的人會了解,佛教、天主教、老教等等,本來都是一樣的意思、一樣的目的,很可能也教一樣的法門。……本來不論什麼宗教、什麼宗派,如果是真正修行的人,真正要求道的人,都是為了脫生死,要超出三界。現在我們要知道怎樣才能了脫三界,這一點最重要。我們不必管什麼宗教好、什麼宗教不好,這是小事情,我們只是要知道這個「道」、這條「路」。本來「道」是永遠存在……(《即刻開悟之鑰》[第二冊]:178)

師父是最好的佛教徒,我應該很明白的講,但是我也是最好的天主教徒,我也是最好的老家、孔家等,因為修真理真道的人,是沒有分別宗教的心,找到真理才是最重要的,任何宗教都是一樣。(《即刻開悟之鑰》[第六冊]:132)

五教歸一意思是說,五教本來同一體,本來一樣,師父也常常證明五教真正同一體,教一樣的道理。不過我們為什麼不能歸一呢?因為我們沒有開悟,不能夠五教,我們只看文章,不了解內容,不能得到無上甚深微妙法,所以才會分別五教。開悟以後,五教只是一教而已。(《即刻開悟・問答錄》[第二冊]:124)

而清海個人多元的文化與宗教背景[15],不但沒有形成信徒接受

---

15 像是清海早期傳法時常以「來自喜馬拉雅山的大師」做訴求,清海教團

她的障礙，反而是這種背景中所可能代表的「道」的共同性及其多面向的展現，使觀音法門與民間教派「綜攝主義」的取向有著一定程度的吻合。尤其是當清海能以流利的中文演講，並把觀音法門和華人民間教派三教合一傳統中的「道」的觀念相連結以後，使得觀音法門很快地就成為了台灣民眾在修行上，可以做選擇的一個易於接受的管道，這一點由信徒的認知裡可以找到清楚的驗證[16]。

這種當代社會情境中的綜攝主義論述，和傳統華人社會中綜攝主義論述相比，除了「道」所涵蓋的範圍更廣，包括了與基督教、天主教、與伊斯蘭教之間的匯通以外；它在社會性的指涉上，也開始有著因受到現代世俗性社會多元文化社會組成原則所約制而產生的，不同宗教團體間不得不相互尊重且不得公開衝突的一種基本立

(續)

公開向外流傳的清海簡傳記述她生長在天主教家庭，她的奶奶則是虔誠的佛教徒，而她曾長期居留歐洲，並至印度虔心求道。

16 像是信徒說道：「比如說你一貫道啊他們也有拜什麼明明上帝啊，然後老母娘娘啊，欸，這個就是最大的啊，欸，所以我……我就是說那師父[清海]這樣一個上帝的代表，一個母親的代表，就是一貫道在拜的明明上帝或是老母娘娘，就是這兩個人啦，一樣啊！其實是兩個人是一個人而已啦！」(訪談記錄 45: 16)；「我剛開始的話我就知道師父這種是『五教歸一』嘛！現在人家問我，我都說我『五教歸一』啊，我也說我都信啊，我把所有的什麼阿拉、耶穌基督什麼，統統都拿出來啊！」(訪談記錄 19: 9)；「[觀音法門]是包容各種宗教的，我都會跟你們解釋說『是包容各種宗教的』，它這個眞的是很特殊！」(訪談記錄7: 23)；「我們師父用的教理有多少經典在裡面，可蘭經的啦喔，然後回……嗯回教、佛教、天主教，聖經他們都有引用到啊，啊我們道德經，我們總總都有引用到！她沒有單純只侷限在……，至於到後來，我還是只有那句話『萬教歸宗』！就是一個『正道』嘛，只是各個門路不同！其實就像一個大溝渠，有很多支渠，每個宗教都是這些支渠，然後你終究……這些支渠要融匯到這個大……，眞正眞主就是這麼一個，只是祂有時候這一世換化成釋迦牟尼，那一世換化成耶穌，這一世又換化成什麼什麼哪一個宗教的一個領袖，沒有一定的形跟相。」(訪談記錄 14: 33)

場[17]。

綜攝主義是一種適應性與吸納性都很強的取向，建築在無所不在浸透性高(immanent)的「道」的前提上，不但不同宗教間可以在教義上自由的相互採借，而且這也特別有助於晚出的新興宗教團體取得其正當性和建立其普遍性的宣稱。而正如前面的討論中顯示的，當代台灣的新興宗教團體——清海教團——在教義的建構與宣教的方式上，與華人社會明清以來所流行的各種民間教派相似的，也是採取著一種綜攝主義似的論述結構。

然而在此我們卻也要強調的，是清海教團在綜攝主義特質上所表現出來的一種特殊的時代屬性。在傳統社會裡，民間教派綜攝主義取向所融會的對象，所謂的「三教合一」、「五教合一」、甚至是「萬教歸宗」等等，基本上，還是在不同宗教間自由的採借與融合，在一個預先揭櫫的「道」的基礎上，不管是面對再多的其它宗教，這種可以超越藩籬並具有普遍性屬性的綜攝主義取向，藉由「萬教歸宗」這樣的語彙與思考邏輯，可以說在傳統社會民間教派的活動裡，已經形成了一種相對來講，是相當穩定而不需要做太大改變的論述結構。不過到了當代社會，我們注意到，當綜攝主義取向不斷在時代變遷的步伐裡來做調整時，各教團所要跨越的文化藩

17 像是如同該教團出版品(《即刻開悟之鑰[樣書]》：58-59)上說宣稱的：「清海師父接受各宗派和不同背景的人來印心。你不需要改變原有的宗教或信仰，也不會要求你加入任何組織，或要求你參與任何不同不是於妳目前生活方式的活動。」；又如清海個人也說道：「師父印心並不是要搶走人家的徒弟，你們可以繼續侍奉你們的師父，去你們的廟，做你們的法會的事情。」(《即刻開悟・問答錄(第二冊)》：38)；「師父沒有叫你們印心後要離開一貫道的團體，也沒有叫你們毀謗或反對他們任何事情，只要你們每天打坐兩個半小時，持五戒清楚就好，不一定要來看師父，也不應該來供養或侍奉師父，可以繼續供養你們的宗教團體，參加他們的活動。」(《即刻開悟・問答錄(第二冊)》：95)

籬，已不只是宗教間的界線而已，更主要的是宗教與新的社會主流勢力——科學——間的界線。如何能夠適當調和科學與宗教，重新爲宗教建立不違背科學的新面貌，以爲教團的教義系統取得正當性，並且也可幫助信徒消解在世俗性社會(科學爲其主流思想)中參與宗教團體所可能會產生的心理焦慮，成爲當代所有宗教團體所必須要面對的課題。而綜攝主義取向所具有的易於跨越文化藩籬的屬性，雖然較易於面對以上這種時代的新課題，但由於宗教與科學所存在的先天的內在的緊張性，以及時代趨勢中科學所占有的主流強勢的地位，顯然將使傳統華人社會民間教派背後常有的綜攝主義的論述結構面臨到了一個新的轉化與調整的階段。

宗教與科學間的衝突與矛盾，在西方社會世俗化的過程裡，尤其在1859年Darwin的《物種源始》出版以後，曾以非常尖銳的方式在進行著(Bainbridge 1993)。然而在東方，一方面因爲此處不是近代科學最先興起而必須與既有宗教組織或信仰模式產生衝突的發源地；一方面近代科學發展所產生的各種問題，也已逐漸顯露出來，使人不再對其保持高度樂觀(Campbell 1999: 44-45)。因此，就東方宗教接觸科學的時機而言，相對而言也是較佳的；再加上某些東方宗教，譬如說佛教、道教、甚至是一些東方神秘主義思想，本身就有很高的相對性，並不會像西方宗教一神論思想般的與西方近代科學間，有著直接而明顯的內在衝突(Thompson 1996: 136-137)，這些因素反而使得做爲當代台灣新興宗教團體的清海無上師世界會，在綜攝主義的吸納與融會取向下，還能進一步巧妙避開科學與宗教間的內在衝突，並爲宗教信仰穿上了科學的外衣，有效的讓科學加入了爲信仰服務的行列，這是它適應成功之處。

在對外宣教的場合，清海不斷強調其教理所具有的科學性，並常以科學性的論述框架來做討論，其最主要的宣教手冊《即刻開悟之鑰[樣書]》，內附兩篇宣教文章[18]，都是以科學框架做爲起點，而開始論述其教義的。而觀音法門，透過近似物理性的原理加以解釋之後，也變成了最合邏輯的修行方法：

> 觀音也是一種振動力，觀音法門是觀一種內在的聲音，也是一種振動力，用最善良、最高、最強的振動力，化解粗糙、深重的振動力，這樣才能夠洗掉業障。……如果要超越業障，要永遠解脫，只有觀音法門。用振動力可以化解振動力，懂嗎？物質的東西，不可能化解無形的、非物質的東西。所以我們應該用無形的聲音，無形的振動力，才能夠化解那種無形的(業障)振動力。不論我們學什麼都應該合理、合邏輯，合我們知識的想法，我們才學。(《即刻開悟之鑰》[第三冊]：227)

清海也屢屢強調科學與宗教信仰間是沒有任何衝突的[19]，這大大化解了世俗性社會中人們對於宗教信仰所可能會產生的抗拒心理。不過，這並不表示宗教可以被包含在科學之中，剛好相反，在清海的論述裡顯示出來，科學只是被拿來做爲有助於說明教理和支持宗教正當性的一種工具而已，當某些宗教信仰元素無法爲科學所證明時，這時問題不是出在宗教上，而是在於科學的發展還不夠成

---

18 分別是〈超世界的奧秘〉和〈爲什麼要素食〉，前者以宇宙定律和物理學，後者以營養學和生態學爲主要論述框架。在說明教理時，47頁篇幅中，科學兩字出現了5次，邏輯兩字出現了3次，物理學和數學等字各出現了一次。

19 舉例來說，清海說道：「開悟本來就是非常科學的事，一點也不迷信，甚至談不上什麼宗教或信仰，或關於那一方面的事，開悟是非常科學的。」《即刻開悟之鑰1993年全球弘法專輯》(第六冊)：107)

熟[20]。

對於信眾來說，並不會細密的去反省清海論述中的科學論證所代表的實質意涵，而是在於經過了科學性的語言正當化以後，該宗教成爲了符合時代精神和具有不受權威約束，而且自身可加以驗證(理論上這是科學所具有的基本精神)的現代信仰模式。也就是符合如同清海所述的：「修行是很合邏輯的事啦！用邏輯就可以了解。」(《即刻開悟之鑰[第八冊]》：3)；「我們都以爲修行太神秘了，我們不可能得『道』。其實並不是這樣，修行跟科學一樣，只要一步一步慢慢學，以後一定能畢業。」(《即刻開悟之鑰[第三冊]》：158)「不論我們學什麼都應該合理、合邏輯、合我們知識的想法，我們才學。」(《即刻開悟之鑰[第三冊]》：227)由信眾的口中講出來：

> 師父那個的書就是很合邏輯的東西啊，師父的書如果說你當初你也是有看的話，師父的東西它就是很合理，很合邏輯！因為我們本身是學工的啊，你就是講東西要很有條理啊，而且我能夠證明的，這些東西我才可以接受，我頭腦會接受，我才接受它啊。(訪談記錄 1: 8)我們學理工的，我認為事情就是咦能夠給我證明，我才相信。啊現在就是師父這個方法，她這個是實證的法門，它這個方法，它不是像一般喔你

20 如同清海所述：「科學家所發現的只是物質的一面，他們所發現的所有能量都是物質面的，但卻無法發現能量背後多面化的智慧。……用科學的方法所能發現的東西太少，和佛陀或基督所知道的相比，由科學的方法所能知道的少之又少，差別就在這裡。但科學有助於改善生活，並幫助證明很多佛教及基督教的理論，所以科學沒有害處，只是科學能發現的太少了！」(《即刻開悟・問答錄》[第三冊]：226)

> 去參加一些宗教團體它就是懂一些教義，但是它不能給你一些實證，啊我們這個方法它可以給你實證，你自己就可以去證明，啊你自己證明你自己清清楚楚啊。(訪談記錄1: 14)
>
> 我覺得她講得蠻合乎邏輯的……不像有的就是一個「框框」，就是一個「標準」，就是認為是「傳統」就是要這樣或那樣。我覺得她講得蠻活的，教理蠻合乎我的需要(訪談記錄2: 25-26)
>
> 我先接觸書之後，我看到第三本還是第二本的時候，我就很有興趣！我就跟他[其朋友]講說「沒有看過那種書喔，很合邏輯！」第一個，感覺到它很合邏輯；第二個，它竟然是很合科學；那第三個，我就興奮的是說……，因為我很喜歡哲學，它竟然是很合哲學！(訪談記錄33: 2)
>
> 翻這個師父的經書覺得師父的教理……咦很不錯！很合邏輯！跟我以前所看到的一些什麼那個神鬼佛啊的那些一般的那種教理不一樣！我那時候就覺得「咦不錯喔！這個很合這個自己心裡所想要」的那種感覺，而且覺得很科學、很合邏輯。(訪談記錄25: 5)

我們注意到，在以上這些話語裡，顯示出來的並不是民眾對於科學的內在興趣，而是顯示在科學的包裝之下，清海法門的教理在信徒的心目中，獲得了更強的正當性。而這種科學的包裝主要包括了：1. 訴諸於個人體驗的擬實證性；2. 訴諸於有推理程序的論述模式(不管這種推理建築在什麼樣的基礎上)；3. 運用自然科學的語彙等等。

此處我們不擬討論科學與宗教的本質間，如何會產生衝突或是匯通等的問題，不過我們注意到，在一般信眾的層次，對科學內在精神並沒有眞正的了解，而是以綜攝主義爲核心原則，來進一步適應於外在主流文化的變遷。如前所述，綜攝主義同時兼有著原初性(有著淵遠流傳的道統)、無上性(是文化中的精華部分)，和嶄新性(代表一套對傳統的最新解釋)的混合特質，以及具有一種廣泛而民主的參與形式(可以超越結構限制的藩籬)，而也正是這些內涵中的嶄新性和民主形式，可以進一步來與當前流行的科學語言相接軌，而使得建築在綜攝主義基礎上的道統，有了雖是新穎，但正當性卻是絲毫不減的立足點。正像清海的話語裡所顯示出來的氣息：「大開悟的聖人就是大科學家，如此而已，他們知道全宇宙的法律，他們可以利用它來利益自己、徒弟和整個社會，任何人跟他們學，也會慢慢發現自己的偉大和智慧，然後自己也可以成爲師父，也就是所謂的明師開悟和宗教無關，可能因爲釋迦牟尼找到這個力量，所以跟他學習的徒弟就自稱『佛教徒』，有人和耶穌基督學並且找到了自己的智慧，以後就他們就稱自己爲『基督徒』。其他明師或是大科學家也是一樣，這就是我們現今宗教的起源。」(《即刻開悟之鑰1993年全球弘法專輯》[第六冊]：107-108)。「靈性與科學彼此之間並不會有什麼衝突，而是互相輔助。就好比2600多年前，佛陀曾說：『一杯水中，有百千萬億的眾生。』那是在我們還沒有衛生系統、還沒有顯微鏡發現水中微生物以前的事。因此，聖人不需要研讀生物、化學就能了解整個宇宙。科學家花了好幾十年，甚至好幾百年才發現的東西，聖人們在這一世當中，或許只需打坐幾個小時，就已經曉得了。而任何使聖人們之所以這麼偉大的原因，我們內邊也都有！如果我們努力去發現的話，我們也會跟他們一樣的偉大。」(《即刻開悟之鑰1993年全球弘法專輯》[第五冊]：35-

36）

對於清海教團異端性格之考察

任何一個宗教團體都會宣稱自己代表著某種正統，清海教團亦然，清海宣稱人生只有一條路可走，那就是走正道。與上帝同一體就是這條正道的內涵（《即刻開悟・問答錄》[第三冊]：112），而選擇「觀音法門」亦即是選擇了正道。同樣的在〈眞理、假理〉一篇演講詞中，清海強調「觀音法門」才是眞理，其它教門多是表面形式上的自我安慰，甚至已是內容不純正的迷信（《即刻開悟之鑰》[第一冊]：12-13）。

然而做爲一個有著綜攝主義內涵的新興宗教，清海教團在台灣的活動，一開始即被性質相近的佛教團體貼上「異端」的標籤，由於清海起初以比丘尼形象出現，廣爲引用佛經傳教，卻又經常批評傳統佛教拜木頭佛拘泥於念經禮拜的形式。此外，她自稱爲佛，宣稱可使人即刻開悟，還以女性比丘尼身分廣收男弟子出家，招致佛教界的燒書事件及一連串嚴厲批評，說她所傳皆是邪法邪說（傳福 1998），或是外道（正法明 1988），與佛教正法有所出入（葉曼 1988）。

在此同時，做爲一個獨立教團，有著秘密的修行方式與嚴格的戒律要求，清海教團與台灣社會，主要是和信徒家屬以及媒體間，始終有著不良的互動，而被冠以「異端」之名。更詳細來說，對信徒家屬來說，信徒參與清海教團後，必須吃「全素」，蛋也不吃，飲食習慣與家人產生差異，而其每日以「觀音法門」打坐還要與家人隔絕，甚至因勤於修行，而對許多日常娛樂活動產生排斥心理，這使一些家屬或朋友把其當作是一種有違倫常的宗教活動。對媒體而言，清海個人作風獨特，穿著豔麗，與一般修行人不同，卻又能吸引眾多信徒及動員眾多資源，再加上教團作風神秘，這些都是一個所謂理性化的社會裡所不能理解的，因此對其常做諸多渲染與報導。

相對來講，清海教團的教義比起民間信仰以及大多數既存的宗教團體而言，的確流露出更爲濃厚的「異端性格」。其承襲自印度的「音流瑜珈」，與佛教或是許多民間教派類似的，也否定世間秩序的眞實性與永恆性，像是前面提到過的，該教團教義中指出這個世界是一個充滿煩惱和庸俗化的世界，人類必須與宇宙原初與最根本的組成聲流相結合，才能回歸個人永恆與美好的存在狀態[21]。這裡有濃厚的神秘主義味道，主張藉著與終極本質相結合的一種過程裡，個人可能獲得眞正的喜悅與救贖。但是由於預設了一個美好世界的存在，相對來講，這個世界也就是是黑暗、混濁、引人墮落，和有分別性的：

---

21 舉例來說，清海提到：「『音流』也是一樣，祂把整個宇宙連在一起，沒有一樣東西不在音流裡面，但是我們和祂失去聯繫，只剩下一點點關係而已，如果不縫在一起的話，我們很快就會和這個音流完全斷掉，所以我們才會輪輪迴迴，被丟在『六道』中受苦，無法上去高尚的境界。」（《即刻開悟之鑰》（第一冊）：37）；「宇宙萬物都是從這個『名』或『聲音』產生出來的，我們也是祂的一部分，但是因爲我們是『人』，我們擁有祂最高的一部分，所以我們比較有可能完全擁有祂。而動物不夠等級可以完全擁有這個聲音。如果我們修行這個聲音，藉著祂，我們不斷地提昇自己，使自己收更多更高的聲音，一直到完全擁有祂爲止，這時候，我們就可以跟宇宙中任何眾生配合。」（《即刻開悟之鑰》（第一冊）：106）；「要成佛應該要修觀音法門，用智慧觀這個原本的聲音，因爲這個聲音造化宇宙萬物，是宇宙中最高最大的力量，也是宇宙中最高的智慧……所以靠什麼都不對，除了應該靠這個最大、最高、最原本的聲音，這個最初的聲音，在我們還沒有來，宇宙萬物還未創生以前，已經存在，即使三界破掉以後，祂仍然存在，依靠這種永恆的力量修行，才能修成永遠存在的程度。」（《即刻開悟之鑰》（第一冊）：107-108）

> 這個世界是個否定的世界，所以很顯然地，到處都有很多的陰，而且大家也比較容易接觸到陰，比較容易接觸到否定的力量。所以除非我們具有足夠的智慧能轉向肯定的這一面，並且從中汲取我們每日所需的正面力量，這樣才能獲得平衡，才能在這個世界創造奇蹟，那時候世界必將再也沒有戰爭、沒有痛苦。(《即刻開悟之鑰》[第八冊]：149-150)

> 即使做一位高貴的眾生是很不容易、很難獲得的果位，但那是唯一的路。難道我們要一直沉在較低的等級，沉在較低等的思想裡，或是過著暴力的生活，沉在無明的品質之中嗎？……(《即刻開悟之鑰》[第八冊]：136)

> 這個世界和高境界的世界不同，高境界的世界會幫助我們修行進步，使我們愈來愈輕鬆，愈來愈高貴，但是這個世界的環境，卻很容易使我們退步，使我們變得更笨更壞。因為在極樂世界，要什麼有什麼，沒有一點點痛苦，但是在這個世界，必須和大自然奮鬥才能生存，即使是釋迦牟尼佛，也應該要吃飯，或使用這個世界的東西才能生存。這是一個有形、有色、有分別的世界，有冷、有熱、有美、有醜、有男、有女，和極樂世界不一樣。……(《即刻開悟之鑰》[第一冊]：102)

更進一步來講，這個世界的現實安排根本就是顛倒錯亂的，所有社會角色的安排雖不見得是錯誤的，但至少是暫時性的。：

> 我們這個世界，一切都顛倒，最重要的事情，我們把它變成

不重要；最不重要的事情，反而變成最重要。所以我們才把丈夫、太太、小孩當成最重要。……他們並不是我們最究竟的目標，如果把他們變成究竟的目標就是顛倒錯誤。……我們所以會生生世世輪迴，洗他們的襪子、內褲，賺錢給他們吃，一直到現在還喜歡，還留戀在那裡，就是因為不明白這個道理。不了解就是「無明」；了解就是「佛」，這個很容易分別。(《即刻開悟之鑰》[第三冊]：15)

世間的幻想實在不可思議！魔和幻想的傑作令我們盲目地相信不該相信的事，而我們卻非常忠誠、愉快的聽從它，跟它一起墮落下去……(《即刻開悟之鑰》[第六冊]：230)

也出於這種教義上的基本立場，清海可以以她女性領導人的身分，以符合其教義的方式，嚴厲的來批判現實社會中關於男女性別地位間的不平等安排[22]。

22 做爲一個新興教團的女性領導者，清海這一方面的言論很多，且色彩極爲鮮明。像是她強調男女在佛性上都是相等的：「有的國家重男輕女，有的重女輕男，所以很難講。佛家沒有重男輕女……我們都誤會經典，佛哪裡有分男女？大家都有佛性，……男眾、女眾都一樣有佛性。……沒有男沒有女，大家都有佛性而已。」(《即刻開悟・問答錄》(第一冊)：210)；女衆比男衆來得還要虔誠：「沒有女眾就沒有佛，釋迦牟尼佛也必須藉女眾的肚子，才能生出來。女人是人類最大的恩人，如果有人說女眾業障重，實在是很可怕的口業。我想釋迦牟尼佛沒有這樣講，這是後人自己加進去的。……從我們講經的現場來看，……她們[女眾]的求道心比男眾迫切，照這樣看來，男眾比女眾多業障。」(《即刻開悟之鑰》(第二冊)：264)；女衆的經期與業障無關：「女眾每個月身體都有一次生理期，可以排出體內不潔的東西，所以跟男眾比起來，情慾的問題，就不是那麼嚴重，對修行來說，這何嘗不是一種福報，也是佛菩薩給我們的恩典。」(《即刻開悟・師徒內信》(第二冊)：208)；女身比如果我們以「對於既有社會秩序有著明顯的批判傾向」，來定義所謂的「異端」的話，和中國傳統社會中的民間教派相比，清海教團在教義中明確指出了現實世界的暫時性與庸俗性，並提出了與現實世界不同的理想世界的存在，這使得清海教團在教義上的異端性格，比之傳統社會中大多數的民間教派而言幾乎是有過之而無不及。

然而雖然同樣是具有著異端性格，我們卻可以發現做爲當代新興宗教團體的清海教團，與傳統社會中的民間教派，在關於異端性上，有著根本的行動取向上的差異。在傳統社會裡，民間教派的教義思想與白蓮教有密切關連，通常以無生老母爲最高崇拜，以彌勒佛爲信仰核心，以眞空家鄉爲理想境界，強調三期末劫，重視末後一期的普渡功效。由於一般農民的生活困苦，它的末劫思想，與西方基督教所強調的死後進入天堂不同，反而是帶有強烈的現實取向，目的在人間樂園的建立。濮文起歸納民間教派的末劫思想，指出：

> 這樣，以無生老母為造物主，以彌勒佛為救民於苦海的老母使者，以三期末劫為標誌，不是回歸雲城，而是造福民間的

(續)

男身來得還要珍貴：「靈魂要經歷很久時間的練習，才可以生爲女人，所以男人不了解爲什麼有時候女人那麼細膩、可以關心到那麼多的事情，而他們則不關心、不了解。實際上，靈魂既不是男的、也不是女的，不過爲了成爲女性，它必須經過較長時間的練習。人們說女眾無法成佛，事實上正好相反：女性更接近佛性。……我們要經歷很多輩子的訓練，才可生爲女人，才能有所有這些人類的愛心及細緻的品質。……如果有人告訴你女人較次等、無法成佛，這是最無明的說法，因爲他們不知道宇宙的法律是如何運作，他們不知道人類要經歷過多少輩子、靈魂要承擔多少訓練，才能生爲女性，所以他們才會有那樣的說法。」《清海無上師新聞雜誌》(109期)：10)

> 理論建立起來了。儘管這套理論既簡單粗俗又神奇怪誕，但是它確實為生活在封建社會底層的勞苦大眾指出一條爭取解救之路——加入白蓮教，信仰彌勒佛，就可以掙脫壓迫，進入人間樂園。這種超人間的宗教說教，如同漫長黑夜中出現一道希望之光，給人以勇氣和力量，特別當社會動盪不安時，會立即轉化為強大的物質力量，向反動腐朽的封建王朝衝擊。明清時代普遍流行的「彌勒佛當有世界」的口號，正說明白蓮教這套理論在民間的廣泛傳播和巨大的影響。（濮文起 1995: 66-67）

但是和此相比，我們清楚的注意到，在當代的社會處境中，出於文化上所扮演的類似的異端性的角色，一些新興教團的教義中，縱然依然有著類似於末劫與末世的看法，但是在其行動取向上，卻已反映出一些基本的歧異性。

以清海教團爲例，傳教過程中清海曾多次提及，世界正處於末法時期以及地球隨時會面臨著更大的災難[23]。可是很獨特，甚至於

---

23 例如清海說道：「我們現在正處於末法時代，想修行很不簡單，會出現很多障礙。」（《清海無上師新聞雜誌[合訂本第一輯]》：6）；「在這個世界，很多我們的兄弟姊妹都忘記了他們的本分、他們的佛心、上帝的品質，而做了很多對世界、對宇宙不好的事情。如果每一個人都這樣，大家都不想辦法平衡，我們的世界一定會發生很大的災難。很多災難已經發生了，不過有更大的災難會再發生，……很多所謂的預言家、先知，他們都可以看到世界將有很大的災難，在同樣的時間發生。在不同的國家、不同的時代，都有人可以看到一樣的情況，那些人真的可以看到未來，他們不是隨便說的。」（《即刻開悟之鑰》（第八冊）：1）「1994到1996、97這兩三年以內，是我們世界最敏感的時期，發生了很多事情。因爲我們在這幾個世紀以內，做了許多破壞自己地球的行動(《即刻開悟之鑰(第八冊)》：7)「最近我們已經受到很多警告，到處都是天

可以說是自相矛盾的，在不同的場合裡，清海一方面強調世界末日與否與個人修行並無特別關係：

> 我們管自己的生死輪迴就好，不用管世界是末法、正法或像法，這些都沒有用，……你們管世界末劫這種事，實在太遠了……末劫就是我們自己的生命末劫，不一定跟這個世界有什麼關係，整個世界存在，那是正法的時代，如果我們自己往生，那就是我們自己的末劫……應該管自己末劫的事情，不要管世界的末劫。(《即刻開悟·問答錄》[第一冊]：38-39)

一方面又強調現世其實是美好的，應加以珍惜：

> 所以你們看什麼是末法呢？我們現在的生活比以前更快樂，如果末法那麼好，那應該多一點末法。現在我們發明很多機器，各種飛機，生活好舒服，很多人打坐。釋迦牟尼佛在世的時候，反而沒有那麼多人打坐，為什麼？因為現在透過電視、報紙的廣告，可以同時讓大家都知道，好多人可以來聽經，來學打坐。(《即刻開悟·問答錄》[第一冊]：91)

同時眞正的解脫也不需改變現有社會情境：

> 我們不需要去喜馬拉雅山，或放棄整個家庭，也不需拋掉我們的化妝品或漂亮的衣裳。你們必須衣著鮮亮，來裝扮這個

(續)

災、地震。」(《即刻開悟之鑰》(第八冊)：12)

> 世界，來美化我們地球周遭的環境，就像你們在家裡種植多彩多姿的花朵，或是在客人來的時候布置些花草盆景一樣。所以在地球上作個好的客人，並善待他人如嘉賓，做每件事都像做上帝所囑咐的工作一般，非常樂意地去做。……不過要先開悟，然後才能把事情做得更好，才能接受所有的事情，而不會批評抗議、阻擋或掙扎，所以我們稱之為「現世解脫」，我們甚至在這一世就已經解脫了，今世我們就已經擁有天堂。(《即刻開悟之鑰1993年全球弘法專輯》[第一冊]：73-74)

> 我們必須把世界變成天堂，而不是跑去天堂，因為每個地方都是天堂。上帝只創造天堂，然而我們卻用故障的、不怎麼靈光的「電腦」(頭腦)把世界搞得亂七八糟。「開悟」是修復我們自己的方法，這並非想像的遙不可及的天堂神話，而是每日可以體驗的偉大愛力和智慧的泉源，這是我們降臨這個物質世界之前，上帝就賦予我們的。假如我們認為天堂在雲端上，我們就麻煩了，因為我們必須等待至少六十年或一百年，經歷世上種種苦難之後才能到那裡，但我們無需如此。(《即刻開悟之鑰》[第八冊]：24-25)

這些想法和傳統民間教派教義中，普遍地要在現實世界中建立一個理想世界的行動取向，是截然不同的。在此，雖然清海教團並不能代表當代台灣所有的新興宗教團體，但是做爲這些團體中深具活力與影響力的一個，它的在教義指涉與行動取向上與傳統民間教派間的差異，其背後應是反映出來了眞實而深刻的社會文化意涵的。

這種民間教派異端屬性背後所帶有的現實指涉性的減弱，應爲各種社會與政治原因所促成，尚須收集更多資料以進行分析。本章在此僅暗示性的提出幾點可能是促成此變化發生的重要社會發展趨勢：

1.富裕社會的出現

民眾生存的基本需要在當前社會中多半已獲得滿足，故不需要另外再把懷抱寄託於具有世俗性格與物質性取向的太平現世的存在。

2.宗教信仰個體化發展趨勢的影響

所謂宗教信仰的個體化，我們在第六章中將有較爲詳細的論述。基本上，它是指宗教脫離了傳統宗教的地域性與群體性，並在結構上不再擔負宗教以外的政治或社會功能以後，開始以個人自願參與和選擇爲主要形式，這乃對於宗教的內在教義與外在形式產生了各種影響，主要也就是宗教信仰的教義與修行活動將集中而密集的專注於個人救贖與自身主觀的內在體驗。它表現出來的外在特徵是：不重視外在儀式活動與傳統所要求的道德規範，教團內的人際互動也相對減低。簡言之，也就是在社會結構變遷中，宗教不必須擔負社會整合與道德教化的功能，一種宗教多元化的結構出現，並形成了自由競爭的宗教市場，個人也有選擇宗教的自由，開始以圍繞著個人切身的興趣與體驗做爲宗教修行的重點，而高教育程度所產生的更高的自我意識與自我期許，將更加深這一股發展趨勢。

3.現代社會生活結構中個人生活領域私人化的特質亦將減弱了新興教團異端傾向的現實性

如前面幾章所反覆強調的，台灣社會近代社會變遷的過程，不盡同於西方社會所發生的「私人化」過程，也就是共同統一的制度性宗教從公領域被推擠到私領域的過程。不過在現代化體制的覆蓋中，政教分離的外在形式，卻也確實是覆蓋在台灣當代的社會體制中的，於是結構上個人私領域的宗教信仰，是沒有公開的管道來介入公共生活的，雖然人們仍常依據傳統的習慣把這二者做一種相互滲透與轉換。簡言之，我們或許可以說台灣存在著一種「制度上的私人化」(institutionalized privatization)，但卻缺少「歷史性的私人化」(historical privatization)或「思想觀念上的私人化」(ideological privatization)。不過台灣雖然並未發生激烈的「私人化」的社會過程，但是出於現代人個人生活領域特質的轉變，這將仍使在新的社會結構中開始出現的新興教團，受限於制度上的安排，其視野中的異端屬性將愈來愈趨於只是精神性的、個人性的、而不帶有現實的指涉性。而一般所謂的政教分離的現代國家的運作模型，在其中，國家不再用行政力量直接扶持某些宗教，宗教領袖也不再參加政權機構，宗教信仰自由且信教已是公民私人的事情，這種運作模式亦是現代人生活結構愈往私人化轉變的在政治領域上的同步展現。

整體看起來，即使在文化上依然具有著強烈的異端傾向，但是出於物質生活條件的改善，宗教信仰個體化發展趨勢的出現，以及宗教制度在台灣社會中結構性位置的改變，當代新興宗教團體的異端傾向愈來愈不具有現實性的指涉，反而是神秘主義傾向更濃以及個體化的特質更為明顯等等。

五、本章摘要

對於當代台灣新興宗教現象的探討，本章所關注的是變遷的面向。要探討宗教變遷的面向，理想上應就傳統社會中的宗教活動與當代社會中的宗教活動進行普查，並加以對照性的分析，然而這在執行上有其困難度。本章所採取的研究方式則是折衷性的、策略性的。

以民間教派做爲關注的焦點，首先，本章歸納了漢學研究中既有的對於傳統中國民間教派的相關討論。我們注意到，學者曾特別注意到民間教派在傳統中國社會中所具有的教派主義的功能，以及綜攝主義的特質，在此同時學者也注意到，民間教派雖然不是教義上的異端團體，相對而言，卻在文化上具有著威脅到正統社會秩序的異端取向。

接著，本章嘗試以一個當代在台灣信眾人數眾多，在傳承上號稱具有與傳統的接續性，在表現型態上同時帶有新與舊的面貌的新興宗教團體做爲一個策略性的研究點，來幫助我們突顯出宗教團體在現代華人社會中所具有的一些基本形貌。而這些基本形貌，也只有在與傳統華人社會中民間教派所具有的特質相對照之後，才可能顯現出在其背後實質上所代表著的一種社會與文化意涵。

在經過了以上這樣的方法論的安排以後，本章發現，經由清海教團中所收集到的資料爲例，與傳統社會中的民間教派相對照：首先，信徒的參與已不完全是出於宗教團體所能提供的「教派主義」的宗教功能，也就是出於一種嘗試透過志願參與和組合，虔敬而有意識的來尋求更進一層解脫或更大靈驗性的心理。事實上，對清海教團中近五分之二的信徒來說，它反而是在與華人宗教傳統有所疏離之後，在現代社會中面臨了新的問題時，所重新產生的人生選擇，其中師徒情感和整體性的世界觀，是個人加入教團時的主要著眼點，在此，「宗教性」(religiosity)的現代轉折已露出清楚的跡象。其次，就綜攝主義而言，它仍是清海教團教義正當性來源的一個主要論述模式，不過其內容的比重有所轉移，除了宗教間的匯通以外，宗教與科學間的關聯性，成爲教義主要論述的內涵。而綜攝主義，在此成爲了可以與科學並存甚至是超越科學，並有助於宗教團體在社會變遷中重新取得宗教正當性的一種論述形式與認知取向，雖然這在本質上已經是脫離了科學的範疇。最後，就新興宗教團體所帶有的異端傾向而言，雖然其在宗教訴求上可能對於現代生活的世俗性帶有著極強的批判意識，可是出於物質生活條件的改善，以及宗教制度在台灣社會中結構位置的改變，當代台灣新興宗教團體的異端傾向愈來愈不具有現實性的指涉，反而是神秘主義傾向更濃以及個體化的特質更爲明顯。

本章中這些對於當代台灣新興宗教特質的勾勒，還需要放在一個統合性更高的架構中來做討論，本書在第二章中曾探討了宗教在社會結構中位置變遷的議題，第三章中則對台灣歷史中的「歷史重層化」過程加以說明，第六章中則提出了「合一教」與「宗教信仰的個體化」等有助於闡釋台灣當代宗教變遷的概念來加以討論，至於這些局部性的概念如何能連結成一個更具整體性的架構，尚有待進一步的努力。

此外，就新興宗教團體所具有的基本特質而言，我們對於各特質間所具有的關連性，也還需要以一個更有意義的標籤來加以囊括，這則需要回歸到信眾實際生活中的社會文化脈絡裡來做辨識。像是Wuthnow(1988: 55)在探討美國近代的宗教變遷時，以宗教的「個人主義」做爲主要的辨識標誌；Roof(1998)曾以「性靈取向」(spirituality)來歸納美國20世紀即已開始，且直到21世紀仍是主要發展趨勢的現代宗教生活的基本特質；Heelas(1982, 1988)則以「自我宗教」這個概念(參考本書第六章)，希望能夠說明在歐美當代社會中，某種以自我爲探索中心，並相信自我具有內在圓滿性質的宗教型態的出現(1982: 69)。回到台灣的歷史與文化脈絡中，在種種社會變遷發展趨勢之中，固然當代台灣人的宗教生活已有濃厚的個人性與神秘主義的特色，可是放在時代的連續譜上，它與西方社會中產生的過程與展現的方式實不盡相同，而當代台灣人在脫離傳統宗教生活之後又重新來做宗教選擇的這種特殊宗教性格，亦有其獨特之處。此處如何能夠把當代台灣的宗教現象回歸到台灣自身的歷史與文化脈絡中來做探討，實是研究當代台灣新興宗教最重要的一個課題。

而限於既有研究成果的有限以及問題牽涉的廣泛，在本章中我們基本上還無法對於以上問題提出較爲整體性的看法，不過雖然本章仍只是局部的經驗性考察，但希望透過對於當代台灣清海教團與華人傳統社會中的民間教派活動模式的比較與對照，至少能夠提供對於當代台灣新興宗教現象一個兼具歷史縱深與文化背景的探視角度，這也是本章最主要宗旨之所在。

第六章

文化綜攝與個人救贖：由「清海無上師世界會」教團的發展觀察台灣當代宗教與文化變遷的性質與特色

一、前言

本章的目的，在透過對於台灣當代一個頗具活力宗教團體——「清海無上師世界會」——的檢驗，來反省當代台灣宗教文化變遷的性質與特色。雖然該教團並不是當代台灣最大的宗教團體，該教團所流露出來的某些特色，卻有助於我們來捕捉當代台灣社會文化變遷的軌跡。而該教團在其不同發展階段中所帶有的不同外貌，也在一定程度上反映出來了某種深刻的社會文化意涵。其中，「文化綜攝」與「個人救贖」，也就是本章中所稱的「合一教」與「宗教信仰個體化」的兩個面向，在清海教團發展的過程中，各有所出現，並且也曾以某種方式相互結合。本章中的相關考察，不僅有助於我們反省當代台灣社會宗教文化變遷的性質與特色，也有助於我們思考和新興宗教議題有關的各種理論性問題。

「清海無上師世界會」（以下簡稱「清海教團」），是一個1980年代末期(1986年)在台灣新成立的宗教團體，起先以佛教團體面貌出現，自稱爲「無量光靜坐中心」；後來(1990年起)其領導人清海脫下了袈裟，改以世俗的豔麗裝扮出現，其教團名稱也改爲「清海無上師靜坐中心」或「中華民國禪定學會」；1993年以後整個教團的發展重心有所轉移，成爲一個國際性教團，台灣的教團自此只是其世界網絡中的一個分支機構，雖然它在台灣政府登記立案的名稱仍是「中華民國禪定學會」，但對外開始以「清海無上師世界會」來自稱。在短短不到十年間，該教團成爲當代台灣頗富影響力與社會知名度的宗教團體，媒體曾報導它在世界上有超過兩百萬以上的信徒[1]，在台灣則有30萬左右的信徒(Chua-eoan 1997: 43)，不過就其在台灣近年來的發展看來，出於清海的不再常駐台灣，在台灣參與該教團信眾的人數有逐漸下降之趨勢[2]。

對於當代世界各地各種新興宗教活動的研究，目前已是社會學重要的一個研究主題。在西方世界，對於1960年代以後在其社會中所新興起的異端宗教團體(相對於正統基督教團體來說)，起先以「膜拜教團」(cults)，後來以「新興宗教運動」來加以統稱。在學術圈，以「新興宗教運動」(New Religious Movements)之名，這已成爲社會學研究領域中的專有名詞，特指當代歐美國家中與現代性的對抗或融合關係特別密切的各種新興教團的活動(Saliba 1995: 8-

1 出於1999年7月間網址http://www.rickross.com/reference/ching_hai/suma ching3.htm上的一篇文章所載。該文章作者爲 Andrew Mullins，標題爲：“Committee hears of Trie’s Cash for Clinton Defense: Cult Warning on Travelling ‘God’”。

2 和大部分新興宗教團體類似的，「清海教團」也沒有向外透露過其參與信眾的眞實數目。一位在過去擔任過該教團內部幹部的人員曾告訴我：「清海教團」在台灣的全盛時期(1990年代前後)有超過十萬以上的信徒，而現在，該教團在台灣的發展屬於一個比較停滯的時期，平時會參與共修活動的信徒大約在5萬以內，這個數據當然還有待查證。

11)。不過在其它地區，不論各地區傳統文化的性質、現代化發展方向的出於主動或是被動、以及現代化程度的深淺，自從1960-70年代以來，當代世界許多不同區域也都發生了新興宗教團體蓬勃發展的現象，一方面發生了各種傳統宗教的復興或是相關的基要主義運動，一方面也有許多和原有宗教傳統關係密切的新興教派的出現，這些當代宗教現象是1950年代以前的社會科學研究者所不能想像的。

「新興宗教」這個名稱，在1980年代以後亦廣爲台灣學者所引用(林本炫 1991；董芳苑 1986；鄭志明 1996；瞿海源 1989)，可以指1945年戰後台灣新成立的各種宗教團體，也可以指1987年解嚴以後所發生的各種新興宗教活動，學者間並沒有一致的共識。在此，瞿海源(1989)用「新興宗教現象」這個名詞來泛指當代台灣正在發生或是將要發生的宗教活動，則是一個暫時性的比較中性的描述。

就「新興宗教」這個名詞的使用而言，在西方，以正統基督教的教義做判準，可以清楚的區別出正統與異端間的界限，也可以以此來做爲新興與傳統宗教團體間的區隔，更何況當代西方自發性的產生了主流教會崩解與多元社會結構浮現的過程，新興宗教或是異端教團的出現，本就是其社會現代化過程中明顯的標記。反過來說，在華人的文化圈裡，正統與異端間的界限是政治上的而不是教義上的，歷史中層出不窮的新宗教團體的出現，並不能完全以新興宗教的名稱來加以涵蓋。而當代台灣社會的多元化過程，因爲它並不完全是自發性的社會過程，在這種過程中所產生的新興宗教現象，其社會意涵也不盡同於西方社會「多元化過程」或是「對抗理性化過程」中的新興宗教運動，即使當代台灣確實發生了新出現的宗教團體蓬勃發展的現象，其所透露出來的社會文化變遷的軌跡，也必須還原到台灣自身的社會脈絡中來加以理解。

本章的目的，即在以清海教團的發展史爲媒介，回歸台灣自身的脈絡中，來理解當代台灣社會文化變遷的軌跡，並以此來進一步反省所謂的「新興宗教議題」，該如何被放在華人文化脈絡中來做討論，俾有助於更清楚的掌握在華人社會裡宗教團體起源、發展與分裂的各種可能模式。在實質討論之前，我們先羅列出以下兩種形成了強烈對比的對於當代台灣宗教現象所做的有關詮釋。

二、新酒或是舊酒？

新宗教的出現？

李亦園(1983)曾嘗試套用 Douglas(1966，1973，1978)的「群格理論」(Group-Grid theory)，以新興宗教儀式活動展現的模式，來對民國70年代初期以前的各種新興宗教現象做一個歸類和說明。雖然討論仍未詳盡，基本上他所要指出來的是，傳統的華人社會是一個傳統親屬群體約束力量大、且個人角色規範明確的社會，但是西方文化東傳以後，在社會急遽變化中[3]，這兩者的力量卻都減弱了，相應於此，於是社會上產生了可以對應於 Douglas 理論中的幾個不同的異質化階層，在這些階層或是群聚裡於是也各自產生了其所特有的宗教形式。

李亦園的這種分析角度，基本上是強調新社會特質的出現導致了各種新的宗教活動模式的出現。根據這種角度，進一步來推論，以現代化社會過程中所包含的理性化和社會分化這兩個相關歷史進

3 主要是工商業取代農業，使得傳統群體與個人角色關係起了變化，都市化和人口遷移使傳統社會關係也跟著改變等等(李亦園 1983)。

程而論(McGuire 1997: 287-289)，假設這些歷史過程也出現在當代台灣，那麼影響所及，就最表面來看，理論上至少有幾種宗教特質的轉變是可能在人們的宗教活動中出現的，而它當然也會影響到當代台灣新興宗教團體出現的頻率與型態。

首先，由傳統社會到現代理性化社會中宗教所占據結構性位置的變化來看：1.宗教的邊緣化：現代社會結構因功能分化的結果，宗教不再成為普遍的、不言而喻而具有約束力的社會建構模式，也就是形式上宗教信仰被整體社會邊緣化而不再對公共生活具有約束性(Luckmann 1967)，其內在論述結構當然會產生相應的改變(Luhmann 1977: 57-59, 263-264，參考趙沛鐸 1996: 21-22)。2.與此密切相關的是宗教「私人化過程」的出現，如同Luckmann(1967[覃方明譯1995]：140)所指出的，當宗教團體無法再以一種無所不包的所謂的「巨大」的超驗性的經驗建構為主要模式，宗教也就愈來愈具有一種個人化的形式，只是以滿足屬於個人性質的超驗性的興趣為主，換句話說，宗教愈來愈只是一種屬於個人私領域裡的活動，具有狹隘、私人性、隔絕性、無傳統性，與無社會性等等特質，也就是一種以個人情意與感受為中心的宗教追求。3.宗教市場的出現：由於宗教的退出社會中心，任何一個宗教團體都不再可能具有絕對性的優勢(不論是相對於其它宗教團體或是其它世俗性團體而言皆然)，這也就是一統性社會秩序瓦解，整個社會除魅化以後所產生的宗教多元化的必然發展，換言之也就是宗教市場的出現，市場邏輯逐漸侵入宗教的神聖領域，導致所有現代社會中的宗教團體都要面臨巨大的內部調整。

其次，就宗教團體與主流社會的互動與適應而言：1.面對新問題的挑戰所產生的新的宗教論述：由於現代化社會是一個高度功能分化而在表面上看似缺少整體性的社會，個人較容易產生疏離感，於是對新興宗教有促進作用，正如同瞿海源(1989: 239-240)所常強調的，社會分化所產生的社會流動性大與機會增多，反使得人們生活有更多不確定性，容易選擇有靈驗性、悸動性、信徒取向高的宗教活動來消除不確定感。**2.適應於工具理性社會所產生的新的宗教屬性以及新的內在緊張性的來源**：理論上當代社會的主流體制，是一個引進於西方的純以工具理性做爲內部運作邏輯的現代化世俗體制，一個宗教團體爲了要在這樣一個工具理性化的世界裡生存，它必須在某種程度上適應於這種工具理性化的運作邏輯，那也就是以效率來衡量一切的邏輯，這主要包括著現代媒體與組織工具的運用(Wilson 1992: 211-217)，但是宗教團體對於當代主流社會所不得不採取的這種適應，也會讓它產生一些新的內在矛盾(筆者 2001a: 239-240)。

接著，就宗教團體內部權力結構的變化而言，導因於和社會多元化密切相關的各種因素，包括中產階級的出現、教育普及、經典的普及化、民主理念的傳布、私人領域生活場域的解放等等，宗教團體內部也產生了相應的民主化的過程，主要是在家人與非在家人，以及兩性之間，不論在教義認定與儀式參與形式上，在各種教團中的地位都漸趨於平等，且個人主動性更高，這也使現代人的宗教屬性產生一連串的內在變化。

最後，在所謂全球化的脈絡裡，東西宗教文化的交流正方興未艾，吸取與學習新宗教元素的可能性大增，這也使當代宗教團體在形式與內容上往往有著更爲繁複的組合與變化，以及產生各種更爲多元的可能性。

以上這種種相應於現代社會發展趨勢所產生的宗教型態的改變，雖然有可能在所有當代的宗教團體中發現，但是理論上在當代新出現的宗教團體中會出現的更爲密集和頻繁，這是因爲第一、新的宗教團體本來就是起自對於社會變遷的適應，自然在組織形式與教義上都更能明顯而立即的反應出時代的變化以及注意到民眾的新需求；第二、由於沒有特定傳統形式的要求和組織既有權力結構的束縛，比起其它既有宗教團體，新興教團的機動性特別高，能較快的適應於時代的變化；第三、做爲成立不久的宗教團體，自我維繫以及向外擴張的生存壓力都是特別強烈的，它必須在最短的時間內敏感的注意到外在生存生態的改變，並做出種種必要的內在調適。

舊文化的延續？

然而台灣當代社會中的宗教團體，自始至終就是在華人的社會文化脈絡中來進行傳布和發揚的。一方面發生在台灣的所謂的現代化過程，是被動而不完全的，由傳統社會到現代社會雖然在社會結構上有所變化，但到底在文化上產生了多大的實質影響力則相當值得探討；一方面傳統華人世界中主要的宗教生態的特點——包括文化整合的程度、宗教的基本型態、教團排他性的強弱、宗教與社會的關係等等——皆和西方不同，這些特點在現代華人社會中仍多有所延續，因此以此文化背景爲基礎而衍生出來的宗教團體，其所代表的實質意義，當然會與西方社會中的新興宗教團體在其社會中所代表的意義間有著相當差異。更何況明清以來，華人世界中的宗教活動已達到了一個新的局面，正統儒釋道三教以外，又發生了層出不窮的，以「三教合一」爲主要訴求的蓬勃發展的民間教派活動，它一直被官方賦予異端之名，而成爲了傳統華人文化發展型態中，和新興宗教團體出現特別有關的主要基調，而這種文化發展態勢，至今也仍然有其影響力存在。

於是或許我們可以這樣講：即使在表面上，當代台灣的各種新興宗教團體反映出來了新的活動模式，但是就其本質而言，它或許與傳統華人社會中新興教派，也就是一般所稱的明清的民間教派（詳後），並沒有什麼內在性質上的差異，它在表現形式上也依然只是華人傳統文化的一個延續，或者進一步的可以說，它的出現只是延續著既有文化型態發展的自然結果，現代化社會的時代新背景，不過是提供一個更有助於這種文化型態自由表現的空間而已。

舉例來說，雖然本章所要討論的清海教團一直被外界看作是一個異端性很高的當代台灣新興宗教團體，但是鄭志明(1998: 99-10)在考察過該教團的教義後反而指出，清海教團所傳達的教義實際上還是脫離不出傳統的道學與儒釋道三家的形而上學，他說：「宇宙聲音與宇宙光，即是一種形上的實體，由此建構了清海的本體論與形而上學。清海這種本體的詮釋，表面上看起來極爲新穎，是一種頗有創意的新學說，就其內在本質來說，實際上還是脫離不出傳統的道學，與儒釋道三家的形而上學依舊相互涵攝，可以說仍是源自中國天人一貫的天道思想。清海有時候也會以『道』來指稱這種宇宙的聲音與光，同視爲造化的力量。由此可見，是以一種新的詮釋方式來表達傳統的形而上學，故其思想的特色，仍然保有傳統天道觀念用來說明本體的存在境界與表現型態，主要有二個特色，第一個特色是以『空無』來說明宇宙聲音的生化作用，大抵上還是承續了道家與佛教的形而上學，強調無中生有的造化力量，以爲一切的生機都在虛空中相應相通；第二個特色是以『心』作爲宇宙聲光發射的樞紐，類似宋明心學『宇宙即吾心，吾心即宇宙』的說法，認爲人類的心靈可以上通與宇宙聲光發射的樞紐，展現出宇宙聲光的神化妙生的作用。」這裡，鄭志明注意到了當代台灣宗教現象裡有著與傳統華人文化密切相關連的部分。

歸納言之，我們可以說，雖然以上這兩種詮釋角度在一定的程度上都捕捉到了部分事實，但卻也都流於片段，它們尤其是缺少任何嚴謹而客觀的實證性資料的說明。譬如以前述鄭志明討論的清海教團爲例，固然如他所指出的清海教團的教義在某種程度上與宋明心學的教義相通，但在其內部實際互動的模式上又是否眞的與傳統華人宗教團體相似呢？更何況如同我們後面的資料所顯示的，清海教團的教義，其源頭來自於印度的「音流瑜珈」，它又怎麼能夠直接和宋明心學畫上等號呢？而就另一方面來看，假若清海教團內部互動的模式已眞的展現出來了新的型態，在華人文化傳統中，它是否又能和西方當代社會中所出現的各種新興宗教現象(像是宗教的「私人化」)間畫上等號呢？這些問題尙有待搜集更多資料來加以說明與討論。

三、傳統華人社會中宗教文化的發展型態

在實際考察清海教團的發展過程以及相關資料之前，這裡擬先就華人傳統宗教文化的發展型態做一番簡略說明，俾提供接下來討論的一個一般性的社會歷史文化脈絡，這個脈絡是華人世界所特有，而和西方宗教文化發展背景有所不同的。

以分析性的眼光來看，華人宗教史中至少有五個基本範疇：儒教、釋教、道教、民間信仰，以及在本章中要將其稱之爲「合一教」的，在明清以後開始大爲盛行的有別於前述四個分析性範疇的各種教派性活動。雖然做此區別，不過這幾個範疇之間事實上彼此關係密切，其間實際的界限也相當模糊，要了解其中任何一個範疇，還都必須要把其還原到一個更大的整體華人宗教的歷史文化背景中才可能對其有所掌握[4]。

4 這主要是因爲：第一，除了帝國官方、專業宗教階層以及部分士人階層

前面所述的前四個範疇(儒教、釋教、道教、民間信仰)，大致在唐宋朝時就已各自確立了其基本的形式和內容(Gregory & Ebrey 1993: 1-45)。在論述唐宋時期的宗教發展時，Gregory & Ebrey (1993: 12)稱此爲四個不對等(unequal)的傳統，前三者不同於後者的是有著階層化的制度型態與專業神職人員[5]，及特殊的文字性的經典，並宣稱自身超越了地域性的信仰和宗教活動。不過這四者之間的互動實質上是相當密切的，Zurcher(1980: 146)以金字塔的三角錐體來做類比，其中儒釋道三者各是一個錐體，但彼此間有著共同的基底，愈接近基底的是各宗教尚未與民間信仰間產生分化的部分，也是廣土眾民主要的信仰模式，愈接近錐體的尖峰處則是各宗教專業階層所嫻熟的屬於各宗教所獨有的一面，而錐體尖峰處屬於宗教菁英的部分，與基底處屬於俗民大眾的部分彼此相互流動滲透，有著雙向的交流關係。在三教與民間信仰交流的過程裡，一方面有著儒釋道三教各自發生的一種重心逐漸下移，愈益與民眾的基本心理狀態和生活需求相妥協的「俗民化」過程，一方面也有著民間信仰逐漸被加進宗法道德內容的「人文化」過程，而三教之間彼此也還有其緊密的互動關係。

如果單就儒釋道各教的單一內部來看，唐宋以後，在長期歷史

(續)

人士以外，在庶民實際的生活脈絡裡，事實上幾乎有著共同的信仰模式，也就是與小農社會生產模式結合緊密的民間信仰型態；第二、相對來講，中國在明朝以後，在不同的地域甚至是階級間，已經產生了一個整合性與共通性都相當高的文化系統(Rawski 1985: 403-404)，或者是說漢文化的殖民(ter Harr 1990: 388)已達到了一個相當成熟的階段，某種「文化主義」(culturalism)貫穿了華人的生活世界。在此文化脈絡中的各種宗教團體的分立因此也不是絕對的，彼此間有相當的類似性與融通性。

5 就儒教來說，是指在功能上有著類似於神職人員性質的專業宗教人員(Gregory & Ebrey 1993: 38)。

潮流中，它們都開始面臨了兩個主要發展趨勢，一個是所謂「三教合一」的發展趨勢，一個是各教重心逐漸下移的所謂宗教「俗民化」和「民間化」[6]的過程，我們這裡先把討論的重點放在前者。

「三教合一」，由西方學術觀點來加以理解，可以視之爲是「綜攝主義」(syncretism)中的一種，在此，「綜攝主義」是指「透過選擇和調解的過程，經由借取、確認、以及整合一個宗教傳統中的各種概念、象徵符號、活動實踐等到另一個宗教傳統中。」(Berling 1980: 9)，它和盲目妥協的「折衷主義」(eclecticism)不同，而往往有著某種特定的關於宗教權威之確立以及內在內容組合的基本模式存在(Berling 1980: 9-10)。

唐朝自唐太宗開始，採取三教並重的政治措施，三教間展開了既競爭又融合的局面。而佛道兩教在政治與經濟上雖常與朝廷發生矛盾，但在所謂「三武一宗」的滅佛舉動之後，皇權支配教權的形勢已經完全確立(牟鍾鑒、張踐 2000: 1215-1216)。唐宋時在政治凌駕宗教，以及三教並存的基本結構確立以後，無一教能長期取得絕對優勢(因爲皆必須被定位在政治之下)，三教間彼此既競爭又相互吸收調和的局面形成[7]，在此局面中，隨著歷史發展形勢的不同，曾有各種型態的「三教合一」(或是說「綜攝主義」)出現過[8]，也

6 爲了避免與西方社會學中的概念「世俗化」這個名詞相混淆，此處我們用「俗民化」和「民間化」來指陳華人歷史文化發展過程中，各種宗教團體逐漸與民間基層社會相融合的過程。

7 當然這和三教之間彼此的確具有可以相互調和的內在基礎也有著密切關係(參考魯湘子 2000)。

8 見Berling (1980: 14-31)書中的討論，她曾列舉出華人歷史發展時期中所出現過的各種不同的「綜攝主義」來一一加以討論，例如：「對立性的綜攝主義」(adversary syncretism)，一種在對立的情勢中宣稱「你有的我都有而且你的源頭還是來自我的」這種「綜攝主義」(頁27)；「文化融合的綜攝主義」(acculturative syncretism)：爲適應主流文化而宣稱自己

就是說在普遍成爲一種生活與思維習慣或意識型態之前，「綜攝主義」在華人的歷史過程中曾出現過各種不同的內涵[9](Jordan and Overmyer 1986: 9)。

在「三教合一」發展態勢中，三教間彼此模仿，甚至是逐漸趨同，但這離一個更具跳躍性的結果間還有著很多的環節必須發生，那個結果也就是本章中所謂的「合一教」[10]——一個融合三教思想且又不受三教所控制的新教派——的出現。在前者，「綜攝主義」的取向還是在爲各教派來取得擴張的形勢，在後者，則「綜攝主義」已成脫韁之馬，產生了自身獨立的宗教範疇[11]。

(續)

完全合乎主流文化的這種「綜攝主義」)(頁24, 28)；「防衛性的綜攝主義」(defensive syncretism)，在對抗主流意識的迫害或指責時必須宣稱自己也具有主流意識中所具有的東西的這種「綜攝主義」(頁28)等等。此外我們還可以加上像是「互補性的綜攝主義」，各教認爲自身有所不足，必須與它教並存與互補才是充足；「同一性的綜攝主義」，認爲自身與它教間在本質上並無不同，因此信那一個教都是一樣的。

9 Jordan & Overmyer(1986: 9)曾把華人社會中的「綜攝主義」分爲「歷史性的綜攝主義」和「意識型態的綜攝主義」(historical syncretism and ideological syncretism)兩個層面來做討論。

10 在本章討論的脈絡裡，「合一教」，在此指的是在傳統華人社會中，有別於儒釋道三教，但卻綜攝融合了儒釋道三教的內容，並且也吸收了民間信仰元素的新的獨立教團，也就是學界一般所稱的民間教派，它們在傳統中國社會中往往無法取得官方的正式認可。雖然教義與組織相當類似，但因爲地理阻隔與政治禁絕等因素，使得類似型態的教團曾以各種不同的名稱而出現過。歷史上，自南宋白蓮教的出現，揭開了「合一教」發展的序幕，明中葉以後出現的羅教，首創了眞空老母的崇拜，使往後「合一教」的發展更形蓬勃，其它像是明清時期曾流行的紅陽教、八卦教、清水教、天理教、黃天教、圓頓教，近代流行的一貫道等等，都是重要的「合一教」的例子。

11 雖然實際上很難加以區別，就分析性的角度來看，「合一教」(宣稱有獨立之傳承卻又能夠綜合其它三教內容的新的教派)的產生，有可能由原屬各教內部或是較親近於各教傳統的人來創立(所謂的以「教內別立」或

「三教合一」發展的長期趨勢中，明太祖朱元璋的成功和白蓮教有密切關連，他本身就並非起自正統，不必執著於各教間的界限，後來他更以帝王的身分公開宣稱「三教之旨本同，皆爲天道彰

(續)

「教內分裂」模式而產生的「合一教」)，也可能由教外其他的民間人士來創立(所謂的以「獨立創立」模式而產生的「合一教」)。而一個新創之教派要能夠成功(也就是有一定數目之信徒)，就前述所提到的兩種情形來看，它都需要相當歷史條件的配合。譬如說，在華人的歷史文化脈絡裡，就前者(「教內別立」或「教內分裂」)而論，它需待儒釋道三教內部之菁英已能嫻熟它教，而不再存有排斥它教的障礙(不論是在教義或是心理層面上皆然)，甚至於能夠開始進一步對自身宗教傳統產生某種轉化；後者(「獨立創立」)則必待三教各已普遍民間化與通俗化，與民間宗教文化融爲一體，卻又各自能在民間宗教文化中發揮其實質的影響力。以上這些歷史條件的出現與成熟，都是需要相當長的時間的(換言之，「合一教」的創立，以前者而論，多是由儒釋道三教內原有的菁英所創；以後者而論，則是由教外的民間人士所另創，這二者的出現，具要憑藉某些歷史與文化條件的成熟)。就前者(「教內別立」或「教內分裂」)來看，舉例來說，宋明心學中傳承自王陽明的泰州學派已宣稱儒釋之間有相同之處，且必須同時加以學習才能有助於深化對道的理解(Berling 1980: 51)；道教中金代起盛行的全眞道早就高唱三教相通，在義理與實踐上已是融三教於一教(牟鍾鑒 1995: 228-230)；佛教則宋代時許多宗派內部已有強烈的儒學化傾向(牟鍾鑒1995: 225-226)，這些皆加強了依「教內別立」或「教內分裂」模式而產生「合一教」的發展趨勢。不過當然，這種教內菁英對其它教派的承認和整合，往往也常會被教內人士貼上「異端」的標籤，由此而要再進一步來產生所謂的「合一教」，它所要面臨的阻力往往較大(與後者做比較)。就後者(「獨立創立」)而論，各教在民間的通俗化則有賴民間經濟活動的繁榮、商業化與都市化程度的加深、印刷術的發達與書籍的加速流通、民間教育的推廣等等條件的出現，才有可能促成更廣泛民間自創教派成功的可能性，而儒釋道各教內部的自我調整以加速通俗化(例如佛教的淨土宗與白蓮教，道教的靈寶派等等，皆屬此調整中的一部分)當然對此發展趨勢亦有增強作用。整體而言，我們可以在此歸納，無論就前述的前者或是後者的出現而論，中國大陸在宋朝以後，其歷史條件多已趨於成熟。

顯」，這等於是公開揭櫫了三教合一之理[12]。

三教合一既然是文化思想發展的主流，加上帝王本身也鼓勵三教合一的思想，那爲什麼「合一教」的舉動又不斷受到帝國政府的鎮壓和排斥呢？而爲什麼帝國能夠容忍儒釋道三教的存在，卻反而不能容忍「合一教」的存在呢？

就此問題來看，事實上，做爲獨立的宗教系統，除了「合一教」以外，儒釋道與民間信仰四者都有與帝國政府相對抗的潛在資源。但是，儒家或儒教肯定現世的宗法秩序等於是肯定了皇權的正當性，而在依儒家經典來科舉選才的制度中，其亦已成爲執行皇權的官僚階層中的一部分；其次，做爲本土宗教的道教，在六朝以後，經典與神明系統都漸發展完備，唐朝時取得近乎正統的地位，道教儀式自此可以爲國家政權的正當性提供神聖的基礎，而由於自視與中國帝國政府處在同一個宇宙秩序之中，它始終與帝國處在相互增強與認可的結構之中，尤其是在帝國政權面臨外敵產生信心危機時尤其顯著；而佛教，雖具有否定現世的顛覆性，但在佛教中國化以後，已接受宗法思想，不再具有顛覆性，更何況明以後它被帝國政府限定在一種出世的角色，不至於威脅到世俗社會中的活動。

地方性的民間信仰是帝國政府所最難控制的，以和保境安民相關的靈驗性追求的活動爲主，它永遠是一個與上層官方利益相矛盾的宗教範疇，不過南宋以後，透過封賜制度(Hansen 1990: 79-104)，官方已逐漸摸索出一套與民間宗教巧妙共存的方式[13]。並且

12 明太祖對於三教的相關看法，在〈三教論〉和〈宦釋論〉中有相當代表性的呈現(見朱元璋 1991: 214-216, 227-229)。

13 這是一種在由上而下強調的「德」，和民間對於「靈」(靈驗性)的強調這二者之間，所形成的一種既相反又相容的特殊平衡關係。如同Sangren(1987: 216)指出的：「在作用上，透過把神明升級放入官方結構

民間信仰中特定神明崇拜的範圍與區域性市場間的界限常是高度相關的，這使某個神明信仰的影響力始終是局部的、地域性的。更何況地域性的宗教團體其組織並非常設性的，神職人員也非專業性，此皆難以做爲長期動員的基礎。

就「合一教」來看，「三教合一」之成爲中國思想發展史的主要潮流，有其政治經濟與文化上的原因[14]（任繼愈 1983）。不過就帝

（續）

中，官僚階層體系間接的承認了地方的社會關係與各種靈蹟的出現(該些靈蹟不斷賦予地方性的神明各種奇特的力量)，反過來說，當接受了這種想法，也就是認爲這種冊封本身就是一種力量的來源，一個地方也等於是間接接受了其在更大的社會秩序中所賦予的位置。」Sangren 指出，這種相互承認的關係裡，其實有著濃厚的循環論證的特質，但是爲了讓整個體系繼續運作，這種邏輯上的矛盾事實上是被刻意的掩蓋起來了。Sanger在此舉Escher所繪的圖形爲例(頁221)，認爲該圖由一邊看過去是一群鳥往左飛，由另一邊看過去又是一群魚往右游，於是在華人的系統裡，由上而下，以「德」爲標準和模範，是「天下一家」的形勢，由地方出發，以「靈」爲媒介，社會則是由相互競爭的社群層層疊疊而上。二者得到一個巧妙的相容，各自取得其正當性。換言之由上而下和由下而上間的象徵符號系統間儘管有所衝突，然而某種表面的含糊性(都是透過歷史書寫的形式來建構其正當性，使其間的差異很容易被人所忽略)和內在秩序的可共通性(皆是以追求陽性屬性至上的秩序爲主)，使得帝國與地方性的信仰，或是說正統與民間信仰間，可以得到一種各取所需的調和。

14 任繼愈(1983: 11-14)曾就此做探討，他指出唐宋以後的三教合一思潮，與傳統中國小農經濟爲主的政治經濟結構間關係極爲密切，這主要在於三教合一思想爲帝王的統治提供了精神基礎，也就是：在傳統中國自然經濟有者雙重性，一直有著政治上的高度集中和經濟上的高度分散這一對矛盾，長期不得解決。而爲克服民眾的離心傾向，保持國家的集中統一，就必須強化上層建築的力量來進行控制。這種控制包括兩個方面，一是政權的力量，一是用精神的力量。就精神力量來加強中央政府和皇帝的權力，主要就是依賴三教合一的宗教和哲學思想。在這裡，三教合一雖表面上維持著三教的門户，但實際上，三教的力量不是平衡的，儒教是主流，佛、儒、道兩教處在依附的地位。儒教的思想強調君權、父權、夫權。君權是直接維護大一統的政治局面，父權和夫權有利於樹立

王所認同的三教合一而言，它絕不是三教均分的三教合一，而是一種肯定既存社會政治秩序的三教合一，也就是以肯定三綱五常的儒教爲核心，再輔以暗助王綱之釋道的基本結構爲主。正如同朱元璋在《三教論》中所說的：「于斯三教也，除仲尼之道祖堯舜，率三王，刪詩制典，萬事永賴。其佛仙之幽靈，暗助王綱，益世無窮，惟常是吉。」(朱元璋1991: 215)

在此，我想要進一步提出來做說明的是，相對於官方以儒教爲核心的「三教合一」，民間所產生的「合一教」的舉動，一旦其能成爲普遍流傳的信仰活動，它事實上已不只是一種「三教合一」而已，而已經具有了「四教合一」的性質，一種結合了儒釋道與民間信仰的新信仰型態。它既有帝國政府所宣稱的那種存在於在「三教」背後所具有的「天道」，更包含了民間信仰的以實用和效驗追求爲主的神靈觀，以及民間信仰活動中信徒間不分在家出家的平等型態。儒家三綱五常式的教化觀念在此「合一教」中雖仍扮演重要角色，但佛教的博愛與普渡思想和劫變的時間觀卻也在整個教義中有著更大比重。而這種包含了民間信仰的「合一教」，相信人可以成神並可施展靈驗(尤其是教主已經是一個神)，兼具民間信仰與佛教的組織信眾的能力，也能透過佛教產生一種更普遍性的連結，這些利於擴展的條件都是已經爲帝國政府所嚴格控制的釋道二教所比

(續)

自然經濟中男性家長的權威地位。因而這種思想特別適合中國封建社會的政治經濟結構的需要，受到歷代封建統治者的重視。另一方面，佛、道二教有一套追求彼岸世界的系統的宗教理論和修養方法，爲儒教所不及。儒教因此也必須從佛、道二教那裡吸取養份來彌補自身的不足。於是，「由於儒、釋、道三教都是封建上層建築的重要組成部分，進行精神控制的有效工具，所以都受到歷代封建統治階級的重視。這又反過來促進了三教合一思潮的發展，成爲中國封建社會後期占主導地位的思潮。」

不上的。

三教合一既已爲思想文化發展的大趨勢，在帝國方面是自居於道的正統，道統中以儒爲綱，以佛道爲輔，在民間方面則亦在此文化發展趨勢中產生自己的宗教合和的舉動，它們既承繼了官方社會的基本價値和原則，卻又以俗民化和民間化以後的儒釋道三教和民間信仰爲基礎，產生自己的神明、教主與救贖管道，並相信自身此世的參與某個特定教派，已獲得了永恆救贖的保證，這已經不是帝國官方所能接受的暗中有助於王綱的宗教活動了。尤其帝國官方所認可的三教合一指的是各教和平共存的三教合一，而非不同宗教之間的合併而成爲——既具儒教的入世情操、也具佛道的幽靈深遠——的一個新的大宗教的三教合一。「合一教」的新道統的出現，具象化了三教合一的可能性，但它又是十足的來自民間，這既在意識型態上顚覆了官方政權的正當性，也在組織構成上威脅到了專制政權的統治基礎。換言之，這是關乎到自足性的道統到底是掌握在誰的手裡的問題。

「合一教」的出現是特定歷史文化脈絡中的產物，它既是一種新興宗教，因爲它在制度上是新的，創教者常宣稱自身的教團超越既有的任何宗教之上，這乃是有意識的創新之舉；但它又是一種傳統宗教，因爲它的內容是以傳統爲範圍而從事綜合與採借而形成的，這乃是一種在傳統中從事關於傳統的創造。「合一教」的出現雖標示著新道統的出現，也標示著官方道統正當性的危機，但它始終沒有脫離文化發展的軌道，這是宗教俗民化以後道統發展的重心有所下降的結果，同時也反映了制度性的儒釋道三教本身各自的發展逐漸成爲王權附屬品之後，民間對於新信仰型態的迫切需求。它是民間自發性的兼具平等性、簡易性、包容性的有助於個別信徒獲得認同感，也有助於集體產生凝聚的宗教性活動。俄國漢學家馬良文(1994: 124)稱明清這些有著「合一教」內容的民間教派爲「後傳統」，美國學者Berling(1980: 10-11)指出，在分析華人社會明清時代的這些民間教派時，有必要提出所謂「內在或骨子裡的正統」(internal or gut orthodoxy)這樣的概念，因爲這些民間教派，雖被當時的人稱爲異端，但本質上卻是文化發展邏輯中的主流性發展。

華人歷史文化脈絡中所出現的這種「合一教」，因爲政治禁絕與地理阻隔等因素，以致於它們名目眾多、型態龐雜，但我們至少可以歸納出來它們所具有的幾點最基本的特質，這幾點特質間當然也是密切相關的：

1.自居正統的自我認定

「合一教」不是散亂無章法的對傳統的任意拼湊，而是以某種原則而在教義、儀式、修行方法、或象徵符號上來貫穿傳統。伴隨而來的是一套新權威的樹立，這一套新權威的確立，亦即是賦予正統一個合乎時代需要的新面貌。由於統整了既有各種傳統成爲一個內在具有關聯性的新系統，新的權威也被明確的確立了出來。這種站在既有傳統而衍生出來的新傳統，使參與其中者，不論是創教者或是參與者，都有濃厚的自居於文化正統的自我認定，雖然它們在起初創教時常會被官方或既有合法存在的制度性宗教團體貼上邪教或異端的標籤。

2.涵蓋萬教的既包容又批判的立場

雖然只是單獨一個教團，但由於導因自「三教合一」的文化發展趨勢，「合一教」的創教者和參與者並不把自己的教團看作是一個宗教團體而已，而有著包含萬教的自我界定，和自認在內在上是居於正統的確信。而根據這樣的立足點，教團參與者也可以對它教加以定位甚至是展開批判(批評它教的有所不足、拘泥於外在形式、或是脫離了本來宗旨)。這是一種既包容又批判、既激進又保守的立場。不過「合一教」教團雖然具有一種對它教從事批判的戰鬥性立場,但它與西方一神論宗教與它教的敵對性的行動取向間還是大有不同。

3.對傳統始終保持著忠誠的態度

雖然「合一教」是以新教派的面目出現,但參與「合一教」不但不是背叛傳統,反而是對傳統繼續保持了忠誠的態度。「合一教」是奠基在既有傳統之上所從事的創造,在三教合一的文化發展潮流中,它並不想跳出傳統,而始終對傳統保持著忠誠,依賴於傳統中被大家所廣為承認的宗教語言或象徵符號來從事新的組合,就情感上言之,出於對傳統的忠誠與依戀,它是舊的。甚至於必要時,即使是在原傳統中所無法辨識出來的屬於其它文化傳統中的某些內容,它也要把其附會成是原傳統中所有的或已存在過的,俾使自我文化認同保持其延續性與穩定性[15]。換言之,信徒信仰「合一

15 信徒信仰「合一教」中所包含的宗教認同,是不脫離於華人的歷史經驗與文化傳統的,即使當有新的事物被加入時,亦常以符合傳統的形式來加以理解,此處可以舉例加以說明,例如以有著「合一教」精神的一貫道為例,其信徒蘇鳴東(1983: 63-75)在論述該教的教義時,亦加入了基督教與伊斯蘭教來做例證,但他卻又要儘量把其放在華人既有的文化脈絡中來加以理解,例如他說道:「五教之教主均奉天命降世,拯救眾生之聖人,其中,雖然只有老子、孔子、釋迦繼承道統,但擔荷天命則一。五教聖人皆深悟大道之體用,所以都是上帝也就是眞理的代言人。……他們因擔荷天命,宣揚眞理,所以,他們的教化都能行化一方,深入人心,成為人類精神的總目標,且均被後人尊崇為教主,五教聖人均奉天命降世,可為明證。……五教均主張人性本善,來自天賦。……五教均以超出陰陽氣數之外,達到如如不動,永不變易之境

教」中所包含的宗教認同，是不脫離於華人的歷史經驗與文化傳統的。

4.一以貫之的對傳統的重新詮釋

「合一教」既宣稱各教背後有著共同的內涵，它也同時面臨了艱鉅的理論整理和儀式整合的任務。各個宗教間因此不是分立的，而必須透過「合一教」所提供的「密碼」來加以貫穿。「道」在這裡具有一種既超越又浸透的特質。「合一教」的正當性的建構，必須透過這種「解碼」工作，也就是對既有傳統裡各種宗教中的內容，提供一套可以一以貫之的全新解釋來加以完成。這種「密碼」的性質，並不在於其理論上的精緻與細膩，而在於它的一以貫之的簡潔與直接，甚至於有時並不需要邏輯上的嚴密，它可以在實踐的層次，像是儀式、禪定、功德積累、或符咒使用等面向上來完成這種「一以貫之」的串連與統整，就此而論，它往往也開始帶上了神秘性的色彩。這種「一以貫之」的建構過程，原是「合一教」內在發展邏輯上的必然結果，但在俗民的層次，由於簡化與更親近化了參與傳統宗教文化的管道，它卻也剛好滿足了一般信眾想要突破其結構上的障礙，而想同時參與其文化中最好的和最精華的部分的心理狀態(Jordan & Overmyer 1986: 10-11)，這使得相對於其它的制度性的教團而言，「合一教」無形中更易獲得俗民大眾的心理共鳴。

在傳統帝國時代，「合一教」的出現與發展，始終與帝國的內在矛盾交織在一起，這也使它不斷受到帝國政府的嚴厲鎮壓。然而

(續)

界，爲人生修養最高之目的。……儒釋道耶回五教均肯定善惡因果報應說。」他還引用虛雲的說法，認爲耶穌曾受佛化，而認爲基督教與佛教根本是相同的。

到了辛亥革命以後，傳統帝國的解體，這一方面免除了「合一教」發展上的外在限制，一方面也使「合一教」在整個社會中所扮演的角色有所變化。就文化上的延續性而言，「合一教」的內在基本特質，的確使其成爲傳統文化的載體，並使其在新的社會環境中，往往成爲了延續傳統文化元素的重要媒介(馬良文1994: 124)；但是另一方面，就信徒的心理需求而言，以「合一教」爲內容的宗教團體，是不是仍然能夠符合社會文化發展的主要潮流？或是說能夠獲得民眾們的心理共鳴呢？而當代台灣的新興宗教團體，與這種「合一教」間的關聯性到底在哪裡？它們又是如何來在這種傳統文化發展理路與新興社會變遷中取得一種定位呢？這些問題皆與當代台灣的新興宗教現象間有著密不可分的關聯性，我們以下就嘗試以一個有助於我們考察相關議題的當代台灣新興教團——清海無上師世界會——來做例子，更仔細的來檢驗這些議題。

四、華人文化脈絡中「清海無上師世界會」教團的發展

雖然是一個當代新興的宗教團體，其宗教傳承基本上也是來自印度，但在華人文化的脈絡裡，清海教團的興起與蓬勃發展，卻與前述所提到的「合一教」的基本型態有著高度的類似性。然而隨著該教團獨立性的增高，以及進一步爲適應社會新的變化，該教團卻也開始產生了宣教路線上的轉變，而也正是這種轉變使該教團成爲了一個在外在形貌上有別於傳統宗教的團體。清海教團爲什麼會產生這樣的轉變？在華人文化脈絡中這種轉變反映了什麼樣的社會意涵？而爲什麼在這種轉變中該教團仍能繼續蓬勃發展？所謂的「新興宗教」，在華人文化脈絡和當代台灣社會變遷情境中，到底該如

何來加以理解？以下對於清海教團發展過程的討論，可以幫助我們就有關問題得到一個初步的解答。爲了討論上的便利，我們以下將分三個不同時期來檢驗清海教團的發展歷史，其中轉變較爲劇烈的是第一到第二個階段之間，第三個階段則基本上是第二階段的延續與擴充，在檢驗中我們也將對於該教團發展路線轉變背後所反映出來的社會意涵做討論。至於關於清海教團的教義、組織與修行方法，此處暫不做詳述，可參考本書第五章與附錄二。

1. 有著佛教外貌的「合一教」發展時期(Syncretic Religion with Buddhist appearance)：(1986-1988)

清海於1950年出生於越南，是拿有英國護照的越南人，父母俱爲天主教徒。她在近20歲時離開越南至歐洲停留，與德國醫生結婚，曾參與英國佛教道場數年，32歲以後，放棄世俗一切而到印度訪師求道，在所謂「聖人之路」(*Sant Mat*)的道場處，跟隨印度有名的宗教師Thakar Singh 修習「音流瑜珈」(*Surat Shabd Yoga*)，接著她又到了西藏佛教在印度的道場出家爲比丘尼，在印度待了近一年，1983年清海以比丘尼身分來台，先停留在淨行(越南人)之道場靈山講堂，同年並在台灣臨濟寺受三壇大戒。1984年起在聖嚴的道場停留，但開始向少數人傳授她在印度由宗教師Thakar Singh處所習得的「音流瑜珈」。直至1986年，清海開始自立門戶，在台灣北部成立「無量光靜坐中心」，並以「觀音法門」之名，開始了她傳教之路。不出五年，清海教團在台灣即大爲流行，信徒頗爲眾多[16]。

16 關於清海的生平事蹟，除了參考清海教團內部的刊物以外，還可參考Chua-eoan(1997)，以及Rafer Guzman 在*San Jose Metro* 雜誌上所寫的文章(可見於1998年間的網站http:// www. metroactive.com/papers/metro/03.28.96.suma-9613.htm)；Peierre de Villiers 在網站上所寫的文章(見於

清海個人形貌與漢人相似，以藏傳比丘尼身分來台，後在台受三壇大戒，成爲漢傳佛教中有正式身分的出家人，而她的法號「清海」，也是台灣靈山講堂住持淨行所取。來台三年後，她即具有中文演講能力，起初傳教時，常以「佛學講座、觀音法門」[17]爲名，在各地舉行講經說法，1986年起不斷在各地舉行禪三、禪七活動，有時還與佛教道場合作共同主持禪七(《清海無上師新聞雜誌合訂本[第一輯]》：1-4)。

如前所述，清海所傳授，實是屬於目前在印度當地或甚至是歐美都已相當流行的「音流瑜珈」，也就是一種以特殊技術觀想內在的聲音和光亮，相信可以由此讓靈魂逐步提昇的修行方法。該法門特別重視師父的地位，認爲一個教團必須有一個在世明師的存在，他(她)不僅是法門的傳承者，更是一位已經有著如神般的境界和能力的救贖者(Ashby 1974; Babb 1987; Lane 1992)。

「音流瑜珈」在印度本土，自15世紀以來即在民間廣爲流行，直到19世紀末期，透過Shiv Dayal Singh的宣教，在印度北部正式以「靈魂之主」(*Radhas-Soami*)的教團形貌來出現。它起先是一個以都市商人階級爲主要信徒來源的宗教團體(Juergensmeyer 1991: 3-4)，後來產生許多支派，在18世紀以來印度文化與歐美文化的交流中，該教派中的一些支派積極往國際發展(Juergensmeyer 1991: 4)，並開始特別向外強調這種「音流瑜珈」本就被包含在不同的宗教傳統中。其中一位著名領導人Kirpal Singh(他是曾傳授清海音流瑜珈

(續)

1998 年間的網站 http://www.mtsac.edu/~dlane/Chinew.html)以及學者David Lane 所設的網站(http://www.mtsac.edu/ ~dlane)中對於清海的一些經常性的報導等等。

17 參考清海教團成立早期時在內部流傳的雜誌《眾心》103期(1988年6月號)的封面上，就以這些字爲主要標題。

的老師Thakar Singh的老師)著有《聖音》(*Naam or Word*)一書(1970)，部分章節以獨特的方式來解釋佛經，於是包括《楞嚴經》、《西藏度亡經》、《頓悟入道要門論》(明 慧海所著)、甚至是民初太虛大師的著作等等，在該書中都曾被當做是與音流瑜珈有著密切關連性的作品，這顯示以「音流瑜珈」來與佛教匯通，印度當地的上師Kirpal Singh已做好了相當完備的理論性工作。

清海在台傳教，雖自稱「來自喜馬拉雅山來的大師」，卻不提其在印度的傳承，而逕以「觀音法門」之名，並以《楞嚴經》爲主要依據[18]，以禪宗「直指人心、見性成佛」的頓悟法門爲模式，展開了她的宣教之路。這種比丘尼的身分，加上「觀音法門」的號召，使其和台灣民間所流傳的各種和觀音菩薩有關的修行方法間[19]產生了關連性。對許多信徒而言，他們是在對「觀音法門」這樣的

18 《楞嚴經》的眞僞雖一直飽受爭議，但是在中國一直是具有重大影響的影響的一部經典(李富華 1996: 3-13)。在《楞嚴經》中，記述了25位修行有成的羅漢及菩薩各自敘述著自己的修行方法和心得。書中記載，文殊菩薩指出，在25種的修行法門中，還是以觀世音菩薩的「耳根圓通」法門最爲殊勝，最契合娑婆眾生的根機。

19 「觀音法門」之名，早已深入台灣人心，《法華經》中的〈普門品〉，即是廣爲傳誦的觀世音菩薩經典，其中宣說觀世音菩薩以大悲心故，循聲救苦，普門示視的廣大威力。民間所謂的「觀音法門」，也就是仿效觀世音菩薩大悲大智的修行方法，最主要的有幾種：一、頌念《心經》爲主的般若法門，也就是學習觀自在(觀世音)菩薩，照見五蘊皆空達到解脫的法門；二、依止《華嚴經》中所記載的觀自在菩薩大悲心來救助眾生的大悲行解脫法門；三、依《觀無量壽佛經》中，觀想觀世音菩薩的色身而來淨除業障獲得解脫的諦觀法門；四、各種頌念和觀世音菩薩有關的咒語(大悲咒、六字大明咒、準提咒等等)而來化解苦厄的法門；五、和清海的「觀音法門」關係最爲密切的，則是依止《楞嚴經》中，觀世音菩薩所宣說的一種在民間所流傳的「觀音法門」，也就是「耳根圓通法門」，來加以修行的方法(全佛編輯部 2000；林中治 1998；南懷瑾等 1998)。

稱謂中所產生的熟悉感與親切感裡，逐漸的開始認識清海教團的[20]。有趣的是，以「音流瑜珈」或是「聖人之路」爲名，和清海「觀音法門」在印度有著相同源頭的兩個團體，一爲目前由Gurinder Singh 所主持的「靈魂之主」(*Radhasoami*)道場，一爲清海原在印度所跟隨的Thakar Singh 「聖人之路」(參考照片6-1、6-2、6-3)道場(二者總會皆在印度)，1990年代以後均已在台灣設分會，在台已有長期發展歷史，但傳布不廣，知名度亦不高。這顯示了兩個在傳承上比清海教團還更接近「正統」的宗教團體，由於不能和華人傳統文化相接軌，在台灣傳布的人數和影響力始終不如清海教團。

清海在台傳教的過程中，首先強調了「觀音法門」在中國佛教傳承中的連續性與正當性，有人問：中國過去有哪些僧人修習「觀音法門」，她回答：

> 二祖慧可、三祖僧燦、四祖道信、五祖弘忍、六祖惠能，還有其它禪師如黃檗、百丈等，有很多明師，不是只有一位[清海修「觀音法門」]而已。(《即刻開悟・問答錄[第一冊]》：201)。

---

20 清海在早期傳法時常以觀音菩薩裝扮出現《清海無上師新聞雜誌[17期]》：80)不少信徒曾在打坐時看到清海以觀音的形貌出現而加以傳頌(例如《清海無上師新聞雜誌[17期]》：80；《即刻開悟　神奇感應錄[第二冊]：174，191》，清海則從不否認過去世曾有特殊的出身《清海無上師新聞雜誌[17期]》：80)，我訪問到的數位信徒也提到其自小就和觀音菩薩特別有緣，像是訪談記錄(29：7)、(32：17)、(37：1)等等。(本清海教團個案研究進行過程中一共對50位信徒進行訪談，每位訪談進行約90分鐘至120分鐘。以下若引述到這些訪談稿一律以訪談記錄稱之，並加上號碼及引文所出現之頁數以資區別。)

照片6-1 自稱是清海師父的印度「聖人之路」傳教人Thakar Singh，在印度與世界各地都擁有道場(攝於2001年12月印度德里街頭，這是Thakar Singh，在德里舉辦法會前夕的一張宣傳海報)。

而更廣泛的來解釋佛經，清海說，佛經中所要傳達的眞正的解脫法門其實都是「觀音法門」：

《法華經》都在講觀音法門，講內在的聲音，你們回家看看

照片6-2　自稱是清海師父的印度「聖人之路」傳教人Thakar Singh，亦常來台灣弘法，在台擁有分會，其宣傳海報亦常出現於台灣都市街頭（攝於2001年初，其中Thakar Singh來台弘法的海報與台灣常照法師法會的海報出現在同一個海報看板上）。

會知道。……在《法華經》中，釋迦牟尼佛稱觀音法門為「法華法」、「蓮華法」，在金剛經，祂說這是「金剛法」，在《阿彌陀經》，祂說這是「淨土法」，很可能因為

照片6-3　崇奉Thakar Singh爲明師的「聖人之路」教團，在台灣稱爲「聖人之路靜坐協會」(攝於2002年12月雲林縣斗南鎮所舉辦的一場全國宗教博覽會的會場上)。

> 說法不同，所以我們比較容易混淆。因為眾生根基不同，等級不同，所以釋迦牟尼用不同的名稱，來解釋同一個法門給眾生聽，並不是真的有那麼多不同的法門。……在《楞嚴經》、《法華經》、《金剛經》中，佛都一再讚歎觀音法門。(《即刻開悟之鑰[第一冊]》：77-78)

這種不再強調修行方法細節上的差異，而以一種一以貫之的方法而刻意將不同經典或教派加以貫穿的論述方式，正是我們前述所討論過的「合一教」的基本思維模式的展現，雖然此處還只是停留在佛教內部的一種比對與連結。

隨著傳教活動的擴張，清海言論中顯現出來的「合一教」的色彩更爲鮮明，而且是與華人文化傳統中的「合一教」有著相當類似的論述模式，她說：

> 任何法門都是觀音法門，……古代的大老師，都應該修這個法門，不管是過去、現在或未來都一樣，只有這個「道」、這一條路可以上去。(《即刻開悟之鑰[第五冊]》:42-43)開悟的人會了解，佛教、天主教、老教等等，本來都是一樣的意思、一樣的目的。(《即刻開悟之鑰[第二冊]》：178)。

> 五教歸一意思是說，五教本來同一體，本來一樣，師父也常常證明五教真正同一體，教一樣的道理。(《即刻開悟・問答錄[第二冊]》：124)

如果拿前面我們所點出過的華人歷史文化脈絡中所出現的這種「合一教」所具有的四點基本特質來看，若加以更具體的討論，我們可以發現，在清海早期傳教活動的言論裡有著：

首先是「自居正統的自我認定」：在「三教合一」的潮流裡，若借用Berling 的「內在正統」的概念，那麼新的「內在正統」，反而是包含在那些被貼上了異端標籤的「合一教」裡，而不是在那些表面上的正統教派裡。如同俄國漢學家馬良文所說：「如果佛教的本質存在於外在形象之外，那麼優秀的佛弟子恰恰不是佛教僧人。」在華人歷史文化發展的過程中，反而被稱爲異端的「合一教」徒，可以以合乎文化「內在正統」的姿態，自稱自己是比起其它正統教派的信徒來得還要好的宗教信仰者。清海說：「師父是最好的佛教徒，我應該很明白的講，但是我也是最好的天主教徒，我也是最好的老家、孔家等，因為修眞理眞道的人，是沒有分別宗教的心，找到眞理才是最重要的。」又說：「宗教都是教外面的道德道理……我們應該找內在的體驗，找我們自己宗教的目標……我們沒有找到這個光，智慧永遠不能開」(《即刻開悟之鑰[第六冊]》：133-134)在「三教合一」潮流中，「道」超越了既有制度性教團中所範定的形式，而只有「合一教」眞正的發現了這個「道」之所在。

其次、「涵蓋萬教的既包容又批判的立場」：如前所述，清海說：「任何法門都是觀音法門。」也提到：「開悟的人會了解，佛教、天主教、老教等等，本來都是一樣的意思、一樣的目的。」但更強調：「古代的大老師，都應該修這個法門，不管是過去、現在或未來都一樣，只有這個『道』這一條路可以上去，沒有其它的路，其它的路都不是究竟的路。」站在這種立場上，清海對各個既有的宗教都提出了批評，主要是它們違背了起初傳教的旨意(《即刻開悟之鑰[第一冊]》：1-20)，像是清海所說：「古代的老師，比現在的老師出名？因為一位老師離開世界以後，魔王馬上利用他的名字來做事，變他的眞理成魔理。」(《即刻開悟之鑰[第一冊]》：8-9)

而關於「一以貫之的對傳統的重新詮釋」：很明顯的表現在以「觀音法門」這套打坐技術來重新詮釋所有宗教的這種論述模式上，而一旦掌握了這一套觀音法門，事實上也就是掌握了所有宗教的奧祕。像是清海教團在內部所流傳的修行手冊內，列出許多傳統佛像造像中的圖案，並指出其禪坐的姿態顯示其都是在進行觀音法門的禪坐。清海也說：「我們只看文章，不了解內容，不能得到無上甚深微妙法，所以才會分別五教。開悟以後，五教只是一教而已。」(《即刻開悟・問答錄[第二冊]》：124)。這種一以貫之的詮釋，不只包含了共同的修行技術，還在更高層次上涵蓋了對於世界本質的重新認識。在觀音法門的教義裡，也就是以「音流」來解釋世間一切現象界的活動[21]，而這種解釋與「觀音法門」聆聽內在音流的修行方法剛好也可以相互佐證。

這裡比較值得討論的是關於「對傳統始終保持著忠誠的態度」這一議題。就歷史傳承來看，清海傳授的法門「音流瑜珈」完全來自印度，但爲什麼它又能夠接上華人「合一教」的傳統，以相當符合「合一教」的論述模式而出現在台灣，並且又能取得民間一定程度的共鳴呢？這裡面當然有清海個人的包裝，對印度「音流瑜珈」加以刪減更改，使其能重新以更適合華人宗教文化的「觀音法門」的面目來出現。舉例來說，清海特別強調其與佛教在傳承上的連續性而自稱是類似於禪宗的頓悟法門、誇耀其可以有「五代超生」的效果以配合華人的家族宗法思想、以及有技巧的附會於華人儒釋道的道統，這些都是能讓民眾產生親切感的舉動。

不過還有一個重要的原因則是，「音流瑜珈」在印度，其本身就是一種宗教融合的產物，雖然它的內涵(融合印度教與伊斯蘭教而成)與華人的「合一教」有所不同，但是它的視某種神秘體驗的

21　如同清海所述：「『音流』也是一樣，祂把整個宇宙連在一起，沒有一樣東西不在音流裡面。」(《即刻開悟之鑰[第一冊]》：37)。「宇宙萬物都是從這個「名」或「聲音」產生出來的，我們也是祂的一部分，但是因爲我們是「人」，我們擁有祂最高的一部分，所以我們比較有可能完全擁有祂。而動物不夠等級可以完全擁有這個聲音。如果我們修行這個聲音，藉著祂，我們不斷地提昇自己，使自己收更多更高的聲音，一直到完全擁有祂爲止，這時候，我們就可以跟宇宙中任何眾生配合。因爲所有眾生都是這個聲音的一部分，而我們已經完全擁有這個聲音了。」(《即刻開悟之鑰[第一冊]》：106)。

境界可以跨越不同宗教範疇的這種宗教態度，這一點卻和華人「合一教」有著類似的表現形式。

簡略來說，印度早有「梵我同一」的宗教觀，也就是在這一點上它和華人歷史中的「天人合一」觀有些類似[22](郁龍餘 2001: 120-121)，都有著宗教融合的取向。而「音流瑜珈」15世紀以後在印度的出現，更是與伊斯蘭教與印度教間所產生的宗教融合的潮流有關

22 大陸學者郁龍餘(2001: 120-121)曾就「梵我同一」和「天人合一」的觀念分別提出了說明，他指出：「梵我同一是印度哲學的一個基本命題。這個命題在《奧義書》(*Upanisad*)中首先建立。在《奧義書》中，『梵』(Brahman)是萬物的始基，世界終極的原因。世上一切客觀與主觀的存在。梵具有眞相與相，兩者的關係猶如行與影的關係。『我』(*Atman*)，音譯『阿特曼』，是《奧義書》中的另一個基本概念，有眞我和命我、大我與小我之分。阿特曼是萬物內在的神妙力量，宇宙統一的原理。《奧義書》經過哲學思辨，將『梵』和『我』統一了起來，建立了『梵我同一』(*Brahmatmaikyam*)的理論。這一理論認爲，作爲外在的、宇宙終極原因的『梵』(大宇宙)和作爲內在的、人的本質的『我』(小宇宙)，是統一的。『宇宙即梵，梵即自我。』這一理論幾千年來爲印度宗教所用，漸漸地成了印度的一種思維定勢，是印度人的基本宇宙觀。」而「天人合一是中國哲學的一個基本命題，而且得儒、道兩大家的認同。天人合一是中國人整體思維的根本特點。在《周易》中，已經有了整體論的雛形，在《易經》中則形成了『易有太極，是生兩儀，兩儀生四象，四象生八卦』的整體思維模式。天人合一不僅僅停留在經典著作中，作爲一種宇宙觀，對民族思維方法、思想習慣，產生了決定性的意義。在天人合一的宇宙觀中，宇宙與人不是相對立的，而是相輔相成、互爲包容、和諧統一的有機整體。在這種宇宙觀的指導下，產生了『天人一理』、『天人一氣』、『宇宙即吾心，吾心即宇宙』的思想。所以，中國人認爲天(自然、宇宙)是有生命的，人是宇宙的一部分。天人之間的關係不應該對立，而應該是協調統一的。」在此，「梵我同一」和「天人合一」之間有著相當接近的一種論述結構，不過若做進一步追究，我們也會發現實質上前者比較是接近有神論的一種人神間的統一關係，後者則較接近一種自然哲學的和諧觀，其間仍有相當差異。

[23]，使得它在教義上有著濃厚的宗教合和的痕跡。到了19世紀，在北印繁華的Agra市，隨著都市化與商業化的發生，「音流瑜珈」在Swami Shiv Dayal的宣教下，成為一種深受商人階級歡迎的，既適合苦修者也適合一般家居人士的瑜珈法門(Juergensmeyer 1991: 3-4)。而後「音流瑜珈」支派大量增加，在西方人開始對東方文明發生興趣時，該教派相當受到西方人歡迎(參考Johnson 1993)，由於該教派本來就是一神教與泛神論間的融合性的產物，反而使其成為原信仰一神論的西方人可資以了解東方的一個較便利的媒介，在這種過程裡，「音流瑜珈」教義中所融合的內容也有了進一步的擴充，也就是經由神秘主義的橋樑，它開始更廣泛的包含了基督教的內容在其中。而也正是在以上這樣一個歷史演進過程裡，具有融合性特徵的「音流瑜珈」，在其論述結構中，開始以某種神秘主義的境界，來包含世界上所有的宗教[24]，這種「綜攝主義」的基本取向

---

23 而「音流瑜珈」在印度的出現，和15、16世紀間印度北部Kabir(1440-1518)、Nanak(1469-1538)兩位宗教師間的關係特別密切。「音流瑜珈」或又稱「聖人之路」，它是印度12世紀以後開始流行的「虔信運動」(*bhakti movement*)發展過程中所曾經產生的一個重要派別，這個派別起先的出現，正是導因於想要超越宗教對立，而在一神論的伊斯蘭教和泛神論的印度教間所產生的融合，其結果是一種擺脫了階級觀念和繁複的宗教儀式，而專注於對唯一又是普及流布著的宇宙本質的尋求和感通(Ashby 1974；Babb 1987；Gold 1987)。

24 在「音流瑜珈」各支派中，這種談到宗教融合與匯通方面的文獻極多，像是其中一個支派的出版品中所述：「世界是由音流所造的，《新約》如此說著：『道成了肉身』；錫克教也如此說：『世界是由聖名所造』；印度《吠陀書》也是如此說：『世界由梵天的呼吸而產生』(Fripp 1995: 3)；另一位有名的宗教領導者提到：「神只有一位，所有的神都是指祂，祂是印度教徒、穆斯林、基督徒、以及其它教的信徒們共同所擁有的。」(Charan Singh 1994: 17)。而另一位重要領導者Kirpal Singh也曾以洋洋灑灑的著作《聖音》(*Naam or Word*)一書(1970)，來說明「音流」這種特質可以被用以「一以貫之」的來理解世界各大宗教背

與華人「合一教」的基本取向之間的確有著形式上的類似。

然而華人「合一教」的內在精神與來自印度的神秘主義思想，畢竟在本質上是有所差異的。因文獻所限，我們不易直接討論華人「合一教」與印度「音流瑜珈」間在內容上的差異，不過就是僅以和華人「合一教」背後的道統有著緊密關聯的「天人合一」的概念來和印度神秘主義思想背後的「梵我同一」概念做對比，我們也可以看出其間差異之所在。例如，大陸學者郁龍餘曾指出(2001: 229)：

> 天人合一和梵我同一，在哲學上是相通的。當然兩者也有差異：中國天人合一中的天，有三層含義——自然天、理義天和至上神天，其中以自然天和理義天為主，所以天人合一主要是屬於自然哲學的。印度梵我同一中的梵無所不包，是指至上神、神道和宇宙萬物，其中以至上神和神道為主，所以梵我同一主要是屬於宗教哲學的。這種哲學基礎上的大同小異，在味論[一種關於味覺思維的文學理論]中也有所反映，如中國味論講意境、講空靈，講無跡可求，印度味論就有濃厚的不可思議但又不得不認可的神秘色彩。

換言之，印度的富有想像力的「梵我同一」的宗教思想，與華人「天人合一」的自然哲學間，雖在形式上相同，但在其內在特質上實有差異存在。前者的想像力近乎無限，而追求著人與至上神間交融會合的神秘境界，後者則比較像是一種自然哲學，追求的是人天之間自然和諧的關係，它的「天」並非是神的意思，而更像一種是

(續)

後的精髓。

自然宇宙間的運作法則。

而在此，身爲越南人的清海，身著比丘尼僧服，傳布著的是與華人「合一教」有著類似論述形式，但基本精神和其又是不盡相同的印度神秘主義思想。不過清海也很技巧性的把觀音法門定位爲一種與中國禪宗同出一源的修行密法，於是在保留著佛教禪宗的外衣下，它可以在形式上保持著與華人「合一教」傳統的論述模式的一致，而取得許多民眾的認同。甚至於民眾在禪坐或夢境中還發現清海的前世或化身包括了觀音、達摩、惠能、乾隆皇帝等等(《清海無上師新聞雜誌[19期]》：80-81)，清海對此當然也不需加以否認。

而清海教團在這一個時期所吸引到的信徒，以我所收集到的資料看來，他們多半在過去已有豐富的宗教經驗與強烈的宗教渴望，他們與傳統社會中因特殊機緣而對專門性的教派宗教活動特別感到有興趣的人，在宗教取向上類似。而因爲台灣社會的漸趨開放，提供了修行路徑更多樣的可能性，一方面過去無法浮現到枱面上的宣教活動愈益趨於公開而活潑，一方面民眾們也更願意去追尋修行上的新且深的體驗層次，舉例來說，這個時期參與清海教團的一位信眾(訪談記錄 45，1987年加入，初加入時47歲)如此說道：

> 我那個時候第一個認識師父就是說師父以「陽」來代表，就是上帝，以「陰」代表，她就是佛的母親，她就是專門教人成佛的人……第一個觀念就是這樣啊，所以我沒對師父沒有什麼懷疑。(頁6) ……這個「觀音法門」以前就是我們中華民族三皇五帝時代就有啦！不是現在才有的哩。因為就是說師父說明師都跑掉啦，然後這個法脈跑到喜馬拉雅山去，然後再傳到印度去，就是這個。所以說，你看，師父有時候講

到這個歷史，有時候她會悲傷啊，她會內心有一點感觸(頁9）。我想這個一貫道[的解釋]以後也反過來啦，因為他們的解釋跟我剛才跟你解釋的不一樣，他們說「大學之道在明明德」[但詮釋的不正確]……我印心以後，自己了悟這個經典的，重新看經典都很明白，看什麼經典都很明白，……經典有一個密碼嘛，你只要懂這個密碼（頁11）。一世解脫，我相信，看你怎麼樣，因為我已經認識她就是上帝的代表，是佛的母親啊，所以我當然可以一世解脫啊！(頁13)

這種宗教認知，和明清以來民間廣為流行的，屬於「合一教」性質的一種關於「內在文化正統」的追求，是沒有什麼太大的差異的。

在以上清海教團發展的第一階段，該教團尚沒有較為固定而永久的道場，台北的新店、內雙溪、以及宜蘭雖已有稍具規模的共修點，但清海仍必須巡迴講經弘法來吸收更多與更穩定的信徒與資源，她並以完全適應於華人宗教文化傳統的論述模式來包裝她的教理，顯現著與華人文化傳統較大的連結性。

2. 超脈絡化的靈修運動時期(Trans-contextual Spiritual Movement)：(1989-1992)

然而一方面是迫於外在的壓力，一方面也是其教義內在特質本身不盡同於華人的「合一教」傳統，清海教團的發展路線在1980年代末期開始產生了轉折，在這種轉折中，雖然該教團仍能蓬勃發展，其信徒的構成分子卻已開始有所轉變。

由於清海廣收男性門徒並自稱為已經開悟的大師，這招致台灣佛教界的嚴厲攻擊，1987年時，中國佛教會公開焚燒清海著作；接著有慧律多次公開演講，指稱清海所傳是一貫道，應開除其中國佛教會會籍；居士葉曼(1988)爲文批評清海所傳與佛教正法有所出入；沙佛林爲文〈致清海法師「四十九問」〉(1988)，嚴厲質詢清海所傳法門的有效性與傳承的正當性；又有正法明(1988)爲文揭櫫清海的師承，直接指陳她所傳的是印度錫克教。

在外界嚴重的批評和質詢中，清海宣教的路線起了一些轉變：一、由1989年起，她幾乎每年都要到世界各國弘法，甚至多次舉辦國際禪七，讓世界各國的信眾齊聚一堂，整個團體開始具有了國際性色彩；二、1988年起，清海開始被稱之爲清海無上師，神化的色彩更重；三、更大的一個轉變是清海個人完全轉變了她清貧刻苦的出家師形象，1990年開始，她開始蓄留長髮，並開始以華麗的服裝展現在眾人面前，原本跟她出家的出家師父，也都不再穿制式的袈裟，該教團也不再以佛教團體自稱。

這樣的一種轉變，我在此把其稱之爲是「超脈絡化的靈修運動時期」的開展。在這裡，「超脈絡化」指的是：雖然並不否認自身與道統或傳統宗教文化間的連續性，但更強調其不限於特定的道統或文化，而具有著一種更高的超越性，「靈修運動」指的是：與社會政治經濟甚至家族都無關的，以個人靈魂的永恆不朽為追求目標的宗教活動。進一步講，一方面清海號稱其「觀音法門」本屬華人的道統，她於是是華人「合一教」道統的現代闡釋者，但另一方面清海是越南人，號稱是「來自喜馬拉雅山的大師」，所謂遠來的和尚會唸經，她又是一個外來的神秘主義的宣揚者，這兩種表面上相互矛盾的立場，在這個新的發展階段「超脈絡化的靈修運動時期」裡，可以說是被納入了一個較爲脫離現實的認知參考架構中而得到一種化解。

清海教團自1988年起，在地理位置適中的台灣中部(苗栗西湖)，終於有了一個占地廣闊的道場，可以以此地爲基地進行例行性講經與禪修的活動。據說是在出家眾的簇擁下(1987年起)[25]，清海法師之名被更改爲清海無上師，1989年起，這個名稱成爲其雜誌對外公開使用的名稱[26]。「無上」，標示了超越一切不受任何傳統約制的神格的產生。其次，1989年5月起，清海開始經常到國外巡迴弘法，面對的主要是西方的聽眾，使用的語言主要是英文，她已經不是代表漢人宗教或佛教傳統在說話了，西方人逕以「古魯」(guru)(《清海無上師新聞雜誌合訂本[第一輯]》：105)、「活的上帝」(《清海無上師新聞雜誌合訂本[第一輯]》：111)來稱呼清海，1989年清海至馬來西亞檳城演講，當地佛教界聲明清海不能代表佛教，清海直接回應，她的主旨在貢獻所證悟的祕訣，她自己並非代表任何宗教(《清海無上師新聞雜誌合訂本[第一輯]》：149)。更徹底的是，既然外界指責她的穿著佛教袈裟而傳布非佛教之理，她乾脆走到另一個極端，留起長髮，並以近乎極端豔麗的打扮出現在世人的面前，連跟隨她出家的近二百位出家人(《清海無上師新聞雜誌[16期]》：9)後來也都不再穿著傳統佛教服裝。

在這種外表上與傳統產生分裂態勢的同時，是對自身宗教體系的重新定位。

清海教團由原先強調的任何宗教都是「觀音法門」，到現在可依同樣的邏輯(道包含一切但卻又超越一切)但以不同的措辭，轉而

25 一位資深參與者提供了我和「清海無上師」這個稱謂有關的歷史訊息(訪談記錄 48：36)，另外清海教團早期會訊刊物上，在1988年年底也第一次出現了「清海無上師」的名號(《清海無上師新聞雜誌合訂本第一輯》：52)。

26 其例行性的雜誌自1989年9月起稱《清海無上師靜坐中心訊息》，後又稱《清海無上師新聞雜誌》迄今。

強調「觀音法門」不屬於任何宗教，而又是居於任何宗教之上的一種超越形式的關乎個人自我提昇的方法。雖然確切出現的時間並不清楚(至少早期雜誌中並未見過)，但下面的話比較像是清海在這個時期中才說出來，或是在這個時期才被特別加以強調的話語：「我不屬於佛教，也不屬於天主教；我屬於眞理，我傳揚眞理。不論你稱之爲佛教、天主教、道教或任何你所喜歡的稱呼皆可，我都歡迎。」(《即刻開悟之鑰[樣書]》：2)；「我們的法門並非宗教。我不是要人改信天主教或是佛教，或是其它的『信仰』；我只是提供一個方法，讓你能了解自己，知道你從何而來，記得你來到世上的任務，發現宇宙的奧祕，明白爲什麼會有這麼多的痛苦，並能領會死後的情況。」(《即刻開悟之鑰[樣書]》：6)

在這裡，「三教合一」背後的「道統」雖然沒有被完全丟棄，但實則面貌已和傳統不盡相同。我們發現，儒釋道三教的實質內容不再被強調，「道」，開始以超越文化傳統的自我靈魂的提昇為焦點，不再視文化傳統具有終極權威性的形式，宗教，或者說「靈修運動」，變成了一種主觀性的，強烈的內在渴求，整個教義的論述轉向強烈的個人取向，以滿足個人主觀的心靈需求爲主要的論述模式。雖然在表面上這仍有與華人「合一教」文化傳統相接續的痕跡，但這更像是已脫離華人文化傳統，而逐漸有著類似於，或至少是轉化自印度「人神合一」神秘主義思想的一種華人「合一教」的當代轉型。像是清海在1992年的演講時所說的：「我傳授你們觀音法門之後，現在你們打坐，試著找尋你們內邊本來就有的力量，試著找尋已經被你們忘記的潛能，和好多你們還未曾使用的智慧，尋找你是誰？在這宇宙中你是何等地位？尋找又尋找，最後你會找到。觀音法門就是讓你們了解自己就是上帝，自己創造上帝的法門。」(《即刻開悟之鑰[第七冊]》：14-17)

在有了自身固定的傳教道場、穩定參與的信眾群的基礎之後，伴隨著她的「無上師」名號的產生，以及豔麗裝扮的出現，她也釋放了她傳教語彙上的各種限制，自此在教理傳達上更廣泛的出入於不同的宗教傳統中[27]，更主要的，她的來自印度傳統的色彩也愈來愈爲明顯，而國際性的對外講經，以「音流瑜珈」的傳人自居，她是以近乎印度宗教上師(guru)的姿態在西方人的面前出現的。

就此而論，就修行內容而言，我們可以說清海教團在此可以說是一個本土化以後的印度教門，在信徒加入該教團的正式但也是祕密的儀式「印心」裡，頌唸的「五句咒」，以梵文發音，代表五個世界的主宰。這五個層級性的世界，也是信徒打坐中嘗試以靈體遨遊其間的世界。對這五個世界，清海曾於1992年在聯合國借用的會場中，以英文演講加以描述，而後其中文版成爲該教團最主要的宣教文宣[28]，內中充滿了雖奇幻，但卻又被假定是個人只要修習觀音法門就能夠輕易前往的境界(《清海無上師新聞雜誌[20期]》：50)這與華人佛教中的淨土宗相比，雖在該宗主要經典《無量壽經》中也曾描述了各種奇幻美麗的境界，但是卻非當世人人可去，此處清海教團的瑜珈法門與傳統華人的宗教視野間已有著某種程度的差異。

---

27 譬如說清海的著作《師父講故事》(1997)，收錄了清海1989至1995年間講經說法時所引用的各種小故事，在37則故事中，僅有一個故事是以中國爲背景的，其它有12個故事是以印度宗教爲背景，10個故事和佛教有關，背景多是在印度或西藏，有5個故事和上帝有關，一個故事和基督教有關，其它的故事則主角爲動物或是虛構的人物。

28 清海教團對外宣教的主要小冊子是廣爲免費贈閱的《即刻開悟之鑰[樣書]》，其中除了關於清海個人以及教團活動的初步介紹以外，主要還包含了兩篇文章，一篇是此處所提到的〈超世界的奧祕〉，另一篇爲〈爲什麼要素食〉。

如前所述，印度宗教思想中的「梵我同一」和華人的「天人合一」的概念，在論述結構上類似但是在實質內容上有所不同。華人「合一教」的教義基礎，透過儒釋道以及民間信仰間的融合，它所達成的是一種自然哲學與道德理念的統一，但不像印度「梵我同一」的觀念，宗教的想像力橫溢，是無視自然界和時間空間的限制，而專注於自我與大宇宙或是更高神明間的一種結合。

更進一步講，我們可以說，雖然華人文化脈絡中的儒釋道三教皆強調個人成聖成佛成仙的重要，也就是早有重視個人完成的質素在其中，但是在「合一教」中，三教相互融合與包含，往往還涵蓋了儒家所強調的道德意識與入世關懷，這與印度宗教「梵我合一」宗教精神中較爲純粹而極端的宗教性個人追求是有所差異的。

這種與「合一教」外在表現形式不盡相同的純粹而極端的宗教性個人追求，我們或許可以稱之爲一種「宗教信仰的個體化」——包括對於社會集體道德意識的重新認識[29]、個人自主意識的增強[30]，和對於既有宗教傳統外在形式的消除等等[31]，這些轉變是否曾

29 舉例來說，清海說道：「有道的時候，什麼都有，因爲逐漸失了這個『道』，所以慢慢地變成德，以後又產生仁義禮智信，種種社會道德。……因爲失了『道』，所以才需要『人爲』，……如果能眞正了解『道』，眞正得『道』，就不用這種人爲的小道德。」(《即刻開悟之鑰[第一冊]：255-256)；「所以這個宇宙沒什麼眞的好，沒什麼眞的壞，就是一種循環。」(《即刻開悟・問答錄[第三冊]》：110)

30 舉例來說，清海說道：「師父說你們要看自己的佛，不要拜佛而要『成佛』。」(《即刻開悟之鑰[第一冊]》：267)；「我們內邊根本沒有別的東西，只有上帝而已。」(《即刻開悟之鑰[第八冊]》：31-32)；「我們眞的是像上帝一般，我們也是上帝的一部分，我們就是上帝。」(《即刻開悟之鑰[第八冊]》：32)「在印心時，你馬上可以聽到內在的聲音並看到內在的光，這種情況可以稱爲『頓悟』或『即刻開悟』……清海師父的目標在於教我們自己成道。因此，她所教的法門每個人都可以修，自己可以修，而不用靠任何額外的補助。」(《即刻開悟・問答錄[第三

使清海教團的發展受到影響？對此我們尚缺少確切的數據，不過以我個人參與觀察的經驗及所收集的有限的描述性的資料看來，這一個時期加入清海教團的信眾與前一個階段加入的信眾間的確顯現出來了某種差異性。

這裡先舉出一些簡單的數據，本人曾就清海教團進行了兩年參與觀察(1998-2000年)，其間並對50位信徒進行了深入訪談，雖然這是一份質化的資料，不過某些數據還是有著描述性的價值，譬如說以這一份資料為例，若以1989年為界，我們注意到在我的樣本中，在這一年之前加入清海教團的參與者(共有7位)和在這一年以後(含此年)才加入清海教團的參與者(共有43位)，在其加入時之平均年齡間有著相當大的差異，分別為45.57歲和35.37歲，1989年以後加入清海教團的信仰者年紀顯得小了很多。其次，就其參與時是否已擁有某種宗教信仰來看，前者7位中僅有1位(占16.7%)在當時是無宗教信仰者，後者則共有14位在當時是無宗教信仰者(占32.6%)，愈到後期有愈高比例的信徒是在無信仰的情況下來加入清海教團的，這也顯示清海教團在轉變中開始吸引到一批與前一期的參與者在基本特質上有所差異的民眾。

就信徒的自我陳述來看，當早期信徒強調著清海的教理與華人

(續)

冊]》：286-287)

31 舉例來說，清海說道：「如果你只是求佛，或是頂禮十方三世佛，或是在佛的面前頂禮祂，也沒有太多用，仍然不能究竟解脫。」；「拜佛沒有太多用，就算是跟佛在一起，也無法成佛，更何況是拜一個木頭佛，怎麼會有用呢？」(《即刻開悟之鑰[第一冊]：270-271》；「真正的出家是指心出家，出三界的家、解脫貪嗔痴、無明的家，並不是剃度出世俗的家而已。如果認真修行的話，並沒有很大的差別，因為修行最重要是開悟，找到本來面目、內在的道，和外表的形式無關。」(《即刻開悟・問答錄[第三冊]》：98)

文化傳統的連續性時(如同我們在上一節中所提到的例子)，後期參與的信徒雖然仍然注意到這種連續性，他們所更常強調著的卻是一種擺脫了儀式性與傳統道德的個人性的成長，這既不是回歸傳統也不是投入集體性的宗教形式，而是個人意識的擴張，本章在此將稱此爲一種「宗教信仰的個體化」，因爲它具備有以個人意識爲核心來進行宗教活動的特質，但卻又與近代西方所謂的「宗教的個人主義」、「私人化宗教」和「自我宗教」等名稱間有著一定程度的差異，所以必須以新的名詞來加以標識(討論見後)。

舉例來說，這一個時期加入清海教團的信眾，其話語中透露出了這些訊息：像是，對於社會道德與集體性規範的重新評估與理解：

> 就像那個「忠孝節義」的這種觀念，我記得我大概是應該經過觀音法門洗掉的。我以前也覺得「忠孝節義」它是非常非常的，就是說是好像說是一個規範啦，變成說你要依它那個行為來做事啊，要符合忠孝節義！可觀音法門給我講說「那只是一種方式，並不是代表全部」，所以它不重要，它真的不重要！因為它很多時候牽扯到是，就是說從背景裡面看到後，你根本知道它有時候那種，我覺得那個很窄面，就是說對我來講它很窄的一面！你可以運用它，但是你不必說一定要忠於它。(訪談記錄 13: 5-6)

對於儀式性活動採取較爲冷淡的態度：

> 在廟裡面那麼多人都在做、都在禮拜，那我自己一個人，雖然相信上帝、相信佛祖也好啦，或相信他們的認為的那個佛

> 像也好，或者是耶穌也好，不過我沒辦法做得出來！我很相信耶穌的存在，也相信佛的存在，不過好像做不出來，然後我一直我覺得我是無神論。(笑)然後後來現在在這個團體的話，很自由，我想做什麼就做什麼，只是對自己負責，守五戒嘛、吃素嘛、打坐是為自己，我對我負的責任，而不是給別人看的！(訪談記錄 17: 30)

對於集體性的互動也不熱衷：

> 我們的團體裡面就是什麼很怕卡啊，不能有什麼「阿修羅感情」嘛，所以大家都是保持那種君子的那種淡如水(訪談記錄 13: 27)。

更關注於個人自我實證性的宗教體驗，而較不重視於文字性的教義與外在的組織形式：

> 師父這個方法，她這個是實證的法門，它這個方法，它不是像一般喔你去參加一些宗教團體，它就是懂一些教義，但是它不能給你一些實證，啊我們這個方法它可以給你實證，你自己就可以去證明，啊你自己證明你自己清清楚楚啊。(訪談記錄 1: 14)像我跟師父這個我就不覺得這是一種宗教！我就是說它只是一種，給我一種方法，讓我去認識我內在的那個潛能！(訪談記錄 1: 18)

對個人自我意識的追求目標明確並對個人的自我完成有著較高的期許：

其實所謂「裡面上帝」是你自己，是你的本性，你可以跟它在一起，你就可以問它一些事情，所以跟它內在溝通這樣子。到時候你就會發現其實所謂的「師父」其實是你自己吧！（訪談記錄46: 11）

當然，這些話語的背後可能還有著其它涵義，而且在這種回溯性的訪問裡，我們也很難區別這些信徒是不是因為加入清海教團後，受了相關教義的影響而開始產生了類似的看法。不過我們至少可以肯定的說，這些信徒在宗教追求上目前已有著一種較高的自我意識的覺醒，消極而言也就是對於集體性儀式活動與外在道德規範有所排斥，積極而言則是對於個人自我完成有較深刻的追求和自信。進一步講，雖然不能確定他們在加入清海教團之前是否已有著這種傾向，但就這些人所呈現出來的較前一階段加入清海教團信徒更低的平均年齡和較淡薄的宗教背景來看，我基本上傾向於認定他們在人口特質與入教動機基礎上是一個特殊的構成，與傳統社會中加入「合一教」的信徒們不完全相同。而清海教團第二個發展時期宣教路線的轉變，雖然仍然包含著華人傳統「合一教」的內涵，但它也在更大的範圍內，涵蓋了符應於新的社會變遷下某些較年輕民眾的心理或宗教需求，這正是這種轉變背後可能隱含著的社會意涵，這一部分的議題牽涉較廣，我們在下一節及結論部分將還會再回來加以討論。

3. 全球性弘法時期（Global Missionary）：（1993迄今）

清海教團第二個時期的轉變延續至今，教義內容、傳教形式與組織管理方式尚未有太大的轉變，不過在此基礎上，它又與一個更大的認知架構相連結，也就是自我定位為一個「全球性的弘法網絡」。分析上，我們於是把1993年以後的清海教團標示為一個新的發展時期，雖然它在各方面的發展，與第二個時期間並沒有清楚的界限，其差異亦不大，可以看做是第二個時期的一個延續與擴展。而第二個時期所建立的一個「超越性」的論述結構與認知框架，至此則開始與一個「全球性」或「全人類」的論述結構相連結。

在分期的標準上，清海個人全球性的弘法活動雖然開始甚早，不過對於台灣的信徒來說，不論是就客觀事實或是主觀心理而論，要一直到清海完全以國外為弘法基地，幾乎不再回台，使台灣變成了只是該教團在全世界弘法網絡中的一個點時，該教團才正式進入了一個新的階段。在時間點上，這個時間大概可以以1993年開始算起，該年清海展開了一個範圍廣闊的全球性弘法，到16個國家巡迴講經，並接著在世界各國舉行禪修活動，自此以後清海完全以國外為弘法重心，在台灣已少有大型活動。

清海教團國際弘法的舉動可以追溯到更早，當清海在台擁有了穩定的信眾群以後即已開始，一方面是展開國際弘法：在1989年起開始第一次出國弘法，到過美國、香港和南美諸國，爾後出國頻繁，並在各地廣建道場；一方面是把世界各國的信眾齊聚一堂，舉行所謂的國際禪，並以英文弘法，讓整個教團的國際性色彩大為增加，這由1990年在台所舉行的兩次大型國際禪七揭開了序幕，而1993年的全球性弘法則是範圍較大的。此外由於國際性的慈善事業，也連帶使清海獲得了許多國際性榮譽。由1993年起，清海可以說已經完全是以世界為活動範圍了。1996年年初，該教團接上了柬埔寨對外開放的時機，以租借名義對該國三萬甲土地進行修行社區開發，台灣一二百位信眾長期在此開拓，某些信眾還變賣台灣家產來此從事移民，直至七月該社區完工啓用，整個趨勢顯示清海擬以此為新的國際弘法基地而不再以台灣為中心，甚至於希望某些台灣信眾也至此定居。1996年10月以後，台灣政府在妙天、宋七力事件後開始宗教掃黑，清海教團在台灣的西湖總道場受到波及而關閉一年，清海個人自此便滯留國外不再回台，直至2000年間才有機會曾回台二天，進行了一場弘法活動。不過該教團在柬埔寨的經營因爲該國政局的變動，於1997年初不得不全數撤離，爾後清海多半時間長住美國道場，並仍不斷舉行國際性的巡迴弘法。

一個以全球爲範圍的弘法活動，伴隨著的是新的意義參考框架的出現。就時間取向來說，那是導向著「未來」而非「過去」，也就是黃金時代的來臨，像是1993年清海演講中指出的：「我們正邁向黃金時代，所以我們必須變改。我們應該拋開所有那些認爲聖人應是什麼模樣的陳舊和無用概念，我們應該捨棄黑暗的思想及對自己和世界的否定看法，開始積極行動。」（《即刻開悟之鑰[第八冊]：29）；就空間取向來說，那是導向著全球而非本地，也就是東西方界限的泯滅，像是1993年時清海便說道：「這個世界沒有東、西方之別，只有智慧和靈魂，智慧和靈魂不分膚色和人種。師父只是和你的智慧說話，不是對你們的外表講話。師父是和你們的大智慧說話，不是對你們小小分別心講話。師父是向你們的靈魂開示，不是對你們微不足道的文化差異講話。不同的地區的人，只是生活習慣不同，而這些差異無足輕重。」（《清海無上師新聞雜誌[30期]》：20）

與傳統的「合一教」相比，雖然都強調宗教合和的舉動，但是建築在全球性網絡中的宗教活動，脫離了對華人文化傳統的忠誠，不再以「華人的道統可以對各種系統加以一以貫之」這一點來建構自身的正當性，而是轉而著重個人性心靈提昇運動背後所代表的一種在當代世界中所具有的普同性與超越性。對信徒來說，正是這種與世界心靈提昇運動的連結，再一次證明了教團的正當性，也提供了新的意義框架，換言之這是一種個人跨過個別文化傳統而與世界性的意義框架所產生的新連結。

在此，清海個人不符華人宗教傳統的行爲(像是其豔麗的裝扮)，在信徒的心目中，也就得到了一個更好的解釋，像是信徒解釋道：「外面的人不了解，他們認爲說『啊怎麼會這樣？』因爲師父的徒弟不是只有台灣人而已啊，不是只有中國人而已啊，她還有世界各地的人啊，對不對，那你也要讓其他的人能夠進來啊，對不對，不能夠只有你能玩嘛！師父是整個宇宙的啊，又不是只有你侷限在你東方而已啊。」(訪談記錄 42: 45)而清海教團的正當性也由這種在信徒構成人種上既眾多且在範圍上又能超越一切的世界性修行網絡中，得到一種證明，像是信徒說到的：「我在想這師父她一定是有……反正全世界都那麼多人，對不對，都那麼相信喔，一定有是有她的那個[殊勝之處]。」(訪談記錄 8: 14)；「[參加國際禪修]那眞的是很高興！不曉得該怎麼講？每天就是像宛如在天堂吧……好像四海一家！全部都是變一家人，每個人都是兄弟姊妹那種感覺，眞的是有那種感覺。……因爲大家都是爲了同一個目的而來，都爲了同一個理想而前進……怎麼講？都是好像在那種什麼什麼『烏托邦』啊還是什麼『香格里拉』那種感覺吧。」(訪談記錄 44: 14-15)相對來講，在這種未來導向的世界性的意義脈絡裡，更加的不需要受到既有道統的束縛，傳承問題益發變得焦點模糊而不再有著那麼絕對的重要性了，有些類似於一位這個時期加入的信眾所評論的：「我覺得那種傳承問題對我來說好像不是那麼重要吧！……如果她[清海]是西方人，我可能也沒什麼感覺耶！」(訪談記錄 46: 17)在此，經由「宗教信仰的個體化」過程的這種轉折，個人可以超越單一文化的侷限性，一個本土性的宗教團體也可以與更大範疇的視野相連結而不至於產生太大的衝突。

五、台灣社會文化脈絡中的「宗教信仰個體化」

前面的討論中，我們注意到清海教團自第二個發展階段起，教義中較爲集中而明顯的表現出了對於個人意識與體驗的追求，我稱此爲一種「宗教信仰的個體化[32]」(religious individuality)，一種宗教在脫離傳統宗教的地域性與群體性，並在結構上不再擔負宗教以外的政治或社會功能，且開始以個人自願參與和選擇為主要形式後，所產生的各種內在與外在的相關變化。其具體內容，也就是：宗教信仰的教義與修行活動集中而密集的專注於個人救贖與自身主觀的內在體驗。它表現出來的外在特徵是：不重視外在儀式活動與傳統所要求的道德規範，教團內的人際互動也相對減低。而形成這一種「宗教性」的社會原因與社會基礎還有待進一步探索，不過在台灣的社會文化脈絡裡，有幾個主要因素和此關係應相當密切：1. 傳統家族系統的瓦解或是相對約束力量的減小；2. 整體社會結構型態的改變，也就是政治與宗教的分離，社會不再以單一宗教做爲整合整體社會的工具；3. 自由宗教市場的出現所產生的自願參與的宗教形式；4.教育，尤其是高等教育的全面普及；5. 東方宗教中豐富的和自我修行與神秘主義有關的文化資源。簡言之也就是在新的社會結構中，宗教不必須擔負社會整合與道德教化的功能，一種宗教

32　「宗教信仰的個體化」這個名詞曾出現於大陸學者尹志華(1997)(原文未附該名詞之英文)，他以當代宗教信仰的「個體化」這個名詞來與傳統宗教信仰的「集體化」模式做對比，文中對於宗教信仰「個體化」發生的歷史過程有所討論，但對於其實質內容與表現形式尚著墨不多。而林美容(1991a：lx)曾就台灣民間信仰的活動區別爲群體性的活動與個體性的活動，其雖使用了「個體性」這個名詞，但和本章此處所談的整體社會信仰活動「個體化」的發展趨勢，其意涵並不相同。

多元化的結構出現，並形成了自由競爭的宗教市場，個人也有選擇宗教的自由，開始以圍繞著個人切身的興趣與體驗做爲宗教修行的重點，而高教育程度所產生的更高的自我意識與自我期許，更加深了這一股發展趨勢，至於華人文化脈絡裡的東方宗教，尤其是主流儒家以外的佛、道和前述所提的「合一教」等等，原本教義中就對個人性的救贖提供了豐富的說明(Jordan & Overmyer 1986: 8)，則在一定程度上可以與這種當代才開始廣爲流行和普及化的民眾意識相銜接。

而清海教團在此雖然只是台灣當代一個中型的宗教團體，但由其教義與修行方式來看，在其基礎穩固並步入第二個發展階段開始，即明顯的顯示出來了「宗教信仰的個體化」的這種表現形式，這一方面反映了當代台灣一部分民眾宗教意識的轉變，一方面也反映了在「合一教」的包裝之中，有可能容納這種新的內容，即使它的內在轉變仍是相當劇烈的。不過在討論這種轉變之前，我們還有必要先對幾個相關的名詞做一番澄清。

在西方學界的討論裡，有兩組名詞和本章在此所提出的「宗教信仰的個體化」(religious individuality)之間，有著極高的類似性，並且也很有參考的價值，不過爲了避免混淆，這裡暫時不予採用。第一、是「宗教的個人主義」(religious individualism)(Troeltsch 1981 vol. 1: 381, vol. 2: 691-694,730-753; Turner 1991: 155-177; Warner 1993: 1074-1081; Weber 1958b: 105-109; Wuthnow 1988: 54-57)：「相信個人的救贖必須透過自身的努力來達成，個人必須負起完全的責任而無法透過任何間接性的媒介，換言之也就是一種認定責任與義務是以個人爲背負單位的宗教性的意識型態與修行態度」。早經Weber 所指出的，西方自路德宗教革命以來，個人的救贖回歸到了個人手中，沒有僧侶可以依靠，除了「信」以外，也沒有其它的管道來獲得神的恩寵，在神的面前個人完全是孤獨與寂寞的；尤其是清教徒的反對用儀式與情緒性活動來與神相連結，這乃產生了不抱幻想的悲觀的宗教的個人主義，而喀爾文教派的拒斥告解儀式的有效性，更加深了宗教的個人主義(1958b: 105-109)，爾後這種宗教的個人主義成爲西方近代基督宗教教派分化的一個主要原因。這種宗教的個人主義與當代西方世界中世俗性個人主義的形成有關，參考Arieli(1964)的著作，Turner(1991: 157)指出：個人主義的形成和早期都市市場、獨立大學、喀爾文的救贖觀等有關，一旦當其在以新教爲社會背景的歐洲中開始成形，個人主義乃成爲了擁有個人財產的資產階級所具有的世俗性意識型態。

而「宗教的個人主義」，事實上還可以以其內容做一個區分，也就是禁欲主義的或是神秘主義的，這之間的差異甚大，前者強調一種理性而具有內在一致性的自我節制的生活態度(或是宗教態度)，並且必須在現實社會中加以實踐出來，於是也就具有了一種入世傾向，它雖然讓個人脫離主流社會，但卻又把這些人結合起來，形成了對抗主流教會的異端「教派」[33](sect)；後者則是內向性的，不關心任何集體性的宗教活動，而關注於個人自身特殊體驗的追尋[34]，雖然討論的脈絡不盡相同，Troeltsch曾以「神秘主義」

33 Turner(1991: 173)稱此爲「教派性個人主義」(sectarian individualism)，以和「宗教神秘主義的個人主義」(the individualism of religious mysticism)相區別。

34 以Weber的話來說：「關於拒世，我們在〈導論〉中曾提示二種對立的型態。一是行動的禁欲，亦即身當神的工具者的一種合乎神意的行爲；一是神秘論中冥思性的充滿聖靈。神秘論趨向一種救贖『擁有』的狀態，而非行動；個人並非神的工具，而是神的『容器』。以此，塵世中的行動，便顯然會危及絕對非理性的、彼世的宗教狀態。行動的禁慾則施展於塵世生活中，以成其爲世界之理性的締造者，亦即是：試圖透過此世的『志業』(*Beruf*)之功，以馴化被造物的墮落狀態；此即入世的禁來標示這一種宗教型態，以和主流性的「教會」(church)及異端性的「教派」(sect)間做區別，後二者在過去「教會」完全籠罩歐洲時，是主要存在著的相互抗衡的二元結構，神秘主義在當時則是被包含在教會或修院之中；然而到了當代，隨著現代資本主義和多元化社會的出現，以及資產階級的興起，神秘主義開始單獨出現，並愈來愈成爲普遍流行的一種宗教形式(1981 vol. 2: 693)。

Troeltsch 所提出的「神秘主義」，一種內向性、反形式和以個人主觀體驗爲主要宗教活動的宗教模式，和本章所提出的「宗教信仰的個體化」，在內容上其實已有著高度相似性，不過就其發生的原因和內在動機基礎等方面來看，還是不能完全畫上等號。

早如Hegel(1956)所述，東方社會(包含中國)缺少任何明確的關於個人的論述，東方社會中的專制主義也不利於個人主義的出現，Weber亦曾指出儒教中缺少關於個人性救贖的說明(參考Turner 1991: 157)。更進一步來看，以基督新教的源頭而論，個人主義背後有著個人自行承擔自身命運的基本精神，也就是高度的自我責任感和自主性，這種發生學上的基礎，是當代台灣社會自由宗教市場中所產生的個人自由選擇的宗教形式裡所缺少的。更何況西方宗教個人主義的起始，帶有著一種異端性格，即使在以內向性的神秘主義出發時，亦是與主流宗教或社會組織間有著一種批判性或是對抗性的關係(Turner 1991: 164)，它與當代台灣社會變遷中個人脫離家族並握有宗教選擇自由後個人意識浮現與擴張的社會過程，有著極大差異，即使它們都有著專注於個人主觀情意與內在體驗的基本內

(續)

慾(*innerweltliche Askese*)。與此恰成極端對比的是，以逃離現世爲其徹底結論的神秘論；此即出世的冥思(*weltfuchtige Kontemplation*)。」(轉引自康樂、簡惠美 1989譯之《宗教與世界：韋伯選集[II]》：106)

涵。

另一組名詞，是所謂的「私人化的宗教」(privatized religion)(Luckmann 1967)和類似的「自我宗教」(self-religion)(Heelas 1982, 1988)的概念，它們主要由社會結構變遷的宏觀面來加以考察，是指現代社會公私領域分化後，宗教退居於私領域以後所產生的狹隘而主觀的宗教形式。簡言之，現代社會中傳統無所不包的宗教世界已退出了公領域，但是新的公領域是依工具理性邏輯來運作的，它並不能提供生命的意義與價值，價值與意義便都被推擠到個人的私領域(個人或是個人的家庭生活)當中，這也就是「私人化的宗教」。而此處個人雖有支配其私領域的自由，但事實上這往往又爲一種商業性的消費文化所侵入。而當個人狹隘的私領域是個人唯一的意義感的來源時，公領域中多元化的社會現實事實上還偷偷侵入了個人意識的後門，也就是在多元化情境的考驗中，造成個人意識極大的焦慮。在這種焦慮中，既然客觀永恆的眞理不能在外在多元分化的公領域中發現，那麼也只有在自我意識裡去尋找顚仆不變但卻也是主觀性的眞理了。相對於外在世界的瑣碎與分化，追求這種完美的理想化了的自我，成爲了一件現代人相當迫切的心靈工程，這也就產生了現代人所謂的「自我宗教」。Heelas(1982: 73)在此引述了Berger et al.(1974: 77-78)的話[35]，來對這種「自我宗教」的社會起源做出說明：

> 由於現代社會中社會世界的多元性，人們對每一個個別世界結構的體驗都將是相對的不穩定和不可信賴的；大部分在前

35 爲了使敘述更爲清楚，在Heelas原來所引用的Berger et al.(1974)的話之外，我還多加引述了一些。

> 現代社會裡的個人，生活在一個整合性比較高的世界，這個世界對他而言因此是堅固的，而且可能是無法脫離的。相反的，現代人經驗著的是一種有著多個社會世界的多元性，這種多元性把其中的每一個社會世界都給相對化了。結果是制度性的秩序經歷了某種失落而不再代表本質上的真實。本質上的真實所具有的一種著重點於是由制度中所具有的客觀秩序轉移到了主觀的層面。換句話說，對一個人而言，個人對於自己的經驗變得比個人對於客觀社會世界的經驗來得還要真實了。於是，個人乃試著由自身身上而非自身以外的事物來尋求他的立足點。這導致的一個結果是，個人的主觀世界(這一般被認為是一種關於他的某種心理學)變得日益詳細和複雜，並且更引起自己對於它的興趣。主觀性所具有的深度，達到了前所未有的程度。

在此，「自我宗教」乃是指一種以自我為探索中心，並相信自我具有內在圓滿性質的宗教(1982: 69)，更直接來說就是，相信自我是具有神聖性質的宗教(1988: 167)。

「私人化的宗教」和「自我宗教」的形成，和社會領域的分化有關，尤其是和宗教被壓縮進私領域以後所產生的相關變化有關。在此，雖然台灣當代社會，尤其是都市化較深的區域，的確顯現出了公私領域的分化[36]，並且也有可能對於「自我宗教」的形成有促

36 根據傅仰止的發現(1994, 1995a, 1995b, 1997a, 1997b)，例如：在台灣，都市人與鄉村人一樣在私領域中與人互動都很熱絡，但前者一旦延伸到私交以外的互動便相形減弱(1994: 25)；以時間縱貫軸來看，愈是到後期，台灣人對私領域裡的親人的依賴反而更增加，但對公領域中的陌生人卻愈是不信任(1997a: 5)；又如，都市人比鄉鎮人在公私領域裡的壓力

進作用，但是我們畢竟不能把「宗教信仰的個體化」與「自我宗教」之間畫上等號，這基於與前述所提的同樣的理由，也就是這二者在形成原因和內在動機基礎上都有所不同。

首先，傳統華人社會中某些教派性的宗教活動(佛、道、「合一教」等等)長久屈居於政治之下，它本來就有一種私人性選擇的意味，但這卻不是結構性的「私人化的宗教」，也不是個人性的活動，反而常是民眾集體自行舉辦各種活動，並構成了民間社會的基石，換言之這些教派活動既關注個人救贖，卻也有著獨立自主的集體性的事業，它們在教義上有著神秘主義的特質，但個人主義在其中卻未能充分萌芽；到了當代，即使社會結構產生公私領域的分化，但並未實質發生對於宗教的強烈擠壓，又加上傳統教派性的宗教本就自居於社會邊陲位置與個人私人性的選擇，這也使其內在視野所受到的衝擊相對而言並不是這麼劇烈，教派宗教內部也未面臨所謂「私人化」社會過程的嚴厲的擠壓(相對於宗教在西方所受到的「私人化」過程的擠壓而言)。

其次，相信自我具有著神聖的性質，這種觀點對於西方傳統宗教，也就是有著原罪觀的一神論基督教來說，是一個極大的挑戰與顛覆，但是對於傳統華人社會中的宗教而言，其向來有濃厚的人文主義傳統(牟鍾鑒 1995: 18-20)，對人性肯定的成分多，相信人人可以成聖成佛，這一點已為儒釋道所共通，三教合一潮流激盪中的道

(續)

俱來得要大，但是都市人私領域裡的壓力來源並非來自私領域本身，而是由公領域裡滲透而來(1997b: 34-35)。這裡傅仰止所討論的雖然是社會網絡的性質以及生活壓力的來源，但和本章在此所講的現代人公私領域分化所產生的「私人化的宗教」這個議題之間，其實還是有著高度的關聯性(譬如說傅仰止的發現顯示了台灣人現代生活的公領域壓力漸趨增加，而私領域中的情意感受並未萎縮而有擴張現象，這一點與「私人化的宗教」形式間很可能有關)。

教、儒家的宋明心學、佛教的禪宗等等表現的都十分明顯，肯定了完美自我本性的存在，於是當代台灣宗教團體的重視自我本性的完美，我們只能說是一種傳統宗教文化的一個新的弘揚[37]，而不能說是具備了西方「自我宗教」中所包含的一種「私人化」(因結構性的擠壓而產生的主觀而脫離現實)和「菁英主義」(西方文化界的知識菁英在高度自我期許有更佳吸收異文化的管道和可能選擇性較多等情況下，而產生了對於東方神秘主義與人文主義的親近)的特質。

簡言之，就內容來看，當代華人社會中的「宗教信仰的個體化」與西方近代出現的「宗教的個人主義」、「神秘主義」、「私人化的宗教」或是「自我宗教」之間，有著類似性，但是在其發生背景和內在動機基礎來看，則有顯著不同，不能同一而論，於是此處我們乃暫時採取一種較爲保留的態度，用一個新的名詞來標示在清海教團參與信眾中所發現的這種「宗教性」，當然這也還是一個很有討論空間的新議題，尚有待更多實證性的研究[38]與理論性的探

---

37 不過我們也同樣注意到，傳統華人社會中的宗教是要經過個人相當長期的修習，甚至於往往還要有著一定程度的功德積累以有著條件更好的來世來修習，才有可能臻於聖佛之境，但是當代台灣社會中「宗教信仰的個體化」卻是相信人人此世或當下本性的完美，以及人人此世或當下解脫的可能性，這又與過去華人的宗教傳統不盡相同。

38 譬如說在本研究的資料裡我們已經注意到：第一、如前所述，清海教團在第二個發展時期以後，參與信徒的平均年齡下降了，這顯示有更多社會人口結構中可能是屬於當代台灣「宗教信仰個體化」發展趨勢中的組成分子(學歷較高、脫離固定地域侷限的都市中的居民等等)，開始被吸引進第二發展階段以後的清海教團中；第二、亦如前所述，清海教團在第二發展階段以後，有較高比例無宗教信仰背景者加入，這些人也比較接近「宗教信仰個體化」發展趨勢中的組成民眾(脫離地域與集體性的信仰，而必須在開放性宗教市場中重新做出自願性的宗教選擇)。

索來加以釐清和討論。

六、本章討論與結論

在當代，尤其是1987年解嚴前後，台灣所新出現的宗教團體裡，「清海無上師世界會」是一個雖引發諸多爭議，卻仍能夠蓬勃發展不斷擴充其教團規模的宗教組織。它起先自稱爲佛教團體，接著又以華人的道統自稱，後來雖未丟棄，但則不再強調這種與傳統文化間的緊密關聯性，而密集的專注於一種擺脫了繁複形式的有助於自我達到解脫的方法，後期則與台灣本土的聯繫日益變淡，除了領導人清海幾乎已不再來台灣，教團在台也少採取主動招募信徒的舉動，僅在被動維繫既有例行性的共修活動。

雖然目前已淡出於台灣社會，不過在1990年代前後，清海教團在台灣是一個信徒眾多且相當具有動員能力的宗教團體，這固然和其宣傳策略的運用有關，但更和其教義、修行方法與內部互動模式的能引發民眾社會共鳴有著密切關係。尤其是在其被正統佛教團體指爲異端、部分新聞媒體負面報導，和其領導人又以奇異裝扮刻意突顯其「非慣俗性[39]」的種種情況下，該教團仍能成爲台灣相當蓬勃發展的新興教團，背後的因素實在值得探討。

在台灣社會與華人宗教文化的脈絡裡，本章歸納清海教團在台灣的發展，大致上可以分爲三個階段：1. 有著佛教外貌的「合一教」發展時期；2. 超脈絡化的靈修運動時期；3. 全球性弘法時期。不過各階段間的界限也不是截然分明的，後面的階段在修行焦點與論述模式上有所轉移，但在正當性的取得上卻也常夾雜著前一個階

39　關於「非慣俗性」，參考傅仰止(1997c: 171-177)。

段所留下來的基礎。其中第一個階段到第二個階段間有著較爲劇烈的轉折，第三階段則僅是第二階段的延續與擴充。

一個教團的發展，當然不是孤立的，它是外在社會環境的變遷、既有宗教文化傳統的內容和領導者的創新三者有機組合後的一個產物(Earhart 1989: 223-243)。以清海教團來說，1980年代末期該教團出現並能在短時間獲得成功，和解嚴前後民間社會經濟繁榮發展有生產剩餘而產生進一層宗教需求、民間結社較爲自由，和既有制度性宗教(尤其是和中國佛教會系統有關的佛教)因「統合主義」體制的過度箝制而喪失了活力有關(見第三章)，這使得「有著佛教外貌的合一教」教團——清海教團，在這種時代變遷所出現的機會中(既可以公開進行傳教，又面臨了新市場的出現)，可以以合於傳統「綜攝主義」的取得正當性和進行教義論述的模式而迅速崛起；到了1990年代前後，政府已正式取消關於集會結社法令上的限制、民間社會的自主性更高、傳統社會結構對個人的束縛相對減小、全民普及教育的結果已反映在接近中年的社會人口組成、專業社會階層日益茁壯、社會的商業化傾向更濃，於是正統佛教教團對於清海教團的抵制，不但沒有使其發展減弱，反而間接促成了它的轉向，使其步入了一個「超脈絡化的靈修運動時期」，突出了其神秘主義的色彩，減低了它與道德性的文化道統間的連結性；爾後隨著台灣經濟實力的增加、國際貿易網絡的頻繁以及國際性觀光的普及，清海教團乃可能進一步擴展成一個國際性的傳教網絡，當然除了台灣人的經濟實力與國際經驗以外，這一方面和清海個人流暢的多國語文能力，一方面和做爲清海教團本身教義基礎的「音流瑜珈」，自19世紀末期以來即在西方普遍流傳而爲人所熟悉有關，沒有這兩方面的條件，該教團國際性的擴展是不會如此順利的。限於篇幅本章中對於前述這些影響清海教團發展階段的外在因素並沒有一一加以討論，而集中的把焦點放在各階段之間教義與活動方式的變化上，但是在此我們必須要注意到的是，這種內在的變化是內外諸多因素共同作用之後的一個集中性的反映，而非領導人個人所能完全主導、也非根據傳統的文化形式就能加以完全預測的。

分析上來說，根據本章的討論加以延伸，如果對當代在華人文化脈絡裡新興的各種教團做一比較，至少有三種基本型態存在著，其中前兩者在傳統華人文化圈裡行之已久，最後一者則屬於當代社會情境新興發展趨勢中的一部分，其間的比較可以參考表6-1：

表6-1　華人文化脈絡中三種教團在新成立時的產生模式與正常性基礎

不同面向的內涵／教團種類	新教團產生的模式	正當性的基礎	權威的基礎	教義論述的主要模式
正統制度性宗教	傳承的連續性與義理或行動的革新	與既有傳承間的連結性	教主個人在傳承上的連續性與對正統義理所做現代詮釋的適切性	歷史的反溯和自身教義的連續性、普遍性與適當性
合一教	與傳統文化有關的新符碼的發現	對於傳統文化多來源的綜攝與融合	教主多來源的個人背景和所闡揚新符碼的有效性	包含傳統並能對傳統以新符碼一以貫之
個體化宗教信仰的教團	某些在個人身心上易於發生作用的修行方法的發現	修行方法的有效性	領導者個人言行可以反映出修行方法的有效性；信徒對於修行方法有效性有親身驗證	獨特修行方法和個人生活或個人意識間的關連性

其中，已取得了正統地位的制度性宗教團體，像是佛教、道教

等等，向來爲官方所承認，也有明確而公開的傳承，若要另立教團，只要自稱爲佛教或道教，並與既有傳承相連結，就可以取得其存在上的正當性，而爲突顯其獨特性，則須在教義詮釋上做出符合時代變遷的一種調適；「合一教」則是以多源頭宗教傳統的融合與採借爲基礎，並以符合時代又能貫通傳統的新符碼的發現爲其正當性的來源；至於「個體化的信仰」，基本上不必須與正統傳承或多源頭宗教傳統相連結，而重在某套獨特修行方法的提出，並強調其在個人一己身心上所可能會產生的明顯而易見的效果。我們可由此注意到，這三種論述結構不是完全互斥的，彼此間有相似之處，像是前二者皆注意與傳統的連結性，只是一者重視傳承的純粹，一者盡可能試圖涵蓋多重來源；後二者皆注意方法的有效性與貫通性，只是一者由傳統文化中來建立基礎，一者由領導者的個人展現和信徒自身實際的驗證爲主要判準。而這種相似之處有時亦產生教義論述上的模稜兩可和曖昧模糊，這反而使一個教團可以多重動員，盡量以符合不同社會心理特質群眾的實際需求，來達到最大的宣教上的效果，尤其在社會變遷快速之時，整個社會更容易產生異質性的社會組成，前述這些情況的發生往往也就更爲明顯。

觀察清海教團在台灣的發展，一方面我們注意到了該教團如何在華人文化脈絡裡取得其正當性，並進而產生了獨立發展基礎的過程，它和華人歷史中「合一教」的發展模式相當接近，這可以說是一種「文化綜攝」的舉動；但是另一方面，我們也注意到該教團的後期發展有其突出特色，尤其是在第二個發展階段之後，漸與傳統文化間的距離拉大，在「合一教」的表面形式之中，焦點轉移到一種「宗教信仰的個體化」的論述模式，這則可以被稱之爲是一種關於「個人救贖」的追求。雖然我們沒有整體性的資料來判斷其信徒構成背景在該教團不同發展階段中的轉變，不過局部描述性的資料裡我們可以看出來，在第二個發展階段之後，信徒有趨於年輕，和有更多無宗教信仰背景者前來參與的這種趨勢存在著。

「宗教信仰的個體化」，也就是宗教信仰的教義與修行活動集中而密集的專注於個人救贖與自身主觀的內在體驗。主要形成的原因是宗教脫離了傳統宗教的地域性與群體性，並在結構上不再擔負宗教以外的政治或社會功能，且開始以個人自願參與和選擇爲主要形式，這乃對於宗教的內在教義與外在形式產生了各種影響。它的形成和西方引進的現代化的社會過程當然有關，但是卻不等同於西方在同樣的過程裡所產生的「宗教的個人主義」、「神秘主義的宗教」、「私人化的宗教」、「自我宗教」等等，這是因爲西方社會中的制度性宗教曾面臨了被推擠的過程(使宗教成爲「私人化的宗教」)，而西方近代社會的形成還和個人主義的出現有關，有責任感與自主意識的個人也構成了其「個體化宗教信仰」背後的基礎(使「個體化信仰」在其文化脈絡中有更大的反抗性和異端性)。簡言之「宗教信仰的個體化」成爲了當代台灣社會中宗教信仰的一股發展趨勢，但它只是消極的脫離了傳統文化的道德約束與過爲繁複的儀式，一方面宗教部門並未經過強烈的被推擠的過程，一方面宗教方面也未形成與傳統宗教文化相矛盾的力量，更未實質性的結合成群體來對抗既有宗教正統，只是將焦點轉移，愈來愈加重對於個人意識與情意感受的論述和修煉(此時即使當注意到了家族或社會性的福祉時，亦是因其和個人自我的成長有關而被加以討論)。

「宗教信仰的個體化」名詞的提出並非首次[40]，且它是一個當

40　如前所述，「宗教信仰的個體化」這個名詞曾出現於大陸學者尹志華(1997)。而林美容(1991a: lx)所提出的對於民間信仰群體性與個體性活動的分類，曾出現了「個體性」這個名詞，但涵義與本章所指並不相同。

代台灣社會觀察者很容易就注意到的社會發展趨勢。本章的貢獻主要在於實證性的說明它的存在，並且把它放在華人的文化脈絡——尤其是「合一教」的歷史文化背景裡——來加以討論。

純粹「宗教信仰的個體化」，排斥組織與儀式，它本身有不易擴張與發展的限制，目前台灣社會中的「新時代」(New Age)信仰群，就有著這種特性。然而實際的情況是，「宗教信仰的個體化」亦可以與不同外在形式相結合，這會使得一個教團的規模較易擴張與維繫，當然這時「個體化的信仰」所採取的是較爲妥協和折衷的狀態，是與傳統文化或集體組織相容相蓄的一種存在方式。

以清海教團而論，第二個發展階段以後，它並未完全丟棄「合一教」的形式，以「觀音法門」做爲華人傳統文化的現代綜合與古源頭的重新發現，這始終仍是其對外訴求的一部分，只是它的語言愈益採取著比較籠統而一般性的論述方式，像是該教團流通的樣書書背所寫的「此法門即自古眞師流傳下來之最高法脈，能喚醒本性的智慧，令人了悟眞理。」在此，「合一教」中的神秘性的道統，可以成爲抽象不帶道德與社會意涵的攸關個人身心境界提昇的修行法門，從而和「個體性的信仰」相連結，這一方面使得「合一教」——也就是華人歷史文化中的「綜攝主義」——的活力與創造力得以繼續延續與發展[41]，一方面也使得「個體性的信仰」，在舊形式的包裝之下有著更廣泛的社會基礎，同時有可能同時吸引著社會心理特質不盡相同的社會人口組成，增廣了它的信仰群。在此我們看到了文化綜攝與個人救贖這兩種不同宗教旨趣，在時代變遷過程中，有可能相互連結並進而調和且存在一個教團裡。

進一步來看，清海教團的信仰模式，仍然不能完全擺脫一種權

41 就此，或許可以稱之爲一種「新傳統主義」(neo-traditionalism)的出現。

威集中的型態，具體來說也就是雖然組織架構較爲鬆散、集體性互動較少、儀式性活動亦減少，但「克理斯瑪領導者」(Charismatic leader)的權威則相當集中，人人在此權威面前皆顯得相對渺小。但是在此我們要說的是，這種現代「克理斯瑪教團」集中的權威，它的意義已不完全同於傳統社會中無法掌握個人命運而期待救世主現世拯救的型態，反而是個人能自主掌握自身命運以後，在對自我的較高期望中，認同於教團領導人身心所反映出來超人般的境界(並嘗試以此爲仿效的對象)，而產生的一種崇拜心理，雖然這種崇拜本身很弔詭的往往成爲有害於自我發展的限制性因素。一位清海信徒的話把這種現代宗師崇拜背後的情結很清楚的展現了出來：「人們說我崇拜您，笑我太迷信。其實——我崇拜的是善與美，迷信的是眞理，而愛上的只是我自己。」(《清海無上師新聞雜誌[27期]》：46)在此，這種「克理斯瑪教團」已包含了「個體化信仰」的基本元素，但是曲折的仍然保留了教團領導者無比崇高的權威，不過這種權威是東方式的[42]，也就是預設了信徒只要循其軌道，領導者開悟的境界並非此世不能達到，信徒與教主間的距離於是也就不是截然不可跨越的。

在台灣當代眾多教團中，清海教團只是其中的一個，由此中所觀察到的某種社會心理發展趨勢，當然也只是台灣當代社會與宗教文化變遷中局部性的一個部分，在此同時，我們同樣也可能觀察到相反的社會力量或趨勢在運作著，這是因爲新舊相互衝擊中，不同年齡與社會階層本就會激發出不同的信仰模式。不過本章中所要強

42 以Weber的話來說，我們可以說這時這個領導者是一種東方式的「典範型的先知」(exemplary propet)，而非西方式的「使命型的先知」(emissary prophet)(參考Weber 1958a: 285, 291)。

調的是清海教團發展過程背後所鮮明展現出來的新元素(也就是「宗教信仰的個體化」),而隨著既有社會變遷趨勢的發展,我們可以預期的是,這種「宗教信仰個體化」的發展趨勢將愈益加深與普及化,而開始逐漸更廣泛的影響到當代台灣各種宗教團體的教義論述模式與基本活動型態。

舉例來說,「慈濟功德會」可以說是當代台灣較大,甚至於可以說是最大的教團,在起初,它是傳統家庭結構受到現代化趨勢衝擊以後,以中年婦女和其男性配偶為主要構成分子所產生的試圖回復社會與家庭秩序的集體性社會運動,其中有濃厚的儒家意味,並且轉化了傳統佛教的出世性格,而具有了強烈的社會實踐性,這看起來與本章所討論的趨勢「宗教的個體性」有所不同,不過我們要指出來的是:第一、慈濟主要的構成分子是中年人,其視野與新社會情境中的年輕人本就有所不同;第二、慈濟集體事業的背後,是以《法華經》中菩薩不計條件的利他實踐為楷模,而以「做就對了!」式的單純而虔敬的自我修行觀為動力基礎(筆者 1999: 482-486),在某種程度上來說,這是以個人意識的提昇為著眼點的社會實踐,也就是其中仍然存在著「信仰個體化」的元素;第三、慈濟目前已開始吸收到不少較為年輕的參與者,雖然資料還不是很充分,但他們在某些社會心理特質上(像是對於功德積累的關注程度),的確反映出了與年紀較長參與者的差異(筆者 1999: 302-304),他們的參與慈濟(出於認同證嚴的人道關懷、個人主動想要從事助人的行動等等),相較於年長參與者的選擇一種和傳統道德理念與生活方式較為接近的宗教團體來參加的這種旨趣,可能是代表了不同意義,二者之間應做一個適當釐清。簡言之,本章並不會以為「宗教信仰的個體化」是當代台灣社會宗教文化發展的全部面貌,但是本章也要強調,它的確是一個重要而鮮明的發展趨勢,在許多看似發展路線不同的宗教團體裡，隨著年輕信徒參與人數的增多，這些團體可能也會受此發展趨勢的影響而逐漸在內在義理與互動形式上有所轉變，當然對這些議題的討論目前還很不成熟，尚有待收集更多資料來加以驗證與釐清。

最後，是一個關於新宗教興起的理論性問題的反省。宗教社會學領域中既有的解釋宗教分裂與興起的模型，以所謂的「教會—教派」(church-sect)這一組基本對立結構(Troeltsch 1981, vol. 2: 331-343; Weber 1958a: 145)及其衍生類型來觀照新興宗教團體所可能具有的基本性質(例如Wilson 1973, 1992)，它不僅預設了正統與異端間的明確界限，更預設了新興宗教和傳統「既成宗教」(established religion)及主流社會體制間的立場互斥的立場。而到了當代西方，其新興宗教的興起，一方面和與正統基督教對抗的「教派」分裂運動有關，一方面也和前述Troeltsch所提出的極端個人主義所產生的「神秘主義」有關，這乃是西方當代「膜拜教團」(cult)的主要內涵。這些新興教派的活動，相對於正統基督教，或者是「異端」，或者是「新異教徒」(neo-pagan)(Peter Clark 1988: 149)，都是以與正統相對抗或是形成了強烈對比的態勢來出現的。

不過相對於西方的社會宗教文化，華人社會文化的發展至少在幾個面向上向來和西方不同：1.主流社會與一個大教會(或是宗教組織)過去並未完全合一；2.宗教並不具有獨占性的特質，個人可以同時擁有兩個信仰，一個宗教團體與另一個宗教團體的關係在本質上也非相互排斥；3.明清以後文化的高融合度，各教派背後教義間實質性的差異相對而言較小。在這些情況下，於是縱然有學者曾嘗試用「教派」這種概念來說明傳統華人世界中教派活動的情況(例如de Groot 1903-1904)，但更有學者希望能另闢蹊徑來處理華人社會中教派誕生與發展方面的議題，像是ter Haar(1991)直接跳過「教派」的概念，採用最廣泛的「宗教團體」、「運動」、「傳統」、「學說」(religious group, movement, tradition, teachings)等名詞來探討華人社會中民間教派的活動，不過這種處理方式雖保留了討論上的開放性，但實在也是一種暫時性而不得已的做法，新的概念架構還亟待被提出。

在此，我們注意到Berling(1980: 1-13)在討論明清的民間教派時，曾特別強調，在西方，「綜攝主義」與「教派主義」是相反的兩件事，一個強調融合，一個強調分裂，但在華人世界裡，它們卻是一起出現的，在此，我們不但完全同意Berling的看法，還想進一步的說，一種所謂的「綜攝性的教派主義」(syncretic sectarianism)——以融合的態勢而回歸內在正統並成立新的宗教組織——正是華人社會明清以來產生新興教派的方式，直至今日，雖然華人社會在形式上已不復需要所謂正統與否的判準，但做爲一種文化經驗與美學品味，它至今，即使就當代社會中所謂的「宗教信仰的個體化」的發展趨勢而論，一旦當其要形成集體性組織的形式時，這種「綜攝性的教派主義」，它都仍然是激發新的宗教組織在變動的社會環境中層出不窮的基本文化元素之一。這主要的原因在於明清以後，一方面華人文化已高度整合，一方面文化發展的重心逐漸下降帶給了文化創造活動無比的活力與動力(而此過程至今在台灣仍在進行中)。這種文化上的整合性、延續性，以及基層民眾所具有的一種文化歸屬感，是華人宗教發展生態裡有別於其它地區宗教發展的相當獨特的特質。進一步說，建築在基層民眾的認同歸屬和活力上，明清以來華人宗教發展模式就有著文化整合而經驗多元的特性，而至今當它與現代社會中的「個體化」的宗教信仰型態又相會合，宗教活動強調的重點雖有所轉移，宗教所要負擔的道德與社會整合功能也相形減弱，但是以內在正統自居，並以融合性爲基礎而產生了獨特的批判性立場，這仍然是華人社會裡一個新宗教團體發生時所具有的最基本的模式。

總結來說，基本上，當代台灣宗教團體的發展，它的發生模式與正當性的取得，其模式仍是舊的；它內部的活動型態以及互動模式，則視其所要訴求的民眾的階層、年齡層、性別與居住區域而有所差別。就本章所處理的清海教團而言，在發展進入第二階段以後，愈益具有「個體化宗教信仰」的特性，它在社會學的意義上，已明顯具有「新」的屬性，反映在信徒的組成上，這個時期以後吸引到的信徒年齡層大為下降，其所具有的宗教背景與信仰的動機基礎也與前一個階段所吸收到的信徒不完全相同。

而一個社會中「新」的出現，同時也會產生對應的「反抗新」的成分，甚至於「舊」也會開始模仿「新」而為「舊」取得再生的可能，所以「新」的出現，並不表示這個「新」就是一種很強勢而具有壓倒性的「新」，但是至少表示新舊在當前的時空裡已是處於一種相互激盪與相互競爭的情況，而清海教團在第一階段中以華人傳統「合一教」的面貌出現，第二階段以後，又以此為背景而接上「個體化宗教信仰」的社會發展趨勢，到了第三階段還可以與「全球化」的論述模式相連結，它雖是社會快速變遷過程中所出現的特例，卻也是一個極端而充分的呈現出了台灣當代宗教性質與特色的較為典型的例子。

本章的目的旨在利用有限的資料與概念，指出一個可能的觀察與思考方向，俾有助於對當代台灣的社會與宗教文化變遷，產生更深一層的認識與理解。但是本章對於清海教團以及當代台灣社會宗教文化變遷的考察還是相當局部性的，許多問題像是：當代台灣各種教團之間教義與活動模式上的差異為何會產生？這種差異背後有何社會與文化意涵？整體看來當代台灣宗教團體蓬勃發展的現象反映出什麼樣的文化特色與社會性質？當代台灣種種社會變遷因素如何與傳統華人文化發生關聯？傳統華人文化又如何影響了新宗教團體出現的頻率與活動方式等等？這些議題都亟待後續的研究者搜集更全面的資料和發展出更完整的理論架構來加以進一步的探討。

第七章

結　論

一、本書主要內容與相關發現

本書的目的，在試圖對於當代台灣的新興宗教活動，提出一個較爲整體性的思考框架，或者至少是提出一些比較具有啓發性的大的思考方向。其中雖然有部分推理的層面，但仍盡量以有限的經驗性資料爲依據，俾使問題的討論不致流於空泛。關於本書主要內容與相關發現，在第一章中已有摘要式的陳述，我們此處擬在全書既有討論的基礎上，再來做一個較爲完整的回顧。首先，提綱挈領的來說，雖然本書中的討論還不是十分完整，但有兩個關於台灣當代宗教變遷的面向可以被明顯的指認出來：

第一個面向是，在當代台灣宗教活動蓬勃發展的背後，主要是以「制度性宗教的浮現」為其主要表現形式[1]，而奠基在原有的社

1 關於「制度性宗教」在台灣當代社會情境中的浮現，是本書的一個強調重點，是筆者根據華人傳統社會結構與當代台灣社會結構間的差異與變遷模式，所推論而得出的概念。不過在本書寫作接近完成階段時，筆者發現到，在一篇並未經常被引用到的研究論文裡(德國漢學家Seiwart在1981年出版的一篇論文)，曾經提到相當類似的觀點，雖然該作者對此還並沒有提出系統性的討論，但其所考慮到的層面，與筆者在第二章中所考慮到的相當類似，這顯示過去已有學者注意到了相關問題。Seiwart(1981: 46-48)提到：「中國的社會變遷影響了所有的『混合形

會結構與文化型態，「制度性宗教浮現」的擔綱者，反而是原傳統社會中居於邊陲性位置的各種宗教團體。這個「制度性宗教浮現」過程的發生雖然和社會分化趨勢有關，但在西方，社會分化，曾在一個時期內導致了宗教勢力消減的「世俗化」(至少在社會分化的過程一開始時)，在台灣，這反而產生了原傳統社會中邊陲性「制度性宗教」在新社會情境裡有所擴張的結果。這背後的原因是：

(續)

式』(diffused forms)的宗教，因爲這些宗教和傳統的社會制度有著解不開的關係。『制度性宗教』(institutional religions)，相反地，有自己的社會制度，某種程度來說，甚至於可以是獨立於世俗性的社會制度之外的。於是，傳統社會結構中的變遷，對於制度性的宗教而言，只有間接性的影響，這和混合宗教所發生的情況是大不相同的，傳統社會結構的變遷對於它有著巨大的影響。在以上這種說明中，我們看到現代化的過程，對於制度性宗教而言，不見得就會產生如同混合性宗教所發生的世俗化的結果。」在提到各制度性宗教在當代台灣社會中的復興時他說：「另一方面，佛教和道教，是傳統中國社會中最爲人所知的制度性宗教的例子……我們需要注意到的是，自從19世紀以來，在智識層面和制度層面想要復興佛教的努力一直持續著，這些努力持續到20世紀而且得到了相當的成果。有兩點和此有關的觀察可以在此提出：第一、佛教在家人在此運動過程中所扮演的重要角色；第二、佛教的復興似乎剛好和現代化發生的期間產生了時間上的交會，這一點尤其重要，因爲它反映出來了一點，現代化與世俗化的連結性，並非是必然的。……在此我們很難去估量道教復興的程度，但是我們可以說，就做爲一個制度性宗教而言，道教的情況比起其在上一個世紀(19世紀)中的情況，已經較強了。這同樣的顯示著，若是說現代化必然會產生世俗化的影響，我們在此卻無法看到任何證據。……除了佛教和道教，我們還可以指出第三種主要的制度性宗教的型態，它在傳統中國扮演了重要但是卻很少被人所承認的角色：或多或少有著『綜攝性格』(syncretic character)的『民間在家眾團體』(popular lay-communities)。……與正統佛教和道教相比，在上一個階段裡[現代化來臨前的帝國末期]，這些團體並未遭受顯著的衰退現象，相反的，我們似乎還可以得到這樣的印象，就某種形式來說，這些團體的興盛還和正統宗教在帝國末期所呈現的衰落狀態間有著相當的關聯性。」

一、台灣所引進的社會分化，本就不是自發性的，許多傳統宗教文化的質素仍能有所保留，甚至於在面對西化過程時，傳統宗教文化還能成爲可資對抗外來勢力的具有象徵意義與情感感染性的元素，這提供了宗教活動繼續蓬勃發展的條件；二、社會分化過程裡，主要受到打擊的是原居於社會主流位置的宗教或意識型態。在傳統華人社會裡，它是「混合性」的「宗法性傳統宗教」，「制度性宗教」反而可以在經過適當調適以後，重新在新的社會情境裡，扮演其不可或缺的角色；三、和前者有關的，居於原社會中主流位置的「宗法性傳統宗教」，既無組織又無系統性的傳承，缺少在新社會情境裡執行其專門化的宗教功能時所需的內在與外在資源；四、原社會中的「制度化宗教」，其社會位置雖是邊陲性的，其教義與原社會的主流宗教間卻已有著高度的類似性，所以其擴張後的宗教活動有可能廣爲社會所接受。

分析性的來看，「制度性宗教的浮現」，也就是華人社會裡主要宗教型態由「混合性宗教」成爲「制度性宗教」的一連串變化與結果。它的出現與形成和社會分化有關，首先是因為整體社會以宗教為擴散性中心的基本運作結構有所瓦解，在新的結構裡，宗教不能再混融於主流社會之中(主流社會已非宗教性的)，並且它在形式上成為了與其它部門平行運作的部分，相對而言，我們可稱這是「一度分化」，也就是整體社會第一次產生多元平行部門的大分化，在這種大分化之後，社會變成多個專業分工部門半獨立體相並存的基本結構，宗教亦由滲透性與擴散性的形式，被限制在一個界限清楚明確的形式裡，它一方面不能干涉其它部門的運作，一方面卻又因提供了其它部門所無法執行的有利於整體運作的特殊功能，而有其存在的必要性，這種新的社會分化形式，促使宗教逐漸以「制度性宗教」的型態，也就是有著獨立教義與教團的運作模式，爲最適合新社會情境裡的生存與發展的方式。最直接反映在社會現實裡的，也就是我們看到許多宗教菁英爲了其傳承的延續，在主流工具理性化社會裡已經無法廣泛容納宗教性的滲透與混融，以及社會的整體運作又必須要有周邊宗教部門存在的情況之下，他們的宗教活動於是開始以正式組織的形式出現在主流社會的周邊，並成爲了社會大眾可以自由加以選擇和參與的活動中的一種。

其次，在社會各部門多元分化後，宗教部門內部自身也會產生進一步的分化，相對而言，這可稱之是「二度分化」，也就是宗教部門(在傳統社會中可能主要是由某個具有國教性質的宗教體爲主導性力量)在其不再占據社會核心性位置以後，原來其中的主導性的宗教體(也就是「統合主義」國家體制中爲國家政策所支持的儒教、或者道教、或者佛教等等)，隨著宗教的退出中心性的社會位置，政治體在形式上不再需要宗教性正當化體系的支持，某些原主導性的宗教體也就不再有任何壟斷性的權力(無論是對於宗教以外的其它社會活動或是對於宗教以內的相關場域)，於是自然的，宗教場域本身，在沒有某個個體占據壟斷性位置以後，立刻會成為多個宗教團體相互爭取市場的局面。這時，爲了競爭市場的占有率，也就是爲了宗教團體的生存與延續，宗教團體將不得不採取一種以追求效率爲目標的管理模式，也就是理性化與專業化的管理和教義的更加系統化，這則又在宗教發展的型態上，進一步的促進了「制度性宗教」的成形與發展。

以一個動態的角度來說，我們可以這樣講：華人社會中主流體制的更換(由宗法家族連帶體制轉移到工具理性化的分工體制)，這其中也包括了生產模式的改變(由與土地和歲時季節等關係密切的小農社會到流動性高並以契約法律爲運作基礎的工商業社會)，使「宗法性傳統宗教」不能再混融於主流體制中，這使得傳統華人社會宗教以「混合性宗教」爲主要形式的情況，因無法有相依的「可信結構」(在此包括了互動與生產模式)的結構性支持，而不易再長久維持。宗教的元素要存在於目前的社會，固然仍可以以「混合性的方式」散布在社會各處，但它已與主流社會不相稱，而不能在實質上再充分的發揮其社會功能(提供體制運作上所需要的一套世界觀，以及公開的做爲體制運作的正當性基礎)。自此，宗教之持續性的存在於社會體制之中，在形式上它只能是以制度性宗教的方式來存在了，這一方面是因爲宗教在主流體制之中已無安身之處[2](所以宗教內容要被人所傳遞或確認，它必須要被單獨獨立出來，或是說它必須要有所凝聚而成爲一個專門性的宗教單位，就此而論，它也在界限上開始與社會間有著明確界限)，一方面是因爲在新的社會情境中，宗教只能是一個以其宗教功能來服務社會其它部門(也就是要開始面對市場競爭與商業化的邏輯了)的獨立體(它自此不能再以滲透性的方式無限擴散到其它部門)，這種功能分工的社會安排，將促進了宗教往「制度化」形式(專門化、系統化、獨立性增高等等)的發展。相對於這種變化，人們的宗教參與，不再是渾然不覺的對於「宗法性傳統宗教」的參與，而是有意識的加以選擇的志願參與形式。

也就是說，由政教合一到政教分離的結構性變化裡，邏輯上，宗教無法再自我宣稱其是具有核心性位置的一個部門(不過歷史發展的現實裡還是有各種可能性的出現)，它並且還要進一步適應於市場競爭的體制，這一方面使宗教單獨獨立了出來，一方面也使得它在公開市場競爭關係的生存中不得不開始採用一種理性化的管理

2 換句話說，也就是政教分離的原則確立，宗教在結構上不能再干涉公領域中現代國家的任何活動。

(藉增加運作上的效率來提升市場競爭力)。而在相應的宗教型態的改變，以及宗教與社會其它部門間關係的改變裡，對應的也將使信徒的信仰生活與信仰的動機基礎有所轉變，也就是宗教的參與和選擇都不再是先天既定的，一種有自覺(自己可對宗教加以選取以及自己投注了特別的反省與情感在宗教活動中)和有選擇性(個人可以任意變換宗教歸屬)的宗教生活型態開始出現。

就前述所提到的：「宗教之內容在新的社會結構裡，若要被人所傳遞或確認，它就必須要被單獨獨立出來，而不能再以混融形式來存在」的這一點來看，當然傳統習慣於「混合性宗教」的人們，有可能會在社會變遷過程中，不知不覺的就放棄了宗教，而不需要再把傳統「混合性宗教」中的內容拿出來加以凝聚與崇信。但事實上在華人社會裡，這個情形並沒有發生，因爲第一、歷史上，華人社會新體制的引入，並非自發性的，人們在心智與生活習慣上仍與傳統宗教多所牽連，所以也有許多人在脫離了傳統社會的生活方式以後，仍然有強烈動機要在宗教層面上與傳統宗教文化有所連結；第二、在新的國際情勢，尤其是帝國主義侵略與國際競爭環境中，以宗教爲基礎所建立的文化認同，仍是新社會中個人或集體所不可或缺的一個部分，於是傳統混合性宗教中的內容也就還經常爲「宗教家」們(entrepreneurs)所拿出來做重新整合與凝聚，並可以成爲新社會中的一個可被人加以選擇的制度性形式的宗教。

而在台灣宗教團體通往制度性形式發展的歷史過程裡，原本應是擔綱主流宗教角色的原傳統社會中的「宗法性傳統宗教」，它卻有種種不利於它在新社會中可以廣爲發展的條件，這已如前述；反之，原傳統社會中邊陲性的制度性宗教團體，在歷史長遠發展過程中，已在性質上卻除了某些阻礙它成爲主流宗教的內在障礙，而它的已是制度性宗教團體的特質，更在許多方面有利於其在新社會情境中的發展，於是使其能夠較爲順利的擔負起新社會中宗教部門的功能與角色，這也就構成了當代台灣社會制度性宗教浮現的一個主要基礎。以上這些過程，最簡化來說，大致上包含了：一、政教分離結構的引進(其中的一個影響是公私生活領域的分化，理論上於是宗教的影響力只能限定在私領域)；二、主流「混合性宗教」結構性影響力的消減；三、新社會中各部門間的界限逐漸相對明確而不能互相侵犯；四、宗教開始必須適應於市場機制而產生管理與傳教模式上的轉變；五、原來傳統社會中居於邊陲位置的制度性宗教的擴張[3]；以及六、民眾志願參與形式宗教行爲的出現等等。這些過程的發生雖然隱約有其因果次序，但往往又是交錯同步彼此增強與相互影響的，而整體而言它雖然和現代西方社會分化的過程有類似之處，但亦存在著差異，這些論點我們在前面各章中多已有所討論。

簡言之，我們可以說，當代西方的宗教情境，起自於正統制度性宗教的邊緣化與私人化，進而整個社會產生多元化的結果，原傳統社會中非正統的異端教派亦開始大爲興盛，而變成了正統與異端開始互爲競爭市場的局面。不過，在新的社會情境中，已不能再以正統或異端之名來對這些團體隨意貼上標籤了。

而台灣社會的宗教情境，可以說先是正統混合性的宗教開始瓦

3 這一方面前已多有所述，更具體來說，傳統華人社會中邊陲的制度性宗教，可以在目前台灣的社會情境裡產生擴張性的發展，是因爲：一、原傳統社會中的邊陲性宗教，在新社會情境中已免除了在傳統社會中發展時所可能遇到的來自主流混合性宗教的阻力；二、新的社會情境中宗教必須以制度性宗教的形貌來出現，這有利於原社會中邊陲位置的制度性宗教繼續存在甚至是擴張；三、原傳統社會中的邊陲性宗教，在長期文化融合過程中，在內容上已不致於引起社會多數人的反彈，故在新社會情境中發展更爲順暢。

解，但是就民眾的心智狀態或是新的國際處境(與外力互動時文化認同上的需要)裡，人們仍是脫離不開傳統的。結果，因爲原正統混合性宗教有種種不利於其再度興起的因素存在，反而是原社會中的邊陲性制度宗教團體，成爲了新的文化代理人(cultural agents)，並進而帶動了活躍的宗教復興的活動[4]。

而在第一章中我們已經提到過，我們之所以特別強調台灣當代宗教現象中「制度性宗教的浮現」這個層面，同時出於理論性與經驗性的理由。就理論性的理由來看，是希望藉此來說明在台灣的脈絡裡，世俗化理論的適用性與不適用性到底何在？例如說以所謂的「制度性宗教的浮現」這個標籤(強調了宗教浮現的這個過程，也突出強調了制度性宗教的這個層面)，就已經突顯出來了台灣宗教變遷過程中一個有別於西方社會的面向，雖然宗教仍未占據社會主流的位置，但是在社會分化過程裡，它既不是宗教的沒落，也不是完全的走向私人化，而有著特殊的發展軌跡，是宗教中某些層面沒落、某些層面轉型，與某些層面崛起的轉變，而且它也與西方社會的發展軌跡有所不同。而就經驗性的層面來看，這個概念確實可以

4 也就是說，在傳統社會裡，主流社會的生活方式本身就是宗教性的，雖然它並非以制度性宗教的形式來顯現，但人們沈浸其中，多數人已不再特別需要宗教；而在現代社會裡，主流社會的生活方式是非宗教性的，沒有明顯的宗教質素包含在其中，所以人們若有關於宗教這一方面的需求，她(他)就必須以志願性參與的方式，選擇某個或某些教團來參與，以補充主流社會生活中缺少宗教質素的先天性的不足(以上是就需求層面而論)。而就宗教團體這一方面(以下是就供給層面而論)而言，在新的社會結構中，宗教已無法融入於主流社會體制當中，此時宗教團體，或特殊宗教傳承，以宗教菁英爲其擔綱者，他們已不能再安身於主流生活結構當中，爲了要讓宗教繼續獲得延續，他們就必須要開始突顯出某個宗教傳統所具有的獨特的世界觀、傳承與獨立性，並以此來爭取信徒，如此才能爲宗教取得在新環境中繼續加以延續發展的可能性。

更宏觀的捕捉台灣當代宗教活動的一個主要軌跡，也就是在社會「重新型態化」過程裡，宗教如何開始又活躍而明顯的出現於社會各個角落？它如何做一個新的自我調整與適應？社會各部門又會如何與其互動？「制度性宗教的浮現」這個概念，強調了制度性層面的自我重整與定立邊界的過程，以及對應的信徒在這個過程裡的動機與信仰模式的變化，它實不失爲是一個有力的觀察當代台灣宗教現象的分析性工具，只不過這一方面進一步的驗證與概念的精緻化，本書所做的還相當有限，未來需要更多經驗性研究來加以說明與討論。

在各種制度性宗教團體的當代活動中，一個比較特殊而值得做深入討論的面向，則是我們在第六章中所提到的「合一教」(華人社會中「綜攝主義」所特有的形式，雖然與民間信仰的關係是相當接近，但不同的是已有著制度性宗教的形式)的益行活躍。在外在(不用再受到傳統宗法體制的牽制)與內在(在意識型態上已高度同化於漢人共通的道統)因素上減低了其發展阻力以後，這類教團的傳播形式由祕密而轉爲公開。它在內容上一方面是傳統文化的載體，一方面又有著更能適應時代變遷的調適性，甚至於在社會變遷過程中，一種新的「個體化」的信仰模式也開始經由與這種「合一教」形式的連結，取得了它存在上的正當性和形成了它在文化脈絡中所特有的論述形式(見第六章)。

本書中所強調的第二個面向則是「宗教信仰個體化」發展趨勢的出現，它涉及的是宗教團體內部基本取向與內部互動形式的改變，它的內容是：宗教信仰的教義與修行活動，集中而密集的專注於個人救贖與自身主觀的內在體驗。它表現出來的外在特徵是：不重視外在儀式活動與傳統所要求的道德規範，教團內的人際互動也相對減低。它的出現是因爲：一、宗教脫離了地緣與血緣關係，個人開始必須自行來選擇自己的宗教信仰；二、政教分離的結構，保障了宗教的自由，也使宗教選擇的可能性開始出現，開放性的宗教市場於是形成。以上這二者於是共同促成了以圍繞著個人切身興趣與體驗，來做爲教義與活動重點的宗教形式的出現。這些在本書第六章中已有所探討。

而我們之所以使用「宗教信仰個體化」這一個標籤，亦有其理論性與經驗性上的理由。就理論層面來看，這一個概念的提出，有助於我們將台灣當代的宗教活動，與西方當代那些曾以「私人化的宗教」、「自我宗教」與「個人主義的宗教」等概念來描述過的宗教活動，做一個對照和比較，俾更能突顯出台灣宗教與社會發展和西方宗教與社會發展間的類似性與差異性；就經驗層面來看，這個概念是以本土性的社會發展經驗爲出發點，它確實捕捉到了當代台灣宗教變遷背後社會心理層面的一個變化，也突顯出來了傳統宗教活動與新興宗教活動間的一種差異性，這將有助於我們對未來台灣宗教活動發展趨勢的大方向有所掌握。

比較耐人尋味的是，如同我們在第一章中已經討論過的，由邏輯上看起來，「制度性宗教的浮現」與「宗教信仰的個體化」這兩種發展趨勢，它們在內在精神上是相互矛盾的，但是它們現在卻同時出現在台灣當代的同一個時空裡。這和台灣「重層化」的歷史發展經驗，以及本土宗教文化的特有屬性都有關係(見第一章)。不過當然，長期以往，這其中的後者或許也會對前者形成一定程度的衝擊，尤其是在一種同質性「個體化信仰模式」的大眾文化影響之下，可能會使各制度性宗教團體之間的界限愈來愈爲模糊，甚至於可能在整個宗教場域裡將逐漸會形成一種超越團體疆界的新的網絡結構，這些都還有待觀察。

除了以上這兩個面向的討論以外，建築在歷史材料、漢學研究既有文獻和個案研究的基礎上，我們還嘗試對於當代台灣宗教現象，提出具體且具有歷史縱深性的探討。首先，透過類型學的討論，我們以「在家人與出家人地位並重的正統教團」和「克理斯瑪教團」，做為兩種在當代台灣社會分化過程中所浮現出來的主要宗教型態。我們發現它們在內在權力結構與互動模式上，反映出來了因社會分化而導致的教團內部之相應變化。前者是教團在同時保持既有正統傳承與和主流社會秩序相協調的情況下，適應市場生態的一個結果，這對信徒來說則是台灣特殊社會分化過程裡，民間社會質(教育程度提高)與量(社會參與的可能性與廣度皆增加)皆擴張後的一個相應表現，而「人間佛教」的佛學理念則提供了這種教團正當化自身活動模式的一個義理基礎。而「克理斯瑪教團」，一種在形式上可以任意超越文化傳統束縛，並在教義上相信自我現世具有發展上無限可能性的教團型態，是一種因多元分化的結構而產生，卻又在個人的私領域裡抗拒分化與自我分割的，既矛盾又弔詭的現代產物。也就是在高度分化的社會結構中，產生了脫離了傳統宗教束縛的「個體性」的信仰者，他們開始更專注於個人救贖與自身主觀的內在體驗，這在某種程度上是個人意識提高，以及個人對世俗社會因高度分化所產生的各種「零細化」現象不滿之後所產生的結果。在「克理斯瑪教團」這種宗教型態裡，人們一方面雖抗拒儀式、組織與既有傳統的權威；一方面卻又戲劇性的主動而自願的聚集在一個教主的周邊，也就是既追求著絕對而不受限制的自我成長，卻又在某種自我投射過程中，賦予了教主完全而不受限制的權威。在第三章與第四章中，透過理想類型式的探討，於是可以使我們對於台灣當代宗教活動的基本邏輯，與過去傳統社會中宗教活動(雖然傳統社會中曾盛行的宗教活動至今也仍廣泛的在台灣盛行著)的邏輯間做一明顯對比，這乃有助於我們更具體的掌握台灣宗教發展的趨勢。

類似的、奠基於對當代台灣重要新興宗教團體中所收集到的實證資料，並以此來和漢學研究文獻中對華人社會傳統民間教派活動模式的相關報導，做交互對照與比較，也有助於我們由某個側面上更深刻的來掌握台灣當代宗教活動變遷的軌跡。第五章中拿民間教派在傳統社會中所扮演的角色，與清海教團在現代社會中所扮演的角色相對照。我們發現到，在傳統華人社會中民間教派所具有的社會意涵，像是教派主義、綜攝性格、異端傾向等等，固然在當代台灣的教團中仍有所保留，但其性質與行動旨趣已有所差異，這清楚顯示出來了台灣當代宗教文化變遷的軌跡。其中特別就教派主義内涵的轉變而言，反映了社會主流不再帶有宗教質素、以及宗教成為志願參與以後，教團與民衆雙方面的調整，然後再相兜合的過程。自此，參與宗教在形式上已不再是一種與主流社會價值有關的更投入的活動，而是出於個人有所需要時，諸多解決問題方案中的一種。在信教過程中，參與某個教團雖然是出自於自願，但會跟隨某個特定教團，其信教過程則有隨機(因機率原因而剛好在身邊接觸到某個可以解決自己問題的教團)的性質。這與民眾在日常生活中，與傳統社會曾居於主流的宗教情境已有脫離(所以多半對傳統宗教認識不深)；個人的宗教參與不再受限於傳承與地緣(所以在有需要時即從身邊一時間最容易找到的地方開始接觸起)；華人歷史文化長期激盪中各宗教團體(基督教與伊斯蘭教除外)同質性已相當高(所以參加哪個宗教團體其性質並不會差別太大)；以及宗教團體在新的社會情境中重做調整以適應市場，並開始以個體性的實際需要爲主(因此教團不再僅是代表一個宗教傳承的承載者，更是一個現代人生活問題的解決者，現代人參加教團的主因將是個人問題的解決，而與宗教傳承的接續間關係不大)等因素間都有關。其次，就綜攝性格而言，透過它，文化產生了自發性的調整與創造的過程。以它為樞紐，我們發現新興教團以特殊的方式將現代科學融入了它的教義之中，並增加了自己的時代適應力。而最後，異端傾向的考察裡，我們發現當代台灣新興宗教團體的異端傾向，愈來愈不具有現實性的指涉，反而是神秘主義傾向更濃，以及個體化的特質更為明顯等等。

本書第六章仍是以清海教團爲考察對象，我們集中的考察了該教團如何在華人文化脈絡裡取得其正當性，並進而產生了獨立發展基礎的過程，它和華人歷史中「合一教」的發展模式相當接近。但是另一方面，我們也注意到該教團的後期發展有其突出特色。更具體來說，我們歸納清海教團在台灣的發展爲三個階段：1. 有著佛教外貌的「合一教」發展時期；2. 超脈絡化的靈修運動時期；3. 全球性弘法時期，其中第一個階段到第二個階段間有著較爲劇烈的轉折；第三階段則是第二階段的延續與擴充。而在第二個發展階段之後，該教團漸與傳統文化間的距離拉大，在「合一教」的表面形式之中，焦點轉移到一種「宗教信仰個體化」的論述模式。這以後信徒有趨於年輕，和更多無宗教信仰背景者前來參與的情況存在著。在該章中我們並且集中的描述了「宗教信仰個體化」社會發展趨勢的內容，以及相應的新興宗教團體在這一方面所產生的內在形式上的變化。同時，由該章的討論，我們也注意到了華人社會裡傳統宗教與現代宗教，在論述模式上有其可能加以銜接之處，也就是以「合一教」(華人社會中特有的綜攝主義的形式)背後的論述模式為基礎，在強調多源頭的傳承與符合時代有效性的同時，可以進而超越任何單一傳統的侷限性，而與不為特定傳統所限、卻又能與某種抽象性的道統相呼應的一種個人性的追求相連結。就此，在該章中，我們曾以「文化綜攝」與「個人救贖」的標籤，來標示當代台灣社會發展情境裡，清海教團在發展過程中，前後既連續又分離的兩個內在行動取向。而建築在該章的發現上，我們對於西方既有的解釋新興宗教誕生與發展的模型也提出了初步的檢討與反省，基本上我們可以說華人社會與西方社會在新興教派出現的模式上有著極大內在差異，在西方社會，新興教派的出現和因強調教義的正確性而產生的分裂趨勢有關，它經常被稱做是一種「教派主義式」的行動取向；而在華人社會裡，新興教派的出現，經常和一種多源頭融合的取向有關，那是一種「綜攝主義」與「教派主義」相結合後所產生的獨特的混合體。

二、進一步的補充說明

除了以上的發現以外，以下，我們將就一些還需要加以補充的部分來加以說明。首先，筆者對自身的立場要加以強調的是，本書所採取的是一個比較宏觀的分析角度，筆者自我定位是「新功能論」的分析方式，也就是以功能論的角度出發，由宗教制度在整體社會中所扮演的功能與角色為著眼點，並以社會分化為一個分析工具，而注意到在社會分化過程中，宗教制度產生了什麼樣的改變？宗教與整體社會結構間又產生了什麼樣的關係上的變化？它與「功能論」相同的是，都是以整體爲著眼點來看部分的，它與傳統「結構功能論」所不同的則是，不再堅持「功能要件」的預設(也就是一個社會爲了執行某些必須的功能，也產生了必須具備的結構的組成要素)，也不再預設一種直線式的社會進化論。也就是在此，「新功能論」是借用了社會分化這個和社會整體制度叢變化有關的概念來分析各種社會現象(也就是仍然是透過部分與整體間的關係，或者說某種社會整體觀，來考察社會現象的)。更且，在「新功能論」中，已不認爲社會分化是一個平順或必然性的社會發展過程，反而認定在此過程中常伴隨著各種衝突與矛盾。

而本書所探討的主題是：台灣在社會結構「重新型態化」的過程裡，宗教制度產生了什麼樣的變遷？在華人社會中這種變遷的特性與基本發生模式為何？它又如何影響到了當代台灣人的宗教生活？尤其是關於當代台灣社會新興宗教蓬勃發展的問題，該以什麼樣的方式來加以理解？配合台灣宗教發展史的考察與清海無上師世界會的個案研究，本書不僅提供了理論性的思考，更建築在實證的基礎上，就相關問題提出了廣泛的討論。

基本上，傳統華人社會中幾個社會結構與歷史文化上的特質，影響到了後續社會變遷過程中，宗教制度的變遷模式與形成過程。這些我們已反覆強調，它們包括了原傳統社會中：一、核心性宗教是混合性與擴散性的，沒有明確制度體與承載的組織結構，但卻與政治結構混融在一起，構成了政教統一的基本社會結構；二、制度性宗教團體在原社會結構中，僅僅占有邊陲性的位置(但並不見得在教義上是異端的)；三、社會文化高度的整合性，即使在不同宗教團體的背後，相對來講，在教義上仍有著一定程度的類似性和可以做交互轉換的語言上的可融通性；四、宗教參與的形式不是「獨占性」(exclusively)的，多重皈依是可以被允許的宗教行爲[5]。而這幾點社會既有的事實再加上：五、社會分化過程的發生主要是由外引進，而並非自發性發生的，它們使得台灣當代的宗教現象展現了

5 於是在傳統華人社會裡，對於制度性教團的參與，它和參與主流性宗法宗教間並不會形成矛盾，而具有著如第一章中我們所曾提到過的一種「補充性」與「附加性」性質。到了現代的台灣社會，在文化共通且教團排它性小的情況下，多元化形式底下各教團間的市場競爭，反而比較像是一種既競爭又相互提昇哄抬的局面。

它獨有的形貌。

如果與現代西方對照，它們的社會由一元化制度性宗教的控制中解放出來，產生了公私領域的分化，並產生了政教分離的現代政治原則。但是和現代國家的形成與運作高度有關的公共領域，以政府為代理人，產生了高度擴張的現象，甚至於開始侵入個人的私領域，而在實際運作上，因為過度擴張，暴露出了它的風險性與脆弱性，這當然也危及了它的正當性(Robbins 1984: 47)。被推擠到「私領域」裡的宗教，尤其是原社會中居於正統地位宗教的宗教領導階層，在這種情勢中，不願意限制自身的影響力只停留在人們的「私領域」裡，部分乃有所反彈而又開始涉足於公共議題與公共事務[6]；另外一個發展趨勢則是走向「私人化宗教」型態的形形色色的具有「個人主義」與「神秘主義」特色的新教派的興起，它們的出現反映了社會高度多元化的事實，但它們也是處在一個既被主流理性化社會所排擠，又和主流理性化社會相對抗的社會位置，因此和社會其它部門間的衝突也常是不可避免。

就華人社會來說，傳統主流社會的核心結構，兼具政治與宗教的雙重特性，我們或許可以稱其為一種「政教一體核心結構」，其中政治是以宗法倫理觀念來加以貫穿，宗教則是所謂的「宗法性傳統宗教」，它可以有效的增加統治系統的正當性與神聖性。而在傳統社會中，還有一個既被主流核心結構所相對滲透，卻又是與之相對疏遠的極為廣大的範疇，也就是「民間社會」的存在。在傳統社會裡，宗法倫理觀念共同貫穿了「政教一體核心結構」與「民間社

6 而這種近代基督教社會政治關懷的近代起源，和19世紀末以來在美國興起的基督教「社會福音運動」(Social Gospel Movement)有關，當時的主要倡導者有Gladden、Rauschenbusch 等(參考王崇堯 1992)。

會」。但民間社會(主要以小農生產模式爲主)，亦有著它自己的社會組織與信仰活動，它與「上層政府」或「菁英統治階層」間有所連結，卻又保持著一定的區隔而自成系統，其信仰活動，既有著對於現實生活平安的盼望，也包含了對個人或個人周邊家族救贖的深度關心，同時也帶有著民間社會平等互助的基本性質。而儒、釋、道以及民間教派這些宗教範疇，在不同時代與不同社會情境裡，在以上的這種運作模式裡，曾以不同的方式在其中扮演了某一種角色或是多種角色，或是聯合起來扮演了某一種角色，提供了有助於社會整體運作的宗教與文化資源。此處，我們是以社會結構的基本型態，而非以個別宗教傳統來理解傳統社會宗教活動的性質的。

現代社會結構的覆蓋於台灣，使台灣在體制上成爲多元分化的型態，但宗教既未產生內在的自我解構過程，也未被推擠到私人領域。就內容來看，傳統社會中的「政教一體核心結構」，在一元化意識型態仍有所存留的情況下，以民主的形式包裝，實則上是轉化爲近似於「民粹主義[7]」的一種隱含性的「宗法政治結構」。而社會的多元化，因爲缺少內在自發性的發展過程，它反而並不是價值系統的多元和民主程序的落實，而是民間社會整個團塊的浮現與擴張。但是民間社會與政府間雖在結構上相分離，卻又在價值系統上可以彼此相互連結，於是這二者可以相互支持與提供彼此的正當性，而不會像西方社會裡政府與市民社會形成了兩個相對立的範疇。

而在非自發性的社會分化過程中所產生的民間社會擴張的情

7 「民粹主義」(populist)，在此指一種在形式上以一般民眾爲主要權力基礎的政治型態，事實上也就是一種菁英借用「民主」名義來擴張自己權力的運作方式(參考彭懷恩 1997: 121-125)。

況，它正構成了解嚴以後各種宗教團體最主要的動員基礎，於是民間社會原所具有的性質，也就深深影響了各種新興宗教團體的表現形式，所以它可以同時擁有著互助性、平等性、私人救贖性、現實性等等多重性質(雖然這其中也有著私人救贖性的性質，但同時包含著有社會關懷性質的互助性與平等性，這些皆是華人傳統民間社會原就有的性質，它與西方社會分化過程中所出現的宗教活動愈趨於私人化相比，在性質與發生過程上不盡相同)。不過愈是到了近期，或是參與者的年齡層愈輕，這類宗教團體愈可能開始展現出本書所稱的那種「宗教信仰個體化」的外在型態，像是第五與第六章中討論到的「清海無上師世界會」的例子，我們注意到該教團中期以後的發展，便更接近於這種信仰新形式的出現，這是因爲分化體制開始運作以後，無可避免的產生了一定程度的社會性結果；而愈是在社會分化過程開始的早期，或是參與信眾的主要年齡層愈長，各宗教團體所受到傳統民間社會運作模式的影響也就愈大，愈有著傳統社會中民間互助性團體的性質，這時它的性質比較是過渡性的，既追求著個人救贖又對傳統的社會秩序相當懷念，此處，1966年成立，而在1987年解嚴以後信徒成幾何級數成長的慈濟功德會，可以說就是這樣的一個宗教團體，筆者在第二章中曾提到在現代台灣社會中，它同時具有著「核心性宗教替代」與「邊陲性宗教擴張」的雙重特性。

此外，對於本書中所出現的幾組概念，像是：一、當代台灣宗教活動的內在取向(「宗法性傳統宗教餘續」、「核心性宗教替代」、「邊陲性宗教擴張」)；二、台灣宗教發展史中的六種宗教型態(祖先崇拜、地域性民間信仰、「以出家人爲重的正統教團」、民間獨立教派、「在家人與出家人地位並重的正統教團」和「克理斯瑪教團」)；三、華人宗教傳統中的五種範疇(儒、釋、道、合一教、民間信仰)等等，它們各因不同分析上的目的而設，彼此間雖或有重疊，但並未有矛盾之處。

第一組概念，是以台灣既有宗教社會文化發展的背景為主要脈絡，進而說明在這種脈絡中，當代新興宗教活動所具有的性質，由於「核心／邊陲」和「混合性／制度化」是在社會變遷中宗教變遷所涉及的主要面向，由這兩個面向上加以考慮，我們乃建構出了在當代台灣現實社會情境中明顯可見的三種宗教型態(對應於前三者，分別是混合性宗教的留存；混合性宗教退出中心後，其它的宗教元素卻重新凝聚在制度性的形式底下，且想要重新回歸於中心；原占據邊陲性位置的制度性宗教，在新社會情境中範圍與影響力上有所擴展)。

第二組概念所考慮的主要是宗教組織與社會間分化程度的不同，所導致的宗教組織內部運作邏輯上的差異，它在分類上所依據的面向，一個是與社會分離的程度，一個則是是否處於一種為既有政權或主流社會勢力所接受的位置。我們所提出的六種類型，隱約間有一種發展序位上的先後關係，也因之在不同歷史時期中，可能會有某種類型是特別占有優勢性的。不過因為：在社會的不同位置，不同部門會有不同的分化程度(所謂的「不平均分化」[uneven differentiation]，第二章)；社會分化過程中常有所謂抗拒性的反分化的出現(所謂的「雙重運動」[double-movement]，第二章)；再加上台灣歷史過程中重層化(第三章)的情況特別顯著等因素，結果我們在當前台灣的時空裡，反而可以同時看得到六種宗教類型皆活躍的存在著。

第三組概念是華人歷史中所確實出現過的宗教傳統，它們也可以在某種程度上成為今日台灣新興宗教活動在傳承上的主要依據。它和前述第二組概念不同，前述第二組概念是社會學的概念，不涉及宗教傳承的問題(雖然某些歷史性的類型與社會學的類型的確有重疊之處)。

而以上的第一組概念也不涉及宗教傳承的問題，且又僅僅指涉當代的情況。不過前述的第一組概念，和第二組概念中的兩個當代較爲普遍出現的型態(「在家人與出家人地位並重的正統教團」和「克理斯瑪教團」)間，也的確有著某種相關性，因爲「核心／陲」和「混合性／制度化」這兩個面向(也就是第一組概念所涉及的面向)上的變化，與社會分化所引起的教團內部運作邏輯上的變化間，彼此的確是有關的。不過塑造「在家人與出家人地位並重的正統教團」和「克理斯瑪教團」的社會與文化因素相當複雜，這不是我們第一組概念裡所考慮的兩個因素(「核心／邊陲」和「混合性／制度化」與否)所能完全囊括的[8]。

三、再論本書的主旨與貢獻

本書的主旨在探討台灣當代，尤其是1987年解嚴以後所發生的新興宗教現象的性質與特色。但是因爲個人學力有限、相關文獻不足以及概念工具的缺乏，使得所能完成的還是相當局部，現階段僅能說是在幾個側面上補充了現有文獻的不足。

首先，在理論層面上，透過「新功能論」的社會整體觀，我們

8 譬如說，「在家人與出家人地位並重的正統教團」，它本身應是屬於一種「邊陲性宗教擴張」的狀態，但是卻也很有可能逐漸產生「核心性宗教替代」的傾向(實例如台灣佛教慈濟功德會)，而「克理斯瑪教團」的發展，也和「邊陲性宗教擴張」機會的出現有關(實例如清海無上師世界會)，但有時它又會結合文化傳統中一切可能的元素來從事社會動員，這時它的內在出發點有可能是較接近於「宗法性傳統宗教的餘續」的(實例如眞佛宗，參考附錄三)。

等於是把社會學放進了宗教研究當中，這可以有助於我們以一種較爲宏觀的角度來考察當代台灣的宗教變遷。不過本書在社會學的概念運用上，也有了更爲細緻的反省與檢討。在此，我們注意到，「世俗化」、「私人化」、「教會—教派」等等概念，都是西方學界在討論當代宗教與社會現象時經常使用到的名詞，它們是和當代西方社會發展關係極爲密切的概念，不過在某種程度上，這些名詞已達到過度使用的情況。而對於分析當代台灣社會的宗教情況而言，以上這些概念雖然與當代台灣社會分化與宗教演變的過程間有著密不可分的關係，但台灣社會變遷過程實有著自身獨有的特色，即使在面對由西方所引入的社會分化過程時，在原有社會結構的基礎上，共變化的模式與結果亦與西方社會間有著很大差異。

而本書在此，雖然並沒有丟棄西方這些相關概念，但至少在概念運用上，清楚而自覺的檢討了這些概念在台灣歷史文化脈絡中的適用性。更且，對於台灣自身宗教發展的分析，我們雖然並沒有有系統的提出可以取代西方的，像是「世俗化」、「私人化」、「教會—教派」等這類的概念，但是至少我們提出了一些可行的思考方向。像是本書第二章中就「世俗化」與「私人化」兩個社會過程東西方發生模式差異所提出的檢討；第四章中對於東西方宗教演化模式差異所做的比較；第六章中對於西方「私人化宗教」與台灣「宗教信仰個體化」間所做的對比；以及同一章中對於西方與東方式教團分裂模型間的比較等等，這些都開啓了新的對話，使我們在宗教社會學的概念運用上，更能注意到本土脈絡之性質及其與各概念間的關係，這乃有助於我們在未來，可能由此而進一步產生在經驗分析能力與理論的啓發性上皆較佳的，可用以觀察當代台灣宗教現象的分析性工具。

其次，在經驗性的層面上，如同我們在第一章中所引述的詹明信(1990: 37)的話，在大變動的時代，我們有可能較敏銳的感受到歷史的發展。而目前我們正是處在台灣社會解嚴過後，逐漸邁向多元化的時間點上。這是一個新舊宗教文化交替較爲劇烈的時代，在這之前，宗教還保留了較多傳統社會中所具有的舊的形式；在這之後，在新的社會結構的情境裡，很可能宗教會完全脫離舊的形式，但是這二者間本質上的差異在哪裡？其間又是如何來做銜接的？或者它們間會產生何種相互消長的過程？站在這個新舊轉接點上的我們，由於同時觀察到了舊形式的存留與新形式的萌芽，以及看到了二者交互影響與交互衝擊的情況，這使我們有著更好的機會，來觀察與思考這些議題。然而同樣地，若錯過了這個時間點，我們也將會留下更多難以解答的謎團與困惑。

而過去對於台灣新興教團的研究，主要還是以解嚴以前台灣就已經存在的民間教團爲主(像是一貫道、天帝教、慈惠堂等等)，這些團體當然有其不可忽視的重要性，但主要還是社會未分化以前，民間「綜攝主義」式的自組教團的創發性活動，它和解嚴前後開始活躍的新興教派，性質上有相類似處但亦有很大的相異處。而本書所嘗試觀察與思考的對象，基本上也就是台灣當代社會大變動這一個社會分化體制開始以後的時期所發生的宗教現象，在發生時間上大致上是1980年代中期到2000年之間。這一段時間內的新興教團，有著濃厚過度性的性質，也就是一方面脫離了舊，因爲發生於解嚴前後，它在性質上較集中而明顯的反映出來了社會分化的特性(必須要能夠適應於宗教市場競爭、政教分離，以及志願性宗教參與等等的新情境)；一方面面對著原有民間社會的擴張，在動員較年長與意識型態屬性上較傳統的信眾時，它又必須保有一些舊的特質(重視儒家道德倫理、倚重於家庭網絡動員、能提出有助於家族功德積累的行動誘因等等)。然而新舊特質如何能同時擺在一個教團當中？當擺在一起時其間又會產生什麼樣的矛盾呢？

我們在本書中嘗試開始觀察解嚴前後才開始出現的新興宗教團體，雖然經驗性材料尚不充分，但已嘗試就有關問題來做反省，我們發現，「合一教」是一個可以連結傳統與現代的大的文化框架，而「宗教信仰的個體化」則是台灣未來宗教發展的新趨勢。至於分析上，本書中曾以兩種類型：「在家人與出家人地位並重的正統教團」和「克理斯瑪教團」來標示當代社會台灣分化過程中所浮現出來的宗教型態。在此「宗教信仰個體化」的發展趨勢，在某些層面上，有促成這二種宗教型態形成的作用，但自身卻有可能會更劇烈的影響到台灣宗教未來的發展生態。

在未來，新的宗教形式會愈來愈明顯的浮現於台灣人的宗教場域當中，並將更全面的取代舊的宗教形式。這將使分析者愈來愈難收集到新舊過度時期宗教變遷的一個樣貌，和缺少可以同時體驗新舊宗教形式的一個觀察機會，這是相當可惜的。於是我們在本書中，乃嘗試盡量廣泛的拿新舊宗教形式的宗教做對比(例如第三到第六章的論述)，並就這個時空中所出現的教團，盡其可能觀察它在發展過程中與新舊形式間的關聯與差異性(例如第五章與第六章)。而現階段這一個絕佳的歷史觀察點，是有待我們儘可能的廣泛涉獵與收集相關資料來做分析的。於是現階段出版的本書，雖然不能完整的填補這一個觀察研究時空點上的空缺，而只是提供了一些初步的經驗性報告與理論性討論。但筆者希望本書所開啓的這樣一個基礎，或許至少可以因此而激發起一些研究者，對於新興宗教這個研究領域和台灣當前這個與宗教發展有關的時空關鍵點產生興趣，並進而開始就相關主題來從事更具有系統性與全面性的考察，這將有助於我們對於台灣宗教與文化變遷的性質產生更爲深刻的認識。

綜合言之，本書是一個以社會學分析角度爲主，並結合了歷史學、宗教學、人類學現有相關文獻的高度整合性的學術著作，它希望把社會學的分析放在一個有歷史縱深與文化脈絡的背景裡，而不只是橫向的西方概念的轉移，這就台灣新興宗教現象的研究而言，可以說是既建立了一個較爲本土性的研究基礎，但也同時是開展了一個可能與西方學術語言相匯通的窗口，這些雖然還只是非常初步的工作，但其或許也是在台灣新興宗教研究這個新的學科在發展過程中，所不可能繞過而必須要加以完成的工作。

四、台灣宗教在未來的發展趨勢

爲了解釋當代台灣宗教活動的性質與特性，以社會分化爲主要的分析架構，我們曾對台灣當代宗教蓬勃發展的現況提出了幾點說明，一是社會分化結構中「制度性宗教的浮現」，它是過去華人社會裡所未曾面對著的一個新情境；一是「個體化宗教」發展趨勢的出現，以上這兩點都是以宗教團體在整體社會位置中的變化及其相應的社會結果來說的；而以宗教團體內部權力分配的型態來看，我們觀察到了當代台灣社會中兩種宗教類型的出現，它們是「在家人與出家人地位並重的正統教團」和「克理斯瑪教團」，它們在內在權力結構與互動模式上，反映出來了社會分化所導致的教團內部所產生的相應變化，這二者都帶有著「邊陲性宗教擴張」的色彩，但前者在新的社會情境中，通常也會逐漸帶有著「核心性宗教替代」的性質。

以上是就台灣當代宗教現象的性質所做的討論，不過就台灣未來新興教團發展的態勢而言，我們似乎還需要做幾點補充性的說明。

首先，是關於宗教是否會在未來的社會消失或減弱其影響力的問題？一個最簡單的答案當然是不會。因爲在所有人類集體性的活動中，宗教所能提供的功能有其不可替代性，像是常爲學者所常提到的宗教能提供給人類對於通往救贖路徑的說明和指導(Parsons 1963: 304-309; Wilson 1982: 26-32)，簡單的說就是有著救贖的功能，這是人類其它集體性的活動所無法取代的，不過這種講法還是把宗教限定在一種私領域裡，宗教被認定所具有的功能還是相對狹隘的。較爲廣義的說法則來自於Luhmann，如同我們在第四章中所引述的他的話：「一旦宗教關聯到不確定性和確定性同時並存的問題時，在這些問題的解決上，除了宗教之外，不再有功能等值品」，也就是宗教系統的特定功能，就是爲整體社會系統「將不確定的複雜性轉化爲確定的或可確定的複雜性」；或者說是「去除世界的弔詭」；「將生活中不可信賴的轉爲可信賴的」(參考本書第四章)。

而在這裡，我們開始面臨到所謂社會分化的問題，也就是隨著社會結構分化性質的差異，宗教在整個社會中履行其功能的方式將會有所改變。像是我們在第二章中曾提到，依據Luhmann，社會分化的形式可以有三種，區隔分化、階層分化和功能分化，第一種社會裡將整體社會系統切割爲結構相似的次系統，宗教是爲整體社會處理不確定性的文化工具，這時宗教是一種擴散性(diffuse)現象，本身並無獨立系統，它爲整個社會解釋不可解釋的，確定不可確定的事物，宗教的世界觀就是社會的世界觀；第二種社會裡，有著等級不同的次系統，但權力集中於上層，可以忽視下層的需要，此時宗教已發展出自身的特殊語言，它最重要的社會功能是要爲不平等的社會結構做辯解；第三種社會也就是現代社會，宗教仍有著爲整體社會提供確定性的功能，但困難的是宗教已不再與整體社會同形重疊(isomorph)，其它部門不再受宗教所干預。宗教部門乃將其對外活動的重點由整體社會轉移到其它次系統的層次，在此，宗教乃成爲了服務其它次系統的部門，而且還要在不違背其它次系統的基本原則，和符合其它系統的意願下方能進行，這也使宗教往往失去了宗教的色彩。不過Luhmann在此也強調，在功能分化社會裡，宗教雖然面臨爲整體社會履行功能的困難，但這也正是宗教系統可以發展出一個不受其它次系統污染的，只能由宗教系統提供的適用於現代社會的新化約工具的良機。(本段的討論主要參考自趙沛鐸1996: 130-132)

在此，我們雖然不見得能完全接受Luhmann這種濃厚具有功能論式的論調，但至少我們可以接受的是，做爲「確定性」符碼的提供者，宗教在未來，不管其形式上如何改變，或是它與整體社會間的關係爲何，它是無法由人類的世界裡消失的。

而具體的就台灣當代的社會情境而論，有幾個因素特別能說明爲什麼宗教還能在當代台灣的社會裡如此普遍的盛行著？這除了我們在第一章中所提到過的幾個台灣史中的先天性因素(小農與小商活動的高風險、移民社會中宗教所具有的整合功能、邊陲社會中宗教活動的相對活潑、海島國家外力激盪充斥等等)以外，特別就當代現代化，或者說是社會分化的過程而論，這其中還有幾個不可忽略的因素：一、它是由外引入的，傳統並沒有產生內在性的自我瓦解的力量，而宗教在傳統文化中所占的實際比重尤其是很高的；二、它的發生，與帝國主義的武力與文化侵略有關，雖然它使傳統的生活模式與倫理價值逐漸瓦解，但在民間的層次，它卻也激起了強烈的反彈，這時，透過宗教中傳統文化象徵符號的媒介，可以使人在現代化情境裡據以重新建構其文化與民族認同，於是無論在集體或個人層次，這反而有助於傳統宗教的復興，不過這裡面也構成了一個矛盾，那就是在接受現代化生活方式與尋找本土文化認同之間該如何做選擇與調適的問題(Seiwart 1981: 64-66)；三、社會分化的過程會引發新的社會與人生問題，像是生活領域的零細化、人生整體意義感的失落等等，這些新的問題，可能會使整體社會激發出新的宗教需求。

在這些因素裡，最值得討論的是和傳統有關的面向，在台灣社會分化的過程裡，一方面傳統沒有從根處產生自我瓦解，一方面傳統還成爲了對抗外力與建構自我文化認同的重要象徵符號。而就傳統而言，在民間，宗教尤其是傳統的最主要的媒介，基層民眾們往往是透過宗教的這種特殊形式的傳統，而來感受到某種文化認同與歷史的連續性的。

然而在當代社會裡，人們在執著於傳統文化象徵符號的同時，又怎麼樣的來與具有現代性質素的社會情境相調和呢？這其中的一種可能是傳統宗教在保存文化傳統的同時，還能產生自我調整而使其更能適應於新的時代，以一貫道在台灣的發展爲例，Seiwart(1981: 65-66)曾說道：

> 否定現實情境，的確是宗教反應於現代化的一種形式，但這種反應並不會減低在傳統取向的「正當化系統」(legitimization system)[在此是指宗教]以及對社會現實的實際經驗之間所產生的緊張性。相反地，當現代化過程繼續在進行，執著於傳統「正當化系統」，還會導致更大的緊張性。如果要減輕這種緊張性，或至少是讓其保持在一種可以忍受的程度，那麼或者是現代化過程要停止進行，甚或被倒轉過來；要不然就是這個「正當化系統」要被加以改變而能夠和社會現實間能夠有著更大的相容性。我要指出來的是，這種

「正當化系統」的調整，在一貫道的教義中已可以被人看到。

在此，就一貫道教義的調整來說，Seiwart所舉的例子是他在當時(1970年代末期)台灣一貫道教團活動中所觀察到的一種「普遍主義」(universalism)想法的出現，這種想法也就是認爲「外國的宗教還被認爲可能包含著尚未被中國所發現的眞理。另一方面，華人精神遺產不只對華人，甚至是全人類都還是有效的，我們只有一個眞理，一個道，所有的宗教都帶有著這個道。」(1981: 66)就此，Seiwart以爲，它代表了一種重要的創新，因爲和過去不同的是，此處華人在宣稱自己優越性的同時，已不再強烈的去拒斥西方的事物了[9]。進一步的，Seiwart於是便用這一個例子來證明，在現代社會變遷的潮流裡，傳統宗教可以隨著時代而做調適，也就是「當代台灣中的傳統宗教，絕不只是一個註定要絕跡的舊時代的殘存之物而已，而是一個能夠在未來仍扮演其重要角色的充滿生機的傳統。」(1981: 67)

在此，我們完全同意Seiwart對於傳統宗教可以隨著時代做調整而適應於新社會情境的這種看法。但是就新興宗教的議題，尤其是就Seiwart在此所不能解釋的：「爲什麼新教團會層出不窮的浮現於

9 此處和本書第六章對於清海的討論中所得到的結果相當類似，在第六章中我們發現新興的清海教團對於傳統「合一教」的四點基本原則：自居正統的認定、涵蓋萬教的立場、對傳統保持忠誠、一以貫之的對傳統重新加以詮釋等等，基本上始終遵守了其中三點，但在「對傳統保持忠誠」這一點上有所轉變，愈來愈傾向於將自身教義的內容更廣泛的連接到一個新的全球性的文化脈絡裡。清海教團的這些發展，和Seiwart 此處所觀察到的，一貫道以提出「普遍主義」做爲一種創新來適應新的時代變化，二者的情況是非常接近的。

當代台灣社會情境裡？」的這個議題，我們還需要另外有所說明。

暫時不論法令放寬這個最顯著的政策上的理由，我們想提出的第一個原因是，首先，一個最簡單的理由也就是，在傳統社會，物質資源爲上層階級所控制，個人也爲其階級與親屬關係所限制，但到了現代社會，資源(包括人員與物資)可以自由流動，爲了各種特定的目的而組成組織的情況非常普遍，各種新組織的出現自然也就層出不窮了(Scott 1998: 171)，這乃構成了一個特別有利於新組織出現的社會環境[10]。更具體的就宗教層面來說，傳統華人社會裡，雖然人人都參與著例行性的宗教活動，但在「混合宗教」的形式裡，並不特別強烈的感覺自己是屬於某個宗教團體的信徒，到了現代社會，大部分的民眾在不知不覺中(不需要透過任何儀式)就已成爲了自由流動的暫時無宗教信仰的民眾。但是這些民眾又不是主動的排斥宗教信仰的，反而對於信仰還停留著一種習慣性和傳統情感上的依戀，這成爲了大批自由流動的潛在的宗教信仰者，它們乃有可能加入任何一個新成立的宗教團體，或甚至是去主動組織一些宗教團體，於是這種自由浮動的資源忽然增多的情況，乃對於新宗教團體的出現有著極大的促進作用。換言之這是「混合宗教」的瓦解與「制度性宗教」的浮現二者轉接過程中，所自然出現的新興宗教團體廣爲增加的一種情況。

其次，我們還想由「組織生態學[11]」(Organizational Ecology，

10 就如同我們在第四章註釋中所曾提到過的，Eisenstadt(1958)曾指出，最主要的能引發專業組織出現的原因，是一些「自由流動」(free-floating)資源的出現。

11 組織生態學主要在由一個相當宏觀的層面來考察外在整體生態環境如何影響了各種組織的發展，尤其是什麼樣的外在條件影響了整個環境中組織出現的頻率和組織形式的變化方面的議題(Singh & Lumsden 1990: 162)，而組織生態學最主要的理論建構者是 Hannan & Freeman(1989)。

例如參考Hannan & Freeman 1989)的角度來對這個問題做一個思考。我們的問題是：既然如同Seiwart所提到的，傳統宗教能夠適應於新的社會情境，那麼爲什麼還是會有那麼多新興教團出現呢？人們爲什麼又會去參加這些正當性有所不足、傳承不夠清楚、有時又引起旁人側目的新興教團呢？

這一方面的問題，其實是關於新形式組織出現的問題，這很像演化論裡的達爾文主義與拉馬克主義的辯論(Darwinism vs. Lamarckism)，是淘汰說還是適應說更合乎演化的規律呢？組織生態學最主要的理論建構者Hannan & Freeman (1989)所採取的是達爾文主義式的看法，並也得到了經驗資料上的檢證，他們指出，和環境變化的速度相比，組織發展有其「結構上的惰性」(structural inertia)，像是既得利益的維護、既有的慣性、行動模式的僵化等等的存在，都會減低組織的競爭力。進一步來看，因此當外在環境有所變化的時候，既存的團體雖然會調整其生存策略與運作結構，但往往仍跟不上環境變化的步調，於是結果往往是新出現的組織，反而能發展出更能適應於新環境的組織形式，舊有的組織在新的環境裡因爲適應不良或是適應的速度不夠快，往往也因此就逐漸萎縮或死亡。就此來看，我們可以預期到，在變動快速的環境裡，固然既有的宗教團體會努力調適以適應於新的環境，但往往是新出現的團體，更能敏銳的注意到如何來滿足於新環境的需求，而使其在新的環境裡更可能存活下來[12]。

12 類似的，根據組織生態學的看法，在此我們可以做一個進一步的推測，而認爲未來新的宗教組織在台灣的出現，將愈益頻繁。在組織生態學的研究裡，根據組織與環境的關係來思考，曾把組織分爲「一般性」和「專門性」(generalists and specialists)(DiMaggio 1998: 16; Hannan & Freeman 1989: 91-116)兩種，前者占據了市場中更廣泛的「特定區塊」

這其中關係到的也就是正當性(被多數人認爲是正確或合乎傳統的)與有效性(組織管理與經營上很有效率而提高了在自由市場上的競爭力)的問題，一個宗教團體必須在這兩個面向上盡量提昇，才可能獲得較爲持續性的蓬勃發展。在傳統社會，這兩者是合一的(或者說後者是不重要的)，因爲一個被認爲是正當的正統宗教組織，它自然能夠獲得政治與既存勢力的支持與保護而保障了它的生存。但是在自由競爭的市場裡，由於傳統價值觀與市場運作原則的相對分離，於是有可能二者產生了分化，於是一個新興宗教團體或許在正當性上是有所不足的，但在實際生存的競爭力，也就是有效性上，則能對環境做出更快和更敏捷的反應，於是我們可以預期到，在一個自由競爭市場以及變動快速的情境裡，將是新出現的宗

(續)

(niches)，並在不同市場中同時提供了多種產品；後者則是專注而密集的集中於某個「特定區塊」，提供的產品有限但是卻相當專精。就其生存環境而言，學者發現，前者較適應於一種波動較小的環境，後者則在波動較大的環境中適應力較強(DiMaggio 1998:16)。DiMaggio更推測，在宗教場域中，目前是一種較利於「專門性」團體發展的情況，各種新的宗教組織形式也紛紛出現。根據此，我們可以進一步推測的是，在更趨於以「專門性」宗教組織來滿足市場需要的時代，可能會比以「一般性」宗教組織來滿足市場需要的時代，在宗教組織的數量上會大爲增加，因爲前者將人們的需求分殊化與專門化，而需要更多對應的組織來加以滿足。如果放到華人的歷史脈絡裡，引申來看，我們可以說過去在未分化的社會裡，社會是以「一般性」組織來同時多樣性的滿足人們各種不同的需求，在現代分化性的社會裡，則是以各種分殊化的團體來專門性的滿足人們的各種需求，於是不只宗教團體要被獨立出來，就是單就宗教這一項目而言，也要產生再分化與專門化的過程，像是氣功、禪坐、讀經、醫療等等，都要產生專門化的過程，並也產生相應的專門化團體的出現，這是一個以「專門性」組織來供應市場需求的時代，在這種情境中，我們也可以預期新的宗教團體的出現，它在頻率與數量上都會愈來愈高。當然以上的論點主要還是推測性的，尚須更多實證資料的檢測。

教團體比舊的宗教團體更能適應於環境的變化，也會發展的更好，這乃是反映出社會現實的一個必然結果[13]。不過在這裡我們也要注意到，在華人社會發展的脈絡裡，就文化層面來說，這些新團體通常並不是全新的，而只是在生存策略的調整上更能適應於新時代情境的宗教團體。

綜合言之，於是我們可以預期到，在當代台灣的社會情境裡，一方面傳統文化的影響力依然深遠，一方面根據當代組織生態的外在條件來看，由於環境變遷的快速，既有宗教組織調適的速度不見得能跟得上環境變化的速度，新宗教組織的出現於是將會層出不窮，這將成爲未來台灣社會中的一個常態。

五、本書的限制以及未來研究的展望

本書採取的是一種比較宏觀的分析角度，由較長的歷史時間與較大的結構變遷爲著眼點，來考察當代台灣宗教現象的性質與內容。這是本書的特點，但卻也構成了它最大的限制。當我們由一個比較大的架構來分析當代台灣宗教現象的性質時，對許多問題卻不得不採取了一種比較簡化的處理方式，像是把傳統華人的宗教生活大部分歸之於「宗法性傳統宗教」、把當代宗教現象放在三種取向(宗法性宗教餘續、核心性宗教替代、邊陲性宗教擴張)裡來加以探討、把台灣複雜歷史過程中的宗教活動歸類爲六種類型、把可能是

13 出於組織的惰性，既存的宗教組織往往不能在組織與領導方式上做出太快的調整；而既存的宗教組織在被既有文化傳統與社會法令承認的優勢條件下，也往往在反應社會大眾心理的需求時，有著某種落差，於是當社會處在一個變動較快速的情況時，在既存組織未能及時反應外在變化的情況之下，給予了新興宗教團體較大的發展機會。

不同性質的「克理斯瑪崇拜」放在一個宗教型態裡來加以討論、把信徒社會心理特質的變化以一個主要概念(宗教信仰個體化)來囊括，這些概念雖然有助於我們討論有關議題，卻也限制了我們觀照的角度，讓我們在過多的注意到社會結構面向的同時，一方面對於宗教本身獨立性範疇的存在未能多做處理(譬如說宗教領導者或一般參與者如何可能自發性的讓某個教團產生教義上的改變，而使教團成爲領導社會風潮與抵抗社會既存發展趨勢的宗教團體)，一方面對於許多較微觀性的互動過程也未加以注意(譬如說信徒狂熱的參與某個教團，其與領導者間所形成的緊密關係，可能是相當微妙的，遠超過本書中的分析所能描繪)，這構成了本書最大的一個限制。

其次，和第一點很有關係的，由於有著較高的理論上的企圖，於是本書雖力圖在經驗材料與概念推論上保持著一個平衡的關係，但在有限的實證資料與參考文獻的限制之下，本書在推論時，很多地方不得不以一種邏輯性的關係，而非完全能以足夠的實證材料來做論證上的支持。這是本書在追求系統性論述的同時，所不得不帶有的內在缺陷，因此本書中的某些概念，還不能說是有十足的實證材料的支持，這是有待進一步檢證的。另外，本書中所提出的一些概念，主要是在提供一些可行的思考方向，它們在概念的細緻度上也還有待加強。

而就本書所處理的主要對象而言，雖然在行文中，我們經常提到了華人社會或是華人宗教文化這樣的名稱，但實質上直接的考察對象還是限定在台灣當代社會中的宗教活動，這是要特別加以說明的。

而在處理台灣的宗教活動時，我們是盡量的把其還原到原歷史與文化脈絡中，也就是台灣島嶼獨特的「重層化」發展史，與其背後與它有關的華人文化長遠的宗教文化形成過程裡。然而，所謂當代華人的宗教活動，在不同地區裡，像是台灣與中國大陸地區，它們雖然在宗教文化上有其相近的傳承，但亦有著相當不同的發展軌跡，應加以區別。像是台灣人自日治時期即開始現代化，近代在原有宗教文化多有保留的情況下，又忽然邁入一個體制多元化的時代，這其中有斷層亦有連續(歷史的斷層與文化傳統上的執著)；而中國大陸的廣大的農村始終是民間宗教豐富的生存土壤，以及在中國現代史中自發性的打倒「封建迷信」的運動始終層出不窮，包括了共產主義的興起與文革對宗教的嚴重打擊等等，這其中則是有連續亦有嚴重的斷層(歷史的連續與文化上反傳統運動的流行)，兩相比較，各自有各自的主體性，已不能等同看待。

而在本書中，我們只是密集性的探討了台灣當代的宗教活動，中國大陸地區在逐漸開始了其改革開放進程以後，宗教部門會以什麼方式出現在該社會？新興教團在該社會又會有著什麼樣的基本面貌(例如參考高師寧 2001: 283-294)？這些是本書完全沒有加以探討但卻是相當有趣的問題。我們注意到，基於傳統社會結構與文化內容的相似，台灣與大陸當代的宗教活動，當然會有一些類似的發展軌跡，但是隨著台灣多元化體制的引入，兩個地區的發展差異將會愈來愈大，二者相當值得做一比較。這一方面的問題隨著中國大陸當代新興宗教活動的漸趨發展，乃愈來愈有可供實證分析的資料出現，本書限於篇幅與主題，對此問題雖未著墨，但有關的研究將有助於產生更具有啓發性的理論框架[14]。

14 1949年以後中國大陸的宗教發展當然與台灣逐漸產生了差異，這主要是因爲共產主義的意識型態基本上是反宗教的。我們或許可以假定如果中國未實行共產主義，則發生在當代台灣的制度性宗教的浮現與蓬勃發展，也同樣的會發生在中國大陸。當然這個問題或許已不是如此有意最後，以社會分化的角度來處理新興宗教議題，所能涵蓋的問題還是非常有限，有許多和當代台灣新興宗教現象息息相關的社會過程，我們都未能加以處理。像是全球化、媒體、科技等等面向，這些都還有待我們未來在理論與經驗層面能再有所增廣與整合，才能有助於更廣泛而深刻的反省宗教活動在當代台灣社會中所具有的性質與變遷模式。另外，就實質層面來看，本書在分析中，所涵蓋的當代台灣宗教活動的細節性資料還是不夠，像是「新時代運動」(New Age Movement)(參考陳家倫2002a)、藏傳佛教(參考姚麗香2000)(見照片7-1)、氣功養生團體等等，這些當代在台灣愈來愈為蓬勃發展的宗教活動，本書都未能把其放在台灣的脈絡裡來加以深

(續)

義，因為出於種種歷史原因，中國大陸確實實行了反宗教的共產主義。不過我們或許還是可以預期，一旦中國大陸對於共產主義意識型態的執著有所減輕，則制度性宗教的勃興，很可能將會在未來的中國大陸社會裡出現。類似的觀點，例如邢福泉在比較Welch與C.K.Yang兩人對於華人社會佛教未來前途的看法時，指出C.K.Yang的預測較Welch的來得正確，因為前者注意到了佛教有可能在華人社會裡取得復興，而後者持的是較悲觀的看法，這是不符當代台灣宗教發展的事實的。邢福泉(1992: 16-17)論述道：「當威爾治(Holmes Welch)研討中國佛教之未來時宣稱：『如果中國共產黨未占據大陸，中國之佛教何去何從？我認為下述三種繼續之趨勢會決定其命運：支持佛教之俗人日漸減少；佛寺經濟之破產；及怠於佛法之修行。』(Welch 1968: 264)。但C.K. Yang則持不同之見解，彼宣稱：『第二次世界大戰後可能為中國佛教復興之時機，但此一機會卻因共產黨於1949年之占據大陸而結束。』(C.K.Yang 1961: 359)。如吾人將威爾治之觀點與今日台灣佛教作一比較時，其觀點顯有差誤。玄奘寺與佛光山獲俗人及政府之強有力支持是為一例。」更近期的討論來自Dean(1998: 273-295)，根據資料，他根本就懷疑共產主義政權的國家體制，是否曾真正的取代了中國地方性的民間信仰，而隨著中共政權的改革開放，地方性民間信仰隨之的活絡化與表面化，更是說明了它無比堅韌的生命力與極活潑的可隨著時代而調整的適應力與創造力。

照片7-1 藏傳佛教的蓬勃發展，是一個在當代台灣引人注目的新興現象(攝於2002年4月，藏傳佛教薩迦派主要領導者薩迦法王在台北舉行法會時的會場)。

入探討。延續本書的主要關懷，這一方面自然還有待收集更多的資料，並在社會學相關概念工具的協助下，才能在未來，更準確地對台灣當代新興教團與修行網絡中的各種相關活動有所定位與了解。

附錄一

台灣新興宗教團體的世界觀與內在運作邏輯：一些暫時性的看法

弘法就爲的是兩件事，一是眾生的生命得以健康平安，二則是眾生的慧命能生滋長住自性本位(1998a: 98)。確實的相應——自身百分之百的實證覺受，無可否認。從自己已經不再懷疑自性的不思議，信根具足的力量不斷引動佛性無所不能的能用自然而顯；於是這個良性循環更增益自己的信心。慢慢的，由內法界自身的身心開始和諧、健康，進而影響到外界周圍環境。家庭和樂、事業順利，世間法沒有煩惱更增益了世出法修行的福慧資糧。在沒有煩惱中定力增強，定力一增慧力亦增，於是實證愈高(1998a: 137)（李善單，《「佛乘宗大緣精舍」的領導者》）。

一、前言

本文的目的，在對於台灣當前新興宗教團體蓬勃發展的現象，提出一些暫時性的看法，尤其是以當前台灣各種新興宗教團體背後的世界觀(參考後面的定義和討論)做爲一個觀照的起點，本文嘗試具體的來說明，台灣當代各種新興宗教現象所代表的意義。由於既有的相關研究，所能提供的資料尚不十分充足，本文的企圖因此仍然只是在於提供一些暫時性的推論，而非任何具體性的結論。

近年來，台灣社會中各種宗教團體的發展非常蓬勃，除了幾個佛教的大型道場有著急速成長以外(江燦騰 1997)，一些新出現的中型或小型宗教團體，也有著突出的增長(例如見鄭志明 1995a，1995b，1996，1998)。幾次在媒體上傳出的宗教事件，像是中台禪寺剃度事件、宋七力斂財事件、太極門詐財案、妙天禪師詐財案等等，在媒體的大肆報導中，似乎也顯現出台灣民眾對於新興宗教的追求已經達到了非常「狂熱」的地步。尤其是在宋七力或是妙天事件以後；許多信眾——尤其許多還是所謂的「高級知識份子」，在事件發生之後，不但沒有表現出被欺騙的感覺，一時之間反而聚集起來繼續熱烈的支持著他們的領導者(參考莊佩埼 1997)，這種現象在過去似乎也是不常聽到過的。而一般媒體的評論，當然還是繼續批評著民眾的無知和台灣宗教的迷信色彩；或者進一步的評論則指出：知識不能解決人類所有的問題，宗教信仰仍然是人間所不可或缺的。然而一般媒體的這些看法，在某種程度上，或者是忽略了台灣新興宗教參與者內心眞正的心理狀態；或者是在還沒有足夠證據下，就太快預設了，今天台灣宗教活動的旺盛和過去傳統宗教的盛行是沒有什麼兩樣的。這兩者似乎都缺少了對於台灣當代新興宗教團體內部實質基礎與運作邏輯的一種更深入的理解。

同樣地，學術圈方面，也還欠缺對於台灣新興宗教現象比較深入而廣泛的處理。少數學者曾針對個別新興宗教團體做過個案分析(例如筆者 1999；王見川、李世偉 1998；鄭志明 1995a，1995b，1996，1998)；在整體概念思考上比較有貢獻的則有李亦園(1983，1984)、董芳苑(1986: 320-321)、鄭志明(1996)，和瞿海源(1989)等等。

在討論之前，讓我們也先對本文所使用的「台灣新興宗教」，這一個名詞做一番說明。隨著社會環境的變遷，任何時代、任何地區，經常都會有新興的宗教團體或是傳統宗教團體新興化的情況出現，因此「新興宗教」這一個用語在定義上是有其困難的。不過因爲在近代有幾個新興宗教的潮流特別受到矚目，因此通常也獲得了宗教社會學學者較廣泛的注意。其一是歐美1960至1970年代的「新宗教運動」(New Religious Movements)(例如參考 Robbins 1988; Wallis & Bruce 1986)所代表的一種西方理性社會中的「反文化」的興起(counter-culture)；其二是1980年代末期至今歐美新興宗教活動中的另一個熱潮「新時代運動」(New Age Movement)(例如參考 Heelas 1996; Kyle 1995; Melton 1992: 163-180)所代表的一種結合神秘主義並強調自我性靈開發的新潮流；另外在日本，則有著大約是20世紀初期以後，所發生的反映出了日本社會結構急遽變遷的所謂「新宗教」(New religion)、或是更近的(1970 年代以後)更強調精神和性靈面向的「新新宗教」(“New” new religion)(例如參考 Clarke & Somers 1994；Inoue Nobutaka[井上順孝]1991)；而在當代全球所普遍發生的宗教熱潮裡(參考 Beyer 1994; Roof 1991; 邢東田 1995)，在不同地區，也都發生著各種性質不同的新興宗教現象(例如參考 Lee [1994] 對馬來西亞新興宗教的研究；Hackett [1987] 等人的對奈及利亞新興宗教運動的研究等等)。

至於台灣學者對於台灣宗教團體的研究，也有特別以台灣戰後至今或是台灣目前較具有活力的宗教團體爲研究對象的，幾個名詞像「新興宗教」(董芳苑 1986：320-321；鄭志明 1996)、「新興宗教現象」(瞿海源 1989)、「新興宗教運動」(林本炫 1991)也都各有指涉，雖然這些名詞大致上都指的是台灣戰後(1945 年以後)的新興宗教團體，並且通常也包括了傳統宗教新興化的團體在內(不過鄭志明[1996]和林本炫[1991]的定義裡則沒有包括)。不過整體來看，對於「新興宗教」這一名詞的用法，台灣的學者之間還沒有獲得很清楚的共識，而這些關於定義方面的爭論，也不是我們在此嘗試要來解決的(參考鄭志明 1996)。不過以下，爲了討論上的便利，我們想要特別限定本文所要處理的範圍的。基本上，「台灣新興宗教」雖然可能有著各種指涉，本文採用的則是鄭志明(1996)的講法：也就是用新興宗教來指涉台灣的各種新興宗教團體，但卻又不包含傳統宗教新興化的團體；同時，本文也只處理在台灣解嚴(1987)以後有著快速成長的各種具有組織形式的宗教團體；但是本文並不處理和基督教、天主教、伊斯蘭傳統直接有關，但卻和台灣民間宗教傳統有著比較大的差距的各種新興宗教團體。

這種做法，當然還是有很大爭議性，鄭志明(1996)曾指出，新興宗教團體和傳統宗教新興化的團體，在分辨上很不容易，比如有些新興宗教團體還是打著傳統宗教的招牌，有些被視爲傳統宗教的新興團體，其組織與運動方向也愈來愈與新興宗教相似。不過基本上，傳統宗教新興化團體「在教義與儀式上大致還是承續了傳統宗教的作法，只是在組織與發展的型態上隨著時代的潮流作了某些相應的改變而已。至於新興宗教團體其改變的部分比較多，且涉及到儀式的改造。」(鄭志明 1996: 277)當然，若要以「傳統宗教／新興宗教」這種二分法來定位不同的宗教團體，必然會涉及到不同宗教團體之間對於「正統／非正統」的意識型態之爭，學者的列舉和定位也很可能會和各宗教團體參與者的自我定位間有所差異。不過，爲了接下來討論上的便利，我們底下還是嘗試先用列舉的辦法，來指出本文所要處理的實際的對象。基本上，在本研究中所要處理的「新興宗教」，是指在台灣解嚴以後才開始快速蓬勃發展的新興宗教團體，在意含上大致是包括了：

一、幾個中大型的新興宗教團體，雖然多少都具有一些佛教色彩，但各個團體的作風卻非常不同，像是清海的「禪定學會」、盧勝彥的「眞佛宗」、李元松的「現代禪」、包玉蘭的「佛乘宗學會」、李善單的「佛乘宗大緣精舍」、彭金泉的「大乘禪功學會」，妙天的「印心禪學會」和宗聖的「萬佛會」等等。

二、另外則是一些散居台灣各地的較小型的修行團體，像是一些小型的禪修或密教團體，人數由幾十人到幾千人不等，常以各種協會或研究會爲名舉辦各種和修行有關的活動，舉例來講，像是「大日如來學會」、「心靈瑜珈學園」、「亥子道」，和前此曾傳出財物糾紛的「中國天地光明協會」等等這類五花八門大小不一的團體。

三、而這裡要特別指出的是，在我們的討論裡，並不包含傳統的廟宇，同時也不包括「弘化院」、「一貫道」、「慈惠堂」、「行天宮」、「儒宗神教」等等團體。並不是我們認爲它們在解嚴以後已經減緩了成長，而是說它們的快速成長大致是在解嚴以前就已經發生了，因此在此不列入我們討論的範圍。另外，幾個一般認爲是較正統的佛教組織，也就是傳統宗教新興化的團體，像是「佛光山道場」、「慈濟功德會」、「法鼓山道場」和「中台道場」，雖然都是在解嚴以後才開始快速發展的，也具有某些和其它新興宗教團體類似的特質，不過它們在意識型態上仍有濃厚的正統色彩，教義與儀式皆與傳統佛教有著較爲清楚的連續性，新興宗教的色彩表現得比較沒有那麼明顯。對這些團體，本文在此也暫時不做處理。同時，幾個由國外傳進來的新興宗教像是「奧修靜心會」、「山達基」(Scientology)、「國際奎師那意識協會」(ISKCON)、「超覺靜坐」(Transcendental Meditation)等等，也不在本文的討論之列；此外，如同前面所述，本文也不處理和基督教、天主教、伊斯蘭傳統直接有關，但卻和台灣民間宗教傳統有著較大差距的各種新興宗教團體。

當然，這種列舉法既不周延也很可能會有所遺漏，並不能做爲界定「新興宗教」的依據。不過由另一方面來看，因爲我們的研究對象，主要是廣泛的存在於各個新興宗教團體背後的一個共通的世界觀(見後所述)，而非個別的宗教團體，因此在此列舉過程中的遺漏，對我們討論的結果，相對來講並不是那麼的大，這是這裡要特別先做說明的。

現在，讓我們再回到台灣學術圈對於台灣新興宗教的討論。首先，董芳苑(1986: 205-227)在對於台灣戰後「新興宗教」的討論中，曾歸納出了六點「新興宗教」可以發生的原因：社會危機的影響、民族意識的激發、現世安逸的嚮往、原有宗教的反動、來世極樂的期望、宗教天才的發明。這些說法相當具有參考價值，不過尚缺少對於台灣整體社會脈動的一個比較系統性的分析。

李亦園(1984)在其對於民國70年代早期以前宗教現象所做的分析裡，對於當時的宗教現象，分成了兩個趨勢來看的：一個是功利主義的趨勢，一個是虔信教派的活躍。他指出儘管社會的變遷是多麼急速，台灣社會中宗教發展的模式仍然是不脫傳統中國文化的約束的，這主要指的是：1.我國傳統宗教體系中宗教與道德倫理系統有著相當的分離；2.這種分離在小傳統的社會(民間社會)中更爲嚴重，也就是宗教會更趨於巫術性、形式化、甚至商業化；3.而對以上這一種情況的反動，也就是社會上會產生所謂的道德復振運動或虔信教派的盛行，企圖以經義或儀式的方法恢復傳統道德標準的宗教。李氏於是更認爲功利主義與虔信教派的趨勢，恰是在正反兩面表現了中國文化對宗教現象所發生的作用。李亦園(1983)在另一篇文章裡，則嘗試套用 Douglas(1966，1973，1978)的「群格理論」(Group-Grid theory)，以新興宗教儀式活動展現的模式，來對民國

70年代初期以前的各種新興宗教現象做一個歸類和說明。他嘗試要說明的是：傳統的華人社會是一個傳統親屬群體約束力量大、且個人角色規範明確的社會，但是西方文化東傳以後，在社會急遽變化中(主要是工商業取代農業，使得傳統群體與個人角色關係起了變化，都市化和人口遷移使傳統社會關係也改變)，這兩者的力量卻都減弱了。相應於此，於是社會上產生了可以對應於 Douglas 理論中的幾個不同的異質化的階層，其並分別產生了各自其所特有的宗教上的形式。

瞿海源在1990年左右所做的觀察中，曾明確點出了當時台灣的新興宗教中(主要包括了台灣戰後以來的各種新興宗教團體，像是「新約教會」、「天德教」、「天帝教」、「弘化院」、「一貫道」、「慈惠堂」、「行天宮」、「儒宗神教」等等)所具有的七個外顯的特性：1.全區域、2.悸動性、3.靈驗性、4.傳播性、5.信徒取向、6.入世性、7.再創性與復振性(1989: 234-239)；並且其所提供的對於當時新興宗教發展原因之探討，和李亦園(1983)類似，都非常強調著一種社會學的面向(1989: 239-241)——也就是一種一般所謂的新興宗教的「社會解組論」或「社會迷亂(anomie)論」(參考 Yinger 1970: 170；Earhard 1989: 222-227)：社會分化或複雜化增加了人們的不確定感，使得人們更走向宗教，以及都市化和傳統社區的瓦解也促進了都市中新興宗教的發展；換句話說，社會解組或迷亂是造成一個社會新興宗教發展的非常重要的原因。在此之後，台灣新興宗教研究的學者在討論上，也大致不出瞿海源所提出的一些基本概念和討論架構。尤其是鄭志明在1990年代中期以後，對於台灣新興宗教的觀察中，發現瞿海源早先所提出的幾點關於台灣新興宗教的外顯特性仍然頗爲適用(1996: 274-275)，而他對瞿海源所提出過的「靈驗性」的概念，則做了更詳細的說明，並認爲它是判定台灣當前新興宗教的最重要的準則(1996: 278-280)。

以上的研究，雖然提供了一些思考台灣新興宗教現象的良好架構，不過大部分的討論還是以較爲一般性的說明和外在概念架構上直接採用居多，缺少對於一些宗教現象或宗教團體更爲具體的分析。尤其是對於形成新興宗教團體的基本元素之間所可能存在的複雜互動關係(如社會結構因素、華人宗教傳統，與領導者的創新等要素之間的互動)，也缺少更完整的說明；其次，當學者在指陳台灣新興宗教的各種外顯特徵之時，似乎也還不能夠進一步的找出這些特色之間，最基本的關連性，以及在台灣各種新興宗教現象底層，一個台灣新興宗教所具有的根本性質到底何在。

以上這些既有的研究取向，對於了解台灣的新興宗教現象都是極有貢獻的，值得進一步去加以開發。不過在這兩種做法(提供新興宗教社會成因的解釋，和列舉新興宗教外顯性的特性)以外，本文在此想要做的，卻是另一種對於新興宗教的處理方式。這種做法是：我們首先假設台灣當代各個新興宗教團體的背後各有其隱含的一套世界觀(world view, 參考我們後面對此概念的定義和討論)，而因爲當代台灣新興宗教團體的勃興，俱是在同一個歷史時空中所發生的。因此在這些不同套的世界觀之間，我們又進一步假設其間有著某種共同或類似的成分存在。並且這些類似的成分，也間接或直接的和台灣新興宗教團體各種五花八門的現象有關。於是進一步的，只要我們能適當捕捉這些共同或類似的成分，一方面我們可以因此而對新興宗教外顯特性底層的基本性質有一個更深入的釐清；一方面我們也可以更進一步地來推測，什麼樣的社會成因才是和新興宗教現象更具有著直接的關連性？而這種做法的好處是，在現有相關研究相當不足的情況下，直接由新興宗教團體背後的世界觀與內在運作邏輯來思考，我們或許也比較可能對於台灣的新興宗教現象，先有一個暫時性的全盤理解。

類似的這種以世界觀的角度來分析新興宗教的作法也曾出現於Hardacre(1986: 16)，她以日本「新宗教」中的「黑住教」爲主軸，進一步加以擴展而系統性的分析了在日本不同「新宗教」團體底層一套共通的世界觀，並且指出在這套共通的世界觀中，一種「相信自我是可加以控制的觀念」，是傳統的日本佛教和神道教中比較淡薄的，而其對於日本「新宗教」的影響則是巨大的。另外，從事華人民間宗教研究多年的研究者 Overmyer(歐大年)(中文未出版講稿)也曾以「中國民間宗教的秩序和內在理性」爲題，試圖在各種五花八門看似雜亂的華人民間信仰活動中，尋找出一套內在的規律，並指出華人民間信仰「既不迷信也非脫序」，自有著「建立於自身信仰和前提的秩序與內在理性」， Overmyer 這種處理宗教議題的角度，也是和前述的 Hardacre 類似的。而本文的討論是深受到這兩位學者上述觀點的啓發的。

這一種處理的方式，背後是有著很強的預設存在著的，也就是在其中，一方面我們隱含性的認爲了：一旦新興宗教團體的出現和發展，在一個社會中一時蔚爲一股潮流，那麼因爲它們是俱起自於一個同樣的社會情境，因此很可能，至少對於其中某些社會組成較爲相近的新興宗教團體而言，在其背後是有著某些類似的基本訴求和宗旨的；另一方面，我們也先假定了，假設一些宗教團體的世界觀中有著類似的成分，這些成分將不只是一套存在於人們認知層面的概念而已，它還會在相當程度上，影響到這些宗教團體各種內部與外部活動(像是儀式、人際互動與傳教的活動等等)的表現的方式，也因此如果我們能夠適當的捕捉到台灣當前新興宗教團體背後世界觀中所共有的某些成分，我們大致上也就能夠更清楚的釐清，台灣各種五花八門的新興宗教現象背後，所可能存在的一種內在運作的基本邏輯，而這也是本文的一個基本的研究立場和取向。

換句話說，在本文的處理裡，我們已經先隱含性的假定了：台灣當代的各種新興宗教團體，可以是清海的「禪定學會」，可以是盧勝彥的「眞佛宗」，也可以是彭金泉的「大乘禪功學會」，因爲它們有著相對來講是較爲類似的宗教傳統(華人民間社會中的宗教傳統，見後所述)，又俱在同一個時空中，幾乎是同時的取得急速的增長，因此在其背後的世界觀中，是可能有著一些共通的東西存在著的。

當然，這實在是一個很強的預設，尤其在學界還沒有對於台灣的「新興宗教」提出一套清楚的定義和分類系統之前(參考鄭志明1996的討論)，就做這樣的一個預設，的確是存在著某種危險性。不過，由另一方面來看，這樣的做法卻也有著許多好處，最主要的是：這一種處理的方式，確實能夠幫助我們對於當前台灣的新興宗教現象，有一種抽象層次比較高的本質性和全盤性的理解，它也將使我們更容易直接跳入問題的核心來思考台灣的各種新興宗教現象；同時，我們也要注意到，這一種處理也不全然是沒有經驗上的基礎的。事實上，本文即將要進行的各種討論上的要點，都是根據筆者在許多台灣新興宗教團體實際參與和資料收集的過程中，所逐步形成的一些看法，這些看法並經過了在觀察過程中進一步的確認或否認，才逐漸形成了更進一步的暫時性的結論。也因此，本文背後強烈的預設，在某著程度上也是有著它經驗上的基礎的。

而本文的主要資料來自於：一、本人曾對幾個重要新興宗教團體在台北地區的連絡處或分會做了相當的接觸[1]，並對個別團體，收

1 本人曾直接接觸的新興宗教團體(總會或是台北地區的分會)主要包括了：清海的「禪定學會」、盧勝彥的「眞佛宗」、「佛乘宗」、「佛乘宗大緣精舍」、「大乘禪功學會」等等。此外，由蒐集到的相關出版品

集了相當程度的資料(包括各種書面資料以及在電腦網路上有關各宗教團體的豐富資料)；二、同時，本人也參加了部分前述團體所舉辦的共修或是法會的活動，在活動中也曾非正式的和其它參與活動的幹部或參與者做過簡短的訪談。在這些資料的基礎上，我們因此可能對於台灣的新興宗教現象做一些嘗試性的推論。以下，就讓我們開始來對台灣新興宗教團體背後所存在的世界觀與內在運作邏輯一一來做探討。

二、台灣新興宗教團體背後世界觀中所具有的共通的成分

世界觀(world view)是一個由文化人類學家所發展出來，做爲了解人們認知層面的內涵，和用此來進一步做爲不同地區「跨文化比較研究」基礎的一個概念(例如Redfield 1952, Kearney 1984)。最典型的定義來自於Redfield(1952: 30)，他對世界觀一詞做過如此的說明：

> 「世界觀」不同於文化、意索(ethos)、思考型態(mode of thought)和國民性等概念，它是一個社會中的成員在其行動上所具有的特質。「國民性」所指涉的是人們由外部對於一群人的看法，而「世界觀」則指涉的是一群人向外看待的方式。以上這些我們都可以稱其是文化，而「世界觀」特別指的是一個特定社會中一個人如何看待自己與其它事物之間關

(續)

裡，本章分析的對象還包括：「現代禪」、妙天的「印心禪學會」，以及「萬佛會」等等。

> 係的方式。它說明了種種和自我不同以及和自我相關的存在物所具有的性質，簡單的說，也就是人們對宇宙的看法。它是對於人們下列問題的解答的觀念上的組合，像是：我在哪裡？在什麼樣的世界中我產生了行動？我和這些事物之間的關連又何在？

延續這個定義，世界觀一般指的也就是一群人對於自我、他人、分類概念、因果關係，以及時間和空間等的一套系統性的看法(參考 Kearney 1996: 1380)。涉及這個概念的爭論很多，主要的焦點是擺在它和其它概念之間的區別或混淆到底何在(例如Geertz 1957)？它和語言之間的關係為何(例如Werner 1970; Whorf [1927-1941]1956)？以及它是否具有一些基本的普遍性的範疇(例如 Jones 1972; Kluckholn & Strodtbeck 1961; Redfield 1952, 1953)等這些問題上，限於篇幅我們在此就不再涉及這些討論。

早期世界觀這個概念，雖然主要是被應用在較封閉的社區中(例如 Hoebel 1978; Kearney 1972)，近來也有學者不再受限於地域的範圍，例如像是開始藉此來處理移民的世界觀轉變的問題(例如 Basch et al. 1994)，而更進一步的則有 Hardacre(1986)，她曾應用世界觀的角度，以在日本「黑住教」中所收集到的資料為基礎，而對日本「新宗教」的現象做了相當深入的分析。

以一套共有的世界觀來解釋一群分佈非常散漫的人群的作法，的確有爭議性。不過這種分析角度被使用的本身，事實上也反映了當代世界情境的一種演變，也就是由於傳播和運輸上的便利，可能擁有共同或類似的一套世界觀的人們其間居住的距離，已經愈來愈擴大了，因此擁有類似世界觀的人們，也就不見得一定是屬於一個狹小的地域範圍內了。也正因為如此，我們也就比較可能用世界觀這個概念，來處理一個更廣泛的人群們所可能具有的類似的認知世界的圖像。

而由更動態的層面來看，正如同 Horton所說的：

> 透過說明各種行動與事件所可能會產生的後果，[世界觀]可以幫助人們對未來預做準備，同時若我們能夠展現出來其實表面上複雜多端的現象也只是少數相關性的幾個原則間的運作而已，我們對於這些[複雜的現象]也就更能夠加以理解了(Horton 1962: 213, 轉引自 Hardacre 1986: 8)。

也因此，如果我們能夠理解一個群體的人所共同具有的世界觀的話，我們也就可能更進一步地，來認識這些人們在行爲所具有的動態層面，於是這種以一群人們所共同擁有的世界觀做爲關注焦點的研究取向，其實質研究成果因此也很可能是相當豐富的。

回到我們所關心的主題台灣的新興宗教上來，如果以世界觀的角度出發，我們首先要問的是，如果在解嚴以後台灣所興起的各種宗教團體是俱起自於一種共同的社會處境當中的，那麼有沒有可能在這些團體的背後，存在著一些共同的關懷或訴求，或是更進一步的，一套共同的世界觀呢？

對於這個問題的回答，顯然是必須建築在對於各種宗教團體世界觀的完整而系統性的考察，而這樣的一種討論基礎，卻似乎是我們現在所沒有的。不過在此，我們倒是可以退而求其次，先假設台灣每一個宗教團體的背後都隱含性地或是明顯地存在著一套特有的世界觀，而在不同的新興宗教團體間，雖各有不同的世界觀，但是其世界觀中卻有著一些共同或類似的成分，是和傳統宗教團體中的世界觀有著某種差異的，而我們也假設這種差異的存在，會使得台灣的新興宗教團體表現出種種和傳統宗教有別的樣態，於是，在這些假設之下，我們也相信，尋找台灣不同新興宗教團體背後世界觀中的共通的成分，這種研究方向的本身是有意義的。

不過，前面這一連串的假設，事實上又牽涉到了另一個方法論上的問題：如果世界觀是一套關於幾組不同範疇的觀念之間，相互整合良好而構成的一套整體性的系統的話，那麼我們是不是還有可能，在各種有著有機性和整體性的不同套的世界觀之中，抽離出某些共同的或類似的觀念呢？而就算是能夠找出這樣的一些觀念，我們又應該對其做出什麼樣的一種註釋呢？

我覺得這個問題的答案，要視不同套世界觀背後的基礎與傳承而定，在對於某些套世界觀之間的討論中，因爲其原本就有著類似的傳統，因此是有可能以前面所說的這種方式來加以處理的。換言之，在不處理屬於基督教、伊斯蘭教等具有外來宗教傳統的新興宗教的情況下，本文已經隱含性的先假定了：在台灣當前不同新興宗教團體背後的世界觀中尋找共同元素的做法，在方法論上是可行的。當然，這個假定需要進一步的資料來做檢定，不過本文在此願意先暫時性的接受這樣的一種立場。

而本文接下來的討論，也完全是建築在這樣的一種立場上的。根據筆者實際的參與和觀察，在經驗上，筆者傾向於認定，在台灣當前各個不同新興宗教的世界觀背後，至少有幾個觀念，是相當具有共通性的，而對於這些共通性的討論，也正是本文論旨之所在。

以下，在我們討論這些共通性之前，先來看一看傳統華人社會的一套世界觀到底是什麼？因爲事實上既然當前台灣的新興宗教團體是在台灣的文化環境裡發展出來的，其所擁有的世界觀當然應該會和傳統華人的世界觀有著某種連續性，因此在此我們也應該來對傳統華人的世界觀先有一個基本的認識。

李亦園曾經指出(1995: 126-136)，華人文化中最基本的運作法則是追求均衡與和諧。而爲達到最高均衡與和諧的境界，則是要在三個不同層面上(自然系統[天])、有機系統[人]和人際關係系統[社會])共同獲得均衡與和諧。他用了這樣的一個圖(見附圖1-1)來做說明：

附圖1-1　華人傳統宇宙觀的基本架構

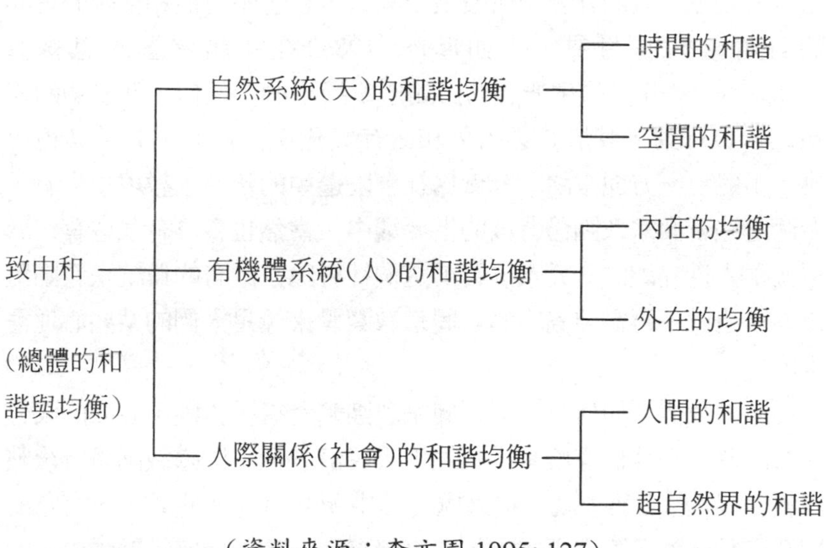

(資料來源：李亦園 1995: 127)

而傳統民間文化理想中的最完善境界，也就是「無論是個人的身體健康、以至於整個宇宙的運作，都以此一最高的均衡和諧爲目標，而要達到此目標，就是要在三個層面的次系統都維持均衡和諧。」(李亦園 1995: 128)。

李亦園更進一步指出，這個三層面的均衡和諧系統是華人信念中，總體和諧的三步驟，而它也在縱的形式上勾連了華人文化中大傳統與小傳統兩部分：在小傳統的民間文化上，追求和諧均衡的行爲表現上在日常生活上最多，因此總體的和諧目標大都限定在個體的健康及家庭興盛上面；而在大傳統的仕紳文化上，追求和諧均衡則表達在較抽象的宇宙觀以及國家社會的運作上。

這一套傳統華人的世界觀，事實上和今日台灣新興宗教團體背後的世界觀，仍然有著密切的關係。因爲台灣今日的新興宗教，本來也就是在華人的社會中所發展出來的，它也不可能和傳統的世界觀有著太大的割裂，正如Fisher(1984)在「論述上的忠誠」(narrative fidelity)這個概念的討論中所指出的：任何一個成功的組織或社會行動，其形式必須要和既存文化中的內容，有著某種符應。不過另一方面來講，就做爲社會變遷中的新興宗教現象來看，台灣這些新興宗教團體背後的世界觀中，當然也會具有某些有別於傳統華人世界觀的新元素，否則這個社會除了既有的傳統宗教團體以外，也就不再需要其它的新興宗教團體來滿足人們的某些心理需求。

至於我們要如何來捕捉新興宗教團體背後世界觀中共同的成分呢？的確，在我們還沒有系統性地來釐清各個不同宗教團體背後整套的世界觀[2]之前，就直接來處理其中所共有的某些成分，有它的困難與危險性。不過事實上，在直接參與各個新興宗教團體內部的互動與閱讀其內部各種豐富的出版品之後，我們並不難發現，這其中有著某些非常類似的內容，不斷的在不同的形式中被表達了出來的。以下，爲了討論上的便利，在討論台灣新興宗教團體背後世界

2 雖然鄭志明(1995a，1995b，1996，1998b)對於新興宗教團體的研究曾累積了大量豐富的成果，不過在關於新興宗教團體背後世界觀這個問題的討論上，我們目前所有的文獻還是十分稀少。

觀的共同成分之前，先讓我們直接跳入各宗教團體的相關資料中，來看一看其中可能存在著一些什麼樣的基本訴求與宗旨。譬如說，在比較注重神通感應的「佛乘宗大緣精舍[3]」裡，其領導者李善單(1998a)曾說過這麼樣的幾段話：

> 弘法就為的是兩件事，一是眾生的生命得以健康平安，二則是眾生的慧命能生滋長住自性本位(頁98)。
>
> 觀自在菩薩到此可是下了結論：過去、現在、未來的一切眾生，如果能皈依著自身自性佛位而且完全覺證自身佛性十大一如的不思議，那麼無上正覺的成就——成佛是必然的事(頁130)。
>
> 我們可以大膽的說，佛教、學佛根本不是學釋迦牟尼這個人。佛陀整個佛教的教義是叫眾生——學知自己有佛性，進而覺證自身佛性不思議，最後是我佛根本無二別(頁134)。
>
> 確實的相應——自身百分之百的實證覺受，無可否認。從自己已經不再懷疑自性的不思議，信根具足的力量不斷引動佛性無所不能的能用自然而顯；於是這個良性循環更增益自己的信心。
>
> 慢慢的，由內法界自身的身心開始和諧、健康，進而影響到外法界周圍環境。家庭和樂、事業順利，世間法沒有煩惱更增益了世出法修行的福慧資糧。在沒有煩惱中定力增強，定力一增慧力亦增，於是實證愈高。
>
> 世間世出不斷圓融互益，俄然間發現自身所在之處即是淨

3　「佛乘宗學會」由緣道(羅雷)成立於1991年，其病故後分裂爲三個團體，「佛乘宗大緣精舍」、「大乘禪功學會」和「佛乘宗學會」，目前信眾約各有數萬人，參考鄭志明(1998b: 235-292)中的說明。

> 土；心不假外求，佛在裡頭坐。於是，一切苦厄俱沒，清淨法喜不止，日久生功法身自出。成證菩薩後再無退轉，如是奮力精進終是究竟明了一切實相(頁137)。

其中我們注意到，該組織強調著生命的健康、平安和自身的慧命是修行主要的著眼點，而「由法界自身的身心開始和諧、健康，將會影響到外法界周圍的環境」則是修行自然的結果。同樣的，雖然有著不同的語調和詞彙，但意思也是類似的，「禪定學會[4]」的清海曾這麼說：

> 我們的人身或我們人類的生活，不只是物質的肉體和心智的思想力，還有這兩者之外的東西，那就是靈性! 是我們內在的靈性、智慧或無上力量，帶給眾生生命及維持生命……
> ……如果我們用大智慧，用與全宇宙網路相連繫的中央智慧做事，我們就能做出許多神奇而絲毫不費力氣的事……
> 天堂人間、天堂地獄僅只一髮之隔，不同只在我們的注意力，只要我們向內集中，而不向外分散，就會認識上帝的天國。……
> 不同的國家就像家裡頭不同的房間，全家人都有權利共用，並與他人和諧生存在一起。只要我們之中仍有多數人不開悟，沒有使用我們內在的大智慧來照顧這個世界，不管所作的事是大是小，這世界還是不會變成我們所夢想或所期望的樣子。因此，未來的世界掌握在我們的手中，並非掌握在任何大國的政治人物手上。……

---

4 參考本書第五章、第六章與附錄二。

> 因為在這個時代有許多人開悟，使用智慧去加持這個世界，或者幫助鄰人走上開悟之路，一傳十，十傳百，很快的大多數人就會生活在他們與生俱來的智慧裡了，並且使用它去加持這個世界，使世界成為天堂……(《清海新聞雜誌[62期]》1996: 9-11)。

其中，我們除了人身以外，更要去追求的是一種內在的靈性，而眾人的智慧更能「加持」這個世界，使此間成爲天堂。

另外，鄭志明根據「印心禪學會[5]」的出版資料指出，該會中所提倡的「印心禪法」有著如下的性質：

> 妙天又將其「印心禪法」稱為「智慧禪法」，要人進入到「超意識」的世界，即「真空的世界」。再超越了這個超意識的第七界，進入到第八界——智慧的本體世界，達到第九界的「智慧本性」，再到第十界的「智慧本心」，所謂入禪定，就是要達到十大禪界的最後三個世界——智慧本體、智慧本性與智慧本心。對人的生命來說，是人最高層次的提昇，是最富生命力、最富創造力、最富智慧力的境界。
>
> 妙天將這樣的「宇宙禪」，落實到現實生活的實踐上，建構了「生活禪」、「工作禪」、「生存禪」、「家庭禪」、「社會禪」、「國家禪」、「世界禪」等。妙天強調人要從生活當中去體驗「禪」，要用心體的靈性的智慧去參，以靈

5 妙天所領導的「印心禪學會」成立於1980年代後期，原至少有信眾數萬人，在其傳出一連串社會事件以後，目前參與人數已有萎縮(並改名稱爲「台灣禪宗佛教會」)。對該組織更詳細的說明參考莊佩埼(1997)和鄭志明(1998b: 171-234)。

> 光去做人做事，就能超凡入聖。即妙天認為人可以運用宇宙的能量，來改變人的命運與社會的命運，達到「人人圓滿」、「事事圓滿」、「物物圓滿」、「法法圓滿」(見鄭志明1998b: 206-207的說明)。

此處，禪定的目的，是要開發人的本心與本體，達到人的一個最高的層次；而只要人能夠運用宇宙的能量，個人的命運和社會的命運也就能夠達到更圓滿的境界。

在和密宗傳統有著高度關連性的「眞佛宗[6]」裡，其領導者盧勝彥是這麼說的：

> 密教裡面還有由自己本身的拙火，就是內火，運用你的內火、氣，運送明點來衝脈，然後開輪，這一種方法是屬於內修的方法。當你這種內外修行能夠完全一致的時候，就叫做「內外打破」(盧勝彥 1992a: 229)。

具體來講，所謂的內修也就是：

> 在內修方面，單單那些名詞你就要認清楚。什麼是氣？什麼是脈？什麼是明點？什麼叫上行氣？什麼叫下行氣？什麼叫天行氣？什麼叫心氣？什麼叫上樂空？什麼叫中樂空？什麼叫下樂空？什麼叫四喜？什麼叫四空？你通通要很清楚的。而且所有七輪、六輪、五輪，你通通要認識很清楚，你才能夠內修的，因為這些東西你不清楚的話，你一下子搞錯了，

6 參考附錄三。

> 就全部都完蛋了。
>
> 這個白菩提，因為你昇起拙火，同樣要引起白菩提下降。這個白菩提從天心往下降的時候，就會升起一種初喜，就是歡喜的喜；那麼，到了喉輪的時候，就會變成勝喜，很興盛的那種喜；到了心輪的時候，變成超喜，就是一種超越的一種快樂；那白菩提一直到密輪的時候，就會產生俱生喜，就是與生俱來的那一種喜悅。這個叫做四喜。
>
> 那麼，四輪會轉化成為四空，這是一種修行。那麼，白菩提下降，紅菩提上昇，在心輪的時候，因為，紅菩提把整個肉團心燒成八葉蓮花，那麼，白菩提下降的時候，就把這個蓮花融合得更漂亮，也就是用火來把肉團心變成蓮花，那麼，蓮花必須要由白菩提下降，把它融合得更加圓滿，紅白菩提相會在心輪，就結成一般所謂的「佛」，佛性就在心輪變成法身佛，是這樣子的(盧勝彥 1992a: 233-234)。

而所謂的外修則是：

> 在佛法之間，其實都是平等的。釋迦牟尼佛經常教我們的思想是「無我、無他、無眾生」。這世界上的煩惱出現，就是因為「有我、有他」，就會有戰爭，所以，建立西方極樂世界，在我們世間之上，唯一要學習的就是：沒有我、沒有他、沒有眾生，這樣子才是一個大乘的世界，才是一個極樂世界。這個是屬於外修、外行，就是屬於你自己本身在外面修行而行於外的一種思想(盧勝彥 1992a: 229)。

這裡，說明了修行的最高境界也就是紅白菩提相會在心輪，結成了所謂「佛」的一種境界；而相對應的，則有一種所謂「外修」，也就是修行之後行於外的一種思想，是一種「無法、無他、無眾生」的極樂世界。同樣地，在有著密宗傳承的「萬佛會[7]」裡，雖然其一方面十分強調改革性的社會活動，一方面其主要的修行法門，主要還是在對於個人意識的對治，這種法門，也就是其領導者宗聖所鑽研而成的所謂「念力瑜珈」法門，該組織對此有著這樣的說明：

> 所謂「念力」，是指「身體、語言、意識」的集中，所發揮出來的功能(力量)；瑜珈意即「相應」，使物質和精神思想結為一體，所表現(反應)出來的結果。也就是心領神會，道感神交之意，使生命的物理現象，變成具有哲學意義的詮釋價值(參考網址：http://www.buddhas.org.tw/D/d12.htm)。

該會又指出，在修行上：

> 首要的準備功夫，是把所有的「情緒意念歸零」，從零開始，然後是逐步的由「發現自我」、「創造自我」、「分享自我」、「超越自我」……，依序重新「建立自我」。這就是有名的禪教公案「從零到零」的水平思考。
>
> 接下來是，把生命的族群網絡分組，在每一個單一組別之中，去散布「念力」使之「相應」。這必須花費一些時間，先從改變個體的「自我」開始，然後去接納「自我」以外的族群，重覆相同的動作就可以了。

7 「萬佛會」由宗聖成立於1980年代，是一個傳承自密教，並且也積極參與社會事務的新興宗教團體，更詳細的介紹參考鄭志明(1995b)。

> 如果你已經擁有了一個「現成的組織」，那是值得慶幸的事。因為，你只要把「念力」的訊號「放入組織」，就會產生共震所產生的無窮力量。這時候，你只需「坐享其成」，再把既成的訊號導入「意識中心」，使之發揮應有的功能，就可以完成群我的各項抱負了(參考網址：http://www.buddhas.org. tw/D/d14.htm)。

在這些話裡，顯示出了「發現自我」、「創造自我」和「建立自我」的重要性與方法，也進一步說明了個人如何利用念力與外界產生感應，並進而改變世界的途徑。

由以上這些宗教團體內部的談論中，我們可以看出來，修行根本的成就點和著眼點，隨著宗教不同傳承上的差異，是以不同的詞彙來出現的：心、佛、我、靈魂、靈性、智慧、慧命、自性、本心、眞我、無上力量、心的本能、本地風光、本來面目、本性的智慧等等都是，其實這些也都是在指涉一個最根本的「我」的存在。甚至於有些團體的講氣(例如妙天的「印心禪學會」)，講人體的能量(例如彭金泉的「大乘禪功學會」)，也都是一種對於這種根本「我」的動態展現的描述。而這種對於「我」的開發與證成，幾乎在所有台灣的新興宗教團體裡都被認定其是世間一切問題癥結之所在；而對於「我」的開發與證成，其結果將不僅使個人的生理與心理得到一種解放，甚至有時還常會附帶的有一種神通力的展現；更進一步的，家庭、社會與國家，也都能夠透過集體中這種自我的開發，而化解了種種的不安與紛亂。

這一套世界觀在表面上看起來似乎是與華人傳統的宇宙觀有些相似，尤其儒家傳統上也一直有著「修身、齊家、治國、平天下」的由內聖到外王的層級推演的觀念存在。不過在其實質運作上，它和傳統華人的世界觀是不同的。我們先把這一套世界觀中的一個基本面向用附圖1-2來表示出來[8]：

附圖1-2　台灣新興宗教世界觀的基本型態

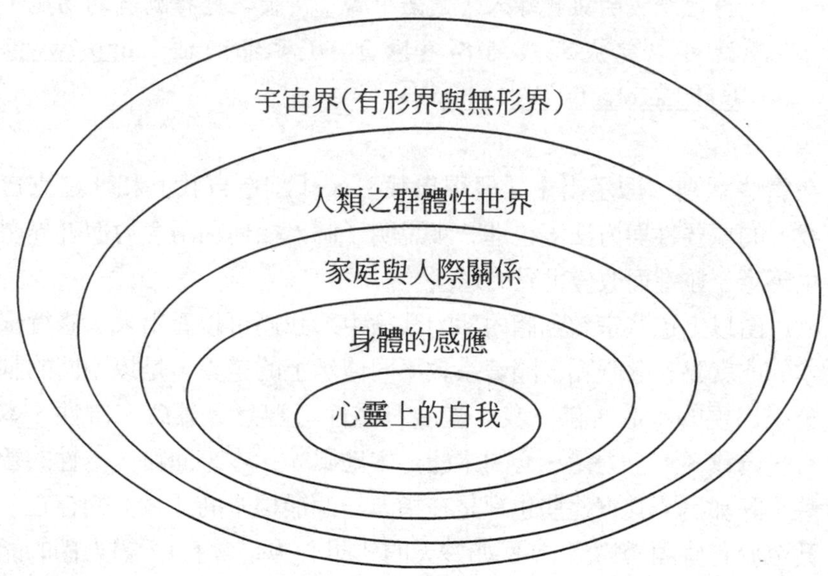

* 有形界指的是有形可見的物理或自然世界，無形界主要指的是被信徒們假設其存在的一個一般肉眼看不到，也摸不到，卻又是對人類有實質影響力的所謂的「靈界」。

8 本圖與本文初版時的樣式略有不同，本圖形是我在對於台灣新興宗教團體參與者的觀察與訪談過程中自然發展出來的，不過在我的研究過程中，我也發現到 Hardacre(1986: 13)在討論日本新興宗教時，出現過一個和此非常類似的圖，由此可見台灣新興宗教的發展和日本的新興宗教發展也有著類似的地方。不過本章對於台灣新興宗教團體背後世界觀的起源、性質和動態展現的分析，與 Hardacre 對於日本新興宗教世界觀的討論是有著很大的不同的。此外美國學者 McGurie(1991: 115)在討論美國某些吸收了東方思想的民間醫療團體時，也曾出現過類似的圖形(表現了心靈、身體與宇宙能量間和諧的重要性的圖形)，在此也可以做參考。

在圖中所顯示出來的基本面向裡，它和傳統華人的世界觀的相似點在於，它也強調著在不同層面(天、人、社會)上，要獲得相當的均衡和和諧，並且人與社會之間也有著一種接續的延伸性的關係；然而其在動態的運作上，卻和傳統華人的世界觀有著相當根本上的不同。

首先，「自我」，在一套世界觀中，被提到了最核心的位置，一切問題的解答，也都放在自我的淨化和修行上。這種對於自我修行的強調，在傳統的世界觀中，雖然也經常會以某種方式出現(譬如說對於在傳統佛教或道教寺廟中的修行者來講就很重要)，但卻很少在民間如此普遍的以組織的形式來出現。原來在華人文化傳統中所講究的三種均衡與和諧，事實上在新興宗教中最後卻都只成爲以個人爲中心的與外界和諧狀態的追求；原本有著獨立範疇的家庭、社會、天，或是外界的神靈等等，在台灣的新興宗教裡，其或者是以有利於個人修行的外力來出現，或者是僅被認爲其只是個人自我向外一種自然投現的結果。這些原本獨立的範疇，到了現今台灣新興宗教的世界觀裡，卻都只是變成了一種附帶性質的了。即使是對於最爲強調外在神通力的一些宗教團體也是如此，就如同一個中型新興宗教團體(即「圓覺宗諾那華藏精舍」，參考附錄三中的相關說明)中的密宗講師所說的：

> 比如皈依境，師父開示：「皈依境中數百萬計的聖眾，他們一一諸尊的悲心和光明，都是超越人類所能想像的，何況整個皈依境？但雖然超越人類之思量，卻還是必須盡力去觀。」……為什麼在此處師父總要強調要觀皈依境，而不說「只觀上師亦可」？只因這超越人類思量境的皈依境，就是我們自性中本具性德起用之全部顯現。因為一切諸佛菩薩聖

> 眾等，都是自性清淨性德之所流現，一尊佛菩薩聖眾，就是一種性德之流現，皈依境中涵攝法界一切諸佛菩薩聖眾，即是性德全體之顯現(見其內部刊物《華藏世界 33期》[1997年6月]：50-51)。

在這段話中，我們注意到，即使在密宗觀想法門裡，非常重要的菩薩聖眾的意像，其實也被認爲只是我們圓滿自性的一種自然投射而已。

更且，和傳統宗教不同的是，在台灣的新興宗教裡，人與外在和諧的本身也不僅是個人與不同範疇之物均衡關係的追求而已了，更大的焦點還是擺在自我身上的；新興宗教團體的世界觀中也非常清楚而明確的強調著，只要獲得自我的完成，自然能夠產生個人與外在環境間圓滿和諧的關係。就像一位「佛乘宗大緣精舍」信眾的話中所顯露的：

> ……自上了初級班之後，身心變化一一產生，而最印象深刻的是：在第六種唸佛法時，突然「知道」媽媽在家中門後打蚊子，第二天回家去，就順便問了一下，結果真的，人、事、時、地皆吻合，我自己嚇一跳……。另外，在初級班後段，禮佛拜懺時，筋骨關節是酸痛得不得了，幾乎變成慢動作的進行，就在有一次的拜懺中，右膝蓋「啪」好大一聲，剎時酸痛消失殆盡，一陣全身舒暢的感覺，太奇妙了。
>
> 當初上初級班時，上課下課，對所教的內容，好像都懂，又好像摸不出個頭緒似的，就這樣的到了中級班，上了一堂就來加拿大，感謝導師特許我繼續為五十五期弟子，由哥哥代為錄音，我成為法統中的函授弟子，並獲准回去和五十五期

> 正式皈依，並在多倫多繼續修行。也感謝此地陳小萍師姐及諸位師兄姐的護法，讓我能思惟十無量心及十無量相，體驗圓融萬相的歷程，尋求光明圓滿與善(佛乘宗世界弘法總會大緣精舍所編之《雲風隨緣生》1998: 115)。

在這裡，一但自我有了「進步」，身心的狀況也一一改變了，並可能逐步去體驗出圓融的萬相，獲得光明圓滿與善。「自我」，在新興宗教的世界觀中是有著最核心的位置的，由「自我」到家庭、社會、國家和宇宙間，都能透過自我所具有的一種能力來和外界感通(依不同新興宗教團體所使用的語言而異，有的會說其是能量共振、有的會說其是氣、有的會說其是心識與業力相互激盪等等)。這種神秘的宇宙力量、或是自我所具有的感通式的潛能，在傳統的宗教中是比較少如此普遍而廣泛的被強調的；而它和儒家次第擴張的實踐模式更是意義不同(前者是感通式的，後者則是物理式的)。不過雖然幾乎大部分的新興宗教團體，在教義中都具有著鮮明的自我意識和對於神秘感通性力量的強調，這裡面也仍然是有著例外的，譬如像是「現代禪[9]」組織，其領導者李元松雖然一方面強調著：

> ……在滿足心理需求的層面，佛教般若空的思想和涅槃苦滅的經驗，對於全體人類而言，不啻是一帖清涼散！在引導人類心靈到達完全沒有苦悶、沒有自卑的境地，佛教所提供的各種建議，諸如：「止觀雙運」、「老實念佛」、「只管打

9　「現代禪」，由李元松成立於1989年，其理想是企圖建立一個具議會精神，無私無我的修行弘法團體(鄭志明1998b: 332)，關於該組織的詳細介紹，參考鄭志明(1998b: 331-399)。

> 坐」……等等方法，確實十分正確而有效(李元松 1994: 225-226)。

可是他又說道：

> ……在現實世界中，我們當然不可過分托大佛教的功能，以為只要佛法昌明、佛教興盛，人類社會就會得到永遠的和平。事實上，小從「智障兒童的教育」、「精神病患的收容」、「植物人的安養」等問題，大到國家的「安全防衛」、「貿易談判」、「農業政策」……等等，都無法單憑佛教徒諸惡莫作，眾善奉行之修養就可得到解決(李元松 1994: 226)。

在這裡，他對於自我與外界關係的論述，是沒有任何神秘性的色彩的，正如鄭志明所指出的：

> 李元松的教法與其他新興宗教的最大不同，在於經驗主義的修行態度，不需要各種神話、天啟、聖諭、靈異、玄談等宗教權威。……李元松的經驗主義實際上針對當前新興宗教或傳統宗教各種光怪陸離的神秘現象而發的，認為宣揚佛法要順應時代理性、人道、自由、民主的精神，不談神通與靈療，只關心禪定與開悟(鄭志明 1998b: 345-346)。

換言之，雖然我們指出了多數新興宗教團體世界觀中有著以「自我」爲修行中心，和相信「自我」可以與外界有著神秘性感通的這些觀念，可是在「現代禪」團體的世界觀裡，卻似乎有著和此不盡完全相同的內容，而這種不同的內容，也使得它們吸引到的主要還是台灣社會中較屬於高學歷的人士[10]。在某種程度上，「現代禪」的例子當然也構成了對於我們前面所形成的假說的一個局部性的反證。不過整體來看，「現代禪」在台灣的新興宗教團體中是一個非常特殊的例子，在某些議題上，它也刻意的標榜著其所具有的現在社會中理性與民主的特色，其社會組成也是以知識份子爲主，並沒有普遍性的群眾基礎（參考鄭志明1998b:388）。而也就是在這些原因下，雖然有著「現代禪」這樣的一個反例的存在，我們也仍然願意保留原先的假說，也就是說：「自我」在修行中的核心地位，以及其所具有的感通式的潛能，雖然不是全部，但至少幾乎是大部分台灣新興宗教團體所具有的世界觀中，所被強調著的一個重點。

接著，我們要說明的是，在台灣不同新興宗教團體背後的世界觀中，可以被發現到的第二個非常具有普遍性的成分是，我們發現到，在大部分台灣新興宗教團體的背後，自我的範疇中似乎都包含了一種和身體更密切的結合。也就是我們發現到，在台灣各個新興宗教團體中，幾乎沒有一個團體不強調身、心、靈是整體的一部分，自我的修行雖然不見得要同時兼顧這些部分，但身體本身的感覺卻是不能不加以重視的；而修行對於身體的影響也被認爲是相當具有關鍵性的[11]。對於這一點，在依據緣道(在家居士，已過世於

10　李桂玲(1996: 250)指出，在「現代禪」中上過禪七課的人中有90%的人爲大學學士和碩士，其資料是引自大陸中國社會科學院世界宗教研究所圖書館編寫之《宗教情況反映》第58期。

11　此處關於「重視肉體與心靈的和諧」這一點，在筆者另外一篇文章(2003b)中討論到「新時代」團體時，則是以「整全性的(holistic)視野」，這一概念(也就是一種「信仰萬物一體並反對二元對立或分化觀的看法」)，來替換此種説法，它在語意表達與概念捕捉上都精確得多。

1993年）「心法」與「生理功課」並重的修道法門而成立的三個新興宗教團體中(佛乘宗、「佛乘宗大緣精舍」、「大乘禪功學會」）表現的最為明顯，就如同「佛乘宗」的「宗法要序」中所說的：

> 大自在王佛為眾生佛性之本元，諸佛法身之總理體，統物理界、精神界之一如，法界萬有皆由之變易生化而然，其身心體、相、智、德、理、事、能、用、時、空之十大一如，與法界同一理量。蓋心物非二，空有一如，物質不滅，故能量不滅，精神亦不滅；心物交感，質能互變，因緣果報變易生化之理事，一法之生乃法界之一大緣起，故因赅果海三界安立，果澈因緣三世平等。
>
> 本門之法，合之為一佛心，非語言文字之可詮述。方便分之，則心理有八大加行，集佛教大小乘各宗義理之精華，為凡位菩薩至佛果之理路；生理九段禪功，為能治百病肉身成佛之妙行。眾生自性之體、相、智、德、理、事、能、用、時、空之十大，與大自在王佛之十大，本為同一理量，為無明惑業所障故，致未能顯用(《佛乘宗簡介》[出版年未載]：3-4)。

此處身心並重，甚至是心物可以相互交感的一種看法，很清楚的在其具有宗教象徵意含的語言中被傳達了出來。

在和密教傳統有關的「眞佛宗」裡，承襲了密宗對身體感應的重視，在談到修行的法門時，盧勝彥是這樣子說的：

> 當你在修行當中，你身體因為氣通了脈，你的脈就產生了光明，這個時候，你就可以時時放光，這個就是有了淨光的境

> 界。這個十方世界你都可以產生光明，你本身，你因為有氣，氣再通脈，開了中脈，你就產生淨光，有了淨光，你就是得到成就，十方光明的淨土你都可以去(1992d: 193)。

在這些話中，身體與心靈似乎也是難以在實際上加以區別和分割的實體。

而就是在強調修行科學化(見鄭志明 1998b: 350)，希望建立理性宗教風格的「現代禪」組織，在其教義內容中，身體的感覺卻仍然是相當被重視的，尤其是該教團清楚的點出了重視自身經驗的重要性，於是：「身心之痛和現實的苦楚乃活生生的經驗」(李元松 1994: 82)，是我們必須正視也必須去處理的問題；同時，修行也必須是以自己的經驗出發的，並不用太在乎經論上的規矩(李元松 1994: 99)。而在「現代禪」組織修行次第的第一條裡，更是清楚的指出：「在沒有違背法律，傷害他人的前提下，已有的情慾(包括嗜好、興趣)可以儘量發揮」(李元松等 1993: 185)。個人身體感覺的不可忽視，在這裡是相當的被強調著的。就像「禪定學會」的清海說：

> 儘量把我們的生活弄快樂，儘量做我們喜歡做的事，用誠心誠意來做；侍奉這個世界；照顧自己、照顧家庭；盡量快樂起來，享受任何美麗的、這個世界能夠給我們的東西(《清海新聞雜誌》90期[1998]14)。

在這裡，忽略了身體與情緒感受的修行是不被鼓勵的。

總言之，對於台灣當前大部分的新興宗教團體，其內部對於修行方法與修行過程的描述，雖依教派傳承和表達方式的不同而各有著不同的象徵語彙和修辭，然而在其中，似乎也都俱表現出了新興宗教團體世界觀中所特有的一種內涵：也就是身、心、靈是整體的一部分，身體與心靈的緊密關連性，是修行的過程中所不可以忽略的。

以上我們所討論的這兩種新興宗教團體世界觀中的元素：自我修行所具有的關鍵性；和對於個人身體，或是，更全面的說對於個人身、心、靈整體性的重視——它們今天似乎是正以不同的形式和不同的程度出現在台灣各個新興宗教團體的教義中的。而這種新興宗教背後世界觀中所具有的內涵，在某種程度也可以在台灣宗教團體以外的場域裡被發現到，不過它們在各種新興宗教團體中出現的卻是特別的密集，並且也已經以某種方式被落實在這些團體的組織形式與修行法門當中。也之所以如此，在這幾個特色上，新興宗教團體有其獨特的吸引人之處，參與它們能特別滿足某些民眾的社會心理上的需要。

這兩種元素看起來十分簡單，其影響卻是相當具有關鍵性和革命性的。其或許不是產生下列現象直接的原因，但至少它和下面這些當代宗教現象的形成是有著相當密切的關係的。譬如說，像：神通與輪迴等傳統宗教觀念的重新詮釋，在家人與出家人界限的漸趨泯滅，在家人地位的提昇，宗教團體內部較爲平等的互動，宗教團體中女性地位的提昇，新興宗教中的女性參與者眾，和宗教教義中倫理色彩的漸趨淡薄等等。這些議題我們在後面都還會一一再回來加以討論。

一旦我們可以暫時接受這種看法，也就是在台灣大部分新興宗教團體的世界觀中，通常有著以上兩種觀念，那麼或許我們也可以進一步來追究這兩種觀念在今日台灣何以會如此普遍顯現並受到如此的重視，而這當然也就可以幫助我們對於今日台灣新興宗教團體如此蓬勃發展的歷史與社會的成因做出部分解釋。這一連串的問題，雖然都是非常重要的，不過在現有經驗研究的基礎上，卻也都是我們無法一一能夠立刻回答的，不過本文在此卻也想提出幾點假設性的看法，做爲未來研究一個可循的方向。

首先，就以「自我」爲修行的中心的這種看法而論，其很可能是在下列的歷史與社會過程中所造成的：隨著台灣經濟的成長、都市化、與全民教育程度提昇，和服務業的擴張之後，所形成的新興都市中產階級，他們比起過去在傳統農業社區中的人，對於「自我」以及個人命運的自主性有著更明確的意像(起源於財產、專業、生活空間的獨立性與自主性)，於是可能也轉而更爲重視「自我整全性」的一個追求。不過，除了這種特殊的社會過程以外，我們也不能忽略的是另一種消極性的歷史力量，也使得部分台灣人對於自我與外界的關係，有著某種特殊的視野。具體來講，也就是說：隨著傳統社區的瓦解、社會高度的分化、國家機構的巨大化，以及在台灣舊有威權體制所養成的台灣人的缺少某種積極參政的「市民性格」(於是人們一般比較不願意透過政治程序來思考或處理問題)等等因素的影響，個人也更想，或是只能，把大部分的精力和焦點放在自我的修行上，並且在個人的視野中，似乎也傾向於只把個人看做是一切問題發生的癥結所在。

其次，新興宗教團體中的對於身心靈整體性的重視，則反映的很可能是：台灣人對現代西方科學與理性化趨勢，和社會過度專業化發展的一種反彈(於是轉而更重視自我的完整性和自我的身體感受)。

另一方面，在此之外，以上種種社會與歷史的過程，以及新的宗教觀念的形成，當然和某種全球性價值與全球性文化的形成與衝擊也很有關係，例如全球性的對於「現代性」與「科學理性」的批判與反彈，「新時代」運動中重視個人性靈開發趨勢的全球性的流行，以及全球化過程中宗教在地方性脈絡中的復興等等(參考 Beyer 1994)，這當然也有待進一步的探索和釐清。

總之，以上的種種講法，當然都還是高度假設性的，亟有待更細緻的理論與資料上的澄清，俾使我們能夠對於台灣新興宗教的歷史與社會成因能有更清楚的掌握。

三、以自我為中心的修行：傳統宗教中的某些觀念在新興宗教團體內所產生的實質意義上的轉變

新興宗教團體中以自我為修行的中心，並且也強調肉體與心靈和諧的這一套世界觀，在相當程度上影響了其中修行的形式與方法。即使許多新興宗教團體中的一些儀式和教義是從傳統宗教中延續下來的，不過因為有著新興宗教背後一套世界觀的轉變，這些儀式和教義也具有了不同的內涵和意義。以下，我們大致上就對三點來提出一些概略的說明：

首先，是「業報輪迴觀」，也就是相信「一個人能享有他行善結果，也要承擔他為惡的結果，而且不僅在此世，還要在其來生」的這種傳統觀念，在新興宗教團體中發生了在詮釋重心上的一個轉變。我們注意到，承襲自華人民間宗教中普遍流行的觀念：「業報輪迴觀」(參考劉道超 1992)，許多台灣的新興宗教團體，在其領導者的言談和內部的文宣中，也充斥著類似的觀念和相關實例的描述，以做為支撐其基本宇宙觀的一個理論基礎。然而，在以「自我」潛能的開發做為修行主要目的的新興宗教團體裡，對於「業報輪迴」的因果觀，卻產生了有異於傳統宗教的新的理解方式。

在傳統華人民間宗教中的「業報輪迴觀」裡，在家族觀念的影響和社會流通管道不通暢的情況下，雖然不是絕對，但是在相當程度上，有著濃厚的道德約束和希望解脫現實中的痛苦的雙重色彩，「業報輪迴觀」中比較被強調的也是：「善惡報應」的因果是無法逃脫的那一個層面。正如同劉道超在對華人民間善惡報應習俗的討論中所說的：

> ……對崇奉善惡報應的群眾來說，積惡受罰，「地獄」實為他們實現自己道德意志的裁判所；積善以求來生、利後人，「天堂」體現了廣大貧苦民眾對生活的執著追求。從積陰德習俗看，古代百姓相信善惡報應，行善積德，佞佛供僧，當然也希望解脫現實的種種痛苦。但從根本上說，他們的修行，絕不意味著「一切意願和慾望的消失」，也不是乞求「超出報應和輪迴」，獲得所謂「涅槃」的境界，而是期望通過行善積德，在輪迴中改變自己現世的不幸命運，期望在兒孫之輩甚至就在自己的有限時光中即展現它的神聖靈光(劉道超 1992: 109)。

而在許多傳統民間普爲流行的話語中，似乎也透露出傳統「業報輪迴觀」中所具有的一種濃厚的道德性的色彩。像是：「積善之家必有餘慶，積不善之家必有餘殃。」(《周易》)；「善有善報，惡有惡報，不是不報，時候未到。」；「不可不積陰德，夫不積陰德者未見有後也。」(語見黃光大《積善錄》，轉引自劉道超 1992: 108)；「諸惡莫作，眾善奉行。」等等。

而如今，雖然台灣新興宗教團體內部的言談中，仍然流行著因果輪迴的觀念，但是它們所表現出來的樣態，似乎是有了很大的轉變，例如，就像是如「禪定學會」的清海所說的：

> 我們所謂的因果也沒有什麼了不起，所謂的業障也沒什麼難改。不然的話，我們就不需要打坐修行，更不需要做道德的事情，也不需要明師了。
>
> 因果和業障是什麼呢？有時候是很無聊的事情，也不一定是因為我們的惡心造成，了解師父的意思嗎？比方說你對某些人，或是對某些地方特別有興趣，我們會說：我跟那個人有緣。或是，我對那個地方感到很熟悉。不過，你們也不會知道那個緣是善緣或是惡緣。如果我們的等級還不很高的話，有時候我們也會被惡緣吸引過去；但是我們的等級如果已經到達很高等級的地方，那種不好的氣氛就沒有辦法影響我們了（清海 1997b: 17）。

她又說：

> 我們的業障和因果，只有靠修行才能突破目前的情況，其它不管你做了什麼功德，功德還是功德，業障還是業障。我們凡夫有功德和業障兩種，但是修行的話，不管有功德或沒有功德，都可以超脫上去，就是這麼邏輯、這麼合乎科學（1997b: 22）。

在這裡，我們注意到，雖然清海在言談中也接受了「業障」和「因果」的理論，不過顯然在其談論此的語調中，也充滿了在傳統的「業報輪迴觀」中所看不到的，一種相信命運可以透過修行而輕易加以改造的樂觀看法。同樣的，也如「佛乘宗大緣精舍」的領導者李善單在話中所透露出來的：

> ……眾生種種苦惱，總歸就是「命、財、官、科」四個字。
> 世間法的種種是一種能量的運轉，也就是俗稱的「運」！
> 這能量的轉動有時候好，好的時候就得意；有時候壞，壞的令人仰天長嘆怎麼也擺脫不掉。正是所謂的「業力不可思議」！
> 但是，佛告訴了眾生一個真理——「萬法由心造」。憑著對「心」的了解，人類可以產生與宇宙、與佛菩薩間等不可思議的力量。而總歸這個力量的一句話就是——「佛法更不可思議」！
> 既然「佛法」比「業力」更不可思議，當然憑藉真正「身」、「心」一如的大乘修行自是可以更動因果，無論是身體健康或是世間法種種情事也必可以往「所願」的方向實現。佛陀為了方便眾生，於是提出了一個最簡單、最不受限制、而且不需要花費卻可以有無限收穫的法門——念佛法（李善單 1998b: 89-90）。

這段話中雖然李善單一方面強調著「業力不可思議！」，一方面卻又更強調著「佛法更不可思議！」，只要修行，自能輕易更動因果。也就是我們在此注意到，雖然承襲自台灣民間宗教中的「業報輪迴」的觀念，許多新興宗教團體也接受「因果輪迴」的思想做爲解釋世間各種現象的理論基礎，不過基於以自我爲中心的修行觀的一個強調，傳統業報觀中關於懲惡揚善的必然性的那一種道德色彩，似乎已經變得愈來愈爲淡薄，而更明顯開始被強調著的，反而是個人的積極修行可以改造命運的那一種無限的可能性，就如同

「印心禪學會」妙天禪師所敘述的：

> ……除了我這個人清靜，這一世清靜外，累世的一切都要清靜，都沒有業。業就是本世與類似污染的意識和潛意識，所以注定輪迴。所以清靜一切被污染的意識就能成就本尊。（轉引自莊佩埼 1997: 36）

這一種對於自我修行可以轉化業障的強調，正是新興宗教團體中以「自我」爲中心的修行觀的一個側面的展現，而這種修行觀的形成，就如同前面我們指出的，它和現代社會中個人「自我」意識的提高和命運自主性的增強，是有著密切的關係的[12]。

而以上這一種對於此世應積極修行的強調，和相信「自我」能力可以無限開發的信念，再加上在新興宗教團體世界觀中的第二個元素：「強調身體與心靈密不可分關係」的強化之下，很自然的，也導引出了台灣新興宗教團體中常有的對於「此世解脫」的強調，

12 或許我們會認爲，即使在傳統民間宗教中也有那種相信積德行善可以改造因果的積極態度，也就是如同流傳在民間的善書《了凡四訓》的文字中所流露出來的那種努力積德以改造人生的樂觀氣息，那麼我們又如何可以說台灣新興宗教團體中對於「業報輪迴觀」的詮釋是有其獨特之處呢？對於這個問題的回答，當然還需要更多深入的討論和比較，不過本章在此也要特別強調兩點：第一、相信「功德的逐步累積可以改造命運」的這種看法，和相信「自我的修行可以迅速化解或是超越業障因果」的看法，這兩者在其行動的動機基礎、視野，以及伴隨行動而產生的種種情緒狀態上，都是有著根本上的不同的；第二、即使在傳統宗教與當前台灣新興宗教團體中皆有著某種相信命運可以透過自己的作爲而加以改造的積極態度（雖然它們在程度上已經是有著相當的差異的），但是它們在傳達的形式上卻是有著很大的差異的，其中前者仍是以道德訓誡的方式來傳遞這種訊息，而後者則更強調的是個人命運中的可自主性。

這是我們在此要講的第二個重點。

當然，所有的宗教團體都是強調著對於解脫的追尋，尤其是密教中也早就有著對於「即身成佛」修煉方式的強調，不過某種「此世解脫」的修行觀在許多宗教團體裡的廣泛的被強調，卻是一件頗爲新鮮的社會現象；同時我們也注意到，在這些強調的背後，也包含了種種對於傳統觀念的重新詮釋。

這種對於「此世解脫」強調的產生，一方面和以自我爲中心的修行觀有著很大關係，因爲個人的修行有著改變命運的無限可能性，當然此世的解脫，也就沒有什麼邏輯上的障礙或矛盾了，這是我們透過前面的說明中，很容易加以了解的；而另一方面，它的形成，則和我們所指出的新興宗教中的「身心觀」很有關係：既然修行是對於自我能力密集性的開發，而這個自我又不是脫離於身體的，是以形象化的身體來展現的，而要獲得終極的解脫，也只有靠這個有形的軀體在此生來獲得證悟，沒有這個軀體，要來進行修行的工作也是不切實際的，於是要獲得眞正的解脫，目標不能只放在來世，而必須放在此世，並且是在此世的這個肉體可以感知的世界裡來自我證成與獲得解脫；也就是說，解脫並不僅純粹是精神上的，它是可以透過肉體經驗的感知來獲得更深刻的確認。譬如像強調「即刻開悟，一世解脫」的清海「禪定學會」在其教義中這麼樣的強調著：

> 「開悟」這個字即是指內在的光——上帝的光，祂的強度由微光到無數個太陽那麼亮。經由內在的光和音，我們才認識上帝。
>
> 修觀音法門、印心並不是神秘的儀式或加入新的宗教。印心時，會指示打坐——觀光和觀音的特別注意事項。第一次神

> 聖的體驗將會在靜默中降臨。傳心印是此法門的精華，清海師父不必親臨現場為你開啟此門，而如果沒有師父的恩典，這些方法本身並不能帶來什麼利益。
>
> 在印心時，你馬上可以聽到內在的聲音並看到內在的光，這種情況可以稱為「頓悟」或「即刻開悟」(清海 1997a: 280)。
>
> 我們都可以開悟，我們都可以成佛，或者至少可以解脫。如果我們沒有希望的話，上帝就不需要送耶穌、佛陀和默罕默德下來救我們。如果有道德的人才能開悟，我也不知道誰真正有道德，有一句俗話說：「每位聖人都有他的過去；每個罪人都有他的未來」。我們不像自己所想的那麼罪惡深重，而且罪惡也是一種幻想而已，一旦了解這一點，就無善、惡之分了。但要很認真修行，才能了解，那時你就自在解脫了。觀音法門提供給大家一條高速公路，使你們馬上了解自己，了解你們本來就高貴(《清海新聞雜誌》53期[1995] 41)。

在這裡，個人的開悟是可以藉某種具體的形式來感知的，而求得自在的解脫，也是人人在此世可以達到的事情。類似的，在佛乘宗的宗旨中綱要式的指出：

> 以佛乘宗八大加行、九段禪功之修行大法，開發人體生命身心大能及宇宙能，使人人能信佛、學佛、即生證道成佛，普度法界眾生(《佛乘宗季刊》14期[1997] 3)。

在這裡，身心的修行是並進的，而修行的目標也是要「即生證道成佛」。現代禪的李元松是這麼說：

> 直示本地風光，高唱證果不難的主張。現代禪認為法無高下人有利鈍，鈍根人固需依經論的次第拾級而上，利根人卻因信解空義，得以修習禪宗心法，頓超直入果地不需經歷三大阿僧祇劫(李元松等 1993: 3)。

同樣的，不需經歷「三大阿僧祇劫」，直示「本地風光」，是修行的主要目標。而類似的，在具有密教色彩的「眞佛宗」裡，修行法門上也有著快速成道的途徑。譬如說在其「供奉祖師感應法」中，皈依灌頂過的弟子：

> 須攝心定於一尊上師，故須供奉著盧勝彥的法相或瓷相。盧勝彥認為金剛上師頭戴五佛冠時，表示五分五佛同住其頂，禮拜上師的同時也是禮拜五佛，利用觀想上師的法相來證得中道實相。其方法是將盧勝彥法相高高供奉，點香祈禱，供養花、香、燈、茶、果、米、淨水等，儀式完後，觀想上師天心部位放出一道白色光芒，照向自己的天心部位；次觀想上師喉部放出一道強烈紅光，直射自己的喉部；三觀想上師的心房交出一道藍光，直射自己的心房(見鄭志明 1995a: 280中的說明)。

而在此套「觀想」的法事之後，有著這樣的迴向文：

> 恭持蓮生上師法，靈仙一脈濟眾生。一咒即生雙蓮池，十八蓮花來化生。無上希有大祕密，我今修持普供養。發大深心

誓願力，願我早登此佛地(見鄭志明 1995a: 280的引述)。

在「眞佛宗」這種修行的形式裡，一方面強調著個人具體的觀想與感知，一方面也強調個人在此過程中的快速的「早登佛地」。以上的這種種對於當世解脫的強調，在神秘主義色彩較爲濃厚(強調一瞬間自我可以體悟最終極的實在或眞理)的密教和禪修團體中，表現得是最爲強烈而明顯，前者，通常強調著透過加持、灌頂、觀想等外在儀式性的象徵符號，來幫助信眾得到「自我」確實快速成長的在認知、感官，與情緒上的確認；後者，則通常是透過強調悟道過程的瞬間性與立即性，來肯定此世成道的可能性。

以上這種種強調修行的此世性、即刻性，和自我開悟之後神秘經驗的奇妙境界等等的特色，在表面上看起來的確顯現出新興宗教團體中的某種功利性和特重靈驗的色彩。然而事實上，這些特質雖然在表面上看起來與靈驗性的祈求類似，它們卻已經和傳統宗教中信眾們純粹只希求個別祈求能夠靈驗的宗教型態，不論是在動機的基礎上、或是在運作的形式上，都已經大不相同；而這一點，是許多研究台灣新興宗教的學者所未加以注意[13]。這也是我們這裡所要談的第三點，新興宗教團體中所強調的「靈驗性」，它們已具有了時代的新內涵。

就如同我們前面所提到過的，當前台灣新興宗教靈驗性的基

---

13 一位日本學者 Nagai Mikiko(永井美紀子)(1995)在對日本「新宗教」中的一個密教團體——「眞如苑」(*Shinnyoen*)的分析裡，曾特別注意到在其宗教活動中所顯現的各種巫術與神通的性質，已與傳統宗教中的巫術與神通的意義或性質有著很大的不同，而其主要的原因，則是在於該團體的對於自我修行(self-cultivation)的強調。她的論點很值得我們在觀察台灣新興宗教現象中的「靈驗性面向」時做一個參考。

礎，其實大致上是出自於：相信肉體的反應在自我修行過程中的重要性、肯定自身的經驗是選擇宗教的一種判準，和對於修行此世性與即刻性的一種強調。基本上，在台灣新興宗教裡的神通與靈驗性強調的背後，是都有著一套系統性的宇宙論(雖然有時候它仍然是顯得有些粗糙的)來做背書的；偶然性(亦即是不用經過自己修行上的努力即可以輕易得到的)的或是純粹功利性的靈驗或是神通的追求，是不被鼓勵的。試看幾個新興宗教團體都曾對其「靈驗性」的原理，做過一套義理上的闡釋。像「眞佛宗」的盧勝彥曾說明了其神通背後的密法的基礎：

> 我傳授「護摩儀軌」[一種火供的儀式]甚多次：在「真佛宗」的八大本尊中，息增懷誅四儀軌，我主張：息法——以觀世音菩薩為本尊。增法——以黃財神為本尊。懷法——以準提佛母為本尊。誅法——以蓮華生大士為本尊(盧勝彥 1993: 133)。
>
> 這天我做這個法會，我上台的時候，當然我們要做幾件事情。我整個身體，整個身心都要住在三摩地裡面，也就是我的精神完全統一，跟我自己的本尊要融入，要發揮最大的法力，也就是把這個護摩裡面的火，摻入了自己本身所燒出來的拙火，放在護摩的火裡面；所有宇宙的諸尊，就是佛菩薩，全部要從虛空之中下降，下到壇城；這個火跟佛菩薩諸尊是合在一起的，是宇宙的火，跟我本身的拙火也是三者通通合在一起的。……這個就是法力，也就是佛菩薩諸尊，跟護摩的火，跟我本人，三者合一，應用這個火的法力去燒病人身中的細菌，使他的病得到痊癒。在這個時候，這個火就等於是一個媒介。那麼所有參加的人、跟佛菩薩諸尊、跟

> 我，三者必須要合一的融會成為一體，這個時候就一定有奇蹟出現。今天大家假如知道這個原理，心具足這個信心的話，那麼身體的病，在那個時候就會很奇蹟的消失掉(盧勝彥1992b: 212-213)！

在這裡，神通是與宇宙八方諸佛相感應的一個結果。又如，像強調著氣功可以治病的「印心禪學會」的妙天，鄭志明(1998b: 203-205)根據該團體的內部資料，對其教法曾有著這樣的說明：

> 妙天的一切解釋都是直接面對著「禪」，認為「禪」就是宇宙整體的生命力、智慧與超能力……
>
> 如果從形式來說，印心禪法也算是一種禪定學，從最基本的禪坐開始，教授「吐納」的深呼吸法，有著「隨息」、「數息」的調息功法。接著「守竅」，將精神貫注於身體的某些部位，經由運轉，取得身心的統一。……妙天的教導方式，第一道課程就是「呼吸」，把氣深呼吸到腹部，進而學會以腹部呼吸，第二道課程就是改變自己的氣脈運轉，打通任督兩脈與玄關，主要靠「九轉玄功」或者靠具有超能力的人來幫助打通，將「元氣」轉而為「真氣」……
>
> ……妙天認為氣功是一種力的結合，即心力或心靈力的結合，是一種意識力學、心理力學和心靈力學，甚至是綜合力氣、意識力、心理、超心理，以及靈光科學的綜合體。

此處，神通則是一種心靈力的結合，一種意識的力量，也是宇宙中整體生命力的一種表現。「禪定學會」的清海則是這麼說的：

> 你需要時，任何時候我都會加持你，如果我有任何的加持力，請取用，不過要記得，最偉大的加持是你自己，是你自己決定以你高尚的品質、以你在宇宙中所處的最高果位來加持你自己。……
>
> 這很合邏輯，不必想我是佛，我加持你，所以你的生活才更好，不用這樣。我們都是一體的，我加持你或你加持你自己都一樣，如果你不加持你自己，而允許我加持你也是一樣，那也是佛。所以是同一佛性加持你，不是從我，不是從任何人，是我們用全宇宙中所具有的佛性來加持我們自己（《清海新聞雜誌》67期[1996] 46）。

同樣的，在這裡，那種可以產生神通的加持力，也不是一種偶然性的靈驗效果而已，而是代表個人內在佛性的一種特質。而即使是某些新興宗教的信徒，他們是抱著追求神通與靈驗性的心理而來參加的，他們似乎也很清楚的知道，靈驗性本身並不能當做宗教追求的最終目的，它只是自性獲得開發以後的一種徵兆而已。而對「靈驗性」的這一種新的認識，其和一般民眾在傳統宗教活動中對「靈驗性」的追求，也已經有著根本上的不同。就如同一位「佛乘宗大緣精舍」的信眾曾經如此表白道：

> 九字禪[14]竟然隱藏如此奧妙的佛性，當初只是隨興的持誦著，大自在王佛居然沒有捨棄一個如此頑固不化，對祂起初

14　九字禪爲「南無本師大自在王佛」，「佛乘宗大緣精舍」的教義中認爲：「凡得聞『大自在王佛』聖號，生一念淨信受持讚誦者，能消曠劫業障，現世得大福報，所求皆遂，頓入戒定慧一如萬法圓通，解脫自在之聖境界」（見其相關弘教的書籤中）。

> 未具深信的俗家弟子。是經自己親身體驗證實，如此令人不可思議的佛法擺在眼前，佛乘大法無量如來寶藏，圓證一心、即生肉身成佛的圓頓法門，必然深藏其中。你還等待什麼？你還遲疑什麼？頃刻之間我心念做了一百八十度大轉變，任何世間法已不再對我產生阻礙，毅然投入追尋佛乘大法為第一要務，誓證佛果、永不退轉。個人因在公家機關上下班，每逢上課之日，未能如期排上休假，都能順利地暗中找早班同事代班，慶幸長期時間下來從未被上級獲知加以處罰，同事間早已幾人接受記過處分，你看大自在王佛對我百般呵護。百分之百確信大自在王佛的信念，就在自我親身體驗實證下，自然深刻地奠定下穩固的根基(佛乘宗世界弘法總會大緣精舍所編之《雲風隨緣生》1998: 182-183)。

這位參與者雖然不諱言他對神通與「靈驗性」的追求，不過他似乎也很清楚的知道，靈驗性只是驗證其所求的法門是否眞確的一個佐證，俾使自己更深刻的奠定修行的基礎，正如他所說的：「是經自己親身體驗證實，如此令人不可思議的佛法擺在眼前，佛乘大法無量如來寶藏，圓證一心、即生肉身成佛的圓頓法門，必然深藏其中。你還等待什麼？你還遲疑什麼？」

而這種在台灣新興宗教中的靈驗性與神通的強調，因爲它既與傳統宗教活動中的「偶然性」的與「功利性」的靈驗或神通在意義上已大不相同，我們或者應該更確切的稱其是一種對於生命根本活力的肯定，或是類似於日本學者對於日本「新宗教」某些團體的討論中所指出的，日本「新宗教」有一種所謂的「生機性的世界觀」(vitalistic worldview)，其中倫理的成分和靈驗性的成分共同組成了其宗教世界觀中的基本結構(參考 Nagai Mikiko[永井美紀子]1995:

301-302；Tsushima Michito, Nishiyama Shigeru, Shimazono Susuma, & Shiramiz Hiroko 1979)。這種把新興宗教中的「靈驗性」理解為一種「生機性的世界觀」組成結構的一部分的看法，對於我們思考台灣新興宗教中各種「靈驗性」的現象很有參考價值。而在這種理解上，我們也很難再只把台灣的各種新興宗教團體當做是傳統功利性巫術在現代組織中的一種復活，雖然新興宗教的參與者們在實際的活動中，的確也仍然是多少還會帶有著一些傳統民間宗教中那種與神明功利性交換的動機與心理狀態。

討論至此，我們發現，類似於這樣的一種看法，也頗能幫助我們去理解，醫療在台灣新興宗教團體中到底代表了什麼樣的一種實質上的意義。的確，我們注意到許多新興宗教都明顯的、或是暗示性的強調著其醫療的功能，像是盧勝彥的「真佛宗」、妙天的「印心禪學會」、「佛乘宗大緣精舍」、「大乘禪功學會」等等，醫療在其宗教的活動中都占有著極具關鍵性的位置，其宗教領導人的治療能力，更是成為這些宗教團體能夠快速成長發展的一個重要的原因。也就是，整體來看，我們注意到某種特定宗教活動對身體的功能，或是某位宗教團體領導者的特異的治療能力，幾乎在每個新興宗教團體中都扮演了一定程度的角色，這是不是又是一種民眾功利性的追求呢？或者說其是新興宗教對人進行詐騙以收攬人心的一種手段呢？

其實，我們若能夠對於新興宗教治療行為背後的一套理念系統，尤其是和疾病的形成有關的一套解釋系統有著較深入理解的話，我們或許能夠更容易了解新興宗教中各種五花八門的醫療現象。因為既然在新興宗教的世界觀中，認定人是一種身心靈的整體，疾病所代表的當然就不只是一種肉體上的問題了，而是身心靈的平衡出了問題，要完全的治療疾病，當然要在這個身心靈的整體上來下功夫，這就只有宗教或是宗教團體領導者的幫助才能夠使疾病者有著「整全性的恢復」了。尤其在高度工業化與都市化的社會裡，自我與他人、自然，似乎都失去了原來有的一種和諧的關係，這也似乎不是專治身體的現代西方醫療所能夠處理的問題。新興宗教團體中的領導人多半非常清楚他們的宗教能在人們的健康上所扮演的關鍵性的角色，就如同「佛乘宗大緣精舍」的領導人李善單所說的：

> ……各位! 人會生病是不對的! 人為什麼會生病呢？眾生皆有佛性，細菌也有佛性，有佛性的細菌不應該讓你生病的。所以人會生病是不對的! 會生病只有一個理由：因為你的心背離了佛性! 你的貪、嗔、痴的念會產生的能量去影響到細菌，細菌的磁場小，你的磁場大，細菌的磁場被你影響，變成毒素。心理狀態去影響細菌，細菌產生毒素再影響到你的生理狀態。身心一如，人會生病是因為心錯了。所以你的疾病怎麼去除掉？你的心去吻合佛性的心，讓你身上所有的細菌，所有的病都充滿了佛性，當它們充滿佛性，它們就對你有益。現在我們講個特別明顯的是腸胃部分。腸胃部分的細菌大部分都是有益。但是一個人在焦慮、焦燥、睡眠不好等種種情況時它會轉換成有毒的細菌，會讓你腸胃疾病發生。這就是一個很好的例子。因為你的念力去影響到血液的酸鹼值，血液的酸鹼值改變使細菌為了保護自己而產生了毒素。同樣所有的病症也是一樣。……你身上的某個器官受損？身體某個部分運作不良時，試問它怎麼可能沒辦法修復呢？那麼，一個單細胞體怎麼變成這麼大一個人？因為背後有一個不可思議的力量，這個不可思議的力量佛教的定義叫做「佛

> 性」。就是這樣子而已。所以你了解到這個力量時你的生理狀態要健康很容易的。你把這個吻合於佛性的心拿出來與諸佛菩薩相應，這個佛性的力量就自然而然發展出來。而這個心到底在那裡？我們有一個指標，稱之為十無量心。無量的意思是直至成佛永不休止。這十個心是什麼？慈悲、平等、歡喜、報恩、捨離、精進、謙和、法忍、無畏、圓覺。你的行為等等吻合這十個心，一切你生理變化上都可以很順利的在佛性的光明圓滿裡面慢慢與諸佛一樣，沒有任何的苦惱(李善單 1998a: 171-172)。

類似這樣的清楚的對於疾病形成和治療的看法，似乎也形成了台灣新興宗教世界觀中非常重要的一部分，大部分新興宗教的領導者在各種場合的談話裡，也經常有著和前述這一段話類似的說法，雖然其不見得都是陳述得如此的系統性。像是自己宣稱其最能爲人治病的「眞佛宗」的盧勝彥，他也清楚的強調著，其治病的能力是擁有宇宙眞理的人自然所流露出來的一種法力：

> 有弟子看見[我治病的能力]如此神，恭敬的求：「師尊啊! 教我做如此的大醫生。」我告訴他：「你只看見我替眾生加持的感應，見到師尊的法力神通。但你要知道，這大醫王的法力，是從真理那邊流露出來的，只有擁有真理的人，才會有這樣的大法力。」「師尊啊! 如何與真理相應？」「人的心，要合於真理的心。行者的心要寬廣，要亮麗。先學習四無量心吧! 要先摒棄了私心，達成了『無我』，那麼真理就會出現在心中。」(盧勝彥1992c: 210)。

總結來說，我們注意到，由於新興宗教團體的教義中普遍性的有著對身體的重視，以及有著一套系統性的對疾病成因的看法，治療也很自然的發展成爲其宗教活動中很重要的一部分，雖然因爲治療通常能夠給一個宗教團體在表面上帶來迅速的成長，它於是也特別容易成爲新興宗教的領導者所濫用的一種手段。不過，我們仍然必須要了解的是，新興宗教團體教義中對於現代醫學把身體跟心靈分開作法的強烈反對，才是其醫療行爲裡面最爲核心的一個部分。

四、新興宗教組織內部的互動

具備著前面兩種要素(以自我爲中心的修行觀，和重視肉體與心靈的和諧)的世界觀的新興宗教團體，它內部的互動形式也自然的產生了它獨有的特色。

譬如說，因爲新興宗教團體的參與者們，他們修行的焦點，主要是擺在對於自我的對治和感知上。相對來講，和傳統宗教比起來，儀式、經義、或甚至是神靈，在宗教活動中將都只是屬於一種附屬性的地位而已；即使是道德戒律的要求，也將不如其原來在傳統宗教上中所具有的絕對的重要性了。譬如說像是清海的話中所顯露的：「我們沒有找到這個光，智慧永遠不能開，我們讀經典多少遍都沒有用，不能幫助我們解脫……」(清海 1997b: 134)。也如同妙天所說的：「……所以我們要得到永恆的生命，就要讓我們的靈性能夠成就佛陀，這就是自性修行。唯有自性修行，才能見本來眞面目，才是眞修行，才是正道。嚴格說來，離本心修行，都是『外道』，離開本心，一切的唸佛、拜懺，甚至禪定，都是修行上的外道，因爲人在修，而不是自性在修的佛法，是不會成佛的。」(《禪光雜誌》16期，轉引自莊佩琦 1997: 19)

而更進一步，一個在邏輯上可能產生的影響是：原來在儀式或經義的詮釋上扮演著重要角色的出家人，或是專業的宗教人士，因爲相關的這些活動在新興宗教團體中重要性的相對減低，他們在教內的地位自然也就下降了。

也就是說，既然修行是每一個人自己必須面對自己的一個獨特的任務，它並不會因爲你是在家人或出家人(或專業的宗教人士)而有所差異，在家人與出家人之間的界限似乎也就變得沒有那麼重要了。而也正是在這一點上，每一個人都是平等的，每一個人都必須面對自己獨特的內在來修行。於是在新興宗教裡，女性也不見得是像一般傳統宗教教義中所認爲的那樣，在過去生中比起男性來曾有著較多的染著，男性和女性在今生其實面對的都同樣是一段與自我共存的修行的旅程。這種男女平等性的看法，當然也很可能會使新興宗教比傳統宗教更能吸引女性來參加。更何況，因爲新興宗教的教義中對身心靈整體和諧的追求，有著更清楚的標示，這使得新興宗教往往比傳統宗教更能正視直觀性、情意的表現性和自我整全性的開發，新興宗教團體中種種相關的訴求於是似乎也特別能夠吸引女性來參加(參考 Feher 1992: 183 對於女性宗教性格的描述)。譬如說在「佛乘宗」第二代祖師緣道的話裡，我們就大致可以看出新興宗教的這一種立場：

> ……今日人類之追求知識，正同一群以巾蒙面之人，迷困於森林之中，摸索、困惑、爭辯不休，欲辨明外境之究竟，以求出離善遂其生而不可得，只知向外一步步之摸索前進而不知向內自求，去面巾相，其愚執何甚，諺云：「工欲善其事，必先利其器」，心性之功能乃一切知識本源之根本工具，「內明直覺」正乃扯去人類之力所為制阻之面巾之法，

> 其修法之法，理不礙事，事不礙理，男女老少，在家出家，行住坐臥，皆可修行，一旦悟證，則能盡心性之用，亦即窮萬物之理矣，與宇宙合一之大自在理體，本來如是……(見於李善單 1998b: 217-218)。

在這一段話中，演講者宣稱了修行是不分男女老少與在家出家的，在這種宣稱中，它事實上也已經暗示了在個人必須爲自己的修行來負全責之時，沒有人是有著地位上的差異的，在修行的場域裡，大家也因此都是平等的，而這也使得我們在許多新興宗教的團體內部，似乎也格外容易感受到這種平等互動的氣氛。

當然這裡不是說新興宗教團體中女性與在家人地位的提昇完全是導因於其世界觀中的某種特質，事實上女性與在家人地位的提昇，是現代社會的教團中(不論是新興宗教團體或是傳統宗教新興化的團體)一個普遍出現的現象，它的發生，導引於相當複雜的歷史與社會的原因(譬如像國民教育水準的提昇，女性意識的抬頭，僧團內部民主化的推動，經典的普及化等等)，相當值得探討，這是我們無法在此多談的。不過，我們要在此特別強調的是，在新興宗教團體的世界觀裡，通常特別強調男女兩性與「在家人／出家人」間地位的平等，這對其內部互動的影響，是相當深遠的。這也使我們在其中，當和其它內部成員互動時，經常能感受到一種比在傳統宗教團體中來得更爲平等的互動關係。

以上的這種說法，當然也需要進一步經驗資料的證實。此處提出的只是一些暫時性的觀察和假設性的看法。譬如說在傳統華人社會裡，婦女經常要代辦家庭祈福禳災的一面，對於宗教活動的參與本來就比男性熱衷，人數也比男性要多(參考M. Wolf 1974, 引自張珣1996a: 440)；那麼今天即使我們在新興宗教團體中，發現到其中女性參與者眾，其實際所占的比率，又是否確實是比女性原來在傳統宗教中所占的比率來得還要高呢[15]？而如果沒有這種經驗資料的支持的話，以上的討論，又是否有其實質上的意義呢？

不過，這裡也要特別指出的是，的確，女性參與者眾，並不是新興宗教組織中所特有的現象，在許多傳統宗教組織中亦然。不過，我們要強調的是，即使如此，在其背後的參與動機上，在這兩者之間，卻很可能是有著根本上的不同。前者，是以代辦家族成員的祈福禳災爲出發點，後者，則起因於新興宗教團體提供了主流社會中所不彰顯的「認定『自我的眞實性』(authenticity of self)是可以超越現實社會中『體制化的角色』(institutional role)」的一種具有新的時代意義的「眾生平等」的看法，於是其乃更能吸引女性的參與。換言之，新興宗教團體的女性參與者眾，並不是像女性在傳統宗教組織中所具有的多數組成一樣，只是起因於社會分工的結果，而更是因爲其在實質基礎上有著和女性意識的覺醒互爲呼應的基本立場，也之所以如此，我們所討論的這個命題：「新興宗教團體是以女性爲主要構成分子」，因爲它的和新興宗教中的世界觀之

15 例如在民國73年，台灣新興宗教團體尚未開始蓬勃發展時，根據當時中研院「台灣社會變遷基本調查」問卷一中的資料所做出的統計，我們發現各主要傳統宗教中的女性參與者事實上也都是占多數的：分別是佛教中占了60.4%；道教中占了61.0%；民間宗教中占了61.8%；而在「其它的信仰」(不包含無信仰者)中女性則僅占了23.5%(17位中有4位)。而到了民國85年，台灣新興宗教團體已經大爲蓬勃發展的時刻，根據同單位的調查問卷一中的資料，幾個重要的傳統宗教團體中，女性的比例都有減少的趨勢，分別是在佛教中占了53.8%，道教中占了59.6%，民間信仰中占了47.8%；而在「其它類」的信仰中，女性則占了60.0%(5位中有3位)。因爲在該問卷中，並沒有特別區別出新興宗教團體這個範疇，又加上許多新興宗教團體的參與者也很可能自我認定自己是佛教徒、道教徒或民間信仰者，我們因此很難對以上的數據做出進一步的詮釋，以上僅只列出做爲參考。

間有著根本的關連性，對於它的討論，因此在意義上也是非比尋常的。當然，以上的這些說法是假設性的，還有待進一步的資料來做澄清。

不過在此處，一個在新興宗教團體中經常出現的現象，但是卻也是和以上的論點有著某種矛盾的事實則是：如果在新興宗教團體的內部確實有著較爲平等的互動方式，那麼爲什麼在許多團體中，又常有著集體性的對於一個單一宗教領導者的強烈崇拜呢？就如同瞿海源(1989: 237)、鄭志明(1998b: 9-12)所指出的，新興宗教的教團大多有著信徒對教主狂熱崇拜的現象。不用說像清海的「禪定學會」、盧勝彥的「眞佛宗」、妙天的「印心禪學會」、彭金泉的大乘禪功、李善單的「佛乘宗大緣精舍」等等，教主的地位具有極度的關鍵性的，就是對於力圖擺脫個人崇拜色彩並且也標榜著民主議會制度來管理的現代禪，其內部至今也都仍然是有著濃厚的教主崇拜氣氛。

新興宗教團體中普遍所具有的教主崇拜的現象，當然有其形成的社會與文化上的背景，在今日的台灣，至少它和三項因素有著密切的關係：其一、在表象上，其實不論古今，皆有人們對於號稱具有奇特能力的人物的跟隨，不過在現代社會中，透過現代媒體的渲染和現代傳播工具的散布，這些號稱具有奇特能力的人物也更容易聚集廣大的群眾；其二、則導因於過去的廣義「家長制」傳統(包括對於母性體貼關懷式領導者的情感上的渴望，和對於男性權威式領導的一種習慣性的跟隨)對於台灣人組織生活型態所產生的間接影響，教主崇拜現象的產生，因此也並不意外；其三、更根本的，則是工業化和都市化以後，傳統社會關係瓦解，人與人之間變得相當隔絕(也就是在工業化與都市化以後產生了所謂的「大眾社會」(mass society)中的「原子化」(atomization)的現象(參考 Kornhauser

1959；或宋明順 1988)，自我認同上的模糊感以及心理上的無力感，很容易在對於「克理斯瑪型領導者」狂熱的崇拜中取得情緒上的釋放，而台灣的社會今天似乎也有著這種類似於「大眾社會」的社會情境，於是很可能也發生了這種類似的現象。

然而是不是因爲這樣子，就表示新興宗教團體參與者們的教主崇拜完全是非理性的，並且也完全是一種對於外在權威的盲目追求呢？而如果是的話，這是不是又和我們前面所指出的：新興宗教團體背後的世界觀中有著較爲平等看待眾人的視野，又有著根本的矛盾呢？

其實這個問題，我們若能由參與者內在主觀的心理狀態來理解，或許也就沒有那麼矛盾了。的確，新興宗教團體的參與者有其權威崇拜的一面，在許多新興宗教團體中，教主的地位非常崇高，信眾與教主間的地位是異常的不平等，參與者們對於領導者權威的遵從，似乎已經到了無條件的地步。可是由行動者主觀的角度出發，對大部分的行動者而言，至少就其一開始的對於教主的跟隨來看，它反而是一種自願性的選擇，而且通常其還是信眾們在經過了對於不同團體宗教領導者的長期比較之後，內心所產生的一種認眞的決定(至少在決定的那一刻)，它和對於權威的盲目服從相當不同。正如同「眞佛宗」一位參與者的話中所顯示的：

> 蓮生活佛的種種神通，種種智慧，有將近一本百的著作，以及各種雜誌報章的記載。如果大家有心，自己慢慢去閱讀、了解。十幾年來，蓮生活佛苦口婆心寫了一百本書，如果轉不過大家「我絕對不信」的念頭執著，筆者更不想能夠用一句話來說服大家。……
>
> 總之，蓮生活佛的成就是肯定的，不需格外推崇；佛教界的

> 名嘴雖然一再交相的推擠，但實在並不能對其成就損及一絲一毫。……
>
> 佛法之所以為難信之法，是在於其「應無所住而生其心」的微妙……
>
> 以前呂洞賓祖師開悟前，亦常能入甚深禪定，表相上無喜怒哀樂，後來幸得黃龍禪師斥為「死禪」而頓開悟。
>
> 其實什麼叫真實禪與死禪？大成就者究竟有無喜怒哀樂？是許多人共同的問題，而「常見」與「斷見」也是眾生常執著的顛倒想法，所以才有種種是非苦難。……
>
> ……蓮生活佛確實是一位罕見難逢的大成就者，您若錯過這一位師父，你將很難了解佛法的堂奧，與佛法的實在。
>
> 筆者高考及格，以前也像許多人一樣誤解了蓮生活佛，但是越了解他，越能知道佛菩薩的慈悲與智慧是什麼，四無量心是什麼，心無罣礙是什麼……
>
> 以前我曾經錯走過許多路，今天已經逐漸明白，原來許多道理都已明示在經典裡。我佛慈悲。祝大家道心永固，撥雲見日(盧勝彥《蝴蝶的風采》[1992c]：256-264)。

在這段話裡，我們看到這一位「眞佛宗」的信仰者他能夠非常清楚的描述了其長久以來發現眞理與獲得名師時內心所曾經歷過的一種思考與選擇的過程，雖然這種出自於宗教團體自身出版品的內部文章，是經過了相當的渲染與誇大，不過它畢竟在某種程度上還是反映出了這位信仰者追尋信仰時內心的一個心路歷程，尤其在其中可以看得出，他的對於教主的崇拜，並非只是純然盲目的依附而已。而這種對於「克理斯瑪型領導者」的熱切跟隨，因爲由外部來看，是一種類似於亟求明確權威與完全肯定權威的舉止，因此它也常被學者看做是追求靈驗性的功利表現，或是一種社會解組與高度分化過程中，人們在面臨高度不確定感時的一種自然反應；不過事實上，當我們在這裡由一種內在運作的邏輯上來看時，卻發現這種看法在某種程度上相當片面。

自然，新興宗教的參與者們對於教主的崇拜中有著一種依附權威的心理，不過在此我們要強調的是，在其起初參與時，他們更通常有的心理狀態，卻反而是一種對於社會上既存的外在權威，譬如像是專業體制的非人性化、科層體制的過度僵化等等的反動或批評(類似的講法參考 Tipton 1982對於美國新興宗教的討論)。而且，在他們起初參與的動機裡，事實上也一直有著某種相當強烈的，認爲人們應該互相尊重和平等對待的渴慕，而這些心理上的渴望，事實上在其一開始追隨一位新興宗教的教主時，是可以得到相當深刻的滿足的。這主要是因爲：

第一、在某種形式上，大部分新興宗教團體的領導者，在一開始時都是以和既有權威對立的狀態下來出現的，其個人所代表的也是一種情感上有自主性、自我獲致了完全開發的、並且能夠在現實社會取得成功的模範，換言之，也就是一個新興宗教世界觀的具體體現者，於是信眾對於他(她)的追隨，不僅可以滿足個人內在反權威心理的一種渴望，同時也更可以肯定的確認了自我整全性開發可以在當前的時空中存在的一種可能性。

第二、相對來講，宗教領導者與信眾的互動，在精神上還是平等的，甚至於從內部的觀點來看，領導者對其追隨者們的關愛、照顧和尊重，是其追隨者在參與該團體以外的時間中(譬如像是在工作的場所中)所感受不到的。

也因此，總的來講，新興宗教的參與者們對於教主的狂熱崇拜，在一開始時，並不是以出於尋找權威的心態來參與的，反而是出於一種在自我修行的過程中，對於自我整全性開發的執著，和希望個人的情緒可以得到尊重的一種渴求。雖然這種追求通常最後還是落到了教主崇拜的結果，不過在此我們卻要特別強調的是，新興宗教團體中教主崇拜現象的背後，固然有傳統民間宗教中追求靈驗與現實功利性的一窩蜂心理，也有現代「大眾社會」中追尋自我認同感與集體情緒滿足的對於權威的渴望，可是它也有有別於這些因素的另一種重要的而且是特殊而新起的歷史文化因素蘊含在其中：也就是在此教主崇拜現象的背後，不僅反映了新興宗教團體背後世界觀中對於自我整全性的追求，也反映了人們對於眞誠性與全面性互動的一種理想性的渴望。

五、新興宗教團體的世界觀與社會行動之間的關係

對於台灣的新興教團，一個經常被報導的現象就是它們「似乎對各種實際的政治課題都有點冷漠與無情，……很少涉及到政治課題上的主張與運動」（鄭志明 1998b: 43）；而另外一種和這些淡薄的政治行動恰恰又形成強烈對比的則是積極旺盛的傳教行爲(見鄭志明 1998b: 19-23)。以新興佛教教團爲例，鄭志明曾指出前者和參與者爲了獲得個體的保全，而特意避開政治上立即衝突、矛盾的心理有關(1998b: 47)，後者則可以被看做是一種宗教團體爲了因應市場取向所採取的積極性的舉動(1998: 23)，以上的這些說法，當然都說明了部分的事實，不過，在此我們也要強調的是，根本上，新興宗教團體所採取的社會行動的方式和其背後世界觀的內涵之間，在邏輯上有著密切的關連性。

首先，新興宗教團體對於政治行動的淡薄，固然和長期以來因

爲台灣威權體制的存在，所導致的台灣人對政治管道的疏離與陌生有關，不過，新興宗教團體的對政治行動的淡薄，也不見得就完全是消極逃避現實的作爲。藉宗教參與來逃避現實的心理狀態自古以來皆有，然而除此之外，當前大部分台灣新興宗教團體的世界觀中，卻另有其積極性的一種人生態度，也就是其對政治行動的淡薄，並不是怕政治或逃避政治，也不是要另建一個「烏托邦」或期待「千禧年」的來臨來取代現有的政府體制，而是在於其根本上認爲，只有個人透過修行所產生的人心的改變，並以此相互感應，人類的未來才是有希望的，其它的任何與利益團體的糾葛或是訴求政府體制的改變，可能是既不根本、也不具實質意義的。而這一點當然也就是新興宗教「以自我爲中心的修行觀」的一個直接影響的結果。就像是鄭志明在談到「大乘禪功學會」時所評論的：

> ……將宗教情感定位在身心的具體滿足上，認為這樣就可以根本性地解決政治衝突與社會危機，因此該教團認為只要個人的身心問題得到疏解，一切的問題都迎刃而解了，這就是其所謂體用皆備究竟成佛之道(鄭志明 1998b: 45)。

又像是「禪定學會」的清海，對政治就提出了如此的看法：

> 現今世界的情況亂七八糟，許多政府都是建立在權力及政治野心上，而非精神上的領悟，所以這個世界才會有麻煩。如果所有的政府人員都能修行，真正的有一些開悟，而不只是在口頭上唸唸祈禱文或做那些傳統儀式的話，我想世界會好多了，是不是？我們就會有比較好的政府。或許將來他們會如此吧！讓我們大家一起祈禱他們會如此。

> 那時每個政府官員都是佛菩薩、天使、聖人，然後我們會以聖人的方式照顧這個世界，以宗教標準為基礎而不是依靠經濟或政治標準。然後我們就會很好，我們會有真正的政府，而不只是一些只想爭權奪利控制人民的政客，因為政治問題與靈性修行是相輔相成的(《清海新聞雜誌》[40期]：19[1994年11月])。

在這裡，清海指出，政治是無法眞正解決世間的問題的，而只有政治和靈修的結合，才可能產生一個較好的政府。這一類的對政治的看法，在新興宗教團體中，是相當普遍的存在著的，雖然其不見得是經常能夠被表現得非常清楚。有的時候，它也可以由新興宗教團體領導者對一些政治與社會事件的反應中看得出來，就如同「佛乘宗大緣精舍」的領導者曾提到過的：

> 今年初應《自由時報》和《工商時報》的採訪，所預言的三十來條大半都應驗了——而且大半的情況結局還不錯。蘇聯的內戰、德航被劫、年初英磅暴跌、兩黨中生代在立法院合作、日本股市過兩萬點、國防部長由學者繼任、拉斯維加斯會有大火……。……對我而言，印證的事實已不會令我高興，在心中只有一個思維：眾生何不大聲念佛為眾生同消共業？唉，是我們弘法的努力不夠！……如果多一些人修行佛乘大法……。我的心中一直如是祈求著(李善單 1998d: 100-101)。

在這些話中，我們也可以清楚的看出新興宗教團體世界觀中所相信的：個人的修行與世界的和平之間存在著一種緊密的關連性。

而也正是在這一點上使得新興宗教團體一般而言對政治行動的態度都顯得相對而言是較爲消極的。然而這也不代表其是遁世或逃避現實的，相反的，它們卻對此世，或者是說對這個地球，有著相當積極性的態度，這種態度也是新興宗教團體世界觀的背後所經常帶有的一種情緒狀態，正如同李善單在另一個場合的話中所顯露出來的：

> ……如果我們希望自己的下一代有一塊淨土、希望家庭、社會、國家、世界都往佛性的至善前進。
>
> 那麼，請放下我執的利害差別，無論花多少時間念多少聲，請將持頌的九字禪——「南無本師大自在王佛」迴向供養給十方眾生。
>
> 因果是平等的。當你如是布施，眾生亦將如是回報。只要你有心，從第一聲九字禪開始，我確信在你的心中、你的眼中，整個世界變了——變真、變善、變美(李善單 1998d: 148-149)。

這些話中所帶有的，也是一種希望透過集體性的力量來改造世界的積極訴求。當然，這種集體性的力量和政治的手段是無關的，因爲新興宗教團體的世界觀中已經認定了：透過政治管道所進行的改變，並不能爲人類解決根本性的問題。

至於談到新興宗教的傳教和吸收信徒的行爲，的確，它的形成和一些外在環境上的因素很有關係，譬如說：都市中的新興宗教團體和傳統宗教不同，沒有固定的祭祀圈，也缺少穩定的物質基礎(像是土地、田產)，自然只有努力向外爭取流動性的信徒和其資源；另外，在宗教市場自由開放，且又沒有一教獨大的環境裡，新興宗教當然也必須要積極向外傳教來爭取它生存的空間；同時，對於新興宗教的領導者或參與者來講，新興宗教的教義不論在邏輯上的合理性(發展尚不完備)、或是社會層面上的正當性(是否已廣被社會的不同階層所接受)都還是相當脆弱的，在這種情況下，人們本來就很容易在心理上產生很強的向外傳教的動機，於是一方面可以藉著自我的向外表現來確認自己信仰選擇的正確性，一方面也可以藉著傳教後所產生的更多人的加入來加深這份確認感[16]。

不過從更根本的角度上來看，我們如果能夠由台灣新興宗教的世界觀這個層面來觀察台灣新興宗教團體的傳教活動，或許更能夠理解爲什麼台灣大部分的新興宗教團體是有著如此旺盛的傳教活動。

首先，我們注意到，凡是有著較強傳教傾向的宗教團體，其背後的世界觀大致上有著幾個特色：相信自己所擁有的一套世界觀是優於其他人的一套或是其他人的不成形的世界觀；相信自己所擁有的一套世界觀，在某種程度上具有著普遍性(能夠超越地域性的社會關係並適用於所有的人類)；相信自己所擁有的一套世界觀，可以讓人們獲得眞正的救贖(參考 Stackhouse 1987)。

而有著這些性質的世界觀做基礎的宗教團體，一旦其和某種特殊的社會政治或經濟條件相結合，自然也就很容易發展成爲傳教的舉動。而如果我們由這幾點上來看，相對來講，台灣新興宗教的確可能會比傳統的宗教有著更大的「傳教性格」，也就是說，在台灣新興宗教的世界觀裡：基本上是相信自我修行是不分階級、性別、年齡的適用於每一個人的，並且修行也被認爲是每一個人應該要去追求的，這使得其具有著相當的普遍性；同時各個新興宗教團體

---

16 社會心理學上對於傳教心理的分析可以參考 Festinger, Richen & Schachter (1956)。

中，似乎也都號稱擁有著一套平衡身心，有效解決人類問題的修行方法，雖然它不見得會指向人類終極救贖的達成，但至少比起宗教以外的解決人類問題的方案，它是更具有著完整性的(同時兼顧了身心兩個方面)；另外，雖然新興宗教並不見得預設了自己的世界觀是世界上最好的一套世界觀，不過其至少在某種程度上是預設了它比周圍存在的其它既有的世界觀是要來得更好的。

台灣新興宗教團體背後的世界觀所具有的這種種特性的形成(視野上的普遍性、認定其方法在救贖上的有效性和認定該套世界觀的相對的優越性)，當然不是一種歷史的偶然。它一方面和都市化、工業化以後，個人脫離了原有穩定的地域基礎，在地域上的無所依止，反而易使人因此而產生了一種較爲普遍性和超越性[17]的視野有關[18]；另一方面則是因爲拿台灣的新興宗教和傳統宗教相比，傳統宗教與社會生活合一，道德色彩較濃，並沒有密集性的處理身心與自我整全性方面的方法，於是相對而言，在當今台灣急遽變遷的時空脈絡裡，新興宗教的世界觀，至少就信眾的主觀認定而論，是比傳統地域性的宗教組織背後所具有的世界觀來得在救贖上更爲有效的。這些出自於新興宗教世界觀中的特質的因素，於是可能會使得台灣的新興宗教比起傳統的宗教而言有著更強的傳教的趨勢。

---

17 參考Simmel(1950: 402-408)的對於「邊際人」(stranger)與「客觀性」(objectivity)之間關係的討論。

18 試看幾個重要的新興宗教的創始者，也多半是原本在我們這個社會中，比較邊緣性的或是地域性基礎較弱的人(譬如說女性：清海；外省人：緣道；低階的退伍職業軍人：盧勝彥；非華人：清海)，當然這不是說這種人身特質和新興宗教的創立有什麼必然性的關係，而是說當某一個新興宗教的創立者，有著這種人身特質(邊緣性或是地域性基礎較弱)的時候，其所形成的世界觀也很可能是會有著較爲強烈的普遍性的視野的，當然這種說法是高度假設性的，有待進一步的驗證。

不過，就另一方面來講，我們也要注意到的是，台灣新興宗教的傳教活動雖然旺盛，它們卻也很少發展出過分積極的傳教行動(強迫性傳教、嚴厲批判其它團體等等)。這可能和：一、台灣目前各新興宗教團體之間的同質性過高(多半是以佛教[19]教義爲主)，在教義上沒有太強的對立上的基礎；二、既然新興宗教團體普遍吸收了相當的佛教的教義，而佛教教義又有著反二元對立的知識論上的立場，於是也減緩了信徒對於自己世界觀的絕對優越性的執著[20]；三、新興宗教團體背後的世界觀重視自我與身體，以及自我與生活世界的和諧，似乎並不鼓勵過分強烈的傳教活動；四、新興宗教團體的發展以在家人士爲主，尚未(因爲發展的時間太短)並且也很難(主要是因爲其世界觀中的出家人和在家人二者之間界限的泯滅，參考前面的討論)形成具體的僧侶傳統，於是較缺少傳教上的結構上的基礎等等四個因素有著相當密切的關係。當然，這些因素的提出也還都是暫時性的，我們尙需要收集更多的資料來做進一步檢證。

六、摘要與結論

本文的目的，在由台灣新興宗教團體背後的世界觀來著手，以

19 這當然是因爲佛教長期以來在我們的宗教傳統中就一直是一個重要的「文化資本」，同時它又具有著相當「普遍性」的視野(參考 Darian 1977 的討論)，特別能引起處在當代「台灣人情境」裡的人相當的共鳴。

20 譬如說，就如同現代禪在其1992年「佛教現代禪十項堅持」宣言的第九條裡所說的：「每個佛教徒都肯定佛法是究竟的，但應保留其他宗教也是究竟的可能。這不僅符合佛教寬容的精神，也是行者無嗔的表現。」(見於鄭志明 1998b: 366 所引)。

思考當代台灣各種新興宗教現象所代表的實質意義。因爲世界觀是一種意義建構的產物，由新興宗教團體世界觀的角度來思考問題，我們等於是採用了一種以行動者主觀意義做爲出發點的分析角度。不過，因爲現有的相關研究與資料相當有限，因此本文在此所提出的看法也都還是暫時性的，尚有待更多的資料來做進一步的檢證。

本研究發現，在台灣諸多新興宗教團體背後的世界觀中，有兩個元素是經常可以被發現到的：一個是以自我爲修行中心的看法，一個是對於身體與心靈平衡的強調。如果，我們能由台灣新興宗教團體世界觀中的這兩個元素，及其所產生的內在運作邏輯來理解，我們事實上是可以發現，許多新興宗教中常引起他人誤解的現象，在新興宗教自身宗教活動的脈絡裡，卻是有其特殊的意義。

首先，我們注意到，即使在教義與儀式上，新興宗教團體中，也有著某些傳統宗教團體經常出現的內容，像是「業報輪迴觀」的看法、立即解脫的強調、靈驗性的祈求，以及各種醫療行爲等等；然而其背後的運作基礎與解釋框架，事實上已經具有了新的內涵，這和新興宗教團體背後的世界觀很有關係。換言之，新興宗教團體在當代台灣時空脈絡中的快速興起與成長，不只是反映了傳統宗教的復興，它背後事實上反映了一種新的世界觀的出現，或至少是反映了對於某些特定舊觀念的重新詮釋與理解，我們如果忽略了新興宗教團體中這種在世界觀上有別於傳統宗教的特質，我們對其所衍生出來的許多宗教現象，也很可能會產生錯誤，或至少是過度片面的理解。

就我們所指出的台灣新興宗教團體背後世界觀中的這兩種成分而論，其對於新興宗教團體內部互動形式的影響力也是非常巨大的。在台灣新興宗教團體中，一般來講，在家人的地位普遍提昇，出家人與在家人的界限逐漸泯滅，女性在團體中的地位也相對提昇，同時參與者中也以女性居多，這都和新興宗教中的世界觀有著密切的關連。不過，另一方面，台灣新興宗教團體內部雖然有著較爲平等的互動，但卻也普遍存在著對於「克理斯瑪型領導者」的「教主崇拜」的矛盾現象。這一點，其實若能透過新興宗教團體參與者們的主觀意像來理解，我們便會發現，在主觀意像裡，教主對於其追隨者是並沒有任何剝削性的舉動的，同時教主的存在也滿足了追隨者自我意像的投射。基本上，由其內在邏輯來理解，在台灣的新興宗教團體中，「教主崇拜」所反映的主要是新興宗教參與者對於新興宗教世界觀的一種理想性的執著和整全性的追求，而不只是對於外在權威的盲目崇拜或是對於靈驗性的狂熱追求而已。

更進一步，我們也處理了台灣新興宗教團體的世界觀與其外在社會行動模式之間的關係。新興宗教團體中常見的兩種形成對比的社會行動，一者是淡薄的政治行動，一者則是旺盛的傳教舉動，二者的形成都和其背後的世界觀有著相當密切的關係，前者反映了新興宗教中對於行動的「有效性」的特殊看法(也就是認定了什麼樣的行動才是有效的)，後者則顯現出在台灣新興宗教的世界觀中，有著一種更具普遍性的視野。

基本上，當我們以「世界觀」的這種角度來處理台灣的新興宗教現象時，因爲世界觀經常代表的是一套有著內在系統性與合理性的理念系統，於是我們也等於是在相當程度上承認了「台灣新興宗教團體」在台灣社會中的「正當性」(legitmacy)，也就是我們已經隱含性的認定了台灣的新興宗教團體，是有其自成邏輯的理念系統與其「合理性」的社會行動的，它們在這個社會時空中所具有的意義自然也就不可忽視，這是本研究所代表的一個基本立場和研究上的取向。

更且，以「世界觀」的角度來處理台灣新興宗教時，因爲一套可被一群人所共同採用的「世界觀」本身所代表的是：一套長期發展、有著內在邏輯性和有著經驗上的「相關性」(relevancy)的理念系統，因此事實上我們也已經在這種處理中預設了，新興宗教團體是和過去的文化傳統或宗教傳統有著一定的關連性的。因爲一套能被一群人所共同採用的世界觀，是不可能一下子就突然出現的，它除了有某種創新性，卻也必然是帶有著原有文化傳統中的一些重要的元素。由「世界觀」的角度來思考台灣新興宗教現象，於是我們也等於是間接承認了新興宗教團體中的「傳統」的基礎。

當然，以「世界觀」這種角度來處理台灣的新興宗教團體，也有著很大的限制性：它一方面忽略了個別新興宗教團體的差異；一方面也忽視了許多新興宗教團體在現代社會中所可能擁有的無限可能性。不過，在此要強調的是，本文並不認爲台灣每一個新興宗教團體都是一樣的，本文也不認爲在我們的分析裡可以涵蓋台灣所有的新興宗教團體。就前者而論，當然，每一個新興宗教團體都有它特殊的強調點和獨特的修行法門，有些新興宗教團體特別重視傳統道德和家庭倫理的回復，有些團體則特別重視「靈驗性」的一個表現，同時，每一個團體也都有其各自不同的象徵系統，當然不能一概而論。不過，另一方面，我們卻也發現到，在當前台灣諸多新興宗教團體背後的世界觀中，似乎也確實存在著一些共有的成分，而這些共有的成分也正以各種不同的方式滲透在新興宗教團體的教義、儀式或組織形式當中。在某種程度上，這幾個成分的存在，也正是促使新興宗教團體與傳統宗教團體在教義、儀式與組織上開始產生分歧的一個重要原因。其次，就後者而論，就如同本文在一開始時所說的，本文並不嘗試涵蓋台灣所有的新興宗教團體，譬如就像是有著基督教傳統的新興宗教團體，經常有著「天啓論」與「末世論」相結合的「千禧年(millennium)思想」(參考筆者 1998a 對於台灣飛碟會的討論)，其與源自於華人文化傳統的新興宗教團體，在世界觀上就有著根本的差異，這類團體是在本文的處理範圍之外的，尙有待以後再做進一步的探討。

台灣新興宗教現象的有關問題，當然不能純由世界觀的角度來處理，不過由世界觀的角度來著手，不失爲一個很好的著眼點。在這一方面，未來我們除了要收集更多的資料來更完整的釐清台灣新興宗教團體背後的世界觀以外，也應更清楚的說明形成新興宗教世界觀的歷史與社會的因素；此外，若能更進一步檢驗新興宗教團體組織發展的過程中，世界觀與組織外在型態之間相互箝制與相互促成的辯證關係[21]，則更能有助於我們去理解在現代社會中，新興宗教團體所表現出來的種種多彩多姿的樣態。

21 如筆者(1997)曾以慈濟功德會的發展過程爲例，對於「佛教思想」與「組織制度化」二者之間所具有的內在邏輯上的矛盾做過相關的研究，雖然其所處理的對象並非本章中所列舉的新興宗教團體，不過其觀點是可以在此做進一步參考的。

附錄二

「清海無上師世界會」略述：對於當代台灣社會變遷中一個新興宗教團體的初步介紹

本文的目的，是希望能夠在一個較為簡短的篇幅內，對於當前台灣一個在發展上具有相當代表性的新興宗教團體——「清海無上師世界會」做一番系統性的說明。本文主要的焦點在詮釋，處於台灣當代社會文化脈絡當中一個新興宗教團體內部的宗教活動背後，所可能隱含著的各種社會性意涵。惟因現有文獻以及本文篇幅上的限制，本文大部分的論述仍有欠完整。以下本文分「清海教團」的現況、教團組織與信仰特質、領導者崇拜現象，和修行活動中經驗面向的強調這四個部分來對「清海教團」做一個初步的介紹。

一、「清海教團」的現況

「清海教團」，也就是由清海所領導的一個當代新興教團，它在台灣內政部登記的名稱為「中華民國禪定學會」。在全世界而言，它的分支遍布世界各地，共有超過50個以上的小中心，200個以上的聯絡點(清海1995: 70-79)，整個全球性的國際網絡統稱「清海無上師世界會」。媒體曾報導它在世界上有超過兩百萬以上的信徒，在台灣則有30萬左右的信徒(Chua-eoan 1997: 43)，這些數目當然還需要進一步的查證[1]。清海在1993年以後，開始以國外爲主要活動場域，1996年後更長期居留於國外，使得教團在國內的發展，居於停滯。而在西元2000年5月間，在離開了台灣4年後，清海曾短暫回台兩天，並曾舉行了一場經過了盛大宣傳與設計的弘法活動，掀起了一次新的傳教高峰，不過它的後續影響並不十分顯著。其整個教團在台灣的發展，目前是屬於一個比較收縮性的時期，主要在以既有信徒間經常性共修活動的維持爲教團活動之重心。

「清海教團」1986年底開始在台灣發展，一開始是以佛教團體的面貌出現，1990年左右達到了一個全盛時期，而也就在這時，它和佛教中其它自認爲是比較正統的佛教組織間產生了嚴重的衝突。在這種衝突中，一方面激化了其領導者的作風，使其逐漸擺脫了該教團與佛教在表面上的相似性，於是這個教團在台灣成爲了一個不折不扣的新興宗教團體；另一方面清海本人也愈來愈轉而以國外，尤其是亞洲其它國家和美國爲弘法講道的重心(其中又以亞裔的信眾爲主)，使得整個教團成爲了一個全球性的組織。這對台灣信徒的來講，則反映了整個教團逐漸超出了一種地方性與區域性的色彩，尤其是可以發現該教團許多在台灣的信眾逐漸開始認知到，他們所參與的是一種世界性的心靈或宗教運動，這於是使這個教團的性質和一般民間宗教常有的傳統「復振」(revitalization)的現象也開始有著根本上的差異。

目前清海活動範圍以國外爲主，雖然表面上看起來，這個團體在台灣有逐漸沈寂的傾向。不過它所具有的一些教義，內容廣泛地流傳到了民間，和當前民間流行的神秘文化、「新時代」(New Age)思潮，有互相衝擊發揚的一個效果。而它巧妙的商業化型態、靈活

1 參考第五章的說明。

的媒體運用，在台灣當代新興宗教團體發展的歷史中幾乎也是扮演著一個先驅者的角色[2]。在某種程度上，對其它的新興宗教團體也頗有影響，這些都是值得我們去加以進一步注意的。而在該教團各種活動形式的背後，事實上充分反映出來了社會結構與文化變遷，對於台灣的宗教活動所可能會產生的影響，這一方面也更值得我們來加以系統性的探討。

二、「清海教團」信仰活動的特質與組織運作模式

我們可以從「清海教團」在運作上，所具有的兩個比較核心性的因素，也就是其內在兩個主要的權威基礎，來理解這個教團：一個是它的教主清海被相信所具有的一些特殊的能力、特質和世界性的歷史使命。另一個則是清海所教給信眾的一套獨特的修行方法。而後者更是前者被接受的一個基礎，也就是說由於該教團所傳授的修行方法被信徒認爲有效，於是連帶肯定了其師父所具有的權威。簡言之，該教團內在權威的基礎主要建築在兩方面，一個是所謂的明師——一個既是老師、開悟者、救贖者的人；另外一個則是個人修行上實證的體驗，而後者的發生，則是信徒肯定和相信前者的基礎。

雖然出於種種文化與社會心理因素，像是：信徒心理上對於救世主般人物的強烈信賴、華人家長制中對於領導者權威的過度依賴、以及民間傳統中對於靈異神通現象的狂熱崇拜等等的影響；再

2　譬如說1989年宋澤萊在一篇短文中(1990: 96)，就提到了在當時宗教界的宣傳品中，特別是盧勝彥與清海兩人的巨型海報曾格外的引起了他的注意力。

又加上該教團領導者在言行舉止上，不符合一般社會人士對於修行者形象的特定期待，這使得整個「清海教團」由外界看起來，有一種強烈的彷彿是非理性的狂熱色彩。不過由本質上看起來，雖然參加這個教團要有相當的投入與付出(見後所述)，清海與信徒間的關係並不是強迫性的，在他們彼此之間並沒有太強的約束力，信徒之間也沒有太多的互動。大部分的信徒其實在參加該教團後對教義也沒有太深刻的了解，而許多信徒在修行上沒有效果時也會自由的離開該教團，只有少數信徒在離開後會感受到某種特殊的精神上的壓力。換言之，該教團對於「忠誠度」的約束，只是採取著非正式的形式，而並沒有以較正式的機制來加以控制。

而在該教團的教義中，關於社會道德方面的問題並未加以特別強調。教義主要是以個人身心平衡和成長爲主要考慮的焦點，而不是以行爲上的社會效果爲著眼點。在這裡，教團中對於宗教的看法，有著將宗教本身功能獨立出來的趨勢，而逐漸脫離了在傳統的社會中，認爲宗教必須肩負起某種社會性與道德性功能的一種相當一般性的傾向。

以上這種種特色和傳統宗教中信仰發生的性質(或者是隸屬於祭祀圈的信仰，或者是在這之外，再附加性地對佛教或其它教派性宗教組織產生較長期的虔誠而穩定的信仰)是大不相同的。它們不但反映了現代都市型態中宗教的高流動性(fluidity)——也就是社會關係是短暫的和不穩定的，和片段性(segmentary)——也就是個人對於不同機構的參與，也都是片段性的(例如參考 Wilson 1970: 141-144)，同時也呈現了出來社會結構更分化、和諧統一的宗教性和世界觀削弱之後，宗教市場的開放，所產生的以投合個別信眾最實際的需求爲主的整個信仰型態的改變(例如參考 Berger 1967: 127-153)。換言之，固然在現代社會中宗教信仰已成爲一種志願性參與的行爲，人們在這種志願性選擇中，有可能產生格外深入的自發性宗教投入(因爲既然是自願的，所以投入的動機將格外強烈)；但是由教團這一方面來說，爲了適應社會大眾多元選擇性的存在與片段性社會活動的基本模式，它於是也僅有著較爲鬆散與自由的形式來約束信眾，即使像清海這樣一個教主的權威性相當濃厚的教團亦然。同時，相應於個人性的志願參與，宗教的焦點也主要是擺在個人性的身心需求上，而不再特別強調某種非關乎此的道德行爲上了。

關於修行方法的部分，「清海教團」教義最核心的內容是所謂的「觀音法門」。這套法門被宣稱具有立即而快速的成效，這尤其在清海 系列演講集的書名的標題「即刻開悟之鑰」上可以看得出來；另外這個團體也對外宣稱這個法門可以幫助人「一世解脫，五代超生」。這些訴求使得這個方法聽起來異常具有吸引力。

「觀音法門」這一套方法，所教授的主要是一種打坐的方法，以及和此密切相關的一個層級式關於宇宙結構的理論。表面上用「觀音法門」這個名字，這好像是華人民間所流傳的各種和觀世音菩薩修道成功有關的方法中的一種。實質上，這一套東西歷史上直接源頭是完全來自印度的，它在印度一般稱之爲「音流瑜珈」(*Surat Shabd Yoga*)[3](是一種以某種特殊方式來聽取內在聲音並以此來進行自我修煉的法門)，而目前除了在印度本地以外，它在世

3 這種「音流瑜珈」以正式教團組織形式的存在，起自於其第一位上師Shiv Dayal Singh(1818-1878)1861年在北印的Agra省Agra市所創立的。而後它又分裂成許多不同的教派。由於這些教派在印度的興盛，可以被放在北印15世紀以來由幾位特殊宗教人物Kabir(1440-1518)、Nanak(1469-1538)所開始而被廣爲流傳的具有神秘主義傾向，且試圖超越不同宗教藩籬的明師傳統中來被理解，所以它們也常被統稱爲「聖人之路」(*Sant mat*)(參考 Jurgensmeyer 1991)。

界各地，尤其是歐美各國也都流傳的相當普遍[4]。以最簡化的方式來說，這一套方法，基本上相信人類靈魂本來是純潔無染的，靈魂的本質是一種高級振動的頻率，而宇宙的能量與愛力的來源，也是這種所謂神秘的音流所構成的。不過物質和感官世界是比較粗糙的，使我們經常因過分執著於其上而墮落到比較低的層次，一切的不快樂和痛苦也是因爲與這種音流力量的脫離而產生的。而所謂「觀音法門」的具體內容，也就是在傳授一套可以與此宇宙源頭的音流相連接的方法，這裡面又包括了所謂的「觀光」和「觀音」，也就是在打坐中來看內在的光和聽內在聲音的方法，這其中還包括了一套咒語的傳授。信徒被要求每天要打坐兩個半小時，也就是在操持這種獨特的修行方法，使靈魂的層次不斷提昇。

另外信徒還被要求要守五戒，和一般佛教徒要守的五誡類似的，這五戒是：不殺生、不妄語、不偷盜、不邪淫、不接受有害的精神和物質食料。而在不接受有害的精神和物質食料，這一項上又特別要求要吃「全素」。連蛋也不能夠吃，因爲蛋被認爲是一種具有靈魂形式的東西，吃它會使自己製造新的業障，阻礙個人靈魂的成長。這種嚴格地對一般在家信眾素食的要求，在台灣的宗教團體中是不多見的。一般認爲修行團體中的素食主義，反映了一種潔淨觀，是一種與外在世俗或物質世界做嚴格區隔的動作，也有人認爲素食是一種禁欲主義的表現，透過慾望的克制來獲得救贖。不過在「清海教團」中所進行的素食，其根本的重點，既不是爲了維持集體性的潔淨，也不是一種刻意禁欲的表現，反而是一種純粹個人主義式的一種關於個人靈性追求的積極表現。這也是所謂新興宗教團

4 譬如說在美國相當有名的新興宗教組織如Eckankar, Divine Light Mission, Movement of Spiritual Inner Awareness等都是屬於這個傳統(例如參考Lane 1993: 139-160)。

體和其它民間宗教團體比較不一樣的地方。

清海是越南人，以比丘尼的身分到台灣落腳，帶來的是一套來自印度的修行方法，不過她卻以「觀音法門」這種看起來似乎是僅屬於純粹修行技術性層面的較爲中性的形式(也就是不屬於特定文化的一種特殊修行方法)來進行傳教。她甚至宣稱修習「觀音法門」並不是加入一種宗教，一個人不用改變他既有的信仰，也不用劇烈的改變他的生活方式，就可以加入這個教團。她還引經據典，像是引用了佛教的楞嚴經、《金剛經》、《法華經》，基督教的《聖經》，伊斯蘭教的《可蘭經》，老子《道德經》等等，而宣稱這個「觀音法門」原來就是世界各大宗教中最基本、最源頭的與最精華的部分。她以上的種種作法，都是適應於華人民間宗教傳統中所謂的「綜攝主義」(Syncretism)——也就是相信不同的宗教間在相同的「道」的基礎上可以兼容並蓄，和當代的所謂「多元文化社會」——也就是社會結構的分化和族群的複雜化以後，使得人們不得不接受不同於自己的差異性的存在，而採取的比較柔性的傳教的方法。不過在這裡，我們也要強調的是，雖然該法門中的主要修行方法和宇宙觀，的確可以在華人民間傳統裡找到許多相似的成分。然而事實上，它畢竟還是一套第一次傳進台灣的全新的東西，這對於詮釋清海教團這樣一個當代台灣的新興宗教團體而言，是我們不能不注意到的一個歷史事實。

清海的這一套獨特的宣稱可使人「即刻開悟、一世解脫」的「觀音法門」，在配合清海個人頗富魅力的人格特質的展現，及在其內部所運用的各種現代媒體工具[5]的幫助之下，使得其跟隨者的

5 主要是書籍、固定的月刊、錄音帶、錄影帶，以及第四台的電視節目等等。

人數極快速的增加。不管清海個人本人原來的意願是不是要來台灣傳教，或者是不是要組成一個現代化的新興宗教組織，但一個現代化宗教組織的出現已經成爲了一個不可避免的發展，即使清海本人在一開始時，似乎是非常排斥這種宗教組織的存在。

不過在基本上，清海個人仍然是相當壓抑其教團中階層化的發展趨勢。其組織內雖然有所謂的「長住」(類似於出家眾)、「觀音使者」(「長住」中可以主持所謂的「印心」[Initiation]儀式的傳道者)、和「聯絡人」(在家眾中負責地區性聯絡的基層幹部)等等功能上的分工，但是其各自並沒有獨立性的地位。這是一種結合了「威權家長制」和「社會主義」般極端平等傾向的奇特組合。教團經營的基礎一方面來自於領導者的激發，一方面來自於信眾個人參與修行獲得實質體驗或利益後所產生的回饋心理。嚴格講起來，「清海教團」在舉辦各種活動時，資源雖然經常動員的相當成功，可是這個教團是完全不關心Weber所謂的「克理斯瑪的例行化」(Weber 1947)和一般所謂的組織制度化的問題，整個教團制度化的程度可以說是相當的低，這和其教義中反對宗教系統的形式化和儀式化是有著很大的關係的。這種內在反抗制度化的趨勢，一方面將使該教團在組織成長的規模上有其一定的侷限性，一方面也將使其對於主流世俗化與制度化較深的正統教團通常採取著一種比較批判性與抗拒性的態度。

三、教團中的領導者崇拜現象

在「清海教團」發展的過程裡，一個最受爭議的議題，當然就是清海本人服裝的千變萬化，花枝招展。清海一開始是以比丘尼的

附錄照片2-1 清海已完全脫離了正統佛教界而不斷以艷麗的裝扮來出現在世人面前(攝於2001年5月該會所舉辦的活動上)。

身分出現的，可是因爲教法的不同，也因爲發展的太過快速，而遭受佛教界很大的攻擊。結果她乾脆就此脫離佛教界，也脫離了華人正統宗教中對於宗教領導人種種形象上的約束，而開始不斷以比較豔麗的裝扮來出現(見附錄照片2-1)。其對內刊物《清海新聞雜誌》每一期的封面，也都以她個人華麗裝扮的特寫爲主(見附錄照片2-2)。

她的這種自由而大膽的教主形象的出現，也代表了該教團由一個比較是純粹「方法性」傳授的教團，變成了一個「克理斯瑪領導者」形象愈來愈突出，愈來愈具有領導者個人色彩的所謂「大眾社

附錄照片2-2　清海教團對內的刊物「清海新聞雜誌」，其每一期都是以清海個人的華麗裝扮爲主要封面(本圖翻拍自數期「清海新聞雜誌」的封面)。

會」中的新興教團[6]，也就是該教團所具有的獨特而具渲染力的「克理斯瑪領導者」的存在，是可以在相當程度上吸引到「大眾社會」中情感上格外孤寂而認同感模糊的「原子化」的個人的。

清海的這種教主裝扮的革命性改變，在華人社會中所出現過的各種民間教團裡幾乎是第一次。這種裝扮一方面是對於現代人的某

6　也就是如同學者所認爲的，在工業化和都市化以後，傳統社會關係瓦解，人與人之間變得相當隔絕，於是產生了所謂的「大眾社會」(mass society)中的「原子化」(atomization)的現象(例如參考 Kornhauser 1959)。在這種社會中，由於人們自我認同上的模糊感以及心理上的無力感，很容易在對於「克理斯瑪型領導者」狂熱的崇拜中取得情緒上的釋放。

附錄照片2-3 清海教團的信徒們經常配戴有著清海個人照片的小飾物，這些照片中的形象相當多采多姿(攝於2001年5月該會所舉辦的活動上)。

種「世俗主義」、「自我主義」和「個性主義」加以正當化的象徵性舉動[7]；一方面也是一個女性教主對於個人意志的強烈宣稱和對於個人風格的相當極端性的展示。

對已經跟隨了師父的信徒來講，要適應清海的這種變化並不困難，一方面該教團中，本就強調明師具有著某種所謂「千百億化身」的形式，因此她服裝的千變萬化，其實也是其教團世界觀的一個佐證(見附錄照片2-3)；而清海的無限解放的「克理斯瑪」的領

7 這不是說該教團內部有著某種「世俗性」的氣氛，而是說該教團的教主基於吸引信徒的必要，而對於外在社會主流文化裡的世俗與消費性文化採取著一種較爲妥協性和接納性的態度(至少在表面上)。

導形象，也正代表了她是一個宇宙間獨特的明師。但是對於外界，尤其是外界媒體、其它自認是比較正統的宗教團體、和信徒的親戚朋友們來講，這卻變成了一個引人譏諷的議題。

清海的這種教主形象大膽的變化，到底對這個教團的發展是利是弊是相當難以評估的。不過我們或許可以把它看做是現代社會中新興宗教團體發展過程裡的一件相當弔詭的現象。在教團發展過程中，一方面教主的形象必須透過各種內部自身媒體的幫助來加以塑造和擴張，這其中尤其要強調教主所具有的神話般的無限的能力和多變化而不受拘束的特色，然而長期下來，一方面教主本身並無法完全符應於這種理想中的形象，一方面這種特殊的教主形象，在目前這種在形式上仍然是以科學主義爲主流思想的社會潮流中，因爲其形成了太強烈的對比，反而立刻會遭致社會外界的反彈和譏諷。於是「克理斯瑪領導者」形象塑造的成功，往往是一個「大眾社會」中新興宗教可以快速取得成功的原因，但是也是造成它在長期發展上可能受到來自外界相當大的阻力的主要因素。

四、教團中經驗面向的強調

參加「清海教團」的人，他們最主要的信仰動機是什麼呢？是不是就像是一般媒體所描述的，各種新興宗教教團經常對領導者的神通與靈異能力大加吹捧(尤其是各教團內部的各種書籍、雜誌、和宣傳品上所描述的)，因此信徒們通常也是爲了追求某種快速而靈驗性的效果而來參加了新興教團。

關於信徒參與新興教團的動機，我們目前尚缺少比較全面性的統計報告，不過以清海教團中所收集到的相當局部性的資料看來。我們可以發現到，對於「清海教團」的信眾來說，那些在一開始參加時，就是爲了追求某種快速而靈驗的效果，像是治病、逃避災害、解決人際關係的痛苦，而來加入這個教團的人數，事實上不會太多。更何況即使起初懷著這樣的動機而來參與「清海教團」，隨著修行時間的增長，參與者們參與的動機和想法也都會有所改變，反而和其最初參與時的想法不盡相同。

在資料上看來，我們在第五章的討論裡曾發現，在50位清海信徒中，若根據其自述的參與原因來加以歸納其初參與時的動機，其中僅有三位明顯的是爲了世俗性的效驗而開始加入清海教團的。而另一方面由教義上來看，我們還注意到，在「清海教團」中，教義裡清楚而明白的強調著，神通的運用是絕對被禁止的，信徒也不准使用靈力來替人治病，運用神通來改變一些事情必然會在事後帶來不好的結果。而該教團也強調修行上有了體驗，除了師父以外，是絕對不能告訴別人的，這會引發我執，也會引起所謂的「魔障」，而使自己已有的寶貴的修行體驗再也不會出現。這些都顯示了用類似於追求神通靈驗的那種比較現實功利性的參與動機，來解釋該教團信徒的參與，是無法完全解釋得通的。那麼在此，我們又該如何來解釋該教團一方面雖然嚴格禁止信徒運用各種神通靈異性的能力，一方面又在內部各種媒體上不斷大肆渲染著，參加該教團時所可能會有的個人靈驗能力的增長，這種矛盾該用什麼角度來加以理解呢？

要理解這樣的矛盾，這裡面涉及到的最主要的一點是：我們應該要注意到在當代台灣新興宗教團體，普遍追求神通靈異現象的背後，事實上所反映的是，一方面是現代人本身，一方面是迎合現代人的宗教性格而產生的新興教團。這兩方面都逐漸有著更強烈的對於個人宗教活動中主觀可經驗性面向的強調。這種可經驗的面向在目前，尤其是對於與傳統宗教比較脫離的居住於都市裡的人們，甚至於也已經逐漸成爲了他們在選擇宗教時的一個最主要的標準。而這種現象，的確，在表現上看起來，會使人很容易誤以爲新興宗教的信徒們，好像是特別出於功利現實與追求靈驗神通的心理而來參加這些教團的。

首先，不可否認的是，雖然儒家對民間宗教中的各種巫術性活動，一直採取排斥的姿態，然而華人民間宗教活動中有著長遠的所謂「靈顯[8]」(參考鄭志明 1999: 93-100)或是巫術性的傳統，這種民間的傳統也延續到了當代台灣新興宗教團體各種宗教活動的表現形式當中。不過在這裡我所更要強調的是，在這種所謂「靈顯」的現象之下，若我們再仔細加以探究，便會發現，事實上在當前台灣許多宗教團體中的「靈顯」現象的背後，已經產生了一些不同於傳統宗教的內在意涵上的基本改變。

更具體來講，這種主要建築在經由自身親身實證體驗，來選擇和判斷宗教的可信與否的現代宗教精神，它至少是包括了三個彼此之間密切相關的成分：

一、科學主義或實驗主義的

出於種種原因，我們發現不論是在社會結構或是文化的層面，在台灣，科學與宗教不但沒有產生正面的衝突，反而產生一種融合的現象(參考第五章)。對於宗教，許多人持有一種自認是類似於現代科學精神的懷疑主義的態度，認爲不論是傳統宗教也好，新興宗教也好，都必須透過個人實際親身的檢證或體驗才能確定它的眞實性。而因爲人們原來與傳統宗教間較強的歸屬關係，已經完全被打

---

8 鄭志明用「靈顯」這樣的名詞來指稱華人民間宗教傳統中承傳悠久的和人神交感有關的各種相關現象(1999: 93-100)。

破了，傳統宗教與新興宗教都必須要加以調整，來迎合現代人這種所謂的對於個人體驗面向的強調。而新興宗教在這一方面的適應是特別快速的，甚至於許多新興宗教本來就是這種社會趨勢之下的產物。於是個人修行的實證體驗，成為了個人選擇宗教和判斷自身進步程度的最主要的依據，個人常以傳統宗教過度重視儀式和經典，不符合現代科學精神的這種看法來排斥傳統宗教，並且也有可能進一步去重新自行來選擇更能讓自己產生切身體驗的宗教。

二、現世主義或當下主義的

在富裕的社會環境中，解決了基本生存問題之後的人們，宗教救贖或是身心解脫的可能，再也不是只被寄託在下一世，或是遙不可知的極樂世界或天國裡了。人們愈來愈相信在此世或是在當下，就有此可能性的存在，或是至少類似於解脫或是開悟般的神秘體驗，是不難在此世修行的過程中來達到的。在這種愈來愈具有社會普遍性的想法之中，於是修行後親身可得的趨近於解脫的體驗，也就常被現代社會中的修行者當做是一個主要的追求目標。

三、主觀主義或自我主義的

隨著傳統社會關係的解組，全民教育程度的提昇，專業階層的興起，現代人對於「自我」以及個人命運的自主性都有著更明確的意像，個人對於自己修行所可能獲致的身心境界的成長，於是也都有著更大的信心。固然在華人民間宗教的傳統中，原就相信每個人內在都有著可以成佛成聖的共通特質。然而這種觀念更廣泛的被接受和確信，以及與信眾個人主觀修行體驗間所產生的一種更緊密的結合，則是一個當代社會情境變遷中的新興現象。

概括言之，起自於和「現代社會」發展息息相關的社會結構分化、人際關係暫時化、生活空間片段化、宗教市場自由化、甚至是現代科學的強勢化等等趨勢，「清海教團」一方面是適應於這種社會變遷的產物，一方面卻也是對應於這種社會趨勢所產生的一種人們在零細分化的的社會中，尋找個人整全性實踐的嘗試。做爲一個被稱爲是「來自喜馬拉雅山的大師[9]」，清海的出現，提供了都會區裡社會網絡上束縛較疏鬆的人們(因爲「清海教團」修行上的要求，包括素食主義和每日兩個半小時的打坐，這對於被家庭網絡束縛較緊的人而言，幾乎是難以去加以嘗試的)一條可能加以去嘗試和實驗的通往解脫之路，並且也在相當程度上滿足了這些人們一種浪漫性與理想性的追求和想像。而該教團的被聲稱為簡單明確而有效的「觀音法門」，也帶給了信衆在感覺無意義的現代生活下，一種整體性的經驗上的跳躍。然而該教團傳教過程與修行方式所保有的秘密性，和師父所具有的獨特的「克理斯瑪」性格，固然增加了信徒與教團間更緊密的連結，卻也造成了該教團被主流社會所排斥的命運。在這裡，雖然「清海教團」只是當代台灣眾多宗教團體中的一個，它的興起和發展，卻是當代台灣人宗教與信仰生活變遷的一個鮮明的縮影。

9　清海早期在台灣宣教時所常使用的附帶性的稱謂。

附錄三

對於盧勝彥真佛宗教團的一個初步介紹

一、眞佛宗教團的現況

筆者所執行的國科會計畫，部分資料收集與分析工作涵蓋了盧勝彥眞佛宗教團的發展。雖然整體研究成果尙未完成，但在已收集的有限資料下，筆者希望能先就眞佛宗教團的性質與特色，在此提出一個初步綱要性的介紹。而將本文放在本書附錄的位置，一方面在提供關於台灣當代新興宗教現象重要個案的補充性說明，一方面它或許也有助於我們進一步的來思考和本書正文有關的一些議題。

盧勝彥所領導的眞佛宗是一個在當代台灣發展相當蓬勃的宗教團體(參考第三章照片3-8與3-9)，自盧勝彥1975年起開始寫作所謂的「靈學」書籍，經1982年其移民美國西雅圖後正式成立宗派，至今不到30年間，該教團的皈依信徒據其自稱在全球已超過400萬。它在全世界的分寺、堂、或同修會的組織超過250個，其中台灣有60多個。雖然盧勝彥長居國外，但眞佛宗中台灣信徒所占比重很大，單就它在台灣部分的發展來說，已是一個發展極爲突出的新興教團。而即使多次傳出和盧勝彥有關的財務與緋聞事件，使眞佛宗飽受其它教團與媒體批評，但這並未重大的影響到它的發展。關於該教團的教義與歷史，鄭志明(2000: 191-256)曾提供相當詳盡的說明，本文對此已不需再做重複，不過出於眞佛宗教團在當代台灣新興宗教現象中所占有的突出性地位，本文仍擬在該文的基礎上，對眞佛宗的發展再稍做回顧與分析，並希望能就幾個有關問題提出進一步的討論。

就基本性質來看，真佛宗教團是集合了各種儀軌與咒術的一個融合性很高的教團，以所謂的「真佛密法」做為統稱。盧勝彥自稱：「『眞佛密法』的法，最是齊全。你想學什麼？就有什麼……甚至外面沒有的，我這裡都有，我是一位集大成的修證行者。」他進一步說：「你皈依一個蓮生活佛盧勝彥，就等於皈依數十位上師、法師，這還不是一樣嗎？還不夠嗎？……皈依眞佛宗，就是『最終』的，再也找不到法最齊全的了。」（《眞佛報[351期]》，2001）

在此，雖然自稱爲佛教密宗[1]，但是眞佛宗教團教授的「法」種類繁多，涵蓋各個宗派，根據該教團所出版的《眞佛妙寶》(華光紫蓮大學教育委員會編，1997)一書中所列，至少就有兩百種以上。這些「法」，也就是「儀軌」，可以被看做是能夠召請神明相助而產生靈驗效果的儀式性行爲，也可以看做是有助於個人通往救贖的身心修持，以前者來看它近似於功能性鮮明的民間信仰，以後者來看則是具有靈修性質的一種瑜珈，也是「宗教信仰個體化」發展趨勢(見本書第六章)中的一部分。該教團簡述性的傳單《光明遍照的眞佛宗》(世界眞佛宗宗務委員會n.d.: 1)上寫著：

1 佛教教義上有著顯密之別，於是本文中採用一般通俗性的講法，用密教，或者密宗這樣的名詞，用來做爲與顯教相區別的對等詞。而西藏佛教是一個較大的範疇，並不能等同於密宗或是密教，在西藏佛教系統中，雖然非常重視密教的部分，但也涵蓋了顯教的部分。

> 真佛宗，是弘揚佛教密法的宗派。真佛密法，是真佛宗創辦人根據傳承上師蓮生活佛盧勝彥，依藏傳密法次第修持得證後，將這門艱深晦澀的千古密法，整理融匯成的，順應時代，適合現代人修持的一套完整密法儀軌。真佛宗的法統中，除了擁有修持出世成就的殊聖密法儀軌，和入世的秘宗羯摩法外，其道家傳承中的符籙、術法、靈機神算、堪輿風水等，皆是為眾生消災解難，引人入佛智，入世度眾的方便法門。目前，在世界各地弘法的真佛宗金剛上師，並運用此等入世法服務眾生。

而在這些種類繁多的法中，最基本也是最核心性的一個法，是所謂的「上師相應法」——以觀想與供養根本傳承上師(蓮花童子，也就是蓮生活佛)，來做爲自我成就的一種法門。這個法在形式上同時包含著淨土宗(蓮生童子將會把信徒接引到西方極樂世界)與密宗(透過與宇宙佛力間的感應來自我成就)的特色，所以是一個「以淨土世界來帶給信眾信心，並以密宗來建立實證實修基礎」的修行模式。

在傳承上，盧勝彥雖自稱擁有包括道教、顯教、藏傳佛教各派的多種傳承(見後)，而其最主要的使其可以成爲「金剛阿闍梨」(密教中可以傳法授徒的上師)的傳承，卻是來自所謂的「虛空界」(非現存於人間的宗教師)。由這種關於傳承產生的模式來看，它有著教主創造性的設計在裡面，而已部分脫離了傳統既有教團的束縛，我們也可以根據此而把其歸類爲是一個新興化的教團。盧勝彥自稱在1982年間曾被釋迦牟尼佛受記，並由蓮華生大士灌頂而成就爲「紅冠聖冕金剛上師蓮生密行尊者」(盧勝彥 1998a: 184-189)。自此正式以密宗之名來推廣他的「眞佛密法」。

在開宗立派三年之後，1986年當盧42歲時，他更自行剃度現了出家相，他對其當時的裝扮，自己描述道(1997: 119)：

> 我頭戴五佛冠，中央毘盧遮那佛，東方阿閦鞞佛，南方寶生佛，西方阿彌陀佛，北方不空佛。而中央是佛部，東方是金剛部，南方是寶部，西方是蓮花部，北方是羯摩部。我的紅冠是「雙龍獻桃」，代表長壽佛，雙冕是大明六字真言。我內衣穿黑，象徵內覺真如一遍。我外披咖啡色法衣，即不染六塵之戒也。右手握三股金剛杵，上半截金剛杵代表三世諸佛，下半截金剛杵代表三界眾生。左手拿金剛鈴，即是妙音、妙有、非有。胸前掛108顆佛珠，這是佛的祕密數字。

它是以西藏佛教既有的僧服與法器略加演化而得，主要的內容是包含了根據佛教密宗中認定能與宇宙性神明相感通的種種象徵符號(五方諸佛)，而盧在此又加上的是關於淨土世界美好幻想(長壽佛的意像)的象徵(部分形象參考照片3-8)。在教團內，信徒一般是以「師尊」之稱謂來稱呼盧勝彥，教團中則還有上師、法師等等稱謂來稱呼專業的神職人員，另外講師與助教則是受過訓練可以協助儀式進行的一般信徒。

眞佛宗教團的發展路線，取決於盧勝彥個人的著述風格與修行模式的演變，也就是由個人道術修習發展爲密宗修持，進而成爲正式的寺院，並以密法形式授與信徒戒律與宗教身分。但自居於佛教密宗，盧勝彥強調自己不是「創教」，而只是創立了一個宗派，他自己說(1997: 139)：

> 「真佛宗」，我所創立的宗派(請讀者注意，不是創教)[括

> 號內為盧所自加]，是合道家、淨土宗、禪宗、密宗於一爐，統攝了禪、密、淨土及道家諸法。用道家的丹鼎為內修，用淨土為外修，用禪成定，用密成就。

在這種融合性的聲稱之下，眞佛宗一方面可以與民間既有的傳統間做廣泛連結，一方面卻能又以此自立宗派，成立新的教團，可以不受既有組織與個別傳承的束縛。

在高度融合性的姿態當中，對應的，信徒清楚的注意到這種融合性背後所可能代表的內涵：包括了開放性、融合性、與精華性等等。一位50歲男性的信眾提到眞佛宗時指出：「眞佛宗就是佛菩薩比較多，比較莊嚴。」(訪談記錄 T2: 6)(例如照片附錄三之四中眞佛宗道場裡就有著眾多的神像)一位約45歲皈依了有十年的女性信眾，其談話在此相當具有代表性：

> 真佛宗是道顯密融合的，我覺得這一點是很可喜的現象，有些只講道，不跟你說佛，顯教他又不跟你說密，我覺得真佛佛法是道顯密融合的。事實上就像在人生病醫生開藥方一樣，有些方面它需要道的方面來救渡，佛法它可能沒有這方面的，所以很多需要用到道的方面，那可是道的方面，只是成道沒有佛法的境界……可是再更深再更進階的話，那就需要佛法。那佛法裡面有顯、有密，有些人他就希望念念經典，他不想深入去了解到密教裡面的一個內法、供法方面，像密教到最後究竟成就的話，已經不是道教跟顯教的範圍裡面的，已經超越了，我個人這樣認為已經超越了，最起碼在心法的體悟上面，我覺得那是密教的殊盛。那事實上今天師尊很慈悲，他在整理出一個真佛密法裡面，我覺得就是真的

> 實行了道、顯、密的合在裡面，而且真佛宗有八大本尊，有八大本尊就可以因應個人的因緣的不同嘛！有些人本尊也許是觀世音菩薩，有些人本尊也許是蓮華生大師，有些人也許跟財神爺相應。再一點，我覺得修真佛密法，身體會越來越好，因為它修氣脈明點，以我們這個年齡層來講，我覺得我個人的體力不會差於二十幾歲的。(訪談記錄 T4: 9)

由這些信眾的話語裡我們可以看出來，盧勝彥在幾個方面的相關安排，與信徒的信仰需求產生了很大的共鳴。這包括了：1.將道、顯、密等教義與修行儀軌，儘可能的放在聲稱是可以相互加以承認與尊重的基礎上，加以協調並立[2]；2.將民間信仰中的內容，透過佛教教理，以及更直接的——透過密教種種修行方式的轉化——提昇到了一個與個人救贖有關的新的層次，像是該教團自稱的主要宗旨「明心見性、自主生死」，明顯的顯現出了這個層次；3.在此轉化過程中的同時，真佛宗仍保留了民間信仰中所具有的一種開放性，於是個人可以依其個別需要選擇其修行方法而不會受到特別的拘束，它尤其反映在真佛宗修行模式的設計上，像是透過隔空灌頂所產生的書信皈依，對於弟子並無任何實質約束力，以及該教團在修法時，可以僅是個人性的修法，信徒在家中自行成立小型檀城(只要一張可供觀想的上師或神佛的照片即可)，不必固定參與共修

2 以盧勝彥自己的話來說，在一篇題爲顯密平等觀的文章裡，他(1997：139)寫道：「我一向把任何宗派，都是平等觀的，唯獨對『邪教』例外，我對小乘的俱舍宗與成實非常尊敬，至於大乘的禪宗、律宗、華嚴宗、地論宗、攝論宗、涅槃宗、唯識宗、般若宗、淨土宗、法華宗、禪宗及密宗，那更不用說。對道家，我同樣平等觀。對天神修法，對基督、天主的天國福音，我同樣尊敬。」

活動，許多受我訪談的信徒常是如此進其行每日例行性修法的，信徒對於眞佛宗的參與相當自由而鬆散。

1989年，眞佛宗在香港舉行了「上師會議」，議決了「眞佛宗阿闍梨守則章程」和「眞佛宗分堂規則」，並議決了與組織行政有關的問題(盧勝彥 1990: 221-229)，正式揭開了組織與制度化管理的進程。

1993年，由盧勝彥發起，眞佛宗又在其周邊成立了一個華光功德會的外圍組織，如其網站上所自述：「本會聚集人力，不爲自己，只爲眾生，依慈悲喜捨四無量心，朝醫療、社會救濟、教育、文化等四大方向及臨終關懷、聖尊文集推廣兩大專案，展開全面性濟世度眾之重任。」這裡面言詞高度模仿著慈濟功德會的組織宗旨(參考筆者 1999: 21-22)，或許可以看做是現代宗教組織在自由宗教市場裡競爭，爲要獲得更廣泛的社會共鳴，所必須採取的較爲積極的入世路線。同時，它也反映了教團中在家眾實際扮演了擴展教務的主要角色，因此有必要以獨立性的社團組織加以整合，而不必然要直接統屬於出家眾的管理。

盧勝彥在1993年宣布退隱，但仍著述不斷，至今(2002年12月)已出版至160多本，這些相關文宣品可以說是眞佛宗教務擴展最主要的憑藉。2000年，盧勝彥在香港舉行了規模宏大的時輪金剛法會，參加者據其自稱多達七萬，是該教團這幾年來所舉辦的最大型的活動。

1998年起眞佛宗正式成立了所謂的宗務委員會，名義上整個組織的管理由60多位上師群中所選舉出來的21位委員來共同負責，其中又規定須由盧勝彥由這21位成員中指派七位得票數最高者爲「核心小組」以推動相關事務，不過實際上一方面眞佛宗仍是取決於盧勝彥個人的思想與魅力，一方面各地分堂的自主性相當高，宗務委員會僅居中扮演一個協調性的角色。

二、眞佛宗教團歷史發展過程中的一些主要轉折

盧勝彥個人寫作風格的轉變其實就代表了整個眞佛宗教團的演變，鄭志明很詳細的鋪陳了盧勝彥寫作的歷史階段，大致包括了：1.成長與初期寫作時期(1945-1969)；2.開啓天眼與進入佛道時期(1969-1982)；3.移民美國與成立宗派時期(1982-1986)；4.自行剃度後的發展(1986-1995)。站在鄭志明論述的基礎上，我在此試圖把盧勝彥個人以及眞佛宗教團的發展(二者密不可分)分爲三個主要時期：1.以知識分子自居的捍衛民間信仰的時期；2.自立爲宗師時期；3.制度化發展時期。不過我要強調的是，以下的論述和一般所了解的階段性的發展論性質並不同，因爲以下所指涉的各個發展時期，其間並不是完全區隔開來的，我所指涉的主要還是各階段在教團發展上的主要特色與組織發展上的主要任務。事實上眞佛宗在由前一個階段發展到次一個階段時，彼此間是延續性的，況且前一個階段的主要發展內容也並未減少或消失，而是已經發展成功而提昇到了一個新的層次。換言之，以下所描述的是眞佛宗在組織發展與適應外界生態時，所發生的一連串的轉變，而這種轉變比較像是新特質的累積，而非根本性質的變化。而我們對於眞佛宗教團發展各階段間的區別，也就是在試圖分析性的標示出該教團幾種主要內在特質出現的時機與表現形式。

以下的介紹，除了由盧勝彥個人著作中的描述加以綜合以外，我也將另外附上一些在實際研究過程中所收集到的資料以幫助說明。

1. 以知識分子自居而對民間信仰進行宣揚與提升的時期（1975-1982）

出生於1945年，畢業於中正理工前身的測量學校，受世俗科學教育訓練而成長，並且在年輕時還是基督教的信徒，盧勝彥起先是頗以其知識分子的身分而自居的。但是在一次意外的場合裡[3]，他自稱是被人開了天眼(1969年，25歲)，成爲了瑤池金母的信徒(盧勝彥 1975a: 4-8)，而後一連串奇遇，甚至有所謂無形師父三山九侯的到來，教導他各種道術，盧還自稱他曾在台灣蓮頭山受四川青城山道家嫡系眞傳十四代傳人清眞道長的傳承，成爲十五世玄鶴道長盧勝彥眞人。1975年(31歲)，他在一年之間出版了五本靈學書籍，將他的各種靈學遭遇紀錄在書本上。

盧勝彥在書本上所記述的個人遭遇相當具有傳奇性，其細節非常難去加以查證。不過透過資料收集的過程，大致上有幾件事是我們可以加以確定的：

a. 盧勝彥的母親始終對於民間信仰活動相當熱衷，但盧勝彥起先對此興趣並不高；

b. 盧勝彥的進入民間信仰的世界，和林千代[4]的帶領有著絕對

3 據訪談當時在場者所了解到的故事版本是：盧勝彥的母親是一位篤信民間信仰的人，在台中玉皇宮進行牽亡魂，執事者爲尪姨林千代，而死去親人的亡靈在牽亡魂過程中指名要和盧勝彥見面，但盧卻未到場。盧之母親第二天只有再來一次，並帶盧前來，自此盧在林千代的引導之下，開始進入一個他所從未接觸過的神靈世界。

4 林千代是長期於花蓮石壁慈惠分堂爲人進行牽亡魂，而在台灣民間名聞遐邇的尪姨，目前仍持續在爲信眾服務，參考張開基(2000)。

關係，以民間信仰的說法，可以說他是透過她成爲了領旨[5]（領金母之懿旨）度眾的神職人員。爾後林千代長期協助盧勝彥進行宗教修煉，盧勝彥也多次到花蓮石壁部（林千代的本堂）接受宗教上的訓練與培育，成爲了具有特殊感應與修爲的宗教專業人士，盧並於1973（29歲）年在台中正式有了自己的神壇，稱「慈惠雷藏寺」，該處可以說是以瑤池金母崇拜爲主的一個慈惠堂的分堂。

c. 在科學教育的背景，以及意想不到的神奇感應這兩種相衝突的因素底下，盧勝彥仍是相當在意他自己知識分子背景的，他自己說道：「我的教育程度是大學畢業，知識的水準雖不算高得令人難以高攀，但，也不是泛泛之輩的愚夫愚婦，我對自我的教育非常重視，對宗教、哲學、文學、藝術等，都有興趣研究。」但他卻在自身發生了神秘體驗以後，走入了宗教的道路，對於這樣的發展，他說：「今天，科學發達是不錯，但，科學的力量要測出『超感覺的靈力』畢竟還差上一大截，今天我寫這本書，全是我個人的親身經歷，假如有人認爲是『迷信』，請原諒我，因爲我說的是眞話，絕對不是迷信，我不是提倡迷信的人，而是道出我幾年來一直不敢說出的眞心話。……這本書的書名叫『漫靈機神算談』，讀者莫以爲是一般的算命書，而是比一般算命更深一層的學問，書中我也談『命理』，也談『靈力』，同時我更揭開『靈魂』和『神』的奧秘，完全以科學探討的態度去分析之，希望藉著這本書的出版，能對『靈學』和『神學』有進一步的認識。」回到盧勝彥成長的時代，我們應該要強調的是，他的大學理工科的教育背景，在一般民間信仰活動的參與者當中，是屬於相當突出的。這形成了他個人的矛盾，卻也成爲了促成他走向宗教之路，以提昇民間信仰爲職志的

5 盧勝彥自述其爲：「領瑤池金母法旨行走人間。」（1975b-134）

人生使命。

而在這些基本背景之上，爾後不管盧勝彥個人以及眞佛宗這個宗派是如何演變，至少有幾點他是沒有改變過的：第一、對於民間信仰系統，或更直接的說，對於靈動現象的深信不疑(出於自身的特殊體驗)；第二、自己認爲自己對於宗教的態度是不違背科學的(出於自身的教育背景)；第三、他不斷嘗試把傳統的宗教信仰以現代人能夠了解的語言重新加以詮釋(出於自身活潑而又平易近人的文筆功夫)。由此看來，盧勝彥是一個相當好的連結民間信仰與現代社會的橋樑，他讓民間信仰在現代社會中有了新的面目，而他自己也因此而成爲了一個廣受歡迎的作者。而做爲民間信仰的現代闡釋者，在一年之間出版了五本靈學書籍，盧自稱他是爲「破除『迷信』，破除『無知』，破除人們因對因果報應認爲迷信的觀念」(1975b: 5)而寫書。

但是在寫書以外，盧的身分並不單純，他其實已在靈學五書出版之前兩年起，兼任起了民間信仰執事者的角色。盧自1973年起(1974年盧結婚)，在台中自宅設了佛堂，供奉著包含著瑤池金母、釋迦牟尼、地藏王在內的共40尊神佛(盧勝彥 1975b: 91)，取名爲「慈惠雷藏寺」，等於是花蓮石壁部慈惠堂的一個分堂，盧此時所獲得的道士證件亦是屬於慈惠堂石壁部分堂(盧勝彥 1975b: 131)。而盧在開始爲民間信仰的信眾解決各種疑難雜症之時，他已由知識分子的角色漸漸轉變爲一個宗教的執事者了，這其中固然是和民間信仰強調仙佛渡眾而產生的一種行動取向有關，更和因過度受群眾歡迎而孕育出來的教主的自我認同間有著密切的關係[6]，當然求診

6 這裡引述盧勝彥早期一篇文章(1975年出版，該文題目爲〈雷藏寺第一次

者與治療者互動關係背後所形成的金錢上的紐帶也是一個不可忽略的因素。

2. 自立為宗師時期(1982-1989)

1982年6月，在由軍職退伍3年後，38歲的盧勝彥全家移民美國，他個人在美並開始有系統的接觸密宗的修行儀軌。1982年他先是在西雅圖以「靈仙宗」爲名，成立名爲「靈仙精舍」的道場，算是一個以探詢靈學爲目的而佛道兼修的修行場所(見附錄照片3-1)。

(續)

法會〉)中的某些片段：「雷藏寺第一次法會，是在農曆7月18日舉行，事先，我們沒有通知任何人，但，奇怪的是，很多素不相識的人聞風而至，全趕來參加普度盛會，一間小小的佛堂，擠得水洩不通，可以說人山人海，盛況空前。……誦這麼多經，一定很累的，但，我一口氣唸了下來，一直沒有停頓，速度平穩輕快，聲音若行水流雲，彷彿非我所誦，而是佛菩薩所誦，一個字一個字清晰可聞。……做法會的時候，我有一個特別奇怪的感覺，彷彿整個佛堂靈氣非常的充足，有一種肅穆的感覺從心中昇起，一直在擴大擴大，幻化成千朵蓮花，天花瓔珞從空中冉冉而下，我化掉疏文的時候，看到一位穿紅衣、頭戴烏紗帽的天官，用手接了去，而後傳遍十方法界，台中慈惠雷藏寺的第一次法會，盛況眞是空前。地藏王菩薩用錫杖震開地獄之門，帶領著靈界幽靈，共沐法語，法器叮噹，梵音高唱，梵化紙箔，場面實在熱鬧非凡。在這熱鬧的場合之中，卻發生了許多奇異的奇蹟，讓我記錄下來。……由這次法會的成功，奠定了未來法會的基礎，每次的法會，均出現了靈異之事，眞得不可思議，使許多原來不信鬼神的人，都確信有鬼神之存在，更增加信佛求道的信心。」。(1975a: 70-73)文章中顯示出信徒的態度，對於宗教執事者的自我期許與自我認定，有著極大的影響力。類似的，Wallis(1986: 129-154)在一篇題名爲〈克理斯瑪的社會建構〉之文章，由對於宗教團體領導者的個案研究(對於「神的子女」[The Children of God]教團之研究)裡顯示著，新興教團的領導者並非一開始就是充滿自信和天賦異稟的，反而常是信徒的支持與鼓勵，才使得其產生了這種結果。換言之，領導權威的形成是社會互動過程中所形成，在這個過程中包括了成員和領導者間地位與價值感不斷的相互交換與肯定，由此領導者也一步一步地更提昇了它的自信與超凡性的表現。

附錄照片3-1　眞佛宗教團位於美國西岸華盛頓州西雅圖市的道場——西雅圖雷藏寺(攝於2002年6月)。

而後因道場名字爲他人冒用，又於1984年改名爲「眞佛宗」。1983年起他開始自稱爲密教的「紅冠勝冕金剛上師」，並廣爲接觸藏傳佛教的各個宗派，開始與各個傳承有所連結。1986年(42歲)，他自行圓頂，算是開始以出家眾的身分來帶領教團，至少在形式上可以讓信徒在他的指導下而成爲出家眾。在美國成立宗派的眞佛宗，發展中很大的一部分是在台灣，它很快的成爲了威脅到台灣顯教發展的大型新興教團。由民間信仰的推廣者與提昇者，到成爲一個現代宗派的創立者，是盧勝彥個人角色的一大轉變，某種程度這也反映了民間信仰在現代社會中功能性的有所不足(無教義的依準、無教團的約束、無宗教師的誘導等等[7])，於是使得民間信仰的提昇乃和新宗派的建立成爲了同一件事，盧勝彥也由知識分子搖身一變成爲了開宗立派的教主。這種角色的轉變是矛盾的、突兀的，中間還曾經過了前述提到的民間信仰執事者這一個過渡性的角色。

在1976年的著作裡，盧勝彥(1976: 76)曾說道：

> 我今天拋頭露面……為的就是：「以靈魂的學說來融合所有宗教的信仰，要知道任何宗派全不能否認靈的存在，要知道佛陀的涅槃，道教的羽化，基督的永生……。就是靈魂的超脫，其最終目標就是證實靈魂世界的存在，真理天國的存在，如今，只有靈魂永生的力量，才能震撼全世界的人心，也唯有證明靈魂永生的方法，才能挽回信仰現實生存主義，日益腐化的人心。今天我以自己親身的經歷現身說法，事實擺在眼前，信不信全由你了，人是需要宗教的，一個正統有方法主題正確的宗教。」

這裡顯示他自己不只是靈學或是民間信仰的提倡者，還希望能進一步將此種民間信仰提昇到宗教的層次，雖然對於這個宗教的內容，盧早期對此的認知還是相當模糊的，但是提出以民間信仰(亦即靈魂的學說)爲基礎的「一個正統有方法主題正確的宗教」，他已認定這是改善社會的一個主要途徑。而盧勝彥自1973年起的自設神壇道場，當然也已經使得他的個人角色，已不單純是一個執筆爲文的知識分子，要跳出來成立教團已漸只是時機的問題而已了。

7　例如參考聖嚴的說法(1995: 163)

出於種種因素[8]，盧勝彥選擇的是跳脫了台灣的環境，擺脫了台灣既有宗教勢力，而在美國重新出發，並且選擇了佛教密宗做爲修行法門與組織發展的主要憑藉。美國較爲自由的宗教環境和便捷的交通與傳播，當然會是一個有利於新教團發展的環境。盧勝彥起先以「靈仙眞佛宗」爲名，以美國西岸的西雅圖市做爲一個可向世界加以傳布的中心點，實則是把許多事務放置在不同點上來運作（尤其是台灣亦有主要的雜誌出版處），並透過各種媒體與相關管道，有效的擴張盧勝彥個人的影響範圍[9]，這也顯示了在媒體與傳播便捷的時代裡，各種現代化的工具有助於一個教團超越各種地域性的限制[10]。

8　盧勝彥自己的說法是，赴美定居爲依菩薩指示，佛菩薩指示有二：一、避開蛇蠍星，遠離是非圈；二、來美設道場，弘揚靈仙宗，將會發展到歐洲、日本、東亞等地，參考鄭志明(2000: 201)的引述。至於實際上盧移民美國並在此進行開宗立派的主要原因，當然還有待更多的探索與查證。

9　根據該教團列在網路上的檔案資料，靈仙眞佛宗在成立時曾由盧勝彥撰寫了「靈仙眞佛宗的理想與精神」一文(見於2002年12月間的網址：http://web.singnet.com.sg/~zhenfo/kai_shi/LIXIANG_JINGSHENG.htm)，在1984年出版的該文中曾寫著：「在美國，我們設立了『眞佛出版社』，這眞佛出版社，由三位博士負責主編及出版業務，有雜誌發行全世界，雜誌是中英文並排，這三位博士是鐘露昇博士、徐獻堂博士、羅振芳博士。……在國內，我將出版雜誌的重責大任，付托了兩位弟子，一位是台北的陳敬元居士(法號蓮參)，雜誌名稱是『蓮邦雜誌社』。第二位是雲林的吳清水居士(法號蓮峴)，雜誌名稱是『靈仙眞佛雜誌社』。……在世界上，有合地的分堂紛紛成立，香港的『信法堂』、菲律賓的『蓮光堂』、汶萊的『圓音堂』、日本的『勝心堂』、馬來西亞的『威德堂』及『法輪堂』、印尼的『法燈堂』、新加坡的『圓證堂』、比利時的『華藏堂』及加拿大的『菩提堂』等等」。這顯示雖然是以美國西雅圖爲中心，實則眞佛宗的組織分工與傳布體系，利用各種現代工具的輔助，有著更大的機動性與可擴展性。

10　盧勝彥非常清楚的知道現代傳播媒體在教派擴張上所扮演的重要角色，

在1984年靈仙眞佛宗正式開始成立時，盧勝彥所提出來的宗旨與精神，其部分內容如下[11]（以下引文中之黑體均爲筆者所改）：

> 我們「靈仙真佛宗」的宗旨，是推行佛教思想的現代化，應用道、顯、密的修煉方法來解脫世人的煩惱，達到人人明心見性，自主生死，以智慧的正信，使人人共悟真理的實相。……
>
> 我個人「紅冠聖冕金剛上師盧勝彥蓮生尊者」是「靈仙真佛宗」的宗主，是指導的上師，凡是讀過我的書的人，均明白我是一位集合各種宗教而於一洪爐中鍛練而得證的一位金剛上師。**「靈仙真佛宗」是最新的宗派，不是去改變道教或佛教，而是適合現代人消化實修的宗派。**反之，我們是延續佛教的，是推廣佛教的，是研究佛法及証明佛法，**用佛法來詮**釋「道」，我們站在理解的立場上，找到人類真正的人生意義。
>
> 在精神上，教人去除了「無明的煩惱」，去除「生命的迷

（續）

而眞佛宗的發展過程中，媒體所具有的角色是絕對性的。在1999年的一個場合裡，盧勝彥説道：「我當初出來傳法度眾生的時候，最早就是寫書。……推廣就是必須要有廣告，因爲現代的社會都是接觸媒體、報紙、電視、電腦這些廣告，你沒有接觸，根本就不知道有眞佛宗。沒有接觸，根本就不知道有眞佛密法。當初爲什麼眞佛宗的發展能夠這樣子迅速，主要還是因爲書的原因。書是很重要的，師尊不計較那些錢，我只希望書能夠弘揚。……書沒有普及的話，是沒有辦法度眾生。」（見於大燈文化《蓮生活佛文集推廣特訊》[小型報刊]2003）

11 此處引述自該教團列在網路上的檔案資料〈靈仙眞佛宗的理想與精神〉一文，該文爲盧勝彥撰寫於1984年，出處如前註釋9所述。

妄」。講求「內在的反省」及「外在的行善」。外在的行善就是「諸惡莫作，眾善奉行」，內在的反省就「密宗」的修煉，用「自力」與「他力」相結合，達到成佛的理想，這個「成佛的理想」正是「靈仙真佛宗」的永恒精神支柱。……

「靈仙真佛宗」與「紅冠聖冕金剛上師」結合成一體，蓮華生大士的囑咐「敬師、重法、實修」就是一貫的主張及步調。我要世人明白，修法是對人類有益的，修法的人，是高瞻遠矚的人。

我盼望諸「靈仙真佛宗」的弟子，負起責任來，人人都是法王了，認知皈依上師及修法的價值，而使佛法在轉化人心上，作出最大的貢獻，這是眾生得度的最佳途徑。

盧勝彥並列出了六點靈仙眞佛宗的基本準則，前中有幾點是這樣說的：

「靈仙真佛宗」是佛門正宗，守的戒律是五戒十善，以蓮花生大士的「敬師、重法、實修」為其宗旨。廣開大門，接引眾生至「西方極樂世界，摩訶雙蓮池，蓮花童子佛地」為其依歸及淨土。「靈仙真佛宗」可由基督、道、顯、密來修持，任何一門均可皈依「靈仙真佛宗」，統攝所有宗教，並教導其真正的修持密法。由初步開始，至「大手印」「大圓滿」的境界。

> 「靈仙真佛宗」世界各國的分堂，是修持的道場，以「敬師、重法、實修」為宗，以「明心見性、自主生死」為旨。凡一切分堂成立，由上師賜下堂名，一切儀軌由上師頒布之密教「事師法五十頌」，人人皆先要研習，始不有誤。修持方面，時常接受上師的開示，走「八正道」之修持之路。
>
> 「四加行」法，依時間而定，可以日修「一加行」，也可以日修「二加行」，甚至時間夠，可以一次「四加行」法均修。「上師相應法」是必須修的課程，人人都要修，尤其上師根本心咒，每一位「靈仙真佛宗」的弟子，均要持誦十萬遍以上，才能依止在「摩訶雙蓮池」的境界上去，這是第一等重要的。……[12]

這裡，由盧勝彥自己書寫的靈仙眞佛宗精神與準則裡，已經透露出來了許多訊息，我們暫不加任何價值判斷，而以盧勝彥自己的措辭來加以進一步綜合，它至少包括了幾點：

1. 眞佛宗的教理代表了對於道、顯、密的運用，它希望能夠讓宗教更適應於現代社會的情境。

2. 眞佛宗是推動佛教的，而這裡面還包含了以佛法來詮釋道教的內涵。

3. 眞佛宗有外在行善的一面，而更進一層的關於個人救贖與

---

12 此處引述自該教團列在網路上的檔案資料「靈仙眞佛宗的六大準則」一文，該文爲盧勝彥撰寫於1984年（見於2002年12月間的網址：http://web.singnet.com.sg/~zhenfo/kai shi /LIUDAZHUNZHE.htm）。

修持的較爲內在的一面，是透過密宗來加以執行的。

4. 眞佛宗的金剛上師，也就是盧勝彥，是來自蓮華生大士的紅冠加冕，而眞佛宗的宗旨「敬師、重法、實修」則是來自蓮華生大士的直接囑咐。

5. 由於密教的重視傳承的加持力，眞佛宗的弟子，可以以「法王子」來自我看待，這自然在宗教與心理層面上都可以讓信徒較易產生更高的自我期許。

6. 強調自己是屬於佛教的正統團體。

7. 眞佛宗是以淨土，也就是「西方極樂世界，摩訶雙蓮池，蓮花童子佛地」爲依歸的，而任何宗教的信仰者都可對此加以修持，它甚至是可以統攝任何宗教的。

8. 眞佛宗自稱有其次第，這主要是依據密宗各派既有的修行次第觀。這種次第一方面給予了修行可遵行的步驟，一方面也顯示了眞佛宗的修行可能達到最高的次第(噶舉派「大手印」和寧瑪派「大圓滿」的境界)。

9. 眞佛宗的主要宗旨有「敬師、重法、實修」，以及「明心見性、自主生死」。

10. 眞佛宗信徒的基本而且也是主要的修持方法，是以密宗系統裡的儀軌爲主，也就是「四加行[13]」(通常是指涵蓋著皈依大禮拜、誦金剛薩埵百字明咒、獻曼達、修上師相應法等四種加行)，「四加行」中的「上師相應法」是信徒必須修習的課程；而單獨的

13　「加行」(preparation)，是相對於「正行」而說的，也就是指藏傳佛教系統裡，修習密法之前所應從事的準備工作，通常包含的是四種「加行」(皈依大禮拜、誦金剛薩埵百字明咒、獻曼達、修上師相應法等四種加行)，每一種要修習通常至少要十萬遍以上，才可能實際進入密法修習的階段。

就咒語一項，上師根本心咒[14]的持誦，是日常的重要功課，若能持誦十萬遍以上，就可以依止「摩訶雙蓮池」的淨土世界。

盧勝彥爲何選擇密宗的儀軌與修行方式來提昇民間信仰，並據之以成立宗派，這背後有其特別歷史機緣，還待更多歷史材料的收集與詮釋[15]，在還未能對此詳加說明以前，至少我們可以先注意到幾點：

1. 在藏傳佛教寧瑪巴(紅教)的傳承裡，上師並不須出家，上師的正當性是以傳承，而非出家與否爲根據。尤其是寧瑪巴的祖師蓮華生大士，本就不是出家者，而是修習雙修法的瑜珈行者。由此看來，盧勝彥在開宗立派時已有家眷，並非以出家相示現(即使後來圓頂但仍與家人住在一起)，但仍能以這種在家人的身分來成立宗派，並廣收門徒，甚至爲弟子圓頂剃度，這種作法在顯教中是完全無法接受的，但是在寧瑪巴的傳統裡則可能存在。這種情況顯然有利於盧勝彥據此而進行著的開宗立派。而同樣的藏傳佛教的戒律中不戒食肉，它對於信徒實際生活規範的要求相對來講也沒有顯教來得嚴格，盧可以同樣採用這些較鬆的標準來建立宗派(也就是擴大了它在台灣社會裡的動員基礎)而不減損其正當性。

2. 密教(或稱金剛乘)，本身在印度的發展，就和印度民間的各種咒術關係密切(平川彰[莊崑木譯]2002: 446-510)，而其到達了

14 有長咒或短咒兩種，分別爲長咒：「嗡啞吽 古魯貝 啞呵薩 沙媽哈 蓮生悉地吽」；短咒：「嗡古魯 蓮生悉地吽」。

15 以盧自己的說法，在1983年(時年39歲)蓮華生大士親自傳授其密法之前，盧早就受了多位上師的灌頂，也學習密宗十多年了(1997: 28)，他在此指的應是其早期跟隨道教的了鳴所學習到的密教的修行方法。在另一出處裡，盧則自稱在32歲時才接觸到佛門密宗(法舟堂編錄n.d.: 5)，這是指他1983年時在美受大寶法王十六世灌頂以後，所開始接觸的藏傳佛教。

西藏時，為適應西藏當地的民間信仰(苯教)，也有濃厚的民間化的色彩，包括對於各種咒術的接納與融合，以及對於各種西藏民間神祇的承認與轉化等等。換言之，在某一個程度言之，金剛乘雖保留著佛教主要的內在精神，但它在形式上有著較為濃厚的民間化的色彩。而正是在這一點上，密教與台灣的民間信仰間，有其可以相連接之處[16]，這包括各種民間性神明的普遍、咒術的多彩多姿，以及神通感應的強調等等。而當民間信仰中特別重視亡靈的超渡與冤魂的化解時，通常被民間認為有著甚高法力的密宗，顯然也可以繼續有效的執行這些相關儀式。由民間信仰轉換到密宗，信眾在世界觀與實際生活的調適上，基本上不但不會有著太大的困難，而且還因為對於個人與個人身邊的家族成員而言，密宗或許可能提供了與民間信仰相近似卻又是比其更為有效的護佑與救贖上的承諾，而使得信徒對於民間信仰與密宗，有可能同時對其產生更強的歸屬感與認同感。

3. 密教中的活佛，其宗教地位高超；而密教修行系統中所強調的「即身成佛」的可能性，不僅可以給予信徒更高的宗教身分的認同，也保留了對於現實世俗世界的包容性，以上這兩者都是顯教系統裡所沒有刻意去加以強調著的。而面臨著台灣社會經濟的富裕、政治社會情境的開放、民眾教育水平提昇和專業化程度增高等等情況，人們對於自我的期望提高、對於現世自我中的肯定也相對提昇，於是這種肯定世俗世界，並且也肯定了信徒現世救贖可能性的宗教系統，顯然對於大眾具有著很大的吸引力。更何況在漢人社

16 密宗教法中有所謂息、增、懷、誅的四種修法。息是平息災難與障礙，增是增加財富或壽命，懷是促進人際關係，誅是降服不利於自身的力量，它們顯然有著相當高的功能性，可以與台灣的民間信仰產生同樣的祈福消災的作用。

會中，相對於漢人佛教的其它宗派，較爲深入的密教的修習，不僅在教義與神明系統上較爲繁複，在日常儀軌操弄過程中，有時亦須自購法器與神像，它不待相當程度的社會經濟發展與文化水平，幾乎是不可能的[17]，而在台灣解嚴(1987)以後更爲富裕、更爲自由，和資訊更爲流通的社會文化環境裡，顯然已具備了有利於密宗修行體系傳布的各種時代條件。

4. 在1980年代中期，盧勝彥要自創宗派，又要免於受周邊既有教派的攻擊。擺脫台灣既有的顯教勢力，盧乃以當時尚未大規模進入台灣的密宗來樹立宗派，這既可在顯教有所不足之處有所補充；也可在西藏僧侶還未大量來台之前，有著不受西藏傳承拘束與監督的活動空間[18]。同時據此而成立的宗派，在基層民眾的心目中仍能保有著某種正當性(既然都是佛教)。這些都是當時有利於本土性的密宗存在的條件。

此外還有幾個因素或許不是盧勝彥在成立宗派時所考慮到的主要因素，但後來卻可能是相當有利於該教團宗教事務的推動：

---

17 當然這是就漢人生活系統之內來說的，在漢人的歷史過程裡，被認爲是繁複神秘的密宗，興盛時期相當短暫(僅在唐代)，爾後則多半局部性的夾雜在顯教的修行體系之中，少有純正單一的密宗存在於漢人社會，有的話通常也僅是在上層統治者的階層裡傳布(有時是做爲統治階層的少數民族[像是蒙古人或滿人]裡傳布著)。過去的俗諺：「窮學禪，富學密」，或許就反映出來了在漢人的生活體系裡，人們一般認爲只有有相當經濟能力者，才可能接觸到繁複而神秘的密宗。不過若是在藏人的生活系統中，以密宗爲核心的藏傳佛教幾乎是藏人最普遍的信仰系統，對於它的修習，當然就不僅是屬於少數有經濟能力者的專利了。

18 甚至於即使西藏僧侶開始來台，爲了要在台灣獲得生存空間，往往還須與既有宗派取得某種合作與妥協性的關係，於是即使某些台灣的宗派號稱是密宗，西藏僧侶通常不會，也不必去否定它們的眞確性，反而是盡量與其取得一種合作發展的關係。

1. 西藏佛教中密宗的修習，有一定的次第可循，密宗的經典，也被分爲事部、行部、瑜珈部和無上瑜珈部[19]，這其中包含了巫術性、祭典性和救贖性(magical, liturgical and salvation，Tucci 1970: 32)的三重面向，修行者可以只停留在初級的層次，也可以追求更高的層次，這一套清楚的修行體系，不僅保留了修行上可能具有的多重選擇性，也提供了修行可遵行的明確步驟，不失爲一套有步驟的具體修行的法門。只是在過去藏傳佛教的修行系統既不爲漢人所熟知，且它自身又多停留在密傳的情況。而今整個情況已有所改變，因爲種種歷史原因，藏傳佛教的諸多修行儀軌已經公開化，它與其它地區間的交流也急遽加速(見後)，當代佛教世界的一個重要變化，也就是藏傳佛教的流通爲全球性的佛教活動帶來了很多新的內涵(Coleman 2001: 71-77)。而以此立定宗派的眞佛宗，固然一方面必須與藏地傳出的密宗競爭其代表性與眞實性，但是在台灣本土的環境裡來說，它卻可以因與藏傳佛教文化流行於世界的一股潮流相接軌，而在一定的範圍內(也就是以本土原和民間信仰有較深接觸的群眾爲主要傳教對象)，有利於它持續性的發展。

2. 密宗的修習中，上師的地位是很高的，在皈依過程中，顯教一般只存在著「三皈依」(皈依佛、法、僧)，密教則至少有所謂的「四皈依[20]」(三皈依以外還要加上皈依上師)，而且這多出來的一種皈依——皈依師，比起其它三者還要來得重要。因爲密教認爲上師直接就是三寶的傳承者，密法傳承的本身甚至有著加持力，透過上師可以直接傳遞到弟子身上。而當上師本身或許有犯錯的地

19 其梵文拼音分別是*Kriya*、*Carya*、*Yoga*、*Anuttara*，大致上分別是關於日常生活中儀式的操演、修法準備性階段的儀式操演、正式開始的瑜珈修行、和高等瑜珈的修行(Tucci 1970: 72)。

20 噶舉派則有六皈依，除四皈依外，還要加上皈依空行母和金剛護法。

方，但是弟子在修行的過程裡，卻仍須完全服從於上師，因爲那本身就是修行過程中的一部分。密教中這種師徒關係的親密與嚴格，雖然在眞佛宗散漫的組織模式裡已無法確實執行，但是這至少這提供了做爲教團領導人的盧勝彥，一種更堅實的權威基礎，便於他有效的凝聚領導中心與整合教團。

我們可以覺察到，以上所提出的六點，部分所解釋的，已經不只是眞佛宗爲何要以密教來開宗立派的問題，它已經更廣泛的關聯到爲什麼密教在當代台灣的社會裡可以如此蓬勃發展的議題了。

就歷史發展來看，藏傳佛教在戰後台灣(1945年)的發展，一般可以以1980年前後爲界而歸納爲兩個時期(姚麗香 2000: 324)。前期只是零星的傳教，後期(自1980年創古仁波切來台與1982年盧卡仁波切來台以後)則在大批藏僧，包括達賴喇嘛(1997、2000年兩度來台)來台後，台灣開始掀起了新的密教信仰的熱潮。而盧勝彥的眞佛宗，可以說是在這一波熱潮初開始之際，較早引進密教的修行方法，而開始在台灣大行其盛的一個教團(大約在1990年代初期)。不過在性質上它當然仍和藏傳佛教有所不同，我們只是在這裡想要假設，它們在當代台灣的蓬勃發展，或許背後是有著相近的社會心理因素來做爲主導的。然而這個問題牽涉的範圍相當廣泛，這裡我們暫時打住不再多談。

純就眞佛宗的開宗立派來看，我們固然發現它藉密宗創立本土性宗派而獲得了相當蓬勃的發展，這背後可能和密宗可以流行於台灣的社會心理因素有關。但是由另一方面看來，做爲一個漢人的盧勝彥，在特別重視傳承的西藏佛教系統裡，他又要以什麼方式來取得他個人以及眞佛宗教團的正當性呢？

首先，如果放在一個比較長遠的歷史與宗教框架裡，我們注意到，在密教的傳統裡，的確存在著關於非人間的傳承。像是密教的起源，就被認爲是由大日如來佛(毗盧遮那佛)所傳，如同聖嚴(1995: 144)的介紹：

> 根據密教的傳說，密教是由大日如來毗盧遮那佛，傳金剛薩埵，住於金剛法界宮，成為第二祖，釋迦世尊入滅後八百年，有龍猛菩薩出世，開南天鐵塔，向金剛薩埵面受密法，成為第三祖，再傳第四祖為龍智，再過數百年，龍智七百歲，傳第五祖金剛智，……所以密教不是釋迦世尊所說，而是直接由法身佛所說，因為法身不說法，故稱密教的傳承為密法，根本心法或無上大法，密法由凡夫傳承是不可能的事，因此而稱密宗的傳承者為金剛上師、大成就者。

這種幾近於神話般的起源，同樣被應用到西藏佛教史上幾位開其先驅的人物。舉例來說，西藏重要的古代史著作《紅史》[21]裡，對西藏第一位轉世後的活佛攘迥多吉[22](Rangjung Dorje 1284-1339)是如此描述的：

> 攘迥多吉在夢幻中曾拜見佛、菩薩和以前的大學者、大成就者等，並由他們加持灌頂傳授教法。與此同時，他還拜見過釋迦牟尼、無量光佛、普賢菩薩、文殊菩薩、觀世音、無

21 蔡巴．貢噶多吉著，成書於西元1363年。

22 第一位宣稱自己將要轉世的是噶瑪拔希(1204-1283)，也就是黑帽系的噶瑪噶舉大寶法王二世，他的轉世是攘迥多吉(1284-1339)，也就是西藏第一位被宣稱的轉世活佛，他是大寶法王三世。「黑帽系大寶法王」這個封號的獲得，是發生於第五世德新謝巴(1384-1415)時，當時爲明成祖永樂所封。

> 樹、無著兄弟、蓮花生、米拉日巴等，並以他們那獲得了無上的教授(轉引自周煒，2000: 14)。

我們可以發現，這種自虛空中獲得傳承的記述，和盧勝彥對於自己傳承的描述，其結構與內涵都是相當接近的。不過我們可以加區別的是，前者是出於對於既往歷史的神聖化與傳奇化，後者則是假托前者這種論述模式所具有的正當性而又加以發揮，成爲了當代人物創造新興宗教時，樹立其正當性過程當中的一種「展演」(performance)，或者說，一種有其獨特內在結構的「克理斯瑪展現」(charismatic display)。

盧勝彥在自述自身的傳承時，如此說道(法舟堂編錄n.d.: 6-7)：

> 我直接由釋迦牟尼佛受記灌頂，……同時地藏王菩薩屢屢在定中，化為一點光明，坐在我的蓮華心上。……接著，蓮華生大士，又臨駕我的密壇，指導我運用大圓滿手印。……得三約嘎，秘密主金剛手，金剛佛母，阿達爾嗎佛，受無上密五部心傳大法，得外內密一切法要，證五佛智。……如今，蓮華生大士竟現我前，豈不是令我歡喜雀躍不休。同時蓮華生賜我入定時頭戴紅冠，賜我為「紅冠金剛寶冕密行尊者」，我修法日益精進，外八成、內八成將一一得證，這是我這上半生的「法統傳承」。

這種來自虛空的傳承，一方面在名義上可以帶給教主無比崇高的地位(直接與佛教最重要的祖師連接)，一方面也使教主可以在與社會現存文化傳統相容的情況下，仍可能免除既存宗派與勢力的羈絆。

只不過它沒有現實的根據，完全脫離了既有宗教勢力的束縛。以傳統「既成教團」(established rcligion)的角度看起來，對以上這種「展演」模式，持著比較批判性的角度。如同聖嚴(1995: 146)所述：

> 密教的上師，就是法的傳承者，是直接從金剛薩埵，或者是佛的法身，傳承下來的。不能自稱上師，必須師師相傳、口口相傳，必須修完一定的怛特羅，而有傳承者承認他已得了大成就，才可以成為上師。絕對不是鬼神附體、無師自通，不是僅懂得一些咒語，表現一些靈異，就能夠自稱為上師的。問題也出於此，密教的源頭，開始便是如此，這使得佛教無法保持門庭的清明，任何人均可能假藉佛菩薩的降示而自稱為上師。不過在西藏，因其已有嚴密的制度，不易濫冒，所以，還是可行。而西藏以外的地區，藏密各派的領袖和組織的力量，已經無法達成鑑別、鑑定和監督的責任，以致密教風行之區，上師紛紛自立。

不過我們先不談盧勝彥這種論述模式的是否能夠令人接受。如果純粹就盧所自述的傳承來看，這裡面到底流露出來了什麼樣的訊息呢？而在實際的歷史時空裡，盧勝彥對於密教的接觸，又是建築在什麼樣的一個時空背景之上呢？我們先以一個關於盧勝彥傳承的較為簡潔的版本開始說起。根據眞佛宗的網站，盧勝彥的傳承是：

啟蒙導師：無極瑤池金母大天尊

道教：青城派清真道長

顯教：先後皈依印順導師、樂果法師、道安法師

密教分為兩部分

人間的傳承：
紅教了鳴和尚
白教十六世大寶法王的五方佛灌頂
黃教吐登達吉上師的無上密部灌頂
花教薩迦證空喇嘛的大圓勝慧法灌頂及阿闍梨灌頂
總持寺普方金剛上師的準提佛母灌頂
虛空的傳承：
釋迦牟尼佛授記
阿彌陀佛付託
彌勒菩薩賜戴紅冠
蓮華生大士傳密法(紅教大圓滿法灌頂及阿闍梨灌頂)

在這個陳述裡，純粹就密教部分來看，關於其屬於人間的傳承。首先是紅教的了鳴和尚，他也就是前述道教傳承部分中已經提到過的清眞道長。由盧的書中可知，他是一個佛道兼修並通曉各種奇術的人，盧見到他時他已80多歲，爲四川來台人士，隱居在台灣所謂的「蓮頭山」裡，一般人不易見得到他。大概在1970年代前後，盧利用假期經常向其學法(盧勝彥 1975a: 22)。

盧勝彥提到，了鳴在密宗方面的教法，是來自諾那的傳承[23](盧

23 諾那(1865~1936)，是20世紀初期將藏傳佛教傳入漢人世界裡的非常重要的人物，在1980年代藏僧尚未大量來台之前，台灣許多藏傳佛教寧瑪派的修習者所依止的傳承，直接或間接的多和諾那有關。根據《佛光大辭典》(佛光大辭典編修委員會編1988: 6311)對於諾那的介紹有：「西康昌都人，原係漢族，俗姓徐。由於被認爲是金塘活佛十四世轉生之呼圖克圖，故被迎至伍齊諾那寺，名丕成勒買謨錯。七歲即從黃教堪布扎喜王雀學經，九歲從白教堪布扎喜約生學戒，從噶爾馬墨止噶那及不拉喜沃塞諸尊宿學密乘，勤修十三年，其後又就墨雅打那尊者學紅教。二十四

勝彥 1997)，因此盧就有了紅教(寧瑪派)方面的傳承，而盧自述的白教(噶舉派)的傳承，來自於噶瑪噶舉派的十六世大寶法王(名義上也就是目前活躍於世的十七世大寶法王的前世)，那出於盧1983年(盧勝彥 1997: 79-84)時在美國所得到的一次來自十六世大寶法王的灌頂。盧自述的黃教(格魯派)傳承來自於香港的吐登達吉，他是漢人，俗名爲李廷光[24]。盧自述的花教(薩迦派)的傳承是來自證空

(續)

歲，繼承紅教祖位，兼掌政教大權。二十六歲，朝禮蓮華生之道場白馬哥山。對於密乘各宗大法，造詣頗深。曾設壇修法，以挫黑教之徒。民國初年，西藏達賴喇嘛起軍，川邊康藏不靖，諾那率軍助邊將彭日昇共拒之。後爲達賴所虜，囚之拉薩，歷時六年。至民國十三年(1924)始脫險，繞道印度而返抵北平。次年，入川修川康祈禱法會，並弘傳密法。十八年至南京，就任蒙藏委員會委員。二十四年冉次入川，任西康宣慰使之職。翌年二月示寂於甘孜，世壽七十二。師爲紅教兼白教尊者，臨終曾囑貢噶呼圖克圖弘法。其靈骨葬於廬山，政府追贈『普佑法師』號，以示欽仰。」

24　在盧所自陳的這些人間傳承之中，僅有吐登達吉是目前仍可能見得到的。在盧勝彥對外向人介紹他之前，他並沒有社會的知名度。在眞佛宗的對外出版品上，有著他與盧勝彥的合照。在盧勝彥(1998a: 193-195)書中，有對其加以介紹的短文，內中寫道：「吐登達吉上師，是我修藏密的指導上師之一，他指導我修黃教的法。上師俗姓李，名廷光。……西藏密宗黃教的吐登喇嘛，教授他一切黃教的大法，上師於是便勤修密法。……當時吐登達吉上師生活很潦倒，上師住在一間很小很小的小木屋中學習修定，如此苦心的修了十幾年，這十幾年完全是修習『明點』法及其他。由於修『明點』法而得大成就。……吐登達吉上師自言，他已經隱居了，不想再公開而傳法，而他的法輪已轉了，以後轉法輪，傳法，將要由二位弟子代傳，一位就是目前在香港的『蓮境居士』，一位就是筆者，上師要我們堅穩的站了出來，使人有路可循。使眞正黃教的密法能夠發揚光大，尤其是『明點』法，將有了傳人。……吐登達吉上師不想出名，因爲他的年紀也大了，上師只希望密法能普揚於世，上師目前的生活很清閒，甚麼也不愁，每天仍然均能精進的修持，上師只是要我們好好的修法，然後把密法的棒子傳了下去。」

喇嘛。而另外盧還得到台北總持寺普方的準提佛母灌頂[25]。

這些傳承的實質意義到底何在？這當然還有待進一步的探索，它們還不是筆者現有的資料所能夠完全加以澄清的。不過本文在此，倒是想要先就幾個層面先有所討論。

首先，雖然不是其最主要的涵義[26]，不過密教的「密」字，在某個程度上還是帶有「密傳而不公開」的意思。因此密教許多修行的儀軌與方法，長期以來在西藏歷史上只有少數人可以知曉。然而這種情況到了當代世界，顯然已有了重大改變。這其中有各種消極性或積極性因素的涉入，而使得西藏密法愈益走向了公開化。就消極層面來說，中共占領西藏以後，迫使原來嚴格而封閉的寺院環境不易保存，許多密法也開始更易爲外界所知(Coleman 2001: 104-105)。而就時代環境的改變來說，密宗教法公開化的流通，也是一種自然的發展趨勢，因爲在全球化與西方世界過度現代化的世界裡，做爲與西方主流文化相異的一種活動，佛教卻已能開始漸受西方世界的歡迎與重視(Coleman 2001: 18-22)，而要對西方人傳達教理，往往採取了一種更公開與更邏輯性的形式，許多密法乃首先透過西方文字被加以公開(邱陵 1995: 255-256)，而後又轉而被翻譯成了世界各種文字(包括中文)；二、在文字與影像媒體傳播廣布的世界裡，各種密宗教法的保密幾乎已不可能，許多原本是相當神秘性

25 1983年時，經由普方在香港的弟子圓民的介紹，盧勝彥以通信的方式，接受了來自台灣總持寺普方的隔空灌頂(盧勝彥 2000: 1-2)。

26 密教或密宗，指的是大日如來——宇宙性的佛力——向世間啓示所產生的教理。其中的「密」字，帶有著一種神秘性的啓示的意味。不過密教也強調密法的直接傳授，修習未經直接傳授的密法，並沒有實質上的效果。進一步的於是密宗裡強調，許多法本是必須經過上師的灌頂或是傳授，信徒才可以加以閱讀或修習的，就這一方面來看，則密宗的密字，也可以引申出秘密傳授的意思，雖然那並不是它的本意。

的密宗教法，已頗容易獲得。三、近百年來，某些已有成就的上師，將密法公開，甚至大量對信徒施予灌頂，改變了密教弘揚的生態(邱陵 1995: 254-256)；四、一旦某些密宗教法已爲某些上師或修行者所公開，進一步的保密已無必要，更加速了各種密法的公開化[27]。

由這種時代背景看來，當代人對於密法的接觸已不困難，同樣的對於多個傳承的接觸，也是很正常的事。當然由負面的角度來說，或許在這種環境裡，要讓現代人能夠專一謹守一個單一傳承至終，恐怕也不是那麼容易的事。

由這些背景來理解盧勝彥的傳承，那麼我們或許可以假定，在當前的時代裡，傳承的給予已不僅是唯一性的了，因此盧勝彥也不一定是其所承繼的傳承的唯一或最重要的承繼者，而是屬於這些傳承公開化的過程中，盧在其中學習與加以發揚的一個結果。我們或許可以把盧看做是一個努力向外吸取密宗教法的精華，並能自行加以綜合與歸納的修行者與傳播者，它的多源頭的傳承也應放在這個脈絡裡來理解。

其次，我們在此特別要加以強調的是，盧勝彥對於密宗教法的學習，除了他在美國所廣爲接觸的藏傳佛教向世界流通的一個大環境以外，還需放在台灣原有的，已經開始逐漸興盛的一個密宗弘揚

27 一個很典型的例子，西藏白教(噶舉派)中最高階的法，「大手印法」，過去是一個密傳的法，少有人得知其細節。但在1935年，在藏傳佛教的喇嘛 Kazi Dawa-Samdup之同意與協助下，Evans-Wentz 將其中有關的儀軌與修行方法以英譯本公開(Evans-Wentz 1967, [初版於1935])，於是自此「大手印法」已不再是一個完全秘密性的修行方法了(雖然在修習時老師還是相當必要性的)，許多華文對於大手印法的介紹，都直接或間接來自於Evans-Wentz這本書。連盧勝彥在與達賴喇嘛會面時都提到：「學習『大手印法』是由白教十六世大寶法王噶瑪巴及達瓦桑杜格西上師的『涅槃道大手印瑜珈法要』，由『溫慈博士』翻譯成英文。」(眞佛宗內明堂編 1998: 11)

的環境裡來看。更明確來說，那也就是1980年代以後，已在台灣逐漸顯現了成果的，一個密宗在台灣漢化以及本土化的背景。

這一部分的討論，現階段要討論起來資料還不是很充足，不過我們若僅限於探討和眞佛宗可能是關係比較密切的幾條線索，至少可以在兩個方面有所說明。其中一個方面是在「諾那—華藏」傳承下所開展出來的漢化了的寧瑪派傳承，也就是1979年起由錢學敏伉儷在台成立的諾那華藏精舍；另一個方面則是普方自1960年代以後開始以台北總持寺爲中心，所進行的密宗通俗化與普及化的工作。會提出這兩條線索來加以討論，一方面和盧自述的傳承有關，一方面和這二者與眞佛宗教團宗旨與傳教形式的類似有關，譬如說最直接的例子：眞佛宗的組織宗旨其一是「敬師、重法、實修」，其二是「明心見性、自主生死」，它們的源頭就很可能是分別來自於這兩個教團的組織宗旨[28]。

以下的討論，因爲收集到的資料還相當有限，所以我們僅是就幾個重點提出比較綱要性的說明，尙無法提出比較全面而系統性的解釋。

就前者而論，我們的資料相當間接，但至少可加以說明的是，眞佛宗教團的某些形式，與在台灣漢化後了的寧瑪派有近似之處。

---

28 盧勝彥自陳：眞佛宗的主要宗旨「敬師、重法、實修」，是由蓮華生親自囑咐而列入組織宗旨的（見網址http://web.singnet.com.sg/~zhenfo/kai_shi/LIXIANG_JINGSHENG.htm）。不過由諾那華藏精舍中所出版的資料來看，這句話應是出於該教團所整理的蓮師法要的相關文獻中。例如其中記載著蓮華生在臨終時曾囑咐弟子：「世間貪著，一刀兩斷；八十八使，當體解脫；五毒現前，妙用自如；敬師、重法、實修者得之！」（諾那華藏精舍2001：9）而就「明心見性、自主生死」而言，這是1960年代以後即成立的台北社子島的總持寺教團宗旨中非常重要的一個部分。該教團宗旨中有：「以如何早日消除業障？如何明心見性？及能否對生死能自主？三大目標爲修行之目的。」（普方 n.d.: 2）

盧勝彥自稱早先與了鳴和尚學習的就是諾那傳承的密宗，是屬於寧瑪派(紅教)的修行法門，盧勝彥開宗立派時，也是以寧瑪派祖師蓮華生大士授其阿闍梨灌頂(虛空界的傳承)為其開端。而後盧勝彥在1984年時提到了諾那華藏精舍的師承華藏[29](華藏1979年逝世)在盧禪定中與其對話，說明將於何處轉世，並指出將指定弟子來皈依盧。此外，盧在同年還提到：「我盧上師被三山九侯先生取號叫『蓮生』。而紅教的祖師叫『蓮華生大士』，紅教近代祖師第六代祖是華藏上師。這『蓮華生大士』再『華藏』，豈不是變成『蓮生』。請讀者注意這三個法號：『蓮華生』－『華藏』－『蓮生』。蓮華生，把這『華』字『藏』了，豈不是『蓮生』兩字而已。」(盧勝彥 1998: 60)其談論雖接近於文字遊戲，但至少顯示盧勝彥對於諾那與華藏的傳承是深有了解的。

諾那(1865-1936)是一個出生在西康的漢人，華藏(吳潤江)(1906-1979)是漢人，居住於香港，但數次來台弘揚密教，為藏密寧瑪派傳人(黃英傑 1995: 266-267)，台灣的諾那華藏精舍是1979年由江蘇人錢學敏伉儷在台所成立，宗派則稱之為「圓覺宗」(見

29 華藏，俗名吳潤江(1906～1979)，對藏傳佛教1949年以後在台灣的傳布有其影響。根據《佛光大辭典》(佛光大辭典編修委員會編1988: 2828)的記載，他是：「廣東開平人。為藏密紅教十八代傳人，貝雅達賴祖師之第三代傳人。幼讀經史子集，又習佉盧文於聖心書院。後經商，曾任英文日報翻譯之職。民國十四、五年間(1925～1926)久病不癒，始歸依佛教。二十年於南京佛教居士林受諾那呼圖克圖灌頂，修習紅教無上瑜伽。此後乃積極弘揚藏密紅教法門。嘗編印《大白傘蓋佛母總持陀羅尼經》，啓發學人念觀三昧，奠定廣東藏密基礎。大陸淪陷後，在香港九龍創建諾那精舍，為密教道場，並常來台灣及國外弘法。遺著有《金剛般若波羅蜜經講義》、《諾門普傳眞言》、《聖救度佛母修持法》、《佛教的宇宙觀及人生觀》等書。」另外參考徐芹庭(1983)，有對於吳潤江更詳細的介紹。

附錄照片3-2)。

「圓覺宗」在台灣，是一個漢人以教團與組織的方式來擴展密宗的相當典型的教團。它的形成，一方面是密宗適應於現代社會的一個發展，一方面也是西藏傳承漢化的一個結果。

就密教的傳布而言，由漢人的角度出發，密教傳承的保持固然重要[30]，但如何能超越狹小圈子的傳遞，並能更廣泛的爲信仰背景不同的漢人所接受與認識，乃是漢化的密教在當代台灣發展時最主要的考慮點，而與西藏相隔離的台灣，尤其在1980年代以前，所受相關傳承實際的監督較少，也有更大的揮灑的空間。其中，「圓覺宗」可以說是台灣漢化了的密教僧團中，相當典型的例子。它一方面更加強調了法門的簡潔性與直接性；一方面也更突顯了領導者的地位；並且以領導者爲基礎，透過普傳的方式，它已是一個中型以上向外擴散型的修行組織，而非僅只是地域固定的小型修行僧院。它可以說是由藏密系統中的師徒關係、現代社會宗教團體傳教層面的放大、本土性的融合與簡化的社會過程、以及現代組織與科技工具的輔助等等四種基本成分的結合與加乘效果所產生。

像是「圓覺宗」的基本宗旨與內容有(黑體爲筆者所改)：

> 圓覺宗無上密法即身成佛的最上乘法門圓覺宗無上密法，乃是釋迦牟尼佛成佛經驗之結晶，總攝顯密十三宗之精華。圓覺心法，緣自世尊，遞傳至第五代大成就者諾那祖師，及第六代大持明華藏祖師，為應中土大乘根器，而融匯藏密無上

30 但是對漢人的上師來說，這種重要性不見得是爲了傳承的保持(這一點對藏人的上師而言，往往是最主要的考慮點)，而更可能是因其提供了教團擴張的一個正當性的基礎。

附錄照片3-2　圓覺宗位於台北市的諾那華藏精舍道場，道場中有著華藏(已往生)與錢學敏伉儷(智敏、慧華金剛上師)等三尊金身法像(攝於2002年6月)。

密宗之精髓，與禪宗、淨土宗、天台宗之精華，所建立之最上乘法門。是故圓覺宗心法，乃盡攝無上密宗馬哈、阿落、阿兌三瑜伽乘密意，以禪為體，以密為用，以常寂光土為歸宿，乃佛法之心中心，最上乘之極頂。……圓覺宗無上密法，在此娑婆世界，前後只有三次說法：在無量劫前，現生上王佛曾演說一遍；目前賢劫千佛，只本師釋尊親為敷演，其餘九百九十九尊佛均無緣宣說；直至百千萬億劫後，文殊生王佛出世，始再傳最後一次，以後即永無機緣。普願聞此殊勝微妙法門之大德，同來皈依受持，珍視此無量劫難逢之勝緣，一心淨信，精進修持，即身圓證無上菩提，則非唯一身得度，十方三世有情同入大圓覺海矣！……

這裡可以看得出來，密法到了台灣，不再局限於宗派意識與傳承，更被強調著的是其「可以同時貫通顯密」，且是「成佛法門中最精髓」的這些部分。換句話說，藏傳佛教到了漢地漢人上師的手裡，在與藏地僧侶相隔絕，和面對著佛教中既有群眾主要是以顯教修習為其主要的背景時，它發生了幾點變化，一、它不再是限於僧院中的嚴謹的修行活動，而是接引在家眾的成佛法門，像圓覺宗本身的兩位領導者，本就是夫妻，這背後夾雜著某種世俗性，於是可以做為接引俗眾的橋樑；二、領導人的宗教權威，在脫離了藏地的監督以後，在教團內部，有可能變得益發崇高，或者至少它的發展，所受到的限制相對而言是較小的，例如在圓覺宗道場正殿中所安立的兩尊鮮明的領導者的金身法像，就象徵性的呈現出來了這個特質(例如參考照片附錄3-2)，雖然這類法像在西藏的僧院中不是沒有，但在漢地，將活著的領導者以如此醒目的方式來安立法像，這的確是一個較新的宗教表現形式；三、它變成公開的；四、它具有了顯密融合的宗旨；五、它產生了方法上的直接性與簡潔性，於是即使是仍然有著次第的概念，但更強調對於直接性心法的掌握，就像是「圓覺宗」中對於自身法門進一步介紹裡所寫到的：「無上密分三次第。……此三大要，為一般寧瑪巴共通之主要法門。但本門之修持，於此中僅取大圓滿要訣部之心要(寧體)及中心(仰的)部分，另以祖師融攝顯密精要而成之蓮華心要為主要修持法門。」(諾那華藏精舍 2001: 40-41)

而反映於「圓覺宗」教團傳教形式上的發明，至少就包括了有：將密法普及性的弘揚、將密法公開性的弘揚、以及超越時空界限的隔空皈依與灌頂等等。如同該教團一位女性幹部所告訴我的：

圓覺宗的心法是至高無上的，最快成就的。顯教是一隻翅

> 膀，密宗是一支翅膀，兩隻翅膀才能飛。……聽說別的道場供養要多少多少，其它道場要滿十萬拜，大禮拜後才能修。我們不用，這是師父的慈悲。因為師父說能救就趕快救，這是打破祖歸。而且我們大法都傳，像破瓦法，所有密宗最想要的就是這一個。師父普傳了，不只傳而且還是公開的傳。以前我剛皈依的時候，師父一個一個的灌頂，現在，師父功力不得了了，一拿起來，無量無邊的都一起灌頂。還有像國外的、外地的，都可以隔空灌頂的。

承續諾那與華藏的密教傳承，圓覺宗教團採取了一種更爲普及性與公開性的傳教形式，使得密法不再神秘，並與顯教間可以有所接續，圓覺宗在台灣的發展，實有其歷史承接上的重要性。

第二個我們所要談的線索，是普方(已於1990年代初期逝世)以及他所開創的總持寺[31]。總持寺以推廣密宗的準提佛母法爲主。在台灣，普方有來自寂光與法賢(區映光)的傳承，這兩位都是來自大陸的漢人，前者爲顯教的出家僧但有密法傳承，後者爲專修密法的在家眾，在世時且爲國策顧問。

盧勝彥自己陳述的傳承中曾列出普方之名，但二人並未直接相見過，盧乃是在1983年透過普方在香港弟子圓民(高安民[32])的引介，經由函授的方式而開始學習準提法(盧勝彥 2000: 1)。普方在當代台灣佛教史上是一個角色特殊的人物，總持寺比較活躍的時期大約是在1980代中葉左右。當時總持寺所列出來的宗旨是(黑體爲筆

31　目前寺務主要由普方的妻子圓願所主持。

32　高安民後來成爲成爲盧勝彥的弟子並被盧封爲蓮境上師(1988: 216)，但目前已沒有列名在眞佛宗上師的名單中(查考2002年12月間的網址：http://www.tbsn.org/chinese/journal/tbn2 / 252/p252-12-02.htm)。

者所加）：

> 佛教分顯教與密教兩大類及十大宗派(佛在世時只有佛教並無宗派之別)。顯為外，內為密，如手掌之內外一事兩面觀，然學顯者不知密，學密者則以大法自是。本宗派(即密宗總持寺宗)在宗長普方金剛大阿闍梨領導之下，乃以顯密圓通為成佛捷徑，極力推廣教、禪、律、密(教：即一切顯密了義教義，禪：為一切如來禪，律：即一切大乘顯密戒律，密：為一切大乘十五乘之一切密法)四科為修行準則，以如何早日消除業障？如何明心見性？及能否對生死能自主？三大目標為修行之目的。在全省各地及全世界各角落成立總持寺、布教所及聯絡處，每星期舉行同休會、誦戒會或講經、傳授密法以及講解戒律，並舉辦救濟會、慈善會、放生息災會、佛書印贈會、出版雜誌及佛書、總持寺護法會、弘法組……等，歡迎大家參加各項活動，更歡迎來皈依，來學法，來受戒，推廣純正佛法，提倡人間淨土及密嚴淨土，此乃釋尊示現教化之目標，也是密宗總持寺派之宗旨也。

這一段宗旨裡流露出許多訊息，包括：一、顯密圓融；二、流露出較濃厚對於個人性救贖的關心，像是以明心見性、自主生死爲重要的修行目的；三、高度重視世俗性的服務活動，像是救濟會、慈善會的成立等等；四、能將信徒有所組織以進行和信仰相關的社團活動，像是放生會的成立；五、廣爲使用文字媒體以進行教務的推廣；六、有著全國或是全球性的布教網，以建立一個修行網絡爲教務發展的重要方針；七、有著淨土宗與密宗相結合的旨趣。

對於普方個人的宗教事業以及總持寺的發展過程，我們此處無法著墨太多，不過就密宗在台灣的本土化而言，他的確是一個開風氣之先的人物。如同該寺中之圓嚴所回憶的：

> 總持寺是總持一切法門，所以總持寺才有那麼圓滿的法門在。我們總持寺有顯密圓通，有成佛法要，後面是無上密，大圓滿的修持。普通要修到這樣子，很久。別的道場一定沒有這樣子，我們卻都可以。……當時封閉性社會，不過當時在密宗沒有辦法動的情況下，開始有變化了。但總持寺在當時的那種情況下唯一的台灣的一間密教的這種情況下，被列為排斥的範圍。……那民國六十幾年這樣的時代普方上師他覺得：「不行，我們這個這麼好的一個東西。」他覺得這樣的一個好的東西，好的東西分享給大家，這叫菩提心的光明放大。普方師父那時候有這個想法，想要把這個那麼好的東西和人分享。……他一個先進的人，一個很開朗的人，他要做這麼一個工作時他很困難。他登報登廣告，也辦通信皈依。他這種想法沒有請教過什麼人，他本身就是一種天才，他這種想法本身就創造性的。……

由這裡看出來，以一個台灣人的出身，且是在家者的身分，要將重視傳承，秘密性高的密宗教法，廣泛的傳遞給台灣信眾，正是普方個人宗教活動的主要內容。

我們注意到，在普方的例子裡，有幾個事實是相當重要的：一、普方是台灣人[33]，由大陸人獲得密宗傳承，而矢志發揚密宗於

33 普方是一個當時少數富有大陸與國際經驗的台灣人，他的父親日治時期由台灣至大陸經商，普方出生在上海，童年在上海度過，曾讀日本學

台灣甚至是世界各地；二、普方是在家人，卻能成立了自己的佛教寺院來推行密法，而他密法推廣的對象，是廣大的在家眾，他所有傳教與修行的方式，也都是針對在家眾而加以設計的；三、普方當時即利用報紙與媒體，以登出贈書廣告的方式來宣揚密法；四、普方首創了函授皈依的方式，此外更有密宗函授課程的存在，這些在當時的台灣可以說是相當新穎的做法；五、雖然是推行密宗，但爲了與本土的宗教環境相結合，普方走的是顯密圓通的道路，並且強調這是成佛捷徑的修習。簡言之，對於密宗在台灣的普及化與漢化，普方以其特殊的身分與角色，曾有過相當顯著的貢獻。而在盧勝彥所採用的種種弘教方法裡，我們似乎可以看到許多與普方所採用過的類似的方法[34]，雖然其來源不見得完全是由普方處學來，但至少某種類似的時代氣氛，曾共同塑造了他們傳教與擴展的模式。

前述兩個教團(圓覺宗與總持寺)，可以說是在台灣特殊時空中，密教的漢化、本土化、通俗化，以及現代化的相當典型的例子，它們是在與西藏宗教資訊相對隔絕，和在脫離了西藏原有社會脈絡的情況下，密宗在台灣所發生的本土化的進程，而它們的發展卻又是藏密傳承既有力量所監督不到的。這個發展的進程，基本上是由一個原來僅是相當精緻化的狹窄的修行圈子，開始由上而下的進入了民間，並進一步的走上了一個教團化與普及化的發展道路。

與前述這一個密宗由上而下發展進程相對的，眞佛宗比較像是一個經由由下而上發展路線所產生的教團，雖然二者皆表現爲一種

(續)————————

校，英日文皆頗佳，後來才回到台灣定居。(本文中關於總持寺的早期發展與普方個人的經歷，一部分的資料是來自於對普方的兒子圓嚴[目前仍在協助總持寺寺務之推展]的非正式訪談。)

34 譬如說函授皈依的方式，以及最明顯的「明心見性、自主生死」修行宗旨之提出，在這些方面眞佛宗皆和總持寺相當類似。

通俗化與民間化，更具體來說也就是包括了密法的公開化、顯密的融合化，以及較有規模的組織模式等等。

但是進一步來說，如果沒有前兩個教團所代表的這種密宗由上而下發展過程的成熟，眞佛宗的由下而上，也就是以密教做爲提昇民間信仰的手段的這種發展，就不太可能能夠順利的出現。我們可以說，前述兩個教團所進行著的密教漢化與通俗化的發展，雖然它們不見得眞的能夠爲眞佛宗先開發出多少密教的潛在信徒，但是它們在適應於台灣社會時所發明出來的種種教義整合與組織動員的模式，事實上已經爲眞佛宗提供了最好的可資學習與模仿的借鏡。

然而爲什麼走密教通俗化路線的圓覺宗與總持寺，其起步較眞佛宗還要早，其信徒人數與社會影響力卻沒有發展的像眞佛宗教團如此的蓬勃呢？

我們可以注意到，和前述兩個教團相比，眞佛宗至少有著這幾點與其不同的差異性存在著：一、眞佛宗的基礎還是偏於民間信仰，而非以純正佛教來出發，它比前兩者在發展上更能不受約束，而且也有更厚實的可資動員的庶民性的基礎存在；二、盧勝彥本身的本土性格更強，較外省人而來執行密教漢化的錢學敏伉儷，和出生於大陸的台灣人普方[35]，盧有更強的動員民間資源的能力[36]，而前二者在身分與背景上也的確比較像是承接中國與台灣，而能在戒嚴時期有限度的進行本土化與通俗化的過渡性的人物，而普方的英年

35 普方童年時並不會說閩南話，在後來來台以後才開始學習。

36 盧勝彥個人普通話與閩南話之演說都相當流利，他在1989年時提到：「眞佛宗弘揚得這樣快，是因爲語言的關係。因爲一般來講，密教活佛、密教上師，他們大部分都講西藏語，不能講國語，或者地方上的語言。但是，我本人是講普通話，能夠『語密』，在語言的秘密方面，能夠開解大家，深入大家的心靈。所以眞佛密法更能弘揚的原因，在於它語言的秘密，能夠更深入人心。」(盧勝彥 1990: 198)

早逝，當然也影響了總持寺後續的發展；三、眞佛宗開始發展的時代是政治社會環境忽然開始大幅度開放的時代，民間對於媒體的運用也忽然有了更大的揮灑的空間，相應於此，盧勝彥趁勢而起的擴展，立刻就超過了前二者。而眞佛宗教團成功的發展經驗，當然也就造就了盧勝彥個人的魅力。

此處，我們所要指出來的是，在基督教世界，新興「教派」(sect)的出現，往往有和教會以及主流社會文化相對抗的意味。而台灣當代的新興教團，至少以盧勝彥領導的眞佛宗爲例，它則是在社會環境與時代條件改變之下，教主能利用自身的背景，並以更流動性與更寬廣的人員與社會資源爲動員基礎，再加上各種可資利用的現代媒體與組織工具的協助之下，所產生的符應於新社會環境的特殊文化現象，它和教義上的對立與改革間並沒有直接的關連性。

和圓覺宗以及總持寺相比，盧勝彥的完全出自於民間信仰的背景，使他更能夠超越各種既有教團形式的包袱，並能持續有效率的招募社會不同階層的人前來參與；而文筆流利的盧勝彥，面臨著更爲開放自由的社會情境，似乎也更懂得如何嫻熟的運用各種現代工具來進行自我形象的塑造和組織的擴張。和前二者相比，前二者比較像是由統合主義社會政治結構過渡到多元社會中所產生的過渡性與轉接性的教團，眞佛宗則是更能適應於並能夠利用各種新時代條件的，出現於現代多元性社會與媒體擴張時代裡的大型新興教團。

不過這裡，也就牽涉到了我們在第七章中所提到的正當性與有效性的問題。一個宗教團體的存在，必須要先取得足夠而明確的正當性，但是一個團體的擴展與生命的延續，則還必須具備經營上的有效性。在實際運作上，一個團體要建立其正當性，往往要盡量保有其與傳統宗教相似的型態、以及與既有教團或文化傳統較爲清楚的傳承關係；但是要增加其經營與擴張上的有效性，則必須利用各種新時代條件而採取更為彈性化的生存與擴展策略。這兩個面向的極大化，到了現代宗教自由競爭市場的情境裡[37]，成為了一組相互矛盾卻又是不能不同時追求的目標。

而對於新興教團來說，因為其起先主要是以適應於社會的需要而產生的(也就是有效性的追求)，往往並無固定明確的傳承，它在正當性的取得上本有缺憾，但是隨著教團的發展與擴張，它又必須要開始努力增加其正當性。不過這種正當性的取得，應該是以不減損其經營上的有效性為其目標的。這二者之間的協調，是一個相當困難的課題。而能夠發明出各種創造性的設計[38]來為這兩者間取得一種平衡性的發展，也就往往成為成功的[39]新興教團所表現出來的特別突出的外在特質，當然這也是它內在矛盾性特別突出之所在。

3. 教團組織化與制度化發展時期(1989年迄今)

眞佛宗教團發展成功的經驗，更進一步擴張了盧勝彥個人的「克理斯瑪」，不過隨著信徒的增多，馬上給這個教團帶來了組織

37 在傳統宗族社會或是統合主義社會當中，這兩者則可以相輔相成，或者更直接一點來說，那時候關於有效性的面向，並不是教團發展時主要考慮上的重點。因為只要是為既有政治權威所承認的宗教團體，也就保障了它在擴展上的有效性，而不需要太刻意的注意到民眾個別性的需要。

38 以眞佛宗教團而言，譬如說如我們前面提到過的，盧勝彥利用傳承來自虛空的這種模式，一方面可以給教主無比崇高的地位(直接與佛教最重要的祖師相連接)，一方面也使教主可以在與社會現存文化傳統相容的情況下，仍可能免除既存宗派與勢力的羈絆。以上這種論述模式雖然不見得是盧勝彥所首創，但在現代社會中，它的確是使教團能夠同時兼具經營有效性與傳承正當性的一種設計。

39 這裡所謂成功，純粹是指比較外在性的指標，譬如說信徒人數的眾多、分支組織的眾多、社會知名度的高揚等等。

化與制度化的問題[40]。以盧勝彥自己的話來說，他在1989年時的一個場合裡提到(盧勝彥 1990: 197-198)：

> 組織的問題原來是這個樣子的：我是真佛宗的創辦人，就等於是一個老師，那麼皈依我的人，是我的弟子；我原來準備說只有一個老師，然後其他的通通都是弟子。後來因為有四十萬的弟子出現，自己一個人處理四十萬弟子的事情，已經沒有辦法處理。所以啦，就指派了跟灌頂了很多的上師出來，他們就代表我出去弘法，出去教導大家。他們受過密法的訓練，所以每一個人都能夠承擔密法的傳授。到現在為止，真佛宗還沒有真正的組織，但是我們就藉香港這一次的法會，要組織一個上師會，然後有一個領導階層，現在的組織才正式的開始。我們小的組織，是各地的方堂，自己都有組織的。那麼等於是說，這一次要把世界各地的小組織，全部集合起來，變成一個大的組織。

於是在這一年，眞佛宗在香港舉行了「上師會議」，議決了「眞佛宗阿闍梨守則章程」和「眞佛宗分堂規則」，並議決了與組織行政有關的問題(盧勝彥 1990: 221-229)，正式揭開了眞佛宗組織與制度化管理的進程。而後，盧勝彥自稱在1993年起開始退隱，也促使制度化管理的必要性被突顯了出來，眞佛宗於是在1998年成立了「宗務委員會」，並訂出了清楚明確的運作原則來管理整個教團。

邏輯上，或者說根據Weber(1947[康樂、簡惠美譯1989])，制

---

40 在1989年時，該教團自己陳述的信徒人數是：全世界40幾萬人，台灣則有6萬人(盧勝彥1990: 197)。

度化的管理與上師的「克理斯瑪權威」之間，應是相互矛盾的兩件事，因爲前者所強調的是理性可計算的程序，後者則是以領導者個人的意願或情感做爲組織運作的基本原則(筆者 1999: 479-480)。然而事實上到了當代台灣社會的宗教團體裡，至少以眞佛宗爲例，由於制度化只是被限定在一種提昇組織效率與結合群眾的工具性角色，它於是是以完全配合領導者個人意志的方式來加以運作的，這使得眞佛宗的制度化的推動，並不是眞正的制度化文化與精神的引入，而是進一步強化與增加了領導者人身性權威在世間可影響所及的範圍。就像前述所引述的那段話裡已顯示的很清楚，盧勝彥說道：「原來準備說只有一個老師，然後其他的通通都是弟子。後來因爲有四十萬的弟子出現，自己一個人處理四十萬弟子的事情，已經沒有辦法處理。所以啦，就指派了跟灌頂了很多的上師出來，他們就代表我出去弘法，出去教導大家。」在此，爲了管理如此龐大的信眾群，盧勝彥建立了完整的組織架構，但是同時，在面對如此龐大的信眾群時，他又必須把自己的權威無限的上揚，以增加領導權威的有效性與神聖性。這種設計看起來是存在著內部矛盾的，但是在經驗層次上，卻能夠在教主有著無限權威的前提下，微妙的掩飾著它可能出現的各種問題。

眞佛宗正式運作的程序與規定，都明文的記載在一本1998年以後公開流通的小冊子當中《世界眞佛宗宗務委員會組織章程》(世界眞佛宗宗務委員會 1998)，其細節我們不在此詳述。不過其中有幾點可以在這裡列出來：

「世界真佛宗宗務委員會」的組織運作原則：

一、以真佛宗創辦人根本傳承上師蓮生活佛為「世界真佛宗宗務委員會」永遠最高顧問。

二、以師母蓮香上師為「世界真佛宗宗務委員會」永遠最高指導上師。

三、以「核心小組」為組織運作的決策中心。

四、「核心小組」必須尊重「宗委會」的決議案，各項決策必須做到「公正、民主、合情、合理、合法。」(頁4)

上師的必具條件：

一、護持根本上師蓮生活佛，遵從根本傳承上師蓮生活佛的一切指示。違者喪失上師資格。(頁17)[原文一共列出了七點，此處我們只摘取了第一點]

而小冊子中所列出的組織架構與運作系統表有數種(各寺堂行政級別、文宣系統級別、行政組織表、各級弘法人員弘法活動範圍項目表等等)，我們也由其中摘錄出最爲重要的幾種，如附表3-1和附表3-2：

由前述小冊子裡所引述的文字中我們可以清楚的看出來，眞佛宗的組織，本身只是教主個人意志與權力的擴展，它是密宗上師的權威與修行系統，結合現代組織與傳播工具，並在做了由秘密到公開的現代傳教模式的轉化裡，所產生的具有階層性分工功能的大型宗教動員與傳播體系。在眞佛宗組織架構中的上師、法師等等，它們並不是有實際宗教權威的組織上的堅實幹部，而比較像是教主的分身，藉由做爲教主代理人的角色，提高了廣布各地信徒的宗教滿足感，也代理教主(所謂的「蓮花童子本尊」)執行了各種具有靈驗性的修法活動。而當上師本來是密宗中地位極爲崇高的宗教師時，盧勝彥卻能夠不受此種限制的廣封了60多位上師，這等於是借用了密宗原所具有戒律與修行體系，做爲強化自身教團組織化與制度化

附表3-1　真佛宗各寺堂行政級別圖

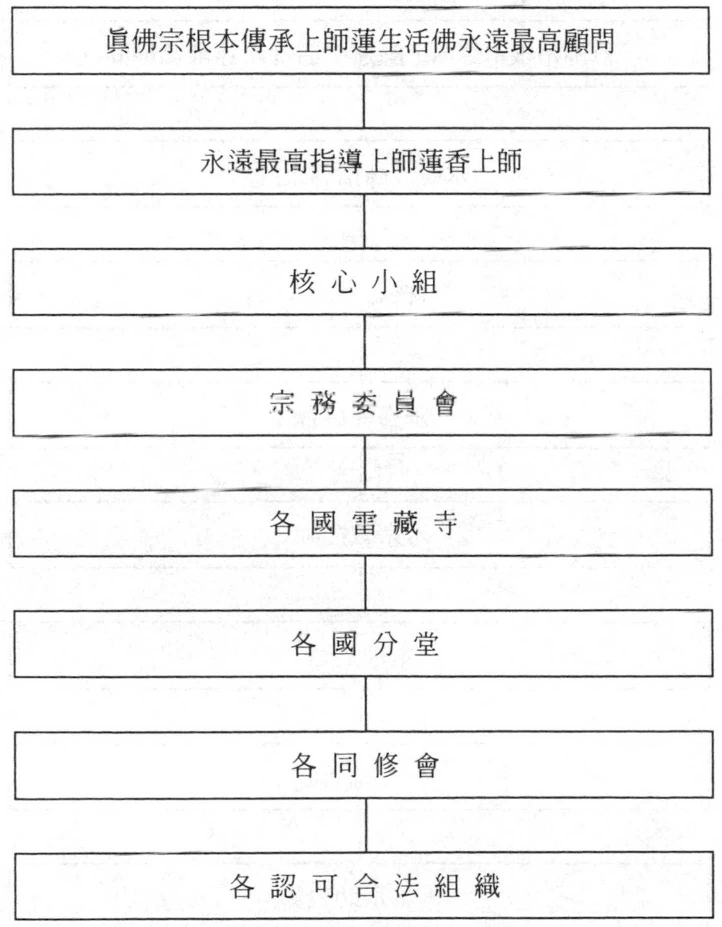

來源：(《世界眞佛宗宗務委員會組織章程》：15)。

附表3-2　真佛宗行政組織圖表

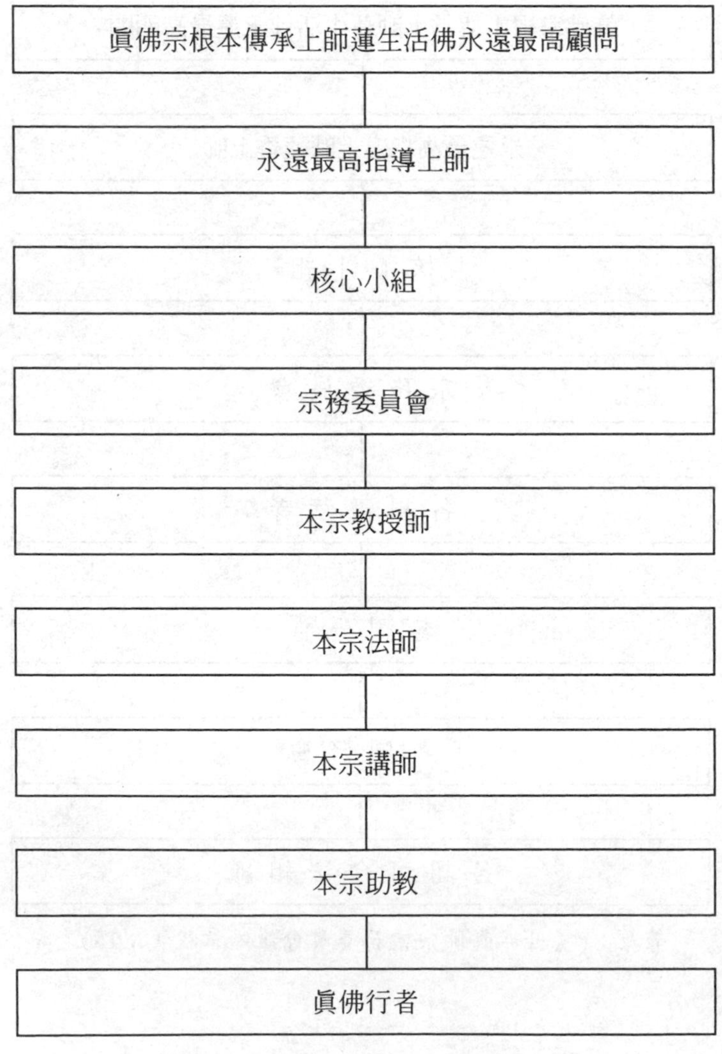

來源：(《世界眞佛宗宗務委員會組織章程》：59)。

的主要憑藉(在照片3-8中可以見到眞佛宗上師群們的形象)。當然，這時上師這個稱謂的本身，只能代表一種組織層級上的分工，而無法反映出內在修持上的層級。

更且我們注意到，在眞佛宗教團中，法師是指出家的僧侶階層，上師卻不必然要出家(雖然其中未出家者的比例並不高)，他們是由盧勝彥所任命而產生的。就宗教邏輯上看起來，出家人的層級本應比在家人高，但是就眞佛宗組織運作的結構來看，卻不盡然如此，這自然是構成了一個矛盾，也就是在教團中某些在家人在層級上還高過了出家人。不過因爲盧勝彥自己本身就不能說是一個純正的出家人(因其尙與家人同住)，而上師又僅僅是盧個人「克理斯瑪」的代理人，並不具有實質性的宗教意義，只要其能適當的扮演好教主代理人的角色，同樣是爲教主所授權與認證的出家階層(也就是法師)，也就不會，並且也沒有可資憑藉的基礎來與其產生對立或矛盾了。

由眞佛宗組織結構的實質權力基礎來看，它眞正的結構只有兩層，一方面是盧勝彥與上師群所代表著的一個共同體，它超越了「出家／在家」這種界限，是教主個人的「克理斯瑪」在實踐層次上的具象化與組織化；一方面則是各分堂的堂主，在地方性的層次有著經濟與社會資源上的自主權。

以眞佛宗中專業的宗教階層來看，上師在眞佛宗中是不准私自收取徒弟的，同時也不能定著於任何分堂。法師的角色則比較特殊，有些分堂本身就是由某位法師來長期經營。而有些分堂的堂主(在家人)，爲了教務的推動，也會長期供養某位法師[41]。簡言之，法師雖然是屬於僧團，甚至於在某種程度上也如同前面的上師一般等

41　而以寺爲名的分會，就一定是由法師所主持的。

於是教主代理人的身分，但他們卻和各地方又有著高度的連結性，此外再加上了他們在眞佛宗是眞正出了家的人(即使這是由教主所授與的)，這使其對佛教的意識型態(而非僅只是對教主)也會產生某種程度的忠誠感。所以法師在眞佛宗中是一個因承受到組織結構上的多重矛盾而具有著某種內在衝突性的角色(見附錄照片3-3)。這也之所以我們下面會引述到的一篇眞佛宗內部自我批判性的文章，即是由法師所執筆的。

就眞佛宗教團制度化與組織化的發展而言，基本上它代表了一種以領導者爲核心所開展的將教團縱向加以連結的努力。但是我們注意到，盧勝彥教團發展的基礎是民間信仰，而民間信仰卻又是有它基本的擴展與傳播模式的，就像我在第三章與第四章中所指出來的，民間信仰的擴展，主要奠基於靈驗性的展現[42]，以及附帶的一套和分靈、分香有關的複製與衍生的方式。某個信仰中每一次個別信徒信仰的程度或是整體信徒數目的增加，常是伴隨著被崇拜物靈驗性的展現而來的(見第三章)。根據其內在邏輯而論，基本上，民間信仰是一種透過神來傳教的宗教傳布方式，雖然其中也具有人爲操控的成分。這顯然不同於教團的經由傳教，以透過教義傳播的方式來增加信徒。而民間信仰的世界觀，因爲它本就是社會生活中未分化的一部分，是屬於庶民大眾原就熟悉的各種風俗與習慣[43]，所

42 我們在第三章中已經指出來過，這種靈驗性指的是一種被信徒們所主觀認定著的靈驗性。

43 譬如說在第一章中，我們曾以Sangren(1987)結構主義式的分析，來說明漢人宇宙觀的基本組成。也就是建築在對於陰、陽兩個基本單元間的互動與轉換模式的討論，產生了中介性的「靈」的觀念(靈可以做爲陰陽間的中介物與媒介物)。根據這種陰、陽、靈等諸元素之間的互動關係，可以刻劃出整套的華人宗教的象徵體系，而整個社會與文化體系自我複製與再生產的過程，也可以透過「靈」的觀念來加以說明。

附錄照片3-3　法師在眞佛宗中是一個因承受到組織結構上的多重矛盾而具有著某種內在衝突性的角色(攝於2002年6月眞佛宗在台灣中部所舉辦的一場活動上，照片提供：楊欽堯)。

以也不需要特殊的傳教過程來加以傳播。

由此看來，整個眞佛宗的結構，是盧勝彥個人對於民間信仰提昇所提供的各種整理與新詮釋，配合民間信仰原有的基本擴散方式，這兩個各自獨立具有主體性的元素，相互提供正當性，與相互提供社會支持的一種特殊組合。這中間雖然加進了佛教式的僧團的連結，但它只是協調性的、輔助性的，而沒有主導性的力量。

對此，我們或許需要提供一些更爲具體的說明，例如說在近期的眞佛宗內部報刊《眞佛報》(2001年312期)上，在一篇眞佛宗法師所寫，主題爲〈宗委會與層級關係之探討〉的文章裡，我們看到了以下的訊息：

> 真佛宗的形成壯大，由分堂起，再有密教總會，師佛退隱後，才成立宗委會。所以真佛宗的組織是先有地方再有中央，分堂是真佛宗最基本的弘法據點，是師佛的認定恩賜，任一層級單位，不經師佛允許，皆不得任意裁撤。
>
> 真佛宗的弘法人員及團體單位，師佛只付予弘法「職能」的運作，並沒有付予「職權」的無限發揮。中國真佛宗密教總會一向秉持師佛教示，在台灣上師團指導下，輔導各分堂推動法務。
>
> 如今，宗委會委員是由上師遴選的，因上師散居世界，委員聚會不易，且對事務處理未竟圓熟，重大決策，未經全體委員議決，未做到「公正、民主、合情、合理、合法」(章程所求)；又忽略層級關係的重要，更未與台灣的中國真佛宗密教總會協商，遽爾裁撤台灣二十多個分堂，令人不知所為何來也？
>
> 各分堂難免有問題的存在，而這些存在的問題，有賴層級單位及弘法人員輔導改進，其實，有些問題並非真正有問題，只是做法有所不同而已。
>
> 例如，高雄的南山堂，是老字號的分堂，同修的師兄姐多為輪班制上班族，堂主一向採開放式的自由入堂修法，大家其樂也融融。但宗委會未究其詳而斷然裁撤，實有違師佛賜堂苦心，更傷害同門的信心。
>
> 寄語宗委會，讓我們一起體會師佛慈悲愛自由的一顆心，強化輔導協助的功能，積極正向的推展真佛宗法務，凝聚同門

的向心力，使真佛宗更團結、茁壯，發揮廣度眾生的效果。

這一段文字，出自於眞佛宗內部幹部，文章內容在相當程度上反映出了眞實情況。它是眞佛宗法師親自爲地方分會請命的文章，內容涉及內部紛爭，尤其還包括了對於組織最高領導單位「宗委會」的批評，但卻還能公開流通，顯示在宗委會一旦眞的要帶頭來出面領導時，這背後有著相當程度的內部矛盾存在著。

而進一步來看，我們至少還可以由這一篇文字中發現到幾個相當重要的事實：1.眞佛宗是先有地方才有中央的；2.眞佛宗各分堂的准予成立，都是「師佛」的認定恩賜(「師佛」這一個措辭，在此具有相當的關鍵性，顯示了一種接近於天意的賦予，而「師佛」本身的成就，可能也是和天命有關的)；3.理論上眞佛宗的弘法人員與團體單位，師佛是只賦予了其職能，但並未給予其職權，也就是在結構上而言，「宗委會」的運作，應只是輔助性而非實質性的。

據筆者個人訪談所知，眞佛宗分支組織，有著加盟店般的擴展方式，分堂堂主個人自負盈虧，自己印行法本與書籍，和交付各種貸款，而若辦理法會請法師或上師支援時，則須拿固定比例的金額上繳總會，目前也就是上繳到「宗委會」。而各分堂的堂主在草創其堂時，則要經過盧勝彥個人的同意(訪談記錄 TS1: 2)。

簡言之，以民間信仰的靈驗性爲基礎，以仙佛認定的濟世渡眾的代理人自居，並能在此基礎之上提供較爲完整的修行模式與動員方案，實是盧勝彥能夠在民間廣受歡迎的原因。而眞佛宗的快速蓬勃發展，正是因爲它提供了民間信仰在適應於現代社會時，所特別需要加以強化的：自身正當性的基礎、系統性的知識體系、和組織動員的工具等等。眞佛宗於是和某些民間信仰的執事者一拍即合，他們加入眞佛宗，修習所謂的眞佛密法、對自己原來的信仰體系有所提昇，使其更適應於現代社會，但也轉化爲眞佛宗地方性的一個分支。於是民間信仰的執事者與盧勝彥二者形成了一個共生關係，而彼此在互相增強與正當化的過程中，也之塑造了盧勝彥仙佛般的地位。而進一步來講，在盧勝彥仙佛般的地位，以及民間信仰各地方性基層結構不容否定的這兩條平行合作的線索之間，「宗委會」在中間所能夠發揮的實質作用相當有限。

三、進一步的討論

在本文最後，有幾個問題我們有必要在此提出來做進一步的討論。

首先，就其內部運作邏輯來看，眞佛宗教團具有什麼樣的特性呢？尤其以在當代台灣所浮現出來的社會學的宗教類型來加以對照，我們應如何來看待眞佛宗背後所代表著的社會意含呢？就如同本書在第三章與第四章中所討論過的幾種台灣歷史發展過程中所出現過的宗教型態(它們至今多半也還是存在著)而論，其中有兩種型態是在台灣社會分化過程開始以後才浮現出來的，也就是「在家人與出家人地位並重的正統教團」和「克理斯瑪教團」。前者是「正統教團在保留了出家階層的同時，在家人卻在整個教團中愈益開始扮演其重要的功能，並且由功德求取者的角色變成了修行的當事者」；後者則是「權威完全集中於教主個人身上，而個人的參與是爲了追求自身絕對而不受限制的自我成長」的這樣的一種現代組合。這兩種類型的出現，都和當代台灣社會的多元分化有關，前者是既有正統教團的一個新的轉型，後者則是社會新萌發出來的宗教型態。

以眞佛宗教團而論，由表面上看起來，它似乎同時兼具著以上兩種類型的雙重特性，也就是它一方面是一個以「克理斯瑪領導者的權威」做爲運作核心的教團，一方面卻有著出家階層，可以做爲宗教活動的專業操持者，和可以以此來更具象化宗教的神聖範疇。然而由於眞佛宗本質上是一個以民間信仰爲基礎[44]，並以能夠超越一切的教主的權威做爲較高的運作原則，再加上它一開始創立時教主就是以在家人的身分來建立教派的，這些並不利於其出家階層在教團內產生實質性的影響力。

歸結而論，眞佛宗教團的基本特質還是較近似於「克理斯瑪教團」。然而由於民間信仰本身，本來就有著高度的融合性，可以較爲任意的採用各種觀念與機制，只要它是有利於信仰活動的擴張的。因此有著民間信仰本質的眞佛宗教團，在即使自身並非與既有的佛教僧團有直接傳承的情況之下，卻還能夠利用佛教系統中既有的機制，也就是僧團的神聖性與專業性，來擴張教主個人的「克理斯瑪權威」，這是它在適應社會環境變遷的靈活之處，卻也是它讓其它正統佛教教團所完全不能接受的地方。

基本上也就是說，真佛宗教團是一個既以「克理斯瑪領導者的權威」為主，卻還附帶的強調了僧團的必須性的特殊組合。然而僧團在這個架構中，僅是功能性的，在實質上不具有神聖性。就像前一節中我們所談論到的，盧勝彥本身就不是謹守出家生活型態的領導者，其教團中地位較高的上師，也不一定是出家眾，在上師之下的法師，雖然都是出家眾，但僅能代表著一種專業的修行者和執事者，卻不是教團中具有實質影響力的階層。

44　民間信仰的活動中雖然也有出家人來協助儀式的進行，但民間信仰中的基本價值觀，是不鼓勵人出家的，因爲那有礙於日常人倫生活與經濟活動的進行。我們後面對此還會加以討論。

整個眞佛宗的基本構成，可以說就是教主那「超越出家與在家界限」的「克理斯瑪權威」和廣大游離信眾的相互支持之下，所構成的那一個教團化了的民間信仰體系。僧團的功能，一方面在支撐「克理斯瑪權威」的日常運作與擴張，一方面也在提供給虔誠而態度嚴肅的修習者一條看似出世脫離的道路(雖然事實上並沒有完全出世)，但是僧團並沒有被賦予實質性的權力，因爲第一、出家的價值並不是教團內所毫無保留而高度肯定的；第二、整個教團的運作是以領導者個人和各地各分堂的基層幹部這二者爲主，而非僧團[45]。

其次，第二個我們所要討論到的議題，是如何對眞佛宗這個教團傳承上的屬性來加以定位的問題。站在眞佛宗或是其它佛教教團的立場，這個問題完全沒有討論上的必要。就其它佛教教團來說，認爲所謂的「附佛外道」(陳慧劍 1990)，就是眞佛宗的性質，而完全不會考慮到眞佛宗的主體性有其內在基本結構的問題；而對於眞佛宗來說，領導者盧勝彥畢生的努力就是在成立一個可以融合佛道的佛教密宗的宗派，這種努力也是不容外人所誤解或輕忽的。

不過站在分析性的立場，我們還是希望能夠以既有的概念工具爲基礎，試圖對於眞佛宗教團的性質能有一個更清楚的定位，雖然

45 我們這裡列舉一位男性眞佛宗分堂堂主(非出家眾)的談話，一方面可以看出某些信徒對於眞佛宗教團中出家眾的看法，一方面也可以看出由眞佛宗堂主(非出家眾的眞佛宗地方性分會的負責人)的角度，對於出家眾的一些想法，他說道：「道場不一定都有法師。法師只是理光頭而已，是以修行爲專門職業的人，有的人[法師]也才開始修幾年而已。事實上每天去修行才是最重要的，所以出家人很偉大沒有錯，他選擇這做爲他的職業，但是眞正修行的境界，還是要看你修行的情況，事實上是跟你出不出家、理不理光頭，是沒有差別的，法師只是理光頭而已。……只有雷藏寺、一些寺廟的寺，才一定有法師來主持，像堂就不一定了，在家人也可以出來經營，不一定要法師來當主持。」(訪談記錄 T3: 3)

在目前這種各宗教元素經常是高度混融的社會情境裡，這種定位的企圖，的確若一不小心就可能會導致錯誤的結果。

如同本書在第六章中所指出來的，就其傳承屬性來說，華人宗教史中至少有五個基本的分析性範疇：儒教、釋教、道教、民間信仰、以及我們稱之爲是「合一教」的，一種在華人社會明清以後所出現而至今仍盛行的本土性綜攝主義。我們在該章中也曾指出，「一貫道」和清海教團的早期發展，都有著這種「合一教」的面貌，雖然後者的背後有著印度外來的源頭。這種「合一教」有著幾種基本特質：像是自居正統的自我認定、涵蓋萬教的既包容又批判的立場、對傳統始終保持忠誠的態度、一以貫之的對傳統的重新詮釋等等。

乍看之下，眞佛宗教團好像也類似於這種「合一教」，是以新道統的發現來做爲教團傳教的基礎的，但實則不然。就如我們本文中一直強調著的，它在本質上，應該還是以民間信仰爲出發點。若拿民間信仰和「合一教」相比，前者對任何神明與教義都採取著開放接受的態度，對信徒則有著一種任意性，組織性與戒律要求都不強，它是以功能性的齊備和參與上的包容性與開放性爲主要特徵的；而後者已經是由社會分化出來的獨立的宗教組織，教義上有著較高的哲理性的綜合，能夠以一個神秘性的法門來對傳統加以融會，相對的也就有一個擬制性的長遠延續的傳承存在，而它的組織亦相當嚴密，信徒通常對教團的認同較高，對於自身的宗教身分也有較高的自我期許。

以眞佛宗來說，雖然盧勝彥在教義宣揚的內容上不斷有所擴充，該教團的組織也開始產生了完整的架構，但它始終仍和民間信仰靠的比較近，而和「合一教」教團的運作模式離得比較遠。這讓它在傳布與擴展上帶有著幾項特質：1.因爲與基層民眾共享一套相同的世界觀，於是始終有著最爲廣布的民眾基礎，可以在基層的層次，具有著一種最大的可能性來與民眾產生共鳴與互動；2.整個組織是受制於基層的，各地方性的分堂在貼上了眞佛宗標籤的同時，它仍有很大的自主性和多元性(也就是除了信仰眞佛宗中的教法與神明以外，它還可以自行加入任何神明系統，甚至於可能有限度的從事自我擴張)。由此可以看出來，真佛宗是一個可以在短期內就發展快速，但卻又必須因受制於各地方特色[46]而難以做實質而有效統合的一個與民間信仰關係極為密切的教團。它和台灣另一個流傳極廣的教團——慈惠堂有些類似[47]，但在教義的系統性、教團的

---

46 筆者在田野資料收集過程中，就注意到有許多民間的宗教團體，曾和眞佛宗發生過相當密切的關聯性，但其間的連結卻不是完全固定的。譬如說像是崇拜瑤池金母的慈惠堂之地方性分堂，可以集體成爲眞佛宗的信徒，但卻仍穿著象徵金母契子女的青衣，並非純粹是眞佛宗的信徒，仍隨時可能做集體性的脱離；又如某個一貫道分壇的成員曾集體皈依眞佛宗，並請眞佛宗上師來主持密法的修持，但不久卻又轉變，另屬於其它道場；也有的例子是，原本只是小型問事收驚的民宅，但以眞佛密法之名，擴張爲一個修法的道場，在獲得盧勝彥的同意之後成爲分堂，不過後來卻又脱離眞佛宗而自行獨立成爲其它的新興道場。像是前述那間曾是一貫道分壇，後來開始集體修習眞佛密法，接著道場又自行獨立的某教團中的參與者，就這樣的告訴我：「我們由一貫道變成鸞堂，又變成密宗，曾跟了蓮生活佛好幾年，現在已經不修這個法門，現在天命已經不在他了。草屯雷藏寺很大，但是現在靈氣消失了，這是根據我們的仙佛説的。」

47 眞佛宗的信仰體系，本就和慈惠堂系統的瑤池金母信仰叢關係密切。盧勝彥自稱第一次與靈界的相通，來自瑤池金母的招喚。盧勝彥最早所設的佛堂供奉的是瑤池金母、釋迦牟尼佛和地藏王。而今該教團在台灣最大的道場草屯雷藏寺，供奉的神明除了佛教神明以外，更包括瑤池金母、城隍爺、土地公等等，仍濃厚保留了民間信仰的形式。其各個分堂，幾乎也以瑤池金母爲供奉上不可或缺的一尊神明。而其皈依證書上，直至現在，都仍保留著金母的敕令，並且是以疏文上表的形式來鋪陳，這也留有濃厚民間信仰的風格。

附錄照片3-4　眞佛宗在性質上接近於民間信仰，但在教義的系統性、教團的組織性，以及宗教師的形象上都有所提昇，且又特別突出了領導者人身性的魅力(此圖爲眞佛宗在美國西雅圖的道場雷藏寺內，大殿內供奉各種佛教與民間信仰中所常出現的神明，信徒正持香膜拜中。攝於2002年6月)。

組織性、以及宗教師的形象上都有所提昇，且又特別突出了領導者人身性的魅力。而慈惠堂的崛起與較快速的發展是發生於1960年代到1970年代之間，眞佛宗則是1980年末期代至今仍成長極爲快速的新興教團。這一方面顯示了社會變遷中民間信仰宗教活動的模式已漸發生轉變(已是屬於如同本書所強調之整體社會「制度性宗教浮現」過程中的一部分)，一方面也顯示民間信仰本身會隨著社會變遷，不斷跟上時代的腳步，尤其是宗教英才的創造，能夠不斷賦予民間信仰新的內容與形式(見附錄照片3-4與3-5)。此處真佛宗教團在民間信仰之上再加入的東西，當然最為明顯的也就是「領導者的克理斯瑪權威」，它非常突出的呈現出現代社會中新興教團有別於傳統民間信仰的部分，它是集合各種現代傳播工具以後社會大規模動員的產物，也是社會分化過程中宗教信仰走向個體化發展趨勢以後，個人對於自我想像的無限投射，它和過去權威未分化時社會中所具有的「父權救世主領導型態」在內涵上有所不同，這已如第四章中所述。而盧勝彥本人，依他自己所講，他「正是西方極樂世界阿彌陀佛的應化身之一，這一世化名『蓮花童子』下降娑婆，以『眞佛密法』廣度眾生」(世界眞佛宗宗務委員會 n.d.: 18)。這種現世化身的說法，就西藏密宗的系統來說當然本來就是很普遍的，也之以密宗開宗立派的盧勝彥，在教派成立時即是以「蓮生活佛」之名來出現。不過當密宗的活佛在西藏是一種在歷史長期發展中，因政治與社會現實的需要，而摸索出來的解決宗教權力傳承和延續這一方面問題的特殊設計時(周煒 2000: 110)，「活佛」在台灣卻成爲了賦予現代「克理斯瑪教團」權威基礎的重要憑藉。而拿眞佛宗這一個「克理斯瑪教團」來和我們曾討論過的「在家人與出家人地位並重的正統教團」相比，後者一方面保有出家階層，一方面卻也提昇了在家人在整個教團中的地位與功能性。眞佛宗教團在表面上確實和此有著某種類似性，因爲二者都是以提昇在家人在教團中的地位爲其主要著眼點，這也是因應社會變遷而在各教團宗教組織上所產生的一個相當普遍的發展趨勢。不過若仔細探究便會發現這些議題其實背後複雜得多。

我們要強調的是，有著民間信仰本質的眞佛宗，由它的出發

附錄照片3-5　在眞佛宗舉辦於台灣南部的一場法會上，一位眞佛宗的上師正在爲信徒們進行灌頂的儀式(攝於2002年6月，照片提供：楊欽堯)。

點，它本來並不會肯定出家或是出世這種行動的優位性[48]，因爲對於日常生活實踐來說，生產與延續是整體社會最基本的價値，而沒有經濟生產性的出家生活，是有違正常生活秩序的，它很難被民間

48　在一本民間信仰善書(下營九龍太子宮n.d.)的封底上，曾列出了這幾句話，很可以呈現出民間信仰對於「出世／入世」觀的基本態度：「發揚仙佛渡眾生之精神。在家修：要以人道先修，然後再修佛、修道。」也就是入世實踐是優先要盡的世間責任，修佛修道乃是在日常世俗活動行有餘力時，才可能去加以進行的，而在日常生活框架中，它也不應陷入沈迷或過度，應以人道爲第一優先。

信仰活動的基本價值觀所接受，承襲了民間信仰基本人生態度與內容的眞佛宗自然也是如此[49]。所以拿出發點完全不同的眞佛宗來和「在家人與出家人地位並重的正統教團」相對照，我們只能說它們的出發點完全不同，本來無可比較。不過因爲後者在適應社會發展的過程中，不得不與世俗性的價值間做了某種妥協，而使得二者間產生了某些類似性。

然而另一方面看來，爲什麼眞佛宗卻又創造出出家階層的存在呢？這種出家階層所代表的實質意義和傳統佛教中的出家階層其所代表的意義又是否相同呢？事實上，在真佛宗中，出家階層的存在，並不是要獨立出出世這件事的優位價値，反而它只是民間信仰融合性與功能性取向中的一個權宜性的措施，透過向佛教學習，而創造出了一個擬制的服務於某種功能性目的(有助於提高宗教的專業性和擴張教主的權威)的出家階層。於是眞佛宗中所具有的出家階層，它並不像其在正統佛教僧團中是屬於有著獨立性地位的核心性結構，而只是混合性的民間信仰在走向制度化過程中，向外採借的一種組織性的工具。不過眞佛宗在這麼做的同時，它卻也開始實質性的改造了僧團的內在意涵，成爲一種以服務信徒爲主，肯定入世價値，且又附屬於教主權威的主要組成。這種新的僧團模式的出

---

49 既然本身的組織架構中也包含了僧團，即使它是功能性高過實質性的，但一個教團自此當然就不會再去否定「出家」這件事情的價值。不過我們仍然可以看到，這樣的一個教團還是會透過對於「在家」這件事情的高度肯定，而間接否定了「出家」這件事情在價值上的優位性。以眞佛宗教團來說，在其對外宣傳的小冊子(《爲什麼要皈依「蓮生活佛」修持「眞佛密法」》[小冊子，眞佛宗電視弘法傳播委員會文宣組編1991])上就有著這樣一段話：「有人以爲，學佛到最後，一定要『出家』。這也是錯誤的觀念，所以很多家長，一見子女學佛，害怕的不得了，拚命阻止子女學佛。其實，在家修行者得大成就的，多的是。」

現，想必對於台灣整體宗教生態也會開始有所衝擊。

最後，我們想約略提到的是關於知識分子與民間信仰間的關係的問題。要對知識分子加以定義當然有其困難，在傳統農業社會中，可以清楚的區別出沒有文字操作能力的庶民大眾，和具有文字操作能力的人，就宗教的傳布而言，後者已可以說是鄉間的知識分子，所以地理師、相士、或是塾師的士子階層，都可以被看做是某種知識分子(Hayes 1985)。到了當代，精緻文化已不爲少數人所壟斷，受過基礎文字訓練的人更是大爲增加，這時已很難再對知識分子這種身分加以清楚的界定。不過我們先暫時假定，具有嫻熟的文字操作能力，以及能對週遭環境或社會變遷提供解釋的能力，是一個所謂知識分子最起碼的條件[50]。

50 的確，「俗民大眾／知識分子」或者說「俗民文化／菁英文化」的這種分類概念，到了現代社會已不太適用。MacDonald(1962: 3-75)曾指出，在前現代的社會裡，文化生活並不是一種經濟活動，而是由少數人所組成的一個共享相同價值觀的菁英團體。對非菁英分子而言，有所謂的民俗文化，它可以滿足一般社區人們的品味，而這兩種文化活動可以同時並存，只要後者沒有偏離自身的軌道。不過到了現代社會裡，大眾文化的興起，已混淆了這兩種文化之間的界限，大眾文化不是只屬於少數人的菁英文化，但也不再是俗民文化，因爲它是由受過教育能識字的群眾所共享的。在某一個層面上，大眾文化是由資本主義市場中的文化工業所創造出來的。現代社會中的大眾文化與前現代社會中的俗民文化，其間最大的差異是前者已不甘於自居於文化的下層，一方面不再滿意於菁英文化，一方面也逐漸成爲社會文化中的主流。另一方面，即使某些菁英文化仍可能存在於當代社會，但以中產階級文化形式(midcult)而出現，事實上，許多情況下那僅是一種大眾文化和菁英文化的混合體，僞裝成藝術的形式，骨子裡卻仍有著大眾文化最基本的特質，也就是以創造流行爲最高宗旨。簡言之，前現代社會裡所存在的知識分子與俗民大眾之間的區別，到了現代社會，逐漸爲一種大眾文化的整體發展趨勢，模糊了其中的界限，這也之愈到了當代，知識分子這一個社會範疇，也愈難被當做一個有效的分析性的概念。不過在我們此處的分析裡，還是一般以爲，民間信仰主要是庶民大眾的活動，熱心參與者的層次可能不會太高。於是即使就與民間信仰性質有其共同性(但已不完全相同，參考本書第五章，或Seaman1978: 156-163)，而卻又是非常重視文字與辭章的鸞堂來說，它都仍有著高度的庶民性。如同王志宇(1997: 144)所述：

> 除了日治初期鸞堂戒煙運動傳布期之外，鸞堂在台灣普遍傳開後，鸞堂的組成分子仍偏向以庶民大眾為主，在清代及日據時代是農民、商人為主，光復後因社會轉變為工商社會，因而其成員便以工商階層為主，知識分子當然也有所參與，但是不管從整體的鸞生或鸞堂的領導核心上而言都是少數。與其他的民間信仰相較，儒宗神教因以代天宣化為主，其活動因必須使用詩詞文章，而帶有較高的文化色彩，但從其發展的過程與領導或參與的群眾而論，仍然具有相當濃厚的庶民性質。

(續)

引用了知識分子這一個概念，來說明民間信仰未來的發展，這主要有三點理由：一、眞佛宗起初開始發展於1970年代，在這一個時期的台灣，知識分子這一個社會性範疇，基本上還是一個有解釋效力的概念；二、即使到了當代台灣社會，知識分子這個概念已不是一個有效的社會分類的範疇，但是在人們的心理上，尤其是深受傳統華人社會文化所影響的人們之社會心理層面上看來，它還是一個有著相當重要性的社會心理範疇，因爲的確有許多當代台灣人，在投身於民間宗教活動時，其自我意識中特別鮮明的一部分，通常還是以自己是否是個知識分子？來爲自己的參與性質來加以定位；三、在還沒有可替代性的分析框架提出來以前，做爲一種啓發性的討論，此處暫時性的引用知識分子這個分析性的概念，或許還是有助於我們對於「民間信仰的未來」這個問題，能夠有一個初步的反省與觀照。

而到了當代，隨著全民教育程度的提昇，以及世俗性教育模式的實施，如果傳統性的宗教活動不能有所轉變，它的確很難吸引到智識水平較高者前來參與。

然而這個問題並不單純。做爲一種民間活動，民間信仰的擴張與提昇，除了庶民大眾一般性的參與以外，當然更需要的是知識分子的參與，王志宇(1997: 143)的研究顯示，比較各鸞堂的發展，一旦以知識分子爲主導核心時，鸞堂的活力會較爲旺盛；而在跨越區域性的鸞堂整合活動方面，更是往往由知識分子出面來進行(頁149)。

不過由另一個方面來看，知識分子其實也相當需要民間宗教，就世俗面來說，Seaman(1978: 156)對於台灣地方宗教與政治方面的研究很清楚的顯示，地方派系的領導者，往往透過宗教活動與宗教組織來建立自身的正當性與動員管道。而就較高的一個層次來看，民間信仰中包含了對於善惡與道德階序的定義(Seaman 1978: 159)，誰掌握了民間信仰，誰也就掌握了一種定義權，經由神明褒貶的模式來對各人行爲的善惡加以定位，甚至於某些熱心於民間信仰的人(通常是在成爲亡者以後)還可能透過這個系統而成爲神(透過乩童的告知或是扶鸞所得訊息的確認)。簡單的說，民間信仰本身是一個可以提供組織動員與正當性基礎的系統，某種程度來說，它的世界觀也是相對穩定與相對系統性的[51]，雖然某種變動性還是

51　這個看起來很一般性問題，卻還缺少比較完整而深入的探討。李亦園曾以追求均衡與和諧(1995: 126-136)，做爲華人文化中最基本的運作法則，他並提出了一個三層面的分析，這些觀念，或許也可以被拿來對民間信仰的性質做出局部性的解釋。鄭志明(1999: 194)曾指出，要對民間信仰的觀念組合進行系統性的建構，還是一個相當龐大的學術工程，不是一時能夠完成的。

涉及其中，但至少在一個想像的空間(天下或是神聖的社區)和歷史(華人的文化帝國)中，它是頗能喚起一般民眾的尊嚴與情感的。而一旦知識分子站到了民間信仰的這一邊，他當然也就能夠獲得這些附加的資源與榮耀。由此看來即使到了現代社會，民間信仰與知識分子間某種共依共存的關係，還是存在著的。

當然，當社會由傳統社會快速的過渡到現代社會，擁有知識與文字能力者也產生了內部的分化，被分化成爲了——或許可以被簡稱爲——「過去導向的知識分子」(或者說是傳統導向)和「未來導向的知識分子」，前者能嫻熟於傳統文化並以傳統文化的捍衛者自居，後者則接受過現代專業化教育，對於社會變遷的未來脈動能有相當掌握。而當我們說民間信仰的未來，是和知識分子的參與很有關係的時候，到底是和那一種知識分子較有關呢？這個問題雖然很難回答，但我們不難看出來，這些知識分子絕對不是後者，因爲現代世俗科學教育中所訓練出來的人，本身已和民間信仰有所脫節，但是他們卻也不完全是前者，因爲過度執著於傳統，並無法吸引進社會變遷過程中較爲年輕的成員。於是必須是兼具前者與後者取向的知識分子，才較有可能爲民間信仰注入新的活力，以適應於一種未來情勢的演變。這也之我們經常看到，某些原本對於民間信仰接觸不多而自命爲現代知識分子的人，在一些特殊經歷之後[52]，開始成爲民間信仰的執事者，進而有效的對民間信仰進行了新的整合與

52 舉例來說，盧勝彥就是一個例子，由原先的基督教徒，且是對民間神明不太相信者，卻在林千代的引導下(盧自稱是被開天眼)，開始投入於民間信仰的世界。另一個例子是曾爲中華民國靈乩協會理事長的賴宗賢，他學歷爲大學畢業，並是一個成功的商人，但是在一場重病中，靈媒告訴他必須放棄事業走入宗教之路才能挽救生命，他乃自此改變其人生型態，並成爲台灣當代極爲重要的推動靈乩現代化的宗教執事者(Tsai 2003: 30-32)。

發揚光大的工作，這正是因為這些人在經過一些特殊人生經歷之後，已成為了兼具過去與未來導向的雙重性背景，在時代變遷結構中，他們是有助於民間信仰改革與轉型的人物。

當然，盧勝彥或許很難被明顯的定義為是一個知識分子，但至少在民間的層次，大學畢業的他在1970年代時已可以算是屬於當時的智識階層，況且他自身筆鋒甚利，頗以其知識分子的身分自居。我們可以說，盧勝彥起先以知識分子自居而投身於民間信仰的提昇與轉型，而後在民間豐沛資源可以自由流動的歷史條件中，這使他進而成為了一個具有無限宗教權威的教主。盧勝彥在這種過程中，也的確是賦予了習於民間信仰風俗的庶民大眾新的信仰形式。這些顯示著，在現代社會中，雖然民間信仰已經失去了它地域性的基礎與固定的信仰群，但是宗教英才的創造，將使其內容仍有可能不斷以新的形式重新出現，並使其可以繼續做為提供基層民眾適應世界與建立自我認同的重要文化資源。

而兼具知識分子與教主雙重身分、兼具過去取向與未來取向、兼具對於民間神明的服從與自身成為神明，這些特質都充滿了內在矛盾，教主個人如何在這些矛盾之間能盡量維持著一種平衡性的關係，是當代台灣新興教團發展上的重要考驗，而在這些因素之間如何能維持某種平衡(知識的系統性與宗教權威的不可懷疑性，傳統的保持與對現代社會的適應，對神明的絕對遵從與對個人修煉的自我期許)，也是民間信仰在適應於現代社會時，決定其能否在新社會情境中繼續蓬勃發展的重要關鍵。

參考書目

中文部分

「清海無上師世界會」出版品部分

《即刻開悟之鑰[樣書]》，1996，25 版(台北：書媽清海世界會出版有限公司)。

《即刻開悟之鑰[第一冊]》，1998(台北：書媽清海世界會出版有限公司)。

《即刻開悟之鑰[第二冊]》，1998(台北：書媽清海世界會出版有限公司)。

《即刻開悟之鑰[第三冊]》， 1998(台北：書媽清海世界會出版有限公司)。

《即刻開悟之鑰[第四冊]》，1998(台北：書媽清海世界會出版有限公司)。

《即刻開悟之鑰[第五冊]》，1998(台北：書媽清海世界會出版有限公司)。

《即刻開悟之鑰[第六冊]》，1997(台北：書媽清海世界會出版有限公司)。

《即刻開悟之鑰[第七冊]》，1997(台北：書媽清海世界會出版有限公司)。

《即刻開悟之鑰[第八冊]》，1997(台北：書媽清海世界會出版有限公司)。

《即刻開悟之鑰 1993 年全球弘法專輯[第一至第六冊]》，1999(台北：書媽清海世界會出版有限公司)。

《即刻開・問答錄[第一冊]》，1997(台北：書媽清海世界會出版有限公司)。

《即刻開悟・問答錄[第二冊]》，1997(台北：書媽清海世界會出版有限公司)。

《即刻開悟・問答錄[第三冊]》，1998(台北：書媽清海世界會出版有限公司)。

《即刻開悟・師徒內信[第一冊]》，1993(台北：書媽清海世界會出版有限公司)。

《即刻開悟・師徒內信[第二冊]》，1994(台北：書媽清海世界會出版有限公司)。

《即刻開悟・神奇感應錄[第一冊]》，1983(台北：書媽清海世界會出版有限公司)。

《即刻開悟・神奇感應錄[第二冊]》，1982(台北：書媽清海世界會出版有限公司)。

《師父講故事》，1997(台北：書媽清海世界會出版有限公司)。

《清海無上師新聞雜誌》(合訂本第一輯)(1986年8月-1990年2月)，中華民國禪定學會印製。

「真佛宗」出版品部分

大燈文化編，2003，《蓮生活佛文集推廣特訊》(小型報刊)(2003年2月)。

世界眞佛宗宗務委員會，1998，《世界眞佛宗宗務委員會組織章程》(小冊子)(南投：台灣雷藏寺)。

———，2001，《光明遍照的眞佛宗》(南投：大燈文化事業有限公司)。

法舟堂編錄，n.d.，《眞佛宗皈依手冊》(桃園：眞佛宗法舟堂)。

眞佛宗內明堂編輯，1998，《眞佛經藏》(台北：蓮魁出版社)。

眞佛宗電視弘法傳播委員會文宣組，1991，《為什麼要皈依「蓮生活佛」修持「眞佛密法」》(小冊子)(台北：眞佛世界雜誌社)。

華光紫蓮大學教育委員會編輯，1997(二版)，《眞佛妙寶》(台北：蓮魁出版社)。

盧勝彥，1975a，《靈機神算漫談》(台中：企業世界社)。

———，1975b，《靈與我之間》(台中：學海書局)。

———，1976，《靈的自白書》(台北：林白出版社)。

———，1988，《咒印大效驗》(台中：青山出版社)。

———，1990，《光影騰輝》(南投：眞佛宗出版社)。

———，1992a，《第一百本文集》(台中：青山出版社)。

———，1992b，《西城夜雨》(台中：青山出版社)。

———，1992c，《蝴蝶的風采》(台中：青山出版社)。

———，1992d，《法海鉤玄》(台中：青山出版社)。

———，1993，《眞佛的心燈》(台中：青山出版社)。

———，1997(初版1983)，《坐禪通明法》(南投：眞佛宗出版社)。

———，1998a(初版1983)，《上師的證悟》(南投：眞佛宗出版社)。

———，1998b(初版1984)，《金剛怒目集》(南投：眞佛宗出版社)。

———，2000(初版1983)《西雅圖的行者》(南投：眞佛宗出版社)。

一般書目

丁仁方，1999，《威權統合主義：理論、發展、與轉型》(台北：時英出版社)。

丁仁傑，1997，〈現代社會中佛教組織的制度化及其有關問題之探討：以台灣佛教慈濟功德會的發展爲例〉，見《佛光山第一屆宗教文化國際學術會議論文集》第一冊(台北：佛光出版社)，頁73-107。

———，1998a，〈先知預言了一張張空頭支票〉，見《新新聞周報》576: 93-95。

———，1998b，〈台灣新興宗教團體的世界觀與內在運作邏輯：一些暫時性的看法〉，《思與言》36(4): 67-146。

———，1999，《社會脈絡中的助人行爲——台灣佛教慈濟功德會個案研究》(台北：聯經出版事業公司)。

———，2001a，〈當代台灣社會中的宗教浮現：以社會分化過程爲焦點所做的初步考察〉，《台灣社會研究季刊》41: 205-270。

———，2001b，〈成爲清海信徒——論傳統社會到現代社會中華人民間教派社會文化意涵之轉變〉，發表於2001年10月26-27日「人類學與漢人宗教研討會」(中央研究院民族學研究所)。

———，2002，〈台灣歷史重層化過程中的基本宗教行動類型初探，兼論當代台灣的新興宗教研究〉，《邁向21世紀的台灣歷史學論文集》，台灣歷史學會編(台北：稻鄉出版社)，頁39-129。

———，2003a，〈文化綜攝與個人救贖：由「清海無上師世界會」教團的發展觀察台灣當代宗教與文化變遷的性質與特色〉，《台灣社會研究季刊》49: 135-200。

———，2003b，〈捍衛社會身體：台灣SARS疫情中的災難治理及其宗教論述〉，《思與言》41(4): 1-69。

———，2004a，〈會靈山現象的社會學考察：去地域化情境中民間信仰的轉化與再連結〉，發表於2004年4月16-17日「宗教教義、實踐與文化：一個跨學科的整合研究學術研討會」（台北：中央研究院民族學研究所）。

———，2004b，〈認同、進步與超越性：對於當代人間佛教發展的社會學考察與反思〉，發表於2004年7月2-3日「台灣的宗教研究——傳承與創新學術研討會」（台灣宗教學會）。

丁仁傑、楊欽堯，2003〈瘟疫、現代性、與社會身體的轉化：台灣SARS疫情中的宗教論述〉（上／下），《當代》，2003年9月號：76-91；10月號：62-80。

下營九龍太子宮，n.d.，《靈修手冊》（台南：九龍太子宮）。

王見川，1996，《台灣的齋教與鸞堂》（台北：南天出版社）。

———，1999，〈台灣一貫道研究的回顧與展望〉，《思與言》，37(2): 103-130。

王見川、李世偉，1998，〈戰後台灣新興宗教研究：以軒轅教爲考察對象〉，發表於「台灣民眾宗教科際研究研討會」（台北：中央研究院民族學研究所）。

———，1999，《台灣的宗教與文化》（台北：博揚文化事業有限公司）。

———，2000，《台灣的民間宗教與信仰》（台北：博揚文化事業有限公司）。

王見川、林美容、周益民，1997，《高雄縣教派宗教》（高雄：高雄縣政府）。

王世慶，1972，〈民間信仰在不同祖籍移民的鄉村之歷史〉，《台灣文獻》 23(3): 3-38。

———，1986，〈日據初期台灣之降筆會與戒煙運動〉，《台灣文獻》37(4): 111-151。

王志宇，1997，《台灣的恩主公信仰——儒宗神教與飛鸞勸化》(台北：文津出版社有限公司)。

王崇堯，1992，〈美國社會福音運動〉，收於王崇堯等著《當代問題與基督教思想》(台北：永望文化)，頁3-26。

王嵩興，1967，〈龜山島——漢人漁村社會之研究〉，《中央研究院民族學研究所專刊》甲種第十三號。

王雷泉，1997，〈將終極託付交給歷史——兼評藍吉富《二十世紀的中日佛教》與《中國佛教泛論》〉，見《聞思：金陵刻經處130周年紀念專輯》(大陸：華文出版社)。

———，1999，〈第三隻眼看台灣佛教〉，《佛教文化》，1999年1月(大陸)。

中村元等著，余萬居譯，1984，《中國佛教發展史》(三冊)(台北：天華出版社)。

尹志華，1997，〈宗教信仰的個體化歷程出探〉，《宗教學研究》，第一期(大陸)。

印順，1978，〈中國的宗教興衰與儒家〉，見張曼濤主編，《佛教與中國思想及社會》(台北：大乘文化出版社)，頁187-204。

———，1989，《契理契機之人間佛教》(台北：正聞出版社)。

———，1991，(第13版)〈建設在家佛教的方針〉，見《教制教典與教學》，《妙雲集》下編之八(台北：正聞出版社)。

———，1992a，《佛在人間》，《妙雲集》下編一(台北：正聞出版社)。

———，1992b，《以佛法研究佛法》，《妙雲集》下編三(台北：正間出版社。

———，1992c，《淨土與禪》，《妙雲集》下編四(台北：正聞出版社)。

———，1994，《成佛之道》，《妙雲集》中編五(台北：正聞出版社)。

平川彰著，莊崑木譯，2002，《印度佛教史》(台北：商周出版社)。

正法明，1988，〈清海傳的是錫克教〉，《海潮音月刊》69(10): 32-33。

吉元昭治著，陳昱審定，1990，《台灣寺廟靈籤研究》(台北：武陵出版有限公司)。

全佛編輯部，2000，《觀音寶典》(台北：全佛文化事業有限公司)。

(明)朱元璋著，胡士萼點校，1991，《明太祖集》(合肥：黃山書社)。

任繼愈，1983，〈唐宋以後的三教合一思想〉，收在《第卅一屆國際亞洲北非人文科學會議論文》(東京：東方學會)。

江燦騰，1994，〈戰後台灣齋教發展的困境問題〉，見江燦騰、王見川主編，《台灣齋教的歷史觀察與展望——首屆台灣齋教學術研討會論文集》(台北：新文豐出版公司)，頁255-269。

———，1996，《台灣佛教百年史之研究(1895-1995)》(台北：南天書局)。

———，1997，《台灣當代佛教：佛光山、慈濟、法鼓山、中台山》(台北：南天書局)。

———，2001，《台灣佛教文化發展史》(台北：南天書局)。

宋光宇，1981，〈試論「無生老母」宗教信仰的一些特質〉，《中央研究院歷史語言研究所集刊》52(3): 559-590。

———，1983，《天道鉤沈》(台北：元祐出版社)。

———，1995，《宗教與社會》（台北：東大圖書公司）。
———，1996，《天道傳燈（上冊）》（台北：三揚印刷企業發行總經銷）。
———，1998，《一貫眞傳（一）基礎傳承》（台北：三揚印刷企業有限公司）。
宋澤萊，1990，《被背叛的佛陀》（續集）（台北：自立報系）。
宋明順，1988，《大眾社會理論》（台北：師大書苑有限公司）。
杜瑞樂，1995，〈西方對中國宗教的誤解：香港的個案〉，《二十一世紀雙月刊》6: 137-148。
佐木秋夫，1960，《新興宗教》（日本：青木書店）。
李添春，1962，〈台灣地區之開拓與寺廟〉，《台北文獻》，1(6): 67-76。
李元松，1993，〈來！李兄、乾一杯〉（台北：現代禪出版社）。
———，1994，〈現代人如何學禪——超越心靈的矛盾與不安〉（台北：現代禪出版）。
李桂玲，1996，《台港澳宗教概況》（北京：東方出版社）。
李世瑜，1975，（1948年出版於北平，1975年台重印）《現在華北秘密宗教》（台北：古亭書屋）。
李世偉，1999，《日據時代台灣儒教結社與活動》（台北：文津出版社有限公司）。
———，2000，〈日據時期台灣鸞堂的儒教化〉，見王見川、李世偉，《台灣的民間宗教與信仰》（台北：博揚文化事業有限公司），頁95-121。
李善單，1998a，《通往佛性之路》（台北：佛乘宗大緣精舍世界弘法總會）。
———，1998b，《佛影心蹤身心一如》（台北：佛乘宗大緣精舍世界弘法總會）。

———，1998c，《唯一佛乘之淨土的呼喚》（台北：佛乘宗大緣精舍世界弘法總會）。

———，1998d，《唯一佛乘之大道之門》（台北：佛乘宗大緣精舍世界弘法總會）。

李亦園，1983，〈社會變遷與宗教皈依——一個象徵人類學理論模型的建立〉，《中研院民族學研究所集刊》56: 1-28。

———，1984，〈宗教問題的再剖析〉，收於楊國樞、葉啓政主編，《台灣的社會問題》（台北：巨流出版社），頁385-412。

———，1995，《文化與修養》（台北：幼獅文化事業公司）。

———，1999，《宇宙觀、信仰與民間文化》（台北：稻鄉出版社）。

李富華（釋譯），1996，《楞嚴經》（高雄：佛光出版社）。

牟鍾鑒，1995，《中國宗教與文化》（台北：唐山出版社）。

牟鍾鑒、張踐，2000，《中國宗教通史》（下）（北京：社會科學文獻出版社）。

沙佛林，1988，〈致清海法師「四十九問」〉，《海潮音月刊》69(6): 22-29。

沈介山，1982，《偏差溯源》（台北：中華福音神學出版社）。

余光弘，1983，〈台灣地區民間宗教的發展——寺廟調查資料之分析〉，《中央研究院民族學研究所集刊》53：67-103。

———，1997，〈台灣地區民間宗教的發展——寺廟調查資料之分析〉，收於瞿海源著《台灣宗教變遷的社會政治分析》（台北：桂冠圖書股份有限公司），頁579-629。

邢東田，1995，《當今世界宗教熱》（北京：華夏出版社）。

邢福田，1992，（1981年初版）《台灣的佛教與佛寺》（台北：台灣商務印書館）。

邱敏捷，2000，《印順導師的佛教思想》（台北：法界出版社）。

邱　巍，2001，〈民初孔教會及孔教運動〉，《中共浙江省委黨校學報》，第二期。

金觀濤、劉青峰，1993，《開放中的變遷：再論中國社會超穩定結構》（香港：中文大學出版社）。

岡野正純，1999，〈西方與日本的現代意識——現代化理論及日本的宗教研究〉，收於原武道等編《日本與亞洲華人社會——歷史文化篇》（香港：商務印書館[香港]有限公司），頁211-224。

武內房司，1994，〈台灣齋教龍華派的源流問題－清末浙江的靈山正派與覺性正宗派〉，見江燦騰、王見川主編，《台灣齋教的歷史觀察與展望：首屆台灣齋教學術研討會論文集》（台北：新文豐出版公司），頁5-24。

吳文星，1992，《日據時期台灣社會領導階層之研究》（台北：正中書局）。

吳文程，1995，〈台灣政治轉型理論的分析架構的探討〉，《東吳政治學報》4：135-183。

林本炫，1991，〈宗教與社會控制——國家、宗教與社會控制：宗教壓迫論述的分析〉，發表於「行為研究組小型專題研究會系列之二」（台北：中央研究院民族學研究所）。

———，1997，《當代台灣民眾宗教信仰變遷的分析》（台灣大學社會學系研究所博士論文）。

林中治，1998，《楞嚴經之觀音法門》（台北：大圓出版社）。

林佩君，1998，《新聞論述建構之新興宗教語藝視野——以中國時報、聯合報與自由時報為研究對象》，（輔仁大學大眾傳播學研究所碩士論文）。

林美容、祖運輝，1994，〈在家佛教：台灣彰化朝天堂所傳的龍華派齋教現況〉，刊於江燦騰、王見川主編《台灣齋教的歷史觀察與展望：首屆台灣齋教學術研討會論文集》（台北：新文豐出版公司），頁191-249。

林美容，1991a，〈台灣民間信仰的分類〉，見林美容編《台灣民間信仰研究書目》（台北：中央研究院民族學研究所），頁iv-xiv。

———，1991b，〈台灣區域性宗教組織的社會文化基礎〉，《東方宗教研究》2: 343-363。

———，1993，《台灣人的社會與信仰》（台北：自立晚報出版社）。

———，1997，《台灣民間信仰研究書目》（台北：中央研究院民族學研究所）。

———，2000，〈高雄縣王爺廟分析：兼論王爺信仰的姓氏說〉，《中央研究院民族學研究所集刊》88: 107-133。

林衡道口述，楊鴻博整理，1996a，《鯤島探源（一）台灣各鄉鎮區的歷史與民俗》（台北：稻田出版有限公司）。

———，1996b，《鯤島探源（參）台灣各鄉鎮區的歷史與民俗》（台北：稻田出版有限公司）。

———，1996c，《鯤島探源（肆）台灣各鄉鎮區的歷史與民俗》（台北：稻田出版有限公司）。

周煒，2000，《佛界：活佛轉世與西藏文明》（北京：光明日報出版社）。

邱陵，1995，《藏密修法精粹》（台北：新智出版社）。

若林正丈、吳密察編，2000，《台灣重層近代化》（台北：播種者文化有限公司）。

岡田謙著，陳乃蘗譯，1960[1938]，〈台灣北部村落之祭祀範圍〉，《台北文物》9(4): 14-29。

岡松參太郎編纂，陳金田譯，1990，《臨時台灣舊慣制度調查會第一部調查第三回報告書：台灣私法(第一卷)》(台中：台灣省文獻委員會)。

岡野正純，1999，〈西方與日本的現代意識——現代化理論及日本的宗教研究〉。見原武道等編《日本與亞洲華人社會：歷史文化篇》(香港：商務印書館[香港]有限公司)，頁211-224。

郁龍餘，2001，《中國印度：文學比較》(北京：中國社會科學出版社)。

南懷瑾等，1998，《觀音菩薩與觀音法門》(台北：老古文化事業公司)。

佛乘宗學會編，1997，《佛乘宗季刊》，14期，1997年12月。

佛乘宗學會編，出版年未載，《佛乘宗簡介》(小冊子)(台北：社團法人中華民國佛乘宗學會)。

佛乘宗世界弘法總會大緣精舍，1998，《雲風隨緣生》第二版(台北：佛乘宗世界弘法總會大緣精舍)。

莊芳榮，n.d.，《台灣地區寺廟發展之研究》(台北：南天出版社)。

莊佩琦，1997，《科學與宗教：台灣新興宗教中的知識分子》(台北：台灣大學心理學研究所碩士論文)。

莊英章，1973，〈台灣漢人宗族發展的若干問題：寺廟宗祠與族身的墾殖型態〉，《中央研究院民族學研究所集刊》36: 113-140。

莊吉發，1994，〈義結金蘭——清代台灣秘密會黨的發展〉，《歷史月刊》74: 41-47。

姚　誠，1999，《洄瀾神境——花蓮的寺廟與神明》(花蓮：花蓮縣立文化中心)。

姚麗香，1984，《台灣地區光復後宗教變遷之研究》(台北：台灣大學社會研究所碩士論文)。
———,2000,〈藏傳佛教在台灣發展之初步研究〉,《佛學研究中心學報》第五期:313-339。
徐芹庭,1983,〈佛教密宗華藏上師吳公潤江弘法記〉,《國立中央大學文學院院刊》第一期。
徐振國,1990,〈統合主義與經濟發展:台灣威權體制的蛻變發展〉,民主基金會主辦,《中國的民主前途:台灣地區政治民主化的回顧與展望學術研討會論文》,11月11日-12日(台北國際會議中心)。
佛光大辭典編修委員會編,1988,《佛光大辭典》(高雄縣:佛光出版社)。
徐福全,1999,《台灣民間傳統喪葬儀式節研究》(台北:作者自印)。
唐蕙敏,1999,〈當代台灣佛教與政治關係〉,《台灣研究》,第2期。
高師寧,2001,《新興宗教初探》(香港:道風書社[漢語基督教文化研究所])。
馬曉宏,1991,《天・神・人——中國傳統文化中的造神運動》(台北縣:雲龍出版社)。
馬良文,1994,〈中國民間宗教雛議〉,《世界宗教研究》1: 122-124。
馬西沙・韓秉方,1992,《中國民間宗教史》(上海:上海人民出版社)。
普　方,n.d.,《密宗總持寺簡介》(台北:總持寺)。
聖　嚴,1995,(初版1988),《學佛群疑》(台北:東初出版社)。
張開基,2000,《台灣首席靈媒:花蓮「石壁部堂」牽亡法會現場報導與探索》(台北：新潮社)。

張　珣，1996a，〈道教與民間醫療文化：以著驚症候群爲例〉，見李豐楙、朱榮貴主編，《儀式、廟會與社區：道教、民間信仰與民間文化》(台北：中央研究院中國文哲研究所籌備處)，頁427-457。

———，1996b，〈光復後台灣人類學漢人宗教研究之回顧〉。《中央研究院民族學研究所集刊》81: 163-215。

張新鷹，1999，〈台灣的新興宗教〉。戴康生主編，《當代新興宗教》(北京：東方出版社)，頁381-408。

張家銘，1995，〈台灣地區的社會分化與社會流動：教育與職業結構之研究〉，《東吳社會學報》，4: 75-114。

張家銘、馬康莊，1985，〈社會分化、社會流動與社會發展：台灣地區的實證研究〉，《中國社會學刊》9: 99-122。

淺井紀，1994，〈台灣齋教的《龍華科儀》與靈山正派的教義演變〉，見江燦騰、王見川主編，《台灣齋教的歷史觀察與展望——首屆台灣齋教學術研討會論文集》(台北：新文豐出版公司)，頁27-44。

梁湘潤、黃宏介，1993，《台灣佛教史初稿》(台北：行卯出版社)。

梁其姿，1990，〈中國明清時期的通俗文化〉，《新史學》創刊號：145-153。

梁漱溟，1983，《東西文化及其哲學》(台北：里仁書局)，頁248-249。

連立昌，2000，《神秘的地下王國——教門會道教演義》(福州：福建人民出版社出版)。

麻天祥，1992，《晚清佛學與近代社會思潮》(上)(台北：文津出版社)。

馮佐哲、李富華，1994，《中國民間宗教史》（台北：文津出版社）。

許地山，1986，《扶箕迷信底研究》（台北：商務）。

許嘉明，1978，〈祭祀圈之於居臺漢人社會的獨特性〉，《中華文化復興月刊》11(6): 59-68。

黃英傑，1992，《民國密宗年鑑》（台北：全佛文化版社）。

黃仁宇，1993，《中國大歷史》（台北：聯經出版事業公司）。

黃俊傑，1995，《戰後台灣的轉型及其展望》（台北：正中書局）。

黃怡蓉，1996，《印心禪法打坐儀式的象徵分析》。（新竹：清華大學社會人類學研究所碩士論文）。

黃峆峻，2001，〈論清末民初的「定孔教爲國教」運動〉，（大陸）《華中科技大學學報：社會科學版》，15(3)。

清聖祖撰、清世宗編，1742，《聖諭廣訓直解》，清雍正二年(1742)刊本。

陳慧劍，1990，〈二十世紀末期台灣「附佛法外道」之興起〉，《法燈雜誌》(1999年3月出刊)。

陳杏枝，1999，〈台灣宗教社會學研究之回顧〉，《台灣社會學刊》22：173-210。

陳榮捷(廖世德譯)，1987，《現代中國的宗教趨勢》（台北：文殊出版社）。

陳　兵、鄧子美，2000，《二十世紀中國佛教》（北京：民族出版社）。

陳玲蓉，1992，《日據時期一神道統治下的台灣宗教政策》（台北：自立晚報社文化出版部）。

陳家倫，2002a，《新時代運動在台灣發展的社會學分析》（台北：國立台灣大學社會學研究所博士論文）。

———，2002b，〈台灣新時代運動團體的網絡連結〉，發表於2002年

12月14-15日，「重訪東亞：全球、區域、國家、公民研討會」(2002年台灣社會學會年會)。

陳淑娟，1994，《宗教與世界秩序：國際創價學會的全球化現象》。(東吳大學社會學系碩士論文)。

陳寬政，1982，〈社會分化趨勢之比較〉，《比較社會學研討會論文集》(台北：中央研究院美國文化研究所)，頁117-135。

陳慧劍，1990，〈二十世紀末期台灣「附佛法外道」之興起〉，《法燈雜誌》(1999年3月出刊)。

梶山雄一(吳汝鈞譯)，1993，《印度中觀哲學》(台北：圓明出版社)。

董芳苑，1986，《認識台灣民間信仰》，(台北：長春文化事業公司)。

———，1996，《探討台灣民間信仰》(台北：常民文化事業有限公司)。

渡邊欣雄著，周星譯，2000，《漢族的民俗宗教》(台北：地景出版社)。

喻松青，1991，《民間秘密宗教經卷研究》(台北：聯經出版事業公司)。

喬志強，1998，《中國近代社會史》(台北：南天書局)。

葉永文，2000a，《宗教政治論》(台北：揚智出版社)。

———，2000b，《台灣政教關係》(台北：風雲論壇出版社有限公司)。

葉春榮，2001，〈神明與廟宇的來源——一個台灣南部農村的例子〉，發表於2001年10月26-27日，「人類學與漢人宗教研究研討會」(台北：中央研究院民族學研究所)。

葉　曼，1988，〈佛身上的蝨子〉，《遠見雜誌》23期：41-43。

彭明輝，1995，《舉頭三尺有神明——中和地區的寺廟與聚落發展》（台北：台北縣立文化中心）。

彭榮邦，2000，《牽亡：惦念世界的安置與撫慰》（國立東華大學族群關係與文化研究所）。

傅仰止，1994，〈台灣都市居民的社會心理特質——由公私場域檢視心理狀態與社會互動〉，收於中央研究院民族學研究所小型專題研討會系列之十二「台灣都市的政經結構與社會心理」（台北：中央研究院民族學研究所）。

———，1995a，〈都市人的社會心理特質：公私場域之分〉，《中國社會學刊》，18: 17-73。

———，1995b，〈個人網絡的公私領域特質：以排灣族城鄉移民爲例〉，見林松齡、王振寰編，《台灣社會學研究的回顧與前瞻論文集》（台中：東海大學社會系）。

———，1997a，〈都市生活壓力的公私特質〉，《台灣社會研究》，1: 1-41。

———，1997b，〈社會生活的公私交錯〉，收在中央研究院社會學研究所籌備處「一九九七社會學研討會」（民國86年10月28-31日）

———，1997c，〈都市中的個人〉，見蔡勇美、章英華主編，《台灣的都市社會》（台北：巨流圖書公司），頁159-189。

傅　福，1988，〈致清海法師二十九問——《即刻開悟之鑰》第一冊讀後感〉。《海潮音月刊》，69(10): 26-32。

楊曾文，1996，《日本近現代佛教史》（杭州：浙江人民出版社）。

楊弘任，1997，《另類社會運動：一貫道的聖凡兼修渡人成全——以寶光建德天一宮員義區與天禪聖宮學界區爲例》（新竹：清華大學社會人類學研究所碩士論文）。

楊仁山，1987，洪啓嵩等編，《楊仁山文集》(台北：文殊出版社)。

楊惠南，1991，《當代佛教思想展望》(台北：東大圖書公司)。

彭懷恩，1997，《台灣政治文化的剖析》(增訂版)(台北：風雲論壇出版社)。

詹明信著，唐小兵譯，1990，《後現代主義理論》(台北：合志文化)。

趙沛鐸，1995，〈魯曼系統理論中的宗教社會功能觀〉，《東吳社會學報》5: 111-146。

———，1996，〈魯曼系統理論中的宗教社會功能觀〉，《東吳社會學報》5: 111-146。

裴　斐，2001，〈論邪教〉，見社會問題研究叢書編輯委員會編，《論邪教——首屆邪教問題國際研討會論文集》(南寧：廣西人民出版社)，頁1-11。

魯湘子，2000，〈略論儒釋道三教合一的內在因素〉，《社會科學研究》6: 81-83。

蔡相煇，1993，《台灣的祠祀與宗教》(台北：臺原出版社)。

蔡文輝，1982，《行動理論的奠基者——派深思》(台北：允晨文化實業股份有限公司)。

增田福太郎編，1939，《台灣の宗教：農村をと中心する宗教研究》(東京市：養賢堂)。

劉道超，1992，《中國善惡報應習俗》(台北：文津出版社)。

劉小楓，1996，《現代性社會理論緒論：現代性與現代中國》(香港：牛津大學出版社)。

劉創楚、楊慶堃，1992，(一版四刷)《中國社會：從不變到巨變》(香港：中文大學出版社)。

劉精誠，1993，《中國道教史》(台北：文津出版社)。

劉枝萬，1962，《南投縣風俗志宗教篇稿》（南投：南投縣文獻委員會）。

劉淑芬，2001，《慈悲清淨——佛教與中古社會生活》（台北：三民書局）。

諾那華藏精舍，2001，《蓮師法要》（台北：智敏慧華基金會）。

鄭志明，1984，《台灣民間宗教論集》（台北：台灣學生書局）。

———，1995a，〈盧勝彥與靈仙真佛宗〉，見《台灣史國際學術研討會論文集》頁265-292。淡江大學歷史系主辦(台北)。

———，1995b，〈從台灣萬佛會談佛教的社會參與〉，見《佛教與中國文化國際學術會議論文集(上輯)》（台北：中華文化復興運動總會宗教研究委員會編印），頁125-155。

———，1996，〈台灣「新興宗教」的現象分析〉，見於鄭志明著，《台灣民間的宗教現象》（台北：大道文化出版社），頁266-297。

———，1998a，《台灣民間宗教結社》（嘉義：南華管理學院宗教文化研究中心）。

———，1998b，《台灣當代新興佛教——禪教篇》（嘉義：南華管理學院宗教文化研究中心）。

———，1999，《台灣新興宗教現象——傳統信仰篇》（嘉義：南華管理學院宗教文化研究中心）。

———，2000，《當代新興宗教——修行團體篇》（嘉義：南華大學宗教文化研究中心）。

歐大年(Overmyer)著，趙昕毅譯，1998，〈中國民間宗教的秩序和內在理性〉（中文未刊稿），發表於中央研究院歷史與語言研究所(台北：中央研究院歷史與語言研究所)。

錢新祖，1988，〈儒家傳統的「正統」與多元以及個人與「名分」〉，《台灣社會研究季刊》，1(4): 211-231。

盧蕙馨，1997，〈性別、家庭與佛教——以慈濟功德會爲例〉，見於李豐楙、朱榮貴主編，《性別、神格與台灣宗教論述》(台北：中央研究院中國文哲研究所)，頁97-120。

瞿海源，1989，〈解析新興宗教現象〉，見徐正光、宋文里合編，《台灣新興社會運動》(台北：巨流圖書公司)，頁229-243。

———，1992，(編纂)《重修台灣省通志(卷3)．住民志宗教篇》(南投：台灣省文獻委員會)。

———，1997，《台灣宗教變遷的社會政治分析》(台北：桂冠圖書股份有限公司)。

———，1998，〈解嚴、宗教自由與宗教發展〉，發表於「解嚴後台灣社會政治發展研討會」(台北：中央研究院台灣研究推動委員會)。

———，1999，〈結社自由、團體參與、與民主〉，發表於台北中研院「自由、平等與社會正義：紀念殷海光先生逝世三十週年研討會」。

———，2001，〈台灣新興宗教信徒之態度與行爲特徵〉，收於「宗教與社會變遷第三期第五次台灣社會變遷基本調查之研究分析研討會」(台北：中央研究院社會學研究所)，頁1-28。

蘇鳴東，1983，《天道概論》(1978年初版，1983年革新版)(高雄：作者自印)。

濮文起，1995，《民間宗教與結社》(台北：幼獅文化事業公司)。

———，1996，《中國民間祕密宗教辭典》成都：四川辭書出版社。

———，2000，《秘密教門：中國民間秘密宗教溯源》(南京：江蘇人民出版社)。

魏光霞，1997，〈王母信仰的類型研究〉，見鄭志明主編，《西王母信仰》(嘉義：南華管理學院宗教文化研究中心)，頁471-495。

蕭公權著，江榮祖譯，1988，《康有為思想研究》(台北：聯經出版事業公司)。

韓秉方，1994，〈羅教的教派發展及其演變——兼答王見川先生的疑問〉，見江燦騰、王見川主編《台灣齋教的歷史觀察與展望——首屆台灣齋教學術研討會論文集》(台北：新文豐出版公司)，頁87-110。

謝英玉，1992，〈從社會學的觀點和台灣光復二十年佛教組織變遷和政治的關係〉。《四海工專學報》，7: 28-77。

鍾秋玉，2000，《禪修型新興宗教之社會心理學研究》(政治大學心理學系博士論文)。

釋聖嚴，1988，《學佛群疑》(台北：東初出版社)。

顧忠華，1999，《社會學理論與社會實踐》(台北：允晨文化實業股份有限公司)。

闞正宗，1999，《台灣佛教一百年》(台北：東大圖書股份有限公司)。

嚴耀中，1991，《中國宗教與生存哲學》(上海：學林出版社)。

龐建國，1993，《台灣經驗的理論與實際》(台北：幼獅文化事業公司)。

英文部分

Ahern, Emily Martin, 1973, *The Cult of the Dead in a Chinese Village* (Stanford, Calif. : Stanford University Press).

——, 1981, *Chinese Ritual and Politics*(Cambridge: Cambridge

University Press).

Alexander, Jeffrey C. ,1980, "Core Solidarity, Ethnic Outgroups and Structural Differentiation: Toward a Multidimensional Model of Inclusion in Modern Societies," In Jacques Dofny and Akinsola Akiwowo, eds., *National and Movements* (Los Angeles, Calif. And London: Sage), pp.5-28.

——, 1981a, "The Mass Media in Systemic, Historical, and Comparative Perspective," In Elihu Katz and Thomas Szecsko, eds., *Mass Media and Social Change* (Los Angeles, Calif. And London: Sage), pp.17-52.

——, 1981b "Revolution, Reaction, and Reform: The Change Theory of Parsons' Middle Period," *Sociological Inquiry,*5:267-280.

——, 1985, "The Individualist Dilemma," In S.N. Eisenstadt and H.J. Helle edited, *Macro-Sociological Theory,* Vol.1(London: Sage), pp.25-51.

——, 1988, *Action and Its Environments* (Columbia University Press).

——, 1990, "Differentiation Theory: Problems and Prospects," In Jeffrey C. Alexander and Paul Colomy edited, *Differentiation Theory and Social Change: Comparative and Historical Perspectives* (New York: Columbia University Press), pp.1-15.

——, 1998, *Neofunctionalism and After* (Oxford: Blackwell Publishers).

Alexander, Jeffrey C. & Paul Colomy, 1990a, (edited) *Differentiation Theory and Social Change: Comparative and Historical Perspectives* (New York: Columbia University Press).

——, 1990b, "Neofunctionalism: Reconstructing a Theoretical Tradition," In George Ritzer, eds. *Frontiers of Social Theory: The New*

Synthesis. (New York: Columbia University Press), pp.33-67.

Arieli, Y., 1964, *Individualism and Nationalism in American Ideology* (Cambridge: Mass).

Ashby, Philip H., 1974, *Modern Trends in Hinduism* (New York: Columbia University Press).

Babb , Lawrence A., 1987, *Redemptive Encounters* (Berkeley , C.A.: University of California Press).

Baity, Philip, 1975, *Religion in a Chinese Town* (Taipei Taiwan, R.O.C.: The Orient Cultural Service).

Bainbridge, William Sims, 1993, "New Religions, Science, and Secularization," *Religion and the Social Order* , 3A: 277-292.

Basch, L., N. G. Schiller, & C. Blanc-Szanton, 1994, *Nations Unbound: Transnational Projects, Postcolonial Predicaments, and Deterritorialized Nation States* (New York: Gordon and Breach).

Becker, Howard, 1932, *Systematic Sociology on the Basis of the Beziehungslehre and Gebildelehre of Leopold Van Wises* (New York: Wiley).

Bell, Catherine,1988, "Religion and Chinese Culture: Toward an Assessment of Popular Religion," *History of Religion*, 29(1) : 35-57.

Bellah, Robert N., 1964. "Religious Evolution", *American Journal of Sociology*, 29(3): 358-374.

——, 1991, *Beyond Belief: Essays on Religion in a Post-traditional World* (California: University of California Press).

Berger, P. L.,1967, *The Sacred Canopy* (Garden City, N.Y.: Anchor Books).

——, 1998, "Protestantism and the Quest for Certainty," *The Christian Century*, Aug26-Sep2. pp.782-796.

Berger, Peter, Berger, Brigitte & Kellner, Hansfried , 1974, *The Homeless Mind* (New York: Random House).

Berling, Judith ,1980 , *The Syncretic Religion of Lin Chao-en*. IASWR Series (New York: Columbia University Press).

Beyer, P., 1984, "Introduction," In Luhmann, N. *Religious Dogmatics and the Evolution of Societies* (New York: The Edwin Mellen Press), pp.v-xvii.

——, 1994, *Religion and Globalizaiton* (Thousand Oaks, CA: SAGE Publications Inc).

Blalock, Huber M. and Ann Blalock, 1968, *Methodology in Social Research* (New York: McGraw- Hill Book Company).

Bruce, Steve,1996, *Religion in the Modern World* (Oxford University Press).

Campbell, Colin, 1999, "The Easternisation of the West," In Bryan Wilson & Jamie Cresswell edited. *New Religious Movements: Challenge and Response* (London: Routledge), pp. 35-48.

Charan Singh, Maharaj,1994,(8th Edition). *The Path*. Radha Soami Satang Beas, Punjab, India.

Champagne, Duane,1990, "Culture, Differentiation, and Environment: Social Change in Tlingit Society," In Jeffrey C. Alexander and Paul Colomy ed., *Differentiation Theory and Social Change: Comparative and Historical Perspectives* (New York: Columbia University Press), pp.52-87.

Chua-eoan, H.,1997, "The Buddhist Martha," *Time*, Jan 20, Vol. 149(3):

43.

Clarke, Peter, 1988, "Introduction to New Religious Movements" pp. 149-153. In Peter Clarke and Stewart Sutherland, eds. *The Study of Religion, Traditional and New Religions* (London:Routledge).

Clarke, P.B. & J. Somers,1994, "Japanese 'New' and 'New, New' Religions: An Introduction," In Clarke, Peter B. & Jeffery Somers ,eds., *Japanese New Religions in the West* (Sandgate, Folkestone, Kent: Japan Library), pp.1-14.

Coleman, James William, 2001. *The New Buddhism: the Western Transformation of. An Ancient Tradition* (New York: Oxford University Press).

Colomy, Paul,1990, "Introduction: The Neofunctinalist Movement," In P. Colomy ed., *Neofunctionalist Sociology* (Brookfield, Vt.: Elgar Publishing), xi-xii.

Cohen, Myron L., 1988, "Souls and Salvation: Conflicting Themes in Chinese Popular Religion," pp.180-202, In James L. Watson and Evelyn S. Rawski, eds. *Death Ritual in Late Imperial China* (Berkeley: University of California Press).

Cohen, Paul A .,1963, *China and Christianity* (Cambridge, MA: Harvard University Press).

Darian, J. C.,1977, "Social And Economic Factors in the Rise of Buddhism," *Sociological Analysis*, 38(3): 226-238.

Davis, Winston, 1980, *Dojo: Magic and Exorcism in Modern Japan* (Stanford University press).

———, 1992, *Japanese Religion and Society: Paradigms of Structure and Change* (State University of New York Press).

Dean, Kenneth(丁荷生), 1998, *Lord of the Three in One: The Spread of a Cult in Southeast China* (Princeton, N.J.: Princeton University).

———, 2000, "China's Second Government: Regional Ritual Systems in Southest China,"見王秋桂、莊英章、陳中民主編，《社會、民族與文化展演國際研討會論文集》(台北：國際漢學研究中心)，pp.77-108.

de Groot, J.J.M. ,1903-4, *Sectarianism and Religious Persecution in China.* 2 Vols (Amsterdam: Johannes Muller).

Diamond, Norma,1969, *K'un Shen: A Taiwan Village* (New York: Holt, Rinehart and Winston).

Diem, Andrea Grace, 1992, *The Gnostic Mystery*. Wulnut (CA: Mt. San Antonio College Press).

DiMaggio, Paul, 1998, "The Relevance of Organization to the Study of Religion", pp.7-23. In N.J. Demerath III, Peter Dobkin Hall, Terry Schmitt, & Rhys H. Williams edited, *Sacred Companies: Organizational Aspects of Religion and Religious Aspects of Organizations* (New York: Oxford University Press).

DiMaggio, Paul J., and Walter W. Powell, 1983, "The Iron Cage Revisited: Institutional Isomorphism and Collective Rationality in Organizational Field," *American Sociological Review*, 48: 147-160.

Douglas, M. D.,1966, *Purity and Danger: An Analysis of the Concepts of Polution and Taboo* (London: Routledge & Kegan Paul).

———, 1973, *Natural Symbols* (New York: Vintage).

———, 1978, *Cultural Bias* (London: Royal Anthropological Institute of Great Britain and Ireland).

——, 1987, *How Institutions Think*. (London: Routledge and Kegan Paul).

Durkheim, Emile,1933(1893), *The Division of Labor Society* (New York: The Free Press).

Earhart, H. B., 1989, *Gedatsu-Kai and Religion in Contemporary Japan* (Bloomington and Indianapolis: Indiana University Press.)

Eisenstadt, S.N. ,1958,"Bureaucracy and Bureaucratization: A Trend Report and Bibliography,"*Current Sociology,* 7(2): 99-164.

——, 1990, "Modes of Structural Differentiation, Elite Structure, and Cultural Visions," In Jeffrey C. Alexander and Paul Colomy eds., *Differentiation Theory and Social Change: Comparative and Historical Perspectives* (New York: Columbia University Press), pp.19-51

Ellwood Jr.,Roberts S.,1978, "Emergent Religion in America: An Historical Perspective," In Jacob Needleman & George Baker edited, *Understanding the New Religions* (New York: The Seabury Press), pp. 267-284

Evans-Wentz ,1967(First edition 1935), *Tibetan yoga and secret doctrines, or, Seven books of wisdom of the great path, according to the late Lama Kazi Dawa-Samdup's English rendering* (London: New York: Oxford University Press).

Fairbank, John King & Goldman, Merle, 1998, *China: A New History* (Cambridge, Mass.: Harvard University Press).(中譯本：薛絢譯)，《費正清論中國》[台北：正中書局]，2002。

Feher, S.,1992, "Who Holds the Cards? Women and New Age Astrology," In J. R. Lewis & J. G. Melton, eds., *Perspectives on the New Age*

(Albany, N.Y.: State University of New York Press), pp.179-188

Festinger, L. H. W. Riechen & S. Schachter,1956, *When Prophey Fails* (New York: Harper & Row).

Fisher, W.R., 1984, "Narration as a Human Communication Paradigm: The Case of Public Moral Argument", *Communication Monographs*, 51:1-23.

Freedman, Maurice,1958, *Lineage Organization in Southeastern China* (London: University of London, Athlone Press).

———, 1979, "On the Sociological Study of Chinese Religion," In Maurice Freedman edited , *The Study of Chinese Society: Eassays* (Stanford, CA: Stanford University Press).

Fripp, Peter,1995(4th edition), *The Mystic Philosophy of Sant Mat* (Radha Soami Satsang Beas, Punjab, India).

Gallin, Bernard,1966, *HsinHsing Taiwan-A Chinese Village in Change* (Los Angeles: University of California Press).

Gates, Hill,1996, *China's Motor: A Thousand Years of Petty Capitalism* (Cornell University Press).

Geertz, C., 1957, "Ethos, World-view and the Analysis of Sacred Symbols," *Antioch Review*,17: 421-437.

———, 1963, *Agricultural Involution: the Processes of Ecological Change in Indonesia* (Berkeley, C.A.: University of California Press) .

Geertz, Clifford. 1966, Religion as a Cultural System. Pp.1-46 in M. Banton ed.), *Anthropological Approaches to the Study of Religion*(London: Tavistock).

Gerlach, Luther P., and Virginia H. Hine, 1973. *Lifeway Leap: The Dynamics of Change in Aamerica* (Minneapolis: University of

Minnesota Press).

Giddens, Anthony, 1991, *Modernity and Self-Identity* (Cambridge, UK: Polity Press).

Gold, Daniel, 1987, *The Lord As Guru-Hindi Sants in North Indian Tradition* (New York Oxford Press, Inc., New York, New York).

Godelier, Maurice, 1984, *The Mental and the Material* (Translated by Martin Thom. Grest Britain: Thetford Press).

Gregory, Peter N. & Patricia Buckley Ebrey, 1993, "The Religious and Historical Landscape," In Patricia Buckley Ebrey and Peter N.Gregory ed., *Religion and society in T'ang and Sung China* (Honolulu: University of Hawaii Press), pp.1-44

Hackett, R. J.(ed.),1987, *New Religious Movements in Nigeria. Lewiston* (N.Y.: The Edwin Mellen Press).

Hadden, Jeffrey K. and Shupe, Anson, 1986, *Prophetic Religions and Politics: Religion and the Political Order* (New York: Paragon House).

Hall, Michael, 1987, "Sects," in M. Eliade et al., eds., *The Encyclopedia of Religion,* 13 vols (New York: Macmilan).

Hall, Peter Dobkin, 1998, "Religion and the Organizational Revolution in the United States". pp.99-115. In N.J. Demerath III, Peter Dobkin Hall, Terry Schmitt, & Rhys H. Williams edited *Sacred Companies: Organizational Aspects of Religion and Religious Aspects of Organizations* (New York: Oxford University Press).

Hannan, Michael T. & Freeman, John, 1989, *Organizational Ecology* (Cambridge MA: Harvard University Press).

Hansen , Chad,1985, "Chinese Language , Chinese Philosophy , and

'Truth'", *Journal of Asian Studies*, 44: 491-519 .

Hansen, Valerie,1990, *Changing Gods in Medieval China,1127-1276* (New Jersey: Princeton University).

Harrel , Stevean and Elizaberth J . Perry,1982, "Syncretic Sects in Chinese Society: An Introduction," *Modern China*, 8(3): 283-303.

Hardacre, H.,1986 *Kurozumikyo and the New Religions of Japan* (Princeton, New Jersey: Princeton University Press).

Hayes, James, 1985, "Specialists and Written Materials in the Village World" pp. 75-111 in Johnson Davis G, Andrew J. Nathan, & Rawski, eds., *Popular Culture in Late Imperial China* (Berkeley, C.A.: University).

Hegel, G.W.F., 1991, *The Philosophy of History*, (translated by J. Sibree. Buffalo, N.Y.: Prometheus Books).

Heelas, Paul,1982, "Californian Self-religions and Socializing the Subjective," In Eileen Barker ed., *New Religious Movements: a Perspective for Understanding Society* (New York: Edwin Mellen Press).

——, 1988 , "Western European: Self-Religions," In Peter Clarke and Stewart (Sutherland ed., *The Study of Religion, Traditional an New Religions* London: Routledge), pp. 167-173.

——, 1996, *The New Age Movement: The Celebration of the Self and the Sacralizaiton of Modernity* (Cambridge, Massachusetts: Blackwell Publishers Inc).

Henderson , John B,1998, *The Construction of Orthododxy and Heresy: Neo-Confucian, Islamic, Jewish, and early Christian patterns* (Albany, N.Y.: State University of New York Press).

Hertel, Bradley R., 1977, “Church, Sect, and Congregation in Hinduism: An Examination of Social Structure and Religious Authority”. *Journal for the Scientific Study of Religion,* 16(1): 15-26.

Hoebel, E. A., 1978, *The Cheyennes: Indians of the Great Plains*, 2nd ed (New York: Holt, Rinehart, and Winston).

Ho Ping-Ti , 1976, “The Chinese Civilization: A Search for the Roots of Its Longevity,” *Journal of Asian Studies*, 35: 547-554.

Horton, R., 1962, “The Jalabari World-View: An Outlline and Interpretation” *Africa*, 32: 197-220.

Hunter, James D.,1983, *American Evangelicalism*: *Conservative Religion and the Quandary of Modernity* (New Brunswick: Rutgers University Press).

Inoue Nobutaka(井上順孝),1991, “Recent Trends in teh Study of Japanese New Religions,” In Inoue Nobutaka(井上順孝) ed., *New Religions* (Tokyo: Institute for Japanese Culture and Classics, Kokugakuin University), pp.4-24.

Johnson, B.,1963, “On Church and Sect.” *American Sociological Review* 28: 539-549.

Johnson, J.,1993, (15th edition, First edition 1939), *The Path of the Masters* (Radha Soami Satsang Beas, Punjab, India).

Jones, W. T.,1972, “World Views: Their Nature and their Function,” *Current Anthropol*, 3: 79-91.

Jordan, David K. and Overmyer, Daniel L.,1986, *The Flying Phoenix: Aspects of Chinese Sectarianism in Taiwan* (New Jersey: Princeton University Press).

Juergensmyer, M.,1991, *Radhasoami Reality-the Logic of a Modern Faith*

(Princeton New Jersey: Princeton University Press).

Kearney, M., 1972, *The Winds of Ixtepeji: World View and Society in a Zapotec Town* (Holt, Rinehart, and Winston).

——, 1984, *World View* (Novato, Calif: Chandler and Sharp).

——, 1996, "Worldview," In D.Levinson & M. Ember, eds., *Encyclopedia of Cultural Anthropology*, vol.4(New York: Henry Holt and Company), pp.1380-1383.

King, Ambrose Y.C., 1994, "Non-Paradigmatic Search for Democracy in a Post-Confucian Culture,The Case of Taiwan, R.O.C," In Larry Diamond ed., *Political Culture and Democracy in Developing Countries* (Colorado: Lynne Rienna Publishers, Inc).

Kirpal Singh ,1970, *Naam Or Word* (Delhi, India: Ruhani Satsang).

Kluckholn, F.& F.L. Strodtbeck.,1961, *Variations in Value Orientations* (Evanston, IL.: Row, Peterson).

Kneer, Georg & Nassehi, Armin, 1993, *Niklas Luhmanns Theorie Sozialer Systeme*(Munchen/Germany: Wilhelm Fink Verlang)(中譯本：魯貴顯，《魯曼社會系統理論導引》[台北：巨流]，1999).

Knight, Jack. 1992 *Institutions and Social Conflict*. New York: Cambridge University Press.

Kornhauser, W.,1959, *The Politics of Mass Society* (New York: Free Press).

Kuhn , Philip A., 1988, *Soulstealers: The Chinese Sorcery Scare of 1768*(Cambridge , Massachusetts: Harvard University Press)(中譯本：陳兼、劉昶譯，《叫魂》[台北：時英出版社出版]，2000).

Kyle, R., 1995, *The New Age Movement in American Culture* (Lanham,

Maryland: University Press of America).

Laliberte, Andre, 1999, *The Politics of Buddhist Organizations in Taiwan, 1989-1997*. Doctoral Dissertation (The University of British Columbia).

Lane, David,1992 , *The Making of a Spiritual Movement* (Del Mar Press, Del Mar, California).

Lane, D.C.,1993, *The Making of a Spiritual Movement*. Del Mar Press, Del Mar, California.

Lee, R.L.M., 1994, "The State and New Religious Movements in Malaysis," *Sociologyof Religion*, 55(4): 473-479.

Luckmann, Thomas, 1967 , *Invisible Religion: The Problem of Religion in Modern Society*.(New York: Macmillan.)(中譯本：覃方明譯，《無形的宗教：現代社會中的宗教問題》[香港：漢語基督教文化研究所]，1995).

———, 1990, Shrinking Transcendence, Expanding Religion? *Sociological Analysis*, 50(2): 127-138.

Luhmann, Niklas, 1974, "Institutionaliserte Religion gemass funktionaler Soziologie." *Concilium*, 10: 17-22.

———, 1977, *Die Funktion der Religion*(Frankfurt/Main: Suhrkamp).

———, 1982, *The Differentiation of Society* (New York: Columbia University Press).

———, 1986, "The Theory of Social Systems and its Epistemology: Reply to Danielo Zolo's Critical Comments," *Philosophy of the Social Sciences* ,16: 129-134.

———, 1989, "Ausdiferenzierung der Religion." pp. 259-237, in Niklas Luhmann, *Gesellschaftsstruktur und Semantik: Studien Zur*

Wissenssoziologie der modernen Gesellschaft 3（Frankfurt/Main: Suhrkamp).

——, 1991, “Ich denke primar historisch: Religionssoziologische Perspektiven. Ein Gesprach mit Fragen Von Detlef Pollack”, Deutsche Zeitschrift fur Philosophie, 39:937-956.

MacDonald, D., 1962, *Against the American Grain*（London: Victor Gollanz).

Martin, David A.,1965, *Pacificism: An Historical and Sociological Study*（New York: Schocken).

McGuire, M.B.,1991, *Ritual Healing in Suburban America*（New Brunswick, NJ: Rutgers University Press).

——, 1997,（Fourth edition）*Religion: The Social Context*(Belmont CA: Wadsworth Publishing Company).

McLaughlin, William G., 1978, *Revivals, Awakenings, and Reform*（The University of Chicago Press).

Melton, J.G.（ed.),1992, *Encyclopedic Handbook of Cults in America*（revised and updated edition)(New York: Garland Publishing, Inc).

Moberg, David O., 1961, “Potential uses of the Church-Sect Typology in Comparative Religious Research,” *International Journal of Comparative Sociology,* 2（March): 47-58.

Mouzelis, Nicos,1995, *Sociological Theory: What Went Wrong? Diagnosis and Remedies*（New York: Routledge).

Nagai Mikiko(永井美紀子), 1995, “Magic and Self-Cultivation in a New Religion:The Case of Shinnyoen”, *Japanese Journal of Religious Studies,* 22(3-4): 301-320.

Naquin , Susan,1976, *Millenarian Rebellion in China: The Eight Trigrams Uprising of 1813* (New Haven: Yale University Press).

——, 1981, *Shantung Rebellion: the Wan Lung Uprising of 1774* (New Haven: Yale University Presss).

——, 1985, "The Transmission of White Lotus Sectarianism in Late Imperial China," In Johnson Davis G , Andrew J. Nathan ,& Rawski, eds., *Popular Culture in Late Imperial China* (Berkeley, C.A.: University of California Press), pp.255-291.

Needham, Joseph, et al., 1956, *Science and Civilisation in China Vol. 2: History of Scientific Thought* (Cambridge: Cambridge University Press).

Niebuhr, H. Richard, 1929, *The Social Sources of Denominationalism* (New York: Meridian).

Overmyer, Daniel L., 1976, *Folk Buddhist Religion: Dissenting Sects in Late Traditional China* (Cambridge, Massachusetts: Harvard University Press)(中譯本：劉心勇等譯，《中國民間宗教教派研究》[上海：上海古籍出版社出版]，1993).

——, 1981, "Alternatives Popular Religious Sects in Chinese Socirty," *Modern China,* 7(2): 153-190.

Parsons, Talcott,1961, "Introduction to Part II," In Parsons, et al. eds. *Theories of Society* (Glencoe, Ill.: Free Press), pp.239-264.

——, 1963 (Second printing), *Structure and Process in Modern Society* (Glencoe, Ill.: Free Press).

——, 1966, *The Evolution of Societies* (Englewood Cliffs, N.J.: Prentice-Hall).

——, 1971, *The System of Modern Societies* (Englewood Cliffs: Prentice-

Hall).

——, 1977, *The Evolution of Societies*（中譯本：章英華譯，《社會的演化》[台北：遠流出版股份有限公司]，1991).

Pasternak, Burton,1972, *Kinship and Community in Two Chinese Village* (Stanford, C.A.: Stanford University Press).

Powell, John Duncan,1970, "Peasant Society and Clientelist Politics," *American Political Science Review*, 64: 411-425.

Rawski, Evelyn .S., 1985, "Problems and Prospects," In Johnson Davis G , Andrew J. Nathan & Rawski , eds ., *Popular Culture in Late Imperial China* (Berkeley, C.A.: University of California Press), pp.399-417.

Redfield, R.,1952, "The Primitive World View," *American Philosophical Society, Proceedings* , 96: 30-36.

——, 1953, *The Primitive World and its Transformations* (Ithaca: Cornell University Press).

——, 1965, *Peasant Soceity and Culture* (Chicago: University of Chicago Press).

Ritzer, George,1996, (Fourth edition) *Modern Sociological Theory* (New York: The McGraw-Hill companies, Inc).

Robbins, T., 1984, Marginal Movements, *Society,* 21(4): 47-52.

Robertson, Roland,1970, *The Sociological Interpretation of Religion* (New York: Schocken. Roof, W.C).

Roof, Wade Clark , 1991, (ed.)*World Order and Religion* (Albany, New York: State University of New York Press).

——, 1998 , "Modernity, the Religious, and the Spiritual," *Annals of the American Academy of Political and Social Science*, 558: 211-224.

——, 1999, *Spiritual Marketplace* (Princeton University Press).

Saliba, John A., 1995, *Understanding New Religious Movements* (Grand Rapids, Mich.: William B. Eerdmans Publishing Company).

Sangren , P. Steven.,1984, "Traditional Chinese Corpoerations: Beyond Kinship," *Journal of Asian Studies*, 43: 391-415.

——, 1987, *History and Magical Power in a Chinese Community* (Stanford CA.: Stanford University).

Saso . Michael,1974, "Orthodoxy and Heterodoxy in Taoist Ritual." In A.P.Wolf ed.,*Religion and Ritual in Chinese Society* (Stanford , CA.: Stanford University Press), pp.325-336.

Schmitter, Phillipe C., 1974, "Still the Century of Corporatism?" *Review of Politics,* 36(1): 85-131.

Scott, W Richard, 1998, *Organizations: Rational, Natural, and Open Systems* (Englewood Cliffs, N.J.: Prentice-Hall).

Seaman , Gary.,1978, *Temple Organization in a Chinese Village* (Taipei: The Chinese Association for Folklore).

Seiwert Hubert, 1981, "Religious Response to Modernization in Taiwan: The Case of I-Kuan Tao," *Journal of the Hong Kong Branch of the Royal Asitic Society,*21: 43-70.

Seller, Ron, 1998, "Nine Global Trends in Religion," *The Futuris,* 32: 20-25.

Shek , Richard,1982, "Millenarianism Without Rebellion: The Huangtian Dao in North China" , *Modern China,* 8(3): 305-336.

Shimazono Susumu(島薗進),1995, "New Religions and This World: Religious Movement in Japan after the 1970s and their Beliefs about Salvation.", *Social Compass*, 42(2), pp. 193-206.

Shryock, J. K., 1931, *The Temples of Anking and Their Cults* (Paris: Geuthner).

Simmel, G.,1950, *The Sociology of George Simmel* (Kurt H. Wolff, translated and ed. New York, N.Y.: The Free Press).

Singh, Jitendra V. & Lumsden, Charles J. 1990. "Theory and Research in Organizational Ecology", *Annual Review of Sociology*, 16: 161-95.

Skinner , G, Willian.,1964-65. "Markrting and Social Structure in Rural China," 3 part , *Journal of Asian Studies, 24*: 3-43 , 165-228 , 363-399.

Smelser, Neil J., 1990, "The Contest Between Family and Schooling in Nineteenth-Century Britain.", In Jeffrey C. Alexander and Paul Colomy edited, *Differentiation Theory and Social Change: Comparative and Historical Perspectives* (New York: Columbia University Press), pp.165-186

Smith, Anthony D.1976, *Social Change: Social Theory and Historical Processes* (New York, N.Y.: Longman Inc).

Smith, Richard J., 1991, *Fortune-tellers and Philosophers: Divination in Traditional Chinese Society* (San Francisco: Westview Press).

Stackhouse, M. L.,1987, "Missionary Activity," In M. Eliade, ed. *The Encyclopedia of Religion*, vol. 9 (New York: MaCmillan Publishing Company), pp.563-570.

Stinchcombe, Arthur L., 1965,. "Social Structure and Organizations," pp.142-193, In James G. March ed. *Handbook of Organization* (Chicago: Ran McNally).

Teiser, Stephen F., 1988, *The Ghost Festival in Medieval China* (Princeton,

N.J.: Princeton University Press).

ter Harr, B.J.,1990, "The Genesis and Spread of Temple Cults in Fukien," In E.B. Vermeer Ed., *Development and Decline of Fukien Province in the 17th and 18th Centuries* (Leiden: E. J. Brill). pp.83-100.

Thompson, Laurence G., 1996, *Chinese Religion: An Introduction* (London: Wadsworth Publishing Company).

Tien, Hung-mao(田弘茂),1989, *The Great Transition-Political and Social Change in the Republic of China* (Stanford, CA: Stanford University Press).

Tipton, S.,1982, *Getting Saved from the Sixties: Moral Meaning in Conversion and Cultural Change* (Berkeley, CA: University of California).

Troeltsch, Ernst, 1981, *Social Teaching of the Christian Churches,* Volume(1)(2), with an introduction by H. Richard Niebuhr ; translated by Olive Wyon (The University of Chicago Press).

Tsai, Yi-Jia, 2003, *The Reformative Visions of Mediumship in Contemporary Taiwan.* Unpublished Doctoral Dissertation (Rice University)

Tsushima Michhto, Nishiyama Shigeru, Shimazono Susumu and Shiramizu Hiroko, 1979, "The Vitalistic Conception of Salvation in Japanese New Religions:An Aspect of Modern Religious Consciousness," *Japanese Journal of Religious Studies* , 6: 139-161.

Tucci, Giuseppe, 1970. *The Religions of Tibet*, translated by Geoffrey Samuel (London: Routledge & Kegan Paul).

Turner, Jonathan H., 1986, *The Structure of Sociological Theory* (Chichago, I.L.: The Dorsey Press)(中譯本：吳曲輝等譯，《社會學理論

的結構》[台北：桂冠出版社]，1996).

Turner, Bryan S., 1991, *Religion and Social Theory* (London ; Newbury Park, Calif.: Sage Publications).

Unger, Jonathan, and Anita Chan, 1995, "China, Corporatism, and the East Asian Model," *Australian Journal of Chinese Affairs,*33: 29-53.

Wach, Joachim,1944, *Sociology of Religion* (Chicago: The University of Chicago Press).

Wallace, A.F.C.,1956, "Revitalization Movements," *American Anthropologist,* 58: 264-281.

Wallis, Roy.,1984, *Elementary Forms of the New Religious Life* (London: Routledge and Kegan Paul).

Wallis, R., & S. Bruce,1986, *Sociological Theory, Religion and Collective Action* (Belfast, Northern Ireland: The Queen's University).

Waner, R. Setpher, 1993, "Work in Progress Toward a New Paradigm for the Sociological Study of Religion in the United States," *American Journal of Sociology,* 98(5),1044-1093.

Watson , James L .,1985, "Sandardizing the Gods: The Promotion of T'ien Hou(Empress of Heaven)Along the South China Coast 960-1960," In David Johnson, Andrew J. Nathan, & Evelyn S. Rawski , eds., *Popular Culture in Late Imperial China* (Berkeley: University of California Press), pp.292-324.

——, 1993, "Rites or Beliefs? The Construction of a Unified Culture in Late Imperial China," In Lowell Dittmer, Samuel S. Kim. eds. *China's Quest for National Identity* (Ithaca: Cornell University Press), pp.80-103.

Weber, Eugen ,1976, *Pesants into Frenchmen: The Modernization of Rural*

France, 1870-1914 (Stanford: Stanford University Press).

Weber, M.,1947, *The Theory of Social and Economic Organization* (Tr. H. Gerth and C. Wright Mills. New York: Oxford University Press).

——, 1958a, *From Max Weber*. Translated and Edited by Hans Gerth & C. Wright Mills (New Jersey: Galazy Books, Oxford University).

——, 1958b, *The Protestant Ethic and the Spirit of Capitalism,* translated by Talcott Parsons; introd. by Anthony Giddens (New York: Charles Scribner's Son).

——, 1963, (1922) *The Sociology of Religion* (Tr. E. Fischoff. Boston: Beacon Press).

——, 1989,《宗教與世界：韋伯選集》(II)，康樂、簡惠美譯(台北：遠流出版社)。

Welch, Holmes, 1968, *The Buddhist Revival in China* (Cambridge, MA: Harvard University Press).

Weller, Robert P.,1982, "Sectarian Religion and Political Action in Chinese," *Modern China,* 8(4): 463-483.

——, 1999, *Alternate Civilities: Democracy and Culture in China and Taiwan* (Boulder, Colo: Westview Press).

Werner, O.,1970, "Cultural Knowledge, Language, and World View," In P. L. Garvin. ed. *Cognition: A Multiple View* (New York: Spartan).

Whorf, B.J.,(1927-1941) 1956, *Language, Thought and Reality* (J.B. Carrol ed. Cambridge, Mass.: M.I.T. Press).

Wilson, B.,1970, *Religious Sects: a Sociological Study* (London: World University Library).

Wilson, B.R., 1970, *Religious Sects: a Sociological Study* (London: World University Library).

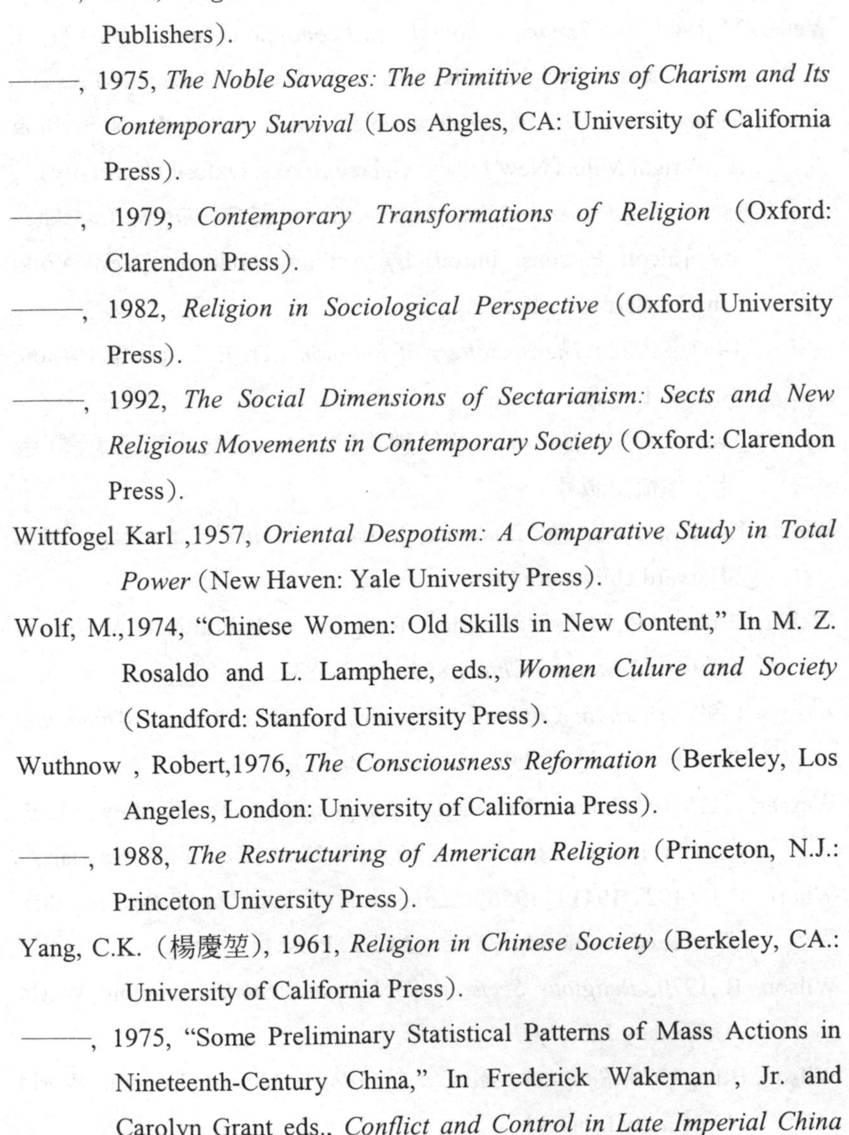

——, 1973, *Magic and the Millennium* (New York: Harper & Row Publishers).

——, 1975, *The Noble Savages: The Primitive Origins of Charism and Its Contemporary Survival* (Los Angles, CA: University of California Press).

——, 1979, *Contemporary Transformations of Religion* (Oxford: Clarendon Press).

——, 1982, *Religion in Sociological Perspective* (Oxford University Press).

——, 1992, *The Social Dimensions of Sectarianism: Sects and New Religious Movements in Contemporary Society* (Oxford: Clarendon Press).

Wittfogel Karl ,1957, *Oriental Despotism: A Comparative Study in Total Power* (New Haven: Yale University Press).

Wolf, M.,1974, "Chinese Women: Old Skills in New Content," In M. Z. Rosaldo and L. Lamphere, eds., *Women Culure and Society* (Standford: Stanford University Press).

Wuthnow , Robert,1976, *The Consciousness Reformation* (Berkeley, Los Angeles, London: University of California Press).

——, 1988, *The Restructuring of American Religion* (Princeton, N.J.: Princeton University Press).

Yang, C.K. (楊慶堃), 1961, *Religion in Chinese Society* (Berkeley, CA.: University of California Press).

——, 1975, "Some Preliminary Statistical Patterns of Mass Actions in Nineteenth-Century China," In Frederick Wakeman , Jr. and Carolyn Grant eds., *Conflict and Control in Late Imperial China*

（Berkeley: University of California Press）. pp.174-210.

Yinger, J. Milton, 1970, *The Scientif Study of Religion*（London: Routledge）.

——, 1982, *Countercultures: The Promise and Peril of a World Turned Upside-down*（中譯本：高丙中、張林譯，《反文化：亂世的希望與危險》［台北：桂冠圖書股份有限公司］，1995).

York, Michael, 1995, *The Emerging Network: A Sociology of the New Age and Neo-pagan Movements*（Boston, MA.: Rowman & Littlefield Publishers, Inc）.

Zeigler, Harmon,1988, *Corporatism, and Confucianism: Political Association and Conflict Regulation in the United States, Western Europe, and Taiwan*（Philadelphia: Temple University Press）.

Zurcher, Eric, 1980, "Buddhist Influence on Early Taoism," *T'oung Pao,* 65(1-3): 84-147

索　引

中文人名索引

七劃

八劃

九劃

十劃

十一劃

十二劃

十三劃

十四劃

十五劃

十六劃

十七劃

十八劃

十九劃

二十劃

英文人名索引

主題索引

四劃

五劃

六劃

七劃

八劃

九劃

十劃

十一劃

十二劃

十三劃

十四劃

十五劃

十六劃

十七劃

十八劃

十九劃

二十劃

二十一劃

二十四劃

二十五劃

三十劃

臺灣研究叢刊

社會分化與宗教制度變遷

—當代台灣新興宗教現象的社會學考察

2004年7月初版 定價：新臺幣680元
2016年11月初版第二刷

著者 丁仁傑
總編輯 胡金倫
副總經理 陳芝宇
總經理 羅國俊
發行人 林載爵

出版者 聯經出版事業股份有限公司
地址 台北市基隆路一段180號4樓
台北聯經書房 台北市新生南路三段94號
電話 (02)23620308
台中分公司 台中市北區崇德路一段198號
暨門市電話 (04)22312023
郵政劃撥帳戶第0100559-3號
郵撥電話 (02)23620308
印刷者 世和印製企業有限公司
總經銷 聯合發行股份有限公司
發行所 新北市新店區寶橋路235巷6弄6號2F
電話 (02)29178022

責任編輯 沙淑芬
校對 崔小茹
封面設計 胡筱薇

行政院新聞局出版事業登記證局版臺業字第0130號

本書如有缺頁，破損，倒裝請寄回台北聯經書房更換。 ISBN 978-957-08-2732-3 (精裝)
聯經網址 http://www.linkingbooks.com.tw
電子信箱 e-mail:linking@udngroup.com

國家圖書館出版品預行編目資料

社會分化與宗教制度變遷——當代台灣新興宗教現象的社會學考察／丁仁傑著．--初版．--臺北市：聯經，2004年
參考書目：43面，索引：22面
688面；14.8×21公分．(臺灣研究叢刊)
ISBN 978-957-08-2732-3（精裝）
[2016年11月初版第二刷]

1.宗教臺灣 2.宗教與社會

209.232 93011650

臺灣研究叢刊

臺灣早期歷史研究	曹永和著
清代臺灣之鄉治	戴炎輝著
臺灣的人口變遷與社會變遷	陳紹馨著
臺灣農業發展的經濟分析	李登輝著
光復前臺灣之工業化	張宗漢著
臺灣土著民族的社會與文化	李亦園著
臺灣民間信仰論集	劉枝萬著
臺灣土著社會文化研究論文集	黃應貴主編
日據時代臺灣之財政	黃通、張宗漢、李昌槿編
臺灣歌仔戲的發展與變遷	曾永義著
臺灣開發史研究	尹章義著
臺灣鳥類研究開拓史	劉克襄著
戰後臺灣農民價值取向的轉變	廖正宏、黃俊傑著
臺灣土著文化研究	陳奇祿著
清代臺灣社會經濟	王世慶著
協力網絡與生活結構——台灣中小企業的社會經濟分析	陳介玄著
貨幣網絡與生活結構	陳介玄著
台灣地區開闢史料學術論文集	國學文獻館編
台灣產業的社會學研究	陳介玄著
茶、糖、樟腦業與臺灣之社會經濟變遷	林滿紅著
台灣日治時期的法律改革	王泰升著
頭家娘：台灣中小企業「頭家娘」的經濟活動與社會意義	高承恕著
荷據時代台灣史	楊彥杰著
荷蘭人在福爾摩莎	程紹剛譯註
臺灣早期歷史研究續集	曹永和著
社會分化與宗教制度變遷——當代台灣新興宗教現象的社會學考察	丁仁傑著